Jacob Grimm

Kleinere Schriften - Abhandlungen zur Litteratur und Grammatik

Jacob Grimm

Kleinere Schriften - Abhandlungen zur Litteratur und Grammatik

ISBN/EAN: 9783744675024

Hergestellt in Europa, USA, Kanada, Australien, Japan

Cover: Foto ©ninafisch / pixelio.de

Weitere Bücher finden Sie auf **www.hansebooks.com**

ABHANDLUNGEN

ZUR

LITTERATUR UND GRAMMATIK

VON

JACOB GRIMM

BERLIN

FERD. DÜMMLERS VERLAGSBUCHHANDLUNG

HARRWITZ UND GOSSMANN

1866

Inhalt.

GEDICHTE DES MITTELALTERS AUF KÖNIG FRIEDRICH I DEN STAUFER UND AUS SEINER SO WIE DER NÄCHSTFOLGENDEN ZEIT.

GELESEN IN DER AKADEMIE DER WISSENSCHAFTEN
AM 24 APRIL 1843.

— — —

Den lange hinhaltenden ruhm, wie ihn volksdichtung for- 142
dert und hegt, haben unter allen königen Deutschlands nur zwei
davon getragen: Carl der grosze und Friedrich Rothbart, man
möchte ihnen den ersten Otto zugesellen, über dem noch streif-
lichter der poesie schweben; aber auch hier bezeugt sich ein
in unsrer geschichte und sprache überwiegendes hochdeutsches
element, welches nicht gestattet um eines sächsischen fürsten
haupt strahlen zu sammeln, wie sie das des Franken und Schwaben umgeben. zwar behauptet nun Carl den rang weit vor Friedrich, weil er in höheres, dunkleres alterthum hinaufreicht, auch
weil er deutschen und romanischen völkern gemeinschaftlicher
geworden ist als es Friedrich werden konnte; doch die sage
spielt an beide helden und mengte sie sogar, denn nicht allein
Carl, auch Friedrich sitzt in bergesklüften am tisch, um den
sein bart gewachsen ist. ein schöner niederschlag viel älterer
mythen und lange ein trost für das volk, dem in zeiten der noth
sein gläubiges vertrauen auf dereinstige rückkehr des siegrei-
chen kaisers, wie den Briten auf die wiederkunft Arturs, unbe-
nommen blieb.

Carl liesz die epischen dichtungen des volks sammeln, die
in seinen tagen unverschollen waren; sichtbar schon hängt Friedrich mit einer gedeihenden kunstpoesie zusammen, die bereits
Carl zu pflegen dachte und doch gar nicht erleben konnte. das
zwölfte jahrh. sah sie in Deutschland und Frankreich fast
gleichzeitig mit unhemmbarer kraft erwachen, und zu der pracht
königlicher hofhaltungen werden sich neben spielleuten und gauk-

lern damals schon deutsche, provenzalische und lateinische dich-
144 ter feinerer ausbildung herangedrängt haben. soll doch im idiom
der meist, wie man weisz, gibellinisch gesinnten tronbadours
von Friedrich selbst ein bekanntes, erhaltnes lied verfaszt worden sein; solchen ursprung wird man ihm nicht leicht einräumen, sichrer sind deutsche minnelieder zweien des königs nachkommen beigelegt. aber seine siegesgrösze und freigebigkeit
lebten im preis der deutschen wie der fremden sänger: ein heh-
rer tag zu Mainz, pfingsten 1184, wo der glückliche vater zweien
seiner fünf söhne [1] schwert gab, war aus der erinnerung weder
Heinrichs von Veldeck [2], noch Guiots von Provins [3] zu tilgen;
ohne zweifel ertönten zu dem fest auch lieder. Radevicus meldet 2, 4 am schlusse des reichstags auf den roncalischen feldern
im nov. 1158: his finitis ea die in vesperam protracta curia sol-
vitur. fuere etiam qui ibidem in publico facta imperatoris *carminibus favorabilibus* celebrarent. das müssen welsche oder
lateinische preislieder gewesen sein, die, als Friedrich erst sechs
jahre geherscht hatte, gesungen wurden; wir werden nachher
ein lateinisches 1162 auf Friedrich verfasztes kennen lernen.
Bernard von Ventadour forderte ihn in einem 1159 geschriebnen gedicht auf gegen Mailand, Pons von Capedeuil in einem
spätern von 1188 gedenkt seines kreuzzugs [4]. ein nordfranzö-
sischer dichter Gautiers von Arras widmete dem könig sein er-
zählendes gedicht, lai d'Isle et de Galeron [5]. wie viel ähnliches
wird uns entgangen sein. in Italien blieb il buon Barbarossa [6],

---

[1] nach der repkowischen chronik (Maszmann s. 432) den beiden ältesten:
.... zů der groter hogezit zů Mainze, da de konine Henrich in de herzoge
Vredrich van Swaven, des kaiser Vredrichs sůn, riddere worden. dat was der
groister hogezide eyn dat ey gewart an duytschen landen. da worden geachtet
de riddere up xxxxm., ayn ander vole. ebenso nach der closternenburgischen
bei Rauch 1, 63: mclxxxiv curiam celebrem in pentecoste Maguncie celebravit,
in qua duos filios suos Heinricum regem et Fridericum ducem Suevie gladio mi-
litari accinxit. nuch Lachmann (zu Iwein s. 347) nimmt Heinrichs und Friedrichs swertleite für die zu Mainz stattgebabte. Philipp der jüngste sohn ward erst
1196 ritter, vgl. Lachmann zu Walther 18, 36. [Stälin 2, 113. 114.]

[2] En. 13019—51.

[3] Méon 2, 316.

[4] Diez leben der tronbadours s. 33. 260.

[5] Maszmanns Eraclius s. 415. 556.

[6] welcher lateinische chronist hat zuerst Barbarossa? die ann. einsidlenses
haben es, aber in einer abschrift von Tschudis hand. Fischart Garg 220 der
barbarossa.

wie ihn Dante (purgatorio 18, 119) nennt, lange zeit dichtern,
annalisten und erzählern unvergessen.

Es ist für die geschichte der Staufer [1] zu beklagen, dasz 148
ein auf Friedrich, wahrscheinlich noch in ersten drittel des dreizehnten jahrh. abgefasztes deutsches gedicht uns gerade verloren gieng. das bedauern würde nicht wenig steigen, wenn
nähere erwägungen der darüber vorhandenen nachricht auf einen
der ausgezeichnetsten dichter schlieszen lassen sollten. ich musz
aber aus der oft gedruckten und besprochnen stelle Rudolfs in
seinem 1241 gedichteten Wilhelm die betreffenden worte um-
ständlich anführen, weil man einen anstosz, den sie geben, noch
gar nicht beachtet zu haben scheint. bei aufzählung seiner vorgänger, welche den absichten der Muse besser als er selbst entsprochen hätten, sagt Rudolf im gespräch mit dieser:

> wolde iuch meister Fridanc
> getihtet hân, sô wæret ir

[1] so musz, wenn der name richtig sein soll, gesagt werden, nicht Stanfen,
noch weniger Hohenstaufen. stouf ist calix, poculum, von der kelchähnlichen gestalt der berggipfel oder thürme hiesz die burg, des geschlechtes stammsitz (Otto
frising. de gestis Frid. 1, 8 in castro *Stouphe* dicto). [stanfisches wapen drei kelche.
MSH. 4, 173ᵃ. Diemringer von Staufenberg in der Ortenau hat becher im wapen.]
Fredericus de *Stoupha* hat eine urk. von 1155 MB. 29ᵃ, 324. 325 und eine von
1166 bei Lacomblet no. 417; nachher wurde der dat. pl. üblicher. Reinmar von
Zweter MS. 2, 131ᵇ sagt: von Stonfen Friderich, und noch Closener s. 22 Fridreich von Stoufen; [der von Stonfen. MS. 2, 220ᵃ. ein Stoufer 2, 222ᵇ. Friderich von Stoufe (:konfe). Hellevinr MSH. 3, 34. Frederik van Stoufa. Detmar
1, 98. 156. gl. zu Ssp. 3, 82 s. 258. van Stouf gl. zu Ssp. 3, 87 s. 265]. zuerst
in den 1531 geschriebnen anmerkungen Spiegels von Schletstadt zum Ligurinus
s. 447 finde ich comes de Hohenstaufen, wiewol es viel früher vorkommen kann,
da den namen hochgelegner berg und waldgegenden man gern das adj. hohen
beifügte (Hohenlohe, Hohenstein, Hohenfels, Hoheneeke). Staufer gab es noch
anderwärts in Deutschland, dem geschlecht der schwäbischen alpe unverwandte,
wie in mehrern landschaften hergörter den namen Stauf oder Staufen führen,
z. b. [Stoufe im Breisgau, zwischen Ulm und Weiblingen, bei Regensburg, vgl.
Raumer 1, 289, Ottoc. 88ᵃ Stauf, 90ᵃ Regenstaufen.] Stauf an der Donau (Do-
naustauf) und ein, ich weisz nicht ob davon verschiednes, Stauf im Passauer gebiet, und gerade diese bairischen Staufer schieben im dreizehnten jahrh. das hohen vor: Chunradus de Hohenstonfe MB. 29ᵇ, 72 (a. 1212); Leutoldus de Hohenstonfe MB. 28ᵇ, 200 (a. 1222), um so passender wird es den schwäbischen
in jener zeit entzogen. [herzog Cunrad zu Hohenstaufen. spiegel Altswert 164.
die bis 1298 gehenden annales einsidlenses von Tschudi (geb. 1505, † 1571) haben a. 1105 e comitibus de Hohenstouffen genitus. schweiz. gesch. fr. 1, 137. a.
1138 Conradus comes ab Hohenstonffen. das. 1, 140. Fischart Garg. 83ᵇ im wortspiel: stanffen von hohenstauffen. anderes ist ags. Heahstaef bei Kemble no. 182.]

baz für komen dann an mir;
oder von Absalône,
hæt er iuch alsô schône
berihtet als diu mære,
wie der *edel Stoufære*,
der *keiser Friderich* verdarp
und lebende hôhez lop erwarp.

alle bisher bekannten und verglichnen handschriften, die Münchner, Heidelberger, Stuttgarter, Casseler, Blankenheimer, Haager,
146 stimmen in diesem text wesentlich überein, und doch musz die
vierte zeile einen aufmerksamen leser stutzen machen. auf sie
sich gründend haben in unsrer literargeschichte ohne weiteres
einer nach dem andern einen dichter des namens von Absalône angenommen, obschon jeder kenner der mittlern und neuen
geographie Deutschlands eingestehn wird, dasz es einen ort,
eine burg Absalou weder gegeben habe noch gebe, nach welcher ein edles geschlecht, von dem sich auch in keiner urkunde
die geringste spur zeigt, jemals geheiszen hätte. wie also wenn
dies Absalone auf den gegenstand des gedichts, nicht den dichter zu beziehen wäre?

Letzteres scheinen dennoch gute gründe anzurathen, und
ich will sie nicht verschweigen. in der ganzen vorausgehenden
aufzählung pflegt Rudolf von einem dichter zum andern gerade
mit der partikel 'oder' fortzuschreiten: es ist natürlich die worte
'oder von Absalone' in demselben sinn zu fassen. an etwas
anderes mahnt, der für die critik unsrer alten gedichte alle
zahlverhältnisse mit so entschiednem erfolge zu handhaben weisz,
Lachmanns scharfsinn. im Alexander hat Rudolf sechzehn dichter hergezählt; es ist wenig wahrscheinlich, dasz er im spätern
verzeichnis, wobei ihm das früher gegebne vorschweben muste,
nur funfzehn genannt haben sollte. statt der unleidlichen lesart
für den namen des sechzeners ist Lachmann mit annehmlich
klingender besserung zur hand: 'nicht von Absalône, aber wol
von Arbône konnte der dichter gebürtig sein, da Rudolf vorzugsweise dichter seiner landschaft nennt und auch sehr unbe-
rühmte.' das verlorne und vergessne gedicht soll also durchaus
von einem unberühmten herrühren, der dann geheiszen haben
mag wie er will. Arbon ist ein bekanntes altes städtchen am
Bodensee, nach dem ein ganzer Arbongau benannt wurde, ich
wüste nicht, dasz adliche oder ritter davon ihren namen führ-

ten *. es läszt sich nur schwer begreifen, wie aus der rechten lesart Arbóne jemals in den abschriften die einstimmige verunstaltung Absalóne entsprungen wäre. auch musz geltend gemacht werden, dasz in allen handschriften ebenso einstimmig vor den worten 'von Absalóne' das der alten sprache grammatisch unerläszliche pronomen der gebricht: die. gedankenlosen abschreiber beruhigten sich bei dem dichter Absalon und construirten etwa jene worte unstatthaft zu dem 'er' des folgenden verses.

Unter diesen bedenklichkeiten würde es mir auch an funfzehn dichtern, zumal Rudolf sonst nicht viel auf zahlen zu geben scheint, genügen, wenn sich der name Absalon mit dem inhalt 147 eines verlornen gedichts vereinbaren liesze, welches freilich nur durch die annahme möglich wird, dasz in allen unsern handschriften, die sämtlich von einem und demselben text ausgegangen sein müsten, nach dem worte 'mir' zwei ganze verse weggefallen seien. wird doch auch ein in Wolframs Wilhelm 57, 27 fehlendes distich für alle und so gute handschriften gemutmaszt. in unsrer stelle liesze sich die lücke schnell füllen, wenn man bei dem namen Absalón zunächst an den biblischen ** und an eine darstellung der geschichte Davids und seines sohnes denken wollte; Rudolf könnte geschrieben haben:

> der uns kunde mære sagen
> von Davides kinttagen
> oder von Absalóne,

vielleicht auch
> der uns kunde tihten
> von Davîts geschihten
> oder von Absalóne,

wobei es frei stände statt des lästigen 'oder' ein bloszes 'und' zu vermuten. doch wie soll dieser dichter an David und Absalon gekommen sein? ich will etwas kühneres, gescheidteres rathen. die geschichte der eignen zeit Friedrich Rothbarts wird uns hier besser leiten als das alte testament. aus deutschen und dänischen, zumal des Saxo grammaticus berichten, ist bekannt, wie gewaltig damals Absalon († 1201) der freund und rathgeber könig Waldemars hervorragte; er wurde in geschäften Waldemars nach Deutschland geschickt, um bei Friedrich zu

---

* doch ein nobilis de Arbona. a. 1140. schw. geschichtsfr. 1, 140.
** Apsalon le bel. Bartsch prov. denkm. 86, 6

unterhandeln, kam aber auch mit Heinrich dem löwen, Reinold
von Cöln und andern ausgezeichneten männern jener zeit in
berührung. von den thaten dieses dänischen kriegshelden und
bischofs mögen frühe schon manigfache sagen umgegangen sein [1]
und sehr wol ist glaublich dasz sie ein deutscher dichter im
beginn des dreizehnten jahrh. vernommen hatte und bearbeitete.
da man weisz, dasz einheimische, nahe und halbhistorische stoffe
dem geschmack der damaligen wie der folgenden zeit wenig
behagten, so wird begreiflich, warum gedichte dieser art, welche
doch der fähigkeit und darstellungsgabe jener dichter vorzüglich
zugesagt hätten, selten geblieben und beinahe sämtlich verloren
gegangen sind. gesetzt nun es bestand wirklich eine solche
148 dichtung, in der Absalon hervortrat, so wäre es leicht ergänzungen der vermuteten lücke aufzufinden, z. b. folgende:

> der von dem her der heiden sprach,
> wiez dulte manec ungemach
> dicke von Absalône [2];

ohne dasz durch diesen satz die verbindung der folgenden verse
mit dem namen des dichters gehemmt würde. die gewagten
worte zielen freilich ins blaue; ein gutes glück müste wollen,
dasz das entbehrte gedicht oder eine ältere vollständige handschrift des Wilhelm von Orlens zum vorschein käme. was immerhin an der stelle ursprünglich gestanden habe, der verstüm-
melnde schreiber, der sich nicht darin zu finden wuste, konnte
absichtlich die partikel 'oder' einschwärzen, um den schein eines
aufgezählten dichters herbeizuführen.

Man braucht aber nicht einmal eine kecke ergänzung, blosz
die nothwendigkeit irgend eines bezugs des namens Absalon auf
den inhalt des gedichts zu billigen, und es ist eine menge von
folgerungen eingeräumt. fällt der zwischendichter weg, so wird
augenscheinlich Freidank, den wir bisher blosz als verfasser
des groszen spruchgedichts kennen, auch in die reihe erzählen-
der dichter aufgenommen; könnte etwas an sich natürlicher und
angemessener scheinen? das ist klar, dasz Rudolf, seiner ab-

---

[1] vgl. Dahlmanns geschichte von Dänemark 1, 279. — [ein abt Absalon
zu Springersbach. Caesar. heisterb. 4, 89.]

[2] im sinn habe ich die von Saxo gramm. s. 738 ff. (ed. Müller) erzählten
vorgänge der jahre 1158. 1159, vgl. Bartholds gesch. von Rügen und Pommern
2, 152. Giesebrechts wendische gesch. 3, 92.

sicht nach, hier blosz aventiuredichter herzählend, den Freidank,
wenn wir nichts von ihm hätten als die bescheidenheit, gar nicht
'in dirre schar' nennen durfte; jetzt aber scheint sich alles zu
fügen. Freidank findet seinen platz, weil er von Absalon und
kaiser Friedrich dichtete, nnd wie treffend schicken sich beide
gedichte nebeneinander, beide für ihn. Absalons thaten konn-
teu schwerlich besungen werden, mindestens von einem Deutschen nicht, ohne dasz Friedrich und vielleicht Heinrich und
Reinold in die geschichte eingewebt wurden, wer weisz ob sie
ihr und der ganzen anlage des werks nicht wesentlich waren?
ciu dichter, der sich diesen stof aus einer von ihm selbst noch
miterlebten oder kurz verwichnen zeit erlas, muste nothwendig
dahin geführt werden, die thaten und das leben Friedrichs bis
zu dessen ruhmvollem tod zu behandeln; beide gedichte hiengen
innerlich zusammen, ja sie könnten ein und dasselbe werk ge- 149
bildet haben. Hartmann, Wolfram, Gotfried wurden blosz durch
höfische mythen angeregt, und nie, scheint es, lieszeu sie sich
von vaterländischer geschichte oder den eindrücken der gegen-
wart erwärmen, die auf viele der damaligen lyrischen dichter
grosze gewalt übte. Freidank, der die fahrt nach dem heiligen
land gethan und etwan in Akers mündliche nachrichten über
den tod des groszen königs eingezogen hatte, welcher ihm leicht
noch von angesicht bekaunt war, konnte bevor oder nachdem
er die sprüche gedichtet, aufgelegt und berufen sein, das leben
Friedrichs und andere sagen seiner zeit zu besingen; seiner art
und weise sagten solche stoffe zu. da von Rudolf alle dichter
nach ihrer zeitfolge aufgeführt sind, auf Veldeck, Hartmann,
Wolfram, Gotfried, Blicker, Ulrich und Wirnt erst Freidank genannt ist, werden seine gedichte wol in die zwanziger jahre des
dreizehnten jahrh. gefallen sein. in Rudolfs Alexander nimmt
er die zehnte stelle unter den sechzehnen ein, zwischen Heinrich von dem Türlein und Courad Fleckc:

> tumpheit sträfen unde spot,
> die werlt erkennen, minnen got,
> des libes uud der sêlen heil,
> wertlîcher êren teil
> in dirre werlte kurzen tagen
> lêrte künsteliche bejagen
> der sinnerîche *Frigedanc*,
> dem âne valschen wanc (? valsches underswanc)

elliu rede (der) volge iach
wes er in liutscher zungen sprach.

der allgemein gehaltne ausdruck dieser letzten zeile musz auf
mehr als die blosze spruchsamlung gehn und fordert einen frucht-
barern dichter.   Rudolfs anführungen im Alexander unterscheiden sich von denen im Wilhelm darin, dasz es hier auf die
aventiuren abgesehn ist, die darum jedesmal neben den namen
der meister genannt stehn, dort die dichterische begeisterung
überhaupt ins auge gefaszt wird, angabe der werke meist unterbleibt.   so wenig also die einzelnen gedichte Hartmanns oder
Wolframs ausgehoben werden, kann es befremden, dasz auch
bei Freidank diesmal keines Absalons und keines Friedrichs
meldung geschah.   unmöglich aber scheint es mir Freidanks
groszen ruhm überhaupt auf die sprüche einzuschränken, deren
150 guter theil noch dazu gemeingut und aus dem volk selbst geschöpft und gelieben war.   nicht einmal sind alle sprüche, die
auf seinen namen gehn, in die uns erhaltne samlung eingelassen,
da zu den früher bekannten ergänzungen [1] immer noch andere,
jetzt aus der Zürcher handschrift [2] und bei Seifried Helbling
sich gesellen.   denn ich pflichte dem herausgeber des letztern
gar nicht bei, wenn er sie s. 246 einem jüngern Freidank beilegen will und des älteren für unwürdig erklärt; die ausflucht
hält nicht stich, nicht nur ist 8, 489. 490 augenscheinlich in der
bisherigen samlung, sondern auch der gerügte reim 8, 491. 492
wird vollkommen rein, sobald man das unpassende spott in spät [*]
(lähmung) bessert. [man darf 491. 492 auch dem Helbling beilegen.] es ist auch nicht einzusehn, warum Helblings wieder-
holte angabe, dasz Freidank den vornamen Bernhart führe, un-
wahr und unwillkommen sein soll.   gegen die meinung, welche,
als sie zuerst aufgestellt wurde, nicht gering anzog und keines
scheins ermangelte, dasz Freidank und Walther von der Vogelweide ein und derselbe dichter seien, treten nunmehr zwei, wo
nicht entschiedene, doch schwer abzuweisende gründe.   der erste,
dasz Walther ein blosz lyrischer sänger war oder nach Gotfrieds

---

[1] Freidank s. 182 und die im Renner befindlichen stellen. [und bei Wiggert
2, 77. 78. Hätzler. s. 294[b]. vgl. Renner 2883. 'ein bnoch daz her Fridank gedichtet hat' in Carlsruhe, offenbar späterer zeit. Mone anz. 3, 183.]

[2] Haupt 4, 398.

[*] aber sonst spat (suffrago): stat Helbl. 7, 746. spat: mat. Parz. 115, 5. spat:
sat. Lanz. 1466. hinken an der spat: spät. Suchenw. 44, 34.

ausdruck unter die nachtigallen gehört (weshalb auch Rudolf in
jenen beiden aufzählungen seiner geschweigt), Freidank umgekehrt, wie seine grabschrift richtig meldet, 'nur sprach, nie
sang', nur sprüche und mære, keine lieder verfaszte; wie wäre
ein jüngerer spasz gerade auf diesen zug gerathen? dann aber,
dasz Walther zu Wirzburg begraben liegt [1], Freidank zu Treviso; ich bin nicht zweifelsüchtig genug, um das echte, was bei
den grabschriften, oder auch nur der sage von ihnen vorausgesetzt werden musz, zu verschütten. Freidank war viel gewan-
dert, die annales colmarienses des dreizehnten jahrh. sagen ausdrücklich '*Frydankus vagus* fecit rithmos theutonicos gratiosos' [2],
er musz durch den Elsasz oder die umgegend gekommen oder
gar daselbst seszhaft gewesen sein, wie auch aus Rudolfs stellen, der gern nahe dichter nennt, zu schlieszen wäre, seine gedichte konnten in der damals noch viel deutscheren Lombardei [3],
die ihm zur grabstätte wurde, gunst und beifall finden; seine 151
bezeichnung als 'meister' schickt sich nicht für 'hern' Walther
v. d. V. es verlohnte sich ausführlicher zu sein über einen berühmten dichter unsrer vorzeit, dem ich zwar eine glänzende
beziehung abgesprochen, dafür aber zwei andere dichtungen,
deren untergang sogar für die deutsche geschichte des zwölften
jahrh: unersetzlich scheint, angeeignet habe. von Freidank war
allem anschein nach nicht blosz Friedrichs tod in dem strom,
sondern der ganze zug gegen die ungläubigen, und vielleicht
das gesamte frühere leben des königs besungen worden. hatte
sein werk diesen gröszeren umfang, so glaube ich kaum, dasz
es mit dem kleinen buch des Oesterreichers Ansbert [4] irgend in
zusammenhang stand. Rudolf, der später seine oft genannte,
leider unherausgegebne weltchronik dichtete, mochte sich schon
vorher darauf vorbereitet und nach büchern über die deutschen
könige umgesehn haben, so dasz ihm damals noch ein gedicht
auf Friedrich bekannt sein konnte, das den spätern geschichtschreibern völlig entgieng und vielleicht Ottokars von Horneck

---

[1] Böhmers fontes rerum germanicarum I. s. xxxvi. Hanpts zeitschr. 1, 30.
[vgl. Wackernagel altfranz. lied. 329.]

[2] Haupt 4, 573. (Pertz 17, 283.]

[3] Ulrich von Lichtenstein erstreckte seine abenteuerliche fahrt im jahre 1227
noch bis Meisters (Mestre) und Tervis, wo er mit den leuten fortig werden konnte.

[4] historia de expeditione Friderici imp. edita a quodam austriensi clerico,
qui eidem interfuit, nomine Ansbertus. Prag 1827.

treue der erzählung mit einem weit glänzendern vortrag ver-
band.

In einer der fortsetzungen, vielmehr überarbeitungen der
rudolfischen chronik findet sich ein abenteuer des 'hern Fridreich von Auchenfurt', eines gesellen kaiser Friedrich des ersten,
welches in der Münchner handschrift, woraus Docen (misc.
2, 159) diese nicht unmerkwürdige nachricht mittheilt, bald nach
dem anfang abbricht. man sollte es, falls es noch in andern
handschriften vorkommt, daraus bekannt machen *; dann erst
würde sich über seinen geschichtlichen oder dichterischen werth
ein urtheil ergeben. dieser ritter von Auchenfurt mag, soviel
ich sehe, einem bairischen geschlecht angehört haben, denn ein
flüszchen Auch musz sich zwischen Passau und Braunau in den
Inn ergieszen. eine Passauer urkunde von 1259 nennt (MB.
vol. 29' s. 233) einen ort Auchenthal, in dessen nähe jenes Auchenfurt zu suchen wäre [1].

152   Nach Wilkens verzeichnis der Heidelberger handschriften
s. 544 sollen im cod. palat. 844 blatt 135 — 150 bruchstücke eines altdeutschen gedichts auf Friedrich Rothbart enthalten sein;
das liesze kostbaren fund erwarten. es ist aber nichts als der
bekannte brief des priesters Johann über seine herrlichkeiten,
der bald an den griechischen kaiser Emanuel (1143—1180),
bald an den deutschen Friedrich gerichtet wird [2], hier, nach dieser letzteren version, von einem Deutschen zu Königsberg (Uj-
bánya) in Ungern, wahrscheinlich gegen den schlusz des vierzehnten oder schon im funfzehnten jahrh. ziemlich roh und un-
geschlacht gedichtet; den namen Oswalt am schlusse und die

---

* Enenkels gedicht von Auchenfurt gedruckt bei Haupt 5,273. GA. 3, 341.
Volráts mære von der alten muoter bei Haupt 6, 497. GA. 1, 85 bezieht sich
auf einen reichstag keiser Friedrichs zu Nürnberg, wahrscheinlich Friedrichs I,
nicht Friedrichs II. jener war zu Nürnberg 1156. 1158. 1163. 1166. 1181—1184.
1188. — got ervolte sin gebot am keiser Frideriche MSH. 3, 468⁴.

[1] blosz in die anmerkung verweise ich den titel eines mir noch nicht zur
hand gekommenen französischen buchs, in dem eine sage von Friedrich Rothbart
enthalten sein könnte: le château de Frédéric Barberousse à Dôle, on le malefice.
chronique du 12ᵉ siècle, attribuée à Hues de Brayes Selves, et publiée par Léon
Dusillet. Lons le Saulnier et Paris 1843. 19½ bogen in 8. der könig hielt sich
öfter in Burgund auf und zu Dole namentlich im nov. 1157 und sommer 1166
(Böhmers regesta no. 2379. 2519). [ist nichts als romanhafte erdichtung.]

[2] nach beiden formularen, lateinisch und französisch, gedruckt in Jubinals
Rutebeuf 2, 444—470.

jahrzahl 1478 beziehe ich blosz auf den schreiber [1]. willkom-
men scheint dennoch die zuletzt darin enthaltne umständliche
meldung, wie das schreiben des priesters Johannes mit andern
geschenken begleitet über Italien nach Deutschland gelangt, von
Friedrich geehrt und durch eine gegengabe erwiedert wird; der
kaiser habe aus den kleinoden ein fingerlein, das unsichtbar
machte, heimlich für sich behalten, und als er späterhin in des
pabstes bann gefallen, diesen ring auf einer jagd an die hand
gelegt, sei dann plötzlich verschwunden und nimmer erblickt
worden. das gemeine volk aber glaube an seine dereinstige
wiederkehr. dieser ganze bericht ist merkwürdig genug um im
anhang A mitgetheilt zu werden: augenscheinlich sind dabei der
erste und zweite Friedrich vermengt [2], auf keinen derselben fügt
sich das in der volkssage wol schon früh begründete verschwinden des königs, dessen ersehnte rückkunft eben aus dem wunder geschlossen wird. Friedrich der erste ertrank 1190 im Kaly-
kadnus und wurde zu Antiochien begraben, Friedrich der zweite
starb 1250 siech zu Luceria und ihm wurde in Sicilien zu Pa-
lermo ein prächtiges grabmal errichtet. aus dem gedicht erhellt nicht sicher, welchen könig der verfasser meint; die kunde
vom priester Johann erscholl zuerst in der mitte des zwölften
jahrh. und wie an Emanuel ist der brief Johanns an den gleich-
zeitigen Friedrich den ersten. diesen aber traf kein bannstrahl,
Friedrich der zweite wurde zwar nicht von Honorius dem dritten, dagegen von Gregor dem neunten zweimal, 1227 und 1239,
gebannt. Philipp von Frankreich (1180—1223) schickt sich
zu beiden Friedrichen. der durch lange jahrhunderte dauernde
volksglaube an des geliebten helden verschwinden und rückkehr [3] konnte sich leichter auf einen im fernen morgenland un-
gewöhnlicher weise in den wellen ertrunknen könig beziehen,
als auf den jüngern Friedrich, der im bett, wie man wol glaubte,
vergiftet starb; doch Johann von Winterthur, seine chronik in

---

[1] ein anderes völlig verschiednes gedicht über denselben gegenstand steht
gedruckt in Haupts altd. blättern 1, 308—324. [vgl. auch Titurel 6103 ff.]

[2] man unterscheidet sonst den ersten durch den beisatz 'des alten', z. b.
in einer MB. 29ᵇ, 310 gedruckten chronik heiszt es: Eckprecht von Puten, der
fuor mit dem alten chaiser Fridreich gegen Mailon. das volk hatte lange die
redensarten: auf den alten kaiser hinein leben, warten, vgl. deutsche mythol.
s. 910. [ihrem keyser Friederich zu lieb kein wein trinken. Garg 70ᵃ.]

[3] deutsche mythologie s. 906—910.

der mitte des vierzehnten jahrh. schreibend, gedenkt allerdings einer sage, dasz Friedrich der zweite durch weissagungen erschreckt aus der heimat gewichen sei und mit treuen dienern in anderm welttheil glücklich lebe; ursache auszuwandern hatte der im bann von seinen eignen unterthanen gemiedne könig. der ältere Friedrich hingegen eignet sich weit mehr für die volkssage [1] und es könnte sein, dasz schon dreiszig jahre nach seinem tod das dem Freidank überwiesene gedicht von dem verschwundnen berichtete.

Ich wende mich zu der lateinischen poesie.

Der frühste dichter, von dem man bisher lateinische verse auf Friedrich Rothbart kennt, wo nicht schon jene carmina favorabilia (s. 144) aus dem jahr 1158 lateinische waren, ist Gotfried von Viterbo. lange zeit in der kaiserlichen capelle, erst von Conrad dem dritten, dann von Friedrich und Heinrich dem sechsten zu geschäften verwandt, ein Welscher, aber in Bamberg auferzogen und immer den hofhaltungen aus Italien nach Deutschland folgend, hat er im XVII. buch seines weitläuftigen pantheons die deutschen könige, zuletzt also auch Friedrich und dessen ältesten sohn besungen, das ganze werk ist bis zu 1186 geführt und noch bei Friedrichs lebzeiten vollendet. ein mann der so viel gesehn und gelesen, wie Gotfried, wäre noch zu reichhaltigeren mittheilungen, als er in dem weitgreifenden buche gibt, geeignet gewesen; aus breiter, mönchischer prosa pflegt er abwechselnd in leoninische verse überzugehn und neben historischen berichten verschmäht er sogar die volkssage nicht; den Deutschen hat er ihre unbeholfenheit abgelernt, sich nicht ihr treues vaterländisches gefühl erworben; er hebt von Friedrich blosz die händel mit den lombardischen städten, den päbsten und die römische krönung hervor, züge aus dem eigentlichen leben des königs darf man in solchen, zwar nicht gehaltlosen, aber kahlen und matten schilderungen nirgend erwarten.

Ungleich höheren schwung scheint ein andrer zeitgenosse des königs, der sogenannte Günther in seinem *Ligurinus* zu nehmen, der ganz eigentlich auf die thaten Friedrichs gerichtet und dem königshause selbst, dem kaiser mit den fünf söhnen

---

[1] die cento novelle antiche, eine ungefähr in der mitte des dreizehnten jahrh. entsprungne samlung, erzählen nov. 20. 21. 22. 23. 88. 98 nur vom ersten Federigo. nach der letzten nov. soll er auf den berg des alten (alla montagna del veglio), d. h. zum alten vom berg, dem herrn der Assassinen gekommen sein.

zugeeignet ist. das gedicht müste nicht vor 1186 fertig geworden sein. nicht minder als zehn langathmige bücher singen in
flieszenden hexametern beredt, oft unter angenehm eingestreuten, nur allzu gelehrten bildern lauter bekannte begebenheiten.
man ermüdet das gesamte werk zu genieszen, weil man schnell
gewahrt, dasz ihm alles neue und eigne abgeht, es bietet gar
nichts dar als einen baaren auszug aus Otto von Freisingen
und Radevicus, Friedrichs eigentlichen geschichtschreibern, deren
ungeschminkte einfachere prosa weit gröszere anziehungskraft
hat, als des angeblich welschen dichters gemeinplätze. diese in-
haltsleere und armut ist es, welche den Ligurinus verurtheilt;
schlagend ergeben sie sich daraus, dasz nach 1160, wo ihm die
quelle versiegt, aus den fünfundzwanzig späteren jahren er nichts
weiter hinzuzusetzen hat und seines helden gröszte begegnisse
verschweigt. was von solchem machwerk urtheilen soll man? Pi-
thou im vorbericht zu seinen scriptoren (1569) meint recht naiv,
Celtes habe wol die argumenta librorum hinzugemacht. dieser
oder einer seiner freunde und genossen könnte den ganzen Ligurinus gedichtet haben, dem mehr der ausgang des fünfzehn-
ten jahrh. als des zwölften zusagt. keine einzige handschrift
des gedichts ist an den tag gekommen, so wenig als des zu
eingang und am schlusz erwähnten Solymarius, worin der kreuz-
zug unter Conrad dem dritten besungen und welcher dem gleichnamigen sohne Friedrichs gewidmet gewesen sein soll. des Ligurinus dürfen alle historiker entrathen und sprachforscher thun
recht ihn bei seite zu legen, es sei denn um den jüngeren stil
darin vollends zu gewahren [1].

Wie sehr sticht von den rohen versen im pantheou, von den
geleckten des Ligurinus ab die einfache natur älterer bisher
völlig unbeachtet gebliebner lateinischer gedichte auf Friedrich
und seine zeit.

Als ich noch der Göttinger bibliothek vorstand und ihre
handschriften genauer durchsuchte, boten sich mir in einem
mehrerlei enthaltenden octavbande acht lateinische gedichte des

---

[1] der verfasser gebärde) sich als könne er die wollautenden städtenamen
Magadeburg, Franconefurt, so gut sie sich den füszen des hexameters bequemen,
vor barbarischem klang nicht hervorbringen, das zu sagen wäre keinem zeitge-
nossen Friedrichs beigefallen. [Celtes geb. 1459, † 1508. Jehan le Maire de Belges,
der 1512 schrieb, nennt im prolog zum dritten buch schon den 'Ligurinus'. vgl.
Stälin 2, 23. N. lit. anz. 1806 no. 18 s. 282.]

mittelalters dar auf pergamentblättern, wie es schien, des dreizehnten jahrh. mit ziemlich nachlässiger schrift. ihr inhalt wies
allenthalben auf Friedrich Rothbarts heerzüge in Italien, so wie
auf seinen rathgeber und geschäftsführer Reginald von Cöln,
den erzkanzler [1]. sobald ich genauer las überraschten unver-
kennbare anklänge an die weise eines andern und unter anderm
namen bekannten dichters jener zeiten, von welchem gleichwol
nichts herausgegeben war, was mit dem hier wahrgenommnen
inhalt übereinzutreffen schien.

Unter acht gedichten führen sieben die überschrift *archipoeta*,
ein ausdruck der bei Ducange, selbst in der neuen ausgabe,
nicht einmal verzeichnet ist. ich stosze auf ihn aber sonst in
den dialogen des Caesarius von Heisterbach, der noch unter
Friedrich dem ersten zu Cöln oder in der nachbarschaft geboren, im jahr 1188 ein knabe war, und im jahr 1222 sein stark
nach dem mönch riechendes aber lesenswerthes buch de miraculis et historiis memorabilibus vollendete. lib. 2 cap. 16 schreibt
Caesarius: anno praeterito apud Bonnam, vicum dioecesis colo-
niensis, *vagus clericus quidam*, *Nicolaus* nomine, quem vocant
archipoëtam, in acutis graviter laboravit, et cum mori timeret,
tam per se ipsum quam per canonicos ejusdem ecclesiae, ut in
ordinem susciperetur, apud abbatem nostrum obtinuit. quid
plura? cum multa, ut videbatur nobis, contritione tunicam in-
duit, quam facta crisi celerius exuit, et cum quadam irrisione
projiciens aufugit. was nun heiszt das? schwerlich konnte einem vagus clericus überhaupt damals die benennung archipoëta
zustehn; war es ein bestimmter beiname dieses Nicolaus, so
hätte man statt vocant eher vocabant zu erwarten, welches vielleicht die häufigen handschriften des Caesarius, dem ich eine
critische behandlung in den monumentis historiae Germaniae
wünsche, darbieten. wir werden sehn, dasz die abfassung unsrer
lateinischen gedichte in die sechziger jahre des zwölften jahrh.
fällt. es widerstrebt keiner möglichkeit, wenn der alte lebens-
müde archipoëta vom fieber befallen sich bei den Cisterciensern
(das waren sie zu Heisterbach) hätte aufnehmen lassen, und
kaum genesen, wie ein gezähmtes wild plötzlich wieder in den

---

[1] die geschichte weisz, wie viel dieser bei Friedrich galt und noch nach
seinem tod in dankbarem andenken blieb; man lese die ihm in den schenkungs-
urkunden für Cöln ertheilten lobsprüche (Lacomblet no. 407. 417. 426). [sollte
nach ihm der Reinolt von Meilant in den deutschen heldenliedern gebildet sein?]

freien wald lauft, zu der augewöhnten umschweifenden lebensart zurückgekehrt wäre. wurden die lieder, wie man nothwendig annehmen musz, in schäumender jugend verfaszt, so hätte
Nicolaus, etwa zwischen 1145—1150 geboren, als siebzigjähri-
ger greis zwischen 1215 und 1220 zu Heisterbach können ein-
kehren; genau wissen wir nicht, welches jahr Caesarius unter
anno praeterito meinte, er konnte diese erzählung niederge-
schrieben haben, eh er das übrige buch vollendete. freilich ein
beisatz von senex oder aetatis decrepitae in jenem bericht würde
die vermutung wahrscheinlicher machen und der archipoëta der
gedichte kann allerdings schon ein vorgänger des niederrhei-
schen Nicolaus gewesen sein. es käme darauf an, *archipoëta*
in andern stellen als einen ausdruck allgemeiner bedeutung nachzuweisen. jetzt bin ich blosz im stande ihn aus weit späterer
zeit, nemlich noch der des beginnenden sechzehnten jahrh. beizubringen. Camillo Querno, hofsänger oder hofnarr Leo des
zehnten, führte damals noch den also auch in Italien hergebrachten beinamen *archipoëta* [1]; als er einmal dem pabst über
sein mühsames amt klagte:

    archipoëta facit versus pro mille poëtis,
versetzte Leo alsobald:

      et pro mille aliis *archipoëta* bibit [*].
das stimmt völlig schon zu der weise der wandernden sänger
in früherer zeit. ist nun das erste der acht gedichte zufällig
ohne die aufschrift archipoëta geblieben, oder kommt sie ihm
nicht zu, weil es allein an mehrere gönner, die übrigen alle an
den einen gerichtet sind, in bezug auf welchen der dichter
jenen namen führt? wir müssen aber noch andere züge und
nachrichten über ihren verfasser aus ihnen gewinnen.

    Der dichter stellt sich in diesen nicht nur als einen fahren-
den schüler dar, der mit dem deutschen heer in Welschland
herumzieht, sondern er beschreibt auch selbst seine lebensart 137
und gesinnung in so lebendigen, unverholnen zügen, dasz man
aus seinen liedern blicke in die damalige zeit werfen kann und

---

[1] Flögels geschichte der hofnarren s. 436. 437 wahrscheinlich aus Jovius in
vita Leonis X. [zeitvertr. 1668 s. 30 heiszt er Andreas Maro, oder wie andere
ihn nennen Camillus Quartus! Andreas Maro auch in Joh. Petr. Langii Demo-
critus ridens. ed. 2. Esslingae 1689 p. 348. Camillus Quernus. Melandri jocoseria
tom. 1. no. 652 aus Jovius in elegiis doctor. viror. 189.]

[*] gleichsam archipota. Diefenbach s. v.

aufschlüsse erhält über das, was diesen wandernden, armen sängern damals gemeinschaftlich gewesen sein musz. er erscheint
lustig, verschwenderisch, ausschweifend, lumpig, bettelhaft, der
bei jedem anlasz um geld und kleider fleht und für die erwartete
gabe reumütig seinen südlichen wandel abzulegen verspricht.
dennoch regt sich in ihm ein gewisser stolz, er will mit dem
schwarm der gemeinen bänkelsänger und spielleute, die er leccatores (altn. leikarar, warum nicht ahd. leichara? [oder ist lecca-
tor abd. lecchari lurco? Graff 2, 103. mhd. lecker Walth. 32, 29.
ribaldum et leccatorem. a. w. 2, 51.]), histriones, balatrones nennt,
unvermengt sein, und scheint sich mit seiner lateinischen bildung vorzugsweise an die geistlichen herrn zu schlieszen, ja
zwischen ihm und einem derselben, dem berühmten, am heer
wie bei hof einfluszreichen erzkanzler Reinald von Cöln musz
irgend ein näheres verhältnis bestanden haben: an Reinald ist
gerade der gröszte theil dieser lieder gerichtet. ich will vorerst stellen ausheben, die das gesagte beweisen, und dann weiter mutmaszen. im vierten gedicht nennt er sich von kriegern
stammend (ein soldatenkind), .nicht für bäurische arbeit ge-
schaffen:

> fodere non debeo, quia sum scolaris
> ortus ex militibus preliandi gnaris;
> sed quia me terruit labor militaris
> malui Virgilium sequi quam te, Paris,

d. h. ich hätte ein held werden können, wollte aber lieber dichter sein, weil das kriegshandwerk mich schreckte;

> mendicare pudor est, mendicare nolo *,
> fures multa possident, sed non absque dolo;
> quid ergo jam faciam, qui nec agros colo
> nec mendicus fieri nec fur esse volo.

mit dem meiden des bettelns scheint es ihm aber kein rechter
ernst, denn bald darauf heiszt es:

> scribere non valeo, *pauper* et *mendicus*,
> que gessit in Latio *cesar Fridericus*,

und das erste gedicht hat es noch weniger hehl:

> viri digni fama perpetua
> prece vestra complector genua,

---

* Luc. 16, 4 fodere non valeo, mendicare erubesco. drei erznarren s. 82.
graben mag ich nicht, betteln schäm ich mich. Garg. 190ᵃ.

> nec recedam hinc manu vacua;
> fiat pro me collecta mutua,

es möge für ihn zusammengeschossen werden, eh die versamm- 16
lung aus einander gehe.　das dritte beginnt:

> omnia tempus habent, et ego breve postulo tempus
> ut possim paucos presens tibi reddere versus
> electo sacro, presens in *tegmine macro;*
> virgineo more non hoc loquor absque rubore.

der electus ist kein audrer als Reinald, der zum erzbisthum Cöln
erwählte erzkanzler. den er öfter electus Colonie anredet, und
dem er hier in aller eile, um nicht zu belästigen dreiundzwanzig
leonine vorträgt, dünn bekleidet (in tegmine macro), es zielt
auf die gabe eines neuen rockes. im ersten gedicht wird von
der traurigen nothwendigkeit geredet, ein kleid, wenn beisteuer
ausbleibe, zu verkaufen:

> si vendatur propter denarium
> *indumentum* quod porto *carium,*
> grande mihi fiet opprobrium;
> malo diu pati jejunium:
> largissimus largorum omnium
> presul dedit mihi hoc *pallium,*
> majus habens in celis premium
> quam Martinus, qui dedit medium.
> Nunc est opus ut vestra copia
> sublevetur *talis inopia:*
> dent nobiles dona nobilia
> *aurum, vestes* et his similia.

gold und kleider werden auch in den deutschen gedichten des
mittelalters den sängern vertheilt. indumentum *carium* ist was
die französischen dichter jener zeit *vair,* die deutschen bunt
nennen; meist stehen griseum et varium, vair et gris, grâ und
bunt neben einander [1]; es war die tracht der weltlichen und
reichen, der aber auch scholaren und sänger nachstrebten; der

---

[1] grâ, hermîn unde bunt. Iw. 2193. Wigal. 1703. 9077. grâ unde bunt.
Nib. 60, 4. [Gudr. 156, 2. die dâ dûhten smæher, die truogen bunt unde grâ.
Servat. 137. lemberîn und bunt. Haupt 8, 550. vair et gris. Garins 2, 179. 180.
181. pelze und grauwerk vertheilen. Rodulfi chron. Trud. (Stenzel 1, 760.) ca-
nos spargens cum variis indumentis. Pertz 5, 479. pallium canum vel saphiri-
num, virgatum sagulum. Pertz 2, 747. fuwe (ags. fah) and gris. Erceld Trist.
2, 9. 11. vair and gris 2, 24.]

unsrige klagt im vierten gedicht, dasz sie gemeinen bänkelsän-
gern zu theil werde:

> doleo, cum video *leccatores* multos
> *sericis* et *rariis indumentis* cultos.

ein paar strophen weiter heiszt es noch kläglicher:

> unde fit, ut aliquid petere presumam.
> *nudus* ego metuens frigus atque brumam,
> qui *cellus* non habeo nec *in lecto plumam;*
> tam libenter mihi det, quam libenter sumam.

im fünften gedicht:

> debes mihi *magnum quid in hoc festa dare,*

und zu ende des siebenten:

> *archicancellarii ratem* pulsat nuditas,
> unde bene meruit *mantellum* et *tunicam.*

im dritten drückt sich der archipoëta folgendergestalt aus:

> frigore sive fame tolletur spiritus a me,
> asperitas brume necat horriferumque gelu me
> in *tali veste* non sto sine fronte penes te.

Dasz nun dieser dichter ein Deutscher, kein Italiener war, läszt sich fast schon aus dem tadel abnehmen, den
er diesen, dem lob, das er jenen spendet.

In seinem dritten gedicht, das auge zurück über die alpen
in die heimat lenkend, redet er seinen beschützer an:

> tu *transmontanos,* vir transmontane, juva *nas.*

er nennt sich also selbst einen Nordländer (transmontanus) und
das entscheidet. von Reinald heiszt es im siebenten:

> tu cum trans alpes famosus, ut hic, habearis,
> re famam superas, non a fama superaris;

und im dritten wird deutsche freigebigkeit welscher knauserei
entgegengesetzt:

> a viris *teutonicis* multa solent dari,
> digni sunt pre ceteris laude singulari;
> presules *Italie,* presules avari,
> potius idolatre debent nominari.

ja im sechsten gedicht macht er die Italiener noch schlechter:

> optime vir, cujus soror est amica Minerva,
> qua bene cuncta regis, quamvis *in gente proterva.*

und wer weisz, ob sie nicht auch 2, 70 unter den gentes *in-
franitae* gemeint sind; so seine heimat schelten wird auch kein
den fremden gewalthabern schmeichelnder Welscher. unsers

dichters deutsche abstammung würde aber kaum einem zweifel
unterliegen, wenn er, wie es beinahe scheint, seinem vielge- 160
priesenen vornehmen gönner durch engere bande verbunden, an
dessen prächtigem hofe unterhalten und mit ihm über die alpen
gekommen war. zu dergleichen aunahmen fordert das zweite
gedicht auf, in welchem der dichter unter dem busznamen Jonas thräuen der reue vor seinem herrn vergieszt und sich zu
rechtfertigen versucht über eine unbesonnene flucht, aus der er
nun im drange gröszter noth zurückkehrt. zumal meine ich
folgende stellen:

lacrimarum fluit rivus,
quas effundo fugitivus
intra cetum [1] semivivus,
tuus quondam adopticus.

und

hunc reatum si remittas,
vitans ea, que tu vitas,
poetrias inauditas
scribam tibi, si me ditas.
ut jam loquar manifeste,
paupertatis premor peste
stultus ego, *qui penes te
nummis, equis, victu, veste
dies omnes duxi feste.*

geht hieraus nicht hervor, dasz Reinald sich des armen, vielleicht hübschen und fähigen knaben, seines *adoptivus*, d. h. den
er zur taufe gehalten hatte (Ducange s. v. adoptio), ferner annahm, ihn unter sein hofgesinde zog und in seinem hause her-
anwachsen liesz?[*] und bei Reinald, dem gebornen grafen zu
Dassel[**], der seine jugend in Niedersachsen und Hildesheim
zugebracht hatte, aber wol frühe mit Cöln, zu dessen bisthum
er hernach erwählt wurde, in berührung stand, erinnert man
sich da nicht wieder jenes an demselben Niederrhein zu Bonn
auftauchenden Nicolaus, der gleich seinem herrn nach Deutschland heimgekehrt, dort, wer weisz es wo, das übrige leben ver-

---

[1] im bauche des wallfisches.
[*] lieber blosz: dessen du einst dich wie eines sohnes annahmst.
[**] vgl. Schraders dynasten 236. 237 ff. in einer Fulder urk. von 1157 (trad.
fuld. 3, 40) heisst er Reginoldus cancellarius teutonici regni und frater Liudolfi
de Dasselo (so l. statt Casselo). Reinoldus Dassalus in urk. von 1120 bei Falke
tr. corb. 215.

zehrte, und lange nach des erzbischofs tode einen versuch des klosterlebens machte? in allen gedichten nennt er sich *vates*, *poëta*, *servus* des erzkanzlers, dessen frühe schon 1168 erfolgtes hinscheiden auch des dichters froheste hofnungen zerstört haben konnte? soll *archipoëta* den dichter des *archicancellarius* bedeuten, oder allgemein den höfischen, hoffähigen, der im gegensatz zu gemeinen spielleuten gleich dem erzschenk, erzkämmerer ein hofamt beim könig oder fürsten versah? jenes scheint unterstützt zu werden durch die schon vorhin gemachte wahrnehmung, dasz die überschrift *archipoëta* dem ersten gedicht mangelt.

Doch es ist zeit, ehe wir gewagten mutmaszungen nachhängen, auf die historischen bezüge, welche die gedichte an hand geben, und auch auf den könig, den wir fast aus dem auge verloren haben, zurückzukommen.

Bevor ich aber dazu schreite, habe ich eines neuen fundes zu erwähnen, der die zahl der lieder um zwei, und die allerbesten vermehrend, jene ermittlungen vielfach sichert. es war schon im allgemeinen zu erwarten, dasz der wandernde schüler eine weit gröszere zahl von gedichten, auszer den bettelliedern an Reinald, verfaszt haben und davon noch manches in andern handschriften aufbewahrt sein müsse.

Eine solche handschrift bewahrte ehmals Stablo und von da war sie nach Brüssel gelangt, wo sie noch heute vorhanden ist. das Pertzische archiv 7, 1008 beschreibt sie folgendermaszen: cod. membr. sec. XII, einst Stablo gehörig, enthält ein buch de arte dictandi unter erzbischof Reinald von Cöln geschrieben und ein gedicht an kaiser Friedrich I. 'salve mundi dominus, cesar noster ave'; dann 'estuans interius ira vehementi' an erzbischof Reinald, 'archicancellarie' an denselben, mit anderer dinte aber von derselben hand geschrieben.

Wir befinden uns hier ausgemacht auf dem felde der Göttinger gedichte, unter denselben leuten, und kein zweifel, dasz die angeführten drei gedichte von dem verfasser jener acht ausgegangen sind, obgleich hier der name archipoëta völlig fehlt. herr von Reiffenberg hat im bulletin de l'academie royale de Bruxelles tome 9 (1842) no. 5 die drei gedichte herausgegeben. das letzte derselben ist das siebente der Göttinger samlung, nur unvollständiger, dagegen das zweite (schon aus Aretins beiträgen 9, 1318 — 1322 bekannt) mit dem Göttinger vierten sechs

strophen gemein hat, das erste gar nicht unter den stücken der
Göttinger handschrift enthalten ist. ich füge die beiden ersten,
in berichtigtem text, meiner ausgabe der acht gedichte als neun-
tes und zehntes hinzu.

Alle zehn mögen in den jahren 1162—1165 verfaszt worden sein; später als 1167 könnte schon darum keins derselben
fallen, weil im herbst dieses jahrs erzbischof Reinald, der in
allen als lebend vorausgesetzt wird, auf dem gipfel seines ruhms 162
einer bösen seuche erlag. zwei andere gedichte aber erwähnen
des niederbruchs der mauern Mailands, der im merz 1162 nach
der zweiten einnahme der stadt erfolgte:

adhuc starent menia Mediolanensium,

nec cesar per prelia victor esset hostium,

nisi dei gratia te dedisset socium,

ruft, stark schmeichelnd, seinem gönner unser dichter zu. zwar
einige der übrigen gedichte dürften vor 1162 entsprungen sein,
da Reinald schon im october 1157 auf dem reichstag zu Besançon des königs geschäft besorgte, und von dieser zeit an ununterbrochen die seele der reichsverwaltung blieb. genau weisz
ich nicht, wann Reinald das canzleramt zuerst versah, sicher
schon 1156 [1], electus Coloniae heiszen konnte er nur seit 1158,
in welchem jahr diese vom pabst gemisbilligte wahl erfolgte [2];
sein vorgänger Friedrich von Altenau starb 1159. immer aber
zögerte die päbstliche weihe, und erst im mai 1165 auf dem
Wirzburger reichstag empfieng er sie aus Paschalis händen und
leistete den eid. zwischen 1158 und 1165 gebührt ihm also der
titel Coloniensium electus [3], und archicancellarius (per Italiam)
konnte er ebensowol sein, archiepiscopus aber nur seit jenem
Wirzburger tage heiszen [4]. da nun der dichter ihn archicancellarius, nicht archiepiscopus (aber praesul) anredet, so sind
diese lieder sämtlich vor 1165 zu setzen. auch rührt schwerlich eins von ihnen noch aus dem jahr 1167; es würde sonst
kaum unterlassen worden sein, des von Reinald über die Römer
erfochtnen siegs und des einzugs der Deutschen in Rom (30 juli
1167) meldung zu thun. Friedrich war vom herbst 1164 bis

---

[1] urkunde a. 1156 bei Lacomblet no. 389. die fast unentbehrlichen canz-
lernamen sind uns in den böhmerschen regesten noch nicht verzeichnet.

[2] von Raumers Hohenstaufen 2, 109.

[3] urkunde von 1164 bei Lacomblet no. 407.

[4] urkunde vom 11. dec. 1165 bei Lacomblet no. 410.

zum herbst 1166 in Deutschland, die gedichte wurden aber auf
welschem boden abgefaszt: ich möchte die meisten in das spät-
jahr 1162 oder zwischen den herbst 1163 und 1164 legen.

Die übersicht der einzelnen stücke wird noch einiges besondere darbieten.

163   Das erste gedicht beginnend 'lingua balbus, hebes ingenio' leitet aus frommen betrachtungen die mit höchst weltlichem gebet schlieszende bitte um unterstützung des dürftigen
dichters, historische bezüge gewährt es keine. es ist auch das
einzige, was weder an Reinald noch an Friedrich, sondern an
mehrere höhere geistliche zusammen gerichtet wird; doch meint
es unter dem largissimus praesul jenen ersten.

Das zweite 'fama tuba dante sonum' könnte auf den ersten blick an den kaiser selbst sich wenden, nicht an Reinald.
denn es führt fort:

excitata vox preconum
clamat viris regionum
advenire virum bonum,
patrem pacis et patronum.
cui Vienna parat thronum.
multitudo marchionum,
turba strepens histrionum
jam conformat tono tonum.
genus omne balatronum
intrat ante diem nonum.
quisque sperat grande donum,

hier wird ein öffentliches fest geschildert, zu welchem adel, sänger und spielleute herbeiströmen, gegen die der niedergebeugte,
von seiner flucht zurückkehrende dichter absticht. doch die geschichte meldet uns von keinem zu Vienne, der geistlichen hauptstadt Burgunds gehaltnen reichstag. seit seiner vermählung mit
Beatrix von Burgund im jahr 1156 hatte Friedrich oft veran-
lassung sich in diesem königreich aufzuhalten und dessen abhängigkeit von der deutschen krone zu festigen; gleich 1157
war ein groszer tag zu Besançon [1] und aus Böhmers regesten
ersieht man, dasz der könig damals vom 24. oct. bis ende nov.

---

[1] im Ligurinus, aber auch in urkunden jener zeit (Pertz 4*, 179) heiszt
diese stadt *Chrysopolis;* ich glaube man bezog die form Bisuntium, Bisantium auf
hysantes, byzantos, die goldmünzen. [auch Parma heiszt Chrysopolis. Höflers Al-
bert von Beham s. 125.]

in Burgund verweilte, während dieser zeit konnte ihm auch ein
fest zu Vienne veranstaltet worden sein, dessen weder Radevicus
noch andere erwähnen. da aber der verfolg des gedichts deutlich auf Reinald geht und die worte 'esto vati tuo mitis' für 164
den könig nicht passen, so wäre ich geneigt den festtag überhaupt für Reinald gelten zu lassen, der, wie wir sahen, schon
1157 unter den Burgunden gewaltig aufgetreten war, 1162 den
könig nach Burgund begleitete, als die zusammenkunft mit könig Ludwig von Frankreich an der Suone [1] verabredet war, und
diesem zu Lovigennes rede stand. die burgundischen geistlichen mochten grund genug haben, Reinald, des kaisers rechte
hand, auf dessen namen (Reginaldus) im vierten liede unser
dichter anspielt:

>   a regni negotio nomen est sortitus,

festlich zu ehren, und sie durften ihn schon pater pacis, pacis
auctor, ultor litis nennen.

    In dem dritten gedicht ('omnia tempus habent et ego
breve postulo tempus') drückt der archipoëta, diesem eingaug
treu bleibend, in wenigen versen dem hohen gönner seine bittere
armut aus.

    Ungleich bedeutsamer erscheint das vierte gedicht, es
läszt uns tiefer blicken in die secle dieses wunderlichen sängers:

>   archicancellarie, vir discrete mentis,
>   cujus cor non agitur levitatis ventis
>   aut morem transgreditur viri sapientis,
>   *non est in me forsitan id quod de me sentis.*
>   audi preces, domine, veniam petentis,
>   exandi suspiria gemitusque flentis,
>   *et opus impositum ferre non calentis,*
>   quod probare potero multis argumentis,

er hat das ihm aufgetragne, übernommne versäumt und hascht
nach entschuldigungen:

>   jubes angustissimo spatio dierum
>   me tractare *seriem augustarum rerum,*
>   quas neque Virgilium posse nec Homerum
>   annis quinque scribere constat esse verum.

---

[1] auf den 29. angust; sie kam aber nicht zu stande (v. Raumers Hohenstaufen 2, 151. 152), obwol eine urkunde MB. 10, 17 angibt, dasz sie an diesem
tag stattgefunden habe. [Jul. Ficker s. 63 setzt die versamlung ins jahr 1164.]

vis et infra circulum parve septimane
bella scribam fortia breviter et nane,

165   que vix in quinquennio scriberes, Lucane,
vel tu vatum maxime, Maro mantuane.

man sei nicht immer zu dichten aufgelegt, sondern müsse begeisterung abwarten:

aliquando facio versus mille cito,
et tunc nulli cederem versuum perito,
sed post tempus modicum, cerebro sopito,
versus a me fugiunt carminis oblito.

ihm thue Reinalds huld und beistand noth:

scribere non valeo pauper et mendicus
que gessit in Latio cesar Fredericus,
qualiter subactus est tuscus inimicus,
preter te [1], qui cesaris integer amicus.

die weitere uud eigentlich poetische auseinandersetzung ist aber
mit der im zehnten lied enthaltnen umdichtung so genau ver-
webt, dasz ich hernach darauf werde zurückkommen. nur hier
die schluszstrophe noch:

archicancellarie, spes et vita mea,
in quo mens est Nestoris et vox ulixea,
Christus tibi tribuat annos et trophea,
et nobis facundiam, ut scribamus ea.

der dichter war also beauftragt, angestellt von dem erzkanzler,
die thaten Friedrichs in Welschland zu besingen, und es ist nicht
zu beweifeln, dasz er, dem die verse leicht flossen, öfter dazu
die feder angesetzt haben werde, wenn er auch, wie es scheint,
seinem beschützer nicht fleiszig genug arbeitete. im neunten
gedicht hat er von seinem beruf und talent glänzende probe abgelegt.

    Auch das fünfte ('nocte quadam sabbati somno jam re-
fectus') sehn wir wiederum an Reinald gerichtet und eine art
von vision beschreiben, nach welcher, bei nächtlicher weile in
den himmel entzückt, archipoëta unaussprechliche geheimnisse
erkundet habe, unter andern dasz dem erzkanzler ein schutz-
engel zur seite stehe, unter dessen geleit er schlachten gewinne
und auch in bälde den sicilischen könig überwinden werde:

    per huuc regnum Siculi fiet tui juris,

[1] ohne dich (wan dû) vermag ich nicht zu schreiben.

ad radicem arboris ponitur securis;
tyrannus extollitur et est sine curis,
sed ejus interitus venit instar furis.

aussicht, könig Wilhelm von Sicilien, der feindlich gegen Friedrich es mit dem pabst hielt, zu unterwerfen, mochte nach 1162 mehrmals, besonders lebhaft freilich erst 1166. 1167 auftauchen; auch im neunten gedicht heiszt es:

jam tiranno siculo Siculi detrectant,
Siculi te sitiunt, cesar, et exspectant,
jam libenter Apuli tibi genuflectant,
mirantur quid detinet, oculos humectant.

doch in jener himlischen gesellschaft, denn er wolle nicht schmeicheln, sondern wahrheit einschenken, habe plötzlich der heilige Martin sich erhoben und vor gott über Reinald klage erheben wollen, nur durch des dichters inbrünstiges weinen sei er davon abgestanden. wach geworden von diesem seinem eignen heiszen weinen, flehe er nun Reinalden, mit dem heiligen Martin sich auszusöhnen: das sei mehr werth als des Palatiuns freundschaft. dies ist nun der bekannte pfalzgraf Otto von Wittelsbach, der vereint mit Reinald so mächtig dazu hingewirkt hatte das kaiserliche ansehn in Italien zu erhöhen. wer, wenn er Radevicus gelesen hat, entsinnt sich nicht der bewegten schilderung, die in dessen buch 1, 18 von beiden genossen entworfen ist? inerat utique his praeclaris viris personarum spectabilitas gratiosa, generis nobilitas, ingenium sapientia validum, animi imperterriti, quippe, ut alias de quibusdam dicitur, quibus nullus labor insolitus, non locus ullus asper, non armatus hostis formidolosus. nullius sibi delicti, nullius libidinis gratiam faciebant. laudis avidi, pecuniae liberales erant, gloriam ingentem, divitias honestas volebant. actas juvenilis, eloquentia mirabilis, prope moribus aequales, praeter quod uni ex officio et ordine clericali necessaria inerat mansuetudo et misericordia, alteri, quem non sine causa portabat, gladii severitas dignitatem addiderat. his moribus talibusque studiis sibi laudem, imperio gloriam et utilitates non modicas domi militiaeque peperere, adeo quod tunc temporis pene nihil ingens, nullum exquisitum virtutis facinus in ea expeditione gestum est, in quo has heroas aut primos aut de primis non compererim extitisse. und wer glaubt wol, dasz Reinald der laune seines dichters, den Otto, wie 22, 4. 23, 4 gesagt ist, durch aufschlagen des weins geärgert hatte, irgend

werde nachgegeben haben? anführungswerth ist auch die schluszstrophe noch:

167
>interim me dominus juxta psalmum David
>regit, et ju pascue claustro collocavit,
>hic michi, non aliis, vinum habundavit,
>abbas bonus pastor est, et me bene pavit.

psalm 22, 1 hiesz es: dominus regit me et nihil mihi deerit, in
loco pascue ibi me collocavit. es scheint, der dichter war eine
zeitlaug dem abt eines klosters empfohlen. in dem es ihm wol
gieng.

Im sechsten gedicht ('en habeo versus te precipiente reversus') erzählt er aber von seinem aufenthalt zu Salerno, mit
dem er weit weniger zufrieden ist:

>dum sapiens fieri cupio medicusque videri,
>insipiens factus sum mendicare coactus,
>nunc mendicorum socius sum, non medicorum.

den unruhigen sänger hatte es über die Lombardei hinaus nach
Salerno unter die ärzte getrieben; wollte er arzneikunde erler-
nen oder sich heilen lassen? es scheint ihm aber dort nicht gelungen zu sein.

Das siebente, beginnend 'archicancellarie viris major ceteris' befindet sich zu Göttingen und Brüssel, doch hat der
letztere codex nur die funfzehn ersten verse, jener noch achtzehn mehr. es sind blosze lobsprüche auf Reinald und bitte
um gaben.

Vom achten. 'presul urbis Agrippine' sind in dem Göttinger codex nur die sechs ersten verse enthalten, der damit abbricht. keine bekannte andere handschrift gewährt das weitere.

Das neunte gedicht ist ausdrücklich an den kaiser nach
der einnahme von Mailand 1162 selbst gerichtet und eins von
denen, durch welche der dichter den ihm gewordnen ehrenvollen
auftrag rechtfertigte. es beginnt:

>salve mundi domine, cesar noster ave,
>cujus bonis omnibus jugum est suave,

und schildert mit dichterischer kraft die macht des kaisers und
den gestraften übermut Mailands, wogegen Pavia und Novara
als unterwürfig gepriesen werden; der letzten stadt weissagt er
ewige dauer, da sie nun durch sein lied verjüngt sei. dem sieg-

reichen Friedrich, dessen ruhm mit rosses schnelligkeit fliege [1],
habe jedoch der erzkanzler den weg gebahnt:

> ipse jugo cesaris terram subjugavit
> et *me de miserie lacu liberavit.*

168

ich führe die stelle ausdrücklich an, wenn jemand bezweifeln
wollte, dasz das lied von dem verfasser der acht vorhergehenden ausgegangen sei, deren art und weise es nirgend verleugnet.

Wir schreiten fort zu dem zehnten lied, dessen reicher
inhalt, dessen eigenthümliche berührung mit dem vierten aufschlüsse über den verfasser herbeiführen und uns die ganze art
und weise dieser poesie genauer enthüllen soll. im vierten näm-
lich schien sich der dichter vor dem kanzler, der ihn der saum-
seligkeit geziehen haben mochte, zu rechtfertigen. von den
32 strophen des vierten gedichts kehren nun sechs auch in dem
zehnten wieder, das ihrer überhaupt nur 25 zählt: auszer den
sechs ihnen beiden gemeinschaftlichen hat demnach das vierte
26, das zehnte 21 eigne, woraus folgt, dasz, wäre man berechtigt beide bearbeitungen zu verschmelzen, das ganze 53 strophen
bilden würde. solche verschmelzung wäre aber unzulässig, gleichwol bekennen sich beide recensionen zu demselben dichter, der
seinen ersten entwurf hernach wieder umzugieszen sich veranlaszt fühlte. beide das vierte wie zehnte wurden augenscheinlich nur für den erzkanzler gedichtet, und in jedem ist er ausdrücklich angeredet, die vertheidigung scheint aber im zehnten
ofner und vollständiger angelegt; ich wage nicht zu bestimmen,
welche fassung als die erste oder zweite anzusehn sei, in der
des vierten gedichts ist mehr rückhalt. im zehnten klagt sich
der dichter selbst an, das ihn drei dinge [2], frauenliebe, spiel
und wein zu grunde richten, ohne wein er aber verse zu machen
nicht vermöge. das vierte äuszert sich ausführlicher gegen der
gemeinen bänkelsänger unwürdigkeit. alle diese geständnisse
sind in solcher fülle und behendigkeit der sprache abgelegt,
dasz sie jeden zweifel an dem wahrhaftigen beruf ihres verfassers für die poesie niederschlagen: sie scheinen mir das vollen-
detste was mittellateinische mit ihren mitteln überhaupt hervorbringen konnte; flusz und wollaut der rede, die gewalt des reims
sind unvergleichlich.

Kaum aber wird einem, der diese strophen hat vorlesen

---

[1] ecus dem reim zu liebe = equus.
[2] die drei bekannten W: weiber, würfel, wein.

hören, etwas nicht einfallen. einige gerade der schönsten sind unserm gedächtnis lange eingeprägt, und werden in der literar- geschichte, wie wir jetzt erkennen, aus ihrem lebendigen zu- sammenhang, in dem sie mit Friedrich und Reinald stehn, ge- rissen, einem englischen dichter beigemessen, dessen name allen ruhm davon getragen hat, während der des wahren verschollen blieb. seit Balacus und Flacius, der hier alles nur aus jenem hat, gehen lateinische gedichte um eines Walterus Mapes oder·auch Golias, der in der zweiten hälfte des zwölften und im beginn des dreizehnten jahrh., gerade unsers dichters zeit- genosse, gelebt haben soll. das verhältnis hat in der that etwas räthselhaftes. zuvörderst Golias ist gar kein eigenname, ap- pellativisch bezeichnet es eben solch einen umschweifenden sän- ger, wie ich ihn unter dem ausdruck archipoëta geschildert habe. wer weisz, ob irgend dabei an den riesen Golias oder Goliath des A. T. gedacht wurde, der bei volksspielen und pro- cessionen des mittelalters oft eine rolle zu spielen hatte; aber gleichbedeutig findet sich auch geschrieben *Goliardus*, und das romanische gouliard, goulard soll gourmand, glouton, debauché bedeuten, würde also für solche vaganten taugen. die grandes chroniques du Hainaut stellen 'jongleurs ou gouliars' zusammen [1]. erst vor einigen jahren ist gerade in England hand gelegt wor- den an eine vollständige ausgabe aller lateinischen gedichte, welche diesem Golias, oder Walter Mapes zugeschrieben wer- den: the latin poems commonly attributed to *Walter Mapes* col- lected and edited by Thomas Wright, London printed for the Camden society 1841. XLIX und 371 s. 8°. zu den bekannten nachrichten [2] gewährt des vielgeschäftigen herausgebers neue untersuchung sehr dankenswerthe beiträge. Walter soll cano- nicus von Salisbury, 1196 vorsinger der kirche zu Lincoln, 1198 archidiaconus von Oxford gewesen sein und noch 1210 gelebt haben. das älteste zeugnis scheint Giraldus cambrensis in seinem ungedruckten speculum ecclesiae zu liefern, wonach (man lese die im anhang D ausgehobnen worte des originals) Walter Map oder Mapus mit Giraldus selbst befreundet, kö-

---

[1] angeführt in Barrois ausgabe des Ogier. Paris 1842 vorrede s. LI. [mnl. goliaert. Franc. 2889. gouliars von einem vagus clericus. Méon n. r. 2, 449. — Nicolaus dictus Golia a. 1296. dipl. norweg. 2, 33.]
[2] Cave script. eccl. 2, 281. Oudin 2, 1645. Fabricii bibl. lat. med. aevi 3, 117 (ed. Mansi).

nig Heinrich des zweiten günstling und kaplan, ja eine zierde
des hofes war. Heinrich der zweite herschte von 1154 bis 1189,
Girald, geboren 1146, musz erst zu beginn des dreizehnten jahrh.
gestorben sein, weil er seine Hibernia expugnata noch dem könig Johann (reg. von 1199 bis 1216) zueignete. die vorrede 170
dieser Hibernia beklagt aber bereits in folgenden worten Walthers tod: unde et vir eloquio clerus *Wallerus Mapus* archidiaconus (cujus animae propicietur deus) solita verborum facetia
et urbanitate praecipua dicere pluries et nos in hunc modum
convenire solebat: 'multa magister Giralde scripsistis et multum
adhuc scribitis, *et nos multa diximus*, vos scripta dedistis, *et nos
verba.*' Mapus gibt sich hier selbst mehr für einen lebendigen
dichter oder sprecher ', dessen worte nicht in die feder genommen werden, als für einen schriftsteller. gleichwol sind ihm
verschiedne, sämtlich ungedruckte, kaum alle handschriftlich vorräthige prosaschriften beigelegt, ein buch de nugis curialium (wo
nicht gar der bekannte Policraticus des etwas älteren Joannes
sarisberiensis, geb. 1110 † 1182), ein tractat 'Valerius ad Rufinum de non ducenda uxore', worauf ich zurückkommen werde,
sogar die abfassung eines oder mehrerer romane von der tafel-
runde, worüber wir gar keine sichere gewähr besitzen. aus den
im anhang *B* mitgetheilten stellen des romau de Lancelot ergibt sich allerdings, dasz diese in die geschichte des heiligen
graal und des todes von könig Artus überlaufende fabel von
meister Gautiers auf befehl könig Heinrichs geschrieben
wurde. das steht schon mit jener eignen aussage Walters, dasz
er nichts geschrieben habe, in widerspruch, und es wäre auszerdem die frage, ob er sich dazu der lateinischen, ihm nach den
liedern geläufigen sprache oder der französischen bediente? so
viel ist klar, dasz die in den handschriften des Lancelot vorliegende prosa nicht in den schlusz des zwölften jahrh. zurück-
reicht. noch verworrener wird die sache durch die von Rusticien de Pise und Luces du Gast über die abfassung des Roman
de Tristan gegebnen nachrichten, in deren erster Gautier herr
und ritter heiszt, was sich mit seiner geistlichen würde nicht
verträgt. die worte 'qui fist le propre livre de latin' könnten
wol bedeuten: der das eigentliche lateinische buch machte, den

---

' 'der ie sprach und niht enschreip' könnte man übersetzen, in unwillkür-
licher erinnerung an Freidanks angebliche grabschrift zu Treviso (s. 150).

herausgebern der hist. litt. de France 15, 497 sagen sie aus: qui
traduisit du latin le livre même, es heiszt aber nicht du sondern
de latin, und faire de latin darf wol ausdrücken: latiue, en latin.
ein lateinischer text aller dieser romane hat sich indessen nirgends erhalten, die übersetzungen sind in vielen abschriften, obgleich jüngeren texten verbreitet. wie man insgemein nichts
sicheres weisz über Rustician, Luces, Robert und die eigentliche
beschaffenheit ihrer arbeiten, scheint auch alles, was sie von
Gautier Map melden, sagenhaft und verdächtig. der canonicus,
praecentor und archidiaconus war niemals ritter und schrieb
wahrscheinlich keine romane: sein archidiaconat soll er 1198
oder 1197 empfangen haben, auch, was uns besonders wichtig
sein musz, in Rom gewesen sein zur zeit des streites zwischen
seinem freunde Girald und Hubert, dem erzbischof von Canter-
bury: in welches jahr dieser streit fiel, vermag ich jetzt nicht
anzugeben. wenn Fauriel (de l'origine de l'epopée chevales-
que p. 86) dem Walter Map auch eine galische, d. h. welsche
übersetzung der lateinischen chronik des Galfrid von Monmouth,
nach dessen eigner angabe, beilegt, so ist das an sich sowol
als der zeit nach unglaublich, da der bischof von Asaph sein
bekanntes werk bereits 1138 vollendete, Walter vierzig oder
funfzig jahre später blühte. Galfrid erklärt zu eingang und am
schlusz dieses buchs, dasz Walter archidiaconus von Oxford ihm
eine britische chronik aus der Bretagne mitgebracht habe, nach
welcher er übersetze. der name Walter war in England häufig,
dieser musz ein mit Galfrid gleichzeitiger älterer gewesen sein
und soll Walter Calenius geheiszen haben [1]. britische abkunft
auch bei dem jüngern Walter vorauszusetzen nöthigt übrigens
schon sein zuname Map, der entweder aus dem welschen und
armorischen mab filius (irisch mac) oder aus einer von diesem
verwandtschaftsbegrif abgeleiteten würde zu erklären ist. beispiele führt Ducange s. v. mepe aus demselben Galfrid von Monmouth an.

Wie um aber die auffallende erscheinung denten, dasz
einzelne strophen und lieder dieses englischen Walther Map völlig
eins sind mit denen unseres archipoëta?

Wright s. XVII seiner einleitung sagt, der name Walthers

[1] Douce zu Warton I, 109, vgl. Lappenbergs engl. gesch. I, XL und A. W.
Schlegels essais s. 382.

zeige sich in keiner handschrift der lateinischen gedichte vor
dem vierzehnten jahrh., und merkwürdig ist, dasz von dieser
zeit an *Galterus, Gauterus* (nirgend steht Map daneben) gesetzt
wird, wo andere, wie es scheint, ältere handschriften *Golias* gewähren, man vgl. s. 80. 82 der wrightischen ausgabe.

Wright ahnt noch gar nicht den bezug, worin das bei ihm
s. 71—75 unter der aufschrift *confessio Goliae* eingerückte ge-
gedicht 'aestuans interius ira vehementi' auf Friedrich und Rei- 172
nald stehe; wie hätte er ihn sollen wissen, da in den englischen
handschriften gerade alle übrigen unserm archipoëta gehörigen
lieder mangeln? aus Wright nun auch der rubrik des Brüsseler codex 'poete confessio' ein 'Goliae' beizufügen liesz sich
Reiffenberg verführen: es musz auf alle weise gemieden werden.

In demselben liede sehen wir aber statt der beiden an unsern electus Coloniae gerichteten strophen, in einigen (nicht
allen) englischen handschriften die folgende eingeschwärzt:

> presul Conventrensium, parce confitenti,
>
> fac misericordiam veniam petenti,
>
> et da penitentiam culpas sic dicenti:
>
> feram quicquid jusseris animo libenti.

hiermit scheint sich ein knote zu lösen. in des archipoëta liedern ist keine spur, dasz er englischer abstammung gewesen,
für seine herkunft aus Deutschland habe ich gründe aufgestellt.
niemals in den deutschen handschriften wird jenes Golias der
englischen gebraucht, wie umgekehrt den ausdruck archipoëta
diese meiden. unsre lieder sind durchdrungen von Welschland,
Friedrich, Reinald: das ist in den englischen handschriften getilgt; stehn geblieben scheinen genug anspielungen auf Italien,
die in England eher verstanden werden konnten.

Es hätte doch viel oder alles gegen sich auf die vermutung
zu fallen, unser archipoëta habe seit Reinald seines beschützers
tod sich nach England gewandt und dort unter dem namen
Walther, welcher sogar sein eigner, den wir noch nicht kennen,
gewesen sein könnte, eine gröszere rolle gespielt. dazu würde
schon der beiname Map nicht stimmen; bei Giraldus und andern, die von Map zeugen, hätte sich doch irgend eine anspielung auf den Deutschen, in seinen liedern hätte sich gewis das
andenken an Friedrich und Reinald treuer bewahrt. viel statt-
hafter wäre es, eine reise oder wanderschaft des Engländers
nach Italien anzunehmen, und dann liesze sich wiederum man-

cherlei denken. entweder kan er als jüngling zu dem deutschen
heer, in Reinalds gefolge, und er war es, der dort diese lieder
dichtete; aber auch dann würde er später und in die heimat
zurückgekehrt nicht bestrebt gewesen sein, jene spuren seines
umgangs mit den Deutschen zu tilgen. oder der wandernde
Engländer bekam zur zeit seines uns gemeldeten aufenthalts in
Rom die lieder des archipoëta zu gesicht, fand geschmack daran
173 und eignete sich das schönste derselben an, indem er es unter
seine eignen ähnlichen poesien mengte. statt des electus colo-
niensis schaltete er aber seinen bischof von Coventry ein, von
dem das ursprüngliche gedicht kein sterbenswörtchen weisz.
oder drittens, erst späterhin nach Walthers tod wurden von latein dichtenden geistlichen, wie man ihm die abfassung des Lancelot beilegte, auch die zechlieder auf ihn übertragen und statt
Reinalds der von Coventry eingeschwärzt.

Wie die volkssage von ort zu ort, von namen auf namen
übergeht, scheinen auch schon unter den dichtern des mittelalters, aber mit bewuster absicht weisen und lieder entwendet
zu werden. desto gröszern beruf hat die critik gerechtigkeit
zu üben, das plagiat zu enthüllen und hier, wie ich glaube, unserer landsleute einem wieder zu geben was ihm gebührt. alle
umstände reden für die priorität des archipoëta, und wenn auch
sein zeitgenosse, scheint Walther Map doch zehn, zwanzig jahre
später, als der heerzug des Staufers nach Italien fällt, aufzutre-
ten. bedarf es eines zeugnisses für den deutschen grundton
dieser lateinischen poesie, so mag angeführt werden, dasz das
freilich unübersetzbare 'mihi est propositum in taberna mori', wo
sich der reim innig mit der empfindung des menschlichen herzens vermählt, am glücklichsten nachgeahmt worden ist [1] von
Bürger, in welchem auch eine ader dieser wilden, das leben bis
zur neige auskostenden vagantenpoesie war.

Die metra wechseln. das dritte gedicht ist in hexametern,
die aber schon beim dritten vers leoninisch werden; solche leonine hat auch das sechste bis zum zweiundzwanzigsten vers, auf
welchen strophisch gereimte hexameter folgen. doch ist diese
messung nach quantitäten dem dichter unbequem, und leichter
bewegt er sich in accentuierten versen mit trochäischem fall.
am häufigsten (IV. V. IX. X) gebraucht er die dreizehnsilbigen,

---

[1] ich will einst bei ja und nein vor dem zapfen sterben.

mit dem einschnitt nach der siebenten silbe. VIII, von welchem
nur eine strophe übrig ist, bildet sie aus vier achtsilbigen zeilen und zwei damit verschlungnen siebenzeiligen. VII hat vierzehn silben, deren erster theil bis zur caesur mit IV überein-
trift, dem zweiten aber noch eine silbe zugibt, und dreizeilige
strophen, die in der mitte und am ende reimen, entspringen.
II ist unstrophisch, oder sammelt nach art des leichs strophen
aus ungleichen, stets achtsilbigen reimzeilen. im ersten gedicht 174
wird die zehnsilbige zeile gebaut aus zwei trochäen und zwei
dactylen, in deren ersten der alten quantität zumeist gewalt geschieht. V und X zählen jedes gerade hundert zeilen. gewandt
werden die reime gehandhabt und ihren reinen flusz macht die
lateinische sprache leicht, wobei nicht zu übersehen ist, dasz
alle ae und oe zu e geworden sind, folglich evi (aevi): levi,
fatue (fatuae): vacue, mine (minae): Constantine, tedio (taedio):
medio, meste (moeste, maeste): teste rein stimmen; unbefugt
hat Wrights ausgabe den diphthong hergestellt. nicht selten
sind reime wie vas cor: nascor, peste: penes te, indiscrete: de
te, injectus: nec thus, vereor te: cohorte. 9, 24 reimt rocus
(f. rogus): jocus, 10, 6 mecor (moechor): decor, 2, 41 absorte
(f. absorptae): forte. einigemal, zumeist im eingang, lauft der
reim durch zwei strophen fort. weder aus der reimleichtigkeit
und fülle, noch aus formen und wörtern wie eri 15, 3 für heri
(ital. ieri), istriones für histriones 2, 8, balatrones (Ducange hat
nur ballatores), poetria 2, 73 und dergleichen schliesze ich auf
einen welschen dichter, weil der deutsche bei dem langen aufenthalt in Italien sich auch welsche ausdrücke und formen angewöh-
nen konnte. für seine deutschheit lassen sich vielleicht noch
einige redeusarten geltend machen: curare cutem 9, 14 und cutis
curam gerere 10, 5 scheinen unser auf der faulen haut liegen,
seiner haut pflegen *; crede mihi 1, 33 mag eine in deutschen
klöstern hergebrachte ausdrucksweise sein (Haupts zeitschrift
2, 191); sollte nicht arx cerebri 4, 15 ** an das noch übliche
hirnkaste gemahnen? wofür sich auch hirnburg denken liesze,
wie altn. hugborg Sæm. 213* herz oder haupt bedeutet, MS.
2, 23* der wize kaste, der weisze kasten die stirn ist; Nithart

* ist horazisch. ep. 1, 2, 29.
** Claudian de IV cons. Hon. 235: hanc (mentem) alta capitis fundavit in
arce. Barth zu Stat. Theb. 3, 246.

nennt den magen hungerkasten (MsH. 3, 279°) und wie dem
Schweizer das herz blutkaste heiszt, könnte Wolfram die mutter-
brust milehkaste nennen, wenigstens war er Parz. 110, 30 nah
daran: du bist kaste eines kindes spîse. den Angelsachsen ist
hirnponne (hirnpfanne) der schädel, rûneofe (secreti cubile) die
brust, darum scheint mir arx cerebri dentsch gedacht, wenn
schon Seneca und Claudian arx corporis = caput brauchen.
bursam nodare 6, 5 den beutel zuknüpfen. cornua sumere 9, 9
superbire, reniti, gleich stoszenden widdern. [Ovid ars am.
1, 239.]

175 　Sollte nach Wrights in mehr als einer rücksicht unbefriedi-
gender eine neue ausgabe des dichters unternommen werden,
auf den Deutschland, wie gemutmaszt und gezeigt worden ist,
rechtmäszigen anspruch hat; so wären nicht blosz einzelne gedichte aus Leipziger [1] und Gieszer [2] handschriften zu vergleichen,
sondern vor allem müste eine Münchner zu rathe gezogen werden,
aus deren inhalt Docen anziehende, aber doch nach mehr lüstern
machende proben gegeben hat, die den ganzen stil und geist
dieser poesie keinen augenblick verlengnen [3]. kann der abge-
brochne text des anmutigen gedichts von Phyllis et Flora aus
Wright s. 265 ergänzt werden, so sind ohne zweifel viele mängel
gel der Londoner ausgabe aus dem Münchner codex zu berichti-
gen. aber auch ihm scheint der name Walthers nicht fremd,
nach der merkwürdigen, bei Wright abgehenden stelle:
　　　　versa est in luctum *cythara Waltheri*,
welche in den aretinischen beiträgen 7, 302 angezogen ist. nächstdem verdient zu Brüssel die nach Pertz unter Reinald ge-
schriebne **ars dictandi** oder **summa dictaminum** nachgesehn und
vieler beziehungen halben vielleicht herausgegeben zu werden;
vorläufige nachricht von ihr ertheilt herr von Reiffenberg im
bulletin de l'académie de Bruxelles tome 9 no. 8; daraus dasz
darin pabst Eugen der dritte, die deutschen könige Conrad der
dritte und Friedrich Rothbart, so wie der heilige Bernhard genannt vorkommen, erhellt, dasz seine abfassung in die mitte
des zwölften jahrh. fiele, was für unsern archipoëta um zehn
jahre zu früh schiene. doch die von Reiffenberg unerwähnte

[1] Leyser hist. poet. med. aevi p. 779.
[2] Otto comment. in cod. gissenses p 160 — 163.
[3] Aretins beiträge 7, 297 — 309, 498 — 508, 9, 1311 — 1322. Miscellaneen
2, 190 — 208.

angabe des erzbischofs hätte zu entscheiden. aus dieser summa
ergibt sich eine nicht gemeine belesenheit ihres verfassers in den
classischen dichtern, wie sie auch in unsern liedern vielfach zu
spüren ist.

So weit um sich greifen konnte die untersuchung. als ich
im herbst 1843 nach Italien reiste, fanden sich auf meine nach-
frage um solche lieder zwar keine unter den handschriften zu
Mailand, Neapel, Rom und Florenz; doch zu Venedig ward ich
einiger habhaft, vor allem sah ich zu München den schönen
codex, Docens schatzgrube, und durfte mir eines morgens viel
mehr daraus abschreiben, als er noch mitgetheilt hatte. an diesem neugewonnenen stof lassen sich die ergebnisse fortspinnen
und ergänzen.

Die Münchner handschrift stammt aus Benedictbeuern, man 176
möchte sie, ihrem länglichen octavformat, den festen, reinlichen
buchstaben nach, noch am ende des zwölften jahrh. geschrieben
glauben: sie gehört aber, wie der inhalt ausweist, des dreizehnten erster hälfte an. sie enthält auf 112 blättern lateinische gedichte, welche beinahe sämtlich der bisher geschilderten vagantenpoesie überwiesen werden dürfen, 'die handschrift ist so
prachtvoll, dasz ihr anblick Docens vermutung, sie sei ehedem
in den händen solcher umwandernden leute gewesen, widerlegt;
im jahr 1824 meinte er mit gröszerer wahrscheinlichkeit, ein
geistlicher herr habe darin zusammenschreiben lassen was er
von fahrenden leuten zu hören liebte.' so urtheilt Lachmann
in der vorrede zu Walther von der Vogelweide s. IX. dasz sie
ungleich reichhaltiger ist als alle übrigen, begreift sich schon
aus ihrem umfang, sie enthält eine menge lustiger und ernster,
zum theil freier, ausgelassener lieder von minne, wein, spiel und
armut; vollständig in hinsicht auf unsern verfasser kann sie nicht
genannt werden, da ihr die meisten gedichte der Göttinger und
Brüsseler fehlen; auch entspricht die richtigkeit ihrer texte nicht
überall dem äuszeren aufwand, sie setzt also bessere voraus.

Vorerst ist nun der ganze eindruck des buches der von
mir verfochtnen ansicht, dasz diese lateinische poesie, oder vielmehr was ihren ton zuerst anschlug, von keinem andern als
einem deutschen dichter ausgegangen sein müsse, allergünstigst.
Italien hat uns solche lieder nicht bewahrt, so viel wir wissen
auch Frankreich nicht; in Deutschland fanden sie sich zu Be-

nedictbeuern und Stablo in alter fast gleichzeitiger abschrift,
woher die Göttinger auch alte stamme ist unbekannt; alle in
England vorräthigen reichen nicht so weit hinauf und scheinen
sich erst im vierzehnten und funfzehnten jahrh. zu vervielfälti-
gen. in allen liedern des gesamten bandes ist gar keine anspielung weder im ganzen noch einzelnen auf England. blatt 51
wird eines ungenannten königs tod beklagt, dessen England und
Frankreich beraubt sei; gemeint ist Richard Löwenherz, der
1199 starb, den auch Deutschland kannte. was aber vorzüglich
merkwürdig scheint, zwischen einzelne lieder sind deutsche und
romanische worte gemengt, z. b. 97ᵇ der ausruf wafna wafna!
98ᵃ schillink, 90ᵇ per dulzor, 49ᵇ der refrain 'tort a vers mei
(moi) dama'; ja ganze gesänge von unsern ältesten minnesängern
werden eingeschaltet, von Walther, Reinmar dem alten, Heinrich
von Morunge, Dietmar von Aste, Otto von Botenloube und
177 Nithart, lauter dichtern, die wo nicht ins zwölfte reichen, dem
beginn des dreizehnten jahrhunderts beigelegt werden müssen.
blatt 90ᵇ treffen wir auf eine strophe aus dem Eckenlied, dessen .
hohes alter dadurch gesichert wird, und 110ᵇ auf eine reihe
freidankischer sprüche, die, wie mich dünkt, bereits vor 1229
vorhanden gewesen sein können. diese deutschen stellen hat
schon Docen in seinen miscellaneen 2, 190-208 meistens zu-
sammengetragen, doch die handschrift gegen 1250 gesetzt, vielleicht um wenigstens dreiszig oder vierzig jahre zu jung gemacht.

Ich musz, bevor weitere schlüsse erlaubt sind, diese bezüge
auf Deutschland und die angegebne zeit auch aus dem übrigen
inhalt der gedichte bestätigen. 49ᵇ wendet der dichter mit den
nachdrücklichsten betheuerungen von sich den vorwurf eines
unnatürlichen lasters ab, dessen seine heimat oder sein wohnort
frei zu sprechen sei: 'nostra *Briciawia*' scheint mir den Breisgau anzuzeigen, wofür sich auch sonst in alten denkmälern
Brisigavia, Brisgowia geschrieben findet [1]; wie lebhaft ist gleich
darauf 50ᵃ von dem vaganten heimatsgefühl und vaterlandsliebe
ausgedrückt! 88ᵇ wird *Alsatia* der Elsasz, und 90ᵇ T r i e r mit
seinen feurigen weinen (Docen a. a. o. s. 192) erwähnt. das
alles weist auf unsere Rheingegend. ein gedicht 17ᵃ hat aus-

---

[1] Dumbeck geographia pagorum cisrhenanorum p. 323. [Liutprand antapod.
4, 26: est in Alsaciae partibus castellum, Brisicau patrio vocabulo nuncupata.]

drückliche zeitangabe, die des jahrs 1177, in welchem das
schisma zwischen Friedrich Rothbart und Alexander III, wie
hier der dichter anerkennt [1], hauptsächlich durch bemühung des
sächsischen erzbischofs Wichmann, endlich beigelegt und der
ausgesprochne bann gelöst wurde [2]. Wichmann aber sasz auf
dem Magdeburger stuhl von 1152 bis 1192, und nur ein zeitgenosse, der damals selbst mit in Italien gewesen war, konnte
so, wie hier geschieht, von ihm sprechen. das schon von Docen
ganz mitgetheilte lied fol. 15ᵃ auf Saladins sieg im heiligen
land gehört gleich bestimmt dem jahre 1187:

> excunte Junio anno post milleno
> centum et octoginta juncti cum septeno.

ich weisz nicht, ob ein späteres auf die wiedereroberung Akkons
im jahre 1191 von demselben dichter oder, weil ihm nur ge- 178
ringer poetischer werth zusteht, von einem andern ausgegangen
ist; ich fand es zu Bamberg im cod. AB. 4, 29 fol. 143-149ᵇ
(saec. XIII ineunt.) und setze daraus den anfang und das
ende her:

> Rithmus de expeditione ierosolimitana.
>
> Dum romanus pontifex degeret Verone,
> Vrbanus memoriȩ atque fame bone,
> Saladinus ipsius absque ratione
> occupavit Syriam fera ditione;
> urbe Tyberiadis armis expugnata
> cetera sunt menia (sua) sponte data,
> non est opus lancea, non est opus spata,
> sic ei subveniunt cum fortuna fata.

149ᵇ
> A natali domini mille ducentorum
> novem minus spacium fluxerat annorum,
> Acon fere circulis obsessa duorum
> idus quarto Julii redditur annorum.

---

[1] seltsam heiszt es in einer folgenden strophe 'passeres' Alexander *quartus*,
da doch der dritte gemeint sein musz, denn der vierte wurde erst weit später
1254 erwählt und starb 1261. ich wüste nicht, dasz zwischen diesen beiden
päbsten die zahlen schwanken. hatte sich der dichter in gedanken vielleicht ver-
zählt? das ist eine bedenkliche auskunft.

[2] von Ranmers Hohenstanfen 2, 236; von diesem schisma redet auch der
deutsche dichter Wernher am schlusz seiner Maria, und urkunden in ihrem datum,
z. b. MB. 10, 43. [über Wichmann vgl. Koch Sternfeld in dem hist. archiv der
Wiener acad. 1849. heft 4 s. 90—120. † 1194.]

Den blatt 9ᵃ gepriesenen Petrus papiensis, electus meldensis musz man entweder für Petrus I, der 1173, oder für Petrus II
halten, der 1175 bischof zu Meaux war [1], und Alexander,
den der dichter suus nennt, schiene wieder pabst Alexander
der dritte († 1181), wenn nicht das 'ibi' stutzig machte und
wenigstens auf einen in Frankreich lebenden geistlichen des
namens Alexander schlieszen liesze. gleich darauf wird ein
Franco getadelt, dessen zeit und wohnort ich zu bestimmen
mir nicht getraue, ein Franco von Afflighem fällt schon in das
erste drittel des zwölften jahrh. [2], ein Franco von Cöln in noch
etwas frühere [3]; der name war aber geläufig und es wird manche
geistliche, die ihn führten, gegeben haben.

Des liedes auf Richard Löwenherz († 1199) wurde bereits
gedacht, bis zum jahre 1208 leitet das auf die ermordung könig
Philipps [*] durch den pfalzgrafen, den neffen des oben s. 166 geschilderten, dessen treue anhänglichkeit an das staufische haus
179 nicht ahnte, dasz die 'gladii severitas' gegen Friedrichs eignen
sohn wüten würde. diese begebenheit und der anruf einzelner
volksstämme fol. 95ᵃ lassen an dessen, der sie dichtete, deutschheit keinen zweifel übrig.

Wie aber die eingestreuten deutschen lieder oder lieder-
anfänge nicht von einem dichter, sondern von mehrern herrühren, also noch weniger dem verfasser der lateinischen beizumessen, vielmehr aus einer damals schon umgehenden samlung,
mindestens aus lebendiger überlieferung entnommen sind; scheint
es eher gerathen als geboten, auch für die lateinischen gedichte
mehrere dichter vorauszusetzen, die keineswegs nothwendig
auf den unsrigen zurückführen. dasz bei meistentheils münd-
licher übung und fortpflanzung der lieder eine gewisse leichtig-
keit der form und sprache, die dem nachahmen und nachsingern
allen vorschub leistete, wie in der deutschen poesie, damals
auch in der lateinischen sich entfalten konnte, stelle ich nicht
in abrede, und der allerwärts wahrnehmbare wechsel der lesarten, ja das verhältnis zwischen unserm archipoëta und dem
englischen Map scheinen dafür zu streiten.

[1] Gallia christiana 8, 1116. 1117.
[2] hist. litt. de France 11, 588.
[3] von Raumers Hohenstaufen 6, 666.
[*] carm. bur. p. 50. 266. anderes lat. gedicht auf den mord in Aufsesz anz.
2, 187.

Es wäre damit lange nicht alles aufgegeben. offenbar gehören auch in der Münchner haudschrift die schönsten, bedeutendsten und ältesten gedichte keinem andern als dem archipoëta, wie das an den *electus Coloniae* gerichtete unwidersprechlich darthut. seine übrigen lieder wurden entweder dem, der die zierliche samlung anlegte, nicht bekannt, oder, was mir wahrscheinlicher ist, ihres ernsteren, frommen oder geschichtlichen inhalts wegen, aus dem kreis der lustigen vagantenpoesie ausgeschlossen. der hauptsache nach liegt uns immer sein buch vor.

Die unserm zehnten gedicht in diesem codex nen hinzutretenden schluszstrophen geben reichere aufschlüsse über das verhältnis des verfassers zu Reinald, sie verändern einigermaszen die vorher darüber gebildete ansicht. als er dies lied dichtete, scheint der wandernde sänger sich schon unter den Welschen umgetrieben zu haben, und aller ausgesprengten verleumdung zum trotz, jetzt dort dem erzkanzler und dessen hofe zu dienst anzutragen; hiernach wäre er erst in Italien zu Reinald gekommen, falls nicht ein älteres verhältnis diesmal nur erneuert wurde. er bietet sich, wolle ihn der gönner behalten (tenere), zum b r i e f s c h r e i b e n und d i c h t e n an, und das deutliche 'vices *in dictamine* potero supplere' bringt doch zu groszer wahrscheinlichkeit, dasz jene summa dictaminum damals oder schon vorher (als noch könig Conrads andenken frischer war) wirklich aus seiner feder geflossen sei. die gelehrte bildung seines zeitalters hatte er sich früh erworben.

Nirgend gewährt dieser codex den namen archipoëta, wol aber verräth er uns plötzlich, im anziehenden liede 51ᵇ einen andern, vielfache erinnerungen aufregenden: der dichter, dessen leier in trauern gesenkt ist, hiesz W a l t h e r, gleich jenem englischen Walther Map, gleich unserm deutschen Walther von der Vogelweide, der ihm beinahe ebenzeitig erscheint, von dessen liedern einige gerade unter die lateinischen hier gemengt werden. wer nichts vom archipoëta wüste und dies lateinische gedicht in einer offenbar Deutschland und dem beginn des dreizehnten jahrh. angehörigen handschrift läse, würde ihm nicht die *cithara Waltheri* unbedenklich die unsers berühmten deutschen sängers sein? dennoch ist es bloszer schein, den man alsbald wieder fahren läszt. der minnesänger, wenn auch vielgewandert, bis in die Lombardei und vielleicht ins heilige land vorgedrungen, hat sich doch hauptsächlich an höfen des inneren Deutschlands aufgehalten, der archipoëta, so viel wir wissen und mutmaszen, fast nur in den Rheingegenden, längere zeit in ganz Italien und in Frankreich; von so naher berührung. mit den Welschen, von Friedrich Rothbarts siegeszügen, von Reinald beim Vogelweider keine spur. dieser mag zwanzig, dreiszig jahre später geblüht haben, seine dichtkunst ist edler, wärmer, feingebildeter, wenn auch nicht kräftiger und voller als die ausschweifende und zügellose des vaganten. noch mehr entscheidet, dasz Walther von der Vogelweide gar keine lateinische bildung kund gibt[1], und dem ritterstande angehört, der archipoëta, sei er nun blosz scholar oder wirklicher clericus gewesen, dem geistlichen. wären beide ein und derselbe dichter, so würde doch wol eins der deutschen lieder jenes einem der lateinischen dieses begegnen; einzelne gegenstände, z. b. Philipps ermordung könnte jeder von ihnen besungen haben: bliebe uns von dem Vogelweider ein gedicht auf sie übrig, wie weit würde es die flachen redensarten des lateinischen (52ᵃ) hinter sich lassen. mit dem lateinischen *Walterus* (51ᵇ) einerlei sein musz doch der *Galtherus* (97ᵃ), welcher sich scherzhaft einen subprior nennt, oder einen abbas cucaniensis (97ᵃ)[²]. übrigens gemahnen der ejectus und ductus extra gregem cleri (51ᵇ), die ejecti vilitas morbi, der exul clericus (53ᵇ) wirklich an jenen bericht des Caesarius von dem krank ins kloster aufgenommnen, aber nach der genesung flüchtig gewordnen vagus clericus (s. 155); sollte zu Bonn der archipoëta unter dem namen Nicolaus statt Walther aufgetreten sein? könnte Caesarius die namen vermischt haben? alle handschriften, die ich vergleichen konnte, geben Nicolaus. aber dies ereignis müste zehn, zwanzig jahre früher fallen, weil man anzunehmen hat, dasz der archipoëta auch nach solchem versuch des klosterlebens in seiner alten weise zu dichten eine zeitlang fortfuhr.

Die handschrift erst in die mitte des dreizehnten jahrh. zu verlegen wurde Docen ohne zweifel durch das auf den blättern 104. 105 enthaltne und von ihm im neuen lit. anzeiger 1807 p. 247 herausgegebne lied 'pange vox Adonis' veranlaszt. dies

---

[1] das 'set libera nos à malù' 17, 38 wird man nicht anschlagen; die formel war aus dem pater noster auch dem laien bekannt und wird oft angewandt, z. b. im lied von sacerdos et lupus 17, 4.

[²] meistarinn Galterns. fornald. sög. 1, 108.

soll vom Marner sein, dessen name am rande, was Docen verschweigt oder übersieht, von jüngerer hand beigeschrieben steht,
und die weise scheint (nicht ganz genau) zu einem deutschen
liede Marners zu stimmen. allein dies lied findet sich seltsam,
mitten in das von blatt 99ᵃ bis 106ᵇ laufende mysterium, auf
dem vielleicht für ein bild leer gelassenen raum (fol. 104ᵇ zeile
20-22 und fol. 105ᵃ zeile 1-2), augenscheinlich später cinge-
schaltet und kann dem höheren alter des eigentlichen codex
keinen eintrag thun[1]. habe Marner das stück abgefaszt oder
umgearbeitet, die andern gedichte des buchs reichen fast ein
halbes jahrh. über ihn und seine zeit hinaus.

Geringere schwierigkeit scheinen mir die verhältnisse des
unter Deutschen und in Deutschland hausenden armen Waltherus
zu dem äuszerlich in gunst und ansehn stehenden englischen
Waltherus Map zu geben. es musz bei der aufgestellten
vermutung bleiben entweder, dasz dieser letztere sich der lieder
des namensverwandten bemächtigt, oder dasz ein dritter sie auf
seinen landsmann angewandt und dazu den text in einigen
stellen geändert habe. das wenig sichere, was wir von der
poesie des Oxforder geistlichen wissen, darf die deutlichen beziehungen des archipoëta zu Reinald, Friedrich und Deutschland
nicht gefährden.

Auf den namen Golias stoszen wir in allen deutschen 182
handschriften niemals, dagegen ist die benennung *secta Decii*
für spielbrüder, hergenommen von dem namen des würfels selbst,
so wie der schon zu altdeutschem sprachgebrauch stimmende
ausdruck *Hashardus*[2] ein zeugnis für des dichters langen verkehr unter den Franzosen. bedeutsamer wird aber der neben
dem personificierten Decius stehende *Primas vilissimus* sogleich
für unsre untersuchung werden: dieser *Primas* ist nichts als
wieder ein andrer im mittelalter gangbarer name für *archipoëta*.

In einer Venediger handschrift des vierzehnten jahrh. fand
ich nemlich 'versus *Primatis presbyteri*', die auf ein haar denen
des archipoëta glichen, und das gereimte 'consilium *Primatis*
de uxore non ducenda', ist ohne zweifel das bei Wright (oben
s. 170) angeführte werk 'Valerius ad Rufinum de non ducenda

---

[1] ein angefügtes mir von Schmeller mitgetheiltes facsimile von 105ᵃ macht
die sache anschaulich.
[2] Haupts zeitschrift 1, 576 und deutsche mythologie s. 841.

uxore', in welches aber hier *Petrus de Corbolio* (bischof zu
Cambrai und erzbischof zu Sens, † 1222), ein zeitgenosse ·
unsers dichters, seltsam genug mit Johannes Chrysostomus und
Laurentius zusammengestellt, miteingeführt wird.   wer noch
zweifeln wollte, dasz dem archipoëta auch die gedichte des
Primas gehören, würde überführt werden dadurch, dasz im
codex gleich nach dem schlusz des lieds de uxore non duc.
vier strophen aus unserm zehnten, das in keiner zeit seine
wirkung verfehlte, geschrieben stehn.   wie abbas, prior, subprior scheint die hohe geistliche würde des *primas* scherzweise
zur bezeichnung des umziehenden vagus scholaris verwandt, den
auch der name *archipoëta* verherlichte.

An dieses ergebuis reihen sich zwei andere unverwerfliche
zeugnisse.   die schon angezognen annales colmarienses nennen
unmittelbar hinter Hugo Ripilinus de Argentina, frater Henricus
prior basiliensis, Fridankus vagus und Conradus de Wirciburc:
'*Primas vagus* multos versus edidit magistrales' [1].   es scheinen
lauter in der dortigen gegend bekannt gewesene sänger, Conrad
lebte lange zu Basel und starb zu Freiburg im Breisgau, Hugo
war aus Straszburg [2], Heinrich aus Basel, Freidank musz auf
jeden fall in jene landschaft gekommen sein, es ist seltsam, dasz
ihm, den diese abhandlung oft zu nennen hatte, wir auch hier
im gelcite des Primas begegnen, und dasz beide vagus genannt
werden.   versus magistrales sind meisterlieder, wie sie sich der
spätere Colmarer nun dachte.   zur nähe von Basel, Colmar,
Straszburg, Freiburg stimmt der aus dem Münchner codex ausgehobne Elsasz und Breisgau.   da mag der unstäte Walther
eine zeitlang gewohnt haben: einen jüngern Walther von Brei-
sach, der deutsch dichtete, kennt auch die zweite hälfte des
dreizehnten jahrh.

Eine zu Boccaccios ohr gelangte sage, die er aber seiner
weise nach so treflich erzählt, dasz man ein wirkliches ereignis
im hintergrund vermuten sollte, meldet wie dieser *Primas*, den
er *Primasso* nennt, sich auch in Frankreich umtrieb; seiner
bekanntschaft mit der französischen sprache versichern uns die
den lateinischen gedichten (deren mindestens einige ihm selbst

---

[1] Haupts zeitschrift 4, 573. [vagus, gyrovagus, ahd. suichâri. oben s. 155
vagus clericus.]

[2] nach Schilters vorrede zu Königshofen erscheint ein Hugo Rippelin 1230.
1237. 1239 als magistrat zu Straszburg.

gehören werden) eingestreuten romanischen worte. Boccaccio
bezeichnet ihn 'un gran valente uomo in *gramatica*, oltre ad
ogn' altro *grande e presto versificatore*', was könnte besser die
eigenschaften ausdrücken, die wir an unserm dichter und dem
verfasser der summa dictaminum wahrgenommen haben? da
soviel ich weisz die gesamte deutsche, französische und itali-
nische literargeschichte ungerecht seiner geschweigen, weder
Manni noch die jüngern commentatoren des decamerone sich
auf die hübsche fabel eingelassen haben', so erachte ich es der
mühe werth sie im anhang *C* auszuheben, damit fernere untersuchungen erleichtert werden können. sinnreich wird die geschichte dem messer Cane della Scala, der zu Friedrich des
zweiten zeit lebte, vorgetragen, woraus von selbst folgt, dasz
sie sich früher, und wol noch unter Friedrich dem ersten mag
ereignet haben. wäre des abts von Cluny name ausgedrückt,
würde sich eine sichre zeitbestimmung ergeben. diese abtei
war ob ihrem groszen reichthum berühmt, ihre güter sollen
sich sieben meilen in die runde erstreckt haben[1], dem hof und
mahl des abts strömten sänger und spielleute aus allen gegenden
zu, und der dürftige, anfangs karg empfangne dichter wird
hinterher mit geld, kleid und pferd so reich begabt, wie es
seine lieder nur wünschen konnten. man denkt an unsern
Walther von der Vogelweide, der vom reichen tische des abts
zu Tegersee, nur mit wasser gelabt, schied.

Von den sitten und bräuchen der wandernden sänger, deren 184
ältestes vorbild für uns Vidsid und Nornagestr erscheinen, beabsichtige ich bei anderer gelegenheit ausführlicher zu handeln.
wenn der unsere nicht allein in Deutschland und Italien, sondern auch wie eben die letzte fabel und sein verhältnis zu
Petrus meldensis lehrt, in Frankreich umher gefahren war; so
möchte ich auf ihn den Galterus beziehen, an welchen das
buch de arte amandi et de reprobatione amoris von seinem
Freunde Andreas, Francorum aulae regine capellanus gerichtet

---

[1] Méon nouveau recueil 1, 318; da Cluny fern in Burgund liegt, so muste
der abt sechs meilen von Paris auch einen ort, wo er sich zuweilen aufhiolt, besitzen. [cel destrier arrabi, que me dona li abes de Clugni. Garin 2, 257. der
abt heiszt auch (tag 10 nov. 2) der reichste praelat unter Bonifacius VIII (1294—
1303). der deutsche übersetzer des Boccaccio, Steinhövel macht aus Clugny Grü-
ningen.]

ist. es sind die bekannten regulae amoris[1], welche die neuere
critik überbedächtig ins fuufzehnte, wenigstens vierzehnte jahrh.
herabsetzen will[2], deren inhalt aber unverkennbar auf die zweite
hälfte des zwölften weist, und auszer entscheidenden namen
ausdrücklich die jahrzahl 1174 an hand bietet. was fordert
man mehr? schon in einem provenzalischen liede wird dieses
Andrea di Franza gedacht[3], mag er nun capellan (Ludwig des
siebenten?) gewesen sein oder nicht; schwerlich pabst Innocenz
des vierten, wozu ihn 'eine ausgabe der regeln stempelt. auf
seine genossenschaft hätte Walther, dessen Flora und Phyllis
solch ein minnenrecht darstellt, gerechtesten anspruch, wie dies
lied überhaupt auf die romanische poesie wies.

Dasz alle lateinischen lieder der Münchner handschrift
einem verfasser beizulegen seien, erzwinge ich nicht, aber die
besten und ältesten darunter sind es, voraus die mit geschichtlichen anspielungen. es war weder mein ziel eine ausgabe
dieses zu lange verborgnen codex zu unternehmen, noch konnte
ich einmal seinen reichen inhalt irgend erschöpfen, selbst für
meine absichten nicht. aber ich wünsche das bedürfnis einer
baldigen bekanntmachung dieser für sprache und sitte des mittelalters wie wenig andere ergibigen samlung angeregt zu haben,
und von wem könnte sie besser erwartet werden als von
Schmeller?

Wenn uns die zehn lieder auf die jahre 1162—1165 und
gar noch etwas früher hinauf leiteten, im Münchner codex hingegen die jahrzahlen 1175. 1177. 1187. 1199. 1208 ausfündig
gemacht wurden; so liegt eine lange dichterische laufbahn vor
augen, die wir nur sehr lückenhaft ermessen. von 1165—1175
erscheint kein einziges gedicht; fiel in diese zeit des sängers
französischer aufenthalt? zwischen 1162 und 1208 breiten sich
nahe funfzig jahre, und es heiszt viel behauptet, dasz ein dichter
so lange die gabe und lust des liedes fort erhalten habe, zumal
sich von greisenalter keine anspielung findet. soll man das ge-

---

[1] Christoph von Aretin aussprüche der minnegerichte s. 117. Raynouard
des troubadours et de cours d'amour. Paris 1817 p. LXXXI.

[2] Ebert im Hermes 1821 st. 4 s. 72. Fr. Diez beiträge zur romant. poesie.
Berlin 1825 s. 77.

[3] Crescimbeni volgar poesia 2, 13. Millot hist. des troubadours I, 90. sollte
Andrieus in einem liede des Gaucelm Faidit (Raynouard 2, 300) nicht der nämliche sein?

dicht von Philipps tod einem andern beilegen? das auf Richard
möchte ich dem unsern auf keinen fall nehmen; damit blieben
ihm immer noch gegen vierzig sangesjahre, während unserm
Walther sich kaum dreiszig nachrechnen lassen; schwer aber
würde noch des Caesarius Nicolaus, falls seine angaben genau
sind, zum alten archipoëta gerecht sein. nicht wenige gedichte
aus der früheren zeit des fruchtbaren sängers müssen uns fehlen.
über den ursprung aller kleinen lieder ohne namen und zeit
will ich nichts abthun, nur dasz sie nicht jünger sein können
als die handschrift alt ist; nicht ohne gewicht scheinen die eingestreuten leonine, wie sie schon der archipoët liebte. dasz
unsere deutschen dichter des dreizehnten jahrh. diesen lateinischen weder kennen noch nachahmen, braucht nicht zu verwundern, auch die französischen und italienischen wissen nichts
von ihm; nennen ihn doch die Colmarer annalen zuerst und in
Deutschland allein, in Italien nur Boccaccio.

Wer es sich nicht wehren kann, in diesen lateinischen gedichten die glätte der reime, den flusz der sprache, die vielen
aus der classischen literatur entlehnten namen und vergleichungen [1] lediglich auf rechnung eines welschen verfassers zu bringen;
der hat doch zu erwägen, dasz ein langer aufenthalt in Italien,
das die wiege der ältesten dieser lieder war, den dichter vertraut machen konnte mit einer weise, die wir hernach in allen
übrigen, ganz entschieden auf deutschem oder englischem boden
entsprungnen, ebenso gewandt nud glücklich gehandhabt finden.
belesenheit und lateinische sprachgabe muste längst schon andern
Deutschen, z. b. dem dichter des Rudlieb zuerkannt werden;
aber in den hundert jahren von ihm bis auf den archipoëta
hatte der geschmack sich umgewandelt, dennoch gleicht die
einmischung deutscher worte unter lateinische rede Rudl. 16,
12 ff. völlig der in unsern gedichten. wie wenig auch am ver- 186
kehr des archipoëta mit Italienern und Franzosen zu zweifeln
ist, so ergibt doch das eigne geständnis, dasz er ein Transmon-
tane sei, sein nahes verhältnis zu Reinald und die nachrichten
des Caesarius und der Colmarer sowol seine deutsche abkunft
als das vorkommen solcher sänger, wer sie nun gewesen seien,
in deutschen ländern.

[1] z. b. das 'dabitur saliens aries' 56[b], wie schon der ältere dichter der Ecbasis captivi 122 ein 'dabitur caper omnibus aris' dem Aur. Prudentius contra
Symmachum 129 entwandte.

Ansprüche der Engländer scheinen mir durch das frühere
auftreten des archipoëta und die absichtliche unterdrückung aller
auf Friedrich und Reinald bezüglichen stellen im text der englischen handschriften abgefertigt. unmöglich kann Walther Map
von liedern urheber sein, die sein eigner freund und zeitgenosse
nicht ihm, sondern einem verachteten Golias beilegt; aber die
folgenden jahrh. wandten seinen einheimischen ruhm auf diese
lieder an, wobei zu statten kam, dasz in englischen handschriften
und deutschen der name Waltherus, Galtherus, Gauterus zu
treffen war. und wenn hernach England, wie die wrightische
samlung darlegt, in dieser poesie fruchtbar fortdichtete, warum
hätte sie nicht auch in Deutschland, Italien und Frankreich
angehalten? wir wollen französischen und niederländischen
bibliotheken zutrauen, dasz sie noch handschriften dieser lieder
verschlieszen und dann werden vollere aufschlüsse zu erlangen sein.

Den namen archipoëta und primas fanden wir bei Italienern
und Deutschen; es ist auffallend, dasz beide in England gemieden werden, wo goliardus vorwaltet, das eben so wenig als
jene einen eigennamen enthält, sondern das gewerbe bezeichnet,
ich will dem schon s. 169 darüber gesagten hier noch einiges
beifügen. den Provenzalen war galiar, gualiar betriegen, gua-
liaire, gualiador betrieger (Raynouard 3, 420), die altfranz. form
lautet goliart, gouliart. hierzu stimmt ein seltnes mhd. 'wälen
oder spiln' Ls. 3, 422. fragm. 28**, vielleicht schon der bei
Graff 4, 1022 beigebrachte ahd. eigenname Wûlbart. da nun
die romanische aufnahme den namen Wielant in Galans ändert,
könnte jenem sonst unerklärbaren galiar die deutsche wurzel
wielan, wëlan, welche triegen, berücken ausdrückt[1], untergeschoben werden, was den begrif eines vagus erreichen würde.
auch das 2, 82 besprochne trutannus gemahnt aus ahd. truh-

---

* Haltaus s. v. spilliute. walen spiel mit tanzen und wälzen, das die bauern
beim heumachen spielen. Krüger 71ᵇ. wälen wälzen. brem. wb. walont unde toc-
chout (volutantur). N. Cap. 143. waleti, ist gewalôt. Griesh. 2, 112. zwei walten
zuo dem zwec. Altswert 89, 23. walet sich um (dreht, wälzt sich). schimpf und
ernst 1550, 134. verwalen, verwetten, verspielen. Oberlin 1789. verwalt, verzweifelt,
verspielt, verflucht. der verwalte bösewicht. Wigal. prosa 52. verwaltes weib. 79.
der verwalt heid 88. 90. der verwalte mörder 117. 119. vgl. du vergewaltiger,
zernichter bösewicht 93.

[1] deutsche mythol. s. 351.

ting sodalis, paranymphus (Graff 5, 517. 519) und so weist
selbst die lateinische sprache nusrer gedichte mehrfach auf ein
deutsches element.

In der zweiten hälfte des zwölften jahrh. entsprungen, [187]
wilder auswuchs der damaligen schulgelehrsamkeit, aber leicht
übergänge findend in die preis und scheltlieder, in den minne-
sang und die volksdichtung, in das leben frölicher und ausgelassener zecher, hat diese vagantenpoesie von der Lombardei
aus im Südwesten Deutschlands, im nördlichen Frankreich eine
zeitlang, am längsten in England gewuchert [1]. derber als das
minnelied, dem die schmiegsame innigkeit der muttersprache zu
gebot stand, durfte sie dafür den fremden ausdruck mit gröszerer keckheit brauchen, und in einzelnen gesängen, namentlich
der confessio poetae liegt unvergängliche kraft. was frischeres
könnte aufgewiesen werden als die strophe 'Tunc rorant scy-
phi desuper et canna pluit mustum'? die weinlieder unserer
minnesänger scheinen zu ungesellig; hier aber schallt ein voller
jubel der gelage, wie in Fischarts litanei der trunknen. dasz
man auch ernste gegenstände vornahm lehrt das gedicht von
den funfzehn zeichen des jüngsten tags, geistliche eingänge, wie
der des ersten gedichts, sind die dürrsten. den gebundnen
aber rührigen sinn des zeitalters verräth uns diese lateinische
poesie besser als urkunden und annalen; nicht an geist, sinn
und lebensfreude gebrach es ihm, aber an freiem masz und
fortschritt.

Blosz die ältesten und besten der lieder führe ich auf einen
und denselben dichter zurück; es ist nicht anzugeben, wie viel
den nachahmern gebührt, mehrere gesänge zeugen von umgusz
und geschickter überarbeitung, wie sie damals auch in deutschen
und romanischen dichtungen allerwärts vorkommen. nicht einmal über das alter der Münchner handschrift soll entschieden
sein, die ich einen halben tag durchblättern und ausziehen, nicht
ganz lesen konnte. ihr voller inhalt mag noch ausdrücke und
gegenstände darbieten, die weiter führen. die stutzig machenden stellen über den vierten Alexander und Marner sind un-

---

[1] Wrights political songs of England, London 1839 an vielen stellen, und
desselben anecdota literaria London 1844 liefern s. 92 — 101 gute nachträge solcher lateinischen lieder. von geringem werth sind 25 strophen, die nach 1245,
ohne zweifel in Italien gedichtet wurden, in Const. Höflers kaiser Friedrich II.
München 1844 s. 430.

verholen geblieben: selbst wenu diese samlung erst nach 1250 vollendet wäre, kann das den stücken, die früher fallen, keinen abbruch thun und blosz sie nehmen wir für den älteren dichter daraus iu anspruch.

158   Proteusartig hat er sich uns als Walther, Nicolaus, Map, Golias, Archipoëta uud Primas gezeigt, den händen die ihn ergreifen wollten, mehrmals eutschlüpfend. war der erste name sein richtiger, so muste er, die gesamte art und weise der alten im land ziehenden hofsänger scheinbar an den andern Walther und an Freidank gemahnen, von dem ich hier gewissermaszen anhub. das 'quasi niuno era, che non sapesse, chi fosse Primasso', konnte bis auf meine noch sehr unvollkommen gelungne untersuchung umgekehrt gelten.

I.

1 Lingua balbus, hebes ingenio
   viris doctis sermonem facio,
   sed quid loquor, qui loqui nescio?
   necessitas est, non presumptio.

2 Ego juxta divinum eloquium
   viris bonis hoc reor congruum,
   ut subportet magnus exiguum,
   egrum sanus et prudens fatuum.

3 Ne sim reus et dignus odio,
   si lucernam premam sub modio,
   quod de rebus humanis sentio
   pia loqui jubet intentio.

4 Brevem vero sermonem facio
   ne vos gravet longa narratio,
   ne dormitet lector pre tedio,
   & 'tu autem' dicat in medio.

5 Ad eternam beatitudinem
   lapsum deus revocans hominem
   verbum suum, suam imaginem
   misit ad nos per matrem virginem.

6 Est unita deitas homini,
   servo suo persona domini,
   morti vita, splendor caligini,
   miseria beatitudini.

7 Scimus ista potentialiter
   magis facta quam naturaliter,

2, 4 cod. eger sanum.

4, 4 vermutlich unterbricht im kirchengesang ein mit den worten des psalms
(21, 20) 'tu autem domine miserere nobis' anhebendes responsorium. auch in der
apocalypsis Goliae 336 heisst es: clamantes septies 'tu autem domine', und ein
von Wright (anecdota literaria. London 1844 p. 93) herausgegebnes gedicht
schliesst 'tu autem domine'. [ir solt noch einmal erfahren das 'tu autem'. Garg.
137ᵃ. j'ai dit tout le tu autem. Rabelais Pantagr. 2, 11. tant il scet bien le tu
autem. anc. th. 1, 281. entendre le tu autem signifie savoir conduire une affaire,
être adroit, intelligent, entendre a demi mot. la coutume et que le supérieur
après la refection touche du doigt sur la table, en disant tu autem, pour avertir
le moine, qui pendant le repas a fait l'office de lecteur, qu'il est temps de finir.
v. noei borguignon 1776 p. 387. 388.]

scrutantibus spiritualiter
(sci)re licet quare, non qualiter.

8 Arte mira, miro consilio
querens ovem bonus opilio,
vagantibus in hoc exilio
locutus est nobis in filio.

9 Sanctum sue mentis consilium
patefecit mundo per filium,
ut rejecto cultu sculptilium
deum nosset error gentilium.

10 Poetarum seductos fabulis
veritatis instruxit regulis,
signis multis atque miraculis
fidem veram dedit incredulis.

11 Obmutescant humana somnia.
nil occultum, jam patent omnia,
revelavit fata latentia
non sapiens, sed sapientia.

12 Conticescat falsa temeritas,
ubi palam loquitur veritas,
quod divina probat auctoritas
non inprobet humana falsitas.

13 Hujus mundi preterit orbita,
stricta ducit ad vitam semita;
qui scrutatur renum abscondita
trutinabit hominum merita.

14 Judex iustus, inspector cordium
nos ad suum trahit judicium,
redditur ad pondus proprium
bonum bonis, malis contrarium.

15 In hac vita misere vivitur,
vanitas est omne quod cernitur;
eri natus hodie moritur,
finem habet omne quod oritur.

16 Sed qui dedit ad tempus vivere,
vitam brevem potest producere,
vitam potest de morte facere,
qui mortuos jubet resurgere.

14, 4 cod. bona.

17 Nos ad regna vocat celestia,
ubi prorsus nulla miseria,
sed voluptas et vera gaudia;
quod sit deus omnibus omnia.

18 Puniamus virtute vitium,
cujus caret fine supplicium,
terreat nos ignis incendium,
fetor, fletus et stridor dentium.

19 Sciens deus nos esse teneros
& gehenne dolores asperos,
pia voce revocat miseros,
ovem suam ponens in humeros.

20 O pietas inestimabilis,
omnipotens, incorruptibilis,
creature misertus mobilis,
est pro nobis factus passibilis.

21 Est alapas passus et verbera,
ludicrorum diversa genera,
sputa, spinas, et preter cetera
crucis morte dampnatur aspera.

22 Cum creator in cruce patitur,
ferreus est, qui non compatitur;
cum salvator lancea pungitur,
saxeus est, qui non compungitur.

23 Compungamur intus in anima,
iram dei placantes lacrima;
·dies ire, dies novissima
cito venit, nimis est proxima.

24 Ecce redit districtus arbiter,
qui passus est misericorditer,
redit quidem, sed jam minaciter,
coactus est, non potest aliter.

25 Mundus totus commotus acriter
vindicabit auctorem graviter,

20, 3 *mobilis* scheint hier den sinn von *servilis* zu haben, die creatur ist
eine res mobilis, wie das vieh in des herrn hand, vgl. Ducange s. v. mobilitas.
[vielmehr caducus. varnde bluomen Walther 20, 3.]

23, 3 keine anspielung auf das bekannte lied des Thomas von Celano (im
beginn des dreizehnten jahrh.), da der tag des zorns aus der bibel entnommen
war (proverb. 11. 4).

et torquebit reos perhenniter,
quamvis juste, tamen crudeliter.

26 Vos judicis estis discipuli,
in scriptura divina seduli,
christiani, lucerna populi,
contemptores presentis seculi.

27. Vos non estis virgines fatue,
vestre non sunt lampades vacue,
vasa vestra manant assidue
caritatis oleo mutue.

28 Vos pascitis gregem dominicum,
erogantes divinum triticum
quibusdam plus, quibusdam modicum,
prout quemque scitis famelicum.

29 Decus estis ecclesiasticum,
cum venerit index in publicum,
ut puniat omne maleficium,
sedebitis in thronis iudicum.

30 Verum tamen in mundi fluctibus,
ubi nemo mundus a sordibus,
quod dicitis in vestris cordibus,
compungendum est in cubilibus.

31 Institute piis operibus
bene vestris utentes opibus,
nam deo dat, qui dat inopibus,
ipse deus est in pauperibus.

32 Vt divina testatur pagina
opes multe sunt justo sarcina,
summa virtus est elemosina,
dici debet virtutum domina.

33 Hanc commendo vobis pre ceteris,
abscondatur in sinu pauperis,
crede mihi, si quid deliqueris,
per hanc deum placare poteris.

34 Hanc commendo vobis precipue,

191

33, 3 dies von Ovid (met. 1, 361. trist. 2, 353. 3, 11, 61. 14, 49.) und andern (Properz 1, 2, 7. 2, 5, 29. 3, 1, 29. 20, 33. 4, 8, 31. 18, 2. Petron 69) ge-
lernte *crede mihi* pflegten die deutschen mönche gern im munde zu führen, vgl.
Haupts zeitschr. 2, 191. [crede mihi. gesta Witigowonis 468. credite mihi. Caesarius heisterb. 4, 65. 83.]

hec est via vite perpetue,
quod salvator ostendens congrue
dixit: omni petenti tribue.

35 Scitis ista, neque vos doceo,
sed quod scitis facere moneo;
pro me loqui jam tandem debeo,
(non) sum puer, etatem habeo.

36 Vitam meam vocis enucleo,
paupertatem meam non taceo,
sic sum *pauper,* et sic indigeo,
quod tam siti quam fame pereo.

37 Non sum nequam, nullum decipio,
uno tantum laboro vitio,
nam *libenter semper accipio,*
et plus mihi quam fratri cupio.

38 Si vendatur propter denarium
indumentum quod porto varium,
grande mihi fiet obprobrium;
malo diu pati jejunium.

39 *Largissimus* largorum omnium
presul dedit mihi hoc pallium,
majus habens in celis premium
quam Martinus, qui dedit medium.

40 Nunc est opus, ut vestra copia
sublevetur *vatis inopia:*
dent nobiles dona nobilia,
aurum, vestes, et his similia.

41 Ne pauperi sit excusacio,
det quadrantem gazofilacio;

35, 4 Ich bin schon majorenn, vgl. leg. Liutpr. 2, 45 de puero qni infra aeta-
tem est. X, 7 neant er sich juvenis.

39, 4 ein verbreiteter und ganz volksmässiger zug der heiligenlegende: quodam hiemali tempore per portam Ambiennensium transiens pauperem quemdam
nudum obvium habuit, qui eum a nullo eleemosynam accepisset, Martinus hunc
sibi servatum intelligens arrepto ense clamidem, quae sibi tantum super erat, di-
vidit, et partem pauperi tribuens reliqua rursus induitur. Leg. aur. cap. 162. In
einer predigt des dreizehnten jahrh. bei Grieshaber s. 73: waiz got, daz tet s.
Martin niht, der gab sin vële (velum, voile) einem armen durftigen durch got.
Ebenda s. 167: wan dô er den durftigen sach sizzen under dem tor also nachende
in dem winter, dô zôch er sine vële ab sinem libe und gab im die. [Sulp. Sev.
de vita b. Martini 3. Maerl. 3, 165.]

hec vidue fuit oblacio,
quam divina commendat racio.

42 Viri digni fama perpetua
prece vestra complector genua,
ne recedam hinc manu vacua,
fiat pro me collecta mutua.

43 Mea vobis patet iutentio,
vos gravari sermone sentio,
unde finem sermonis facio,
quem sic finit brevis oratio:

44 Prestet vobis creator Eloy
caritatis lechitum olei,
spei vinum, frumentum fidei,
et post mortem ad vitam provehi.

45 Nobis vero mundo fruentibus,
vinum bonum sepe bibentibus,
sine vino deficientibus
nummos multos pro largis sumptibus.

                                    amen.

II.

Archipoeta.

Fama tuba dante sonum
excitata vox preconum
clamat viris regionum,
advenire virum bonum,
5 *patrem pacis* et *patronum,*
cui *Vienna parat tronum.*
Multitudo marchionum,
turba strepens *istrionum*
jam conformat tono tonum;
10 genus omne *balatronum*
intrat ante diem nonum,
quisque sperat grande donum.

ego caput fero pronum,
tanquam frater sim latronum,
15 reus, inops racionum,
sensus egens et sermonum.
    Nomen *vatis* vel personam
manifeste non exponam,
sed quem fuga fecit Jonam,
20 per figuram satis bonam
Jone nomen ei ponam.
    Lacrimarum fluit rivus,
quas effundo *fugitivus*
intra cetum semivivus,

44, 2 *lechitus* [auch Diut. 2, 173ª] für lecythus, λήκυθος flasche.
[10 mimis et balatronibus. Vopiscus in Carino 20. balatrones. Varro R R.
2, 5. Servilius Balatro. Horat. sat. 2, 8, 21. omne balatronum et histrionum genus.
Albericus ad a. 1045.]

25 *tuus quondam adopticus;*
   sed *pluralis genitivus*
   nequam nimis et lascivus
   mihi factus est nocivus.
   Voluptate volens frui
30 comparabar brute sui,
   nec cum sancto sanctus fui;
   unde timens iram tui,
   sicut *Jonas* dei sui,
   fugam petens fuga rui.
35   *Jonam* deprehensum sorte,
   reum tempestatis orte
   condempnatum a cohorte
   mox absorbent ceti porte.
   sic et ego *dignus morte,*
40 *prave vivens et distorte,*
   cujus carnes sunt absorte,
   sed cor manet adhuc forte,
   reus tibi. vereor te
   miserturum mihi forte.
45   Ecce *Jonas tuus* plorat,
   culpam suam non ignorat,
   pro qua cetus eum vorat,
   veniam vult et implorat,
   ut a peste qua laborat
50 solvas eum, quem honorat,

tremit, colit, et adorat.
   Si remittas hunc reatum,
et si ceto das maudatum,
cetus, cujus os est latum,
55 more suo dans hiatum
vomet *vatem decalvatum,*
et ad portum destinatum
feret fame tenuatum,
ut sit rursus *vates vatum,*
60 *scribens opus tibi gratum.*
te divine mentis fatum
ad hoc jussit esse natum,
ut decore probitatum
et exemplis largitatum
65 reparares mundi statum.
   Hunc *reatum si remittas,*
inter enses et sagittas
tutus ibo, quo me mittas,
non timebo Ninivitas,
70 neque gentes *infronitas,*
vincam vita patrum vitas,
vitans ea, que tu vitas;
poetrias inauditas
scribam tibi, si me ditas.
75   Vt jam loquar manifeste,
paupertatis premor peste,

198

---

26 was er unter *genitivus pluralis* versteht, sicht man aus vers 88, Raynouard
3, 458 hat *s. v. genitiu* beide bedeutungen, die von genitoire und dem casus. so
brauchen wir heute noch *vocativus* für einen schlauen, hinterlistigen gesell. [per
genitivum schn. pol. maulaffe 56.]

70 *infronitus,* stultus, arrogans, bei Seneca und Gellius *infrunitus,* eins der
vielen adj., deren positiver begrif ausser gebrauch gekommen ist, *frunitus* darf
man auch ohne Festus (O. Müller 98) voraussetzen. ebenso steht dem nah verwandten ἄφρων kein φρών zur scite. ein gedicht aus dem letzten drittel des
zwölften jahrh. in Mones anz. 1838 s. 10 hat gleichfalls mores *infrunitos.* andere
stellen sammelt Henschel in der neuen ausg. des Ducange 3, 828ᵃ. altfranz. *en-
fruns* (couronn. Renart 511); provenz. *efruns* (Rayn. 3, 971), vgl. franz. effronté,
mlat. infrontatus (Ducange 3, 828ᵇ). [auch die vulgata hat viro infrunito. vgl.
Diut. 1, 528ᵃ.]

73 vgl. IV, 7, 4 *poetrica* carmen (Ducange s. v. Pertz 2, 166), altfranz. poetrie, engl. poetry. [Ulr. Fürtrer hat poetrey. Docen s. 1218. poetrycn. Potter
1, 47. poetcrey. Hans Sachs. Opiz poet. wäld. 37.]

stultus ego, *qui penes te*
nummis, equis, victu, veste
dies omnes duxi feste,
80 nunc vesanus plus Oreste
male vivens et moleste,
trutannizans inhoneste,
omne festum duco meste;
res non eget ista teste.
85 *Pacis auctor, ultor litis,*

esto *rati tuo* mitis,
neque credas imperitis.
geuitivis jam sopitis
sanctior sum heremitis,
90 quicquid in me malum scitis
amputabo, si velitis;
ne nos apprehendat sitis,
ero palmes et tu vitis.

III.

Archipoeta.

Omnia tempus habent, et ego breve postulo tempus,
ut possim paucos presens tibi reddere versus
electo sacro, presens in *tegmine macro*,
virgineo more non hoc loquor absque rubore.
5 vive *vir inmense*, tibi concedit regimen se,
consilio cujus regitur validaque manu jus.
pontificum flos es, et maximus inter eos es,
incolumis vivas, plus Nestore consilii vas,
vir pie, vir juste, precor ut moneam precibus te,
10 vir racione vigens dat honorem tota tibi gens,
amplecti minimos magni solet esse viri mos;
cor miseris flecte, quoniam probitas decet hec te,
pauperie plenos solita pietate fove nos,
et *transmontanos* vir *transmohtane*˙ juva *nos*.
15 nulla mihi certe de vita spes nisi per te,
frigore sive fame tolletur spiritus a me,
asperitas brume necat horriferumque gelu me,
continuam tussim pacior tanquam tisicus sim,
sencio per pulsum quod (non) a morte procul sum,

---

82 *trutannus* (roman. truan, truand. Raynouard s. v.) ist ein bettler und vagant. [hor. belg. 7, 20ᵃ.] Caesarius heisterbac. 8, 59: saepe ab hujusmodi *trutanis* (f. trutannis) illusus estis. Concil. trevir. a. 1227 bei Martene coll. ampl. 4, 117: sacerdotes non permittant *trutannos* et alios vagos scolares aut goliardos cantare versus etc. *Trutannizare* also herumstreichen, das volk betriegen.

III, 1. eccles. 3, 1.

18 = phthisicus.

20 esse probant inopes nos corpore cum reliquo pes,
unde verecundo vultu tibi verba pretundo,
in *tali ceste* non sto sine fronte penes te;
liber ab interitu sis, et memor esto mei tu!

IV.

Archipoeta.

1 Archicaucellarie, vir discrete mentis,
cujus cor non agitur levitatis ventis
aut morem transgreditur viri sapientis,
non est in me forsitan id qnod de me sentis.

2 Audi preces *domine* veniam petentis,
exaudi suspiria gemitusque flentis,
et *opus impositum* ferre non valentis,
quod probare potero multis argumentis.

3 Cujus in perpetuum *sercus & poeta*,
ibo si preceperis etiam trans freta,
et *quodcumque jusseris scribam mente leta*,
sed angusti temporis me coartat meta.

4 Jubes angustissimo spacio dierum
me tractare seriem augustarum rerum,
quas neque Virgilium posse nec Homerum
annis quinque scribere constat esse verum:

5 Vis et infra circulum parve septimane
bella scribam fortia breviter et nane,
que vix in quinquennio scriberes, Lucane,
vel tu vatum maxime, Maro mantuane.

6 *Vir virorum optime* parce *tuo rati*,
qui se totum subicit tue voluntati.
precor, cum non audeam opus tantum pati,
ut rigorem temperes ardui mandati.

7 Nosti quod in homine non sit ejus via,
prophecie spiritus fugit ab Helia,
Helyseum deserit sepe prophecia

4, 1. 2 wortspiel mit angustus und augustus.

5, 2 weil nanus einen homo brevis bedeutet, wird hier nane für breviter gebraucht; ich wüste nicht, dass die romansprachen auf solche weise mit dem wort
verführen.

nec *me* (semper) *sequitur* mea *poetria*.

8 Aliquando facio *versus mille* cito,
et tunc nulli cederem versuum perito,
sed post tempus modicum, cerebro sopito,
versus a me fugiunt carminis oblito.

9 Que semel emittitur nescit vox reverti,
scripta sua corrigunt etiam diserti,
versus volunt corrigi denuoque verti,
ne risum segnicies pariat inerti.

10 Loca vitant publica quidam poetarum,
et secretas eligunt sedes latebrarum,
studeut, instant, (vigilant), nec laborant parum,
et vix tandem reddere possunt opus clarum.

11 Jejunant et abstinent *poetarum* chori,
vitant rixas publicas et tumultus fori,
et ut opus faciant quod non possit mori
moriuntur studio subditi labori.

12 Unicuique proprium dat natura munus,
ego nunquam potui scribere jejunus,
me jejunum vincere posset puer unus;
sitim & jejunium odi quasi funus.

13 Unicuique proprium dat natura donum,
ego versus faciens bibo vinum bonum,
et quod habent melius dolia cauponum,
tale vinum generat copiam sermonum.

14 Tales *versus facio*, quale vinum bibo,
nichil possum facere nisi sumpto cibo,
nichil valent penitus, que jejunus scribo:
Nasonem post (calices) carmine preibo.

15 Michi nunquam spiritus prophecie datur,
nisi prius fuerit venter bene satur;
dum in arce cerebri Bachus dominatur,
in me Phebus irruit et miranda fatur.

16 Scribere non valeo *pauper et mendicus*
que gessit in Latio cesar Fredericus,
qualiter subactus est *tuscus inimicus*,
preter te, qui *cesaris integer amicus*.

17 *Poeta pauperior omnibus poetis*,
nichil prorsus habeo nisi quod videtis,
unde sepe lugeo, quando vos ridetis:

nec me meo vitio pauperem putetis.

18 *Fodere non debeo, quia sum scolaris*
   ortus ex militibus preliandi gnaris,
   sed quia me terruit labor militaris
   malui Virgilium sequi, quam te, Paris.

19 *Mendicare* pudor est, *mendicare* nolo,
   fures multa possident, sed non absque dolo;
   quid ergo jam faciam, qui nec agros colo,
   nec mendicus fieri, nec fur esse volo?

20 Sepe de miserie mee paupertatis
   conqueror in carmine viris litteralis;
   laici non capiunt ea que suut vatis,
   et nil mihi retribuunt. quod est notum satis.

21 A *viris teutonicis multa solent dari,*
   digni sunt pre ceteris laude singulari;
   presules Italie presules avari,
   pocius ydolatre debent nominari,
   vix quadrantem tribuunt *pauperi scolari.*
   quis per dona talia poterit ditari?

22 Doleo, cum video *leccatores* multos
   penitus inutiles penitusque stultos,
   nulla prorsus animi racione fultos,
   sericis et variis indumentis cultos.

23 Vellem soli *milites* eis ista darent
   et de nobis *presules nostri* cogitarent,
   non leonum spoliis asinos ornarent;
   sed dum querunt gloriam pietate carent.

24 Eia nunc pontifices pietatis mire,
   cum *poeta* soleat foris esurire,
   mimi solent cameras cestras introire,
   qui nil sciunt facere preter insanire.

25 Pereat ypocrisis omnium parcorum,
   scimus qu:d avarus est cultor idolorum,
   commendetur *largitas presulum* largorum:
   electus Colonie primus est eorum.

26 In regni negociis potens et peritus

18, 4 Paris bedeutes beld, vgl. Phyllis es Flora 12, 1. [18, 1. 19, 1 ans
Luc. 16, 4. s. oben zu s. 157.]
    26 am rand zu dieser strophe mit gleichzeitiger schrift: Rustica deflenti
parvo jurave(rat olim), der beginn des avianischen, im zwölften jahrh. längst be-

a *regni negocio nomen est sortitus,*
precepti dominici memor, non oblitus,
tribuit hilariter, non velud invitus.

27 Vnde fit, ut aliquid petere presumam
nudus ego metuens frigus atque brumam,
qui vellus non habeo nec in lecto plumam;
tam libenter mihi det, quam libenter sumam.

28 *Archicancellarie,* spes es mea solus,
in te non est macula, non est in te dolus;
longa tibi tempora det fatalis colus,
cujus illustrabitur claritate polus.

29 Nummos, quos tu dederas, bene dispensavi,
pauperem presbiterum hac estate pavi,
ut te deus protegat in labore gravi,
et coram te corruant inimici pravi.

30 *Largum* habens *dominum* nolo parcus esse,
nolo sine socio mea frui messe,
nobilis est animi pluribus prodesse,
largo nunquam poterit animo deesse.

31 Secundum quod habeo tribuo libenter
neque panem comedo solus et latenter,
et non sum qui curias intrem imprudenter,
sicut illi faciunt quorum deus venter.

32 *Archicancellarie,* spes et vita mea,
in quo mens est *Nestoris* et vox *ulixea*
Christus tibi tribuat annos et trophea,
et *nobis facundiam, ut scribamus ea.*

V.

Archipoeta.

1   Nocte quadam sabbati somno jam refectus,
cum mihi fastidio factus esset lectus,

kannten fabelbuchs; wie es scheint ohne allen bezug auf unsern text. [vgl. Lachmanns ausg. s. 4, wo andre lesarten.]

26, 2 der eigenname des erzkanzlers braucht hier, und in keinem dieser
lieder ausgedrückt zu sein, jedermann kennt ihn; *Reinaldus* oder *Reginaldus,*
Regnaldus wird aber geschickt auf regnum angewandt; schon den Gothen war
raginôn regnare.

32, 2 cod. Ilixea.

signo crucis muniens frontem, vultum, pectus,
indui me vestibus, quibus eram tectus.

2 Sic dum nec accumberem neque starem rectus,
tantus mei naribus odor est injectus,
quantum nunquam protulit spica nardi, nec thus,
neque liquor balsami recens et electus.

3 Ortus erat lucifer, stella matutina,
cum perfusus undique luce repentina
sum raptus ad ethera quadam vi divina:
ubi deus raptor est, dulcis est rapina.

4 Repente sub pedibus hunc relinquo mundum,
et in orbem videor ingredi secundum,
cujus admirabile lumen et jocundum,
non valet exprimere verbis os facundum.

5 Non est ibi gemitus neque vox dolentis,
ubi sanctus populus inmortalis gentis
liber a periculis, tutus a tormentis,
pace summa fruitur et quiete mentis.

6 Ibi pulchritudinem vidi domus dei,
ipsum tamen oculi non videre mei:
nam divine tantus est splendor faciei,
quod mirantur angeli, qui ministrant ei.

7 Hic nec Arist(ot)ilem vidi nec Homerum,
tamen de sentenciis nominum et rerum,
de naturis generum atque specierum
magnus mihi protulit Augustinus verum.

8 Post hec ad archangelum loquens Michaelem,
qui regit per angelos populum fidelem,
ab eo sum monitus, ut secreta celem
et celi consilia nemini revelem.

3, 1 also auch ein traum gegen morgen (νυκτὸς ἀμολγῷ), wo er am wahr-
haftigsten ist (deutsche mythol. s. 1099).

3, 3 solch eine entzückung auch in der apocalypsis Goliae 417:

        His gestis deferor in summa nubium,
        coelumque raptus sum usque ad tertium;

und in Thetis et Lyaeus 2:

        Tum ego in spiritu vel in carne gravi
        raptus sum et tertium coelum penetravi.

6, 3 am rand: propinaculum, was ich nicht fasse, auch wenn man propinaculum ändert; es hat aber mit dem texte nichts zu schaffen. [geht auf 6, 4: qui
ministrant ei.]

9 Vnde quamvis cernerem de futuris multa,
que sunt intellectibus hominum sepulta,
celi tamen prodere videor occulta;
tu vero ne timeas, *presul,* sed exulta.

10 *Tibi depulatus est unus angelorum,*
super omnes alios habet is decorum,
sicut tu virtutibus operum clarorum
meritis preradias omnium proborum.

11 Hujus ope *prelia te ricisse scias,*
ut des deo gloriam, non superbus fias,
tui *dux itineris* est per omnes vias,
de tuis excessibus preces fundens pias.

12 Per *hunc regnum Siculi fiet tui juris,*
ad radicem arboris ponitur securis,
tyrannus extollitur, et est sine curis,
sed ejus interitus venit instar furis.

13 Nolo tibi deuique nimium blandiri
neque *meo domino* blandiens mentiri,
nemo potest adeo mundus inveniri,
ut sit sine macula mens et actus viri.

14 Ille *sanctus inclitus* gemma sacerdotum,
cujus nomen omnibus reor esse notum,
qui suis miraculis replet orbem totum,
se dicit adversum te nimis esse motum.

15 Cumque vellet conqueri de te coram deo,
vir querelam distulit flexus fletu meo,
flebam namque graviter, sicut sepe fleo,
lacrimis inducias postulans ab eo.

16 Fluebant ab oculis lacrimarum rivi,
et quia compescere lacrimas nequivi,
de *terra ridentium* lacrimans exivi
inventus in lectulo more semivivi.

17 Precor ergo *domine, flos presentis evi,*
ut *ad sancti gratiam redeas* in brevi,
res ejus diripiunt quidam lupi sevi,

11, 1 siege iu den jahren 1158. 1162. 1166. 1167 erfochten.

14, 1 er meint den h. Martinus, vgl. str. 19.

16, 3. die terra ridentium, wo niemand weint (5, 1), ist der himmel, das
land der wonne, im gegensatz zur erde, dem thränenthal.

17, 1 vgl. III, 7.

quas tu restituere verbo potes levi.

18 Quamvis incessabilis sarcina curarum
mentem tuam distrahat nec fatiget parum,
scire tamen opus est, quod sit deo carum
juvare viriliter res ecclesiarum.

19 Fac ergo concordiam cum *sancto Martino,*
qui pro te multociens me potavit vino,
quod hec pax sit melior quam cum *Palatino*
novit quisquis agitur spiritu divino.

20 Cum te *vir sanctissimus* vellet accusare
vix eum prohibui lacrimans amare,
et quia sic volui pro te laborare
debes mihi *magnum quid in hoc festo dare.*

21 Tussis indeficiens et defectus vocis
cum ruinam nuncient obitus velocis,
circumdant me gemitus in secretis locis,
nec jam libet solitis delectari jocis.

22 Quamvis tamen moriar et propinquem fini
et me fata terreant obitus vicini,
non possum diligere *nomen Palatini,*
per quem facta carior est lagena vini.

23 Afflixit injuriis populum et clerum,
sed de tot injuriis diversarum rerum
ego non conquerer(er), ut jam loquar verum,
nisi mihi carius venderetur merum.

24 Ut tyrannis *comitis* exponatur ipsi,
tales versus facio quales nunquam scripsi,
omne ve quod legitur in apocalipsi
ferat, nisi liberet vites ab eclipsi.

25 Interim me dominus iuxta psalmum David
regit, et in *pascue claustro* collocavit;
hic michi, non aliis, vinum habundavit,
abbas bonus *postor* est, et me bene pavit.

25, 2 cod. reget.

VI.

Archipoeta.

En habeo versus, te precipiente, reversus,
sit (tibi) frons leta *versus recitante poeta.*
laudibus eternum nullus negat esse *Salernum,*
illuc pro morbis totis circumfluit orbis.
5 nec debet sperni, fateor, *doctrina Salerni,*
quamvis exosa michi sit *gens illa dolosa;*
quid sim passus ibi nequit ex toto modo scribi.
Jam febre vexatus nimioque dolore gravatus
hic infirmabar, quod vivere posse negabar,
10 et michi dicebant *medici,* qui signa videbant:
'ecce, *poeta, peris,* non vives, sed morieris!'
sed febrem tandem medicina fugavit eandem.
nostri languoris testis tibi sit color oris,
in vultu pallor apparet adhuc, nisi fallor,
15 dum sapiens fieri cupio *medicus*que videri
insipiens factus sum mendicare coactus.
nunc mendicorum socius sum, non medicorum,
nudus et *incultus* cunctis appareo stultus, •
pro vili panno sum vilis parque tyranno,
20 nec me nudavit ludus neque fur spoliavit,
pro solo victu sic sum spoliatus amictu,
pro victu vestes consumpsi, dii michi testes.
1 Dum redeo didici populi tocius ab ore,
quod tua distribuas solo pietatis amore;
per mundum redoles tanto bonitatis odore,
cesaris adjutor, speciali dignus honore.
2 *Te pauper sequitur, te predicat omnis egenus,*
idcirco quod sis hilaris dator atque serenus,
tu miseris pater es multa dulcediue plenus,
nulla quidem virtus est, a qua sis alienus.
3 Cum de *presulibus* male quisque loquitur avaris,
omnes extollunt te laudibus undique claris,
tu cum *trans alpes* famosus *ut hic* habearis,

3, 3 über den alpen, in Deutschland (vgl. III, 14) wie hier in Italien.

re famam superas, non a fama superaris.

4 Optime vir, cujus soror est et amica Minerva,
qua bene cuncta regis quamvis *in gente proterva*,
ne totum dones aliis, vero (quid) michi serva.

5 Vir pie, qui nunquam bursam pro paupere nodas,
quantum sis largus largo michi munere prodas,
inde *poeta tuus* tibi scribam *carmen* et *odas*.
sit finis verbi verbum laudabile *do, das*.

VII.

Archipoeta.

1 *Archicancellarie*, viris major ceteris
splendore prudentie, qua prudentes preteris,
jubar es ecclesie, sicut sol est etheris.

2 Laudes tibi canimus, cujus luce jubaris
illustratur animus *Friderici cesaris*,
quod libenter facimus, cum sis dator hilaris.

3 Pollens bonis moribus et nitore generis,
in humanis artibus et divinis litteris,
ter sis major omnibus, nullo minor ederis.

4 Vir fortis et sapiens, fortunam non sequeris,
in adversis patiens, modestus in prosperis,
cuncta bene faciens recta via graderis.

5 *Ulixe* facundior; *tulliane* loqueris,
columba simplicior nulli fraudes ingeris,
serpente callidior a nullo deciperis.

6 *Alexandro* fortior inimicos conteris,
Davide mansuetior a cunctis diligeris,
et *Martino* largior das quod juste peteris.

7 *In regni negotio fit quodcunque precipis*,
qui sine consilio nichil prorsus incipis:
invidet tanto socio mens *romani principis*.

8 *Adhuc starent menia Mediolanensium*,
nec *cesar per prelia victor esset hostium*,

4, 3 scheint ein vers ausgefallen.
3, 3 cod. stab. cum sis . . . . . crederis.
6, 2 cod. David.
6, 3 cod. Martino.

nisi dei gratia te dedisset socium.

9 *Electum Colonie*, claris dignum laudibus,
 pre multa pauperie nudis laudo pedibus, .
 conqueror hoc hodie coram sanctis omnibus.

10 Dum sanctorum omnium colitur celebritas,
 singuli colentium gerunt vestes inclitas,
 archicancellarii vatem pulsat nuditas.

11 *Poeta* composuit *racionem rithmicam*,
 atyrus imposuit melodiam musicam,
 unde *bene meruit mantellum et tunicam.*

VIII.

Archipoeta.

Presul urbis *Agripine*,
qui rigorem discipline
bonitate temperas,
nichil agens indiscrete
ne sit fama mendax de te
vita famam s(uperas).
(cetera desunt)

XI.

Ad Fridericum cesarem

(cod. stabul.)

1 Salve mundi domine, *cesar noster*
 cujus bonis omnibus jugum est su
 quisquis contra calcitrat putans illud gr ave
 obstinati cordis est et cervicis pr

2 Princeps terre principum, *cesar Frider*
 cujus tuba titubant arces inim
 tibi colla subdimus tygres et form ice
 et cum cedris Libani vepres et mir

11, 2 atyrus? ich denke *satyrus*, der flötende waldgeist, faun. [oder Tityrus, der bei Virgil flötet.]

3 Nemo prudens ambigit, te per dei n
  super reges alios regem constit
  et in dei populo digne consec
  tam vindicte gladium quam tutele sc
                                      } utum

4 Unde diu cogitans, quod non esset t
  cesari non reddere censum vel trib
  vidue pauperior tibi do min
  de cujus me laudibus pudet esse m

5 Tu foves et protegis magnos et min
  magnis et minoribus tue patent f
  omnes ergo *cesari* sumus debit
  qui pro nostra requie sustinet lab
                                        } ores

6 Dent fruges agricole, pisces piscat
  auceps volatilia, feras venat
  nos poete pauperes, opum contempt
  scribendo cesareos *canimus* hon

7 Filius ecclesie fidem sequor s
  contempno gentilium falsitatem v
  unde jam non invoco Febum vel Di
  nec a Musis postulo linguam tulli
                                        } anam

8 Christi sensus imbuat mentem christi
  ut de Christo *dominum* digna laude c
  qui poteuter sustinens sarcinam mund
  relevat in pristinum gradum rem rom

9 Scimus per desidiam regum romau
  ortas in imperio spinas impi
  et sumpsisse cornua multos popul
  de quibus commemoro gentem *Lombard*
                                        } orum   205

10 Que dum turres erigit more gigant
  volens altis turribus obviare d
  contumax et fulmine digna ciclop
  instituta principum sprevit ausu r
                                        } eo

11 De tributo cesaris nemo cogit
  omnes erant cesares, nemo censum d
  civitas Ambrosii velud Troja st
  deos parum, homines minus formid
                                        } abat

12 Dives bonis omnibus et beata s
  nisi quia voluit repugnare f
                                        } atis

3, 2 der von gottes gnaden, durch Christi befehl herr und könig ist.

cujus esse debeat summa libert
ut, quod erat cesaris, daret ei gr } atis

13 Surrexit iutcrea *rex* jubente d
metuendus hostibus tamquam ferus l
similis in preliis Jude Machab } eo
de quo quicquid loquerer minus esset

14 Non est ejus animus in curanda c
curam carnis comprimit animi virt
de communi cogitans populi sal } ute
pravorum superbiam premit servit

15 Quanta sit potentia vel laus *Frider*
cum sit patens omnibus, non est opus d
qui rebelles laucea fodiens ultr } ici
representat *Karolum* dextera victr

16 Hic ergo considerans orbem conturb
potenter agens dicat opus deo gr
et ut regnum revocet ad priorem st } atum
repetit ex debito *cesar* civit

17 Prima suo domino paruit *Pap*
urbs bona, flos urbium, clara, potens, p
digna fores laudibus et topograph } ia
nisi quod nunc utimur brevitatis v

18 Post *Papiam* ponitur urbs *novari*
cujus (in) principio dimicavit
frangens et reverberans viribus inm } ensis
impetum superbie *mediolan*

19 Carmine, *Novaria*, sepe meo v
cujus sunt per omnia commendandi c
inter urbes alias eris laude d } ives
donec desint alpibus frigora vel n

20 Letare, *Novaria*, nunquam vetus f
meis te carminibus renovari sc
fame tue terminus nullus erit d } ies
nunc est tibi reddita post laborem qu

21 *Mediolanensium* dolor est inm
pro dolore nimio conturbatur s
civibus Ambrosii furor est acc } ensus
dum ab eis petitur, ut a servis, c

20, 4 Reifenberg: nec.

22 Interim precipio tibi, *Constant*
    jam depone dexteram, tue cessent m
    Mediolanensium tante sunt ru
    quod in urbe media modo regnant sp

    } ine

23 Tantus erat populus atque locus
    si venisset Grecia tota cum Ach
    in qua tot sunt menia, tot potentes v
    non eam subjicere possent armis m

    } ille

24 Jussu tamen *cesaris* obsidetur l
    donec ita venditur esca sicut cr
    in tanta penuria non est ibi j
    ludum tandem *cesaris* terminavit r

    } ocus

25 Sonuit in auribus angulorum t
    et in maris insulis hujus fama g
    quam si mihi liceat plenius ref
    hoc opus Eneidi poteris pref

    } .
    } erre

26 Modis mille scribere bellicos confl
    hostiles insidias et viriles
    quantis minis impetit ensis hostem str
    qualiter progreditur castris rex inv

    } ictus

27 Erant in *Italia* greges vispill
    semitas obsederat rabies pred
    quorum cor ad scelera semper erat pr
    quibus malum facere videbatur b

    207

28 *Cesaris* est gloria, *cesaris* est d
    quod jam patent omnibus vie regi
    dum ventis exposita corpora latr
    surda flantis Borce captant aure s

    } onum

29 Iterum describitur orbis ab aug
    redditur respublica statui vct
    pax terras ingreditur habitu ven
    et jam non opprimitur justus ab inj

    } usto

30 Volat fama *cesaris* velut velox
    hac audita trepidat *imperator* gr

    } ecus

22, 1 Reiffenberg: principio. wen versteht er aber unter Constantin? bei
den Mailändern kommt kein solcher name vor. meint er den griechischen kaiser
als nachfolger Constantins? der damalige hiess Emannel, der 1167 zu gunsten des
pabsts gegen Friedrich handelte; vgl. 30, 2.

28, 3. 4 hänga vindga meidl &. Sæm. 27ᵇ; vargtré vindköld. Sæm. 271ª.

30, 1 ecus = equus, vgl. Phyllis 30, 4.

jam quid agat nescius, jam timore c   } ecus
timet nomen *cesaris,* ut leonem p

31 Jam tiranno *siculo Siculi* detre
Siculi te sitiunt, *cesar,* et expe   } ctant
jam libenter *Apuli* tibi genufle
mirantur quid detinet, oculos hume

32 *Archicancellarius* viam prepar
dilatavit semitas, vepres extirp   } avit
ipse jugo *cesaris* terram subjug
et *me de miserie lacu* liber

33 *Imperator nobilis,* age sicut
sicut exaltatus es, exaltare m   } agis
• fove tuos subditos, hostes cede pl
super eos irruens ultione str

X.

Poete confessio.

(carm. bur. p. 67—71.)

1 Estuans intrinsecus ira vehem
in amaritudine loquor mee m
factus de materia levis elem
folio sum similis, de quo ludunt v   } enti

2 Cum sit enim proprium vero sapi
supra petram ponere sedem fundam
stultus ego comparor fluvio lab
sub eodem aere nunquam permam

3 Feror ergo veluti sine nauta n
ut per vias aeris vaga fertur
non me tenent vincula, non me tenet cl   } avis
quero mei similes et adjungor pr

4 Mihi cordis gravitas res videtur gr
locus est amabilis dulciorque f
quidquid Venus imperat labor est su
qui nunquam in cordibus habitat ign

31, 3 genuflectare f. genu flectere.
1, 3 cod. monac. cinis elementi.
2, 1 cod. monac. viro sapienti.
2, 4 cod. monac. eodem tramite.

5 Via lata gradior more juvent
implico me viciis immemor virt
voluptatis avidus magis quam sal utis
mortuus in animo curam gero c

6 *Presul discretissime, reniam te pr*
morte bona morior, dulci nece n
meum pectus sauciat puellarum d ecor
et quas tactu nequeo, saltem corde m

7 Res est arduissima vincere nat
in aspectu virginis mentem esse p
jnvenes non possumus legem sequi d uram
leviumque corporum non habere c

8 Quis in igne positus igue non ur
quis *Papie* demorans castus habe
ubi Venus digito juvenes ven atur
oculis illaqueat, facie pred

9 Si ponas Ypolitum hodie *Pap*
non erit Ypolitus in sequenti d
Veneris in thalamos ducunt omnes v ia
non est in tot turribus turris Aleth

10 Secundo redarguor etiam de l
frigidus exterius mentis estu s
sed cum ludus corpore me dimittit n udo
tunc versus et carmina meliora c

11 Tertio capitulo memoro tab
illam nullo tempore sprevi neque sp
donec sanctos angelos venientes c ernam
cantantes pro mortuis requiem et

5, 2 cod. monac. implicor et.

5, 4 cod. monac. in anima.

7, 4 cod. monac. juvenumqne.

8, 2 Wright s. 72: quis in mundo demorans.

8, 4 cod. monac. oculos inlaqueat, facies predatur.

9, 1 cod. monac. si feras Hippolytum. Hippolytus ein martyrer des dritten jahrb. [vielmehr Theseus sohn. 'Hippolyto castior' ist sprichwort.]

9, 3 cod. monac. V. ad thalamum omnes currunt vie. Wright: hunc ad opus V.

9, 4 Wright: Aliciae, cod. mon. Galathiae, nach Docen anspielend auf Pamphilus und Galatea, wovon ein altfranz. gedicht in Jena sei.

11, 4 cod. venet. pro ebriis. Wright: pro mortuo.

12 Meum est propositum in taberna m
   vinum sit appositum morientis,
   tunc cantabunt lctius angelorum ch   } ori
   sit deus propitius huic potut

13 Poculis accenditur animi luc
   cor imbutum nectare volat ad sup
   mihi sapit dulcius vinum de tab   } erna
   quam quod aqua miscuit *presulis* pinc

14 Unicuique proprium dat natura m
   ego nunquam potui scribere jej
   me jejunum vincere posset puer   } unus
   sitim et jejunium odi tanquam f

15 Unicuique proprium dat natura d
   ego *versus faciens* bibo vinum b
   et quod habent purius dolia caup   } onum
   vinum tale generat copiam serm

16 Tales *versus facio,* quale vinum b
   nil possum incipere nisi sumpto c
   nichil valent penitus, que jejunus scr   } ibo ·
   Nasonem per calices carmine pre

17 Mihi nunquam spiritus poetrie d
   nisi prius fuerit venter bene s
   dum in arce cerebri Bachus domin   } atur
   in me Phebus irruit et miranda f

18 Loca vitant publica quidam poet
   et secretas eligunt sedes tenebr
   student, instant, vigilant, nec laborant p   } arum
   ct vix tandem reddcre possunt opus cl

19 Jejunant et abstinent poctarum ch   } ori
   vitant rixas publicas et tumultus f

216

12, 2 cod. ut sit vinum perennum m. o. cod. mon. abl vina proxima m. o.
cod. venet. ut sint vina proxima sitienti ori.

12, 3 cod. venet. dicant ut cum venerint bibulorum chori, d. s. p. tanto p.

13 folgen im cod. monac. 18. 19. 16. 17. 14 15.

13, 1 cod. oculis.

15, 4 cod. mon. tale vinum.

16, 4 cod. mon. post calicem jejunus. Wright: post calices.

18, 2 cod. sedes late tenebrarum; offenbar sollte erat latebrarum geschrieben
werden. cod. mon. latebrarum.

18, 4 cod. mon. vix inde.

et ut opus faciant, quod non possit in ⎱ ori
moriuntur studio, subditi lab ⎰

20 Ecce mee proditor pravitatis f ⎱
de qua me redarguunt servientes t ⎰ ui
sed eorum nullus est accusator s
quamvis velint ludere secundoque fr

21 Jam nunc *in presentia presulis* he ⎱
secundum dominici regulam mand ⎰ ati
mittat in me lapidem neque parcat v
cujus non est animus conscius pecc

22 Sum locutus contra me quicquid de me u ⎱
et virus evomui, quod tam diu f ⎰ ovi
vita vetus displicet, mores placent n
homo videt faciem, sed cor patet J

23 Jam virtutes diligo, viciis ir ⎱
renovatus animo, spiritu ren ⎰ ascor
quasi modo genitus uovo lacte p
ne sit meum amplius vanitatis v

24 *Electe Colonie,* parce penit ⎱ **211**
fac misericordiam veniam pet ⎰ enti
et da penitentiam culpam confit
feram quicquid jusseris animo lib

25 Parcit enim subditis leo rex fer ⎱
et est erga subditos immemor ir ⎰ arum
et vos idem facite, principes terr
quod caret dulcedine nimis est am

19, 4 Reiffenberg licet moriantur.
20, 3 cod. mon. sed coram nullus accusator fui.
21, 4 cod. mon. est aliquis.
22, 4 cod. mon. homo videt facie, corda patent Jovi.
23, 1 cod. mon. Nam.
23, 4 cod. mon. mihi a. v. *lascor.* das allein richtige vas cor ist unzweifelhaft.
24, 1 cod. mon. uunc egenti.
24, 2 cod. mon. famulo petenti.
24, 3 cod. mon. culpae penitenti.
25, 1 cod. mon.

Assis ergo subditis immemor irarum,
parcit enim subditis leo rex ferarum

den löwen hatte gerade zur zeit des dichters der verfasser des Isengrimus als könig der thiere vorgestellt.

Auszüge aus dem Münchner codex.

f. 9ᵃ   Quod si placet verum scribi, etc. carm. bur. p. 18, 20—24.

212 f. 9ᵇ   *cardinales* — cogunt bursam vomere. ibid. 18, 25—27.

f. 10ᵃ   *papa, si rem tangimus,* nomen habet a re, ibid. 20, 14.

f. 14ᵃ   Hœrstu friuut den wahter an der cinne (Docens misc.
2, 307 aus einem wächterliede des Otto von Botenloube, Ms. 1, 16ᵃ). ibid. 215, 144ᵇ.

f. 15ᵃ   Heu voce flebili cogor enarrare etc. ibid. 29, 1.
(gedruckt in Aretins beitr. 7, 297 und wiederholt bei
du Méril p. 411—414).

f. 17ᵃ   Exultemus et cantemus canticum victorie, etc. ibid. 33,
1—35, 8 ¹.

213 f. 30ᵃ   Dum caupona verterem vino debachatus etc. ibid. 138, 1.

f. 32ᵃ   Tunc repondens inquiens: *stella matutina* ² etc. ibid. 142, 9.

f. 36ᵇ   Veris dulcis in tempore florenti etc. ibid. 150, 58. 195,
121, 1.

f. 38ᵇ   Exiit diluculo rustica puella etc. ibid. 155, 63.

214 f. 49ᵇ   Cur suspectum me tenet domina? etc. ibid. 167, 80, 1—5 ³.

---

¹ unmittelbar nach einem ereignis des jahres 1177 musz es auffallen Alexander den vierten erwähnt zu finden, der von 1254 bis 1261, fast hundert jahre
später auf dem päbstlichen stuhl saasz; das widerspricht dem inhalt der hs. und
der feststellung ihres alters. Alexander der dritte († 1181) würde passen; sollten sich dichter oder abschreiber in der zahl geirrt haben? ich wüste auch nicht,
dasz dem dritten Alexander irgend ein gegenpabst vorausgegangen wäre, der mit-
gezählt ihn zum vierten machen könnte. acht blätter voraus war von einem Alexander die rede, welchen der dichter den seinigen nennt, der aber gar kein pabst,
sondern ein geistlicher zu Pavia gewesen zu sein scheint; sollte auch dieser
Alexander quartus auf ihn oder jemand andern als den pabst zu deuten sein?
bei den lateinischen dichtern wie den trouhadours herschte gibellinische gesinnung
vor und man findet die päbste weit eher angegriffen als gepriesen. das worauf
in unsrer stelle gewiesen wird, läszt sich nicht bestimmt fassen; wer soll unter
den vom erzjäger bestrickten sperlingen, die über die berge wandern, gemeint
sein?

² ein lieblicher kosename; auch ein deutscher dichter redet an 'min mor-
gensternlin:' MSH. 3, 307ᵇ und in Polen wird geschmeichelt 'gwiazdo', 'iutrzenko!'
(Linde 2, 925ᵇ).

³ der vers 5, 2 fordert ein sechssilbiges wort, falls nicht der eigenname andere scansion gestattet, es wäre leicht Brisiacawia, Brisacagawia zu vermuten.
Ed. du Méril poesies popul. latines, der s. 123 dies gedicht aus Wolfs leichen
s. 433 entlehnt, will Brescia (warum nicht auch Brixia?) avia; was sollte aber
hier avia? — 5, 3. 4. lies quam per me — sumat inicia.

f. 50ᵃ Dulce solum natalis patrie ¹ etc. ibid. 168, 82, 1.

f. 51ᵇ Plange *regem Anglia,* nuda patrocinio etc. ibid. 48, 5.

Versa est in luctum *cythara Waltheri* etc. ibid. 49, 1. 2. ²¹⁵

f. 52ᵃ Dum *Philippus* moritur *Palatini* gladio, etc. ibid. 50. 87. 87ᵃ.

f. 53ᵇ *Exul ego clericus* ad laborem natus etc. ibid. 50, 1—51, 7 ².

f. 56ᵇ Cedit hyemps tua duricies etc. ibid. 177, 98, 1—3 ᵃ. ²¹⁶

Der starche winter etc. ibid. 177, 98ᵃ.

f. 62ᵇ Si ist schœner den vrowe Dido was, etc. ibid. 193, 117ᵃ ³.

f. 63ᵃ Salve ver optatum etc. ibid. 193, 118, 1. 2. (Arctins beitr. ²¹⁷ 9, 1315.)

f. 65ᵃ Ab ⁴ estatis floribus Amor nos salutat, etc. ibid. 197, 123. 91, 46.

Diu werlt etc. ibid. 198, 123ᵃ. (Docen misc. 2, 201.)

---

¹ altfranzösische dichter nennen ihr vaterland oft '*douce* France' z. b. Méon 2, 311. Berte 149. Aimon 91, 412. [Gnitcel. 1, 65. 262. 2, 60. Ogier 2588. 3385.] und so wird übersetzt 'das *sueze lant* van Frankeriche' in Roths denkm. 10, 28; auch mnl. Reinaert 2263 'in*i soete lant*' (von Waes). [vgl. ma donee contree. Waekernagel lied. 22. 31. la donce Champaigne 26. doce contrée. Thibant de Nav. 137. das süeze land Canaves in Montferrat. Diez leben der tr. 172. patria dulcis. Rudl. 1, 64. Snevia dulcis gesta Witigowonis V, 510. altn. munarheimr. Saem. 140ᵃ. 148ᵃ. Rügen heiszt den eingebornen 'dat söte lanniken', nach Homeyer blosz die insel Hiddensö. finn. kullainen koto, goldne heimat, kullasta koista. Kalev. 15, 128. 359. οὐ τοι ἔγωγε ἧς γαίης δύναμαι γλυκερώτερον ἄλλο ἰδέσθαι. Od. 9, 27. οὐδὲν γλύκιον ἧς πατρίδος. Od. 9, 34. φῶην ἐς πατρίδα γαῖαν. Od. 13, 328. 15, 65. 18, 148. Il. 23, 145. ὦ φιλτάτη γῆ μῆτερ fr. Menandri bei Meineke 4, 175.] bei mhd. dichtern treffe ich diesen schönen zug von vaterlandsliebe nicht, aber in Westfalen gibt es ein Sauerland.

² 5, 1 ist der abgekürzte name [H, nach Schmeller p. 51 N, p. 258 litera inter N et H dubia] fünfsilbig zu ergänzen, da nun decus einen genitiv des ortes fordert, rathe ich auf Herbipoleos. [Herbipolis non ante seculum undecimum. Eccard fr. or. 1, 223. von Johannes Gallicus ecclesiae cathedralis scholasticus seculo XII erfunden ibid. 275. doch s. die indices bei Pertz.] 6, 2 faszt euch einen Martinus mul, ein herz wie M.; mhd. sagt man 'den sin nemen.' Iw. 1487. Ottocar 436ᵃ. [ein freien mul greifen. Uhland 1, 85. grepen enen moel. Detm. 2, 18.]

³ 1, 3 l. mit Haupt est ferita rabies, die winterliche wut ist erlegt.

⁴ das lied fehlt in Docens misc. 2, 201. — z. 7. mines hercen chlé. Parz. 710, 28 'mines herzen verch', meines herzen seele; irre ich nicht, so brauchen die Serben djcielina (klee) wie perunika und andere blumennamen für die geliebte.

⁵ *Ab* mit der bedeutung per ist romanisch. Raynouard 1, 6. 10. Oder zu l. foribus, an der schwelle? [mhd. von dir = per te. Walther 55, 9.]

O *consocii,* quid vobis videtur, etc. ibid. 198, 124, 1—5.

Suoziu etc. ibid. 198, 124*. (Docen 2, 201).

f. 69* veni veni venias, ne me mori facias,
      hyria hyrie, nazaza trilliriuos. ibid. 208, 136, 1.

f. 72* Florem *Flora* vide, quem dum videas mihi ride, etc. ibid.
      217, 147, 5—9 [1].

f. 73* Antioche cur decipis me etc. ibid. 53. (aus dem Apollo-
      nius von Tyrus).

f. 39 *De Phyllide et Flora.* [carm. bur. p. 155 ff. auch in einer
      Wiener hs. des vierzehnten jahrh. Denis 1. 2, 2318.
      andre hss. Haupt 7, 167 [2]]

----

[1] zu 8 vgl. meine anmerkung zur Ecbasis s. 322.

[2] 9, 3 alternatur vgl. ital. alterare, franz. altérer. 13, 1 Twerhe blicke Iw.
6092. Helbl. 1184. 1380. twerhin ongen Walth. 57, 36. twerhez sehen. Walth.
59, 9. [hlicke giengen entwer. Helmbr. 1495. twerbes angesehen. MSH. 1, 333*.
twerhen blie werfen. Ben. 307. à travers regarda. Ben. 16595.] 29, 3 vgl. 37, 2;
wäre das gedicht bereits nach stiftung der hettelorden geschrieben, so würde die
schwarze tracht des hier unter dem clericus gemeinten Benedictinermönchs nicht
mehr auszeichnend gewesen sein. 31, 4 vgl. deutsche mythologie s. 371. 43, 3
Lanfrancus, im beginn des dreizehnten jahrh. wird als erster juris utriusque doctor
angegeben (Savigny gesch. des röm. rechts im MA. 5, 68); immerhin konnte
der ausdruck jus utrumque schon früher gebraucht und unter Italienern vernommen worden sein.

Da schon im liede 72* der dichter seine geliebte *Flora* und *Floramene* nennt,
darf man nicht zweifeln, dasz auch in diesem längeren streitgedicht, welches den
vorzug eines geistlichen liebhabers vor dem weltlichen darstellt, sie als Flora von
ihm, dem clericus, besungen werde. aber die beziehung von Flora und Phyllis
(laubast) erinnert an die berühmte, dem zwölften jahrh. sicher schon bekannte
sage von *Flore* und *Blancaflor* [vgl. Blanziflor carm. bur. 142*. myth. s. 400.
über frauennamen bd. 2. s. 397], auf welche z. b. die gräfin von Dia in einem
liede anspielt (Rayn. 2, 304), nur dasz diese namen zwischen liebhaber (Floris,
früher wol Floro?) und der geliebten (Blancaflor) getheilt sind, hier zwischen
zwei jungfrauen. der vermutete zusammenhang erhebt sich zur gewisheit durch
die vergleichung altfranzösischer, unserm lateinischen liede entsprechender gedichte; ich meine das jugement d'amour oder de *Florance* et de *Blancheflor*
(Méon 4, 354—365) und *Hueline* et *Aiglantine* (Méon nouveau recueil 1, 353—
363), in jenem liegt die ähnlichkeit der namen noch augenscheinlicher vor, und
auch in diesem bezeichnet Aiglantine den weiszdorn (blancaflor); es ist ein lieb-
liches märchen vom zwist der blumenjungfrauen, die sie vor den richtstul des
liebesgottes bringen und da schlichten lassen. in beiden französischen dichtungen,
zumal dem ersten, wird der eigentliche rechtsgang genauer berichtet als im lateinischen lied: die vögel mengen sich in den streit und nehmen partei, papagei
und nachtigall treten auf als zweikämpfer für Florance, die den ritter, und für
Blancheflor, die den mönch liebt; die nachtigall siegt und das gericht thut sei-

f. 84 Estuans interius etc. unser zehntes, an den erzkanzler **230**
gerichtetes gedicht, nach der 25 strophe aber noch
mit den fünf wichtigen vermehrt, carm. bur. 70, 26 —
71, 30.

f. 86ᵇ *De conflictu cini et aque.* Denudata veritate etc. ibid.
232, 173.

f. 87ᵇ Profertur sermo varius: **231**
'Deu sal mi sir, bescher deuin'![1] etc. ibid. 235, 20, 4 —
1, 3.

f. 88 Das bekannte trinklied: Bibit hera, bibit herus, etc. ibid. **232**
236, 5, 1. 2.

f. 88ᵇ *Symon* in *Alsaciam* etc. ibid. 238, 4.

f. 90ᵇ Vns seit von Lutringen Helfrich etc. ibid. 71, 180ᵇ (Docen
misc. 2, 194).

f. 91. 92 Leoninische verse. ibid. 245 — 248.

f. 92ᵇ Alte clamat Epicurus, etc. ibid. 72, 186, 1 — 5.
Nu lebe ich mir etc. ibid. 72, 186ᵇ (Docen 2, 207).

f. 93ᵇ Incipit officium lusorum. ibid. 248, 189.

f. 93 Landrus. ibid. 249. Sequentia falsi evangelii secundum
marcam argenti[2]. ibid. 249 f.

f. 95ᵇ Audientes audiant! etc. ibid. 73, 192, 1 — 4. **233**

---

nen spruch zu gunsten des geistlichen. der überwundnen Florance bricht aber
das herz, alle vögel begraben sie und werfen blumen über sie. diese schönen
züge entgehen dem latein. gedicht, aus welchem schon deshalb die französischen
nicht entsprungen sein können, so gross die ähnlichkeit aller drei, zumal in der
ausführlichen schilderung der pferde und des sattelzeuges ist. gemeinsame quelle
für sie sämmtlich muss eine schon am schluss des zwölften jahrh. in mund oder
schrift umgehende fabel gewesen sein; so viel ich weiss haben dieses stofs alt-
deutsche dichter sich nicht bemächtigt, was zu verwundern ist. eine altenglische
übersetzung gibt Wright p. 364 — 371. [Heinzelin von Kostenz von dem ritter
und pfaffen. vgl. Conrads Troj. kr. 139ᵃ. 140ᵃ.]

[1] ich denke: bessers de vin, ein kus oder küssen vom wein, beim trinken,
die ganze zelle graszformel der zecher; man muss das 'tua sumens *basia*' im
vorigen lied dazu halten. im gedicht vom weinschwelg empfängt der trinker den
wein als seinen herrn mit gruss, neigen und fuszfall, und hierauf sind die bekannten weinsegen gegründet. zwischen beiden darf also auch ein kus gedacht
werden. [22, 1 parodie von Esaias 45, 8 Rorate coeli desuper et nubes pluant
justum. vgl. Gautier de Coinsi bei Méon 1, 280.]

[2] vgl. das initium sancti evangelii secundum marcam argenti in Ed. du Méril
poesies populaires latines anterieures au douzième siècle. Paris 1843 p. 407. unter *sequentia* versteht man eine zwischen den kirchengesang geschaltete prosa,
und das initium scheint darauf bezüglich. fast jedes wort ist parodie.

235 f. 95ᵇ *Marchiones, Bacari, Saxones, Australes,* etc. ibid. 252,
5 — 253, 15 [1].

f. 96ᵇ Sepe de miseria *mee paupertatis* etc. ibid. 74, 194, 1 — 15 [2].

236 f. 97ᵇ Ego sum *abbas cucaniensis* [3], etc. ibid. 254, 196.

f. 98ᵃ Non debet homo pius
causa schillink unius [3] etc. ibid. 77, 198, 5.

237 f. 99ᵇ Archisyna(go)gus cum suis Judeis etc. ibid. 82 ff.
(eine art biblischen dramas von Christi geburt bis zur
flucht nach Aegypten).

f. 104ᵇ. 105ᵃ Pange vox Adonis nobilem prelatum de solio, etc.
ibid. 79, 201, 1 — 6.

Aus dem cod. venetus S. Marci.
(lat. class. XIV. no. CXXVIII. chartac. sec. XV.)

f. 191ᵇ *versus primatis presbiteri* [4].

1 Dum tenerent omnia medium tumultum,
post diversas epulas et post vinum multum,

---

[1] 8, 3 vgl. dentsche myth. 450. 467. 9, 4 prninae kühle plätze. 9, 8 vgl.
Haupts zeitschr. 1, 577. deutsche myth. 841. 14, 1 l. contraeat ventis, gebe
gegen den wind. die lehre kennt Tanhäuser noch Ms. 2, 69ᵇ: riten gegen dem
winde. 14, 4 die caesur fällt hier ungewöhnlich nach der silbe se. 15, 1 l. his
dicatis.

[2] 9, 5 parodie von Ovid met. 1, 1. 14, 4 *refurinare* was wir heute kollern
(colorer) nennen, schmutziges tuch mit kreide (mhd. kridenmel Troj. 13989. 19871)
reiben, vgl. den folgenden vers.

[3] aus *Cucania*, dem Schlaraffenland [vom Schlauaffen land, Haupt 2, 564];
ältester beleg für einen namen, der sich hernach in dem fabliau du pays de Co-
quaigne (Méon 4, 175), Cocagne, dem ital. Cuccagna oder Cocagna [Cncagna
Mone 7, 406, portug. Cocana, mnl. Cockaenghen altd. bl. 1, 66, altengl. Cocaygne
ibid. 396], dem engl. Cockney wiederfindet. ich führe ihn zurück auf das deutsche knchen (ahd. chuocho), weil in diesem lande die häuser mit knchen und
fladen gedeckt sind   kokanisch gewant, Helbing 8, 738. [andere halten es für
Elysium, das kelt. Flaithinis, das land der jugend, tirna nog. O'Kearney Gahhra
p. 22. 23 ff.]

[3] der wegfall der flexion im gen. schillink erklärt sich nach den gramm.
4, 464 behandelten beispielen.

[4] Bei Wright p. 87 — 92 *Goliae* dialogus inter aquam et vinum. 41 strophen.
Thetis tritt für das wasser, Bacchus für den wein auf. einen ganz verschiednen
conflictus vini et aquae lieferte der Münchner cod. f. 86. (vorhin s. 233).

postquam voluptatibus caput est invultum,
me clamarunt socii vino jam sepultum.

2 Tum ego in spiritu vel in carne gravi
raptus sum, et tertium celum penetravi,
ubi secretissima quedam auscultavi,
que post in concilio fratrum reseravi.

3 Dum sederet vehemens in excelsis deus,
et cepisset spiritus trepidare meus,
statim in concilium Thetis et Lieus
adstat, et alteruter actor est et reus.

(39 strophen, die letzte:)

39 Istis ergo vocibus, tale post examen
excitavi proprii somnii velamen,
et laudavi concinens patrem, natum, flamen,
usque et ad gloriam dei patris. amen.

f. 194 *Signa judicii* [1].

1 Antequam judicii dies metuenda
veniat, sunt omnia mundi commovenda,
nam per dies quindecim mundo sunt videnda
signa nimis aspera et nimis horrenda.

(22 strophen, deren letzte:)

22 Ergo quisque properet reus emendari,
studeat criminibus omnibus lavari,
et venturum judicem curet incunctari,
ut in die valeat malis liberari.

f. 195° Consilium *primatis* de uxore non ducenda et matrimonio non contrahendo [2].

1, 3 invultum für involutum? oder kann es heissen bezaubert? Ducange s. v.
invultare. Wright: voluptatibus ventris est indultum, me liquerent.

2, 1 Wr. at ego in spiritu non i. c. g.

3, 1 Wr. sederet equidem.

3, 3 Wr. ecce in judicio.

39 bei Wright:

quorum ecce vocibus tandem post examen
excitatus extuli sompnii velamen,
et laudavi consonans, patrem, natum, flamen,
terminans in gloria dei patris. amen.

[1] aus einer Breslauer hs. theilt Sommer in Haupts zeitschr. 3, 523—525
15 strophen mit, welche die 15 zeichen des gerichts schildern. 7 strophen mangeln also dieser hs. [Mone aus einer Reichenauer hs. schausp. 1, 320 ff.]

[2] Bei Wright p. 77—85: *Golias* de conjuge non ducenda. 53 strophen. andere hss. sind überschrieben: 'de tribus angelis, qui retraxerunt a nuptiis' oder

1 Sit deo gloria et benedictio,
 Johanni pariter, *Petro, Laurentio,*
  quos misit trinitas in hoc naufragio,
  ne me permitterent uti conjugio.

2 Vxorem ducere quondam volueram,
 ut viam sequerer quorundam miseram,
  decoram virginem, pinguem et teneram,
  quam inter alias solam dilexeram.

3 Hinc quidam socii dabant consilium,
 ut cito currerem ad matrimonium;
  viam conjugii laudabant nimium,
  ut in miseriis haberent socium.

4 Tam cito nuptias volebant fieri,
 ut de me misero gauderent miseri,
  sed per tres angelos, quos missos reperi,
  me deus cruit a porta inferi.

5 Accensus siquidem amore virginis
 in verno tempore, cum sol in geminis,
  illam elegeram in cunctis feminis,
  ut ei nuberem in fide numinis.

6 Sic in perpetuum volebam subici,
 et collum subdere pene multiplici,
  sed a me trinitas patris magnifici
  movit per angelos in forma triplici.

7 In valle duplici, quam Mambre dicimus,
 venit per angelos deus altissimus,
  inter quos loquitur *Johannes* ultimus,
  os habens aureum, vir consultissimus.

8 In tribus angelis accessit trinitas,
 quibus vox varia, sed sensus unicus,
  ut innotesceret uxoris pravitas,
  quam sua gerit cordis fragilitas.

'naufragium nubentium secundum *Goliam*'. nach Wrights introd. p. IX ist auf
mehreren englischen bibliotheken eine prosaschrift 'Valerius ad Rußnam de non
ducenda uxore' vorhanden, die von *Walterus Map* herrühre. Vgl. oben s. 170.
[Lessing 9, 182. vgl. Lachmann programm zu den sommerlect. 1847 p. 2 in un-
gaclssimo libello qui inter Hieronymi opera tomo XI editus est ita inscriptus.
Valerius Ruffino, ne ducat uxorem.]
 2, 3 pulcram et teneram.
 8, 4 Wr. cor semper varium, carnis fragilitas.

9 *P. de Corbolio* uxorem fragilem
probat, *Laurentius* stultam et labilem;
Johannes asserit hanc uunquam humilem,
sed superbissimam et irascibilem.

10 Datur predicere *P. de Corbolio,*
ut sua probabilis pateat ratio;
sic ergo sequitur de matrimonio
et de unbcutium labore vario.

11 Qui ducit conjugem, se ipsum onerat,
a cujus onere mors sola liberat:
vir servit conjugi et uxor imperat,
et servus factus est, qui liber fuerat.

12 Semper laboribus laborem cumulat,
labor crebrescit, qui semper pullulat:
ipse est asinus, quem uxor stimulat,
ut pascat filios, quos ipsa bajulat.

13 Se semper mulier infirmam asserit,
bibit et comedit, mingit et egerit,
at vir laboribus se multis inserit,
et tunc incipiet cum consummaverit.

    (zu diesen 13 noch 34 andere strophen, worunter):

21 Plus sapientie datur *Laurentio,*
nam laurus viridis cum pleno folio
viret in hyeme, siccat (l. sient) in Junio;
hic sequens loquitur de matrimonio.
                 etc.   etc.

31 *Johannes* loquitur, in quo est gratia
afflatus spiritu majori copia,
qui sicut aquila videt sottilia,
sic ipse disputat super conjugia.

zuletzt: Post hec angelico fiuito nuntio,
              dictis epistolis et evangelio,

10, 1 Wr. Datur potentia.
10, 2 Wr. quae notat firmitas et petrae ratio.
10, 3 Wr. hic prius loquitur.
12, 2 Wr. et labor advenit et labor pullulat.
13, 2 Wr. et vomit nauseam postquam conceperit.
13, 3 Wr. multis atterit.

ipsis trahentibus me de incendio
respondi breviter: vobis consentio [1].
(unmittelbar darauf fol. 198. strophe 11. 12. 13. 14. des
zehnten lieds).

Aus Wrights ausgabe s. 41.

Die dreizehnte strophe des gedichts 'Dilatatur impii regnum
Pharaonis' lautet:

Cum secare nequeam, fungar vice cotis;
imitantur praesules Christum a remotis,
horum nullus circuit orbem in melotis [2],
immo mundum viribus amplexatur totis.

den bezug dieser stelle auf ein andres lateinisches, in Wrights
political songs p. 44 mitgetheiltes lied übersah der herausgeber
nicht. dies letztere befindet sich auch unter den von Mone, im
siebenten jahrg. des anzeigers, aus einer hs. von S. Omer abgedruckten lat. gedichten, wo die strophe s. 203ᵃ steht:

Licet aeger cum aegrotis
et ignotus cum ignotis
fungar tamen vice cotis [3],
jus usurpans sacerdotis:
flete Syon filiae!
praesides ecclesiae
imitantur hodie
Christum a remotis.

Mone stellt diese lateinischen, sicher nicht von unserm archipoeta herrührenden, schon steiferen und kälteren lieder mit fug

---

[1] die vierte zeile der zwanzigsten strophe, oder vers 80 lautet bei Wright:
Golias igitur uxorem fugiat; der vierte der dreiszigsten oder vers 120: desistat
igitur *Golias* nubere; die vierte der zweiundfunfzigsten: uxorem igitur *Golias* fugiat. andere hss. lesen aber statt Golias *Gauterus, Galterus, Gabriuus*; die lesart des cod. ven. kann ich nicht angeben, wenn er diese zeilen und strophen
überhaupt unter seinen 47 strophen hat, was ich bezweifle; die namen wären beim
durchlesen von mir nicht übersehn worden. es ist also hier wiederum interpo-
lation anzunehmen.

[2] Pellibus lanatis, quibus utuntur monachi. Ducange s. v. meloto.

[3] Horatius de art. poet. 304: ergo fungar vice cotis, acutum reddere quae
ferrum valeat exsors ipsa secandi. auch Dietmar (Pertz 5, 739) wendet die redensart an.

in das letzte drittel des zwölften jahrh. und man darf kaum 242
zweifeln, dasz die ausgehobnen worte auf die strophe 'cum secare
nequeo' anspielen, sie also voraussetzen.

Aus Wright s. 85. 86.

Golias de equo *pontificis*.

Pontificalis equus est quodam lumine coccus,
segnis et antiquus morsor, percursor iniquus;
nequam propter equam, nullamque viam tenet aequam,
cespitat in plano, nec surgit poplite sano:
si non percuteret de vertice saepe capistrum,
et si portaret passu meliore magistrum,
nil in eo possemus equo reperire sinistrum.

Epigramma de *mantello* a *pontifice* dato.

Pontificum spuma, faex cleri, sordida struma,
qui dedit in bruma mihi *mantellum sine pluma*.
Die mihi, *mantelle tenuis, macer* et *sine pelle*,
si potes, expelle pluviam rabiemque procellae.
Inquit mantellus: 'mihi nec pilus est neque vellus:
inplerem jussum, sed Jacob, non Esau sum'[1].

Epigramma de *Goliardo* et *episcopo*[*].

Goliardus. Non invitatus venio prandere paratus;
       sic sum fatatus, nunquam prandere vocatus.
Episcopus. Non ego curo *ragos,* qui rura, mapalia, pagos
       perlustrant, tales non vult mea mensa sodales.
       Te non invito, tibi consimiles ego vito;
       me tamen invito potieris pane petito.
       ablue, terge, sede, prande, bibe, terge, recede.

Diese drei kleinen gedichte in leoninen schienen mir aus-
hebenswerth, weil die beiden ersten den aufenthalt des dichters
in Italien, und ein übles vernehmen mit dem geitzigen pabst
(welcher es nun gewesen sei, Alexander III oder einer der ge-
genpäbste) voraussetzen. sie halten ganz die weise des archipoeta und der mantellus macer, die bruma stimmen zu unserm
liede 3, 3. 17. das dritte gemahnt an die begebenheit mit dem

---

[1] ich bin glatt, nicht rauh, d. h. allzu abgetragen.
[*] zeitvertreiber 1668 p. 29.

abt von Cluny, und es werden wol abweichende lieder von diesem vorgang oder von ähnlichen umgelaufen sein. der letzte
vers schildert aufs gedrängteste den brauch bei mahlzeiten.

Anhänge.

A.

Aus dem gedicht über priester Johann.

cod. pal. 844.

Do der brief versiegelt wart,
die herren zogten mit der vart,
vnd zogten von dem land
vf dem waszer vnd vf dem sand,
so lang das sie zu land kamen
vnd die halb (l. habe) zu Pullen namen
in der stat zu Paren,
do lieszen sie die schiffer varen.
vf ir pert sie sazzen
vnd ritten vf die strazzen,
die gerichts gen Rom gat;
do man vernam in der stat,
das komen solt der cardinal,
die paffen ghen yme alle zu mal
zu Rom fur die stat giengen,
vnd yne mit schonheit enphiengen.
manig kardinal und pischoff
in furten an des babstes hoff;
der babst yne tugentlich enphie,
der schriber mit ym gie.
der babst fragt yn der mer,
wie es ym ergangen wer?
der cardinal sagt im besunder
die wirdickeit vnd die wunder,

die er alda het gesehen,
des must ym der schryber jehen.
der babst zeigt alda
dem poten die Veronica,
darzu das prepucium
vnd ander gros heiltum.
da das der schriber ersach,
zu dem pabst er do sprach:
ich musz mit der wahrheit jehen,
ich hab cleinad hie gesehen,
das alles gold vnd alles gestein,
peide gros und klein,
die man in vnsern landen sicht,
gen disen dingen sint zu nicht.
Von dem babst er vrlaub nam
vnd von dem cardinal alsam,
vnd reit vsz der stat zu Ram
als lang, als er zu Schwaben kam
in die veste zu Stauffe

. . . .

wan er mit hufs alda sazz,
die selbe stat sin erbe wazz.
der pot fur den keiser gie,
tugentlich er yne entphie;
do er den keiser ansach,
zuchtiglich er zu ym sprach:
von Yndia priester Johan
min herr heiszet nch gruszen lan,
vnd hat vch dissen briff gesant,
der uch sagt vnd tut bekant
sin er vnd sin wirdekeit
vnd siner lant gelegenheit,
vnd auch sin herschaft offenbar,
sin leben vnd auch sin glaubn gar.
er hat nch von sinem land
disse cleinad gesand,
die sult ir versuchen lan,
ob sie solich craft han,
als uch min her geschriben hat,
so wert yr gewar vf der stat

Dar nach der romsch vogt
richlich gegen Ach zogt,
die fursten und die herren rich
zogten alle tag teglich,
peide spat vnd fru
mit groszer herschaft zu.
do si waren komen al
mit reichheit und mit groszem schal,
der keiser vf ein hoch trat,
den brief er [von in] zu lesen pat,
den ym prister Johan da
gesent het von India.
er hies yus lesen alles gar;
do der schriber kam aldar,
das er solt lesen von dem stein,
vnd des edelheit allein,
von der (man) vnsichtig ist
pis die zyt als lang vrist
er ist verporgen in bloszer hant,
der keiser winckett ym zu hant
vnd hies yne verdagen,
wann er wolt is nymant sagen.
den andern cleinad er yn gar
zeugt, vnd versucht sy offenbar,
den rock von salamander tewr
warff er vor yne yn ein fewr,
der möcht mit nicht vorprinnen,
er ward nur new vnd liecht dar innen.
er gab den fursten alle sampt
des pruns zu trincken alle zu hant,
yedoch der keiser das vermaid,
das er sin tugent nicht gar said.
das (l. do) sie die wahrheit saben,
gemeinigkleich (sie) des jahen,
das au richeit sin gelich
nyndert lebt von ertrich.
doch (l. do) der hof ein ende hat,
die herren wurden des zu rat
mit einander glich,
das sy (die) cleinad von dem rich,

das krutz, die nagel vnd das sper,
vnd vnser frauwen hemd her,
das (sy) die kron durnin,
dar zu der (l. den) rock purpurin
dem gaste zeigen solden
vnd yne damit eren wolden.
dar nach des dritten morgen fru
die herren gingen all zu,
die pischoff vnd die paffheit
mit zir und mit heileheit,
vnd zeigten die cleinad gar
aller werlt offenbar.
Do der pot die cleinad sach
zu den fursten allen er sprach:
ich mag gesprechen vnd getar
von mym hern offenbar,
das all sin richeit ist
gen disser richeit als ein mist.
der edel vnd der rich
konig Philip von Frankrich
ein dorn vsz der kron brach,
das es der bot ansach,
der keiser Friderich selber schneidt
ein spann lang vnd preidt
von des edeln holcz baum stam,
da got den tod selbs an nam,
vor allen fürsten offenbar,
das ersach der schrybar.
die cleinad sand der keiser da
priester Johan von India,
der keiser lie nicht pliben,
er hiesz ym wieder prieff schriben
vnd dauckt ym gar ser
vmb die truwe und vmb die er,
dye er in het angeleit,
vnd auch der richen cleit.
der pot heim zu varen gert,
der edel keiser yne des gewert;
von dem keiser er vrlaub nam
vnd von den fürsten alsam.

der keiser yne beleiten lie
bis in die stat Venedie,
da selb er vf das mer sas
vnd fur aber fur bas.
wo er furpas da zu land kam,
oder wenn er heim kam,
das ward mir nicht kund getan,
darumb will ich es liegen lan.
Der edel keiser Friderich
behielt die cleinat flissiclich
in seiner gewalt fur war,
ich waisz darnach wie manig jar,
bis das [sich] der babst Honorius
gen yme sich gestalt alsus,
das er sin vngenad gewan,
vnd yn det yn den ban,
vnd yne von sinen eren seit
vnd von der gemein der cristenheit,
vnd die fursten hochgeporn,
die dem rich hatten geschworn
[vnd] dort vnd auch hie
der aid er [sich] ledig lie.
do nu de fursten stunden ab,
des gewan er groszen ungemach (l. ungehab),
wann ir lutzel zu yme ritten
. . . .
in welch stat er die wile reit,
gotes ampt man vermeyt,
dwil er darin was,
vnd man kein messe darin las,
noch kein tagzyt man darin sang;
die zal wert gar lang,
das man is nie berichten kund.
der keiser zu einer stund
vor dem osterlichen tage (? beit),
darvmb das (die) cristenheit
die heilig zyt sol began,
das er sy icht yrret daran,
der keiser bereit sich
mit sinem jaged weidlich,

niemant wust under yn
sinen mut noch sinen sin;
die edel wat die legt er an,
dye man yme sand von Iudian,
vnd die fleschen er alsam
mit dem prun dar vnder nam,
der so schmackhaft was;
vff ein gut ros er do sas,
mit yme ritten etlich herrn.
do er kam in den walt verrn,
sin vingerl nam er yn die hant:
an dem gejaid er verschwant,
das man den edeln keiser ber
sind gesach nyemer mer.
Also ward der hochgeporn
keiser Friderich do verlorn;
wo er dar nach ye hin kam,
oder ob er den end da nam,
das kund nyeman gesagen mir,
oder ob yne die wilden tir
vressen habn oder zerissen,
es kan die warheit nyemand wissen,
oder ob er noch lebentig si,
der gewissen sin wir fry
vnd der rehten warheit;
yedoch ist vns geseit
von pawren solh mer,
das er als ein waler
sich oft by yne hab laszen sehen,
vnd hab yne offenlich verjehen,
er süll noch gewaltig werden
aller romischen erden,
er süll noch die paffen storen
vnd er wol noch nicht vf horen,
noch mit nichten laszen abe,
nur er pring das heilige grabe
vnd dar zu das heilig lant
wieder in der cristen hant,
vnd wol sines schiltes last
haben an den dorren ast.

das ich das für ein warheit
sag, das die pauren haben geseit,
das nym ich mich nicht an,
wan ich sin nicht gesehen han.
ich han ys auch zu kein stunden
noch nyndert geschribn funden,
wan das ichs gehort hau
von den alten pauren an wan.
Aber das der hochgeborn
keiser Fridrich wurd verlorn
alsus vnd auch alda,
das sagt die romisch veronica (l. cronica),
davon ichs wol gesagen tar
vnd geschriben offenbar,
das leyen noch die paffen
(mich) daran nicht mogen gestraffen
das ich dort doben han geseit.
ob das sy die warheit,
vnd ob yn allen sy also,
das hab ich nicht gesehen do,
wan ich da nicht bin gewesen.
ye doch hab ich vor war gelesen
in (l. ein) puch zu latin,
da es ist geschribn in.
zu der zyt do es geschah;
vnd aber manig jar darnach
han ich mich des betracht
vnd habe sin genomen acht.
tugent ere vnd manheit
noch milt noch gerechtekeit,
gewaltigkeit vnd schou
in Vngern land druge die kron.
in siner stat zu Konigsperck
han ich volbracht dis werck.
welch hern oder gesellen
es nicht gar gern glauben wellen
oder von guten willen,
der schwige darzu gar stillen
vnd heisz mich nicht liegen,
wenn ich will nyemant betriegen

hie noch mit halt (?) pringen
vmb kein pfenningen,
wann ich keines maunes gab
darmmb nie genomen hab;
nůri durch guter gesellen pet
ich es willichichen det,
vnd ich die wile vertreib do mit
vnd auch muezgang vermit.
Dis puch ist (? puchis) tichtar
[vnd] heiszet *Oswalt* der schribar.
got ringe all vnser schwar.
                anno 1478.
        Explicit hoc totum.
        infunde, da mychi potum *.

B.

Roman de Lancelot **, cod. bonnensis p. 416ᵇ: si fenist ci
maistres Gautiers son liure et commence a parler del saint graal.
p. 489ᵇ: si se taist ore *maistres Gautiers Map* del ystoire de
Lancelot. car bien la tout mence a fin sclone les choses qui
en avindrent, et define ensi en non liure si outreement, que
apres ce nen porroit nus raconter chose quil nen mentist. explicit. Arnulfus de Kayo scripsit istum librum, qui est Ambia-
nis en lau de lincarnacion MCC.XX.VI (1286) el mois daoust
le iour denant les. jehan de colase (Johannis decollatio). —
cod. venetus: ci fenist ici *maistres Gautiers Map* son liure et
commence le graal. — cod. hafniensis im beginn: apres ce que
maistres Gautiers Map ot portreites dens auentures dou saint
graal asses soffisantment, si com il li sembloit, si fu auis au
roy hanri son signor, que ce que il auoit fait ne denoit pas
soffrire (l. soffire), se il ne recontoit la fin de cels, dont il
auoit deuant fait mencion, et comment cil morrirent, de cui il
auoit les proeces remanteues en sou liure. et por ce recomenca
il ceste dereiene partie, e quant il lot ensemble mise, si la clama
la mort le roi artu, porce que vers la fin est escrit si comme

* vgl. Haupt 5, 404.
** über den Lancelot des Gautier Map vgl. Roquefort 2, 762 nnd den mnl.
dichter in Hoffmanns hor. belg. 1, 54. verschieden der meistari Galterus (Castilio-
naeus) Alex. sag. p. 163.

li rois artus fu naures en la battalia de saliberere, comment il
se parti de gifler, qui tant li auoit fait compaignie que apres
lui ne fu nul hom, qui le uist niuant. si comanca *maistres
Gautiers* en tel maniere ceste dereane partie. am schlusz bl. 103ᵛ:
a lendemain se parti le roi beort de la joiose garde et enuoie
sun cheualier et sun sergent en sun pais, et mandes a ses
hommes, quil feisent de rois, com il uoldroient. car il ne
uendra ia mais. Il sen ala auec lnrceuesque et auec brioberis
et uge auec cels le remanent de sa uie. si traist (l. taist) hore
ataut *maistre Gautiers Map* de lestore Lancelot. car bien la
tote mene a fin, selone le chose quil auindrent, et fenist ci son
liure si orroemeat, que apres ce ne poroit nuls reconter, quil
ne mentist de tote chose. Finito libro sit laus et gloria xpo. 248
explicit liber mortis regis artus. coscio da cezane cil que
mescrist poisse aler a Ibucrist. et trestuit cil que me liront
et que cest liure garderont. poisent a paradis aler. sens nulle
encontrement trouer.

Rusticien de Pise im roman Meliadus de Léonuois, von
der abfassung des roman de Tristan redend, sagt: messire Luces
du Gau (Gast) sen entremist premierement, et ce fut le premier
chevalier qui sen entremist et qui s'estude y mist et sa cure,
que bien savons .... il translata en langue françoise partie de
l'istoire de monsieur Tristan .. apres s'en entremist messire
Gasses li blons, qui parens fu le roy Henry .... apres s'en
entremist *messire Gautier Map*, qui fu chevalier le roy, et divisa
cilz l'ystoire de Lancelot du Lac, que d'autre chose ne parla
il mie grammeut en son livre, messire Robert de Borron sen
entremist. schlufs des roman de Tristan no. 7177 fol. 263:
apres le graut travail de cestui livre que fet ai, ai demoré
un an entier, ai laissé totes chevaleries et toz autres soulaz,
me retornerai sor le livre de latin et sor les autres livres qui
trait sont en françois, et puerrai de chief le livre que nos i tro-
veron. je acomplirai, se diex plaist, tot ce que (? firent) mestre
Luces del Gait, qui premierement comença à translater, et *mestre
Gautier Mes* (Mapes) *qui fist le propre lirre de latin*, (et) meistre
Robert de Boron. tot ce que nous navons mené à fin je acomplirai, se diex me doint tant de vie, que je puisse cehui livre
mener à fin. et je en dois moi merci moult le roi Henri mon
seignor de ce quil loe le mien livre et de ce que il li done si
grand pris. yci fenist le livre de Tristan.

Die beiden letzten stellen entnehme ich aus der hist. litt.
de France 15,405. 496; nicht zur hand ist mir Paris mss. de
la bibl. du roi 2, 347. 362.

C.

Boccaccio, decamerone 1,7: Signor mio, voi dovete sapere,
che *Primasso fu un gran valente uomo in gramatica*, e fu oltre
ad ogn' altro *grande e presto versificatore*, le quali cose il ren-
derono tanto ragguardevole e sì famoso, che anchorachè per
vista in ogni parte conosciuto non fosse, *per nome e per fama*
quasi niuno era che non sapesse, chi fosse *Primasso*. ora
avvenne, che trovandosi egli una volta a *Parigi in povero stato*,
siccome egli il più del tempo dimorava, per la virtù, che poco
era gradita da coloro, che possono assai, udì ragionare dello
abate di Cligni, il quale si crede, che sia il più ricco prelato
di sue entrate, che abbia la chiesa di dio, dal papa in fuori.
e di lui udì dire maravigliose e magnifiche cose in tener sempre
corte, e non esser mai ad alcuno, che andasse là, dove egli
fosse, negato nè mangiare nè bere, solo che, quando l'abate
mangiasse, il domandasse. la qual cosa *Primasso* udendo, siccome uomo, che si dilettava di vedere i valenti uomini e sig-
nori, deliberò di volere andare a vedere la magnificenza di
249 questo abate. e domandò, quant' egli allora dimorasse presso
a *Parigi*? a che gli fu risposto, che forse a sei miglia ad un
suo luogo, al quale *Primasso* pensò di potere essere, moven-
dosi la mattina a buona ora, ad ora di mangiare. fattasi adunque la via insegnare, non trovando alcun che v'andasse, temette,
non per isciagura gli venisse smarrita, e quinci potere andare
in parte, dove così tosto non troveria da mangiare, perchè se
ciò avvenisse, acciochè di mangiare non patisse disagio, seco
pensò di portare tre pani, avvisando che dell' acqua (comecchè
ella gli piacesse poco) troverebbe in ogni parte. e quegli mes-
sisi in seno, prese il suo cammino, e vennegli sì ben fatto, che
avanti ora di mangiare pervenne là, dove l'abate era. e entrato
dentro andò riguarduando per tutto, e veduta la gran moltitu-
dine della tavole messe e il grande apparecchio della cucina
e l'altre cose per lo desinare apprestate, fra se medesimo disse:
veramente e questo così magnifico, come uom dice: e stando
alquanto intorno a queste cose attento, il siniscalco dello abate

(perciocchè ora era di mangiare) comandò, che l'acqua si desse alle mani, e data l'acqua misse ogni uomo a tavola. e per avventura avvenne, che *Primasso* fu messo a seder appunto di rimpetto all' uscio della camera, donde l'abate dovea uscire per venire nella sala a mangiare. era in quella corte questa usanza, che in su le tavole vino, nè pane, nè altre cose da mangiare o da bere si ponea già mai, se prima l'abate non veniva a sedere alla tavola. avendo adunque il siniscalco le tavole messe, fece dire all' abate, che qualora gli piacesse, il mangiare era presto. l'abate fece aprir la camera per venir nella sala, e venendo si guardò innanzi, e per ventura il primo uomo, che agli occhi gli corse, fu *Primasso*. • il quale assai male era in arnese, e cui egli per veduta non conoscea, e come veduto l'ebbe, incontanente gli corse nell' animo un pensier cattivo e mai più non statovi, e disse seco: vedi a cui io do mangiare il mio. e tornandosi a dietro comandò, che la camera fosse serrata, e domandò coloro, che appresso lui erano, se alcuno conoscesse quel ribaldo, che a rimpetto all' uscio della sua camera sedeva alle tavole? ciascuno rispose del no. *Primasso,* il quale avea talento di mangiare, come colui che caminato avea, ed uso non era di digiunare, avendo alquanto aspettato, e veggendo, che l'abate non veniva, si trasse di seno l'un de' tre pani, i quali portati avea, e cominciò a mangiare. l'abate poichè alquanto fu stato, comandò ad un de' suoi famigliari, che riguardasse, se partito se fosse questo *Primasso.* il famigliar rispose: messer no, anzi mangia pane, il quale mostra che egli seco recasse. disse allora l'abate: 'or mangi del suo, se egli n'ha, che del nostro non mangierà egli oggi'. avrebbe voluto l'abate, che *Primasso* da se stesso si fosse partito, perciocchè accommiatarlo non gli pareva far bene. *Primasso* avendo l'un pane mangiato, e l'abate non vegnendo, cominciò a mangiare il secondo. il che similmente all' abate fu detto, che fatto avea guardare, se partito si fosse. ultimamente non vegnendo l'abate, *Primasso* mangiato il secondo, incominciò a mangiare il terzo, il che ancora fu all' abate detto, il quale seco stesso cominciò a pensare ed a dire: 'deh questa che novità è oggi, che nell' animo m'è venuta? che avarizia, chente sdegno, e per cui? io ho dato mangiare il mio, già sono molt' anni, a chiunque mangiare n'ha voluto, senza guardare se gentile uomo è, o villano, o povero, o ricco, o mercatante, o barattiere stato sia, ed infiniti ribaldi,

con l'occhio me l' ho veduto straziare, nè mai nello animo
m'entro questo pensiero, che per costui mi c'è oggi entrato;
fermamente avarizia non mi dee avere assalito per uomo di
piccolo affare. qualche gran fatto dee esser costui, che ribaldo
mi pare, posciachè così mi s' è riutuzzato l'animo d'onorarlo?'
e così detto volle sapere chi fosse, e trovato ch'era *Primasso,*
quivi venuto a vedere della sua magnificenza quello, che n'
aveva udito, il quale avendo l'abate *per fama molto tempo da-
rante per calente uomo conosciuto,* si vergognò, e vago di fare
l'amenda, in molte maniere s'ingegno d'onorarlo. ed appresso
mangiare, secondo che alla sofficienza di *Primasso* si conveuiva,
il fè nobilmente *vestire,* e donatigli *denari* e *palafreno,* nel suo
arbitrio rimise l'andare e lo stare: di che *Primasso* contento,
rendutegli quelle grazie, le quali potè maggiori, a *Parigi,* donde
a piè partito s'era, ritornò a cavallo.

D.

Aus Silvester Giraldus cambrensis speculum ecclesiae
nach dem ms. cotton. Tiberius B. XIII. fol. 126* bei Wright
p. xxxvii—xxxix (vgl. Ducange s. v. Goliardus wonach die stelle
dem cap. 16 des vierten buchs des spec. angehört).

Qualiter etiam sicut olim ducibus romanis et principalioribus, sicut (l. ita) et nunc summis pontificibus majori temeritate similiter objecta est infamiae nota.

Ad haec etiam non solum antiquis diebus et tenebrosis
temporibus, verum etiam tempore gratiae fideique Christi lampade muudum illumiuante lucidius et irradiante, quaedam sicut
in ceteros sic et in viros etiam apostolicos et apostolorum successores, in praescripti criminis suggillationem ora maledica
metricis etiam *carminibus* in hunc modum confinxerunt, generaliter scilicet hoc versiculo:

Roma manus rodit, quos rodere non valet odit.
item, in *papam nostri temporis* egregium, scilicet *Alexandrum III,*
qui propter schisma diutinum urgens et ingruens pertinaciter
Roma relicta apud Beneventum perhendinavit, *quidam* specialius
sub hoc tenore scribere praesumpsit:

Ni fecit argentum, beue venit hic Beneventum
verba dat iu veutum, uisi proferat aute talentum:

item et in *Lucium tertium*, qui primo loco post Alexandrum
sedit, *alius* invehebatur acerbius in hunc modum:

> Lucius est piscis rex atque tyrannus aquarum,
>   a quo discordat Lucius iste parum:
> devorat hic homines, hic piscibus insidiatur,
>   esurit hic semper, hic aliquando satur,
> amborum vitam si lanx aequata levaret,
>   plus rationis habet, quam (l. qui) ratione caret.

item *parasitus quidam Golias nomine nostris diebus* gulositate
pariter et leccacitate (al. dicacitate) *famosissimus*, qui Golias
(l. Gulias) melius, quia gulae et crapulae per omnia deditus
dici potuit, *litteratus tamen affatim, sed nec bene morigeratus,
nec bonis disciplinis informatus*, in papam et curiam romanam
carmina famosa pluries et *plurima* tam *metrica* quam *ridmica*
non minus impudenter quam imprudenter evomuit. de quibus
invectionem ridmicam temere nimis et indiscrete compositam
casualiter incidens, *clausulas* aliquot inde ad detestandum quidem
et condempnandum, non approbandum aut imitandum, has scilicet hic apposui[1]:

> Roma caput mundi est, sed nil capit mundum,
> quod pendet a capite totum est immundum,
> trahit enim vitium primum in secundum:
> et de fundo redolet quod est juxta fundum.

> Roma cepit singulos et res singulorum,
> Romanorum curia non est nisi forum:
> ibi sunt venalia jura senatorum,
> et solvit contraria copia nummorum.

> In hoc consistorio si quis causam regat
> suam vel alterius, hoc inprimis legat:
> nisi det pecuniam Roma totum negat,
> qui plus dat pecuniae, melius allegat.

> Romani capitulum habent in decretis,
> ut petentes audiant manibus repletis:
> dabis aut non dabitur; petunt quando petis,
> qua mensura seminas, et eadem metis.

> Cum ad papam veneris, habe pro constanti,
> non est locus pauperi, soli favet danti;

---

[1] das vollständige lied aus andern hss. findet sich bei Wright p. 36—39
[und carm. bur. 19—21].

et si nummis praestitum non sit aliquanti,
respondet: haec tibia non est mihi tanti[1].

Papa, si rem tangimus, nomen habet a re[2],
quicquid habent alii, solus vult papare,
vel si verbum gallicum vis apocopare,
'paez, paez, dit li mot', si vis impetrare.

Porta quaerit, (chartula quaerit,) bulla quaerit.
papa quaerit, cardinalis quaerit, omnis quaerit,
(omnes quaerunt) et si quod des uni deerit,
totum mare salsum (est)[3], tota causa perit.

Des istis, des aliis, addas dona datis,
et si satis dederis, quaerunt ultra satis.
o vos bursae turgidae, Romam veniatis,
Romae viget phisica bursis constipatis.

porro quid feret hic tanto dignum delator hiatu? si curia romana corporalem delinquentibus poenam infligeret, dignus iste
non suspendio solum verum et incendio foret. sed aliis quomodo male scribendo litterisque suis mordaciter abutendo deferre valeret, qui sibi ipsi in *tractatu quodam ridmico, quem
ipse de moribus suis et vita miserrima finalique tamquam epi-
taphio proprio conscripsit*, minime deferre dignum duxit. ubi
quidem ex cordis abundantia loquens ait:

Tertio capitulo memoro tabernam:
illam nullo tempore sprevi neque spernam,
donec sanctos angelos venientes cernam
cantantes pro mortuo requiem aeternam.

Meum est propositum in taberna mori,
vinum sit appositum morientis ori,
ut dicant cum venerint angelorum chori:
deus sit propitius huic potatori.

Ich weisz nicht, in welchem jahr das speculum des Giraldus
vollendet wurde, die hier ausgehobne stelle muss nach 1185
geschrieben sein, da Lucius III. von 1181—1185 auf dem stul

[1] Ovidius metam. 6, 386 von Marsyas:
          'ah piget, ah non est' clamabat 'tibia tanti.'
und fast. 6, 695 von Minerva:
          'ars mihi non tanti est, valeas mea tibia, dixi.'
[2] vgl. oben s. 212.
[3] Wrights political songs s. 228:
          quod si murmuraverit,
          ni statim satisfecerit,
          est totum salsum mare.

sasz. jedenfalls ergibt sich, dasz der dichter, den Giraldus Golias nennt und geringschätzig behandelt, obgleich er ihm abundantiam cordis beilegt, sein zeitgenosse war, und dasz beide, auch im Müuchner codex befindlichen, hier angeführten lieder damals bekannt waren. nirgends aber bezeichnet er ihren verfasser als einen Engländer oder seinen landsmann.

*E.

Chronicon Francisci Pipini ordinis praedicatorum von 1176—1314 (war a. 1320 im heil. land) buch 1 cap. 47 de Primate versificatore eximio, gedruckt bei Muratori vol. IX (a. 1726). (soll auch bei Vinc. bellov. stehn.)

Primas versificator egregius fuisse his temporibus traditur, scilicet *imperante Friderico I* et maxime dum Lucius hujus nominis III Papa Romanus sederet. hujus ingenium fuit ultra humanum versificari elegantius, et repente, ex quo inter ceteros versificatores vir ipse illustris habitus est eximius et excellens, cujus exstant opera mira. quod autem temporibus Lucii Papae fuerit, apparet, quod dum ipse *Primas Canonicus* esset *Aurelianensis*, et idem Papa fuisset iu Gallia, rogavit eum Primas super obtentu unius beueficii. quem quum obaudientem invenisset, invehit his versibus contra eum

Lucius est piscis, Rex et tyrannus aquarum

A quo discordat etc. (quae jam superius descripta habeutur, ubi agitur de Lucio Papa.)

fertur quoque, quod, dum iu *Curia Romana* super ejus in arte versificandi ingeuio an reliquos praecelleret quaestio verteretur, dictum est, alium esse, qui longe eo in arte ipsa praecelleret. dumque inter multos praelatos et illiteratos viros de pluralitate et excellentia amborum amica tamen contentio verteretur, tamen ad haec sapienda data fuit materia, per collegium cardinalium Papae mandato, ut super ea ambo versificari deberent. erat autem materia breve scilicet Compendium Novi et Veteris Testamenti. qui igitur paucioribus eam comprehenderet versibus, ille haberetur eximius. Primas duobus, alius quatuor eam comprehendit versiculis. hi autem fuerunt Primatis versus, qui intercalares dicuntur.

Quos anguis tristi virus mulcedine pavit,

Hos sanguis Christi mirus dulcedine lavit.

Illos vero quatuor versus numquam reperi vel audivi.

Bemerkung zu s. 150. 151.

Einen abstand Walthers und Freidanks aus ihrer sprach-
eigenthümlichkeit darzuthun fällt schwer, da von beiden wir
nicht text genug vor uns haben, Freidank aber bei zusammenstellung groszentheils schon überlieferter sprüche leicht ausdrücke
und wendungen behielt, die nicht einmal in seiner mundart vorhanden waren. es kommt hinzu, dasz seine bescheidenheit nicht
in ihrer echten gestalt aufbewahrt, und auf die jüngeren, mehr
unvollständigen als interpolierten abschriften kein verlasz ist;
die wenigen gerade auch in unsre Münchner lateinische samlung
s. 110ᵇ aufgenommnen und daraus in Docens miscellancen 2, 195.
196 abgedruckten sprüche gewähren älteste urkunde. ich habe
s. 177 geänszert, dasz sie schon vor 1229 da gewesen sein können,
denn alle zeitbestimmung über die abfassung des gedichts gründet sich auf den abschnitt von Akers (s. 154--164), der eigentlich gar keine sprüche enthält und nicht recht in das wahrscheinlich schon früher entsprungne werk sich schickt, aber
nachher, als Freidank in den jahren 1228. 1229 auf dem kreuz-
zug gewesen war, eingeschaltet oder vielmehr angehängt wurde.
begreiflich hat auch der niederländische bearbeiter (in Willems
belg. mus. 6, 184—213) aus diesem abschnitt nichts.

Die ausgabe führt durch *das* mensche 5, 12. 6, 18. 7, 25.
19—22. 38, 23. 116, 17; Walther sagt *der* mensche 15, 14.
24, 26. doch die lesarten bei Freidank gewähren auch den
männlichen artikel, der 144, 5 selbst im text steht, warum sollte
er nicht noch in andern zulässig, vielmehr warum nicht bei
demselben dichter ein wechsel des geschlechts statthaft sein?
Wolfram hat Parz. 462, 14 der mensche, [Parz. 464, 27. 519, 22
zwei mennesch], Wh. 308, 16. 19 daz mennisch. Freid. 59, 4.
108, 3 *sterre*, Walth. 46, 15. 52, 35. 54, 31 *sterne*, was leicht
für jenes gesetzt werden könnte. *gebür*, gebûres Freidank 65, 24.
121, 17. 20 122, 5; *gebûre*, gebûren Walth. 28, 36. [Freidank
sagt *beviln*, nicht Walther, Walther *behagen*, nicht Freidank.]
das sonst nuerhörte *lönelin* Freid. 103, 17 erklärt uns die ahd.
alemannische glosse (gr. 3, 671) und das altschwed. länia in
Reuterdahls sprichw. no. 102. *rasten*, in der zu 109, 6 ange-
nommnen bedeutung ist schwer zu glauben, ich lese: swer
hinre den maste (saginavit), der tuot wol, den er ze jâre slahen
sol; es handelt sich von einem schlachtochsen. vaste (festsetzte)
würde schlechter passen. wichtiger ist der spruch 124, 3:

'swie man ze walde rüefet, daz selbe er wider *gůefet*', wo auch
gelesen werden darf ruofet: guofet; dies guofen begegnet sonst
weder mhd. noch ahd. und mag zum verlornen thema gapan,
gôp gebracht werden, aus dem begrif des gaffens folgt der des
klaffens, schallens. guft aviditas, arrogantia scheint unverwandt,
falls es nicht für guoft steht, vgl. goth. hvôftuli καύχημα und
hvôpan καυχᾶσθαι, verschieden von vôpjan clamare, mhd. wuofen.
mertelære Freid. 67, 24. martel 173, 2. 180, 6. gemartelôt 173, 9;
marterer Walth. 32, 32. Renn. 361 (fehlerhaft martelære Reinh.
s. 395) marterære Gregor 3207. Trist. 7652, wo aber 17089
martilære: jenes stimmt zu Otfrieds martolôn I. 15, 47. IV. 6, 54.
V. 4, 43. ich halte die L form für rheinisch (ober und nieder- 284
rheinisch), die R form für tiefschwäbisch, bairisch, fränkisch*.
Walther würde wol pratum *wise* ausgedrückt haben, wir ersehn
es nicht; bei Freidank 120, 27 ist, ich glaube mit recht, *mate*
gewählt, obschon die meisten hss., denen man weniger vertrauen
darf, *wise* geben, und noch heute gehört matte der alemanni-
schen, elsässischen mundart, man vgl. die elsässischen weis-
thümer 2, 662. 678. 683. 725. 727 oder die schwarzwaldrheini-
schen 2, 334. 360. 363. Bon. 42, 23 liest eine bei Oberlin
angeführte hs. mattschreck f. höistuffel, und schon N. ps. 104, 34.
108, 23 gewährt matoscrecch locusta **. wegen des 'gerætet
kalten' Freid. 133, 24 wurde schon gramm. 4, 96 gefragt. jetzt
haben uns Colmarer die erste nachricht von Freidank, die man

---

* marter: harter Conrad MS. 2, 200ᵇ. marterære Pant. 2117. 2155. turn.
von Nant. 146ᵇ. marterlich Conrads lieblingswort. zu Engelh. 2140. marter, marterære Haupt 4, 528. 542.   martel Haupt 5, 524. 525.   martelære fragm. 15ᵉ. 17ᵉ,
martel Königshoven. marterere Passional. mertirer (Erfurt) Höfer p. 281. 283.
marterenne Spervogel MS. 2, 229ᵇ. merterore myst. 1, 134, 4. mertelere 1, 136, 2.
mertirere Anno 87. gemartirt Reinh. 1510. gemarterôt Roth. 3462. martirâre
Notker maertelare Maerl. 2, 175ᵇ. 3, 121. 171. Rose 188. 10255. Francisc. 110.
martelie Floris 3582. 3614. martilie Partonop. 92, 29. lekensp. martelar fries.
martil Wernh. vom Niederrh. 61, 6, 16. merteler trierisch bei Höfer p. 267. 261.
brandenburgisch 127. 287. niedersächs. 297. Lisch 2, 176. 2; 181. Seibertz no. 850
u. 1377. marteler Haupt 6, 351 ff. marteler Philander von Sittewalt. sieh zer-
martelt. Philander 1, 417. märtler Fischart. Berthold 520, 25 martel. 521, 21
gemartelt.

** friess mede, ags. mädve, seó mäd Kemble 2, 128. engl. meadow. matte Mones
urg. 1, 49. matto Schotts Deutsche in Piemont s. 241. schweiz. matt, rhein. wise,
schwäb. au. Garg. 174ᵉ. bruch wiese matt au. Lauz. 2671. 3327 maten. Flore
2326 mate. 2425 wise. Ben. 392 wise mat. fastn. 873. 893 wismatte. die brüele
prata Mart. 250ᵉ. Greg. 2596 er streich walt und bruoch, al. wise und bruoch
Haupt 5, 59.

örtlich beziehen darf, gegeben: es ist natürlich ihn dem Oberrhein und Alemannien anzueignen, welches der vermutung meines bruders begegnet, die ihn ins herzogthum der Staufer setzt (s. XLI), was nicht nur seinen zug im geleite des zweiten Friedrich, sondern auch sein gedicht auf den ersten erklärt. in Italien scheint er mehr als einmal verweilt zu haben, namentlich in Rom, das er lebendig schildert: 'Merbôt und ander wirte, gebûre unde hirte vergebent alle sünde dâ', der eigenname Merbot, Marbod ist freilich altdeutsch genug, die lesarten merebotin, merbotten, marbœten (Haupt 3, 1) führen näher aufs romanische *marabotinus* (Ducange ed. Henschel 4, 269. 270. Raynouard s. v. marabeti): das goldstück ist es, was sünden vergibt *.

Hugo von Trimberg, welchem Walther von der Vogelweide, wegen der nähe Wirzburgs, noch genauer bekannt sein muste, nennt ihn 1218, den also davon verschiednen Freidank aber bald mit vorgesetztem *meister* (5224) bald *her* (5374. 6138 ff.) und dies *her* wird ihm auch von Helbling, Amûr 2013 und bei Haupt 3, 398 beigelegt, während Rudolf im Alexander wieder nur *meister* zuläszt, wozu der Freidankus vagus in gesellschaft meister Conrads und jenes Primas, der versus magistrales dichtete, besser stimmen. Helblings *Bernhart* Fridank gemahnt an 'her *Jacob* Friheit von von Seven ritter' in den jahren 1386 und 1417 (weisth. 2, 215. 487). schon viel früher wurde gedichtet: ther geist ther blâsit stillo thara imo ist muatwillo, und Dietmar sagt Ms. 1, 40ª: gedanke sint ledicfri, oder Walther 62, 19: joch sint iedoch gedanke fri **, was auch unser meister wiederholt haben mag, der es 115, 12—22 ausführt; um solcher sprüche willen könnte sich Bernhart den beinamen *Freidank* zugelegt oder erworben haben, dessen erster träger er war, den hernach auch andere wählten ***. Siegfried Helbling (obolus) und viel ähnliche beispiele zeigen das aufkommen von dergleichen namen im 12. und 13. jahrhundert.

* Westenrieder s. v. maraboten ibique not.
** man giht gedanke die sint fri. Haupt 7, 519. gedanke sint fri. Helbl. 4, 233. 315. den muot und frien gedanc Hartm. 1 büchl. 916. darumbe sint gedenke fri. MS. 2, 178ª. dâ sint gednneh auch alle vrei. todes gehügd. 945. vgl. MS. 1, 72ª.
*** unter den rathmännern der stadt Nordhausen von 1312—1367 ein Fridankus. Jekel Fridank 1388 zu Frankfurt. Fries pfeiferg. 116. Henze Fridang. thür. mitth. 3, 4, 87 a. 1375. Freidank n. pr. zu Berlin.

ÜBER DIPHTHONGEN NACH WEGGEFALLNEN CONSONANTEN.

GELESEN IN DER AKADEMIE DER WISSENSCHAFTEN
AM 11 DECEMBER 1845.

Zu dem worauf mein augenmerk geht habe ich erst anszu- 181
holen, doch nicht lange.

Die gothische, unsern deutschen typus am reinsten dar-
legende sprache kennt nur vier diphthonge AI AU EI IU, in
deren jedem der letzte vocal, wenn aus zweiter silbe ein neuer
daranstözst, consonantische geltung empfangen darf. gleichsam
wendet er sich zu diesem folgenden laut und tritt vor dem
vorausgehenden, mit welchem er diphthongisch verbunden war,
ab. so bildet bai ambo bajóþs, vai vae vajamêrja maledico,
naus funus navim funeribus, fans paucus favai pauci, freis liber
frijana liberum, eis ii ijôs eae, triu arbor triva arbores, kniu
genu knivam genubus. in diesen fällen entspringt schöne beweglichkeit der formen, weil der wurzelvocal, dem sich ein
andrer gesellt und mit ihm gemeinschaftlich diphthongische
länge erzeugt hatte, sobald dieser letzte consonantiert wird,
auch seine ursprüngliche länge zurückerhält. nicht immer nothwendig geschieht solche consonantierung vor vocalen, sondern
oft finden wir den einmal entsprungnen diphthong hartnäckig,
zumal AI und AU, beharren, es heifst saia sero, faia irascor,
bnaua frico, traua confido, und nicht saja faja bnava trava. ob
auch unerweichte EI und IU vor vocalen haften, daran zweifle
ich, denn Ulfilas sagt sniva snivis und nicht sniua sniuis, und
die analogie zwischen IU und EI macht mir wahrscheinlich,
dafs ebenso wenig feia keia gelten, wie ich früher (gramm. 1,
855. 4, 26) angenommen hatte, vielmehr fija kija, welchen formen in der dritten ausgabe meines buchs s. 42 der vorrang ge-

lassen worden ist. die mit U schlieszenden diphthonge IU und
AU fordern aber noch weitere aufmerksamkeit. sobald sich
das I einer zweiten silbe, von welchem die wandlung des U
der ersten in V abhieng, vor neuzutretendem vocal einer ursprünglich dritten silbe in J verändert, hört alsbald die ursache
182 auf, welche jenes V hervorgebracht hatte, und der alte diphthong kehrt zurück; also entspringt aus havi foenum der gen.
haujis (= hav-i-is), aus þivi ancilla der gen. þiujôs (= þiv-i-ôs),
und jenachdem in der flexion jotierung des I stattfindet oder
unterbleibt, musz auch in der vorhergehenden silbe U zurück-
treten oder V eintreten, z. b. ganiujan innovare, taujan facere
bekommen im praet. ganivida tavida. bei dem diphthong AU
ist indessen ferner zu beachten, dasz wo er sich in einem worte
verhärtet hat und keiner auflösung in AV fähig wird, er sich
bei nachfolgendem J in Ô wandele und nun mit diesem wechsele,
dergestalt dasz in einer zweiten potenz AU und Ô genau wie
in der ersten AV und AU zu einander stehen, z. b. gavi regio
zeugt den gen. gaujis, taui opus den gen. tôjis, taujan hat im
praet. tavida, stôjan stauida. zu vermuten aber stände dasz
auch beim diphthong AI ähnliche verdichtung in Ê statthaft
sei, da sich sonst AU zu Ô wie AI zu Ê verhält, und wenn
ich ein nicht vorräthiges saii sementis recht erfinde, dürfte
dessen pl. sêja sementes bilden, oder von saian ein sêjis semi-
nans geleitet werden. diese merkwürdigen verengungen des AU
in Ô, des AI in Ê dienen die von mehreru behauptete aussprache des AU wie Ô, des AI wie Ê zu widerlegen: es sind
verwandte, wie wir sehen, in einander übergehende laute, eben
darum nicht dieselben. schwer aber scheint es insgemein auf
die frage zu antworten warum bei einzelnen wörtern die diphthongische, verengte oder consonantierte form durchgeführt sei?
warum heiszt es slava sileo, aber baua aedifico, staua judex
stauins judicis? warum skavja perspicio skavida, aber tauja
facio tavida und stôja judico stauida? willkür walten wird dabei keine, aber im einzelnen hatte sich diese oder jene form
gesetzt; in einigen wörtern gewahren wir alle drei behandlungen
z. b. tavida feci, tauja facio, tôjis factor; aber für stôjan stauida
darf nicht staujan stavida gesagt werden. von dieser schönen
gothischen manigfaltigkeit verschieden und ihr dennoch verwandt scheint der ahd. übergang der diphthonge OU und IU
in OW OUW IW IUW, wo bald blosze consonantierung ein-

tritt, bald neben ihr und zum überflusz auch noch das U beharrt; besonders aber hebe ich eine jenem goth. O für AU entsprechende wandlung in UO hervor: stouwôn queri, accusare wird zu stuon = goth. stôjan

So viel über diese wandelbarkeit der diphthonge und ihr gesetz. ich habe eine ganze reihe von wortformen, in welchen sie wahrzunehmen ist, näher erwogen, weil sich daraus aufschlüsse von wichtigkeit über den ausfall stummer consonanten [*] zu ergeben scheinen. der diphthong ist in solchen fällen, wie ich darzuthun hoffe, gerade erst aus unterdrückung eines consonants entsprungen, mit andern worten, die den diphthong bildenden vocale sind aus zwei silben zusammengerückt, und nur der erste derselben gehört ursprünglich der wurzel, der andere bloszer ableitung an; erscheint also der diphthong in einsilbigen wörtern, so müssen diese auf vollere zweisilbige formen zurückgeführt werden; der wegfall des consonants ist es eben, der nun in den vocallaut des wortes unschlüssigkeit bringt und ihn mehrfachem wechsel aussetzt. unter allen consonanten unserer sprache aber, die auf solche weise syncope erfahren, kommen die mediae in betracht, wie sie der lat. oder griech. tenuis entsprechen, und nicht zu übersehn ist, dasz sich ihnen, wo sie haften und nicht ausfallen, nach maszgabe des organs oft ein nasales N oder M anzuschlieszen pflegt, was noch greller gegen die syncopierten oder diphthongischen formen absticht. ich werde den ausfall des G, von allen den häufigsten, zuerst vortragen, und dann den des D, zuletzt des B, als den seltensten, folgen lassen.

Dem goth. magus puer steht mavi puera zur seite, und von jenem wird magula puerulus, von diesem mavilô puella = puerula weiter gebildet. magus bekommt im gen. magaus, mavi maujôs, magula magulins, mavilô mavilôns: wollautige angenehm abwechselnde formen. mavi ist sichtbar moviert aus magus, hat auch dessen characteristisches U in sich aufgenommen, das nach dem entfalteten lautgesetz vor dem neuzutretenden I einer eigentlich dritten silbe consonantische geltung annimmt, jedoch sobald auch dieses I consonantiert wird, in seinen vocal zurückkehrt; vor dem V ist aber das wurzelhafte G entwichen und mavi entsprungen für magvi, maujôs für magujôs. nicht etwa gieng mavi aus magus durch unmittelbaren wechsel des G in V hervor, wozu gar keine ursache war, da G vor I

bleibt (vgl. liga ligis ligiþ, snaga snagins, ragin) und V in
andern fällen aus U erwächst, ohne dasz ein G im spiel ist
(vgl. sunjus sunivé). noch ein anderer grund soll den ausfall
des G bezeugen: ähnliche weibliche bildungen pflegen im nom.
sg. nur, wenn die wurzelsilbe kurz war, die endung A zu behalten, hingegen wegzuwerfen, sobald lange silbe vorhergeht;
es heiszt demzufolge banja vulnus, halja tartarus, aber bandi
vinculum, kunþi cognitio; in dem aus magvi entsprungenen
mavi dauert noch das gefühl der position, und die endung A
unterbleibt; wie sollte sie zu mavi treten können, da sich mavia
nothwendig in manja wandeln müste und die diphthongisch
lange silbe dem A entsagt, auf der stelle also wieder mavi entspränge? gleich den goth. magus und mavi begegnen einander
die altnordischen mögr und mær, wovon jenes den gen. magar,
dieses meyjar bekommt, mögr ist ═ magur; auszer mær gibt
Biörns wörterbuch zwar auch den nom. mey an, den aber wenigstens die ältern reineren sprachdenkmäler nie gewähren, mey
steht blosz im acc. Sæm. 73' 216'ᵇ 240', mær bleibt dem nom.
oder vocativ vorbehalten Sæm 37' 82' 84' 213' 240'; folglich
tritt mær dem goth. nom. mavi, mey dem goth. acc. mauja zur
seite. ich mache aufmerksam auf die formel mær meyja Sæm.
113', mær var ec meyja 230'. puella puellarum, in verstärktem
ausdruck, und auf die zusammenstellung mær oc mögr 240'
puella et puer, mey oc mög 35' puellam et puerum, wobei das
lied immer dem weiblichen geschlecht den rang läszt. diminutiva, in dieser sprache überhaupt unbeliebt, kommen auch von
mögr und mær nicht vor. in die heutigen scandinavischen
sprachen hat sich nicht das männliche mögr, blosz das weibliche mær fortgepflanzt und lautet Schweden wie Dänen mö,
färöisch mojgj pl. mojggjar. die angelsächsische sprache stellt
ihrem mago puer in den ältesten quellen noch einigemal das
weibliche mäg (Cædm. 109, 23. 165, 11. cod. exon. 391, 22),
gewöhnlich aber schon das diminutivum meovle zur seite, gerade
wie das lat. puera frühe veraltete und puella neben puer trat:
die kosende verkleinerung sagte zu für das weibliche geschlecht.
in meovle befremdet EO statt EA (denn erst meavle würde
rein zu mavilö stimmen), doch soll diese auch sonst obwaltende
abweichung uns hier nicht stören. im engl. sind beide wörter
erloschen, so wie sie weder ahd. mhd. nhd. noch mnl. nnl. fort-
zuleben scheinen, doch setzt die ahd. zusammensetzung maga-

zoho paedagogus (Graff 5, 619), mhd. magezoge, meizoge das alte magu puer voraus; ob sich vielleicht noch spuren der weiblichen form entdecken lassen, wollen wir hernach sehen. der alts. Heliand bietet magu puer, kein entsprechendes wort für puella dar: mewia und mowila wären dieser mundart zuzutrauen.

Den angegebnen deutschen wörtern läszt sich aus der irischen sprache das bekannte mac filius und maighdean virgo vergleichen*. die verwandtschaft ist uralt und desto bedeutsamer. das lautverschobne mac stimmt zu magus, ags. mago, und maighdean nähert sich stark dem ags. mägden, wovon sogleich mehr.

Die wurzel zu magus und mavi suche ich unbedenklich in 185 magan valere, vigere, kinder sind der eltern kraft. gleicher wurzel entstammt das unmittelbar anrührende goth. magaþs virgo und das ablautige mêgs gener, affinis, nach einer treflichen eigenheit unserer sprache verwandte begriffe in laut und ablaut zu verstufen; magus puer und mêgs affinis verhalten sich ungefähr wie svaihra socer und svêgar sororis maritus, welches letztere bei Ulf. mangelnde wort ich aus dem ahd. suâgar folgern darf: der ferner liegende grad empfängt den ablaut. das goth. mêgs hat sich nun im altn. mâgr, ags. mæg (von jenem mäg virgo zu unterscheiden), ahd. mâc.; magaþs im ags. mägd, mnl. maghet, ahd. magad, mhd. maget, nhd. magd erhalten, und neben mhd. maget gilt die gleichhäufige kürzung meit, wie mavi durch syncope des G entsprungen und ein vermittelndes magit, das seinerseits aus dem ahd. magidi virguncula erklärbar wird, voraussetzend. ausgeschieden ist aber der gutturallaut ferner nicht nur im nhd. mädchen für mägdchen, sondern auch im ags. mäden (vielleicht mæden) für mägden, einem diminutiv von mäged und dem ahd. magidi, mhd. megetin, gleichzusetzen; engl. maiden. alle diese weiblichen formen drücken eigentlich virgo, virguncula aus, und haben allmälich den nahgelegnen begrif von puella erfüllt, also die zuerst angeführten feiner scheidenden wörter verdrängen helfen; sollte nicht noch ein rest des goth. mavi im nnl. meisje = meysje vorhanden sein, und in dem adj. môi venustus, das von fräulicher schönheit her

---

* armor. maouez femina. w. merch girl, woman, daughter. litt. merga, pr. mergu, altpoln. merchn.

entnommen wäre? endlich hat die ags. sprache allein von derselben wurzel den ausdruck mecg pl. mecgas aufzuweisen, welcher vir bedeutet, und dessen CG durch ableitendes syncopiertes I hervorgerufen ganz wie secg nuncius, altn. seggr oder wie hrycg dorsum, altn. hryggr sich verhält, folglich wurzelhaftes G begehrt; man vergl. ags. secgan nunciare, altn. seggja.

Es gilt jedoch hier einen auf uns entfremdete übergänge der begriffe gestützten einfall. einige unserer mundarten weisen ein weibliches subst., dessen form vollkommen der für das goth. mavi zu suchenden entspricht, aber ganz abweichenden sinn ankündigt. seltsam, dasz ein so uraltes wort ausgegangen, und durch spiel des zufalls ein zwar gleichlautiges mit andrer bedeutung eingetreten sein sollte; die scheinbar abliegenden begriffe lieszen sie sich nicht versölnen? mhd. heiszt mouwe (und gerade so würde das goth. mavi ins mhd. zu übertragen sein) manica, in noch häufigerem gebrauch steht das mnl. mauwe, 186 nnl. mouwe *, heutige niederdeutsche dialecte kennen mane¹; kein ahd. mouwa habe ich gelesen, finde es aber durchaus glaublich. nun kommt mir der gedanke, dasz in unserm alterthum, wie die namen des schwerts auf männer, der spindel auf frauen, umgekehrt namen von frauen und göttinnen auf weiblichen schmuck angewandt werden: ich habe das anderwärts² in bezug auf Hnoss, Gersemi, Hreda entwickelt; man nehme hinzu, dasz der ermel in der vorzeit nicht zu dem kleid selbst gehörte, sondern als ein schmuck an den arm geschoben, ge-

---

* mnl. Lancelot 37240. 37288. 37508. 37540. 42454 die jonefrouwe metter cleinre mouwen, metten cleinen mouwen. — ir vielen an die mouwen die zeber und ûf die hende. Mauritius 1464. vgl. litth. mauju ich streife den ermel nieder. numauju. maukiu ich streife ab. uzmowa was aufgestreift wird. Nesselmann 389. lett. mautschu, nomautschu. auch mauku. mauka hure. Mowenheim, Monheim jungfrauenstift in Thüringen. Rettberg 2, 362. Mouwenheim. Böhmer font. 2, 188. jetzt Mauchenheim bei Bolanden. ahd. Mauwo wie Auwo bei Neugart no. 105 a. 788. Mawo no. 120 a. 793. no. 125 a. 797. no. 135 a. 798. Menenloch in Schwaben (Panzer no. 85) bedeutet frauenloch, mägdeloch (Panzer p. 272). meue also frau, jungfrau und gilt hier zumal von einer weisen frau. Mutzelmowe ein ort a. 1425. Lisch 17, 334.

¹ mlat. muffulae, moffulae Ducange s. v., franz. moufle groszer handschuh ohne finger.

² deutsche mythologie s. 839. 840, den nordischen skalden galt die regel: 'konu skal kenna til alls kvennbúnadar', mulier appellatur ex omni suo ornatu. Römern und Griechen aber wandte sich der begrif von mundus muliebris und κόσμος in den von welt.

wunden, wahrscheinlich durch bänder und ringe befestigt wurde.
Nib. 427, 1 von Brûnhild: au ir vil wîze arme si die ermel
want. Hartmann im Erec 2311, wo er einen auf den schild
geschlagenen ermel beschreibt (und aus Eneit 12035. Parz. 375,
10. 390, 20 wissen wir, dasz jungfrauen ihren ermel den helden
als siegkräftiges zeichen auf helm oder schild zu heften schenk-
ten), Hartmann bedient sich dabei der etwas dunkeln worte
<blockquote>des bestuont diu mouwe
innerhalp ein frouwe;</blockquote>
sollte das nicht seinen hörern und lesern damals verständlich
gewesen sein, weil sich ihnen noch in mouwe die vorstellungen
puella und manica begegneten? mouwe, vorausgesetzt, dasz es
auch andern Deutschen als den Gothen und Angelsachsen puella
bedeutete, kann nach der dargelegten verschwisterung der begriffe unmittelbar in den sinn von ermel spange kette fessel
übergetreten sein. manica leitet sich her von manus, wie pedica
(πέδη, böhm. pauto, poln. pęto) von pes; mich dünkt dasz auch
unser fessel, ahd. fezzil balteus, altn. fetill, ahd. fezzara vinculum, ags. fetor, altn. fiötur mit fôtuŝ, fuoz pes genau verwandt
seien. aus manica gieng das franz. manche hervor, verkleinert
manchette, zierlicher handschmuck, handgeschmeide; den Spa-
niern bedeutet manilla armband, manillas handschellen, manga
ermel manguilla ermelchen, manguillo muf, welches letztere
deutsche wort nichts ist als entstellung von mou, mouwe. ich
kann nicht unterlassen weiter anzuführen, dasz in mehrern
heutigen sprachen ausdrücke, welche jungfrau bezeichnen, für
kette, fessel oder irgend ein geräth gelten, wozu neuere aus- 187
legung leicht den grund entdecken würde, dasz uns die frauen
überhaupt fessel anlegen und marter verursachen; doch ich
glaube die alte welt gieng von andern gedanken aus. das franz.
demoiselle, wie das lett. jumprawa bezeichnet ein geräth zum
einschlagen, das engl. maiden einen schlegel oder bengel beim
waschen [1], den Böhmen ist panna d. h. jungfrau sowol hand-
fessel (sonst ručnice, ručnj pauto manica) als halsband, aber
auch eisernes werkzeug der hinrichtung; so erlangen wir aufschlusz über die eiserne jungfrau im burgverlies, die nach der
volkssage mit ihren armen zum tod verurtheilte missethäter
umfieng, es wird nichts als ein werkzeug zu marter und ent-

---

[1] maiden an instrument used in the laundry.

hauptung gewesen sein, und hiesz auch franz. fillette du roi,
in Schottland maiden*. Frisch zufolge bedeutet jungfer einen
klotz zum anschmieden gefangner[1], unter den idisen und wal-
kürien der vorzeit, welche fessel und band bereiteten, kommen
die bedeutungsvollen eigennamen vor Illöck oder Illancha (catena)
Herfiötr (exercitum vinciens) vgl. mythol. 1. 373. 393. meine
mutmaszungen würden sicherheit gewinnen, sobald für ein nord.
mö die bedeutung manica, oder für ein mhd. mouwe der alte
sinn von puella aufzuspüren stände; man halte die abschweifung
zu gut, ich greife wieder an meine laute und buchstaben.

Sehr ähnlich und beinahe gleich den formen magus und
mavi liegen die verwandten begriffe þius und þivi, famulus und
famula, denn der knecht steht in des herrn wie der sohn in
des vaters gewalt. wenn also puer beide, sohn und diener ausdrücken kann, wird nicht auffallen, dasz Ulfilas mit magus sowol παῖς als τέχνον, mit þius οἰχέτης, mit gehäuftem þiumagus
wiederum παῖς verdeutschte. þivi ancilla ist gegossen wie mavi
þuella und erhält im gen. þiujôs, wie jenes maujôs, folglich
musz auch þivi entsprungen sein aus þigvi, þigui. warum aber
lautet das masc. þius gen. þivis und nicht þigus gen. þigaus?
dies wird die alte volle form gewesen sein; durch den übergang
aus der dritten in die erste declination, wie er öfter, und in
ahd. mundart gegenüber der goth. besonders häufig wahrzunehmen ist, verlor das characteristische U seine kraft und G
konnte nicht mehr durchbrechen. diminutiva sind nicht entsprossen, nach magula mavilô hätten sie zu lauten þigula þivilô,
falls nicht þivila aus þius gemacht wurde. auch in allen übrigen deutschen sprachen sehen wir bei þius die gutturalis getilgt: altn. þýr gen. þýs, ags. þeov gen. þeoves, ahd. dio gen.
diowes; das mhd. die diewes erscheint nur in dem zusammen-
gesetzten eigennamen Hamdie = ahd. Hamadio, altn. Hampýr,
was die edda in Hamdir entstellt. das ahd. fem. lautet diu,
gen. diuwi, ags. þeoven, þýven, jenem mägden ähnlich; altn.

---

* einen in die jungfrau spannen. Klose Breslau 74 (daumschraube). de jungfraw an beiden daumen setten. Waitz Wullenw. 2, 327. in die jungfrau einstellen.
Stengel ser. rer. sil. 4, 130. auf der jungfrau sitzen. 4, 145. jungfrauen von vier
gelenken in das gefengnis machen a. 1509. neue mitth. des thüring. vereins 3, 108.
span. esposas handschellen (nicht das frz. eponses it. sposa in diesem sinn).

[1] das franz. moufle auszer der angegebnen bedeutung hat auch die von barres
de fer pour empêcher l'écart des murs.

þý pl. þýjar und daneben ein neutrum þý mancipium. wie uns
aber bei magus mavi noch andere bildungen des ursprünglichen
G versicherten, ist es auch hier der fall, und auf manigfache
weise wechselt daneben der diphthong. zwar in den ulfilani-
schen bruchstücken hat sich kein þigns dargeboten, nach ahd.
dĕgau; ags. þĕgen, altn. þĕgn setze ich es, gebildet wie rigns
pluvia, ahd. rĕgan, voraus, es bezeichnet einen freien unter-
gebnen, minister, miles, das abgeleitete ahd. gadigini, mhd. ge-
digene militia, famulitium; wiederum steht neben ags. þĕgen,
þĕgn das gekürzte þên, in lateinischer fassung thanus, und neben
jenem weiblichen þeoven entspringt ein þignen und þinen ancilla, jenem mägden, mäden ähnlich. dem ahd. dĕgan, ags.
þĕgen aber scheint nach der lautverschiebung das griech. τέχνον
kind zu entsprechen, welches wie τέχος zur wurzel τεχεῖν und
τίχτειν führt, gr. K fordert goth. H oder G, folglich ergibt das
goth. þeihan crescere, ahd. dîhan dêh pl. digumês den stamm,
aus welchem þigns und þius, dĕgan und dio (wie aus adolere
adolescere adolescens, aus olere proles und suboles) sprieszen,
und es hat bedenken ein starkes þivan þau þivum anzusetzen,
welches uns den ursprung der G formen, wo nicht abschnitte,
mehr verdeckte[1]. geschwunden ist die gutturalis im ahd. dio-
nôn, mhd. nhd. dienen, altn. þiona servire welchen ein goth.
þiunôn zur seite stehen könnte, so wie den weitern noch heute
gangbaren bildungen dionest, dienst servitium, diorna, mhd.
dierne, nhd. dirne, altn. þerna serva, ancilla, oft aber in edle-
rem sinu puella, virgo, die goth. form wäre wol þivairns oder
þivairnô? diese leichteren etymologien thun einer schwereren
vorschub: ich möchte auch þiuda ἔϑνος leiten aus þeihan crescere und für þaibuda oder þiguda nehmen, so dasz þiudisks
ἔϑνιχος, ahd. diotisc, nhd. deutsch, welches zum namen unseres
volks geworden ist, hervorgegangen wäre aus þigudisks. es ist ¹⁸⁹
auffällig wie nah in allen slavischen sprachen unserm þivi und

---

[1] Kemble leitet þĕgn von þiegan capere, accipere, doch scheint mir die zusammensetzung magoþĕgn Beov. 585. 810, welche ganz dem goth. þiumagus entspricht, auf þius, ags. þeov zu führen. [zu erwägen þege, þegu servitium. ahd.
deganchint masculus. mhd. degenkint. Hagd. 137. bei Otfried ist thegan gegensatz des hêrero, also diener: IV. 21, 19. V. 20, 43. degen und dirne. Tit. 3314.
degene und magide. fundgr. 2, 57. maget und degen. Georg 960. meide und
degene. 974. thiorna und thegan. Hel. 8, 3.]

dierne die verbreiteten ausdrücke djeva deva divka devitze und andere mehr für alle stufen von puella ancilla virgo liegen.

Den Gothen bedeutet das subst. naus einen todten, und flectiert im gen. navis, im pl. navcis; abgeleitet wird zunächst ein adjectivisches navis mortuus, dann navistr sepulcrum, navistrôu sepelire. altn. begegnet nàr corpus exanime, zuweilen nà als neutrum*. wer sieht nicht auf der stelle, dasz dazu das gr. νέχυς und νεχρός, das lat. nex necis [pernicies] und das verbum necare stimmen? wiederum lehrt ihr Klaut, dasz naus aus vollerem nagus verengt sein müsse; ich will dazu noch das lett. nahwe mors, nahwigs mortiferus, das litth. negyus mortuus (Ruhig 2, 471ᵇ) gesellen. aber auch das lat. necesse und necessitas begehren hier einlasz, sie drücken nicht das tödliche quälende, aber das zwingende unvermeidliche aus: tod ist extrema necessitas, wie unsern mhd. dichtern diu grimme nôt (Er. 837) und der grimme tôt heiszt. ESS in necesse necessarius necessitas nehme ich wie in facesso lacesso arcesso comessor und gleich ISS in vicissim vicissitudo semissis und comissor neben comessor. Döderlein hält comessor zu χωμάζω, necessitas zu ἀνάγκη ἀναγκάζω, worin ich beipflichte, nur dasz bei ἀνάγκη ἄγχος ellboge und das adv. ἀγχάς aus dem spiel zu lassen wäre. A in ἀνάγκη scheint bloszer vorschlag (wie in ἀστήρ stella stairnô, ἀμάω meto, ὀμίχλη migla, ὀδούς dens und ὀμέλγω mulgeo), folglich νάγκη dem lat. nex uumittelbar verwandt, obschon es nicht tod, nur wie necesse zwang und marter bedeutet. das alles versiegle ich nun mit dem goth. nauþs, altn. nauðr und nauð¹, ahd. nôt, ags. neád, die ich gramm.

---

* ags. dryhtneum cadaveribus Cädmon 188, 5 von ne?

¹ Biörn gibt bei naud auch die bedeutung latratus canum an und dazu die redensart 'hann er kominn l naud' ad incitas redactus est, ganz das franz. 'il est aux abois' von aboi latratus, was sich aufs lat. baubari zurückführt; die jäger gebrauchen es vom hirsch, der den hunden nicht mehr entrinnen kann und in die äuszerste noth gebracht ist. mhd. heiszt es 'ze bile stán' von bil latratus, man hat auszer bellen bal auch ein gleichbedeutiges billen bell (mnl. bllen Maerl. 1, 283. Eleg. 776) anzusetzen, noch H. Sachs schreibt immer peilen f. bellen. ahd. pil (oder pil?) gipil. subsiltit canis. Graff 3, 91. dies naud gemahnt an die ähnlich lautenden gaud und gnaud canum latratus, ja es scheint aus letzterem entsprungen und mit dieser bedeutung unserm nauþs necessitas völlig fremd; aber auch bei dem nôtfeuer wurde man auf vorschlagende gutturalis geleitet (mythol. s. 574). [bei nanþs, nôt doch zu erwägen altsl. nuditi cogere, nushda ἀνάγκη, nudmi necessario. Mikl. 58. böhm. nauzo necessitas, poln. nędza, preusz. nauti.]

2, 50 auf einen verlornen stamm niuþan bezog, die mir jetzt
aber aus navaþs für nagvaþs nagvuþs entspringen und ebenfalls auf den abstracten sinn des zwangs eingeschränkt werden.
da die nòt' auch bindet, könnte necto zu necesse und neco ge- 190
schlagen werden; *naudibandi bei Ulf. für fessel schiene pleo-
nastisch gesagt und bedeutsam *. wir sind endlich an der rechten
stelle um aufschlusz über ein bisher räthselhaftes wort der nordischen mythologie zu erlangen, norn, die göttliche parca, erfüllt buchstäblich den begrif der necessitas und des fatums,
norn würde goth. lauten navairns oder navairnô, wie jenes vermutete þivairns þivairnô dem ahd. diorna begegnet, also ein
ahd. norna zu gewarten wäre, navairns aber entspränge aus
älterem nagvairns, das sich zu νάγκη und nex ungefähr verhielte
wie goth. viduvairns zu lat. vidua; in navairns und nauþs gehören blosz na zur wurzel, in norn und nòt blosz n und der
mit dem der ableitung verschwimmende vocal. die norn aber
ist die über tod und schicksal gebietende macht. wie über-
rascht in allen diesem die einstimmung der heidnischen lehre bei
Griechen, Römern, Deutschen, dem wort und dem geiste nach:
'Ανάγκη Necessitas und Norn treten auf eine und dieselbe linie.
da nun nectere mit nere, gr. νέειν, ahd. nâhan, nâwan zusam-
menhängt und die parca den lebensfaden spinnt, so scheint auch
das lat. necare nicht ursprünglich tödten, sondern dem geschick
verfallen machen, νέκυς navis nicht sowol der todte, als der
dessen faden abgesponnen ist, fato concessus, norn die spinnende
bindende, und dann die todesgöttin. die schicksalsjungfrau ist
uns aber wieder zur fessel geworden, wie vorhin die mavi zu
haudband und eisen.

Auf ersten blick befremden wird wenn ich goth. bauan zu
lat. facere halte. um schon die übergänge des begrifs als leichte
darzustellen, sei daran erinnert, dasz das alterthum sein thun
und arbeiten nach der feldbestellung zu benennen pflegt. bei
Homer ist ἔργον ja vorzugsweise feldbau, die ἔργα ἀνθρώπων
drücken ihm wie Hesiod ackerbau und ackerland selbst aus.
land bauen, agrum colere heiszt noch im Sachsenspiegel land
wirken, beinahe wird rus colere sein ruri esse, folglich bauan

---

* vissi ser á höndom höfgar naudir. Sæm. 135ᵇ. · hverr feldi af mer fölvar
naudir? 193ᵉ. an hrabendion ginôdid. Hel. 165, 2. — vgl. Aufrecht umbr. spr.
2, 72 nesimus = proximus, der verbundenste und nêhva, nâhisto.

nicht blosz colere bedeuten, sondern auch incolere habitare, so
dasz des landmanns geschäft zugleich auf bereitung seiner wohn-
stätte gerichtet wird: sein thun ist bauen, d. h. feld bauen und
haus bauen. noch einhelliger sind die wortformen als die begriffe. bauan musz im praet., das uns abgeht, reduplicieren
(gramm. 1, 101), also baibau oder baibô lauten und von facere
statt fecit galt gerade die altoskische form fefakust (fecerit)[1];
191 um so mehr ist bauen auf älteres bagvan zurückzuführen, was
im ags. biggend colens wie im altn. byggva neben bûa volle
bestätigung findet, so-dasz für altn. biô früher biôg, für goth.
baibô früher baibagv zu erwarten wäre. ahd. pouwan, pûwan,
mhd. bouwan, biuwen; in dem abgeleiteten piunta, biunte ager
fehlt der kehllaut auf dieselbe weise. das deutsche G in bagvan ist das lat. K in facere (früher faquere? vgl. proficuus)
und der anlaut B verhält sich regelrecht zu F, wie in brôþar
frater, baira fero u. s. w., unterdrückung der gutturalis erfolgte
aber schon in andern lateinischen formen (z. b. in hodie f. hoc-
die, lumen f. lucmen), geschweige romanischen. wie ital. fare,
franz. faire luire für facere lucere, galt lat. infit für inficit d. i.
incipit (franz. bedeutet fait loquitur, ait), aber noch mehr, das
ganze fio musz für fior, und dies für ficior, facior gelten, wie
das praet. factus sum ausweist, also · stellt sich lat. fio buchstäblich zu baua, und gr. φύω, dessen berührung mit lat. fio,
fui, fuat sowie dem deutschen bin auszer zweifel ist, geht aus
den bedeutungen des seins und werdens in die des hervor-
bringens und bauens über. sutja lôs bauan heiszt bei Ulf. dul-
cem vitam, dulce otium agere. das altn. bær villa, rus verhält
sich wie mær puella, kann also goth. bavi oder baui d. i. bagvi
lauten. der alts. gen. bewo segetum Hel. 79, 14 verlangt einen
nom. beo oder bao; bau für seges hört man noch heute in
Oberdeutschland, bewod hiesz alts. ernte, wie nnl. bouwd, sämtlich von der wurzel banan, auf die ich auch altn. bygg hordeum
(Sæm. 51ᵇ), dän. byg zurückweise. allein noch ein andrer un-
verwerflicher zeuge soll für bagvan = banan auftreten. man
hat bei dem heutigen worte bauin, mhd. boum, ags. beám gleich
unbefugt aus lat. pomum und an fagus (Benfey 1, 222) gedacht,
jenes heranzuziehen untersagt die mangelnde lautverschiebung,
fagus φηγός: haben inlautendes G, welchem goth. K in bôka zur

[1] Mommsen oskische studien s. 123 126.

seite steht. aus dem lautersten quell unsers alterthums dürfen
wir nun statt baum die vollere form bagms schöpfen, deren G
gerade dem in bagvau zu statten kommt. bagms verhält sich
zu baum, wie σάγμα zu soum oder wie ein mutmaszliches goth.
tagms = tahms habena zu ahd. zoum, nhd. zaum von der wurzel tiuha duco. mit übertritt des G in D ward aus bagms altn.
badmr (tadelhaft geschrieben badmr). Ulfilas gebraucht bagms
für δένδρον, triu für ξύλον, doch auch bagms seiner abkunft nach
musz ebenfalls bauholz materies ausdrücken. ich treffe bei den
Böhmen ein wort für arbor. lignum, materies, nemlich strom,
das wiederum von strogiti, russ. stroit', d. i. struere parare
aedificare rührt* und meine ableitung von bagms aus bauan
vollends bewährt[1]. dřewo bedeutet böhm. holz, drzewo poln., 192
derevo russ. baum und holz, und ist jenes deutsche triu, dessen
herkunft hernach noch untersucht werden wird, das sich aber
füglich dem griech. ὀρῦς eiche und dann baum überhaupt vergleicht. ich kann nicht umhin nebenbei anzumerken, dasz unser
zimmer, mhd. zimbar, ahd. zimpar, altn. timbr das slav. dub,
poln. dąb quercus sei, bei uns aber blosz den begrif von materies vertrete; also auch in diesem wort thut sich der übergang aus bauen in baum dar.

Wörter zu klauben ist ebenso verfänglich als lockend. ich
will mich an eine der schwiergsten formen unserer sprache
wagen, auf die ich hier unmittelbar geleitet werde. den begrif
des lat. facere oder agere drückt noch ein anderes sehr häufiges
goth. verbum aus: taujan tavida, und taui tôjis bezeichnet opus.
dasz taujan mit unserm thun, ahd. tuon, ags. dôn, worauf man
instinctmäszig zuerst fallen muste, nichts auszer der bedeutung
gemein haben könne, ist längst eingescheu worden, denn für
letzteres verbum wäre ein goth. mit D anlautendes zu gewarten,

---

* Jungmann leitet strom von strmiti, strměti ragen, vorragen, strmy arduus,
steil, ragend. vgl. stromiti sich bäumen, eig. prorumpere Mikl. 87. kaum gibt
es böhmische bildungen -m, blosz -jm -ima -mo. Dabrowsky p. 37.

[1] man darf wagen auch das mlat. boscus, it. bosco, prov. bosc, franz. bois
(vgl. büche, husche mlat. buschia), welcho wald und holz bedeuten, und aus keiner lat. wurzel leitbar sind, auf unsere deutsche zurückzuführen, SC verkündet
die deutsche endung ISC und ein adj. būwisc, būisc würde geradezu ausdrücken,
was bagms boum: baumaterial, holz kaum ist das altn. būskr virgultum, ahd.
būsc oder busc (Graff 3, 218), mnl. bosch, nhd. busch aus dem romanischen zu-
rückgenommen. [vgl. Diez 1, 206.]

8*

wie die in goth. zunge selbst lebendigen dêds factum, dêdja
factor, ja bis zum überflusz das im pl. praet. jedes schwachen
verbums obwaltende dêdum beweist; da dies dêdum im pl. tavidêdum selbst stattfindet, wie vermöchte taujan einer wurzel
zu sein mit der die für dêdum gesucht werden musz? so seltsam auffällt, dasz weder die goth. mundart zu dêdum, dêds,
noch die altn. zu dâd ein verbum aufzuweisen haben. noch
mehr, dem goth. taujan zur seite stehn ein ahd. zawan zouwan,
ein ags. tavjan, altn. týa, freilich mit dem etwas eingeschränk-
teren sinn von parare, instruere? allein wie nahe liegt das
bereiten und schaffen dem thun? ist doch auch ahd. karawan,
garawan parare nhd. in die bedeutung gerben parare coria verengt, altn. göra, schwed. giöra, dän. gjöre in die allgemeine
von facere agere erweitert worden, und gerade so gilt zouwan,
tavjan von dem bereiten des leders. erwäge ich nun ferner,
dasz ahd. gizawa gizouwa (Graff 5, 713) ags. getave supellex,
und mit übergang in kehllaut ahd. gaziuc (Graff 5, 612) nhd.
193 zeug ganz dasselbe supellex und materia ausdrücken, dasz unser
heutiges schreibzeug beides dem ahd. scripgiziuc und scripgi-
zowa (Graff 5, 613. 713) entspreche, so wäre fast unmöglich
nicht auf rechte fährte zu gelangen. unser zeug stammt von
ziehen, ahd. giziuc von ziohan, goth. tiuhan, lat. ducere, folglich steht ducere ähnlich zu tanjan wie facere zu bauan und
seinen begrif entfaltet ducere in educare, nutrire. tanjan entsprang etwan aus tagvjun, tahvjun und das nhd. zaum, ahd.
zoum, das wie zügel auf reitzeug eingeschränkt wurde, mag
goth. tagms wie baum bagms gelautet haben. ich unterlasse
nicht auf die bedeutende einstimmung des finn. teen tehdä facio,
teko opus, tekiä factor, so wie des estn. teggema facio, teggo
opus zu weisen*, weil goth. taujan und taui gleich allgemeine
bedeutung haben und wir schon aus andern gründen an wech-
selseitigen einflusz gothischer und finnischer sprache glauben
müssen; nicht irren darf die finn. tenuis, weil das finnische
organ insgemein der media entbehrt und sie immer durch die
tenuis vertreten läszt. unverantwortlicher wird ein andrer einfall scheinen. die übereinkunft des deutschen gottes Zio, ags.

---

* vgl. skr. taks facere, scindere, takšan faber lignarius. böhm. tesaŕ, poln.
ciesla, litt. taszyti zimmern, behauen. preusz. tikint facere. lat. tignum behauner
balke, zimbe.

Tiv. mit dem gr. Ζεύς und lat. deus ist in der mythologie sattsam dargethan und eine goth. form Tius Tivis völlig parallel
dem þius þivis gemutmaszt worden; sollte nicht auch in Tius
die gutturalis zu ergänzen sein? merkwürdig bricht sie vor im
ags. Tig, und zu unserm ahd. ziori, nhd. zier stellte ich längst
das lat. decus decoris, decorus und dignus, und decere; parare
geht aber über in ornare, se parer ist franz. sich schmücken.
wie nun, wenn sogar deus verwandt wäre mit duco und einen
ductor, creator, factor ausdrückte? von allen seiten wird das
angefochten werden, da schon die hier eingreifende sanscritform
keinen kehllaut zeigt; doch sie könnte ihn ebenwol ausgeschieden haben. man hat divus und deus mit dies zusammengehalten,
sicher aus hinreichendem grund. dies, slav. dicna mit goth.
dags zu vergleichen scheint gefährlicher, da lautverschiebung
abgeht, und wörter, deren muta in goth. sprache und den classischen zusammentrift, nach der regel gerade unverwandt sein
sollen. keine regel ist aber ohne ausnahme und ausnahmsweise
dürfen dies und dags um so lieber dasselbe wort sein, da im
goth. dags unser G vorbricht, für lat. dies also ein früheres
dacies möglich wäre, wie das futurum fies = facies steht. nun
aber macht mich jenes wichtige ahd. stuon für stowan verweg-
ner, ich erwäge dasz auch ags. dôn, ahd. tuon einerlei sein
müsse mit goth. taujan, allen gründen zum trotz, die vorhin für
deren verschiedenheit angeschlagen wurden. nemlich im ags.
dôn, im goth. dêds dêdja haftete, wie in der praep. du = ahd. 114
za, zi goth. dis = ahd. zar zir, und in dags die uralte media
D, während das praes. tauja seinen laut verschob; nun auf einmal erklärt sich jener mangel der goth. und nord. verba, die
zu dêdum und dêds stimmen würden, nun leuchtet ein, warum
taujan ganz den sinn von facere agere hat, das ahd. zouwan,
ags. tavjan aber den engeren von parare, struere, weil die in
älterer stufe verschobenen tuon und dôn, die in diesen dialecten
fortdauerten, ihren allgemeinen sinn bewahrten. zugleich folgt
daraus, dasz tavidêdum zweimal dieselbe wurzel verschieden gestaltet zur schau trägt, in tavi lautverschoben, in dêdum unver-
wandelt. ahd. tuon, ags. dôn aber stehn wie stuon accusare,
spuon succedere, nur dasz diese im praet. stuota spuota, jenes
teta tâtum, im goth. da (für dêda) pl. dêdum bekamen, also
auf einen inf. daian zurückweisen, aus dem ein praet. dêda, dêdum, ein subst. dêds, wie aus saian sêds flossen; nothwendig

lauten die ahd. formen sât, tât, tâtum. mit alle dem ist lange
noch unerschöpft, was über diesen mächtigen, mehr als eine
nebenwurzel schlagenden stamm und sein verhältnis zu den alten
sprachen beizubringen wäre; ich hätte das lat. do dedi dare,
das gr. δίδωμι, slav. dam, davam nnd die übergänge der begriffe thun uud geben *, schaffen und tag werden lassen zu er-
örtern.

Mislang es nicht dem namen des gottes Tius, Zio eine
neue seite abzugewinnen, so können dieselben lautverhältnisse
auch licht fallen lassen auf einen andern heidnischen gott.
frauja gleicht haarscharf dem besprochnen tauja und behält
seinen diphthong in allen flexionen. nicht zu übersehn, dasz
im Norden, wo das heidenthum länger andauerte, Freyr und
das movierte Freyja (die sich verhalten wie der acc. mey zu
manja) nur dunkle eigennamen sind, keine abstraction in sich
schlieszen, das goth. frauja hingegen ist kein nomen proprium
mehr, sondern bedeutet κύριος dominus, das verbum fraujinôn
dominari, uud zwei fälle sind möglich: entweder des gottes
name hat sich aus dem begrif des herrn, oder dieser aus jenem
entfaltet, und letzteres scheint das meiste für sich zu haben,
so schicklich ein gott und gerade dieser gott der herschende,
waltende heiszt. das ahd. frô bezeichnet zwar auch herr und
frouwa herrin, das adj. frônisc aber öfnet uns die vorstellungen
pulcher, inclytus, arcanus, venustus, wie in Freyja der inbegrif
göttlicher schönheit den der herschaft überwiegt. in frauja scheint
aber wie in tauja, mauja, baua wieder G ausgesprungen, und
195 erlaubt in urverwandten sprachen sich nach einem worte um-
zusehn, dem die consonanten P R C gebühren; den vocal will
ich unausgefüllt lassen. es ist mir indessen noch nicht gelungen
das entschieden richtige zu finden. man könnte auf praecco
rathen, insofern Freyr nicht den höchsten gott, blosz dessen
verkündiger und herold bedeutete, heiszt doch der κῆρυξ Διὶ
φίλος, und Hermes, obschon selbst erhabner gott, Διὸς ἄγγελος
καὶ ἀνδρῶν; praeconium gemahnt ans mhd. vrœnen verherlichen
oder gar ankünden: swie der meie vögellin frœne MS. 1, 31ᵇ;
meie, dû häst frî gefrœnet vögellin MS. 2, 50·**. dann fiel mir

---

* getân = gegeben. Ludw. 2750. GDS. 882. herr, du hast mir zween cent-
ner gethan. Felsenb. 2, 409.
** vgl. das vrî vrœnen in Höfers urk. p. 40. 41.

das lat. procus ein, da Freyr gott der liebe und des freiens ist, den Slaven Prije, böhm. Prige göttin der liebe, und wie Freyja und Frigg in den mythen sich vertreten, dürfen auch frauja und frijôn amare sich vermitteln, fruvis laetus mit freis liber verwandt liegen; procus aber gehört zu precari und frauja berührt sich mit unserm fragen, goth. fraihnan frah frêhun, ags. frignan fragn frugnon; den Slaven ist prositi procare, Freyr wird in einem eddischen lied als liebewerbender dargestellt. endlich hat Wackernagel zu frauja und frô ansprechend das gr. πραΰς, jon. πρηΰς, sonst auch πρᾶος milde, sanft verglichen, πρηνής ist favens, lat. pronus, franja ein milder gütiger gott, fautor; ein kehllaut würde sich leicht diesen formen beigesellen, in procare steckt auch blandiri. auf die form Frigg soll hernach zurückgekommen werden.

Dem goth. bauan musz ein hauan caedere secare geglichen haben, das sich nicht vorfindet (κόπτειν wird maitan übersetzt) aber aus dem subst. havi (gen. haujis dat. hauja) für χόρτος gramen caesum oder sectum geschlossen werden darf. sein praet. würde gleichfalls reduplicieren haihau haihô, wie baibau baibô[1]. ahd. entspricht houwan praet. hiu und houwi foenum, mhd. houwen hie und houwe, uhd. hauen hieb neben heu foenum[2]. neben ags. heavan heav sehn wir in dem subst. heg hig foenum G auftauchen, welches ags. IG = ahd. OUW noch in andern beispielen begegnen wird. die engl. sprache hat den ablaut hew, wie öfter, zum praes. erhoben und musz ein schwaches praet. hewed hinzu bilden. altn. tritt die gutturalis noch stärker vor: höggva caedere praet. hiô gleicht jenem byggva biô, pl. praet. hiöggum, hinggum. högg verber ist auf- 196 zulösen in haggu, foenum aber lautet hey, das sich wie mey zu mavi zu havi verhält, färöisch hojgj. auszer diesem neutrum gibt Biörn auch ein fem. hâ foenum serotinum an. unserm hauen geht aber eine andere den kehllaut hegende form merkwürdig zur seite. hauen ist uns fast gleichbedeutig mit hacken, das ich ahd. noch nicht kenne[*], mhd. aber aus Titurel aufge-

---

[1] 1 Tim. 2, 11 ein seltsames 'in hauipa' in silentio; sollte þaulþa zu lesen sein, dies zu þagjan und tacere gehörig? vgl. dän. taus tavs taciturnas. [das richtige ist: in hliuþa; es folgt gleich 2, 12 in þahainni.]

[2] foenum, it. fieno, franz. foin, span. heno gemahnt an finn. heinä, lapp. suoino suoidne, slav. sjeno, böhm. seno, poln. siano, litth. sénas.

[*] Graff 4, 762 hakjan; 4, 763 haccho furcn, uncus.

wiesen habe (Haupt 5, 499), es steht auch MSH. 3, 191ᵇ und
erscheint mul. ungleich häufiger; hecken hacte pungere ist
weiterbildung desselben. von allen seiten weist also hauen auf
ein volleres hagvan haggvan, wie bauan auf bagvan, und ich
darf noch zwei fremde sprachen heranziehen. kaum ward aus
schwed. hugga das finn. hakkan caedo tundo entlehnt. ablie-
gender scheint zwar slav. kositi foenum metere, kosa falx foe-
naria, doch pflegen die Slaven ihr S an die stelle des ursprünglichen C zu setzen, wie in cyrillischer schrift der buchstab C
sogar S vertritt; entsprach jenes prositi lateinischem procare,
der Slaven osm', osam lat. octo, goth. ahtau, so darf auch kositi unser hacken und hauen sein. caedo ist gewis verwandt,
wie sonst G und D wechseln.

Der gothischen sprache stehn für den begrif des herschen-
den gestirns zwei oder drei ausdrücke zu gebot sauil, sunna
und sunnô, was mit sicherheit auf manigfalte mythologische vorstellungen schlieszen läszt. sauil verhält sich zum altn. sôl, wie
sich ein goth. bauil zum altn. bôl praedium, lectus verhalten
würde; für sauil sôl erscheint aber wieder die ags. form sigel
(z. b. cod. exon. 486, 17) und segel, sägel die zugleich name
der rune S, auch in der ahd. gestalt sugil suhil vorhanden ist,
statt welcher ich sagil sahil mutmasze[1], da in handschriften des
achten neunten jahrh. u und ofnes a häufiger verwechslung
unterliegen. ob goth. sauls columna, ahd. sûl, altn. sûl mit
sauil, sahil, sigel, sôl, auch im begrif der sonnenseule zusammen-
flieszen, bleibe dahingestellt; offenbar sind die identischen formen
urverwandter sprachen auch als verengte, unursprüngliche anzuerkennen: lat. sol, gr. ἥλιος, ἠέλιος, δέλιος, litth. saulė weiblich,
slav. slntze, solutze, slnce, slunce, slonce neutral, wo die verkleinerung, wie im franz. soleil für die gütige gottheit gewählt
wurde. welche wortgestalt aber allen diesen zum grund liege,
scheint noch verborgen. es ist auch ein kretisches ἀβέλιος, ein
pamphylisches βαβέλιος überliefert, ein sabinisches ausel (vgl.
ausum f. aurum) und etruskisches usil. O. Müller hat auf die
grundform Savelios gerathen[2], der das goth. sauil zunächst
stände. den kehllaut zeigt blosz die ahd. und ags. form.

In ahd. sprache sehen wir die weiblichen substantive aha

[1] Andr. und Elene s. 96. dentsche mythol. s. 664.
[2] in Schmidts zeitschrift für geschichtsw. 2, 124.

fluvius und ouwa insula, pratum, wasserumflosznes land, wasserland, nhd. aue geschieden, so deutlich sie derselben wurzel an-
gehören. gothisch lautet aha vollständiger ahva, was dem lat.
aqua = acva streng entspricht; für νῆσος entgeht uns das wort,
mutmaszen dürfte man avi aujôs = mavi maujôs, wie mhd. ouwe
den formen mouwe und frouwe gleicht, welches letztere goth.
entw. fravi fraujôs oder fraujô fraujôns lauten musz, lat. diplome
des achten neunten jahrh. gewähren statt ouwa augia. altn.
wird wiederum unterschieden zwischen â fluvius, pl. âr und ey
eyjar insula, wozu das schwed. â, dän. aa gegenüber schwed.
dän. ö stimmen; ey ist wie mey, mö gebildet, die färöische
form lautet ojgj. ags. unterscheide ich câ aqua und igge, ige,
iege, ege insula, eä verhält sich wie freá dominus, igge, ige
wie altn. Freyja und Frigg. in dem compositum eáland und
igland wechseln aber beide subst., zum zeichen ihrer ursprünglichen einheit, eáland drückt eigentlich wasserland aus, was
auch sonst laguland heiszt, iglaud auland, iuselland, was schon
das einfache aue oder insel; ahd. las ich weder ahalant noch
ouwalant, man hatte genug an ouwa; alts. âlande insula steht
für ahalende. das mhd. einlant insula* verwechselt die vorstellung der einöde und abgelegenheit mit der einer insel, wie gerade das ital. isola, franz. île f. isle das verbum isolare, isoler
hervorrufen und auch mlat. bedeutete insulare auf öde insel
landes verweisen (Ducange s. v. insula); unser heutiges und
schon mhd. eilant (Amgb. 37ʹ. MSH 3, 94ʹ) eiland scheint dem
mnl. nnl. eylant, eyland abgesehn, dessen diphthong ich wie in
meysje (s. 185) nehme.

Viele benennungen von flüssen sind mit aha â, viele von
wassergegenden mit ouwa ige ey zusammengesetzt z. b. Wisu-
raha Visurgis, wo das lat. G unser deutsches H ausdrückt,
Fuldaha, Elmaha, Gartaha und Steinouwa, Grasouwa, Suâpouwa,
Scâfouwa ags. Scæpige (Shepey). schon bei Tacitus sind die
Aviones offenbare gothische aujans, das von avi wie gaujans
von gavi gebildet wäre; in Batavi, Chamavi scheint das avi
anders zu deuten, eben weil sie nicht Bataviones, Chamaviones
heiszen. aber ein anderes altes compositum gehört hierher zu
näherer besprechung. Scandinavien, habe ihm das alterthum ins

---

* Engelb. 5235. Hartmann erst. büchl. 1764 einer inselen einlant. pass. 229,
75. 230, 29. 231, 52. einlant Grieshaber 1, 46.

allgemeinere, oder auf Schonen eingeschränkte bedeutung verliehen, heiszt bei Plinius 4, 13 und Mela 3, 6 Scandinavia,
Scandinovia [1], bei Fredegar Schatanavia (Scatanavia?), in einer
langobardischen nachricht Scatenauge (Zeusz s. 472), wozu man
jenes augia f. ouwa halte, bei Paulus Diaconus Scandinavia. bei
Erchempert Scandanavia (Pertz 5, 242), noch mhd. Scandinavia
(Wh. 141, 16. 257, 5); ags. Scedenigge (Beov. 3370), bei Älf-
red Sconeg, altn. Skàney gen. Skàneyjar, bei Saxo grammaticus Scauia, wie heute dän. Skaane, schwed. Skåne (zwei silben
statt der ursprünglichen fünf oder doch vier); Iornandes hat die
verengte form Scanzia, der man auch bei andern lat. schriftstellern des MA. begegnet (Pertz 8, 119. 123. 142. 301), Sca-
thia insula Daciae steht Pertz 8, 392. man hat Scatanavia und
Scedenige für die echte gestalt des namens zu halten [2], aus
dessen kürzung das à in Skàney entsprang, in Scandinavia aber
schob sich N, welches nach dem D stand, vor dasselbe. zu
Iornandes ohr musz gleich eine verkürzte form gedrungen sein.

Des in à er eà ouwa aus ô ausgesprungnen gutturallauts
versichern uns nicht allein die angeführten ahva aha augia ige
igge aqua, sondern auch das lat. aequor neben ags. eagor, egor
egorstreàm und altn. ægir mare; ich hatte mich früher für dessen
ableitung aus ægja terrere entschieden und œgir, ags. êgor zu
schreiben vorgezogen (mythol. s. 217. 218) und œ dürfte ablaut
des a in ahva sein; doch wird sich ægir vertheidigen lassen [3].

----

[1] in einigen hss. soll Codanonia stehn, was sich auf den Codanus sinus beziehen liesze.

[2] was auch daraus folgt, dasz Beov. 38 on Scedelandum gesagt wird statt
jenes on Scedenigge; im prolog des edicti Rotharis (Haupt 5, 1) scheint sogar
ein langobardischer held Scadanan daraus verdreht. hinderte nicht das letzte N,
so würde ich ans goth. skadus, ags. scado, ahd. scato, oder wo nicht die lin-
gualstufe widerspräche ans ags. scada, altn. skaði, ahd. scado pirata, latro denken, so dasz der sinn entspränge insula umbrosa oder latronum (scadono ouwa
scadena ige). altn. bezeichnet skàn cortex, crusta, das sich wiederum als kürzung aus skadn nachweisen müste; in den andern sprachen fügt sich nichts. der
bedeutung jenes Codanus sinus, wenn er dazu gehört, sind wir völlig unsicher.
[vgl. Müllenhoff nordalb. studien 1, 146. 147. Austravia Plin. 37, 3. Austrey
formm. 12, 263.]

[3] der finnische meergott heiszt Ahti gen. Ahin, oder auch Ahto, er sitzt
grasbärtig, wie der griech. Oceanus, unf seelilien. bei diesem anlasz will ich ein
merkwürdiges zeugnis für die fortdauer des Eagorcultus in England anführen:
now this day, on onr river Trent, as I learn, tho Nottingham bargemen, when
the river is a certain flooded state (a kind of backwater or eddying swirl it

wegen aequor mag aequus nah verwandt und von der wasser- 199
fläche entnommen sein. das lat. amnis könnte etwan aus acmnis
agmnis, fast wie examen aus exagmen oder ital. frammento aus
fragmentum, entspringen, eine zusagendere herleitung soll im
verfolg angegeben werden.

Gleiche buchstaben bei ungleicher bedeutung zeigt eine
andere wurzel. das goth. avistr ovile, ahd. ewist läszt wie navistr auf naus auf goth. aus gen. avais, ahd. ou gen. ouwi ovis
mutmaszeu, und goth. avêþi grex ovium entspricht ahd. ouwiti
(Graff 1, 505). altn. à agua pl. ær, doch wird auch im sg. ær
gebraucht, ags. eovu, eve, engl. ew ewe; nnl. ooi, fries. ey.
nah liegen das lat. ovis, gr. ὄϊς, litth. awis, lett. aws ovis, awens,
auns bock, slav. ovtza πρόβατον, skr. avi. der kehllaut aber
bricht vor im lat. agnus, agna, slav. iagnja, böhm. gehně gehnec,
und ir. uan, uaghn, uaghan agnus*. wiederum mögen die gr.
ἀμνός, ἀμνίς (gleich jenem lat. amnis wasser) ein ἀγμνός, ἀχμνός,
umsovielmehr das goth. aus ein volleres agus, agvis ahnen lassen.
im Reinaert 1853 führt des widders frau den namen Hawi, der
sich mit dem appellativ berühren kann.

Fast wie ahvu aha eá und à verhalten sich goth. saihvan
videre, ahd. sëhan, ags. seon, altn. siá; aber die goth. form
wahrt durchgängig HV: saihvan sahv sêhvun saihvans, die ahd.
H: sëhan sah sâhun gisëhan, woneben einigemal gisëwan; ags.
wechseln H V G: seon seah sâvon und sægon, part. geseven;
altn. ohne consonanz: siá sè sá sâu. im goth. adv. sai und
sai nu, ahd. sè und sênu, die sich vom lebendigen inf. saihv
und sih löf unterscheiden, entweichen HV und H (gramm. 1, 93),
nicht anders im goth. siuns visus species, siuns visibilis spec-
tabilis, ahd. siuni, ags. sýne, altn. sýnn, mhd. siene, und die
muta musz geschwunden sein, bevor brechung des I in ai eintrat, damit I und vocalisirtes V im diphthong zusammenrinnen
konnten, dies IUN gleicht dem in gaqiunan niuu und dem lat.
UN in Iuno f. Iuvino, oder dem IAN in Diana f. Divana;
siuus, niun sind = saihvans, naihun (naihvan) wie taihun
(taihvan) = decem. es fällt nicht leicht dieser wurzel in den

has, very dangerous to them) call it *Eager*; the cry out, 'have a care, there is
the *eager* coming'. Thomas Carlyle on heroes, heroworship and the heroie in
history. London 1841 p 30. [auf Gotland agg hafsvåg, som från land slår till-
baka. Neckens makt kallas aggå. Almqvist 412°.

* ofgo aves. Soester fehde 627.

urverwandten sprachen zu begegnen; buchstäblich überein träfe
lat. sequi (wie goth. aibvus, alts. ehu, lat. equus), wenn die
bedeutung sich fügte. man hat skr. aksh mit dem suffix sa
(Benfey 1, 227) lat. sagax und gr. θέασμαι verglichen, den
deutschen inlauten würde specus spicere species spectare zusagen, liesze der anlaut SP sich mit unserm S vereinbaren, und
entspräche diesen lat. wörtern nicht schon unser spëhôn spähen,
spah altn. spârr providus. weiter wäre die frage, ob nicht sauil
die sonne, des himmels auge zu saibvan gehöre, wie sich ags.
sigel sägel jenem sâvon und sægon nähert? einen übergang
auf skr. akschi oculus, îksch videre könnte wirklich das scythische σπω oculus, wie auf equus zend. aspa, skr. ashva weisen.

Aus dem goth. pl. favai ὀλίγοι, dem comp. faviza ἐλάττων
folgt der nom. sg. fans, welchem altn. fâr, ags. feá pl. feáva,
engl. few, alts. fah, ahd. foh pl. fohê zur seite stehn; beide
letztere hegen die gutturalis, die durch das schwed. fôga parum,
das lat. paucus, ital. poco, franz. peu (wie feu lieu f. focus
locus) unzweifelhaft wird. der lat. diphthong gleicht dem ahd.
augia ouwa triuwi f. owe triwi, aber aus parum und parvus erhellt, dasz paucus für pacus (wie raucus für racus, ahd. rûh,
neben ravus für racvus) stehe; paulus παῦλος παῦρος (: parvus
= νεῦρον : nervus) sind wieder diphthongisch. die vollere goth.
form schiene fahus, was ich zu fahêþs χαρά, faginôn χαίρειν,
wie paucus zu pax und paco, παῦρος zu παύω stellen möchte,
insofern vorstellungen des wenigen zufriednen vergnügten aneinander rühren. slav. pokoi, litth. pakajus ruhe friede sanft-
mut*. ist nicht auch ἡβαιός von ἥβη jugendfrohsinn und unser
gering eigentlich leicht, leichtmütig? vielleicht auch parco verwandt, denn schonen heiszt sich enthalten und parcus ist sparsam wenig.

Gr. ναῦς gen. νηός, skr. naus gen. nàvas, lat. navis stammen
von νέω, lat. no navi, erweitert in nato natavi wie πλοῦν von
πλέω, das schif ist ein schwimmendes haus, diphthong hat auch
das oberdeutsche naue nauwe (Stald. 2, 232. Schm. 2, 667) vgl.
nawvart Ottocar 566*; in νήχομαι tritt gutturalis ein, wie im
ahd. nacho linter, ags. naca, altn. nôkkvi, die sich zu ναῦς verhalten wie knoche cnucl knöchel zu knie. V und U wechseln
in navis, nauta = navita, naufragus = navifragus. Tacitus nennt

---

* Miklosich 36 po-koi, zu quies.

den flusz Nahe, der bei Bingen in den Rhein fällt, Nava, und
Ptolemaeus einen ort an der Rheinmündung Ναυαλία, was nichts
als das lat. Navalia scheint; der nach dem flusz genannte gau
heiszt im mittelalter Naagouwi Nabegan. sonderbar verdeutscht
Ulfilas 1 Tim. 1, 19 ἐναυάγησαν (vulg. naufragaverunt) naqadai
vaurþun, woraus zu folgen scheint, dasz naqaþs, was sonst
γυμνός ausdrückt, eigentlich schifbrüchig bedeute und mit einem
goth. naqa navis zusammenhänge'; ahd. nachut, ags. nacod, ²⁰¹
altn. naktr (früher necqvidr Sæm. 216ᵇ) nur nudus, wie slav.
nagi, litth. nogas, ir. [nochd, vgl. tarnochd mutternackt] noch-
daighe, skr. nagna. aber nudus selbst könnte aus navidus entspringen wie udus aus uvidus, crudus aus cruvidus? andere
haben nudus aus nugdus, γυμνός aus νεγυμνός gedeutet (Benfey
2, 116).

Es gibt ein ahd. adj. clau clou, flectiert clawêr clowêr,
solers, perspicax, clowî solertia, industria, clawida clowida in-
geninm; der spätern sprache sind diese ausdrücke verschollen.
die alts. form lautet glau, die ags. gleav; gleám ist splendor
und läszt wie beám bagms ein goth. glagms = ahd. kloum erwarten. altn. überall GG: glöggr = glaggur perspicax, gluggi
foramen, fenestra, wodurch man schaut. goth. glaggvuba so-
lerter, folglich glaggvus solers, mit doppeltem genäseltem G.
ags. gleav prudens, peritus, wie es scheint übergehend in den
begrif von clarus, hilaris, wovon gleoman, gligman musicus,
mimus, gligcräft musica, gligvord cantilena und glige ludibrium,
jocus musica; ein altn. glær clarus, illustris mag sich wie mær
virgo verhalten und mit gley, glöggr nah verwandt sein.

Für ros roris entgeht uns das goth. wort, scheint aber
daggvus lauten zu müssen, männlich oder weiblich; altn. dögg
daggar weiblich, schwed. dagg, dän. dug, ags. deav, dessen
genus ich nicht weisz, engl. dew; ahd. touwi, mhd. tou beide
neutral, uhd. thau masc. sämtlich ohne G. auszerdem ahd.
toum vapor, das wäre goth. dagms? Ulf. hat das verwandte
dauns ὀσμή, altn. daun, wozu ahd. tunst vapor. vom ags. dea-
vian rorare, engl. to dew, altn. döggva völlig verschieden ist

---

' gesetzt auch, der Gothe nahm ναυαγεῖν für scheitern, verunglücken, so ist
doch seltsam, dasz naqaþs, das ihn also an naqa gemahnte, gebraucht wird. das
oben s. 189 vermutete negvaþs = nauþs mag verschieden sein. [am glauben nackt,
blosz werden. — Albrecht von Halberstadt nach Wickram 5ᵇ. 1545. 2ᵇ nahab:
hab (nachabe: habe) = nöckvi.]

ags. þavan regelari, engl. to thaw; nicht anders steht ahd.
towan rorare ab von doan regelari, tepere, nhd. mengen wir
beide thauen zur ungebühr, denn auch altn. ist dögg ros von
þeyr ventus egelidus (wie mey, hey, Freyr), dän. dug von tö,
unl. dauw ros von doi regelatio gesondert. zu þeyr gehört
altn. þà terra egelida (wie à fluvius, gà cura) þàm egelida ob-
scuritas aeris, þàma egelidari. zugleich bedeutet þeyr auch
mens, indoles, wie ahd. dau indoles, mos, ags. þeav, alts. thau,
gleich als liege in der vorstellung von sinnesart und gewohnheit die von milde wärme und sittigung; der wortform entsprechen würde ein goth. þaggvus, dessen verwandtschaft mit
þius und þivi mir sehr wahrscheinlich ist.

202 Beiden wörtern daggvus und þaggvus weisz ich aus den
classischen sprachen keine zu vergleichen. dem goth. adj. aggvus hingegen sehen wir nicht nur das ahd. enki, mhd. enge,
altn. öngr, sondern auch das gr. ἐγγύς, ἄγχιστος, lat. angustus
vollkommen gleich. hier ist keine form die des NG, geschweige
G entbehrte. zumal besitzt die altn. mundart solcher wörter
noch andere, die nach dem entwickelten lautgesetz behandelt
und in den übrigen dialecten aufgesucht werden müssen.

Der in den letzten beispielen aufgetauchte nasallaut erregt
vorzügliche aufmerksamkeit, wir begegneten ihm oben in ἀνάγκη,
neben lat. necesse und goth. nauþs; da wo die ahd. mundart
sich mit bloszem W begnügt, finden wir auch in andern wörtern
goth. GGV eintreten: doppelung des G zog aber im goth. wie
im griech. die aussprache NG nach sich. sind tuggö lingua,
figgrs digitus und eine menge ähnliche tungö fiugrs auszusprechen (dessen uns schon das lat. lingua versichert, welches
für dingua stehend regelrecht zu goth. tuggö, ahd. zunkà stimmt),
so werden wir auch bliggvan caedere, triggvs fidus nicht anders
auszusprechen haben als blingvan tringvs; das altn. GG nehme
ich jedoch für härter ohne Nlaut, tryggr. goth. GGV scheint
aber, und das ist die hauptsache, älter als die diphthongische
auflösung, aus demselben grunde, der das goth. bagms älter
erscheinen liesz als beám und pomu. nun wird einleuchten,
wie das goth. triggvs identisch sei dem ahd. triuwi, ags. treove,
das goth. bliggvan dem ahd. pliuwan, völlig in der weise wie
neben goth. bauan altn. byggja, neben ahd. houwan, goth. hauan,
ein altn. höggva zum vorschein kommt, neben triggvs fidus
gatraua confido fortbesteht. von letzterm stammt trausti, von

ersterm triggva, beide foedus bezeichnend, ja es wird zulässig
sein trana unmittelbar mit triu arbor zu vereinbaren, insofern
der begrif der treue auch den der festigkeit enthält, baum aber,
wie oben gezeigt wurde, dasjenige ist womit man baut[1]; man
sagt baumstark, baumfest, halten wir zu bliggvan blaggv den
unmittelbar verwandten lat. laut, was könnte deutlicher sein,
als dasz ihm fligere und flagellum entspreche, also auch hier
die gutturalis kennbar werde, diesmal kein C sondern G, wie
auch anderwärts.

Mit bliggvan blaggv, pliuwan plou zusammenhängen musz [203]
das ahd. adj. plao coeruleus, lividus, flavus, gerade wie lividus
den begrif schwarzblauer bleifarbe gewährt, die bei schlägen
und quetschungen aus unterlaufnem blut erscheint (color ex
pallido nigrescens, qualem in contusis partibus videre est), was
in unserm alten recht 'braun und blau schlagen' heiszt. lautete
das goth. adj. blaggvs? ahd. hat sich plau plao in plào gen.
plàwes gewandelt, mhd. blà blàwes, nhd. blau; altn. blàr,
schwed. blà, dän. blaa. die ags. form blàc ater, niger[2] zeigt
uns wieder den gutturallaut, und auch ahd. erscheint noch plah
oder placha atramentum, plachorn atramentarium (Graff 3, 242).
nun fragt sich weiter, ob das ags. bleo, bleoh color, alts. bli
color, bli coloreus (Diut. 2, 102b 193a) und ahd. pli pliwes
plumbum, nhd. blei, altn. bly eingelassen werden dürfen in die
verwandtschaft? das metall hat von seiner farbe den namen.
aber selbst lat. flavus (f. flagvus) und lividus (f. flividus, flig-
vidus?) dürfen anspruch erheben, schon von Pott 1, 120 ist
lividus zu plào gestellt worden; wegen plumbum wage ich nicht
zu entscheiden. doch wird, wenn diese vergleichungen gewähr
finden, anzunehmen sein, dasz nicht plào aus pliuwan, lividus
aus fligere, sondern umgedreht das verbum aus dem im nomen
enthaltnen begrif der farbe erwachsen sei, folglich pliuwan,
bleuen eigentlich blau schlagen ausdrücke.

Frigg neben Freyja, wie ags. ige igge neben ahd. ouwa,
musz jetzt in neuem lichte da stehn. auch die mythen vermengen beide göttinnen, deren namen sich so nahe liegen wie
die von Juno und Diana.

---

[1] hierzu würde selbst δράξ und δράσσομαι δέδραγμαι δράγμα mit den vorstellungen des festhaltens, fassens und arbeitens stimmen.

[2] unterschieden von blàc pallidus, engl. bleak, abd. pleih, nhd. bleich.

Auf einer und derselben reihe mit bliggva und triggvs
finden sich aber nicht blosz aggvus, glaggvus und die vermuteten daggvus, þaggvus, blaggvs, sondern noch andere theils bei
Ulf. vorräthige, theils aus der analogie ahd. und ags. formen
sicher zu entnehmende verba, bei welchen auf jede kleine verschiedenheit zu achten wichtig wird, weil sie unmittelbar in die
ablaute der conjugation greifen kann.

Vor allem gehört hierher das goth. siggva recito, cano,
dem zur seite sich kein ahd. siuwu (wie zu bliggva pliuwu),
vielmehr (wie neben aggvus engi) unmittelbar singu, ags. singe,
altn. sýng stellt, einhellig mit N laut.

Wie nun goth. bliggvan blaggv bluggvun nach der ersten
reihe sehen wir auch siggvau saggv suggvun und ahd. singan
204 sang sungun conjugieren, während ahd. pliuwan plou pluwun
in die fünfte ausweicht; eigenthümlich hat die nord. mundart
neben dem N in sŷnzja den diphthong Ŷ = ahd. IU, und bildet
dennoch das praet. nicht saug, sondern nach fünfter reihe saung;
beim schwed. sjunga schwankt der ablaut, es ist beides nach
fünfter söng, nach erster sång statthaft; dän. nur siunge söng.
sichtbar wären das goth. bliggvu, ahd. pliuwu, das goth. blaggv,
ahd. plou ursprünglich eins und dasselbe, der vocalwechsel hat
sie aber in verschiedne conjugatiouen gerückt, und es kann
nicht verwundern, dasz ein goth. bauan hauan zur reduplication
haibô haihô schreiten, die durch altn. bió hió, wie ahd. hîu erwiesen ist. auszer siggvan und singau besteht aber mit ab-
weichendem sinn ein diphthongisches goth. siujan sivida, ahd.
siuwan sûta = lat. suere nere; wie wenn zwischen siggvan und
siujan nahe verwandtschaft waltete? die formen ständen beinahe wie bei triggvs und triu, trauan*. suere ist nectere, li-
gare; dichten und lesen war dem alterthum die rede binden,
die stäbe der rede sammeln; das bewähren noch viele anwendungen des mhd. sprachgebrauchs, z. b. auch snûeren (auf die
schnur reihen) galt vom geschäft des dichters: rihten und
snûeren Erael. vorr. 132; der ez unrehte maz, sô snûer ich
gern ein anderz baz Fuozesbr. am schlusz seiner kindheit
Jesu; wie oft wird vom knoten des gedichts, vom entbinden
der worte, lösen des hafts geredet. sanga bedeutet ahd. und

---

* vgl. hymmus zu ὑφαίνειν. Schweizer in Kuhns zeitschrift 4, 311 und Aufrecht das. 280. 281.

sange noch heute manipulus, die gehundne geleseue garbe, goth. siggvan (bei Ulf. ἀδειν und ἀναγιγνώσκειν vorlesen) wird ursprünglich den sinn von legere sammeln und lesen, dann auch von recitare vereint haben, wie dem lat. legere beide hegriffe eigen sind. nicht anders begegnen sich siujan und siggvan: die vorstellungen des lesens bindens hersagens singens dichtens rinnen zusammen. ich stelle dahin ob nicht das in der üblichen formel 'singen und sagen' beigesellte sagen, das in goth. zunge noch nicht erscheint[1], dieselbe wurzel hekenne (wie lat. frangere infringere zu fragor gehört)[2]. unangemerkt bleiben darf hier aber nicht, dasz aus siujan siuwan das subst. ahd. soum, nhd. saum, 208 gr. σάγμα (also auch goth. sagms wie hagms) ahzuleiten sei und mit seiner zweifachen hedeutung von sutura und onus, ✸ lat. sarcina von sarcio, rupta scissa reficio herstammt, sarte genäbt, geflickt, integre ausdrückte. der hündel ist zugleich das zusammengebundne und die getragne last. darum musz auch das durch alle sprachen ziehende saccus, σάκκος, ags. sacc, ahd. sacch, sag (Graff 6, 73) secchil pera, uns für unerhorgt gelten, da es sich deutlich zu siuwan und soum stellt und die wurzelhafte gutturalis laut bezeugt.

Auf einer linie stehn die ahd. starken verba pliuwan, priuwan, hriuwan, chiuwan; ich behaupte dasz auch für die drei letzten gothische IGGV AGGV angenommen werden dürfeu.

Durch die meisten deutschen sprachen reicht ein wort für die bierbereitung, nhd. hrauen, mhd. briuwen, nnl. brouwen, ahd. priuwan, ags. hreovan, engl. hrew, altn. brugga, schwed. brygga, dän. brygge. schon die Gothen werden, mit der sache, den ausdruck gehabt haben, mochte er ihnen hrauan oder wahrscheinlicher lauten hriggvan braggv. das G wird auch in diesem beispiel bestärkt durch urverwandtes C, Plinius sagt 18, 7: Galliae quoque suum genus farris dedere, quod illic bracc vocant, nos sandalam nitidissimi grani; aus solchem getraide nemlich wurde das malz bereitet, welches den Irländern noch heute

---

[1] gleichwol war den Gothen sajo nnncins (ags. secga) bekannt, wie die lex Visigothorum nnd des Cassiodorus variae zeigen, vgl. rechtsalt. s. 765.

[2] schwer fällt es den begrif von sengen, abd. sengan, senkan (ustulare concremare) (Graff 6, 257 mit singen zu vereinen; ist anf das geräusch, das knistern der flamme dabei geachtet? mbd. gilt sungeln von funken nnd Wolfram verbindet Para. 104, 3 snngeln nnd singen in diesem sinn. man erwäge die bedentungen von αἴθω nnd σίγμα.

J. GRIMM, KL. SCHRIFTEN. III.   9

braich heiszt, im mittelalter allgemein brace bracium hiesz, so
wie bierbrauen bracsare braxare, Ducange hat unter brace belege gehäuft. und nun verstehn wir den zusammenhang zwischen brauen und braxare, den Graff 3, 316 ahnte, nicht darzulegen vermochte: brauen verhält sich zu bracium wie bauan
zu facere facilis, briuwen zu briggvan; die nord. form hat GG
überall gehegt. freilich die mangelnde lautverschiebung läszt
schlieszen, dasz, so früh es unter uns einkehrte, das wort doch
aus der fremde zugeführt ward.

Statt hriuwan hat die goth. sprache einen andern gänzlich
unverwandten ausdruck idreigòn, wozu das altn. iđraz stimmt.
iđraz stammt her von iđr intestina viscera, idreigòn setzt ein
goth. subst. iđr voraus, von dem ich ein adj. idreigs und das
verb. idreigòn leite. die bedeutung ist eigentlich σπλαγχνίζεσθαι,
visceribus commoveri, was hier auf den begrif der reue gewandt
wird, eben wie die Schweden dafür ångra, die Dänen angre
sagen, angst und trauer empfinden. gleichen sinn musz nun
das andrer wurzel zufallende ahd. hriuwan, ags. hreovan, alts.
206 hrewan, engl. rue (= rew), fries. riowa (part. rouwen) haben,
das sich in goth. hriggvan übertragen liesze. das altn. adj.
hryggr moestus, ganz wie tryggr. = goth. triggvs, ahd. triuwi,
lehrt dasz die wurzel auch in der nord. mundart vorhanden sei,
hryggja bedeutet transitiv tristitia afficere. dem buchstab nach
entspricht vollkommen hryggr dorsum, ahd. hrucki, ags. hrycg,
ich wage sogar die bedeutungen zu einigen, denn es liesze sich
auf rücke uud rückgrat, den innersten theil des leibs, wie auf
iđr viscus σπλάγγνον, die tiefe empfindung der reue zurückführen,
'die katze läuft ihm über den rücken' bedeutet er fühlt angst [*],
es könnte auch bedeuten reue. in hrucki hrucchi hrycg ist K laut
wie in sacch secchil. die ags. fortbildung hreovsian entspricht
dem ahd. hriuwisòn, mhd. riuwesen.

Ahd. chiuwan, nhd. kauen, ags. ceovan, engl. chew fordert
goth. kiggvan, kaggv; wie aber steht es um dieses wort in altn.
mundart? sie zeigt uns tyggja mandere, schwed. tugga, dän.
tygge, in welchen allen T an die stelle des K getreten ist; man

---

[*] das dir die ratt den rucken uflauf! Keiserb. brösaml. 80*. dasz ihnen die
katz den ruck hinauf lief. Götz von Berlich. 213. Simpl. s. 320. (K. 921). die
katze lauft übern buckel horresco. Serz 76ᵇ. Garg. 218ᵃ. die katze beguote mir
allgemach den rücken aufzusteigen. franz. Simpl. 1, 200. die quäle im uf dem
rucke lac. Trist. 462, 35. die reue beiszt, läuft über. gramm. 3, 528.

erwäge den schwedischen, friesischen und englischen laut der
gutturaltenuis vor I und Y, schwed. kj ist = tj und tyggja
= kyggja, das einlautende GG ganz wie in tryggr, bryggr.
nun aber wird kein bedenken obwalten, um auch ags. ceac ceace
maxilla, eugl. cheek, fries. tziake ziake sthiake keke, nnl. kaak,
ags. ceacbân mandibula, eugl. cheekbone, altn. kiammi maxilla
der wurzel kiggvan kaggv zu überliefern; das auslautende K in
ceac cheek kaak wieder wie in sacch und brucchi. ahd. aber
wird ohne kehllaut gebildet chiwa chewa branchia, mandibula,
mhd. kiewe kewe, nhd. kiefer (vgl. mit kieme), nnl. kieuw
branchiae und ein verbum chewan clamare, vocare (Graff 4, 534)
gleichsam aus der kehle stoszen, ags. cigan (wie ige : ouwa).
aus fremden sprachen sei das ir. cagnajm cognajm kauen und
das böhm. żweykati żwykati żwáti als zunächst verwandt angeführt, denn die Slaven lassen ihr ż, goth. K, ahd. CH, ihr Z
hingegen goth. G, ahd. K vertreten. verwandt dieser wurzel
scheinen nicht nur ahd. chĕla, nhd. kehle, lat. gula, sondern
selbst guttur.

Von dem anlaut KI in kiggvan chiuwan unterscheide man
KVI im goth. qius gen. qivis, ahd. quĕc quĕcch chĕg, nhd.
keck, ags. cvic, altn. qvikr, litth. gywas, böhm. żiwy, gr. ζωός,
lat. vivus, skr. g'îva, aus einer der verbreitetsten wurzeln. gaqiunan reviviscere, gebildet wie infeinan, uskeinan von fijan,
kijan. hat das goth. qius qivis (= kvius kvivis) zweimal V,
deren erstes in der wurzel haftet, das zweite aus dem U der
ableitung rührt, so mangelt ihm dagegen die ausgestoszne zweite 207
gutturalis; das nhd. keck zeigt beide kehllaute und hat beide V
getilgt, gerade umgedreht das lat. vivus beide V behauptet und
beidemal die gutturalis verloren, wie in uter ubi für cuter cubi,
oder in vermis für quermis. das goth. qius wäre demnach zu
vervollständigen in qigus qigvis (= kvigus kvigvis) wie þius
in þigus, das lat. vivus dagegen in guiguus; im praet. vixi
(= vicsi) bricht die gutturalis vor wie in rexi dixi von rego
dico[1]. da auszer dem adj. und dem altn. qvîgr vitulus (f. cvi-
tulus) qvîga junix (f. juvenix)[2] uusre sprache nichts von der

---

[1] noch deutlicher ist das franz. vecut = vixit, während in suivre suivit das
V überall haftet, wie in sequi secutus überall die gutturalis.

[2] nicht anders gleicht ags. cvicbeám, lebensbaum, wacbolder dem lat. juniperus f. juveniperus, verjüngender baum.

wurzel behalten hat, so gehe ich auf ihre reichere entwickelung in den urverwandten nicht ein.

Ahd. spriu palea pl. spriuwir, mhd. spriu (Walth. 18, 8) nhd. spreu, mit verändertem neutralen in weibliches geschlecht, ein allen übrigen dialecten abgehendes wort, das sich in goth. spriu sprivis oder spriggv spriggvis übersetzen liesze. merkwürdig steht ihm aber eine andere ahd. gutturalform zur seite sprachulla siliqua, quisquiliae, ramentum, womit ich ags. sprēc sarmeutum, altn. sprēk ramentum, und das niederdeutsche sprok, sprokware späne, äste, schnitzel zusammenhalten darf. und das thut alles meiner alten mutmaszung vorschub (gramm. 2, 27) dasz unser sprechen, ahd. sprēchan, ags. sprēcan, ahd. sprācha, ags. sprēc sermo ursprünglich vom begrif des schneidens und theilens ausgehe (singen vou dem des bindens vgl. s. 204), allmälich auf das spalten und zerlegen der worte im reden angewandt worden sei; den Gothen gebricht sprikan oder spriggvan in solchem sinn völlig.

Wol aber steht dem goth. stiggan pungere (Matth. 5, 29 usstigg f. usstagg zu lesen) ahd. stingan pungere, stingan stimulare (Graff 6, 692) ein stikan figere, ahd. stēchan praet. stah (Graff 6, 627) zur seite, von diesem stammen goth. stiks στιγμή, ahd. stachel aculeus, von jenem ahd. stanga vectis, contus. unterschieden und doch verwandt scheint das goth. stigqau stagq ruere. diphthongische formen kommen hier nirgends vor.

Goth. vraiqs σκολιός, ags. vrence obliquus, tortus, und davon vrence fraus dolus, vrincle ruga; das verbum lautet alts. wringan torquere, ahd. ringan (Graff 2, 528) uhd. rank, ränke fraus; auf ein goth. vriggan führt vruggô παγίς, weil zur schlinge ein holz oder strick gedreht ist. ohne gutturalis erscheint das engl. wry tortus.

Mhd. nhd. links musz mit λαιός laevus nah verwandt sein. dem goth. drigkan, ahd. trinhan, altn. drecka weisz ich jetzt die wurzel nicht nach zu weisen, doch darf sie auf demselben wege gesucht werden.

Triu und qius mahnen an kniu, genu γόνυ, skr. gânu, wozu sich ags. cnucl articulus condylus nodus, nhd. knöchel, folglich das der ahd. sprache fremde mhd. nhd. knoche, os ossis stellen. kniu, ahd. chnio, mhd. nhd. knie, gen. knivis[1], chnio-

---

[1] ein goth. könig bei Iornandes cap. 18. 22 hiesz Cniva oder Cnivida.

wes, kniewes wiesen also auf ein volleres knigu, und das gr.
γνύξ auf γνύχω, weil πύξ δάξ λάξ auf πύχω δάχω λάχω, wovon
noch πύχα πυχνός πύχτης δάχνω λαχτίζω übrig sind. knoche mag
eigentlich weniger beim als gelenk bedeutet haben. den allzu-
weit führenden zusammenhang zwischen kniu kuni kan genus
gigno gnosco nosco novi gnavus gnarus ahd. chnàhu, ags. cnâve,
engl. know knew lasse ich hier billig unerörtert[1].

Spröde scheinen die goth. wurzeln divan mori und snivan
se convertere, die, wie schon gesagt wurde, ihr IV im praes.
festhalten, nicht in IU erweichen, dagegen im praet. dau, snau
pl. divum snivum bilden, also völlig wie ahd. pliuwan plou,
chiuwan chou der fünften reihe folgen, kein IGGV entfalten.
dem praet. dau entstammt das schwachförmige dòjan, afdòjan
(nicht daujan, afdaujan) praet. dauida, wie ahd. touwan tòta,
nhd. tôuwen tôte gesagt wird. die altn. form deyja (färöisch
dojggja) mori verhält sich wie Freyja und ey eyjar zu ahd.
touwan, frouwa und ouwa, zeugt aber ein praet. vierter reihe
dô dôum, was ich jenem goth. dòjan, tòjis und stòjan neben
taujan, stauida vergleiche. das subst. dauþus mors, ahd. tôt,
ags. deád, altn. daudr ist wie nauþs necessitas, ahd. nòt, ags.
neád, altn. naudr zu betrachten. allen diesen bildungen weisz
ich aber keine ausgefallne gutturalis nach zu weisen, auch in
den urverwandten sprachen nicht;· nahe verwandtschaft mit
θανεῖν, θάνατος, θνήσχω kann nicht bezweifelt werden[2]. doch
mit der wurzel, zu welcher dags dies, dòn facere und anderes ²⁰⁹
oben besprochne gebören, haben sie nichts gemein; divan und
dauþus sind lautverschoben, dags und dòn nicht.

Snivan ist altn. snûa vertere, flectere, dessen praes. sný
völlig dem bý habito von bûa gleicht; das praet. aber hat kein
snid, sondern schwachformiges sneri, wie gròa, sôa greri, seri
erhalten. mir scheint, dasz ahd. sneccho, mhd. snecke, ags.
snägel snegel, engl. snail limax diese wurzel bekennen, und von
dem sich windenden drehenden kriechenden oder dem gewun-
denen haus so geheiszen sind. auch das goth. snaga snagins

---

[1] das ableitende U in kniu triu berechtigt aber anzunehmen, dasz diese substantiva, so wie das masc. þins und das adj. qius, ursprünglich der dritten declination angehörten, d. h. völlig wie faihu, magus, hardus flectiert wurden, allmälich in die erste declination übertraten. den beweis liefert das lat. genu,
welches ganz wie cornu geht.

[2] anders GDS. 404. denn θνήσχω ist nicht tödie, sondern sterbe.

vestis könnte davon genannt sein, dasz es sich um den leib windet. GG zeigt altn. snöggr agilis citus, comp. snöggvari. ohne zweifel führen sich goth. sniumjan properare, sniumundô festinanter, ahd. alts. sniumo cito, altn. snemma mane auf snivan zurück; mit bloszem übergang des SN in SL gilt ahd. sliumo, slinno, woraus das mhd. sliunic, nhd. schleunig zu erklären ist. auch ahd. snel citus, nhd. sniallr und snarr celer werden sich derselben wurzel nicht entziehen.

Ein ähnliches altn. verbum nûa praet. ueri, terere, fricare scheint das ahd. nûau, nouwan tundere, praet. niu (wie hiu cecîdi) part. nouwan; und ich möchte ihm das goth. bnauan fricare, conterere unmittelbar vergleichen, dessen praet. kaum bnauaida, sondern wahrscheinlich lautete baibnau baibnô. die Slaven besitzen eine mit MN anhebende form, die ich unsrer deutschen für verwandt halte: böhm. mnauti, poln. miąć mnę, russ. mjati terere, conterere.

Ahd. sû gen. sûwi, mhd. sû geu. siuwe, nhd. sau; ahd. sûwili, sûili sucula; ags. sugu gen. suges, engl. sow; altn. sýr scrofa nach Biörn neutrum, wie dann der genitiv? lat. sus suis, gr. σῦς συός und ὗς ὑός. das C des lat. sucula suculus wie bucula buculus scheint der ableitung nicht der wurzel, vgl. ovicula avicula, obschon man cquulus hoedulus sagte; das G der ags. form möchte ich·der wurzel aneignen, die sich von selbst darböte, wenn zu weisen wäre, dasz unter sû ursprünglich die säugende scrofa oder das saugende ferkel gemeint sei. Ulfilas überliefert für χοῖρος blosz svein, das von su gebildet, wie von þu þeins f. þveins, eigentlich also suillum ausdrückt[1], und dem ahd. suîn, altn. svîn, fries. swin, nhd. schwein entspricht, uns auch mit den Slaven gemein ist, altsl. svinija, russ. svinja, böhm. swiné. mit der ablautenden form scheint aber aus svein svîn entsprungen ahd. suein συβώτης, ags. svân, alts. suên, das goth. svains zu lauten hätte, und schon frühe die allgemeine edlere bedeutung famulus puer juvenis annahm. das skr. sûkara schwein wird erklärt sû-kara zeugend, τεκνοποιός (Pott 1, 215) weil es ein fruchtbares thier sei: sue enim nihil genuit natura foecundius. Cic. de N. D. 2, 64; doch da die begriffe gebären und säugen, same und saft succus einander

---

[1] vgl. gaitein, falls es Luc. 15, 29 neutrum und nicht der acc. fem. von gaitei.

nnfern liegen, könnte die abkunft von sûgan sugere damit be-
stehn, sumen bedeutet uber, zumal uber suillum und entspringt
aus sugmen sugimen, vgl. goth. suqns στόμαχος und suqôn ἀρτύειν
würzen, wie jenes altn. sýr, dessen R an das in sûkara mahnt,
auszer scrofa auch obsonii genus bezeichnet. auch finnisch bedeutet sika, estnisch sigga sus.

Altn. geht geyja praet. gô latrare wie deyja dô, hochdeutsch
wird dafür gouwen gesagt, wovon das nhd. gautzen abgeleitet
ist. gaud latratus wurde schou oben s. 189 angeführt.

Gleich taujan tavida flectiert goth. straujan stravida, ahd.
strewan strewita, mhd. ströwen stroute, nhd. streucu, ags. stra-
vian, engl. strew, altn. strà, davon rührt ahd. strô strao, mhd.
strô, nhd. stroh, ags. streá, engl. straw, altn. strà; dann aber
ahd. stroum, nicht allein torrens, sondern auch rudens scil
(Graff 6, 754), mhd. stroum torrens, nhd. strom, ags. streám,
altn. straumr cursus aquarum, die goth. form würde stragms
(wie bagms poum) lauten. die begriffe torrens und rudens vermitteln sich in dem des spreitens und auswerfens, wie sich der
strom durch die gegend spreitet, wird das schifseil ausgeworfen,
Iornandes meldet cap. 49, dasz die wehklagenden Hunnen über
Attilas grabhügel strava begangen hätten (postquam talibus la-
mentis est defletus, stravam super tumulum ejus, quam appel-
lant ipsi, ingenti commessatione concelebrant) und Lindenbrog
s. 159 führt dabei eine scholie zu Statius Theb. 12, 64 an: exu-
viis hostium exstruebatur regibus mortuis pyra, quem ritum se-
pulturae hodie quoque barbari servare dicuntur, quem strabas
dicunt lingua sua; es ist das aufgeschüttete σῆμα gemeint, dessen
ich RA. s. 677 gedenke, wovon bei andrer gelegenheit ausführlicher gehandelt werden soll; der name ist aus straujan stravida
zu deuten, und meint das auf dem hügel errichtete, aufgestellte
gerüste, eine streu, wenn man will ein bette (lectisternium). zu
straujan rechne ich nicht allein das lat. struere struxi, und
strues (acervus, rogus jenes strava) sondern auch sternere stravi
stratum und strages ruina, casus, aber jenem strues ähnlich; an
das slav. streti, stroiti, böhm. strogiti ist expandere, strom arbor,
lignum, materia (vorhin s. 191); das G in strages wie in fruges
fructus von frnor f. frugor (vgl. goth. brukja und bruks) zu
nehmen. sterno stravi vergleicht sich mit sperno sprevi, cerno
crevi und ist gr. στόρνυμι στορέννυμι στρώννυμι, skr. strinâmi stri-

nômi; στρατός lager, στρῶμα streu, bett[1]. stramen ist die aus-
gestreute spreu, in der form jenem stragms, ström, in der bedeutung unserm strô, strä ´zuunächst stehend, und aus stragmen
erklärbar, wie fragmen aus frango, so dasz auch strango, stringo
anrühren könnte, wie unser strang funis, und strecken, ahd.
strecchan tendere, sternere. strecchan verhält sich zu strewan
wie sneccho zu snivan, brucchi zu hriuwan.

Das verhalten zwischen triggvs und triu treu, zwischen
bliggvan und pliuwan, bleuen, ἀνάγκη und noru kaun recht erläutert werden durch das lat. pinguis gegenüber gr. πίων πῖος
oder παρός und pinguedo gegenüber πῖαρ. παρός lautet im skr.
pívara, und wie pinguis lehrt, ist in allen übrigen formen nach
dem pi der kehllaut weggefallen. die ahd. form ist feizit, nhd.
feist, die altn. feitr, ags. fæt, engl. fat, die gutturalis hat man
nach ahd. altn. fe zu suchen, so dasz der diphth. EI eben erst
durch die syncope entsprang. die lingualis stammt (wie im gr.
πότης pinguedo) aus der ableitung, nicht der wurzel. wenn
eine vermutung (bei Benfey 2, 67) grund hat, und harz dem
fett gleichsteht, so zeigen die wörter pix picis und πεύκη vgl.
mit πίτυς[*], pinus, abd. fiehta, nhd. fichte, dasz lat. und gr. K,
ahd. H (vor T statt G) ausgesprungen war.

Ueberhaupt scheint das griech. organ leichter zu dem aus-
wurf als das lateinische geneigt. πῶυ steht für πόκυ πέκυ (vgl.
πόκος πέκος wolle) welchem lat. pecu oder pecus entspricht;
goth. faihu, ahd. fihu, ags. feoh, altn. fie, fè. litth. piemű, pie-
menatis hirte, viehjunge, gr. ποιμήν. wie lat. decus dignus,
steht dem pecus zur seite pignus (das verpfändete vieh).

In der zahl δέκα und decem, ir. deich haftet die gutturalis,
wozu sich goth. taihun, ahd. zehan, nhd. zehn fügt; dem ags.
týn oder teon, engl. ten, dem altn. tiu ist sie entwichen. litth.
deszimt', slav. deset, skr. dashan, mit lingualem einschritt.

312   Bei der neunzahl gebricht der kehllaut fast allenthalben:
goth. niun, ahd. niun, nhd. neun, altn. niu, ir. noi, skr. navan,
lat. novem, gr. ἐννέα (litth. dewyni, slav. dewjat, dewět, nach
Bopps einleuchtender bemerkung für newyni, newjat, und preusz.
newints — nonus), nur die ags. form gewährt nigon novem und
nigoda nonns (— novenus), die alts. nigun, nigundo, und noch

---

[1] vgl. ζυγόν ζεῦγμα von ζώννυμι ζεύγνυμι.
[*] aus πίτυς für πίκτυς, Kuhn bei Höfer 1, 290.

heute negen, negende, die färöische nuiggju, die fries. niugun
nigun. dies alles liesze auch auf ein goth. naihun oder nigun
rathen, doch wie wären navan und novem zu ergänzen? man
hat längst erkannt, dasz mit der neunzahl der begrif des neuen
eng zusammenhänge, sei es dasz im alterthum heim zählen mit
neun neu angehoben oder ein üblicher neuntheiliger abschnitt,
wie die röm. nundinae, die vorstellung des neuen begründete:
so heiszt neu im skr. navas, lat. novus, gr. νέος, litth. naujas,
preusz. nauns, slav. nowy, goth. niujis, ahd. niuwi, mhd. niuwe,
alts. niwi und nigi, ags. nive, neove, in zusammensetzungen niv-
und nig-, engl. new, altn. nýr, färöisch nuiggjur. gilt nun die
analogie von avi ouwa ige, von aus ovis ὄις agnus, von avis
οἰωνός, von saihva und siuns, von pivara und pinguis; so wird
auch für niujis ein älteres nigujis (wie für pinjôs, maujôs þigu-
jôs magujôs) für niun nigun zu folgern sein, für navas navan
naevas naevan oder nagvas nagvan. wider niun = nigun (wie
qiunan f. qigunan, piunta f. pigunta, junda f. jugunda) dürfen
wir uns um so minder sträuben, als auch ains[1], unus, εἷς (vgl.
οἶος solus) ir. aon ean auf das skr. ὲka, zend. aêva (Bopp s. 428)
zurückführen, die gutturalis aber durch das finn. yxi ybden,
estn. uks fühbe ungr. egy edgy bestätigt wird. wie nahe ἑκάτερος
und ἕκαστος der grundform liegen hat Bopp auseinandergesetzt.
das slav. jedin, welchem er das skr. ἀdi primus vergleicht, vertauscht D mit G, wie goth. bagms altn. zu badmr wird, und
ags. nig novus, ir. nuadh, welsh neuydh lautet.

Hier zeigten unus und estn. uks in der wurzel U für A.
unus aber scheint aus oenus, wie munire aus moene moenia,
communis aus commoenus zunächst entsprungen, womit sich
gotb. AI in ains und gamains vollkommen einigt. doch das
verbalten des A zu U fordert auch in andern formen rücksicht,
vielleicht darf jenes ahd. sugil suhil nicht allzuschnell in sagil
sabil gewandelt werden. der goth. comp. juhiza junior ist vom
einfacheren pos. juhs oder juhis herzuleiten, statt dessen sich **218**
nachher ein erweitertes juggs geltend machte, das im ahd. junc,
comp. junkiro, ags. geong geongra, altn. ùngr yngri festeren
fusz faszte, und sich beinahe wie siggvan bliggvan zu der einfachen form verhält. diese aber lebt in dem goth. subst. junda

[1] vgl. sainjan tardare mit ahd. seini tardus, ags. sæne, lat. segnis, und den
flusznamen Main Moenus mit dem ältern Mogan, wovon Moguntia.

f. juhnda, ahd. jugud, ags. geogud, welches H und G wiederum glaublich machen, dasz lat. juvenis juventus juvencus aus jugueuis juguentus, juguencus entsprangen, der comp. junior und junix vitula, juniperus = ags. cvicbeám (s. 207) gleichen dem goth. junda, während juventa das V festhielt. wie junior stehen das altslav. junii und litth. jaunas = juvenis. auch der skr. comp. javijas, dessen AV wie in aus avais ovis, navan novem, entfernt sich von dem positiv juvan, dem nicht die bedeutung juvenis, sondern bonus pulcher zukommt; die lat. jubar, juvo, juvare, Jovis und Juno = Jovino lieszen sogar zusammenhang mit djaus coelum, Ζεύς und deus annehmen.

Gewöhnlich leitet uns die prüfung dieser lautverhältnisse auf ablautende verba erster reihe (wie bliggvan, siggvan) oder zweiter (wie saihvan) und fünfter (wie snivan, divan); am seltensten kommt die vierte in betracht, doch wurde þivi auf þeihan zurückzuführen versucht. sehr merkwürdig ist ein andres verbum dieser reihe, das goth. hneivan hnaiv hnivun inclinari, wovon das transitivum hnaivjan inclinare und das adj. hnaivs ταπεινός humilis abstammt: hier hat die goth. form blosz V, kein G entfaltet, das alle übrigen dialecte aufweisen: ahd. hnigan hneic hnigun, mhd. nígen neic nigen, altn. hniga hné hnigu, ganz wie ahd. stígan steic stigun scandere, welchem goth. steigan staig stigun zur seite steht. aus ahd. hnigan entsprieszt aber weiter hnicchan deprimere, mhd. nicken und noch heute besitzen wir auszer neigen das verbum nicken mit der bedeutung von nutare, d. i. inclinatione significare. zu den deutschen wörtern vergleichen sich mehrere griechische und lateinische. einmal das gr. νίκη victoria und νικάω vinco, welches Bopp (vgl. gramm. 728) zu νέκυς gestellt hat; sollte es nicht jenem ahd. hnicchan deprimere, prosternere entsprechen? dann das lat. niveo und conniveo, welchem ein gutturallaut ausgefallen scheint, wie das praet. nixi, connixi ausweist; connivere aber bedeutet oculos claudere, inclinare, folglich nicken [1], wofür die ältere sprache auch nígen setzt, vgl. lachen und nígen Iw. 391, in den schwedischen volksliedern begegnet oft: henne med ögonen neg (1, 52), henue med vreda ögon neg (1, 97). nivere grenzt also an nuere, innuere, gr. νεύειν, und da die gottheit

²¹⁴ appears in margin.

---

[1] transitiv bei Properz V. 7, 23: at mihi non oculos quisquam inclinavit eunte..

mit den augen winkt oder nickt (deutsche myth. s. 299), darf
auch nutare für nuctare und νεῦμα, numen für nucmen (wie
lumen für lucmen) genommen werden, nur fehlt den gr. und
lat. wörtern der gutturalanlaut, wie er sich in κλίνω und clino,
inclino und in clivus, declivis, proclivis = humilis findet, und
das altfranz. clignor bedeutet wiederum connivere. doch ich
lasse die möglichkeit eines übergangs zwischen CL und CN
(vgl. SL und SN in sliumo sniuno) dahingestellt; mir genügt
es nachgewiesen zu haben, dasz das goth. hneivan aus hneigvan
oder hnigvan entspringe, gerade wie auch snaivs, ahd. snéo hervorgegangen scheint aus snaigvs, was das slav. snjegas und lat.
nix nivis (vgl. νίφω νίψω und νιφάς) bestätigen, in welchen sich
X und V verhalten wie in niveo nixi und vivo vixi.

Ich will aber noch an äuszerst dunkel gebliebene formen
die hand legen. Bopp hat alle pronominalstämme, zumal die
persönlichen mit so eindringendem fleisz und scharfsinn untersucht, dasz es schwer halten wird ihn zu überbieten, noch
schwerer zu widerlegen. gleichwol bekenne ich mich mit seiner
ansicht von den goth. ugkis, uusis, iggqis, izvis uneinverstanden.
ihre GK, NS, GGQ, IZV sollen, mit allem verschiedenen sinn,
samt und sonders aus einem und demselben sanskritsuffix SMA
entspringen, dergestalt dasz in allen nichts als das U oder I
zur wurzel gehöre. wer die deutschen sprachen blosz für sich
betrachtet (was seine nachtheile hat aber auch vortheile), würde
stein und bein darauf schwören, dasz sich die acc. pl. uns,
hans, ins, þrins verhalten wie in sununs, dagans, balgins, dasz
die bisheute haftende form 'uns' eine uralte flexion verbürge,
während sununs längst in suni söhne geschwächt erscheint, zumal die veis und jus zu balgeis und sunjus treffen; nicht anders
stehen die lat. acc. nos vos eos illos ambos duos filios in gleicher
eintracht, es hat sich einzelnes verrückt und verwechselt. nach
Bopps dafürhalten (vgl. gramm. s. 201) sind die deutschen dual
und pluralformen ursprünglich eins und nur durch den sprachgebrauch jenem oder diesem überwiesen. den ahd. pl. iwar iu
iwih dem goth. izvara izvis gegenüber legt er so aus, dasz ahd.
-wa -wi = goth. -zva -zvi der wurzel fremd seien, doch im ahd.
dat. u, wie im goth. nom. jus das U der wurzel stecke. mir,
unter dem gesichtspunct meiner jetzigen untersuchung, musz zu
allererst das verhalten des goth. iggqara iggqis zu ahd. iuwar
und iu auffallen. genug beispiele haben sie uns nicht der goth.

³¹⁵ neiguug zu IGGV der ahd. zu IUW versichert? iggqara und
inwar scheinen sich also zu verhalten wie bliggvan und pliuwan. allerdings zeigt iggqara nicht genaues GGV, sondern
härteres GGQ, und das musz gute ursache haben, da in allen
übrigen dialecten NK oder KK waltet; es mag aus dem hohen
alter der dualform zu erklären sein, die noch über die zeit hin-
ausreicht, wo lautverschiebung begann, das K¹ also dem lat. C
in facio oder necis gleichstand, und die tenuis war der syncope
unterworfen, wie später die media². auszerdem sahen wir K
und KK in mecg secg cvic sacch hrucchi neben der media G
durch andere gründe hervorgerufen. die erweiterte form GK
GGQ in ugk iggq scheint also von dem sprachgeist auserlesen
um die dualform zu bezeichnen, und in den pluralen uns und
izvis musz nothwendig dieselbe wurzel walten; über izvis hoffe
ich gleich -nachher auskunft zu ertheilen, schwieriger bleibt das
NS in unsara unsis uns, dessen accusativischen character ich
ungern fahren lassen möchte: mich dünkt er ist unorganisch
auch auf den gen. und dat. erstreckt worden. doch ist es mir
hier um die bedeutung von uns weniger zu thun, und hauptsächlich an dem verhalten von IGGQ zu IU in der zweiten
person gelegen. gleich den Gothen unterscheiden die Altsachsen
und Angelsachsen duales inkar ink, incer inc von pluralem inwar
iu iuwik, eover eov eovic, welche sich gegenüber stehn wie
singan und siuwan, wie nigon novem und neove novus. auch
die ahd. mundart musz früherhin die duale unchar unch, inchar
inch den pluralen unsar uns iuwar iu iuwih zur seite gestellt
haben. jetzt begegnet uns das einzige unkar zueio bei Otfried
III 22, 32 fast niederdeutsch anklingend, zumal er cap. 31 des
vierten buchs im gespräch der beiden schächer, wo der dual
an rechter stelle gewesen wäre, nur die plurale wir und uns
verwendet. reinlich aber scheidet die altn. sprache ihre duale
ockr = ugkara und yckr = iggqara von den pluralen ossar
= unsara, yðar = izvara; die neunordischen mundarten, dem
dual entsagend, haben blosz die pluralformen oss und eder be-

---

¹ ähnliche K für G gewährten auch stingan stikan, vringan vrence vraiqa,
balgan hniechan, plâo blâe plah, sprin sprêcan spraeholla.

² die lat. defectiva ajo ait und inquam inquit scheinen sich gleich unserm
in und inc zu verhalten und die letzte form bestätigt unser ine und iggqis vollkommen. ajo ist das skr. âha dixi, goth. aika aiaik, steht also für agio aegio?
wie angeo = goth. auka aiauk.

halten; die diphthongische auflösung iuwar iu, eover eov geht also wie dem gothischen, so dem nordischen idiom gänzlich ab. [216] dieser diphthong kann nun auf doppelte art entsprungen sein, entweder aus IGU, so dasz G der wurzel gehörte, wie es sich in der erweiterung IGGQ wiederfindet, oder aus IDU, was ich sogleich bei erklärung des goth. izvara näher ausführen werde.

Bisher nemlich sind blosz fälle des zwischen zwei vocalen wegfallenden G vorgetragen, auf ähnliche weise, obgleich seltner, wird die media D erscheinen oder schwinden, und daneben in DD und ND, gerade wie dort G in GG und NG vorrücken.

Wir sahen goth. bagms in nord. badmr, ungr. egy in slav. jeden übergehn und slav. budem ero, fio musz zu neuer bestätigung der verwandtschaft zwischen baua, ahd. pim, nhd. bin, ags. beo und lat. fio fui gereichen.

Nicht anders kann nun auch das eben besprochne ahd. iu iuwar, ags. eov eover, nhd. euch euer dem altn. yðar, schwed. eder völlig gleich stehn; nemlich yðar ist die jüngere form statt der älteren volleren yðvar, die noch zuweilen auftritt z. b. Sæm. 190ª, ich bin geneigt auch der schreibung idvar (idvara vestram steht z. b. Vilkinasaga cap. 11) den vorzug zu ertheilen, weil das I der goth. und neunord. form, ja dem I der wurzel besser entspricht. idvar oder besser idvar vestrûm zeigt uns also, dasz ahd. iuwar, ags. eover aus iduar mögen hervorgegangen sein [*]; augenscheinlich ist goth. izvara dasselbe. goth. ZV pflegt sonst ahd. S zu werden (ubizva porticus, ahd. opasa, ags. efese), aus izvara hätte isara entspringen können, hier jedoch nehmen die laute andern gang. izvara steht = isvara, dieses für älteres idvara[1] oder itvara, gerade wie πίσυρες für πέτορες πίτορες, das gr. ΣΤ = goth. ZV, demnach sind sich izvara idvar iuwar eover ganz identisch. ΣΤ grenzt aber an ΣΦ in den merkwürdigen gr. formen σφῶϊ und σφεῖς σφίσι, welche aus zweiter in dritte person überlaufen, fast wie unser pl. ihr, ahd. ir, goth. jus sich berühren mag mit dem geschlechtigen pronomen is und eis ins. kaum stehen σφῶϊ σφεῖς für ἰσφῶϊ ἰσφεῖς,

[*] vgl nun GDS. 312.

[1] ungefähr wie lat. esca für edca (Bopps gloss. skr. 59ª) und das part. esus für estus edtus, wie comesus comestus und estur = editur lehren.

denn die dualform σφῶϊ, parallel dem νῶϊ, entsprungen aus dem
sg. σύ für τύ, ward in σφεῖς σφίσι auf die dritte person gezogen,
wie im goth. reflexivum seina sis sik, die nach Bopps triftiger
bemerkung (vgl. gr. s. 469. 487) für sveina svis svik gelten*,
und gleiches ursprungs scheint mir das goth. fem. si, ahd. siu
ea. wie nah stöszt σφῶϊ, der dual zweiter person, an σφωέ,
den der dritten, und man weisz dasz σφίσι für ὑμῖν, also goth.
izvis vorkommt, dem es buchstäblich gleicht, z. b. in Dolons
worten Il. 10, 398

φύξιν βουλεύουσι μετὰ σφίσι,

oder Il. 17, 443 die dualform σφῶϊ für ὑμᾶς = izvis. Bopp hält
goth. izvis zu gemutmasztem ὔσμες für ὔμμες = ὑμεῖς, und ich
denke, dasz uns die berührung zwischen σύ σφῶϊ σφίσι und izvis
freilich zuletzt aufschlusz über ὑμεῖς und ὑμῖν, die gleicher wurzel sind, wird zu wege bringen. das S in σύ für τύ, in izvara
= idvar¹ musz darum hohes alter, und das reflexive seina sis
sik mit dem pronomen zweiter person die nemliche wurzel haben.
wem diese ahnung weit über das ziel hinaus streift, der halte
sich an das ausgemachte, dasz izvara ýdar und iuwar identisch
sind. Z und D scheinen aber wurzelhaft; das schwed. dän.
eder wenn sie auch die gemeine aussprache in bloszes er zu-
sammenzieht, haben diese organische lingualis bis auf heute behauptet. ob sie auch dem goth. nom. jus, ahd. ir, altn. er ursprünglich eigen war, lasse ich dahin gestellt sein.

Die vielgestaltige, alle drei reihen der mutae durchlaufende
und doch allenthalben formverwandte vierzahl zeigt im goth.
fidvôr und fidur, was dem oskischen petur, welschen pedwar,
armorischen pevar peder, dann aber dem gr. πέτορες, das man
neben πίσυρες πέσυρες πέσσυρες (wie τέσσαρες τέττορες τέτορες)
ansetzen darf, zunächst liegt. an τέσσαρες τέτορες stöszt slav.
tshatvàr tshatur tsheturi, lett. tshetri, litth. keturi, preusz. ket-
wirts, skr. k'atvar = tshatvar, ir. ceithir, lat. qnatuor quattuor.
alle diese formen wahren ihren lingualiulaut, das armorische
pevar und das lat. ordinale quartus f. quatuortus abgerechnet,
alle deutschen, auszer der gothischen scheiden ihn aus und
lassen diphthong entspringen: ahd. fiur fior, mhd. nhd. vier,
ags. feover, engl. fire, altn. fiorir, schwed. fyra, nur dasz altn.

---

* GDS. 261.

¹ der pl. von οἶδα lautet ἴσμεν, bei Homer ἴδμεν. πίσυρες ist alte nebenform
von τέτορες, τέσσαρες. von τέτορες.

die neutralform fiögur und der geu. fiögra G statt D erscheinen
läszt. fior feover für fidur fidvôr gleicht vollkommen dem eben
erörterten iu iuwar eov eover f. ydvar ydar eder und beiderlei
formverwandlungen bestätigen sich wechselsweise; war die lingualis in fidvôr wurzelhaft, so musz sie es auch in idvar sein.
nicht übersehe man das dem T oder D folgende U, V, dessen 218
einwirkung wie in magus hagvan u. s. w. hauptsächlich die
elision der muta und die diphthongzeugung beizumessen ist.
pevar gleicht dem mavi þivi ovis novus, es gleicht aber noch
mehr dem lat. suavis für suadvis, skr. svâdu, ags. svête, engl.
sweet, ahd. suozi, goth. sutis (für svôtis), gr. ἡδύς, in welchem
wort alle deutschen sprachen den linguallaut festhalten; nicht
anders mag lat. clavis für cladvis stehn, denn unser schlüssel,
ahd. sluzil, alts. slutil und claudere, ahd. sliozan, alts. sliotan
sind dem linguallaut bürge.

Andere zahlwörter liefern für dessen ausfall noch frucht-
barere beispiele. zu goth. tvai duo wird der gen. tvaddjê duorum,
ahd. zu zuêne der geu. zueiô, altn. zu tveir tveggja (färöisch
tveiggja) gebildet. alle diese genetive sind substantivisch, ohne
den adjectivischen character (goth. -zô, ahd. -rô, altn. -ra), wie
er dem lat. -rum beider erster decl. entspricht; mit andern worten: die substantivische flexion dieser drei genitive gleicht dem
lat. gen. pl. dritter decl. nicht anders verhält es sich, wie wir
sehn werden bei der dreizahl. die drei casus untereinander verglichen leuchtet ein, dasz der goth. und nord. ausgang -jê, -ja
dem ahd. -iô gleich zu achten, in letztern mithin für die wurzel
nichts übrig sei, als die buchstaben zue; zwischen dem diphthong EI in zueiô müssen also consonantlaute ausgefallen sein,
die dem goth. DD, altn. GG in tvaddjê tveggja identisch sind,
zugleich erhellt, dasz DD und GG denselben gruud fordern,
womit die flexion nichts zu schaffen kann. da nun ferner ein
andres die einigung der zweizahl ausdrückendes goth. wort bai
lautet, und den formen tvai tvôs tva, acc. tvans tvôs tva auch
bai hôs ba, acc. bans hôs ba parallel laufen; so darf sicher angenommen werden, dasz auch ein goth. gen. baddjê amborum
gegolten habe, wie er altn. heggja == tveggja bildete. ein ahd.
peiô == zueiô scheint jedoch nicht vorhanden, weil in dieser
mundart eine der goth. nebenform hajôþs für bai entsprechende
überwiegt, welche pêdê lautet und ihren geu. adjectivisch flectirt
pêderô. dis dreizahl þreis zeigt den gen. þrijê wieder substan-

tivisch, ohne dasz DD vorbräche, wie im altn. þriggja GG,
was ein goth. þriddjê gewarten liesze; die verengte form þrijê
schlieszt sich aber dem ahd. gen. driô an. statt zueiô driô sehen
wir in spätern ahd. denkmälern die adjectivische flexion zueierô,
drierô walten. färöisch nicht allein im gen. truiggja, auch im
nom. truiggjír = altn. þrír. den Angelsachsen ist der ältere
substautivische gen. tvega bega, später der adjectivische tvegra
219 begra zuständig; in beiden ist G bewahrt, ja es pflegt noch
einige andere casus zu erfüllen, nemlich den nom. pl. masc.
tvegen begen, und im acc. findet sich tvig, analog dem nig hig
für neov beo. wahrscheinlich entsprang der ahd. mhd. pl. masc.
zuênê aus zueinê zuegenô, das goth. tveihnai hat die distributiv-
bedeutung des lat. bini und erscheint im ahd. zuinelino δίδυμος
gemellus, ist folglich von jenem cardinalen zuênê verschieden.
höchst wahrscheinlich macht mir die vergleichung des lat. ambo,
gr. ἄμφω, skr. ubhâu *, dasz unsere deutschen formen aphaeresis
erfuhren; wenn tvaddjê = duorum, baddjê = amborum, so
reichen die buchstaben ba des deutschen nur zu bo des lateinischen worts, und erst ambaddjê würde amborum decken, vgl.
biu apis, bi abhi.

Für tvaddjê baddjê hätte man ahd. zuattô pattô, umgelautet
zuettô pettô anzusetzen, oder galt mit geschwächtem vocal zuittô
pittô? mir scheint unser zwitter hermaphroditus dahin gehörig,
einer der zwei geschlechter hat, ahd. zuitarn (Graff 5, 730),
gleichsam goth. tvaddairns? denn gradeso begegnet ags. bäddel
und bäddling für einen beides geschlechts **, so dasz statt bega
früher auch bädda = baddjê gegolten haben mag. das bekannte
altvil des Ssp. 1, 4 sollte es nicht aus tvil f. tviddel zu deuten
sein? ich finde auch ein ags. adj. tväde oder tvæde duplex.

Diese zahlwörter verlassend schreite ich zu einem ihnen
höchst ähnlichen subst. vor. für den begrif ei entrathen wir
des goth. ausdrucks, den die verdeutschung des alten testaments
darbieten würde, oder selbst die von Luc. 11, 12, wäre nicht
zwischen 10, 30 und 14, 9 lücke. nach dem maszstab des ahd.
zueierô duorum und eierô ovorum, des ags. tvegra ägra darf
fast sicher auf einen goth. gen. pl. addjê, folglich den sg. addi
ovum geschlossen werden, was erwünschteste bestätigung aus

---

* litt. abbi, preusz. abbai.
** über ahd. pad hermaphroditus, Graff 3, 325. vgl. Leo rectitud. p. 19.

Busbeks nachricht empfängt, bei den iu der Krimm ansässigen nachkommen gothischer stämme habe das ei geheiszen ada [1]. in userm hochd. ei ist demnach wurzelhaft nichts als das durch i umgelautete a, und dies i gehört der flexion, so dasz ei zu vervollständigen wäre entw. adi edi oder agi egi [*], wie sich mhd. treit verdeit ergab aus treget verdeget, und für G streitet die eutwickelung der media nach dem I, da man auch eiges für eies, zueigerô für zueierô findet, wo dem bouwen für bowen, ouwe für owe, mouwe für mavi, riuwe für riwe gleicht, nur dasz hier das G der wurzel, dort das W der bildung gehörte. aber nach der altnord. form wurde noch nicht gefragt, sie lautet egg [220] = eggi oder ohne umlaut aggi genau wie tveggja beggja zu tvaddjê baddjê. der paragogische pl. des ahd. eigir, ags. ägru würde einen goth. addiza fordern, wie jener gen. zueierô ein goth. tvaddaizê. erwägen wir verwandte zungen, so trägt das ir. ugh [welsch wy, arm. vî pl. vîou, gal. ubh] dieselbe media zur schau, diphthongischen laut aber das slav. jaitze, russ. jaitzo, böhm. wegce (sprich wejze) mit diminutivendung [²]; unverkleinerte form gewährt das poln. jaje, altböhm. wage. das lett. ohla = ola entbehrt der gutturalis. deutlich elidiert ist die muta im gr. ὠόν [neugr. αὐγόν], man hat die wahl nach Hesychs ὤβεα für ὠά anzunehmen ὤϑον oder digammiertes ὤϝον [aeol. Ahrens p. 35], was den übergang zum lat. ovum erklärt, das sich ganz wie ovis ὄϊς oder wie uovus νέος; niujis neov nig gebärdet [³]. glänzenden erweis des hohen alters unsrer goth. form addi liefert aber das skr. anda mit nasallaut (Bopps gloss. 5*), N schwindet vor der lingualis, wie im ags. nêdan für goth. nauþjan, ahd. nendan, tôd für goth. tunþus, ahd. zand oder der ags. tertia pl. -ad für goth. -and; man erwäge wât und gewand vestis. ist aber das D in addi anda wurzelhaft, so musz es auch der fall sein in tvaddjê, und tvai dva duo δύω scheinen vereugte formen wie unser ei.

Den Gothen bedeutet vaddjus τεῖχος, grunduvaddjus θεμέλιον, es ist das altn. veggr wie addi egg, und dem goth. baurgsvaddjus entspricht völlig das altn. borgveggr (Sæm. 5*); die ags.

---

[1] Massmann bei Haupt 1, 361.

[*] tutiragi gl. sletst. 39, 302 = tutarci Graff 1, 60. 5, 384.

[²] zu welcher das neufriesische ayce (Epkema woordenboeck op Japicx s. 12) scheinbar, nicht wirklich stimmt, denn dies C ist K, also ayke, nhd. eichen.

[³] vgl. auch ὠχρός eigelb, luteus.

form lautet vah gen. vages *, ich bin unschlüssig über die quantität, man sollte våg erwarten wie åg ovum; oder hatte der laut
production empfangen wie im ahd. ei eig und ist våh våges zu
schreiben? seine gleichheit mit vaddjus steht fest. vaddjus hielt
ich früher zu ahd. wal walles und nahm übergang aus DD in
LL an, wie er öfter vorkommt z. b. altlat. sedda für sella, und
unser fallen scheint dem slav. paditi nah, dazu kommt die ahd.
zusammensetzung kruutwal, ags. grundveall = grunduvaddjus,
so dasz auch die altn. veggr und völlr, die ags. vah und veall,
dem sinn wie den buchstaben nach, sich verwandt lägen, fast
wie das gr. τοῖχος wand hausmauer und τεῖχος burg oder stadt-
mauer. näher liegt also vaddjus dem ahd. want gleichzusetzen,
zumal in beiden das weibliche geschlecht eintrift, während altn.
221 veggr, ags. vah männlich sind. ahd. want paries (mag es nun
unmittelbar aus windun wendun rühren oder nicht) wird sich zu
vaddjus nicht anders verhalten als skr. anda zu goth. addi. da
nun auch stand und stull', ahd. stantan und stellan = stallian
(stehu machen, statuere), vatô vatn und dän. vaud, litth. wandů,
lat. unda zueinander treten, so ergibt sich widerum die verwandtschaft zwischen vaddjus und wall, und jenes lett. ola für ovum
wird beleuchtet. auszerdem scheint bemerkenswerth, dasz dem
altn. veggr die nebenbedeutung cuneus zustehe **, welche der
ags. form veeg, engl. wedge, mhd. wegge eigen ist, und dennoch zu vaddjus einlenke, wie auch vallum zu dem begrif von
pfal in dem bekannten vieldeutigen namen der pfalmauer. eli-
siou der muta tritt aber in allen diesen formen vaddjus want
wal veggr nirgends ein; nach jenem ei und eierô hätte man auch
auf eine form wei müssen gefaszt sein.

Wie tvaddjê dem tveggja, addi dem egg entspricht goth.
daddjan lactare einem altschwed. döggia (Ihre 318), woneben
verengtes dia gilt, und auch ags. dian mag aus diendra lactan-
tium Matth. 21, 16 [gediides suxisti Luc. 11, 17, Lye s. v.] ge-
folgert werden, die ahd. wortform lautete taan (Graff 5, 282) ¹
für tâhan wie nâhan nere nähen, die slav. form ist doiti, poln.
doic, böhm. dogiti [serb. zadajati], die lettische sihdiht säugen
neben sihst saugen, litth. žinditi säugen neben žisti saugen, dies

---

* mnl. véch und veghe paries gl. zu lekensp. 681. nnl. weegluis wandlaus.
** finn. vanja, vandja cuncus. altn. Veggr n. uani. Siem. 2ʰ.
¹ taant lactaverunt Diut. 1, 523ᵇ; mhd. gedegete lactavit Diut. 1, 359. 416.
[tigen lie Mar. 198, 19. sl. djeta infans. skr. dhê lactare bibere Pott 1, 229.]

ż ist sowol dem G, wie wir s. 223 sehen, als dem D nahe, darum
gleicht żind dem anda für addi, dem want für waddjus. eine
ahd. nebenform ist aber tuzan, bei O. duzan (Graff 5, 462) das
sich mit tutto (? goth. dadda dudda, wie blaggv bluggvun) berührt, noch ein anderer synonymer ausdruck tila (Graff 5, 397)
hingegen mit gr. θηλή mamma, θῆλυς weiblich, das L wieder
wie in jenem lett. ola für addi oder iu wal für waddjus. thema
von θηλή θάω, wovon nur das aoristische θῆσαι bräuchlich [*],
nach aller lautverschiebung verwandt mit daddjan und tahan.
ein diphthong ergibt sich auch hier nicht.

Wol hat ihn das nnl. dooier vitellus ovi, neben ahd. tutiro,
alts. dodoro, ags. dudra, dydring, nhd. dotter, engl. dodder,
wofür es gewagt, aber leicht wäre ein goth. duddra zu errathen.
da die ähnlichkeit in dem begrif des säugens durch milch und
des keimens und ernährens im ei einleuchtet, so stellt sich tutiro
unmittelbar zu tutto, duddra zu daddjan, λέκιθος zu lac [1].

Ich bin versucht, den räthselhaften namen des storchs nnl.
ooievaar, mul. odevare, ahd. otibero, alts. odebero odeboro, plattd.
adebar (deutsche mythol. s. 638) in dieses lautgesetz zu ziehen,
zumal in heutigen niederdeutschen dialecten die diphthongische
form aiber, eiber, uiver und mit L für D eilber, heilbat halebat
auftaucht. ein goth. uddjabaira addjabaira zu bilden mag nicht
gewagter sein als zu deuten: trägt der storch das ei, das junge
kind, wie der volksglaube sagt, heran? solch eine zusammensetzung darf uralte laute einschlieszen und hegen.

Altnordischer mundart eigen ist ein neutrum skegg barba,
schwed. skägg, dän. skiäg, wofür in hochd. mundarten nichts
genau entsprechendes zu finden ist, nur ags. sceacg caesaries.
wäre es wieder ein goth. skaddi? das augenscheinlich verwandte
lappische skautja skauzhja barba begünstigte die vermutung.
seltsamer dünken mag eine nachweisung der wurzel. goth. skadus, ahd. skato bezeichnet umbra, in skadvjan obumbrare ahd.
scatawen wird der ableitungsvocal consonantisch (wie in siggvan
bliggvan), ausgeworfen aber das D der wurzel im ahd. scuwo,
gr. σκιά umbra, mit G vertauscht in scuginna tugurium (Graff
6, 424) altn. skuggi umbra, skyggja obumbrare, skôgr silva um-

---

[*] θῆσαι lac sugere. Athen. 3, 466.
[1] finnisch muna ovum, munan ruskainen (eiröthe) vitellus, schwed. äggegula
(eigelb), altn. eggblômi (eiblume). [ags. geolca vitellus, engl. yolk.]

brosa *. der bart könnte skaddi heiszen, weil er das kinn be-
schattet, mir fällt ein poetischer ausdruck der edda für den bart
eiu: kinnskôgr d. i. silva genarum. Sæm. 53ᵇ; mit skadus umbra
stimmt das gleichbedeutige irische sgath, [sgiath bart, sgeath
busch].

Fast zu denselben buchstaben leiten andre wörter, deren
abweichender begrif doch wesentliche verschiedenheit der wurzel verlangt. des goth. usskavjan prospicere, usskavs providus
wurde oben gedacht, ahd. scouwôn, nhd. schauen bedeutet videre
prospicere. aber goth. skuggva, altn. skyggja ist speculum, ein
ahd. scucar scuchar hat Graff 6, 420 (was schwerlich mit char
vas zusammengesetzt ist); hier erscheinen lauter gutturale, doch
das altn. skoda (d. i. skoða), schwed. skåda == ahd. scouwôn,
goth. skavjan zeigt die lingualis. sollte das lat. cavere (für cad-
vere) nah liegen? diese sprache entbehrt des anlautenden S in
manchen fällen, wo wir SK haben, sich hüten ist sich vorsehn
und cautus providus jenes skavs in usskavs.

Wie mavi zu mauja, havi zu hauau, das vermutete avi zu
auja (anbewohner) steht auch goth. gavi terra zu gauja περίχω-
ρος incola. ahd. konwi kewi pagus, mhd. göuwe, nhd. gau; in
lat. urkunden des MA. caugia, gleich jenem augia f. ouwa. dem
ags. und altn. dialect gebricht das entsprechende wort, der fries.
hat gâ terra wie à aqua. man hat zu gavi sehr oft, ohne allen
fug, γῆ und γαῖα gehalten, lautverschiebung mangelt, und dies
gr. wort scheint vielmehr dem ahd. chuo, nhd. kuh verwandt,
nach mythischer berührung der begriffe kuh rind und erde
(myth. s. 631), gau fordert ein lat. mit H, griech. mit X anlautendes wort, scheint also zunächst mit humus terra und χαμαί
χαμᾶζε γαμάδις γαμάθεν und χαμηλός == humilis zusammenstell-
bar; neben χαμηλός kommt aber in betracht χθαμαλός, folglich
χθών χθονός == humus. χθών liesze sich nehmen für χαδών von
χανδάνω aor. ἔχαδον mit übertritt des Δ in Θ unmittelbar vor X,
χθών wie sie das beigefügte εὐρεῖα kennzeichnet, scheint die um-
fassende weite, χώρα oder χῶρος entsprössen gleicher wurzel.
wir müssen aber noch mehr begriffe herauziehen, von humus
leitet sich homo d. i. χθόνιος, der irdische, erdbewohnende ==
ἐγχώριος gauja, goth. guma, ahd. kumo. dem gr. X, lat. H ent-

---

* ags. sceaga silva, engl. shaw. lapp. skautja, skaushia. tartar. scakal, tscher-
kess. dshake.

sprechen slavisches Z und (wie χεῖμα χειμών hiems zima) ist
humus země ziemja zemlja; litth. žiéme terra, žemay χαμαί,
žmogus pl. žmones homo homines, in welchen formen allen M
der wurzel fremd bleibt. das bestätigt auch ein abstracter begrif altn. gà cura neben goth. gaumjan curare attendere, altn.
geyma, ags gyman. das ahd. kouma, alts. gôma drücken nicht
allein cura, sondern vorzugsweise epulae convivium aus, vielleicht weil gegen gäste und gastfreunde mahlzeit die erste pflicht
war, wie sie auch das lat. humanitas bezeichnen mochte. in
der wurzel musz ein D gewaltet haben und auszer χανδάνω verdient noch γέω erwägung, welchem χυτός und das adv. χύδην
guszweise zufallen, es ist das goth. giuta gaut, ahd. kiuzu kòz,
und neue vergleichungen öfnen sich. ich darf aber fundo fudi
buchstäblich hinzubringen, weil hier F dem X entspricht [1], in
homo humus hatte sich H behauptet, fundus bedeutet wiederum
ἀγρός praedium und rührt an den begrif von gavi und humus,
das adv. funditus darf sowol χύδην als in fundo (zu boden) ausdrücken. der mythischen vorstellung ist gieszen ein göttliches 124
schaffen (mythol. s. 20. 93) und mensch wie erde können als
gegossen betrachtet werden. guma mag ohne schwierigkeit aus
guzma [2] gudma entsprungen sein, gavi aus gadvi.

Um goth. hliuma sonus, hlutrs clarus purus, ahd. hlutar
dürften gr. κλέω und κλύω werben, κλύδων bezeichnet die rau-
schende woge, κλειτός und κλυτός sind wie χυτός und cautus gebildet. hliuma kann entspringen aus hliduma und das TT des
ahd. hluttar luttar (Graff 4, 1105 ff.) an DD mahnen, zumal sich
ein ags. hluddrasang chorea bei Lye findet.

Wenn lat. cruor und cruentus zu crudus und crudelis
(gleichsam frischblutig, blutgierig) gehören, mit cruor aber un-

---

[1] bei keinem lat. laut ist mehr behutsamkeit nöthig als bei dem F, weil es
alle drei griech. aspiratae zu vertreten hat. am häufigsten entspricht es dem Φ,
goth. B, ahd. P, z. b. in fero φέρω bsira pirn; fama φήμη, frango brika prihhn.
dem X, goth. G, abd. K in fundo γέω ginta kiuzu, fel χολή galla; und in den
altlat. formen fostis fostia fordeum foedus = hostis gasts kast, hostia, hordeum
kersta, hoedus gaitei keiz; man vgl. das span. hondo hundir hermoso hierro für
fundus fundare formosus ferrum. dem Θ goth. D, ahd. T in fera θήρ dius tior;
fumus θυμός (hanch, athem) litth. dumai dagms (?) toum; foras θύρα daurō turi;
bekanntlich hat auch die aeol. mundart φήρ für θήρ, die goth. þlaiban þliuhan
f. flíthan fliohan, die russische Feodor f. Theodor.

[2] in einem runenalphabet, das noch viel nüsse zu knacken gibt, führt K den
namen ehozma.

bezweifelt slav. krv krev krav, litth. kraujas identisch sind, skr.
krûra saevus bedeutet; so wird man versucht ahd. hrô hrôwes,
ags. hreav, engl. raw, altn. hràr heranzuziehen und auch dafür
ausfallende lingualis zu mutmaszen, doch hatte ich oben versucht
crûdus als cruvidus zu fassen, und dann würde sein D der ableitung verfallen (s. rûdis).

   Diese kleine reihe noch unzureichender beobachtungen über
DD [1] neben diphthongen mag mit der merkwürdigen gothischen

----

   [1] völlig unterschieden vom goth. DD in tvaddjê baddjê vaddjus daddjan iddja
ist ein altn. DD in rödd haddr hodd oddr broddr, welchem goth. ZD, ahd. RT,
ags. RD zur seite stehn. haddr bedeutet flos campi, aber auch coma und peplum
mulieris, namentlich wird unter Sifjar haddr der göttin goldhaar und das getraide
verstanden; goth. würde es lauten hazds und ich denke das abd. hart silva campos ist dasselbe wort. die goth. Hazdiggôs (bei lat. oder gr. schriftstellern geschrieben Asdingi, Ἀστιγγοι, bei Cassiodorus var. 9, 1 richtig Hasdingi) ahd. Her-
tingâ Hartungâ, altn. Haddingjar sind comati, capillati. altn. hodd ist goth. huzd,
ahd. hort thesaurus, und das lat. custos, vielleicht auch cura mögen dazu gehören. altn. oddr acies, ahd. ort verlangt ein goth. uzda, der eigenname (Ὀσδρόλας
bei Procop wäre ahd. Ortilo, wie ahd. Ortrûn, altn. Oddrûn, goth. Uzdruns. altn.
broddr cuspis margo, schwed. brodd, dän. braad, ahd. prort, ags. breord. goth.
razda sermo, abd. rarta, ags. reard und reord (wie meovle f. meavic) = altn. rödd
gen. raddar, neben welchem merkwürdig raust, schwed. dän. röst ersebeint, deren
ST dem goth. ZD entspricht; raust gen. raustar statt röst gen. rastar (was aber
quies und milliare, goth. ahd. rasta ausdrückt). das wichtigste beispiel, weil sich
bei ihm auch consonantwegfall und diphthong ergibt, führe ich zuletzt an. zu
dem gr. μισθός gesellen sich das goth. mizdô (fem.), altslav. m'zda, russ. böhm.
mzda, wendische 'zda, zendische mizda, und keins dieser wörter scheint aus dem
andern entlehnt, aber auch das lat. merces mercedis und merori, meritum erkennen dieselbe wurzel, R ist aus S entsprungen, wie dem goth. mizdô, ags. meord
oder meard entspricht. doch die abd. form lautet nicht mêrta sondern miata,
mieta, mhd. miete, alts. mêda, ags. mêd, engl. meed. mieta liesze sich deuten
aus miseta oder mireta, ungefähr wie das praet. von ràtan riet oder riat aus rirât,
goth. rairôd, ags. reord hervorgieng. ags. gelten beide formen meord und mêd
zusammen, jenes als ältere, dieses als jüngere, gerade wie von rædan, lætan, læ-
can die älteren praet. reord, leort (f. leolt), leole allmälich den jüngeren formen
rêd, lêt, lêc wichen. seltsam zeigt sich nun auch neben dem slav. mzda ein
altslav. m'ito vectigal, poln. myto, böhm. meyto, litth. muitas, lett. muita, und
die begriffe zoll und lohn begegnen einander, darum darf ausser goth. mizdô auch
môta telonium altn. môta in betracht kommen. die abweichung des D und T
in mizdô môta, mzda meyto musz sich aus dem binden der media mit dem
weicheren Z erklären, das gr. Σ in μισθός vertrug Θ. noch sei angemerkt, dasz
das altnevische Masdras in Isidors chronicon (ed. Hamb. 1611 s. 169. 179) ein
hierher gehöriges goth. Mazdra verräth, wozu ich den altn. namen Mördr stelle.
Idatii chronicon (Paris 1619 p. 37. 38) gibt Maldras, das ist verlesen für Masdras. mazdra aber fordert ein ahd. martaro, und bei Graff 2, 858. 4, 632 liest

form iddja schlieszen. es ist das anomale praet. von gaggan, das seines gleichen in keiner mundart, auszer iu dem ags. eode und noch altengl. yode yede hat '. Bopp s. 123 hält in iddja nur das I für bestandtheil der wurzel, ich möchte ihr das DD nicht so schnell entziehen, wie ich es in tvaddjê und tveggja zur wurzel schlage '. dasz iddja schwacher flexion angehöre, zeigt der wachsende pl. iddjèdun, doch beiden formen mangelt hier nach dem J das characteristische D, so dasz iddja iddjè- dun für iddida iddidèdun zu stehn schiene, falls nicht anzuneh- men ist, sie seien aus idida ididèdun, insofern das letzte D sich zum ersten zog und das zwischenstehende I jotiert ihnen nach- gesetzt wurde, erwachsen. inf. und praesens erscheinen aber nirgends, weder in der gestalt iddjan noch idjan; letzteres könnte, wie hrisjan auf hreisan auf ein ebensowenig begegnendes starkes eidan leiten. wie dem auch sei, das darf nicht bezweifelt wer- den, dasz iddja zuletzt derselben wurzel zufallen müsse, die im skr. i (Bopp s. 107), griech. ἰέναι, lat. ire, slav. iri, litth. eiti ent- halten ist; in frage stehn kann nur, welche von diesen sprachen uns die wahrere gestalt der wurzel erblicken lasse. das slav. praes. von iti, poln. iśdź gewährt gleichfalls idu, idem, poln. idę eo (vgl. budem ero, poln. będę, in welchem D wurzelhaft erschien wie das G in bagvan), folglich wäre der inf. gekürzt aus iditi. die ags. brechung eode steht = ide und scheint eher idjan als iddjan zu bestätigen.

Goth. iddja liesze sich buchstäblich übertragen in ahd. itta, nach den vorhin bei zwitter, dotter, tutto geltenden analogien. gröszeren anspruch hat aber die von wal walles zu vaddjus; es gibt ein vollständiges ahd. verbum illan [2] oder ilan, praet. ilta oder ilta, welches zwar meistens festinare, anhelare, satagere, ruere, aber auch noch bloszes niti, tendere ausdrückt (Graff 1,

man 'qhuec mardaro, caro viva', mardaro = masdaro wird zum slav. mjaso, litth. mièsa, skr. mânsa, goth. mimz oder minz gehören, und jener suevische königs- name mag sich dazu verhalten wie Κρέων (das vielleicht nicht für κρείων steht) zu κρέας, κρέως.

* wie sich gagga und iddja knüpfen, steht umgekehrt im lett. praes. von eet: eemu, im praet. gahjn. vgl. gahjis gegangen, gahjums gang.

' in iddalja descensus Luc. 19, 37 ist kein vergleichbares DD, weil dies wort aus der zusammensetzung ld-dalja erwächst.

' vgl. ἄλλος mit alius, ahd. willo mit goth. vilja; doch eine glossa cassell. schreibt illi (festina) und erklärt damit das romanische vivaziu d. h. vivuta, vias schnell.

226), also ganz den sinn von ire erreicht`. es ist das mhd.
ilen ilte, uhd. eilen eilte. die production des vocals musz wie
in mile meile, ital. miglia aus lat. mille, milliare zugesehn werden, und nicht auszer acht zu lassen ist dabei, dasz die hochd.
LL form gerade der goth. und ags. mundart gebricht, welche
jenes praet. iddja und eode gewähren; das alts ilian, nnl. ilen
scheint selten und hochdeutscher einflusz, der altn. sprache entgeht beides, iddja und illan, ilian (schwed. ila, dän. ile properare
könnten aus dem hochdeutschen geholt sein). auszer vaddjus
und wal braucht für den bekannten übertritt des D in L nur
an δαήρ levir, δάκρυον tagr δάκρυμα lacryma, dingua lingua,
Ὀδυσσεύς und Ulysses, fidius und filius hier erinnert zu werden,
ein anderes beispiel soll noch näher liegen. iddja mahnt aber
auch an ἐλήλυθα (veni).

Aus diesem seltsamen iddja scheint mir plötzlich licht zu
keimen für die bedeutung einer bisher als undurchdringliches
räthsel vorgelegnen form.

Den romanischen sprachen eigen ist es ihr verbum für den
begrif des gebens aus zwei wörtern zu mischen und darüber das
lat. ire fast`` auszer acht zu lassen; nur im spanischen hat
sich dieses zulängst, wenigstens daneben, behauptet. die eine
jener zusammengreifenden formen ist dem praesens für den ganzen sg. und die dritte person des pl. verliehen, die andere herscht
in der ersten und zweiten pl. und dem ganzen praeteritum. ital.
vo vai va, andiamo andate vanno; franz. vais vas va, allons
allez vont. auch der imp. wechselt auf gleiche weise sein va
andate, va allez. das ital. praet. bekommt andai, das franz.
allai [1].

227   Jener formunterschied zwischen den einzelnen personen
stimmt zu dem völlig unlateinischen vocalwechsel des franz.
tiens tiens tient, tenons tenez tiennent; nicht so ganz zu dem
span. tengo tienes tiene, tenemos teneis tienen oder ital. tengo
tieni tiene, teniamo tenete tengono, welches letztere genau den
des nhd. gebe gibst gibt, geben gebt geben erreicht. das alles

---

` anders Bopp 40[b]. noch anders GDS. 888. 1033.
`` fut. irai. — vgl. Bueguy 1, 280. Pott 2, 606.
[1] auch in der graubündnerischen romansprache: vomm vas va, mein meits
von; praet. mava, imp. va (i) mat (ite). Conradis gramm. s. 67. die formen mein
meits mava erkläre ich nicht aus lat. meamus meatis meabam, sondern lieber aus
einem übergang des it. and in den blossen Mlaut.

hat germanischen anstrich. die concurrenz zwischen vado und
eiuem andern verbum sehen wir aber schon im latein vorbereitet; die im zweiten jahrh. eutspruugene vulgata zieht vado vadis
vadit vadunt neben imus itis, und im imp. vade neben ite vor,
obgleich sich noch hin und wieder eo für vado zeigt[1]. das
praet. vasi war bereits im classischen latein auszer brauch und
nur in den compositis evasi pervasi zulässig. nach verlauf einiger jahrhunderte mehr wird man da, wo diese sprache nicht
unter dem joch gelehrter bildung steht, z. b. in unsern lateinisch
verfaszten volksrechten fast überall vado vadis vadit und vadunt,
neben ambulamus ambulate und dem praet. ambulavi treffen.
aus ambulare leitet man nun das franz. aller, und das hat schein,
wiewol entgegensteht dasz ambulare auszerdem fast unverändert
beibehalten wurde, dies ambler aber bedeutet altfranz. zelten
traben tolutim ire und das lat. ambulare hatte den einfachen
sinn des gehens (ambula in jus = i in jus). wie nun gar das
ital. andare, span. andar, provenz. anar aus ambulare deuten![2]
ich geschweige anderer altlat. und sogar griech. verba, aus deneu
man die herkunft hat erzwingen wollen; der rechte gesichtspunct
scheint immer von dem praet. aus gefaszt werden zu müssen.
nemlich für andai galt im früheru ital. andiedi und andetti, für
span. anduve früher andidi pl. andierou; unverhaltbar begegnen
die ausgänge dieser praet. denen des lat. dedi dederunt von
dare. damit ist aber wenig abgemacht, solange das voraus-
stehende an- völlig dunkel bliebe. ich bin also geneigt für ein
praet., das uns die lat. sprache nicht erklären hilft, germanischen einflusz in der weise anzunehmen, dasz deutsche volksstämme, Gothen, Langobarden oder andere in früher zeit, etwa
vom fünften bis zum siebenten jahrh., ihre eigene anomalie, aber
eine so unentbehrliche, bei diesem worte geltend machten. DD
des goth. iddja könnte wieder auf nasales ND führen, und wenn 228
das I abzuliegen scheint, ein uns verschollnes langobardisches
and den ausschlag geben, wobei vielleicht gar die uns selbst
noch unverständlichen andelang und wandelang (RA. 196) rück-

---

[1] Buttmanns corollarinm zn Lachmanns N. T. p. XLVIII. XLIX.

[2] unter den franzöf. volksdialecten hat sich noch oft das futurum audrai,
odrai, adrai, eudrai für irai erhalten, dem ital. andro entsprechend (man sehe die
in Stalders dialectologie enthaltenen roman. mundarten); an der Isère bei Gre-
noble hört man annarey. aber selbst die franz. schriftsprache besitzt andaiu hi
der bedeutung von gang beim mähen.

sicht forderten, noch mehr, da das engl. schon altengl. went
wende gleich anomal mit go verbunden wird. lateinisch romanische quellen jener frühen jahrh. müsten die form bestimmter
darstellen, andette für anddette? und bei dette diede, dettero
dieron könnte das damals noch fühlbarere dêda dêdun in iddja
iddjêdun (idida ididêdun) der form, die verwandtschaft zwischen
geben und thun (s. 194) dem begriffe nach gewirkt haben; der
span. pl. andidieron scheint zumal beachtenswerth. die französische, dem alemanischen und fränkischen andrang ausgesetzte
mundart nahm kein andai sondern allai auf, was sich auf doppeltem wege erklärt. entweder waltete dabei das ahd. illan tendere, dessen praet. gar illa == iddja lauten, oder dessen inf. und
praes. erst aus dem praet. gebildet sein konnte, oder der wechsel
DD, LL und ND schlug an, welcher die verba wenden, wandern und wallen == ahd. wadalòn ambulare vagari (Graff 1, 799)
zubrachte, und das I von iddja und illa in das A von andai
und allai überleitete; man vergleiche das ags. veallian und veall
== ahd. want. zu bewundern ist, wie in jenen zeiten beider-
seitiger verwilderung ein geheimer trieb die sprachen leitete sich
zurecht zu finden und die romanischen audare und aller im
hintergrund wieder mit vadere und ire verwandt erscheinen, von
welchen sie völlig abgewichen waren. langobardische, burgun-
dische, fränkische sprachdenkmäler, die uns aus jenen jahrh.
gebrechen, müsten dem, was ich zu ahnen suchte, ein siegel
aufdrücken.

　　　Es ist übrig die diphthongentfaltung, welche schon bei
syncope des D ungleich seltner als bei der des G vorkommt,
zuletzt auch auf B, wo sie am seltensten statt findet, anzuwen-
den. dem GG und NG, DD und ND stehn in der labialreihe
BB und MB entgegen.
　　　Wie der deutschen cardinalzahl I. III. IX. X inlautende
gutturalis eigen scheint, die sich gebunden durch weitere consonanz bei VI und VIII noch auf stufe der tenuis und asp. erhielt, findet bei II und IV lingualis, bei V und VII labialis
statt, und zwar bei V die verbindung MF, in sibun reine media,
welche für paralleles agin tvadeis þrigeis fidvôreis niguneis ti-
guneis an sich schon zeugen mag, ags. seofon, dän. syv, fries.
sigun siugun. in septem und ἑπτά haftet P an T wie in octo
ὀκτώ, sex ἕξ == secs ἕξ; K an S, goth. saihs, ahd. sehs, altn.

sex [1]. B fällt aus im altn. siδ, schwed. sju, und ein diphthong
entspringt.

Viele ahd. flusznamen sind mit afa apha, niederdeutsche
mit apa zusammengesetzt, woneben gleichzeitig oder später das
bekanntere aha == goth. ahva erscheint, z. b. Ascafa [2] Erlafa
Elsafa Waldafa Bibarafa und viele ähnliche sind nichts anders
als Ascaha Erlaha Elsaha Waldaha Biberaha, woraus zu schlieszen ist, dasz afa gleich aha flusz oder wasser bedeutet haben
müsse, obgleich es allein stehend mit der labialis nie gefunden
wird, aber in vielen ortsnamen z. b. Schlirf (Slirefa) Lasphe
(Lasefa) Dautphe (Dudefa) Olpe (Olepe) Lennep (Lenepe, Le-
nefe). Plinius und Tacitus nennen einen rheinischen ort Gelduba,
es ist das auf der linken seite des stroms in einer urkunde von
904 (bei Lacomblet no. 83) genannte Geldapa, später Gellep,
unweit Kaiserswerth, das römische ohr konnte deutsches P der
verschiebung gemäsz als B fassen, obgleich hier ein unverschob-
nes uraltes P vorlag, dem schon skr. P in dem fem. ap aqua
(Bopps gloss. 2 ausg. s. 13') entspricht. auch die walachische
sprache hat statt des lat. aqua apa, die litthauische uppe fluvius,
die lappische ape mare; amnis läszt sich leichter auf apnis (vgl.
Pott 2, 58) zurückleiten, als auf acnis oder acmnis, zumal die
irische form abhan fluvius den lippenlaut zeigt. vielleicht galt
auch gr. ἀπνός für ἀμνός widder, denn neben litth. awis lese ich
apeziorus schäfer und selbst das lat. opilio f. ovilio kann unmittelbar von opis stammen. unsere kürzungen à und Wisarà,
Bibarà scheinen aber nicht aus afa sondern aus aha entsprungen.

So erklärt sich altn. ior aus alts. ehu, goth. aihvus, lat. **equ**

---

[1] Bopp s. 413 hält sex für umstellung von xes = skr. ahash, was auf aksh
== saihvan (s. 199) licht werfen könnte.

[2] heute die Aschaf, ein in den Main sich ergiessender bach, da wo Aschaffen-
burg erbaut wurde, auf welchem ort man schon im zwölften jahrh. die vielfach
angeknüpfte sage von Asciburg nud dem alten stammhelden Ascanius anwandte.
Eckehard von Urach sagt in seiner chronik zum jahre 1122 (Pertz 8, 259 vgl.
758): castrum antiquum et jam per multas generationes pene funditus diruinm,
quod vel a rivo allueute Ascafa, sive *ut quidam volunt* ab Ascanio conditore
Askenburg dicitur, miro conatu coepit munire. Tacitus setzt aber Asciburgium
ans Rheinufer, Ptolemaeus sein Ἀσκιβούργιον östlich vom Rhein, und auszerdem
hat er ein Ἀσκιβούργιον ὄρος ganz zurück im osten, in der lage des Riesengebirgs.
die namen Askiburg Askitun Askihab Askibrunno müssen in mehr als einer gegend Deutschlands gehaftet haben; von des Ptolemaeus deutschen ortsnamen bleiben uns noch viele unerklärt.

equus besser als aus gr. ἴππος wofür aeol. ἴκκος galt. skr. ashva,
zend. aspa equus [1], litth. aszwa equa. sollte nicht jener kretische
ἀβέλιος nnmittelbar auf ἀέλιος = sauil, mittelbar auf Ἀπόλλων
aeol. Ἀπέλλων leiten, LL aus LI hervorgegangen sein? ich will
hier nicht in neue deutungen Phols und Baldrs mich einlassen.

In den altn. formen Giuki und haukr habe ich früher (bei
Haupt 1, 572) das U aus vocalisierung des V im alts. Giveko
havoc gedeutet; das ist unrichtig, vielmehr entspringen sie durch
ausfall des F (welchem hier alts. V gleichsteht) im ags. Gifeca
hafoc, die jedoch ein älteres Gifuca hafuc, ahd. Kipuhho hapuh,
goth. Gibuka habuks voraussetzen, so dasz bei ausfallender muta
die diphthonge IU AU möglich werden. ahd. hapuh ist urkund-
lich, und die sonst erscheinenden eigennamen Patuhho Wituhho,
alts. Hamuko verbürgen Kippuho Gifuka Givuka statt des jüngern Kipihho.

Goth. stibna vox, das ich für verwandt mit stabs στοιχεῖον
halte, wandelt sich in ahd. stimna, assimiliert stimma, ags. stefen;
altn. stefna bedeutet vocare, in jus vocare, dän. stävne, schwed.
stämna. da der stab in dem alten gericht so bedeutsam und
der richter ein stabhalter ist, darf nun auch goth. staua κριτής,
staua κρίμα, stôjan stauida κρίνειν unmittelbar aus stabva stafva,
wie taui taujan aus tagvi tagujan erklärt werden. ahd. stouwôn
ist queri, accusare und jenem nord. stefna ganz nah; stabôn
adhramire, bistabôn arguere, widarstap controversia (Graff 6,
612). stab enthält zugleich den begrif der stütze, festigkeit und
strenge, ahd. ist stabên, arstabên rigere rigescere, altn. stemma
rigiditas, stemma cohibere, nhd. stemmen und stauen, stab entgegen halten; unser stamm ist aus stabn wie stimma aus stibna,
und P in stipes wie C in necis; alts. stamn prora, gleichsam
stab des schifs, mhd. steben (passional 331, 1), nnl. steven, altn.
stafn, dän. stavn, schwed. stam. goth. stiviti (aus stibviti, wie
þivi aus þigvi) ὑπομονή, aushalten dulden, vgl. mit ags. stivitum
columnis? cod. exon. 383, 13 und mhd. understibel fulcrum;
wäre nhd. stütze aus stiviti? und gar goth. stautan staistaut,
ahd. stôzan stiaz hierher fallend? es kommt aber lat. tundo tu-
tudi in betracht. sicher wird goth. stôma, ὑπόστασις grundlage

---

[1] die eigennamen Hystaspes und Pharnaspes bei Herodot scheinen damit zusammengesetzt (vgl. corp. inscr. gr. 2, 113ᵇ), wahrscheinlich auch der später in
der römischen geschichte des fünften jahrh. auftretende Aspar. [aber bei Sallust b.
jugurth. 112 Asparem Jugurthae legatum.]

stütze zu stabs und stôjan gehörig deutbar aus stabma, gerade wie bagms und baum aus bauan rühren. das ahd. gistuomi aequus, temperatus, gleichsam cohibitus steht entgegen dem ungistuomi insolens importunus, das Ò und UO wie in stuon tuon.

Sollten nicht bohne und faba derselben wurzel sein? gewis, wer sie nur zu einigen versteht. bohue lautet mhd. bône, ahd. pôna, ags. beán, altn. baun, schwed. böna, dän. bönne, folglich ist goth. bauna anzusetzen. bauna aber mag aus babuna entspringen, worin sich der anlaut B zum lat. F wie in baira fero verhält, der inlaut B zu lat. B wie in haba habeo. bekräftigt wird babuna durch slav. bob, uugr. bab, vgl. finn. papu, litth. lett. puppa. von faba leiten sich die lat. eigennamen Fabius, Fabidius, Fufetius [1], ich denke dasz auch das ahd. Babo, Papo, Pappo (goth. Babja?) auf babuna bauna zurückgehe, und Bamberg == Babinberc ist mons Babonis, nicht pavonis. alle goth. AUN und AIN sind äuszerst dunkel und schwer zu deuten; weggefallne mediae können dabei helfen, wie ich hier an bauna prüfte.

Ahd. sou souwes succus (Graff 6, 63) kann zu saf suber (Graff 6, 169) gehalten werden [vgl. sl. sok, litth. sunkà, lat. succus].

Alts. suěban somnium, ags. svěfen, altn. svěfn, schwed. sömn, wie lat. somnus neben sopor (für svamnus, svapor?), gr. ὕπνος, skr. svapna. altn. sofa dormire f. svěfa, mhd. entsweben einschläfern. das slav. spati scheint == sopati, svapati, das goth. slêpan, ahd. slâfan, ags. slæpan halte ich für unverwandt, da die labialstufen abweichen und SL für SV unerhört ist [*]; aber Suâp Suevus musz dazu gehören. elision der labialis begegnet nicht.

Ahd. ěpar aper, ags. eofor, altn. iöfur, die goth. form scheint iburs ibrs gelautet zu haben und der ahd. eigenname Eparnand goth. Iburnauþs, wofür mit ausfall der muta schon frühe Iurnanþs, wie das lat. Iornandes darlegt; die kühnheit des ebers fand auf helden anwendung und altn. iöfur bedeutet geradezu vir heros, vgl. den langobardischen namen Ibor bei

---

[1] vgl. Pfund de antiquissima apud Italos fabae cultura ac religione. Berol. 1845.

[*] anders GDS. 321. 322.

Paul. Diac. 1, 7, wofür Saxo Ebbo hat, dies aber und ahd. Eppo
ist hypokoristische form für Eparhart, Eparnand und zugleich
erweitertes epar. den ortsnamen Eboracum übersetzte man in
ags. Eoforvic und kürzte dies gerade so in York.

Goth. ibns aequus planus, ahd. ĕpan, ags. ĕfen, altn. iafn,
schwed. jemn (wie stimma für stibna), und hier erscheint wieder die erweiterung BB (wie GG und DD) im ags. ebbe ebba,
fries. ebba recessus maris, von der geebneten, ausgeglichnen
meeresflut. auch lat. aequor von aequus drückt eigentlich mare
tranquillum, planum aus, vielleicht steht aequus ganz nahe zu
ibns (wie equus zu ἵππος), was an das verhalten von aqua zu
apa gemahnt. des vocals in ebbe bin ich unsicher, er könnte
ĕ und umlaut des a sein, wie überhaupt ibns auf eine ablautende
form iban af ĕbun, worin noch manche wörter enthalten sind,
leitet. Cassiodor (var. 4, 17) überliefert den gothischen mannsnamen Iba.

Ahd. hraban und hram, ags. hræfn und hrämn, altn. hrafn;
vgl. goth. namô, ahd. namo, altn. nafn. goth. ubils malus, ahd.
upil, ags. yfel stehn gegenüber dem altn. illr (f. yllr), dessen
labialis nicht sowol ausgefallen ist, als sich dem folgenden L
assimiliert hat.

Vor labialen pflegt M einzutreten oder zu schwinden, wie
in goth. fimf, ags. fif; ahd. semfti, ags. sêfte; poln. dąb, altn.
timbr, ahd. zimpar. die entfaltung MN für BN, erweitert MPN
gleicht dem NK, da sich M ebensogern mit labialen, als N mit
gutturalen und lingualen eint. altschwed. sompn iampn nampn
stempna f. sömn jemn namn stemna; die in M erweiterte labi-
lis taucht nach dem M von neuem auf. so lat. sompnus damp-
num f. somnus damnum, zumal vor T in tempto emptus comp-
tus. auf diesem wege verständigt sich lat. ambi, gr. ἀμφί, ahd.
umpi neben skr. abhi, litth. api und lat. ambo, gr. ἄμφω neben
skr. ubhâu, sl. oba. man erwäge die nnl. diminutiva boompje
bloempje neben steentje zoentje und ringje jongje, wofür lieber
ringetje jongetje gesprochen wird, oder goth. fimf neben πέντε,
gr. λαμπτήρ neben lanterna laterna.

―――――

Wie es bei neuen versuchen zu sein pflegt, ich werde in
einzelnen beispielen das gesteckte ziel noch nicht erreicht, in
andern gar überschritten habeu, so dasz es dort hinzufügens

hier weglassens bedürfte; meine ganze arbeit aber wäre vergeblich unternommen, wenn nicht in der hauptsache dessen, was ich ausführe, schlagende kraft läge.

Wir gewinnen folgende formeln:

goth.	AG	AGU ABV	AU	AV	Ò	AGGV 288
	IG	IGU AIBV	IU	IV	É	IGGV
	AD	ADI	AI	AJ		ADDJ
	ID	IDI	EI?	EJ		IDDJ
	AB	ABU	AU	AV	Ò	
	IB	IBU	IU	IV	É?	
ahd.	AK	AKU AH	OU OH	OUW	UO	ACCH ANK
	IK	IKU RH	IU	IUW	Å?	ICCH IŇK
	AT	ATI	EI	EIG		ATT ANT ALL
	IT	ITI	I?	IG?		ITT INT ILL
	AP	APU	OU	OUW		APP AMP?
	IP	IPU	IU	IUW		IPP IMP?
ags.	ĀG	AGU	EA EAV	IG	Ò	ANG ONG
	IG	IGU	EOV	IG	ÆE?	ING
	EAD	ADE		ĀG		ĀDD EALL
	ID	IDE		EOD		
	ÄF	AFU				EBB
	IF	IFU				EBB
altn.	AG	ÖG	EY Â Æ	EGG	Ò	ÖNG ÖGGV
	IG	IG IU	IE	YGG	Å?	YNG YGGV
	AD		EI?	EGG		EGG ÖLL
	ID					IGG
	AF	ÖF				
	IF	IF				
lat.	AC	AQU	⎰IO IE⎱	AV OV	Ò	ANGU
	EC	EQU	⎱UO⎰	IV		INGU
	AT	ATU	UO			ANDU? ALL
	ET	ITU				
	AP					
	IP					

doch ist diese übersicht nicht alles zweifels ledig, weshalb ich 284 einigemal fragzeichen beigefügt, anderes ganz unausgefüllt gelassen habe; kleinere schrift soll nebenformen und übergänge ausdrücken. am sichersten wird man der gutturalreihen, für

die lingualen, zumal labialen gebricht es an beispielen; im latein
sind diese kaum angeführt, geschweige erschöpft worden. die
nemlichen lautverhältnisse auch für die übrigen und jüngeren
dialecte darzustellen hat mir unnöthig geschienen; wer damit
vertraut ist wird es ohne mühe nachholen. so wichtig oder
nothwendig durchgängige vergleichung des sanskrit wäre, kenne
ich es dazu nicht hinlänglich.

Dasz in der vordersten, kurzen vocal und einfache muta
verbindenden reihe das ursprüngliche verhältnis zu suchen sei
betrachte ich als ziemlich ausgemacht. nicht minder leuchtet
mir ein, dasz entstehung der diphthonge wesentlich durch die
jener muta hinzutretenden vocale U und I bedingt und verur-
sacht werde. wie aber AV IV einerseits sich diphthongisch in
AU IU auflösen, streben sie andrerseits sich mit wiederaufnahme
der muta in AGGV IGGV zu erweitern, und diese form bildet
den gegensatz zu einer auch möglichen verengung des diphthongs
in Ô und Ê. selten entfalten sich an einer wurzel alle formen
zugleich [1], aus der einen darf auf die andere geschlossen werden,
und zumal wichtig scheint das vorkommen des GGV DDJ neben
U und I, denn V und J haben dort denselben grund.

Und so bewährt es sich von neuem, welcher einflusz den
vocalen I und U, im gegensatz zu A, auf die vorausgehenden
buchstaben eigen sei; wie sie vorausgegangne vocale umlauten,
veranlassen sie auch den ausfall vorausgehender consonanten,
um mit dem vordern vocal selbst in einen diphthong zusammen-
zuflieszen. gleichwie A keinen umlaut erregt (wieder ein grund
umlaut und brechung von einander zu halten) läszt es auch die
vorausgehende muta unbeeinträchtigt. in magan fadar haban
bleibt jeder laut ungestört wie in liga bida iba und auch in
magus skadus badi tigus sigis sidus; allein aus magujôs wird
maujôs, folglich müssen naus faus þius kuiu durch elision derselben muta entsprungen sein. addi setzt einfacheres adi, ahd.
ati eti voraus; es scheint dasz U und I oft, ich weisz nicht ob
immer, durch einen folgenden zweiten vocal, der sich vielleicht
nicht mehr nachweisen läszt, angetrieben sind jenen ausfall zu
bewirken.

Den wurzelvocal U berücksichtigt meine tabelle deshalb

---

[1] neben hugu mens, sigu victoria erscheint keine diphthongische auflösung,
wol aber die geminuation ahd. hukkan cogitare, ags. hycgan, altn. hyggja.

nicht, weil durch anstosz von I und U an ihn keine diphthonge
erwachsen. in der untersuchung jedoch durften wurzeln mit U
nicht ausgeschlossen werden, weil sich ausfall der muta auch
an ihnen erprobt.

Uebrigens widerfährt den consonanten aller drei organe
hier gleiche behandlung, da sie nicht nur auf dieselbe weise
ausfallen, sondern sich auch wechselnd vertreten. maujôs gehört zu magus wie staua zu stabs oder vielleicht stabus. ahva
und apa tauschen wie sigun und sibun, aequus und eben, caedo
und hacke, addi und egg, tvaddjê und tveggja, λύκος und lupus,
ἵκκος und ἵππος. fiôgur erscheint neben fidur, iggqis neben
izvara = idvar und in iuwar läszt sich G wie D ergänzen.

Wurzelhafte natur der ausgestoszenen G D B ergibt sich
aus der lat. und gr. tenuis in facere pacare brace necare decus
pecus specus decem precor procus ducere paucus raucus nex
sex necto octo fructus νέκυς δέκα τέκνον ἕξ γνύξ ὀκτώ quater
τέτορες aper opilio stipes, wie aus der nicht selten eintretenden
media in agnus magnus flagellum strages dignus pignus gigno
fruges faba suber; doch U nach C T P, wenn ein neuer vocal
folgt, bleibt uus meistens vorenthalten, es erscheint in aqua
aequor quattuor (fidvôr pedvar), darf also auch hinter T in τέτορες erwartet werden [1]. hinter P und B wird U kaum in V
verwandelt, und ouwa leitet sich leichter von ahva aqua als apa.
der lautverschiebung gemäszes H in ahva aihvus saihva ahtau
taihun faihu zeigt die goth. sprache, die ahd. in aha ĕhu sĕhan
ahto fihu sĕhs fohê, während in gewöhnlichen fällen der goth.
inlaut G, der streng ahd. K an sich genommen hat. für unsere
untersuchung liegen hier beide gleich.

Wer noch zweifel trägt, ob diese mutae wirklicher bestandtheil der wurzel seien, musz sich immer deutlicher durch die
erweiterten formen GGV DDJ überzeugen, welchen abermals
lat. ango angustus pinguis, gr. ἀνάγκη ἐγγύς, skr. anda begegnen.

---

[1] das latein ist nicht arm an ableitenden U, die unmittelbar hinter den
schlieszenden wurzelconsonant treten, vgl. tenuis anguis pinguis ninguidus ninguit
minuere metuere acuere batuere statuere, aber die alterthümlichen creduam per-
duam f. credam perdam lehren, dasz sie auch in andern fällen verloren giengen,
und es war erlaubt ein facuere für facere nicht blosz aus der analogie von bauan
= bagvan zu folgern. man schlage an proficuus. [conspicuus mortuus caeduus
arduus ingenuus residuus exiguus aequus; lituus carduus aqua equus puscuum;
loqui sequi.]

236 das latein hat noch manche wie lingua anguis sanguis langueo
inguen exstinguo inquam unguis, deren NGU auf GU, wie das
NG zahlloser auf einfaches G zurückführbar scheint [1]. dieser
erweiterung, obgleich sie jünger sein musz als die ihr vorausgehende einfache muta, gebührt nicht geringeres alter als dem
consonantausfall.

In unserm vocalismus, der einfacher und geregelter ist als
der lateinische und griechische, erzeugen solche synäresen alsbald gute diphthonge, während im lat. und gr. meisteus misch-
laute entspringen, die für zweisilbig gelten, nur ausnahmsweise
diphthongische natur annehmen. lat. ait nauta eo neo deus dies
fio trium fruor nuere suere struere fui suis (gen. von sus); gr.
ὀατήρ ὁάω ζάω ναῦς νέος σπέος εἰς κλεῖς Ζεύς ἰέναι πῖος ὅις ὠόν
ζωός πῶυ. goth. dau suau baua bnaua staua traua aus (ovis)
faus naus tani sauil frauja tauja strauja gaujis baujis maujôs
kniu triu niun qiunan siuns niujis qius Tius þius. weil aber
IU in AU ablautet, wird ein mhd. wechsel zwischen biuwen
bouwen, briuwen und brouwen höchst begreiflich, und die erweiterung siggvan bliggvan briggvan führt dieselben verba über
in andere conjugation so dasz die praeterita dau suau und saggv
blaggv von einander laufen. neben mhd. biuwen bûte redupli-
ciert goth. bauan baibô, wie aus goth. aikan aiaik, ahd. gêhan
jah erwuchs; dem goth. þius zu grunde lag, wie ich vermutet
habe, þeihan, þaih, wieder nach anderer reihe. dieser schwankende ablaut gemahnt an die verschiedenheit verwandter formen
wie fio fui und neben ahd. pim, nhd. bin, ags. beo des slav.
budem. einigemal findet sich der diphthong schon vor der noch
haftenden muta ein, z. b. im lat. paucus raucus f. pacus racus,
im ahd. augia, im goth. hnaivs humilis, im fries. niugon novem.

Den verengungen tôjis dôja stôja stôma, ahd. stuon tuon
stuomi, altn. bôl sôl (mœr virgo statt mær? für letzteres streitet
ἰer von à, færri von fâr) liesze sich der lange vocal im lat. sol,
gr. ἥλιος, vielleicht auch in nudus udus gleichsetzen [2].

---

[1] jugum frugor fregi teligi kliagen älter als jungo frango infringo tango,
tudes tutndi älter als tundo, und goth. juk brika têka taitôk stauta staistaut zeugen von alterthum.

[2] jüngere diphthongbildungen aus verengungen, die nicht auf dem darge-
stellten wege erfolgen, bleiben von meiner untersuchung ausgeschlossen, obgleich
sie den hergang oft erläutern können; so [ahd. antseida == antsegida] mhd. mein
rein treit verdeit meit f. megen regen treget vordaget maget oder fries. neil wein,

Vorzügliche aufmerksamkeit fordert die consonantierung des 237
V in mavi havi gavi favai naveis skavjan tavida davida stavida
diva sniva þivi trivis knivis qivis, denn sie gleicht ganz der
lateinischen in caveo suavis navis clavis flavus ravus ovis novem
Jovis ovum divus vivus livor nivis conniveo juvenis und andern
hier nicht in betracht gezognen z. b. avis und dem AV steht
diphthongisches AU in nauta auca auceps cautus fautor = navita avica aviceps cavetus favetor unmittelbar zur seite[1]. in-
mitten gr. vocalhäufung darf man ein digamma setzen. I wird
zu J in lat. ait ajo und mejo neben mingo, dessen gutturalis
unser goth. maihstus fimus entspricht; iu mist ist sie wieder ausgefallen.

Hier wird sich lebhafter widerspruch erheben und schwer
zugestanden werden, dasz in solchen wörtern vor dem V noch
eine muta zu ergänzen sei. man hat das V, wo ihm gegenüber
G oder C erkennbar wird, als unmittelbar dessen stelle einnehmend angesehen und goth. hneivan hnaiv würde, nach dieser
auffassung, geradezu ahd. hnigan hneic wie lat. novem geradezu
alts. nigun vertreten, während mir in hneivan G, in hnigan V
unterdrückt scheint. auch Bopp konnte die verwandtschaft zwischen baua pim fio und facio nicht übersehn, facio aber nimmt
er für favio, wie er vicsi (vixi) von vivo für vivsi leitet, da
doch vixi in ordnung, für vivo vicuo oder vihvo annehmlich
schiene. wegfallende C in andern fällen werden genug behaup-

engl. nail waln f. nagel wagen, dän. seir veir Leir f. seger veder Lethra. ferner
entspringt mhd. wlanc lit Sifrit Sibant ans tagelanc liget Sigefrit Sigebant; ahd.
pimenta ans lat. pigmentum. merkwürdiger ist das goth. seiteins f. sinteins. jedermann weisz wie die französische sprache muta anzustoszen liebt: faire facere,
taire tacere, plaire placere, noir niger, Loire Liger, pais pagus, payer pacare,
mais magis, roi rex, oie auca? avicula, proie praeda, toit tectum, boire bibere,
aboier adbauhari, naif nativus, prier precari, veuve vidua u. s. w. [vgl. Diez 1,
203. 215. 218. 223.]

[1] ein wichtiges beispiel liefert in der comödie der knechtsname Davus, der
wie Geta Syrus vom unterwürfigen volke hergenommen, gleichviel ist mit Dacus,
so dasz beide formen in einem älteren volleren Dacuus vermittelung suchen. es
gilt aber ein noch gekürztes Daae Dabae für Dacae und dem entspricht das gr.
Δᾶος f. Davus, Herodot. 1, 125 nennt die Daker Δᾶοι. da nun noch weit in das
mittelalter hinab Dacia = Dania gesetzt wird, und unserm worte tag, goth. dags,
slav. den, poln. dzień, serb. dan, skr. dina zur seite tritt, so scheint es keine
thorheit beide wörter und stämme für verwandt zu halten. den Nordländern ist
Dagr wie den Griechen Δαναός berühmter eponymus und heros. dies wird sich
alles ein andermal ausführen lassen.

tet, z. b. in panis für pacnis (gl. scr. 204'), famulus f. facmulus
(das. 242') lumen luna f. lucmen lucna; elidiertes oder assimi-
liertes T in penna f. petna, warum sollten sie nicht vor V fehlen dürfen? die lat. sprache hat C oder Q selbst in den anlau-
ten ubi unde ut uter uterus (= goth. qiþus) getilgt, sie liebt
zu sagen malo mavis mavult statt magvolo magvis magvult,
malim f. mavelim magvelim, examen f. exagmen, possum für
potsum potis sum, warum wäre ihr nicht auch Dacuus f. Davus,
naguis f. navis, aduis f. avis, aduum f. ovum gerecht?¹ suadis
suadvis f. suavis ist schon zugestanden. nagvis weise ich aus
unserm ags. naca, advum aus goth. addi auf, folglich hat in
navis ovum nicht V mit C oder D getauscht, vielmehr stammt
das V aus U. wer zaudert, nach erkentnis des goth. fidvôr
im ahd. flor ausfall der muta zu glauben? zu vivus ist goth.
qius, ags. cvic zu halten.

    Wenn skr. djaus coelum den gen. divas, Ζεύς aber Διός
bildet und mit recht letztere form aus Διϝός erklärt wird, so
scheint der ausfüllung nicht ihr ganzes recht widerfahren, sondern vor dem V und digamma noch eine muta zu ergänzen,
wie ich aus mavi = magvi ein þigvi f. þivi, aus bagms bagvan,
aus triggvs tragvan, aus pinguis πηγός rathen darf

    Ich erlaube mir nochmals auf die zahlwörter zu kommen,
die schon einzeln oder analogien weise behandelt wurden, da
sie auszerordentlich zähen, dennoch abgenutzten stof enthalten,
ihr täglicher bestimmter gebrauch auffallende abweichung hinderte und allmähliches abschleifen herbeiführte. unter den
schwedischen: en två tre fyra fem sex sju åtta nio tio gewähren blosz zwei wurzelschlieszenden consonant, der durch verbindung mit einem andern geschützt blieb, nemlich sex = goth.
saihs, åtta = goth. ahtau, lat. octo, merkwürdig scheint aderton
achtzehn, dän. atten, altn. âtiän. halten wir dazu die altn. formen: einn tveir þrîr fiorir fimm sex sjö åtta nîu tîu, so erscheint
alles ebenso, doch die geminata MM in fimm weist auf fimf wie
stimme auf stibna, und in fiögnr, dem neutrum zu fiorir, bricht
G vor, das dem goth. D in fidvôr gleicht. in der ahd. folge:

    ¹ scharfsinnig verbindet Benfey 1, 21 bereits avis und ovum, οἰωνός und
ὠόν, das begegnet der deutung die ich s. 222 von adebar odeboro versuchte,
und mit geringem unterschied kann addjêbaura anssagen eigeborner. dem οἰωνός
gleicht aber οἰωνός nepos von υἱός, das aus ὑϊός zu entspringen und dem lat.
fidius = filius nahe zu stehn scheint, vgl. span. hijo.

ein zuêne drî fior finf sehs sibun ahtô niun zêhan zeigt sich
auszer finf == fimf (mit nasalerweiterung) schon sibun und zêhan
ausgefüllt, doch letzterem -an für -un verliehen. die Gothen
zählen: ains tvai þreis fidvôr fimf saibs sibun ahtau niun tailhun,
welches letzte mit sibun und niun glcich endigt, aber fidvôr ist
völlig, und zu tvai läszt der erscheinende gen. tvaddjê einen
älteren nom. tvadeis oder tvaddeis folgern; ohne consonant bleiben nur þreis gen. þrijê und niun. das lat. systent unus duo 221
tres quatuor quinque sex septem octo novem decem, das gr.
εἷς δύο τρεῖς τέσσαρες πέντε ἕξ ἑπτά ὀκτώ ἐννέα δέκα, das skr. êka
dva tri tshatvâr pantshan shash saptan ashtau navan dashau
schalten sämtlich unserm sibun noch T ein, saptan ἑπτά septem mit ahtau ashtan ὀκτώ octo hierin ausgleichend, obgleich
unserm ahtau wie dem ὀκτώ octo der liquide, den andern pa-
rallele ausgang von ashtan mangelt, dessen auch ἑπτά ἐννέα δέκα
entrathen, während ihn sibun niun zehan, goth. sibun niun tailhun
mit lat. septem (vgl. finn. seitsemän) novem decem theilen, ja
das skr. hat ihn auch in ·pantshan, wo er allen übrigen fehlt,
wie er in allen uud dem skr. selbst in sex ἕξ shash gebricht,
gleichwol in früherer zeit vorausgesetzt werden musz, da es
glaublich scheint dasz die cardinalzahlen V-X auf gleichen fusz
geschnitten waren. der mehr oder minder gestörte oder zu-
treffende parallelismus rechtfertigt nun den schlusz, dasz schwed.
nio so gut der ausfüllung bedürfe als tio oder sju, obwol ein
grund vorhanden sein wird, der niun und ἐννέα ihre muta früher einbüszen liesz als taihun decem δέκα dashan, uud das scheint
mir auch ursache, warum novem und navan bloszes V ohne
muta zeigen. erst wenn man nagvan ergänzt finden sich alle
cardinalien IV-X gleichmäszig ausgestattet, d. h. mit schlieszen-
der muta der wurzel versehn. I II III sind anders gestaltet;
doch da êka inlautenden consonant besitzt, jeden egy und die
einzahl andrer sprachen, bis auf das scythische ἄριμα hin, seiner
nicht entrathen, warum sollen allein dva und tri ihre wurzel
vocalisch enden, da uns tvaddjê tveggja und þriggja der consonanz versichern?

Drückte nun der Friese sein IX durch niugun (wie VII
durch siugun), der Angelsachse durch nigon aus, so scheint
dies dem sigel == sauil, dem sægon == sêhvun, dem hrägel vestis == ahd. bregil entsprechend, das G mithin dem gothischen
in magus, nicht dem V in mavi oder im lat. novem; engl. nine

ist wieder dem goth. niun, nhd. neun ähnlich geworden. für
das ags. organ war IG eiu beliebter laut, der auch oft, was
nicht verhohlen werden soll, die flexion an der stelle erweitert,
wo andere mundarten bloszes I verwenden, so steht hlæfdige
(lady) ⹀ hlæfdie, in der prima praes. schwacher verba þolige
herige mouige, im inf. þoligean herigean monigean, oder im
gen. pl. statt Dena Danorum Beov. 401. 504 erweitertes De-
niga 698 Denigea 3163. 3338. 3359, und statt vênaleás spei
expers vênigealeás Beov. 3326. doch mitten in, dicht an der
wurzel werden diese buchstaben andern und festern grund haben.
240 auch das latein leitet von abies aper abiegnus aprugnus (in
iligneus mag es schon auf das C in ilex gehn), und das GN
in agnus dignus darf jenem nicht gleichgestellt werden.

Gleich aber stehn dem ags. ige insula, cigan vocare, glige
industria die ahd. onwa, chewau, das goth. glaggvus, die ahd.
pliuwan goth. bliggvan, und es ist klar, wenn man jenes G der
wurzel abschneiden wollte, dasz ihr auch die W und GGV der
andern entzogen werden müsten[1]; dem bliggvan blaggv gleicht
vollkommen siggvan saggv, wäre auch in ahd. singan sang nur
das S, in lat. pinguis nur das P wurzelhaft, im lat. angustus
wie im sk. andn nur das A, alles übrige blosze ausdehnung?
mir scheint rathsamer, auch das G, vor dem sich nasallaut entfaltete und jenes ihm identische ags. G mit in die wurzel zu
schlieszen; V in bliggvan siggvan stelle ich auszerhalb der
wurzel, wie das V in suavis ovum ravis novem brevis, falls sie
aus suadvis advum racvis nagvam brehvis (βραχύς) entsprangen,
deren D und G wurzelmäszig sind.

Auf diesem punct meiner untersuchung angelangt stelle ich
dreist aber vorsichtig, blosz für die deutsche sprache, den mir
lange vorschwebenden grundsatz hin, dasz sie keine mit baarem
vocal, noch mit V und J schlieszende wurzeln kenne[*]; ihrem
gefühl scheinen dergleichen wurzeln unbestimmt und unvollendet.
ich weisz nicht sicher, wie es sich damit in andern sprachen
verhalte, doch auch für sie wird unschädlich sein zu versuchen
auf welche weise manche ihrer entblöszten wurzeln bekleidet

---

[1] dem goth. GV (nicht dem GGV) scheint das im anlaut hervortretende romanische GU statt des deutschen W ähnlich, ital. guanto guardare guerra gulsa;
es wächst aber vornen an der wurzel, das goth. G vor V bildet ihren schlusz.

[*] diesen grundsatz hält Pott 1, 243 für irrig.

werden könnten. schlüge es fehl, so bliebe der deutschen grammatik unverwehrt ihr selbsteignes wurzelgesetz aufzustellen.

Vocale sind das flüssige, consonanten das feste element der sprache; eine des auslautenden consonants entbehrende wurzel würde offen und nackt stehn, unbedeckt von der sie hegenden faser oder rinde. wir besitzen einfache wurzeln, die mit einem, andere die noch fester mit zwei consonanten beschlossen sind; letztere können sichtbar aus ersteren entsprossen sein. kennzeichen wahrer wurzel scheint bei uns das vermögen abzulauten.

In der geschichte aller sprachen und auch der unsrigen gewahren wir, dasz die flexionen zusehends sich abstumpfen und verengen; warum sollten die wurzeln nicht auch gedrängt werden, consonanten ausstoszen, vocale zusammenschieben?

Freilich einzeluen, obgleich wenigen, wurzeln scheint vo- 241 calischer schlusz und dennoch ablaut oder reduplication zuständig, wie meist den goth. faian saian (ags. sâvan) vaian bauan bnauan fijan kijan snivan divan, und aus der analogie der übrigen sprachen läszt sich diese zahl noch mehren, z. b. nach ags. mâvan metere ein goth. maiau mainô folgern. meine künste wären aber verloren, wenn ich nicht für die meisten dieser formen, und für andere verba und nomina, die sich nicht mehr auf ablautende form zurückführen lassen, erbracht hätte, dasz ihre diphthonge eben aus wegfallender consonanz entsprungen sind.

Jenes gemutmaszte maian würde entsprungen sein aus madjan und dazu ein subst. madus pratum, eigentlich pratum demessum stimmen, welches im ags. mäd und mädve, engl. meadow, ahd. mato, mhd. mate, uhd. matte vorhanden ist. maitan maimait κόπτειν schiene gar nicht verwandt, wol aber das lat. mĕtere messui, dessen tenuis die im latein mangelnde aspirata vertritt, und dann wäre die lautverschiebung geordnet; mit diesem mĕtere hat mĕtiri, goth. mitan, ahd. mĕzan wieder nichts gemein. gr. ἀμάω stöszt wie maia seine muta aus. wäre aber maian aus madjan annehmbar, so würde auch saian saisô auf noch älteres sadjan oder lieber sagjan leiten, wobei lat. seges [Seja et Segesta Plin. 18, 2] in anschlag käme. lat. sero steht für seso = goth. saisô (wie ich schon gramm. 1, 927 zweite ausgabe folgerte), d. h. bringt die reduplication ins praesens, während das praet. sevi jenem ags. sâvan gliche.

Es ist verführerisch wörter aus vocalischer wurzel, gleichsam die sich entfaltenden blätter aus dem keim aufsteigen zu
lassen, aus KI kijan germinare und kind, aus VA vaian spirare
und wind, wie ans ἄημι ἄνεμος animus; geben aber kind und
wind nach dem N eine muta an, warum soll diese der wurzel
abgestritten werden? wie bei den zahlen dva und tri, die in
höchstes alter reichen, solch ein schlusz gerechtfertigt schien,
so stark für unzusammengezognes AI in tvai das analoge in
þai blindai und allen männlichen nom. pl. streitet. goth. stan-
dan und gaggan könnten ihre wurzel treuer darstellen, als was
sich in der gedrängten form der übrigen sprachen und unserer
jüngeren dialecte zeigt.

Wer Graffs wörterbuch aufschlagend mag sich in deutsche
wurzeln wie LA LI LU, MA MI MU oder gar SA SÂ zurecht-
finden!

Dobrowsky, der die slavischen wurzeln in drei classen
sondert, jenachdem ihnen vocalischer schlusz, zweifache oder
242 dreifache consonanz zustehe, überweist seiner ersten classe dunkle
pronominalstämme, partikeln und einzelne verengte verba, deren
lebendige wurzel meist oder immer in zweifel gezogen werden
darf.

Wenn man im sanskrit eine fülle von wurzeln vocalisch
ausgehn läszt und daneben andere consonantisch schlieszende
stattfinden, so sind zwei entgegengesetzte fälle denkbar, dasz
entweder jene eines ursprünglichen consonants verlustig wurden
oder diese ihn nicht minder aufgeben könnten. die wortfor-
schung schwebt in unruhe dorthin oder hierher, indem sie sich
des consonantischen lauts bald zu entledigen, bald ihn herzustellen sucht.

Harte anmutung scheint es, der sanskritwurzel MÂ zu gefallen, im lat. metiri*, goth. mitan, ahd. mēzan, folglich auch
im lat. modus, ahd. maz wurzelhafte lingualis aufzugeben, während sie in edere itan ēzan, in sedere sitan sizan, gemäsz skr.
AD und SAD, gelten soll. wer möchte sie dem goth. giuta,
ahd. kiuzu, dem ahd. sliuzu, lat. claudo entziehen, weil sie gr.
χέω κλείω fehlt?

Das lat. I soll in ire lebendiger wurzel ausreichen, die im

---

* anders Pott 1, 31. — Pott 1, 195 (Benfey 2, 32) nimmt neben mâ noch eine
andere wurzel mad an. modius μέδιμνος vgl. μέτρον.

imperativ i! keines zutretenden lauts bedürfe; allein auch franz.
eau, das heute wie ô klingt, stammt aus aqua, altn. â aus ahva,
und die geschichte unser sprache leitet für jenes i auf ID, dessen lingualis im slav. idu idem haftet, in eo ivi (f. idvi) ire wie
in εἶμι ἶα ἰέναι schwand.

Aus der wurzel PU reinigen leitet man pavana wie pâvaka,
die reinigenden elemente der luft und des feuers. mir kommen
alle lat. langen U vor R in purus murus durus, und gleich purus das gr. πῦρ, ahd. fiur gewaltig gedrängt vor, und ihre wurzel könnte PAK MAK DAK austragen, so dasz ich z. b. ma-
ceria dicht neben murus setze; man erwäge das bretagn. môger
murus.

Ich bekenne oft zu schwanken, von dem gewicht der gründe
auf der einen seite wie der andern angezogen. so scheint nicht
wenig dafür zu reden, dasz in pater mater frater, ahd. fatar
muotar pruodar die lingualis der ableitung gehöre, nicht der
wurzel, denn auch in soror (f. sueser) skr. svasri f. svastri, goth.
svistar, ahd. suëstar musz T ergänzt werden, und weder in
svistar noch dauhtar, ahd. tohtar, skr. duhitri, zend. dughdhar,
gr. θυγάτηρ wird man es der wurzel zuerkennen. dennoch leitet
goth. fôdjan, ahd. fuotan pascere, fuotar pabulum, ahd. pruotau 248
fovere, pruot foetus auf abgelautetes fadan braþan, vgl. ahd.
fatunga sagina, was zugleich an fett pinguis erinnert, bei mater
dürfen maturus und materia angeschlagen werden. den Finnen
heiszt mater muori, wie juvenis nuori (für muotri nuotri?), den
Lappen muora muorra arbor [1], und lat. puer entspricht skr.
putra, vor dem T könnte wie in dauhtar θυγάτηρ überall gutturalis eingetreten sein? wer will absprechen? es frommt wenigstens der annahme gedrängter vocalischer wurzeln die allenthalben vorbrechenden consonanzen vorzuführen und der allzu
erweichten form wieder kraft zu gewähren; lassen sich primäre
formen von secundären unterscheiden, so ist aus dem alten ein
jüngeres stärkeres geschlecht hervorgegangen. an die stelle
vieldeutiger sich verwirrender wurzeln mit vocalausgang, wie
sie in morgenländischen sprachen sich kund geben, scheint in
den europäischen, zumal der deutschen, die neigung vorhanden,
den wurzeln durch beigefügte consonanten gröszere individuali-

---

[1] vgl. litth. medis arbor und alts. mudspelli (arboris perditio == ignis). mythol.
s. 769.

tät zu sichern. was der einen sprache als wurzel gilt braucht
in der andern nicht dafür anerkannt zu werden, wie schon jede
den kreis und das verhältnis ihrer laute für sich absteckt[1].

Vocalschlüssige wurzeln, da ihnen dienende consonanz von
allen seiten her hinzutreten darf, öfnen der willkür thor und
thür; durch wesentlichen consonantausgang wird sie gebändigter.
man hat doch dem grundsatz zu huldigen, dasz jede sprache
buchstäblich zusammenfallende wurzeln meide, deren begriffe
keine vermittlung gestatten, ohne zweifel aber entspringen solche
wurzeln ungleich öfter, wenn ein vocal als wenn ein consonant
schlieszt. die gr. sprache zeigt uns z. b. νέω no und νέω neo,
ein abgehender consonant würde beide sondern, und wer ihn
genau wüste könnte uns auch des tappens überheben, wenn wir
für nache und noth, für ἀνάγχη und nanciscor nactus scheinbar
dieselbe wurzel graben.

In allen sprachen erscheint die kette der laute vielfach
unterbrochen und fehlende glieder heischen ergänzung, zu welcher uns die comparative grammatik beholfen ist, obschon nicht
alle gebrauchten beweise gleiche stärke erlangen. das verlorne
musz in die seele der alten sprache hinein gerathen werden.

244 Die wortgestalten einer auserwählten sprache für frucht-
bare forschungen sicher kennen zu lernen wird weniger durch
ausdehnung des gebiets als durch heilsame schranke erleichtert,
die den pflug ohne noth nicht zu tief eingehn läszt bis auf
stellen des bodens, wo kies und lehm mächtig werden; doch
die ergibigste ernte auf dem unabsehbaren blachfeld der sprache
dringt nicht in ihr unermessliches innerstes, und auch zu schachte
fahren lohnt, wenn immer mit anderen gewinsten. etymologien
gleichen einer ausreise auf ofne see: unablässig wie welle an
welle schlagen die worte, ihrer form und bedeutung nach, aneinander. wer ein zuschauer am ufer stehn bleiben will, leidet
weder schifbruch noch befällt ihn schwindel wie vielleicht die
ins boot gestiegnen.

[1] das ist klar, dasz die AI AU im goth. mais = magis und naus = nagus
den skr. durch guna gewirkten Ê und Ô = AI und AU die sich auch in AJ AV
umsetzen können (gramm. 1, 538), zwar ähnlich, dennoch fremd sind.

ÜBER IORNANDES UND DIE GETEN.

GELESEN IN DER AKADEMIE DER WISSENSCHAFTEN
AM 5 MERZ 1846.

Noch im vorigen jahrhundert allgemein unter uns schrieb
man diesen geschichtschreiber nicht anders als ich ihn eben
ausgesprochen habe. Fabricius stellte ihn in seine bibliothek,
Jöcher in sein lexicon mit demselben namen, von Mascov,
Reimarus bis auf Manso und Niebuhr wird er ebenso genannt.
aber auch die ersten ausgaben führten ihn unter gleicher form
in die gelehrte welt ein, Peutinger, dessen vorrede von 1515
datiert, dem aber Maximilian schon 1511 ein privileg dafür ertheilt hatte, beginnt 'Iornandes de rebus Gothorum', die folgende Baseler ausgabe des Beatus Rhenanus von 1531 p. 641
'Iornandes de origine actuque Getarum' und schlieszt 'Iornandis
Gothi de rebus Getarum finis'. von den späteren herausgebern
hat noch Lindenbrog 1611 überall im text Iornandes behalten
und nur die vorgesetzten testimonia veterum 'de Iornande sive
Iordano' überschrieben; unter den ausgaben hingegen, die un-
seren geschichtschreiber als anhang zu Cassiodor mitzutheilen
pflegen, scheint die form Iordanus einzureiszen, so schon bei
Fornerius Paris 1588 und in der Genfer ausgabe von 1656,
deren titel lautet: 'chronica Iordani episcopi ravennatis', obgleich inwendig im text cap. 50, wo sich der verfasser selbst
nennt, 'Iornandes' stehn bleibt. Garet, dessen Cassiodor (Rouen
1679) sich auch um Iornandes verdient gemacht hat, über-
schreibt band I p. 397 'Iornandes sive Iordanus', ohne jedoch
p. 420ᵇ jenes 'Iornandes ante conversionem meam' zu beeinträchtigen; Muratori endlich, der sich fast ganz auf Garet stützt,
läszt gleichwol beiden werken, dem de regnorum ac temporum

successione wie dem de geticae gentis origine, die zueignungen
'Iornandes Vigilio' und 'Iornandes Castalio', nicht weniger cap. 50
bleibt im text 'ego item, quamvis agrammatus Iornandes ante
conversionem meam' und nur die variante 'A agrammatos Iordanis' wird dazu beigebracht. seitdem dies schwanken eintrat,
ist auch von einzelnen, zumal französischen schriftstellern, je
nach der ihnen vorliegenden ausgabe, neben Iornandes bald
Iordanus bald Iordaues oder Iordanis gebraucht worden. der
herausgeber der monumenta historiae Germaniae, seine mitar-
beiter, und die ihnen nachfolgen, saugen dagegen an durchgehends den namen Iordanes vorziehend Iornandes als fehlerhaft zu beseitgen.

Ich theile diese ansicht nicht, sondern halte Iornandes,
woran wir uns in Deutschland gewöhnt haben, für besser.

Man läszt sich gefallen, dasz der hergebrachte und untadel-
hafte name Eginhart in Einhart gewandelt werde, da beide
formen wie Reginhart und Reinhart, Meginhart und Meinhart [1]
dasselbe aussagen, Einhart blosz die jüngere stumpfere schreibung darstellt. an eingeführten durchgedrungenen namen, sogar verderbten, sollte jedoch nicht unnöthig geändert werden;
nicht einmal die ursprüngliche schreibung, auch die laune der
folgenden zeit und der volksaussprache hat darüber zu entscheiden [2]; die form aber, welche ich hier vertheidige, läszt
sich als die richtige nachweisen.

Iornandes ist ein deutscher bedeutsamer name, den unser
Gothe, wie ich nicht zweifle, von jugend auf führte, und dessen
genaue aussprache nicht zu verfehlen ist; was sollen wir uns

---

[1] Monum. 2, 673. 674 wird der erst gegen den schlusz des neunten jahrh.
schreibende Meginhart so, und nicht Meinhart genannt; in einem epitaph auf
Eginhart mochte freilich schon Rabanus die seinem vers zusagendere form Einhardus wählen, während man in prosa gerne noch Eginhard fortbrauchte; es kann
sein, dasz Eginhart selbst mit beiden weisen abwechselte, denn in Schannats
trad. fuld. no. 83 findet sich 'Einhart rogatus scripsi' (anno 778.) auch in der
ihn angehenden urkunde Ludwig des frommen von 814 steht Einhardus. [Ein-
hart hat den nebensinn von einhart, alts. ênhard pervicax. Graff 4, 1023.]

[2] weder die Franzosen werden sich ihr Aristote für Aristoteles, ihr Jerôme
für Hieronymus, noch die Italiener ihr Federigo für Frederico nehmen lassen,
blosz wir Deutsche sind pedantisch genug jeden eigennamen auf seine angeblich
authentische schreibung, und sei sie noch so schlecht, zurück bringen zu wollen.
wer mit einigem sprachgefühl kann sich wol entschlieszen Winckelmann oder Würt-
temberg zu schreiben? [Fischart Garg. 78ᵃ schreibt Aristotel.]

hestrehen, ihm einen, wie es scheint, jüdischen unpassenden auf-
zudrängen, dessen letzte silhe nach drei gestalten schwankt, und
von dessen penultima man nicht weisz oh sie kurz oder lang
hervorzuhringen sei?

Allerdings legen die schriftsteller des mittelalters, welche
Iornandes anführen und ausschreiben, ihm den namen Iordanes,
Iordanis oder Iordanus hei; frühste meldung, soviel ich weisz,
erfolgt hei dem geographus Ravennas, der vielleicht schon in
dem jahrh. nach Iornandes lebte, und in dessen huche er sechs-
mal, wenn ich keine stelle übersah, angezogen steht, 1, 112 als
Iordanus sapientissimus cosmographus, hingegen 4, 1. 6. 15. 20.
5, 30 als Iordanis, gewöhnlich mit dem beisatz sagacissimus oder
sapientissimus. in den gestis abbatum fontanellensium aus dem
achten jahrh. (Pertz 2, 287) wird sodann unter den hüchern der
ahtei eine historia Iordani episcopi ravennatis ecclesiae de origine Getarum namhaft gemacht. Widukind (Pertz 5, 425) sagt
ferner: 'ut Iordanis narrat'; die chronica Sigeberti (Pertz 8, 301)
'ex historia Iordanis' und nochmals (Pertz 8, 317) 'Iordanis episcopus'; Eckehardi chronicon nennt ihn fünfmal (Pertz 8, 24. 35.
55. 90. 141) 'Iordanis episcopus', aber 8, 130 heiszt es ausführlicher: 'haec Iordanis quidam grammaticus ex eadem stirpe
Gothorum progenitus'; nicht anders wird in Bernoldi und Ma-
riani Scoti chronicon (Pertz 7, 413. 499. 536) Iordanis episcopus
als gewährsmann heigehracht. doch mögen einige der letzteren
einander selbst ausgeschriehen hahen, ohne dasz ihnen handschriften vorlagen.

Aus diesen anführungen geht zu genüge hervor, dasz die
form Iordanus oder Iordanis ihr recht habe und schon hoch
hinaufsteige; die künftige ausgabe in den mon. hist. germ. wird
uns darüber anfklären, welche und wie alte handschriften überhaupt noch vorräthig sind, wie sie den namen lesen, oder oh
einzelne zwei namen durch ein 'sive' als nebeneinander hefugt
vorstellen. ich glaube nicht dasz eine der zu gebot stehenden
hss. das siebente jahrh. erreiche, die meisten werden aus dem
11. 12 und 13 herrühren, aber in Fontenai lag ein codex, der
mindestens das alter des achten oder eines früheren jahrh. an-
spricht, und im siebenten, warum also nicht im sechsten? scheint
zu Ravenna selbst die form Iordanus oder Iordanis gaughar.

Wie aber, sollen Peutinger und Rhenanus den namen Iornandes, der von keinem schriftsteller des mittelalters gebraucht

wird, aus ihren fingern gesogen haben? in ihrem codex, und
das mag einer von gutem schrot gewesen, oder wenn auch
jünger aus tüchtigem alten geflossen sein, ist mit sicherheit die
lesart Iornandes, und zwar in der entscheidenden stelle des
cap. 50 vorauszusetzen. hier Iornandes zu erfinden hätte überhaupt nicht nur gar keinen grund gehabt, sondern wäre auch
ohne sprachkenntnis, wie sie jenen beiden ersten herausgebern
gänzlich abgieng, unthunlich gewesen, diese gestalt ist offenbar
die echte gothische, folglich schon deshalb festzuhaltende.

  Es wäre unerlaubt dasz wir einen so oft im munde ge-
führten namen jetzt nicht verstehn sollten; ich habe neulich bei
andrer gelegenheit ihn ausgelegt[1] und will hier diese erklärung
noch vervollständigen. Iornandes war ein Gothe und lebte unter
Gothen, wie nachher ausgeführt werden soll, sein name hat
vollkommen gothisches aussehen und der zweite theil meiner
grammatik (1826) s. 512 ihm bereits die gebührende stelle angewiesen. nandes ist die lateinische schreibung des goth. nanþs,
welches audax bedeutet, wie es auch in den eigennamen Sise-
nandes Vilianandes und dem weiblichen Theodenanda (bei Procop Θευδενάνθα) vorliegt. Ior aber entspringt aus syncope von
Ibor Ibur, nemlich iburs, ibrs oder ibrus musz den Gothen bezeichnet haben aper, ahd. ĕpar, ĕpur, ags. eofor, altn. iöfur, die
zusammensetzung iburnanþs will also sagen, eberkühn, dem
kühnen mut dieses thiers werden häufig die helden verglichen,
Nib. 1883, 3

      dô gie er vor den vînden, alsam ein eberswîn
      ze walde tuot vor hunden, wie möht er küener gesîn?
dem Tristan soll ein eber in den schild gemahlt werden, Trist.
4938

                wier im entwürfe unde snite,
                den kuonheit nie bevilte[2],
                den eber an dem schilte,

---

[1] abhandlungen der herl. academie für 1845 seite 231. [oben s. 157.]

[2] dieser relativsatz ist besser auf eber als auf das vorhergehende im zu beziehen. hier sind noch einige stellen: küene als ein swin. Lanz. 3546 (= kuone
als ein swin. Dint. 1, 37]; als ein eber vaht. Wh. 418, 17; [si fuhten alsô wildiu
swin. Diemer 209, 17]; rehte als ein eberswin. Karl 60ᵇ; in zorne er sêre wazte
als ein wildez eberswin. Martina 90ᵇ; ebere wilde die wetzende vor hunden stânt.
Haupt 1, 17. dies wetzen ist frendere, Trist. 13521 steht schümen nud wetzen.
[ic eofore eom cênra. cod. exon. 423, 9. hardi eomme sanglier. ms. paris. 7183

und eber waren altes heiliges zeichen an helm oder schild (mythol. s. 194. 195). in der altnordischen sprache drückt iöfur
geradezu einen held oder könig aus, und die vorstellung des
thiers tritt in den hintergrund. dasz ich nun Iornandes richtig
auf Iburnanþs zurückgeführt habe und der name rein gothisch
sei, folgt unwidersprechlich aus der in urkunden vorkommenden
ahd. form Eparnand[1], die ganz wie Folbnand, Wolfnand, Heri-
nand gebildet ist, und mit dieser bloszen nachweisung scheint[5]
die echtheit der gothischen form abgemacht. die Angelsachsen
würden Eofornôd sagen wie Beornnôd, Vulfnôd. dieselben
Angelsachsen übersetzten den ortsnamen Eboracum (möge er
ursprünglich bedeutet haben was er wolle) in Eoforvic (Eber-
stadt)[ ] und dies wurde allmälich zusammengezogen in York
(altn. Iorvîk) welches also genau entsprungen ist wie die erste
silbe von Iornandes.

Einwerfen könnte man, dasz bei Procop (ed. bonn. 2, 39)
ein Gothe 'Εβριμούθ vorkomme, den auch das chronicon Marcellini comitis im jahre 549 (anno XIV post cons. Belisarii)
Ebremud [Iornand. c. 60 Evermund] nenne, den Gothen also
die volle form Eburnandes Iburnanþs, nicht die zusammengezogne Iornandes eigen scheine. hierauf aber antworte ich, dasz
im untern Mösien, am scyrischalanischen hofe, wo Iornandes
geboren wurde und einen theil seines lebens zubrachte, solche
syncope gewöhnlich sein konnte, wie überhaupt die gothischeu
dialecte selbst in manchem geschwankt haben mögen. unverkennbar begünstigt z. b. der westgothische zusammengezogne,
der ostgothische volle formen, die ostgothischen namen Eutharicus und Athalaricus lauteten den Westgothen Euricus und
Alaricus; beide letztere werden erst im ostgothischen ausdruck
verständlich.

Iornandes war nicht blosz der abkunft sondern auch dem
herz und der sprache nach Gothe. seine getische geschichte
sagt ausdrücklich am schlusz: nec me quis in favorem gentis
praedictae, quasi ex ipsa trahentem originem aliqua (l. alia)
addidisse credat, quam quae legi aut comperi. und im funfzig-

sten capitel unterrichtet er uns näher von seiner herkunft: Scyri vero et Satagarii et caeteri Alanorum, cum duce suo nomine Candax Scythiam minorem inferioremque Moesiam accepere. cujus Candacis Alanowamuthis patris mei genitor Peria, id est meus avus, notarius*, quousque Candax ipse viveret, fuit, ejusque germanae filius Gunthigis, qui et Baza dicebatur, magister militum, filius Andagis, filü Andalae, de prosapia Amalorum descendens. ego item, quamvis agrammatus, Iornandes ante conversionem meam notarius fui. jahrhunderte hindurch hatten sich im gebiet der untern Donau bis zum schwarzen meer, in Thracien, Mösien, Dacien, Pannonien deutsche, thracische, sarmatische, scythische völkerschaften nebeneinander eingefunden und oft die stelle gewechselt. der dauernde aufenthalt und das übergewicht der zahlreichen und streitbaren Gothen in diesen strichen mag lange vor dem fünften jahrh. auch ihre reiche und wollautende sprache allgemeiner verbreitet haben, da zu allen zeiten für den weiteren verkehr der völker untereinander einzelne sprachen ihre eigentliche grenze überschreiten[1]. so erklärt es sich, warum wir unter den Hunnen auf gothische eigennamen stoszen und warum den Slaven und Deutschen von alters her viele namen und wörter gemeinschaftlich sind; wenn wir einmal weiter fortschreiten in unsrer kaum begonnenen erkenntnis des zusammenhangs und gegenseitigen einflusses zwischen gothischer, slavischer, litthauischer und finnischer zunge überhaupt, werden sich auch in diesen bezügen lichtere blicke in die dunkelheit werfen lassen. ich bin darin nicht mit dem treflichen Zeusz einverstanden, dasz er scythische und deutsche Scyren von einander halten will, Scyren unsrer stelle und die, welche unter Odovacer nach Italien vorgedrungen waren, können demselben volk zufallen, wie die Ruger und Heruler aus dem osten sich gen westen wandten[2]. auch zwischen Gothen und Alanen, die Procop geradezu ein gothisches volk nennt,

---

* vgl. ὑπογραφεύς. Waitz Ulfilas p. 50.

[1] Wie man jetzt mit französischem in Deutschland fortkommt, mit deutschem in Scandinavien, mit slavischer oder italienischer zunge in einem theile des morgenlandes; so wol damals mit gothischer an der untern Donau bis zum schwarzen meer.

[2] auch Niebuhr (kleine hist. schr. 1, 385) gestattet zusammenhang zwischen den alten in Skythika auftretenden Skiren und den späteren entschieden deutschen Skyren.

Iornandes aber cap. 31 neben die Vandalen stellt, Ammianus
Marcellinus bedeutsam für Massageten hält, von welchen Massageten Procop 1, 359. 447 uns den mannsnamen Aigan überliefert, eine offenbar deutsche form; zwischen diesen Alanen und
den Gothen wird sich ein engeres band schwerlich ablengnen
lassen, wenn nicht dem ursprung, doch dem zusammenleben
und der verbrüderung nach. der name Alanowamuthis erinnert
in seinem zweiten theil an jenes Ebrimuth, im ersten aber an
die slavische weise den begrif der abkunft durch die adjectiv-
bildung -ov auszudrücken: Alanovamuthis bezeichnet also den
alanischen stamm, und auch Peria, oder wie andere lesen Paria,
scheint kein rein gothisches wort, vielmehr alanisches. dieses
Peria schwester, deren namen Iornandes zu melden unterläszt,
heiratete in das berühmte geschlecht der Amalen (ahd. Ama-
lunge), ihr gemahl hiesz Andagis (Andags?) und dessen vater
Andala, das aus ihrer ehe entsprossene kind hingegen Gunthigis
mit dem zunamen Baza, ein magister militum, das heiszt doch
in römischem dienst? diese drei namen Gunthigis, Audagis
und Andala sind deutlich gothisch. Baza, des Gunthigis andrer
name, mag einerlei sein mit dem bei Procop vorkommenden 7
Bessa, welchen auch Iornandes unmittelbar vorher Bessa patri-
cius nennt und auf den ich im verfolg noch einmal zurück-
kehre. dies Bessa, Baza, sowie die sonst bei Procop erwähnten
Pitza (Pissa) Stotza und andere mehr, scheinen mir hypoco-
ristische formen, welche als analogie zu den ahd. bildungen
sehr merkwürdig, begreiflich aber schwer zu deuten sind. Iornandes gehört also, wo nicht einem voll gothischen, wenigstens
alanischen halbgothischen geschlecht an, und man dürfte seinem
'quasi ex ipsa (gente Gothorum) trahentem originem' den sinn
unterlegen, dasz er nur gleichsam Gothe gewesen sei; quasi
kann aber lieber, wie sonst acsi bloszes ut ausdrücken. das
wort Iornandes ist reingothisch und höchstens wäre die kürzung des Ior in Iur alanischer aussprache oder mundart beizumessen.

Iornandes gibt uns an, gleichwie sein groszvater notar d. i.
schreiber des alanischen fürsten Candax war, sei er selbst notar
gewesen, fügt aber nicht hinzu wo oder bei wem; denn dem
Candax kann er nicht mehr gedient haben. nicht zu übersehen
ist die bestimmung 'ante conversionem meam', was sowol bekehrung vom heidenthum zum christlichen glauben, als auch

den übertritt aus weltlichem stand in das mönchsleben bezeichnen könnte, Ducange hat für diesen sprachgebrauch s. v. con-
versio belege gesammelt. letzteres ist auch wahrscheinlicher,
da um den beginn des sechsten jahrh. die gothischen und ihnen
benachbarten völker längst Christen waren. Iornandes hieng
aber an der catholischen lehre, gleich den meisten Ostgothen,
während die Westgothen lange der von ihm strengverworfnen
arianischen folgten.

Hier mag nun eine mutmaszung über den doppelten namen
Iornandes und Iordanes stattfinden. man weisz dasz die mönche,
beim eintritt in das kloster ihren weltlichen namen ab und einen
geistlichen anzulegen liebten. Iornandes brauchte den seinigen
blosz zu verrücken, um ihm christliche farbe zu leihen; die
erste silbe konnte bleiben, die zweite durch leichte umstellung
übergehn in dan, so dasz der conversus auch mit ungewandtem
namen nunmehr bruder Iordanes nach dem heiligen strom[1] genannt wurde, worin Christus die taufe empfieng: fortan mochte
er 'Iornandes sive Iordanes' heiszen, wie vielleicht handschriften
wirklich beide namen nebeneinander stellten, Iornandes wäre
der weltliche geburtsname, Iordanes der kirchliche, wie der
Angelsachse Vinfrid den geistlichen namen Bonifacius erhielt[2].
solch ein verhältnis müste jedoch durch ausdrückliches zeugnis
zur gewisheit erhoben werden, bevor man sich erlauben darf
beide namensformen für gleich berechtigt zu halten, und selbst
dann würde unsre wahl zwischen dem alten volksmäszigen namen
und dem verschrobnen mönchischen nicht schwer sein[3]. auszer-

---

[1] die christlichen dichter machen die zweite silbe des flusznamens Iordanes
bald kurz bald lang; die griech. prosa betont Ἰορδάνης und Ἰόρδανος, Ulfilas hat
Iaurdanês Marc. 1, 5, meist aber Iaurdanus. übrigens wird das hebräische wort
ausgelegt durch descensio oder abyssus, vgl. Cassiodorus in psalm. 41 (opp. ed.
Garet 2, 143ᵃ). [dies verwirft Meiers hebr. wurzelwb. 680, es soll blosz: der
nasse, der flusz bedeuten.]

[2] Gregorius turonensis hiesz eigentlich Georgius Florentius, und Georgius
wandelte sich leicht in Gregorius, ich werde hernach einen gothischen schriftsteller dieser zeit anführen, der sich die namen Renatus Profuturus beilegte. [so
änderte der arabische schriftsteller Jakut (d. i. Ὑάκινθος, pers. jakend, syr. ja-
kundo, russ. jachond), als sein ruhm gestiegen war, seinen namen in Jakub, Frähns
Ibn Foszlan p. XXXIX. der bekannte dänische erzbischof Axel (Askel) nannte
sich Absalon.]

[3] bei vergleichungen der handschriften wünsche ich sorgsam beachtet, ob im
cap. 50, wo der verfasser seine abkunft angibt, der name Iornandes ausgedrückt
werde; ich halte diese stelle für den eigentlichen sitz der rechten namensform,

dem sei noch angemerkt, dasz der mannsname Iordanes schon ein jahrh. früher erscheint, ein consul des jahrs 470 im orient hiesz Flavius Iordanes (vgl. Marcellini comitis chron. Paris 1619 p. 36 Iordane et Severo coss.), dies war unter kaiser Leo I, zu einer zeit wo schon lauter christliche consuln walteten, und ich kann den grund nicht wissen, warum dieser consul solchen eigen- namen führte*; lief er aber sonst schon um, so konnte ihn Ior- nandes sich selbst oder ein andrer ihm beilegen.   auch die späteren Griechen brauchten 'Ιορδάνης oder 'Ιορδάνειος als manns- namen, und eigentlich hätte man ebenso im latein ein adjecti- visches Iordanius von dem subst. Iordanes unterscheiden sollen[1].

Unser Iornandes weist bescheiden allen anspruch auf ge- lehrsamkeit zurück, indem er sich selbst als agrammatos be- zeichnet; wenn ihm spätere das epithet grammaticus beilegen, so braucht auch dies nichts anders als was notarius zu sagen; * seine werke geben nur belesenheit kund, keine tiefere gelehr- samkeit. gleichwol scheinen seine verdienste ihm höheren rang in der kirche und selbst die bischofswürde zuwege gebracht zu haben; die vorhin angezogenen schriftsteller des mittelalters nennen ihn beinah einmütig episcopus, ja schon das alte zeugnis aus Fonteuai weist ihm ausdrücklich Ravenna als bischofsitz an, was sich auf die rubriken alter handschriften gründen kann. Muratori will ihm zwar die bischöfliche würde überhaupt nicht einräumen und ihn für bloszen mönch angesehen wissen; ich glaube dasz dieser zweifel zu weit getrieben ist, wie sich zum theil schon aus der zueignung folgern läszt, mit welcher die iornandische weltgeschichte anhebt.   ich musz die zueignungen beider werke hier einrücken, da sie kurz und nicht uneben ab-

während in den zueignungen begreiflich die geistliche gebracht sein kann, woraus sich zugleich ergeben würde, wie diese hauptsächlich in den titel über- gieng.

* ein Iordanes im cod. just. 1, 2, 14.

[1] schwerlich darf man Iordanes zu einem parthischen namen stempeln, nach analogie von Vardanes, wie ein könig der Parther im jahre 43 nach Chr. hiesz; gleich unstatthaft wäre ihn mit hergestellter aspirata als Hiordan aufzufassen und nun altnordischen namen wie Hiördis, Hiörvardr an die seite zu stellen.   davon abgesehen, dasz kein altn. Hiördan begegnet, würde hier im goth. hairns, ahd. hern lauten. übrigens war Iordun gen. Iordani auch ahd. gebräuchliche eigen- name, vgl. Schannat trad. fuld. no. 133 und Dronke trad. fuld. c. 3, 111 ein 'Ior- dan e Mogontia', und in Italien findet sich Iordanus und Giordano noch häufiger. [frz. Jourdain, Jordanis Irmino 59ᵇ.]

12*

gefaszt sind, auch noch andre betrachtungen daran geknüpft werden mögen.

Vorhergehn soll die widmung der gothischeu geschichte, welche folgendermaszen lautet:

IORNANDES CASTALIO S. D.

Volentem me parvo subrectum navigio oram tranquilli litoris attingere et minutos de priscorum (ut quidam ait)[1] stagnis pisciculos legere in altum, frater Castali, laxare vela compellis, relictoque opusculo, quod iutra manus habeo, id est de breviatione chronicorum, suades ut nostris verbis duodecim Senatoris volumina de origine actuque Getarum ab olim usque nunc per generationes regesque descendente in unum[2], et hoc parvo libello, coarctem. dura satis imperia, et tanquam ab eo, qui pondus hujus operis scire nolit, imposita. nec illud adspicis, quod tenuis mihi est spiritus ad implendam ejus tam magnificam dicendi tubam. superat nos hoc pondus, quod nec facultas eorundem librorum nobis datur, quatenus ejus sensui inserviamus. sed ut non mentiar, ad triduanam lectionem dispensatoris ejus beneficio libros ipsos antehac relegi. quorum quamvis verba non recolo, sensus tamen et res actas credo me integre tenere. ad quos nonnulla ex historiis graecis ac latinis addidi 10 convenientia; initium finemque et plura in medio mea dictatione permiscens. quare sine coutumelia quod exegisti suscipe libens, libentissime lege; et si quid parum dictum est et tu, ut vicinus genti, commemoras, adde. ora pro me frater carissime.

Dem buch de regnorum ac temporum successione ist folgendes vorausgesandt:

IORNANDES VIGILIO S. D.

Vigilantiae vestrac, nobilissime frater Vigili, gratias refero, quod me perlongo tempore dormientem vestris tandem interrogationibus excitastis. Deo magno gratias, qui vos ita fecit sollicitos, ut non solum vobis tantum quantum et aliis vigiletis. macte virtutis et meriti! vis enim praesentis mundi cognoscere aerumnas, aut quando coepit, vel quid ad nos usque perpessus est,

---

[1] bedient sich dieses nicht übel gewählten bildes Hieronymus oder Augustinus im eingang eines geistlichen tractats? denn kaum gehört es einem classiker, so gut der ausdruck minuti pisciculi ist, den auch Varro braucht. [Sybel bei Schmidt 7, 288 weist Origenes als quelle auf.]

[2] ein germanismus, goth. in ain, ahd. in ein, ags. in än. [? vulgata Luc. 17, 35 molentes in unum]

edoceri. addis praeterea ut tibi, quomodo respublica coepit et tenuit, totumque paene mundum subegit et hactenus vel imaginarie teneat, ex dictis majorum flosculos carpens breviter referam, vel etiam quomodo regnum a Romulo et deinceps ab Augusto Octaviano in Augustum venerit Justinianum, quamvis simpliciter, meo tamen pandam eloquio. licet nec conversationi meae, quod admones, convenire potest, nec peritiae; tamen ne amici petitionibus obviemus, quoquo modo valuimus late sparsa collegimus et prius ab autoritate divinarum scripturarum, cui et inservire convenit, inchoantes, et usque ad orbis terrae diluvium, per familiarum capita currentes devenimus ad regnum Nini, qui Assyriorum in gente regnans omnem paene Asiam subjugavit, et usque ad Arbacem Medum, qui destructo regno Assyriorum in Medos illud convertit tenuitque usque ad Cyrum Persam, qui itidem Medorum regnum subversum in Persas transtulit, et exinde usque ad Alexandrum Macedonem, qui devictis Persis in Graecorum ditionem rempublicam demutavit. post hoc quomodo Octavianus Augustus Caesar subverso regno Graecorum in jus dominationemque Romanorum perduxit. et quia ante Augustum jam per septingentos annos consulum, dictatorum regumque suorum solertia romana respublica nonnulla subegit, ab ipso Romulo aedificatore ejus originem sumens, in vicesimo quarto anno Justiniani imperatoris, quamvis breviter, uno tamen, in tuo nomine, et hoc parvissimo libello confeci, jungens ei aliud volumen de origine actuque geticae gentis, quod jam dudum communi amico Castalio edidissem, qnatenus diversarum gentium calamitate comperta, ab omni aerumna liberum te fieri cupias, et ad deum convertas, qui est vera libertas. legens ergo utrosque libellos, scito quod diligenti mundum 11 semper necessitas imminet. tu vero ausculta Ioannem apostolum, qui ait [1]: charissimi nolite diligere mundum, neque ea quae in mundo sunt, quia mundus transit et concupiscentia ejus, qui autem fecerit voluntatem dei, manet in aeternum. estoque toto corde diligens deum et proximum, ut adimpleas legem, et ores pro me, nobilissime et magnifice frater.

Nicht ein einziger von allen, die den Iornandes bisher behandelt und herausgegeben haben, ist um diese zueignungen bekümmert gewesen oder bestrebt zu ermitteln, wer die beiden

---

[1] Epist. Joh. I. 2, 15—17.

Castalius und Vigilius waren; selbst Muratori, den man für den geschicktesten halten sollte, in ältere italienische verhältnisse einzudringen, läszt ohne auskunft, wie überhaupt alles was er an Iornandes gethan, geringfügig scheint. die beschränkte forschung, die ich diesem gegenstande zuwenden konnte, hat mir für Castalius gar nichts ertragen; man sollte ihn in der gegend von Ravenna suchen, doch die wenigen urkunden bei Marini aus dem sechsten jahrh. nennen weder ihn noch Iornandes, und des Fantuzzi samlung hebt erst in späterer zeit wieder an[*]. nach den worten 'si quid parum dictum est, et tu, ut vicinus genti, commemoras, adde' musz Castalius in der nähe der Gothen gewohnt haben und darum mit ihnen und ihrer geschichte bekannter gewesen sein; gewis war er selbst kein Gothe, denn sonst hätte hier Iornandes 'ut e gente Getarum originem trahens' oder etwas ähnliches geschrieben. aus Procop aber wissen wir, dasz die stärke der letzten Gothen in Italien (unter Tòtila und Têja) den transpadanischen landstrich behauptete und Ticinum (Pavia) ihre mitte bildete; ein kloster von Ravenna an der rechten seite des Po aufsteigend, etwa gar das uns so wichtig gewordene Bobbio könnte den bruder Castalius eingeschlossen haben[1]. 'commemorare' bedeutet in memoriam revocare, reminisci, Castalius muste in der Gothen nachbarschaft nähere kunde von ihnen gewonnen haben, aus seinem aufenthalt, wenn er ausgemacht wäre, möchten sich auch schlüsse über den des Iornandes selbst ergeben, und keinen von beiden wird man auszerhalb Italiens, etwa bei den in der Donaugegend zurückgebliebenen Gothen suchen dürfen. das scheint noch bestimmter zu folgen aus Iornandes verhältnis zu Vigilius, über dessen persönlichkeit man sich so wenig irren kann, als uns die des Castalius noch in dunkel gehüllt bleibt. Vigilius ist kein andrer als der pabst selbst, der von 538 bis anfang 555 auf dem stul sasz, ein geborner Römer, zuerst bloszer gegenpabst und hernach in kirchliche streitigkeiten mit kaiser Justinian verwickelt, der ihn hart behandelte, so dasz er lange zeit

---

[*] Castalius Innocentius Audax, praefectus urbis. Gruter inscr. 193. Almeloveen fasti p. 507.

[1] diese mutmaszung fällt weg, wenn nach [Fredegar c. 36] Paulus Diaconus 4, 43 Bobium zuerst von Columban im beginn des siebenten jahrh. unter der langobardischen herschaft gestiftet wurde.

[2] Anastasius bibliothecarius de vitis pontificum 1, 106.

in bann leben muste [1]. bei Procop heiszt er Βιγίλιος ὁ τῆς ʻΡώμης
ἀρχιερεύς, und verschiedne dieser händel werden, ohne besondern antheil, gemeldet [2]; so wenig noch hatte sich damals gewalt und ansehn der päbste, zumal bei Byzantinern, entfaltet.
Iornandes mag dem Vigilius frühe befreundet gewesen sein,
vielleicht einmal mit ihm in demselben kloster gelebt haben;
doch sticht der ton merklich ab gegen den in der zueignung
an Castalius beobachteten; wird dieser einfach 'frater' angeredet und überall geduzt, so heiszt Vigilius gleich ʻnobilissime
frater' und dann folgen zierliche anspielungen auf den namen
selbst: ʻvigilantiae vestrae gratias refero, quod me dormientem
vestris interrogationibus excitastis'. auch der nächste satz fährt
ihrzend fort: ʻdeo gratias, qui vos ita fecit sollicitos, ut non
solum vobis tantum quantum et aliis vigiletis', schon in solli-
citus könnte gelinde anspielung auf das dem pabst widerfahrne
leid steeken; nach jener zeit weise geht er hernach wieder in
das vertrauliche du über, schlieszt aber zuletzt mit der bitte
ʻores pro me nobilissime et magnifice frater', nachdem es kurz
zuvor geheiszen hatte: ʻquatenus diversarum gentium calamitate
comperta ab omni aerumna liberum te fieri cupias et ad deum
te convertas'. über des pabstes sollicitudo und aerumna, der
sich aus der weltgeschichte trost holen sollte, lebhafter auszu-
lassen hinderte ohne zweifel die rücksicht auf den mächtigeren
kaiser. daraus aber dasz er den Vigilius ʻnobilissime und magnifice frater' anredet, gewinne ich bestätigung der in zweifel
gezognen, vermutlich auf dem titel einzelner handschriften angegebnen bischöflichen würde des Iornandes: ein bloszer mönch
hätte den römischen pabst nicht bruder genannt, papa gaben
ihm auch die bischöfe selten [3]. an welchem orte war aber Iornandes bischof? [*] Fabricius bibl. lat. 3, 17 sagt: de ravenna- [4]
tensi mora nihil lego, sed forte vere dictum; de episcopatu Go-

[1] Anastasius bibliothecarius de vitis pontificum 1, 106.
[2] Ed. bonn. 2, 339. 340. 428.
[3] Der heil. Cyprian, bischof zu Carthago, nennt den römischen pabst Cornelius in briefen vom jahre 250. 251 ʻfrater carissimo' und Cornelius erwidert
eben so. epist. roman. pontif. ed. Constant. Paris 1721 p. 125. 133. 139. nicht
anders redet Johannes bischof zu Antiochia den römischen bischof Xystus, d. h.
den pabst im jahre 433 an ʻfrater' und ʻconsacerdos' (ἀδελφός und συλλειτουργός)
ibid. p. 1242. Papa heiszt zwar zuweilen der römische, aber auch z. b. der alexan-
drinische bischof. ibid. p. 262. 766.
[*] Selig Cassel 302 weist nach zu Croton.

thorum nihil me scire profiteor. wenn die gesta fontanellensia ausdrücklich Ravenna bezeichnen, so entnehmen sie das dem titel ihrer in der mitte des achten jahrh. vorräthigen handschrift, wogegen freilich des Agnelli erst im neunten abgefaszter liber pontificialis seu vitae pontificum ravennatensium [1] keines Iornandes oder Iordanes gedenkt. ebensowenig bezeichnet der geographus Ravennas, dessen heimat feststeht [2], den oft angeführten Iordanes weder als landsmann noch als bischof, und es tritt hinzu, dasz Ravenna, die alte hauptstadt des Gothenreichs und exarchats erzbischöfe hatte, keine bischöfe. aus der dem 29 cap. seiner gothischen geschichte eingeschalteten lebendigen schilderung Ravennas läszt sich wenigstens vermuten, dasz Iornandes die stadt aus eigner anschauung kannte, woran ohnehin niemand zweifeln wird. es gebricht uns aber jegliche auskunft darüber, an welchen orten Iornandes, nachdem er sein geburtsland verlassen hatte, bis er endlich der bischöflichen würde theilhaft wurde, lebte und wohnte, ob in Byzanz, Ravenna, Rom oder noch anderswo.

Die zeit, während welcher beide werke abgefaszt und zu ende gebracht sind, unterliegt keiner unsicherheit. in der vorrede an Vigilius sagt Iornandes selbst, dasz er seinen auszug aus der weltgeschichte bis zu Justinians 24. jahre, folglich bis zu 551 fortführe, kurz zuvor (jamdudum) aber die gothische geschichte für den gemeinschaftlichen, also auch mit Vigilius vertrauten freund Castalius entworfen habe. beide werke reichen wirklich so weit herab, die gothische geschichte schlieszt mit des Vitiges (542 oder 543 erfolgtem) tode, fügt aber noch in wenigen worten hinzu, dasz dessen witwe Mathesuentha des kaisers bruder Germanus anvermählt, nach dieses bald erfolgtem ableben einen posthumus zur welt gebracht habe, auf welchem nunmehr die einigung der Anitier [3] und Amaler, der welt hofnung ruhe. Germanus starb 550 oder 551, das kind mag 14 noch in dem letzten jahr geboren sein und wir sind wieder auf 551 geleitet. absichtlich übergeht Iornandes des Totila erhebung und heerzug in der gothischen, welchen er in der allgemeinen

---

[1] herausgegeben von Bachini, Modena 1708 und bei Muratori wiederholt.

[2] 1, 31 sagt er: Ravenna nobilissima, in qua, licet idiota, ego huius cosmographiae expositor, Christo adjuvante genitus sum.

[3] Forcellini s. v. Anicianus. Lindenbrog zu Iornandes p. 162. Valesius zu Ammianus Marc. 16, 8 p. 126.

geschichte noch berührt, in keiner konnte er dessen ende melden.
da Tótila etwa juni 552 fiel, in der weltgeschichte ausdrücklich
noch lebend dargestellt wird[1], so musz diese Iornandes vorher,
die gothische sogar etwas früher abgeschlossen haben, 551,
höchstens im beginn von 552. wir sind aber nun aller weiteren
nachrichten baar, und wissen nicht, ob Iornandes vor oder nach
dem ihm befreundeten Vigilius, welcher 555 starb, sein leben
endigte, erst wenn es gelänge den ort seines bisthums zu ermitteln, dürften wir etwas darüber zu erfahren hoffen; weil damals meist bejahrte männer oder greise mit der bischofswürde
bekleidet worden, ist ihm kein viel höheres alter zuzutrauen.

Es ist hier nicht meine absicht mich über den gehalt der
jornandischen werke, über seinen beruf zu dieser arbeit und die
dafür benutzten quellen[2] ausführlich zu verbreiten; ich werde
blosz einzelnes, was mich gerade besonders anzieht, hervorheben.

Offenbar wollte er für das bedürfnis seiner umgebung
gröszere werke durch auszug entbehrlich machen; auf welche
weise er die ihm vorgelegnen verschiednen gewährsmänner ineinander verarbeitet und was er eignes ihnen zugefügt habe,
läszt sich bei dem beklagenswerthen abgang gerade der wichtigsten darunter schwer und nicht vollständig beurtheilen. sein
dünnes buch de regnorum successione, oder die übersicht der
weltgeschichte, welche den duldenden Vigilius trösten sollte,
ist von geringem belang, dagegen das werk de geticae gentis
origine ac rebus gestis, oder wie er es selbst überschrieben zu
haben scheint, de origine actuque Getarum, für uns eben bei
dem untergang jener älteren bessern schriften ein werthvolles
ja unschätzbares denkmal geworden, für dessen abfassung wir
ihm oder dem dazu aufmunternden Castalius dank schulden.

Castalius hatte ihn, wie er selbst sagt, angegangen: ut [15]
nostris verbis duodecim Senatoris volumina de origine actuque
Getarum in unum et hoc parvo libello coarctem; diese 'magni-

---

[1] quae post ejus obitum postumum edidit filium, vocavitque Germanum.
qua felicitate sibi Totila comperta totam paene insultans Romanis devastat Italiam.

[2] von Sybel de fontibus libri Iordanis de origine actuque Getarum, Berlin
1838 hat diese quellen am fleiszigsten abgehandelt. Seb. Freudensprung de Iornande sive Iordane, Monaci 1837 konnte ich nicht einsehn. die jüngste schrift
von Joh. Jordan: Jordanes leben und schriften, Ansbach 1843 wäre doch kaum
entsprungen, wenn Iornandes überall nur seinen eigentlichen namen geführt hätte.

ficam dicendi tubam' mit seinem schwachen athem anzublasen,
wird ihm schwer, er hat nicht einmal Cassiodors werk zur
hand, und leider schlieszen wir eben daraus, in wie geringer
zahl es ausgegeben gewesen sein möge. Cassiodor scheint seine
schriften insgemein gern in zwölf bücher gefaszt zu haben, so
die variae und auch die unter dem namen historia tripartita
bekannte kirchengeschichte; die gothische geschichte muste also
von ziemlichen umfang sein, da Iornandes die zwölf bücher sogar duodecim volumina nennt. in der vorrede zu den variis
läszt sich Cassiodor selbst zurufen: 'duodecim libris Gothorum
historiam defloratis prosperitatibus condidisti', er hat die glück-
lichen begebenheiten der Gothen gleichsam wie blumen gelesen
und gebrochen.   var. 9, 25 legt er in einem schreiben an den
römischen senat dem könig Athalaricus folgende worte in den
mund: 'tetendit (nemlich Cassiodorus) se etiam in antiquam
prosapiam nostram, lectione discens quod vix majorum notitia
cana retinebat. iste reges Gothorum longa oblivione celatos
latibulo vetustatis eduxit. iste Amalos cum generis sui claritate
restituit, evidenter ostendens, in decimam septimam progeniem
stirpem nos habere regalem. originem gothicam historiam fecit
esse romanam, colligens quasi in unam coronam germen flori-
dum, quod per librorum campos passim fuerat ante dispersum
(das ist nochmals jenes deflorare der praefatio). perpendite,
quantum vos in nostra laude dilexerit, qui vestri principis na-
tionem docuit ab antiquitate mirabilem: ut sicut fuistis a ma-
joribus vestris semper nobiles aestimati, ita vobis regum antiqua
progenies imperaret'. so stolze worte hatten Römer von dem
sie beherschenden Gothenkönig, dem entarteten nachfolger des
groszen Theodorichs zu vernehmen. da Athalarich 534 starb,
musz das schreiben, umsomehr die darin angeführte gothische
geschichte früher abgefaszt sein. Cassiodor, etwa um 480 geboren *, schrieb dies werk in der kraft seines lebens, in aller
fülle seines einflusses auf das gothische reich, vielleicht erst
nach Theodorichs tod 526. var. 12, 20 sagt er nochmals:
superatum est exemplum, quod in historia nostra magna inten-
tione retulimus. nam cum rex Alaricus urbis Romae deprae-

---

* nach Carlo Baudi di Vesme frammenti di Cassiodoro in den memorie della
real accad. di Torino, Tom. VIII. 1846 p. 176 war Cassiodor geboren 459 und
erreichte 100 jahre nach einer stelle seines commentars zum psalm 100. er starb
also nach 559.

datione satiatus apostoli Petri vasa suis deferentibus excepisset,
mox ut rei causam habita interrogatione cognovit, sacris limi-
nibus deportari diripientium manibus imperavit, ut cupiditas,
quae depraedationis ambitu admiserat scelus devotione largis- 16
sima deleret excessum. sed quid mirum, si reverendorum sanctorum vasa deripere noluit, qui tanta se urbis vastatione ditavit?
dies ereignis fällt ins jahr 409, Cassiodor hatte also die gothische
geschichte bis auf jüngere zeiten geführt und es steht zu erwarten, dasz das glanzvolle leben seines helden Theodorich
darin hervorragte. das bald unaufhaltsam einbrechende sinken
und der untergang des ostgothischen reichs in Italien scheint
die verbreitung eines werks, das ganz für dessen ruhm geschrieben war, hintertrieben, und mag es selbst seinem verfasser verleidet haben. man weisz dasz sich Cassiodor gegen
das jahr 540 aus dem geschäftsleben zurück zog in die einsam-
keit, um ruhiger betrachtung hingegeben noch andere schriften
zu vollenden, unter welchen die variae weit das bedeutendste
sind: er legt darin rechenschaft seiner verwaltung ab und die
urkunden derselben vor. seine gothische geschichte musz bald
so selten geworden sein, dasz um die mitte des jahrh. Iornandes, als er an einen auszug hand anlegen wollte, mühe hatte,
das bereits vorher einmal gelesne werk nochmals einzusehn;
Cassiodors verwalter oder hausmeister scheint ihm die handschrift nur auf drei tage verabfolgt zu haben: 'ad triduanam
lectionem dispensatoris ejus beneficio libros ipsos antehac relegi,
quorum quamvis verba non recolo, sensus tamen et res actus
credo me integre tenere'. der bischof unterhielt also mit dem
alten senator, der damals wahrscheinlich schon als mönch im
kloster lebte, keinen umgang und muste jenes buchs durch ge-
fälligkeit eines geringeren mannes habhaft zu werden suchen.
noch mehr fällt auf, dasz auch Procop, der seinen gothischen
krieg nur zwei jahre später als Iornandes geschrieben hatte,
sich kein exemplar des cassiodorischen werks zu verschaffen
suchte, ja er nennt ihn nicht einmal mit namen; dasz er auch
unsern Iornandes nie erwähnt, ist begreiflich, obgleich ihn Vi-
gils händel, falls in sie Iornandes irgend verflochten war, darauf hätten führen können. Cassiodor aber erscheint uns als
edle beinahe tragische gestalt; er soll das hohe alter von fast
hundert jahren erreicht haben, da mag zu Squillace (in Bruttien)
seiner heimat, wo er abgeschieden von aller welt lebte, dem

greis seine thatenreiche gemeinschaft mit Theodorich, der ihm
um fünfzig jahre vorausgegangen war, wie ein traum erschienen
sein, und vielleicht hat er nach dem verfall des geliebten reichs,
als er noch Justinians herschaft und den einbruch der Langobarden in Italien* ertragen muste, die ihm verleidete gothische
17 geschichte, von welcher sich keine spur einer abschrift zeigt,
selbst der vernichtung übergeben. des kaisers gewalthabern
Belisar und Narses beugte er sich wol niemals[1].

Von Ablavius, einem andern gothischen geschichtschreiber,
dessen sich Iornandes noch bedienen konnte, wissen wir so-
wenig bescheid, dasz dahin gestellt bleiben musz, ob er dem
Cassiodor voraus gieng oder erst nachfolgte; unmöglich kann
er viel älter gewesen sein, weil seine erzählung selbst wenigstens in das fünfte jahrh. hinabreicht. er scheint seine gothischen sagen mehr aus einheimischen liedern und überlieferungen,
als auf gelehrtem wege gesammelt zu haben, und desto höch-
licher bleibt der verlust seiner schrift, wie kurz sie gewesen
sein mag, zu bedauern. im jahr 561 verschwor sich mit Mar-
cellus und Sergius auch ein Ablavius gegen Justinian**, und
alle drei wurden hingerichtet. wäre dies unser verfasser, so
müste er Cassiodors und Iornandes zeitgenosse gewesen sein;
doch ein ganz andrer konnte gleichen namen führen.

Aus des Ablavius und Cassiodor schriften, wenn sie uns
noch vorlägen, vorzugsweise hätten wir ein urtheil über Iornandes eigenthümliche darstellung zu fällen; denn ihnen scheint er
unter allen am meisten zu verdanken, und was er aus andern

---

* unmöglich, da diese erst im apr. 568 aus Pannonien nach Italien auf-
brachen.

[1] Gregorius turon. 2, 8 und 9 schöpft zweimal aus einem wiederum verlornen geschichtschreiber Renatus Frigeridus oder Renatus Profuturus Frigeridus,
der, wie sein name (Frijaíréþs) zeigt, und der inhalt seines werks lehrt, Gothe
gewesen sein musz. im zwölften buch berichtete er von Aetius, also begebenheiten des fünften jahrh., und die einnahme Roms durch die Gothen (ohne zweifel unter Alarich im jahre 409, nicht die spätere unter Totila). Gregor starb
594, Frigeridus ist also mindestens ein schriftsteller aus der zweiten hälfte des
sechsten, vielleicht aber schon des fünften jahrh., obgleich ihn Iornandes niemals
nennt. jenes zwölften buchs wegen könnte man gar auf den gedanken gerathen,
Magnus Aurelius Cassiodorus habe sein buch unter dem namen Renatus Profuturus Frigeridus ausgehn lassen: in den von Gregor ausgehobnen stellen ist fast
cassiodorische schreibart. [vgl. den namen Reparatus praefectus urbis. variar. 9, 7.
Selig Cassel Mag. alterth. 301.]

** a. 331 ein Ablavius aegyptius consul.

quellen schöpfte, könnte uns nur seine belesenheit bezeugen. nach dem zwar gezierten aber nicht unbeholfnen stil der vorreden dürfte man ihm selbst etwas zutrauen; am meisten geschmückt erscheint der vortrag in Attilas rede (cap. 39), wenn er nicht schon dem Cassiodor gehört, von dessen eigenheiten ich hier einige zu erkennen glaube, obwol Iornandes sein werk nur flüchtig gelesen haben, mehr dem sinn als den worten wieder geben will. wie bei Caesar, Livius und Tacitus wird aber feinden und freunden auch bei Procopius gleiche beredsamkeit zugemessen, und die anführer der barbaren stehen in 16 gewandter entfaltung ihrer beweggründe und entschlüsse denen der Römer niemals nach.

Geringern einflusz auf unsers geschichtschreibers stil als diese lateinischen werke können die zu rathe gezognen griechischen geäuszert haben, obgleich sie deutlich auch bei ihm bekanntschaft mit griechischer sprache und literatur, wie sie damals von Byzanz nach Ravenna und Rom sich verbreiten muste, voraussetzen. auszer Strabo und Ptolemaeus sind von ihm beide Dione genutzt, die er ebenso wie es späteren begegnet mit einander verwechselte, vielmehr für einen und denselben hielt, was um so leichter zu entschuldigen ist, da sie beide landsleute, Dio Chrysostomus aus Prusa, Cassius Dio aus Nicaea in Bithynien gebürtig waren. jener geht aber diesem um 120, 130 jahre voraus, Dio Chrysostomus war zeitgenosse des Tacitus, Cassius des Ulpian und Herodian. auf letzteren bezieht sich die vorhin gedachte schilderung Ravennas, wir können aber nicht vergleichen, da die stelle in den verlornen stücken enthalten sein musz. leider sind auch des Dio Chrysostomus Γετικά uns gänzlich abhanden, wogegen wir die 80 erhaltnen reden desselben verfassers, welche Reiske zuletzt herausgegeben hat, hingeben würden. von Dio Chrysostomus ertheilen Suidas und Photius, am ausführlichsten Philostratus nachricht: er muste verbannt aus seiner heimat weichen, und wanderte, bei den barbaren gastfrei aufgenommen, lange jahre an dem gestade des Pontus durch viele länder, bis ihn endlich Trajan zurückrief und so auszeichnete, dasz er ihn auf seinem goldwagen neben sich fahren liesz. während seines aufenthaltes in jenen gegenden muste über die Geten vieles zu seiner kunde gelangt sein[1], welches er in jener schrift, die also noch im sechsten

[1] Philostrat sagt ausdrücklich, dasz Dio auch im lande der Geten gewesen

jahrh. erhalten war, niederlegte, und woher Iornandes eine reihe
von nachrichten in den vordergrund seiner gothischen geschichte
zu entlehnen keinen anstand nahm.

19   Was vorhergeht betrachte man als einleitung zu dem folgenden versuche, die iornandische ansicht, welcher Geten und
Gothen ein und dasselbe volk sind, ernstlich in schutz zu
nehmen, und einer unter uns wurzelnden angewöhnung damit
entgegenzutreten. denn wo Adelung und Niebuhr[1] zusammen-

sei: ἐς Γέτας ἦλθεν ὁπότε ἤλατο. aus Dions reden scheinen mir folgende stellen
anführenswerth: I, 74 (ed. R.) ἐτύγχανον μὲν ἐπιδημῶν ἐν Βορυσθένει τὸ θέρος,
ᾧ τότε εἰσέπλευσα μετὰ τὴν φυγήν. βουλόμενος ἐλθεῖν, ἐὰν δύνωμαι, διὰ Σκυθῶν
εἰς Γέτας, ὅπως θεάσωμαι τἀκεῖ πράγματα ὁποῖα ἐστί. I, 75 εἷλον δὲ καὶ ταύτην
(τὴν πόλιν τῶν Βορυσθενιτῶν) Γέται, καὶ τὰς ἄλλας τὰς ἐν τοῖς ἀριστεροῖς τοῦ
Πόντου πόλεις μέχρι Ἀπολλωνίας. I, 238 ἀλλ' εἰς ἐχθρῶν φησὶ (ἡ παροιμία)
κεφαλὰς τὰ τοιαῦτα τρέποιτο· τουτέστιν εἰς τοὺς καταράτους Γέτας, εἰς μηδένα δὲ
τῶν ἄλλων τῶν ὁμοεθνῶν. I, 378 καὶ γὰρ δὴ τυγχάνω μακρὰν τὴν ὁδὸν τανῦν
πεπορευμένος. εὐθὺ τοῦ Ἴστρου καὶ τῆς Γετῶν (κατὰ τὴν νῦν ἐπίκλησιν τοῦ ἔθνους)
χώρας, ἢ Μυσῶν, ὥς φησιν Ὅμηρος.

[1] Adelungs Mithridates 2, 357: 'es konnten nur unwissende sprach- und ge-
schichtsforscher, um des schwachen gleichlauts willen, die thracischen Geten mit
den germanischen Gothen, welche sich in der folge ihres landes bemächtigten,
für ein und ebendasselbe volk halten'. Niebuhrs kleine hist. und phil. schriften
I, 394: 'es ist dies (das der Jazygen) ein erwünschtes beispiel um die nichtigkeit
der folgerungen, welche aus namensähnlichkeit gezogen werden, für fälle darzuthun, wo der schein weit schwächer ist, wie man etwa in den Geten die Gothen
gefunden hat'. um ihnen noch einen neueren schriftsteller beizugesellen, Gervinus
(nationallit. I, 25) von Hunibald redend drückt sich so aus: 'wer es aber gewesen sein mag, der diese hierarchischen zustände der alten Kelten an die Franken
anknüpfte, er begieng denselben fehler wie Iornandes, als er die geschichte der
deutschen Gothen an jene Geten anreihte, die eben dasselbe unterscheidende merk-
mal von den Gothen trennt, wie die Kelten von den Franken, statt dass ihn der
grundverschiedne character seiner echt gothischen überlieferung im lied oder in
der nationalen geschichte des Ablavius und jener getischen sagen des Dio auf
die getrenntheit beider nationen hätte aufmerksam machen sollen, statuirt er nur
verschiedene sitze und mit veränderung derselben veränderte cultur, und so lässt
er uns denn in seinem auszug aus Dio, den er so leichtsinnig aufnimmt, wie
Annius von Viterbo und Aventin den falschen Berosus, dasselbe hierarchische ge-
mälde sehen, das wir auch bei Hunibald erkennen'. diese zusammenstellung des
Iornandes mit Hunibald scheint mir höchst ungerecht, und ich wollte wetten, dass
Ablavius von der Gothen und Geten einheit nicht minder als Iornandes überzeugt
war. [Reimarus im Dio p. 657 Bastarnae et Getae Germani. ebenso Mascou.
doch Bünau teutsche reichsg. 1728. I, 38ᵇ. 361ᵃ hält schon die vermischung der

treffen, jener seinem überall unverhaltenen widerwillen gegen
einheimisches alterthum nachhängt, dieser das geistige auge an
unsrer geschichte, auf welcher es ein andermal liebend weilen
würde, nur vorüberschweifen läszt, darf die forschung schon
wieder von frischem ansetzen.

Es ist ein alter zug der Deutschen ihr eigenthum immer
am letzten anzuerkennen und am ersten preis zu geben; so sehr
schärft ihre critik den blick auf ausländische gegenstände, dasz
sie ihn für vaterländische abstumpft, und voll übermuts, einzelne
schwächen und mängel der früheren geschichtschreibung aufge-
deckt zu haben, samt dem bade auch das kind auszuschütten
geneigt wird. um nur die deutschen götter leugnen zu können,
hat man ohne mühe celtische oder slavische hingestellt, und
den Celten uralte gemeinschaft mit Cimbern und Kimmeriern, zu
den Slaven mit Sarmaten willig eingeräumt, während die vor
augen liegende der Gothen und Geten allgemein verworfen wird.
der neueren slavischen forschung sind jene sarmatischen ahnen
nicht einmal zu danke; vielleicht dasz die Geten bei uns jetzt
eher glück machen.

Die an sich unverwerflichen zeugnisse aus der zeit, in
welcher der gothische name neben dem getischen aufzutauchen
und ihn allmälich zu verdrängen beginnt, mögen vorausgehn,
obgleich sie weder den wichtigsten noch den einleuchtendsten
beweis für die identität beider völker darbieten. unser Iornandes
hat seine schrift geradezu de geticae gentis origine ac rebus
gestis, oder mit dem etwa schon von Cassiodor gewählten ausdruck de origine actuque Getarum überschrieben. wenn er
auch im buche selbst begreiflich die benennung Gothi vorzieht,
hat er nirgends bedenken, zumal wenn auf ältere begebenheiten
zurückgegangen wird, Getae zu verwenden. cap. 9 heiszt es
bei berufung auf jenen Dio historicus antiquitatum diligentissi-
mus inquisitor, qui operi suo Getica titulum dedit, ausdrücklich:
quos Getas jam superiori loco Gothos esse probavimus, Orosio
Paulo dicente. auch im buch de regnorum successione, namentlich zuletzt bei Vitiges geschichte setzt er Getae und geti-

---

Getea mit den Gothen für einen fehler. Finn Magnusen lex. myth. 611ᵇ: Getas
Gothorum fuisse atavos jam pro satis certo habemus. 815ᵃ. jam Thraces et
Getas liquet germanicis populis cognatos fuisse. dagegen Pertz 2, 593: doctrina
inanis.]

ens gleichbedeutend mit Gothi und goticus[1]. kaum anders verfahren haben wird der frühere und geschichtskundigere Cassiodor, der zwar in den variis meist nur die officielle schreibung
Gothi braucht, einmal aber auch 10, 31 dem Vitiges bei einem
erlasz an universos Gothos den ausdruck geticus populus in
den mund legt und dies gewis noch öfter that. Orosius, der
zu beginn des fünften jahrh. schrieb, sagt buch 1 cap. 16 seiner
historien: modo autem Getae illi, qui et nunc Gothi, quos
Alexander evitandos pronunciavit, Pyrrhus exhorruit, Caesar
declinavit. noch entscheidender lauten zwei stellen Spartians,
dessen bücher schon um 280 abgefaszt wurden und begebenheiten aus dem anfang des dritten jahrh. melden: (Caracalla)
cum Germanici et Parthici et Arabici et Alemannici nomen
adscriberet (nam Alemannorum gentem devicerat), Helvius Pertinax, filius Pertinacis dicitur joco dixisse 'adde, si placet, etiam
Geticus Maximus', quod Getam occiderat fratrem, et Gothi
21 Getae dicerentur. quos ille, dum ad orientem transiit tumul-
tuariis proeliis devicerat. Auton. Carac. c. 10. Helvius Pertinax
recitanti Faustino praetori et dicenti 'Sarmaticus Maximus et
Parthicus Maximus, dixisse dicitur 'adde et Geticus Maximus',
quasi Gotticus. idem in Anton. Geta c. 6. Procop, des Iornandes zeitgenosse 1, 312 von den gothischen völkern redend,
welchen er mit recht auch Vandalen und Gepiden zuzählt,
führt als verbreitete meinung an: πάλαι μέντοι Σαυρομάται καὶ
Μελάγχλαινοι ὠνομάζοντο. εἰσὶ δὲ οἱ καὶ Γετικὰ ἔθνη ταῦτ᾽ ἐκάλουν,
und noch bestimmter 2, 117 Γετικὸν γάρ ἔθνος φασὶ τοὺς Γότθους
εἶναι. und Isidor († 636) orig. 9, 2 von den Dakern handelnd,
die, wie hernach gezeigt werden soll, immer den Geten zur
seite stehn, drückt sich so aus: Daci autem Gothorum soboles
fuerunt, et dictos putant Dacos quasi Dagos, quia de Gothorum
stirpe creati sunt, er setzt also Gothi gleichbedeutig mit Getae.
war demnach allen erfahrnen schriftstellern vom dritten bis zum
siebenten jahrh. diese ansicht geläufig und unanstöszig, so muste
sie ohne zweifel unter den damaligen Gothen selbst im schwang
sein und ihren heimischen erinnerungen zusagen.

Warum aber verwendet die ältere zeit den namen Getae,
die jüngere Gothi? alles wird sich einfach lösen durch die

---

[1] aus Iornandes zu schöpfen pflegt Ekkehardi chronicon b. Pertz 8, 120:
Gothi qui et Gethae (l. Getae).

wahrnehmung, dasz jener bei Griechen und früheren Römern,
dieser unter den Deutschen selbst hergebracht war, und es
musz gerade wichtig scheinen, dasz die grammatik die abweichung beider formen nebeneinander rechtfertigt. dem gr.
und lat. T in l'έται Getae[1] entspricht nothwendig das goth. þ
in Guþai (bei adjectivischer, oder Guþós bei substantivischer
flexion), welche form man nach Cassiodors und Iornandes Gothi,
Procops l'ότθοι und dem Gothicus in Justinians titel anzusetzen
befugt ist; das gothische calendarium liefert Gutþiuda statt
Guþþiuda = altn. Goþþiod (Sæm. 4. 228. 267) und gleicht jenem
procopischen l'ότθοι, das aber die einfache form, nicht die zusammensetzung bietet. Tacitus schreibt Gothones, Plinius Gut-
tones, Spartianus Gotti, Ammianus Marc. Gothi, denn sie hatten
ihre formen schon aus deutschem munde. das T in Geta verhält sich also zu dem þ in Guþai Gothi wie im lat. ratio, goth.
raþjô, gr. μετά goth. miþ, lat. frater goth. brôþar, gr. ἕτερος
goth. anþar, gr. ἔτος goth. aþn u. a. m. das E aber in Getae
ist verdünntes A oder I, das O in Gothi gebrochnes U, das
sich im goth. Guþai rein erhielt. wir wissen, dasz sehr oft
deutsches U oder O dem gr. oder lat. E zur seite stehe, vgl.
te tibi goth. þuk þus, lat. primus goth. fruma, lat. privatives
in- goth. un-, lat. genus gr. γένος goth. kuni ahd. chunni, lat.
tenuis ahd. dunni, lat. mens mentis gr. μένος goth. muns munis,
lat. dens dentis goth. tunþus, lat. centum goth. hund, lat. lingua = dingua goth. tuggô, lat. vermis goth. vaurms ahd. wurm,
lat. e ex goth. us. sprachgemäsz und natürlich war es also
dasz der name des deutschen volkes schon von frühe an in
griech. aussprache l'ET bekam, während dem volke selbst GUþ
verblieb und nun übersehe ich nicht, dasz auch der gr. ausgang l'έτας oder l'έτης pl. l'έται, lat. Geta pl. Getae nach erster
declination zutreffe mit der form Gotha pl. Gothae, welcher
sich Cassiodor und Iornandes beide neben Gothus pl. Gothi bedienen. dieser ausgang auf -a erreicht aber die goth. schwache
form der masc. (wie goth. Vulfila Attila Têja gr. lauten Ούλφιλας
'Αττίλας Τείας) und verständigt uns darüber dasz neben Gothi
Gothones, folglich neben Guþai Guþans gesagt wird. noch
mehr, auszer Gothi erscheinen bei Tacitus auch Gothini (es

___

[1] E in Geta ist bei den lateinischen dichtern stets kurz, erst im mittelalter
gestattet sich Vitalis blesensis für seinen nachgedichteten Geta die falsche länge.

kümmert uns hier nicht dasz er diese für celtisch hält), gerade
wie bei Arrian für Γέται Ἰετηνοί[1], sonst aber Σκλάβοι und
Σκλαβηνοί, Sclavi und Sclaveni, und ich darf fragen, wie es
doch geschehn möchte, dasz alle grammatischen formen und
fortbildungen, die wir bei Geten wahrnehmen, auch bei Gothen
obwalten sollten, wären beide nicht dasselbe volk?

Unverschlossen scheint auch der sinn des volksnamens
Gothi oder Gupai. denn da das höchste wesen in gothischer
sprache gup, wie in allen übrigen deutschen mundarten bis auf
heute gott genannt wird, so kann Gupai oder Gupans nichts
anders ausdrücken, als die göttlichen, von gott selbst erzeugten
oder stammenden, welches zu der annahme aller heidnischen
Deutschen stimmt, die ihre ahnen zu oberst von gott und hohen
göttern ableiten, wie in den gothischen genealogien selbst auch
ein Gaut, der sich nahe mit gup berühren musz, obenan gestellt wurde. noch mehr, es ist bekannt, dasz die Deutschen
ihre helden und edlen geschlechter zugleich auf einen andern
namen der gottheit nemlich ans, altn. äs zurückführend Anseis
und Asir nanten, deren bedeutung folglich mit der von Gupai
zusammen trift, und Ioruaudes cap. 13 berichtet ausdrücklich
von den Gothen: jam proceres suos non puros homines, sed
semideos id est anses vocavere, so unrichtig er auch dieses
namens ursprung in die späte zeit des ersten jahrh. setzt, nemlich aus einem sieg erklärt, den die Gothen über kaiser Domitian davon trugen.

Auf diese sprachliche grundlage gestützt wollen wir nun
die historische betrachtung folgen lassen.

Man ist einverstanden darüber, dasz unsre vorfahren an
den stellen, welche wir sie im ersten jahrh. einnehmen sehn,
schon früher geraume zeit angesessen waren (dem Tacitus erschienen sie sogar als unvermischte indigenae), dasz aber unter
ihnen noch damals ein trieb fortgedauert habe sich von osten
und norden nach westen und süden zu bewegen, welche neigung
nothwendig weit länger bestanden haben und wirksam gewesen
sein musz, als unsre geschichte nachweisen kann. mit andern
worten, die Germanen oder Deutsche, wie sie fünfhundert jahre
nach Christus langsam aber unaufhörlich vorrücken, müssen
schon fünfhundert oder tausend jahre in derselben wendung

---

[1] Lobeck pathol. serm. gr. p. 194.

und richtung begriffen, weiter rückwärts im osten gedacht werden, ja sie sind ursprünglich aus Asien in europäische strecken
überwandert. zu solcher annahme zwingt schon das innige
band, welches zwischen ihrer sprache und der andrer völker,
die vor, mit und nach ihnen gleichem zuge und drang der
wanderung folgten, so wie der sprache derer besteht, welche
ihnen verwandt in Asien zurückgeblieben waren. schwiege auch
die geschichte ihrer fahrten, thaten und begebenheiten, so ist
es dennoch nothwendige voraussetzung, dasz den Griechen bereits zur zeit der Perserkriege und Alexander des groszen in
unerforschten nordstrichen völker zur seite lagen und lebten,
die als stammeltern der Deutschen, welchen allgemeinen namen
sie auch damals führten, zu betrachten sind.

Die Griechen dachten sich alle länder nordwärts dem Pontus bis zur Maeotis, da wo Ister (Donau), Tyras (Dniester),
Borysthenes (Dnieper) und Tanais (Don) ausströmten, als un-
ermeszliches Thrakien, Sarmatien, Skythien, nur dasz diesen
bald ein weiterer bald engerer umfang angewiesen wurde und
vielfach sie ineinander flossen. Thrakien war griechischer anschauung schon näher gerückt und bekannter, seit aus der un-
bestimmten Thracia magna[1] ein kleineres gebiet diesseits des 24
Haemus und hinter ihm jenseits der Donau ein Moesien, Dacien
und Getien, westwärts vom Pontus angenommen wurden, welche
über Macedonien und Boeotien mit Griechenland und griechischer herschaft in berührung standen. im hintergrunde griechischer poesie treten Eumolpus, Orpheus, Thamyris auf als thrakische sänger, dennoch galt die sprache der Thraker für barbarisch und den Griechen unverständlich, schon darum scheint
es übel gethan, von jenem allgemeinen begriffe Thrakiens aus-
gehend und ihn noch erweiternd, wie Adelung und Rask thun,
die thrakische sprache, deren besonderheit uns fast gänzlich unbekannt ist, als einen hauptstamm europäischer zunge aufzustellen und ihm die pelasgische, griechische und lateinische
unterzuordnen. in den strichen selbst des engern Thrakiens
mögen sich hinter und nebeneinander mehrere völker völlig ver-

---

[1] so nimmt die nordländische überlieferung bei Snorri eine Svíþjoð in mikla
an, die sich bis zum Tanais erstreckte. Herodot hielt die Thraker, nächst den
Indern, für das gröszte volk der erde 5, 3: Θρηίκων δὲ ἔθνος μέγιστόν ἐστι μετά
γε Ἰνδοὺς πάντων ἀνθρώπων.

schiedner abkunft eingefunden haben[1], und da von Asien aus
nach Europa der hauptweg immer an dem pontischen gestade
herzieht, so kann es nicht anders sein, diese weitläuftigen länder
müssen lange jahrhunderte vor Christus auch die verweilenden
heerzüge allmälich und streitbar vordringender Germanen in
sich enthalten. keine annahme scheint unausweichlicher als die,
dasz ein so mächtiger volksstamm, dem in der weltgeschichte
eine so grosze rolle angewiesen war, bevor er die Donau erreichte, schon in Sarmatien und Skythien feste sitze gewonnen
und eine zeitlang behauptet habe; sollte nicht auch sein name
und die seiner einzelnen zweige hin und wieder aufleuchten?
sicher bildet man sich von Skythien, das dem griechischen auge
in noch fernerem, dunklerem kreise lag als Thrakien, eine un-
richtige vorstellung, wenn man es blosz mongolischen horden
einräumen will[*]; auch in seinem umfang und schon nach einzelnen zügen Herodots lassen sich germanische bräuche ahnen,
wenn gleich nicht so deutlich erkennen, wie auf thrakischem
25 boden[2]. dieser Germanen ausländische sprache stempelte auch
sie den Griechen zu barbaren, einige ihrer namen geben fingerz-
zeig, und verraten uns was die über sie fast verstummende geschichte birgt.

　　　Zuerst nennt uns Herodot (geb. 484 v. Chr.) Geten bei
des Darius zug, der sie in Thrakien am Salmydessus vorfand,
eh er den Ister erreichte. schön und bedeutsam wird ihr glaube
an unsterblichkeit im cultus des Zalmoxis oder Gebeleizis ge-

---

[1] wenn Pomp. Mela 2, 2, sagt: una gens Thraces habitant, aliis aliisque
praediti et nominibus et moribus; quidam feri sunt et ad mortem paratissimi,
Getae utique; so kann ihm die sprache, welche den hauptgrund für jene einheit
geben müste, nicht bekannt gewesen sein; dafür ist merkwürdig, dasz auch in
seinen nachrichten die Geten heraustreten.

[*] gegen die Niebuhrsche ansicht erklärt sich auch Alex. Humboldt Asie cen-
trale 1, 400.

[2] Procop 2, 476 sagt geradezu, dasz die Gothen ehmals Skythen genannt
wurden; umsominder tadelhaft kann die meinung sein, dasz innerhalb Skythiens
einzelne deutsche, namentlich gothische stämme wellten. die wenigen eigennamen
die man skythischer zunge beimiszt, schwanken zwischen germanischer, slavischer,
finnischer und asiatischer sprache. Ῥαδάγαισος. auf einem olbischen stein bei
Böckh 2, 133 n. 2070 [vgl. Böckh 116ᵇ] entspricht dem Radagaisus Scytha, dessen Iornandes de regn. succ. gedenkt, den Isidori chronicon gothischen könig
nennt; es ist aber auch der ahd. name Rätgis (Graff 4, 266) und der slav. Rade-
gast, [Werluuff Procop p. 40 meint Radiger, Hrôdgeir, Hrôdgâr (Rüdiger)].

schildert (4, 93. 5, 8); ἰέναι παρὰ Ζάλμοξιν δαίμονα, πέμπειν παρὰ Ζάμολξιν (Lucian Scytha 1) mahnt an das suchen des gottes oder Odins, das fahren zu Odin, das gasten bei Odin, welches deutschem volksglauben ganz eingeprägt gewesen scheint[1]. Zalmoxis soll in ein unterirdisches haus (κατάγαιον οἴκημα) gestiegen, drei jahre da verblieben und von den Geten todt geglaubt, am vierten aber wieder unter ihnen erschienen sein[2]; als Freyr gestorben war, legte man ihn in einen groszen hügel mit thür und fenstern und bewahrte ihn drei jahre lang, indem man dem volk sagte, dasz er noch lebe[3]: von dieser aufbewahrung hiengen fruchtbarkeit und friede im land ab. ich weisz freilich diese namen Zalmoxis und Gebeleizis auf deutsch nirgend sicher zu erklären, so deutschen klang der letzte hat[4]; man musz zweier- 26

---

[1] Odin leita, hitta, sœkja, vgl. deutsche mythol. s. 132. 913. 1205. 1225. Ad. Schmidts zeitschr. 3, 348. 5, 544. Odin selbst will nach Godheim zu seinen freunden fahren. Yngl. saga cap. 10. 18.

[2] wie Christus zur hölle hinabsteigt, am dritten tage wieder aufersteht.

[3] Yngl. saga cap. 12. 13.

[4] Gebeleizis [v. Ihre s. v. Gebelizin ibique cit.] liesze sich als goth. Gibalaiks ahd. Kepaleih fassen, nnd zu Gibuka, Giuki = dator (mythol. s. 126. 344) stellen, oder gehört leizis zum goth. leisa lais lisum, was auf wissen und lehren führt? vgl. Witleis bei Irmino 67ᵇ m. und Bertleis, Wulfleis fem. 38ᵇ. 42ᵇ. der nachdruck würde immer auf giba bleiben. [nach Arndts europ. spr. p. 178 wäre Givaleisis geber der ruhe, seligmacher, was ganz nach schwed. gifva und lisa. nach Barths urgesch. 1, 165, wären Zlamolux und Güveleisis noch jetzt litth. namen; unter Vaters altpr. namen p. 145 Samile.] mit Herodots angabe, dasz Zalmoxis bei Pythagoras gewesen sei, stimmt auch Straho p. 297. 298. Porphyrius de vita Pythagorae (ed. Kuster p. 16): ἦν δ' αὐτοῦ καὶ ἕτερον μειράκιον, ὃ ἐκ Θρᾴκης ἐκτήσατο, ᾧ Ζάμολξις ἦν ὄνομα· ἐπεὶ γεννηθέντι αὐτῷ δορὰ ἄρκτου ἐπεβλήθη. τὴν γὰρ δορὰν οἱ Θρᾶκες ζαλμὸν καλοῦσι. diese herleitung würde für Ζάλμοξις streiten, wiewol anderwärts Ζάμολξις steht, namentlich in Platons Charmides p. 156. 158 (Bekk. 1, 309. 312), bei Diodorus sicul. 1, 94, mehrmals bei Lucian (Scytha 1. 4. Iup. trag. 42. deor. conc. 9. ver. hist. 17), bei Eustathius in Od. 9, 65 p. 335, etymol. magn. in Ζάμολξις, bei Hellanicus Lesbius fragm. p. 13 (wo der ausdruck merkwürdig: Ζάμολξις τελετὰς κατέδειξε Γέταις τοῖς ἐν Θρᾴκῃ). das etymol. gudianum p. 636 schreibt Ζάλμοξις ὁ Γέτης. Zonarae lexicon ed. Tittmann 1, 949 gibt Ζάλμοξις als eigennamen (κύριον), doch wird die variante Ζάμολξις heigebracht. Iornandes cap. 5 hat Zamolxis, andere hss. mögen Zalmoxis zeigen, wie es daraus in Ekkehardi chron. (Pertz 8, 120) übergegangen ist. das -οξις wird wie in den skythischen namen Ἀσπόξαις Ἀρπόξαις Κολάξαις (Herod. 4, 6) blosze ableitung sein, dem goth. -ahs vergleichbar, nur dasz das männliche kennzeichen im griech. doppelt gesetzt und das erstemal auch in die flexion eingelassen wäre. ζαλμός fell liefert uns keine deutsche mundart, und die ableitung bleibt unsicher, so sehr die bärenhaut mit

lei anschlagen, die griech. auffassung kann sie entstellt haben,
der getischen sprache in so hohem alterthum mögen aber auch
wörter und formen eigen gewesen sein, die späterhin erloschen.
die Geten[1] treten also bereits über 500 jahre vor Christus auf,
zur zeit Tarquin des stolzen in Rom. als Thucydides (2, 96)
schrieb, waren sie westlicher vorgerückt und erscheinen ihm
zwischen Hämus, meer und Donau.

Absichtlich habe ich diese merkwürdige meldung Herodots
von den Geten vorausgestellt; es ist bei ihm aber noch eine
frühere aus Cyrus († 529 v. Chr.) zeit von den Massageten und
ihrer königin Tomyris (1, 201—215), die bei Iornandes cap. 10
nach Pompejus Trogus (Justinus 1, 8) Tamiris, Getarum regina
heiszt. diese Massageten (Μασσαγέται) stehn nun weiter zurück,
noch am Araxes, dessen übergang sie anfangs dem Perserkönig
wehrten, hernach gestatteten, und heiszen ein skythisches, kein
thrakisches volk, welche verschiedenheit der ansicht nicht hin-
dern kann, sie gleich den Thyssageten (Herod. 4, 22. 123) und
Tyrageten zum groszen hauptstamm der Geten zu schlagen.
was er 215 von ihren gebräuchen anmerkt, läszt sich nicht an
andere unseres alterthums knüpfen; wahrscheinlich hatten die
Massageten vor skythischem einflusz sich nicht frei erhalten,
waren auch im raum von den eigentlichen Geten getrennt worden.
27 noch dem späteren Ammian sind die Massageten den Alanen
identisch, diese aber, wie wir oben sahen, nicht reine Gothen,
aber stark mit ihnen gemischt. auch die namen Τόμυρις und
ihres sohnes Σπαργαπίσης versagen sich deutscher auslegung[2].

---

deutschen sagen stimmte (mythol. s. 970), sei das neugeborne kind in sie gewin-
delt worden zum erwürmen, oder weil es heiliger brauch war. man müste genau
wissen, welchen getischen laut die Griechen durch ihr Z ausdrückten; litth. bedeutet szalmas helm, lett. salms halm, lithh. SZ entspricht unserm H, und hal-
maha, hilmaha oder helmoht gäbe den passenden sinn galeatus, dergleichen liesze
sich aber viel rathen, vgl. über Zalmoxis noch Creuzers symb. 2, 298 (zweite
ausg.) und comment. herod. p. 170. Pomp. Mela 2, 2, ohne Zalmoxis zu nennen, berichtet dasz die Getae ad mortem paratissimi seien, was er näher so ausführt: id varia opinio perficit, alii redituras putant animas obeuntium, alii etsi
non redeant, non extingui tamen, sed ad beatiora transire, alii emori quidem, sed
id melius esse quam vivere.
    [1] bei Herodot ἀθανατίζοντες, die sich für unsterblich halten, bei Plato, Lu-
cian und Diodor ἀπαθανατίζοντες die vergötternden, unsterblich machenden.
    [2] Τόμυρις (bei Lucian Τόμυρις) ist gebildet wie Θάμυρις, des altthrakischen
sängers name, Ptolemaeus aber 3, 5 nennt in Sarmatien einen ort Ταμυράκη.

Einen andern schimmer auf dasselbe volk der Geten wirft
die einrichtung der griechischen comoedie, der jüngern wie sie
Menander ungefähr 350 jahre vor Christus ausbildete: in seinen
stücken führt der οἰκέτης oder δοῦλος fast die ständigen namen
Γέτας oder Δάος, welche 170. 150 jahre später als Geta und
Davus auch in des Plautus und Terenz lateinische umdichtung
übergiengen*. wäre tausend jahre nachher unter uns Deutschen
eine bühne aufgeschlagen worden, wir hätten sie auch von
knechten des namens Sclav, Walah oder Winid können be-
steigen lassen. solche aufnahme barbarischer diener und hausgenossen setzt gefangenschaft, verkauf oder freiwillige dienster-
gebung voraus, und diese ursachen mochten neben einander
walten**; das aber verbürgt sie, dasz Γέται und Δάοι den Griechen schon nicht in weiter ferne, sondern in solcher nachbarschaft wohnten, die gegenseitigen verkehr förderte und beiden
theilen nützlich machte, wie hernach dieser dienst deutscher
knechte oder krieger bei Griechen und Römern durch lange
folgende zeiten geht, nur dasz später gröszere bündnisse die
stelle der alten mehr einzelnen ergebungen vertraten. zwischen
gelegne Makedonier und andere Thraker mögen im krieg gewonnene getische und dakische knechte weiter nach Griechenland verhandelt haben. dies dienstverhältnis musz aber schon
weit über Menanders zeit zurückgesetzt werden; Herodot meldet von Zalmoxis, dasz er unter Griechen des Pythagoras diener
gewesen sei, weisheit von ihm erlernt habe, wodurch wir wieder
in des Cyrus zeit zurückgeführt werden, sollte auch ein allem
anschein nach mythisches wesen, wie Zalmoxis gar keine solche
historische bestimmung ertragen[1]. aus Menanders vollständigen

Σπαργαπίσης identisch dem Σκαργατίθης bei Herod. 4, 78, wo die gr. fassung gewis an πείθω πείσω πίσυνος dachte.

* ahd. scimo Geta, Gothus. Graff 6, 550. Horat. A. P. 237 ut nihil intersit
Davus loquatur et audax Pythias. über Davus in der comoedie s. Reinhart F. XX.

** vgl. die ἁλώνητοι für salz gekaufte knechte bei Pollux 7, 14. auch ἀρ-
γυρώνητος bezeichnet ein mancipium.

[1] auch Jamblichus de vita Pythagorae (Kuster p. 146): Ζάμολξις γὰρ Θρᾶξ
ὢν Πυθαγόρου δοῦλος γενόμενος καὶ τῶν λόγων τοῦ Πυθαγόρου διακούσας. ἀφεθεὶς
ἐλεύθερος. καὶ παραγενόμενος πρὸς τοὺς Γέτας, τούς τε νόμους αὐτοῖς ἔθηκε . . . καὶ
πρὸς τὴν ἀνδρείαν τοὺς πολίτας παρεκάλεσε, τὴν ψυχὴν ἀθάνατον εἶναι πείσας . . . . . .
καὶ ταῦτα παιδεύσας τοὺς Γέτας καὶ γράψας αὐτοῖς τοὺς νόμους. μέγιστος τῶν θεῶν
ἐστι παρ᾽ αὐτοῖς; [vgl Ζάμολξις δοῦλος ὢν παρενεγράφη]. Luc. conc. deor. 9. Ζαμόλξιδι δραπέτῃ ἀνθρώπῳ ἐκ Σάμου ὡς αὐτοὺς ἥκοντι. Jup. trag. 42.] diese ge-

²² comoedien lieszen sich vielleicht nähere züge sammeln, in den bruchstücken ist l'ἔτας oder Γέτης, voc. l'ἔτα aufzuweisen (Meineke fragm. com. gr. 4, 170), Δάος aus einer stelle des Galenus de natur. fac. 1, 17 (1, 96 = 2, 67) zu entnehmen: ὁμοίως τοῖς ὑπὸ τοῦ βελτίστου Μενάνδρου κατὰ τὰς κωμῳδίας εἰσαγομένοις οἰκέταις, Δάοις τισὶ καὶ Γέταις, οὐδὲν ἡγουμένοις σφισὶ πεπρᾶχθαι γενναῖον, εἰ μὴ τρὶς ἐξαπατήσειαν τὸν δεσπότην. dieser trügerischen ungeschlachten knechte erwähnt auch Numenius bei Eusebius praep. evang. 14, 7: οἵ γε παῖδες φόρτακες ἦσαν καὶ οὐ θατέρᾳ ληπτοί, οὗτοι δὲ οὗτοι οἱ κωμῳδικοὶ Γέται καὶ Δάκοι, κἀκ τῆς Δακικῆς λαλεῖν στωμυλήθρας κατεγλωττισμένοι. in einem andern menandrischen fragment wird den Thrakern und Geten polygamie zugeschrieben (Meineke 4, 232):

πάντες μὲν οἱ Θρᾷκες, μάλιστα δ᾽ οἱ Γέται
ἡμεῖς ἁπάντων (καὶ γὰρ αὐτὸς εὔχομαι
ἐκεῖθεν εἶναι τὸ γένης) οὐ σφόδρ᾽ ἐγκρατεῖς
ἐσμέν.

auch in des Arrianus diss. Epictet. 3, 26 ist Γέτας genannt (Meineke 4, 170) und mit bezug auf Menander sagt Propertius IV. 5, 44:

quum ferit astutos comica moccha Getas[1].

den auch bei Strabo 7, 304 als knechtsnamen angeführten Δάος hatte ich schon neulich zu erklären anlasz[2], er entspricht dem lat. Davus, welches sich zu Dacus, Daucus genau verhält wie ravus zu raucus, so dasz beide formen Dacus und Davus in einer volleren Dacuus vermittelt wären, aus der sich Daucus ganz wie paucus aus einem möglichen pacuus, pacus, pavus (vgl. goth. faus favis) ableitet. die Δάαι aber werden bei Herod. 1, 125 als persisches hirtenvolk unmittelbar hinter den Γερμάνιοι angeführt, was gewis sehr merkwürdig ist und ein andermal nähere beleuchtung verdient. bekannt ist der virgilische vers Aen. 8, 728:

indomitique Daae et pontem indignatus Araxes;

---

setzgebung hebt gleich Iornandes auch Diodor 1, 94 hervor, schreibt sie aber dem göttlichen eingeben der Vesta zu: παρὰ τοῖς ὀνομαζομένοις Γέταις τοῖς ἀπαθανατίζουσι Ζάμολξιν ὡσαύτως τὴν κοινὴν Ἑστίαν.

[1] Pomp. Mela 2, 2: et quia plures simul singulis nuptae sunt etc. noch unter den späteren beidnischen Deutschen galt vielweiberei (R. A. 440).

[2] abb. der phil. hist. kl. 1845 s. 237. [oben s. 163 aeol. Δαϝος Prisc. 6, 264. Ahrens dial. aeol. 35.]

in Alexander des groszen geschichte bei Curtius 8, 1. 8, 3 treten
Massagetae und Dahae beziehungsvoll neben einander auf. auch
dem Plinius und Mela sind Dahae bereits vorgerücktere völker
am caspischen meer, immer den Massageten d. h. Geten be- *21*
nachbart. Prudentius contra Symmachum 2, 807:

deuique Romanus, Daha, Sarmatus, Vandalus, Hunnus,

und die form Daha scheint sich zu Davus etwa wie Geta und
Gotha zu Gothus zu verhalten. kein zweifel aber dasz Δάοι
Δάαι Davi Daci, die überall, wie in der comoedie, an ort und
stelle neben Geten stehn, wiederum ein deutsches volk bezeichnen, das dem lande Dacien namen gegeben hat.

Auch dadurch fällt licht auf die Massageten und Daben,
mit welchen Alexander zusammenstiesz, dasz nachher Lysima-
chus im jahre 292 vor Christus durch den Geten Dromichaetes
(Δρομιχαίτης Strabo p. 302. 305. Trumahaitja? vgl. altn. hetja
heros) zwischen Ister und Tyras aufs haupt geschlagen ward
(Pausanias I. 9, 5); dieser niederlage geschweigt Iornandes, bei
Dio Chrysostomus kann sie nicht übergangen gewesen sein.
seitdem müssen die Geten lange zeit hindurch an der Donau
und am Pontus macht und einflusz besessen haben, ungefähr
funfzig jahre vor Christus wurden von ihnen alle griechischen
städte am linken ufer des schwarzen meers, Olbia, bis nach
Apollonia hin, eingenommen und verheert[1], worauf derselbe Dio
in einer rede (oben s. 18) anspielt, was er aber in den geticis
ausführlicher erzählt haben wird. wahrscheinlich erfolgte dies
unter dem Gothenkönig Boroistes (Βυρεβίστας, Βοιρεβίστας), welchen Strabo VII, 303 in des Augustus frühere jahre setzt, Iornandes unter Sylla.

Wie aber die Griechen mehr mit Geten als Daen scheinen
hernach die Römer mehr mit Daken, die ihnen näher gelegen
waren, als Geten verkehrt zu haben[2]. dennoch überliefern ihre
schriftsteller uns einige werthvolle zeugnisse über die Geten.

Virgil Aen. 3, 35 in einem auch bei Iornandes cap. 5 angezognen vers:

Gradivumque patrem, geticis qui praesidet arvis

bezeichnet Mars als obersten gott der Geten[3], was vollkommen

---

[1] vgl. Böckh inscr. 2, 82 und Niebuhrs kl. schr. 1, 391.
[2] Getae Daci Romanis dicti. Plin. IV. 12, 25.
[3] auch Martialis VII. 2, 2:

    et Martis getico tergore fida magis,

zu den mythol. s. 185 gesammelten nachrichten von dem Mars-
cultus stimmt; die Quaden waren ein deutsches den Gothen
benachbartes volk, die Alanen sind, wenigstens bei Ammian,
halbgothisch, und Herodots meldung von den Skythen kann
entweder skythischen und getischen brauch vermengen, oder
einzelne Skythen müssen gleich den Geten verehrer des Ares
gewesen sein. man überzeugt sich recht davon, wie hier Skythen und Thraker zusammenrinnen, wenn man Lucians (der
unter Mark Aurel schrieb) dialoge Scytha und Toxaris liest:
er stellt den Anacharsis und Toxaris als landsleute dar, die
sich in Griechenland finden und skythisch (σκυθιστί) unterreden,
da bedient sich Anacharsis gegen Toxaris der betheuerung πρὸς
ἀκινάκου καὶ Ζαμόλξιδος als vaterländischer gottheiten; in dem
gespräch verae hist. 17 wird aber Anacharsis als Skytha*, Zamolxis als Thrax vorgestellt und im Jupiter trag. 42 sind die
Σκύθαι ἀκινάκῃ θύοντες καὶ Θρᾶκες Ζαμόλξιδι, Toxaris musz folglich für einen Thraker gelten, und Tox. 38 betheuert er selbst
οὐ μὰ γὰρ τὸν ἄνεμον καὶ τὸν ἀκινάκην. sollte nach dieser stelle
nicht Zamolxis als gottheit des wehenden, belebenden elements
aufzufassen sein? was an Wuotan (mythol. s. 120. 135) erinnert. die luft, den hauch verehrten diese Skythen als des lebens,
das schwert als des heldentodes ursache, und in der edda heiszt
es Sæm. 3ᵇ önd gaf Odinn, animam, spiritum dedit Odinus.

Horatius carm. III. 24, 11

> rigidi Getae
> immetata quibus jugera liberas
> fruges et Cererem ferunt,
> nec cultura placet longior annua,
> defunctumque laboribus
> aequali recreat sorte vicarius.

was kann auffallender als diese schilderung mit dem bericht zusammentreffen, den die viel besprochenen stellen bei Caesar 4, 1.
6, 22 und Tacitus Germ. 26 von den Sueven insonderheit, von
den Germanen überhaupt ertheilen? und man darf nicht sagen,
der dichter habe blosz ein allgemeines bild barbarischer einfachheit entwerfen wollen. seine schilderung musz sich, wie die

---

nemlich lorica, und Ovid V. 3, 22 Marticolamque Geten; Pont. V. 14, 14 Marti-
colis Getis. bei Statius silv. 1. 2, 53. heiszt Mars 'geticus maritus' Veneris.

* auch bei Strabo p. 303. Phaedri fabul. lib. 3 prol. 52. in Lucians conc.
dcor. 9 sind es Skythen und Geten, die den Zamolxis vergöttern.

vorausgehende von den wagenhäusern der Skythen auf verbreitete kunde, diese zuletzt auf wirkliche beobachtung jener völker gründen. Caesars angabe wird bald für höchst treffend, bald für oberflächlich gehalten; ich zweifle nicht an ihrer treue, wenn sie auch nicht auf die zustände aller damaligen Germanen gerecht ist.

Die drei zeugnisse, in vereinter kraft, bestärken uns einen tiefen grundzug germanischer lebensweise und zugleich der Geten deutschheit. Horaz bietet aber noch eine andere nicht zu übergehende stelle dar, carm. III. 8, 18

> mitte civiles super urbe curas,
> occidit Daci Cotisonis agmen,

was durch Florus 4, 12 erläutert wird: Daci montibus inhaerent. Cotisonis regis imperio, quotiens concretus gelu Danubius junxerat ripas, decurrere solebant et vicina populari[1]. visum est caesari Augusto gentem aditu difficillimam submovere, misso igitur Lentulo ultra ulteriorem repulit ripam, citra praesidia constituit. Sarmatae patentibus campis inhabitant, et hos per eundem Lentulum prohibere Danubio satis fuit. tanta barbaries est ut pacem non intelligant. die vorgänge fallen um das jahr 17 nach Christus, Daci war jene den Römern geläufigere benennung der Geten und beide völkernamen stehn sich oft zur seite[2]. Cotiso vergleiche ich lieber dem ahd. Huozo (Graff 4, 1073) als dem phrygischen und odrysischen namen Κότυς.

Hätte irgend ein Römer uns auf das genauste von den Geten unterrichten können, so ist es Ovid, der in langer verbannung zu Tomi nothgedrungen getische sprache lernte, mit Geten umgieng, sogar getische gedichte geschrieben haben will, für welche, wenn sie sich erhalten hätten, wir ihm seine thränenreichen jammerlieder, seine ermüdenden briefe aus Pontus gern schenken würden. die bedeutendsten stellen in bezug auf die Geten verdienen hier ausgehoben zu werden; nachdem er Trist. V. 10, 37 geklagt hat

[1] vgl. Ovid. Trist. III. 10, 7 ff.
[2] Lucan Phars. 2, 54 hinc Dacus premat, inde Getes.
2, 296   motura Dahas ut clade Getasque
                secura me Roma cadat.
3, 95   Dacisque Getes admixtus.

> barbarus hic ego sum, quia non intelligor ulli,
> et rident stolidi verba latina[1] Getae,

heiszt es V. 12, 55

> omnia barbariae loca sunt vocisque ferinae,
> omnia sunt getici plena timore soni,
> ipse mihi videor jam dedidicisse latine,
> jam didici getice sarmaticeque loqui[2],

ja IV. 3, 19

> ah pudet! et getico scripsi sermone libellum,
> structaque sunt nostris barbara verba modis,
> et placui, gratare mihi, coepique poetae
> inter inhumanos nomen habere Getas.

Trist. IV. 1, 94 an mea Sauromatae scripta Getaeque legent[1]?
Trist. III. 14, 47

> thrcicio scythicoque fere circumsonor ore
> et videor geticis scribere posse modis,
> crede mihi, timeo ne sint immista latinis
> inquc meis scriptis pontica verba legas.

Ovids getische verse wären aber gewis die allerältesten versuche römischer metra in unsrer zunge, noch um ein gutes theil früher gedichtet als die in Burmanns anthologie enthaltne zeile aus dem sechsten jahrh.[3], und freilich nur ein paar jener verse würden uns hinreichen den klang deutscher sprache entgegenzunehmen[4], die hier, wenn auch lateinischem ohr barbarisch oder, wie er vorhin sagte, thierisch lautete, ihre uralte fügsamkeit bewährt hätte. was es Trist. III. 9, 2 mit 'inter inhumanae nomina barbariae' auf sich habe, zeigen auch viel spätere äuszerungen der Römer und Italiener über deutschen mislaut. dem wenigen, was Ovid sonst beiläufig über sitten und bräuche anmerkt, wird man dennoch höheren werth abgewinnen lernen, wenn diese Geten unsre Gothen sind und ihnen

---

[1] griechische sprache mag länger gehaftet haben, Trist. V. 7, 51

> in paucis remanent grajae vestigia linguae,
> haec quoque jam getico barbara facta sono.

[2] ex Ponto 3, 2, 40. 1, 8, 55.

[3] schon Orpheus Argon. 1065 verbinden Σαυρομάτας τε Γέτας.

[3] Haupts zeitschrift 1, 379.

[4] dasz Adelung, seiner sinnesart gemäsz, die in der alten geschichte überall trug und fälschung annimmt, Ovids getische sprachkenntnis für blosze dichterische prahlerei hält, wird nichi befremden. die Römer sind aber in solchen dingen ernst und wahrhaft.

verglichen werden dürfen. so viel leuchtet ein, dasz der mit
ganzer seele an seiner heimat hängende baunlug die Geten als
rohes wildes, aber zahlreiches, kriegerisches und damals schon
von dem römischen boden, oder den Römer für ihr eigenthum
ansahen, schwer abzuweisendes volk schildert. beiwörter wie
ferus, dirus, durus, infestus, inhumanus, trux, truculentus, saevus, rigidus[1], stolidus sind ihm für sie gerecht, mehrmals male[22]
pacatus. verschiedentlich heiszen sie ihm hirsuti, intonsi, pel-
liti, weil sie den bart nährten[2] und pelz trugen, anch braccati
genannt werden sie Trist. IV. 6, 47: braccata turba Getarum;
V. 7, 49

pellibus et laxis arcent male frigora braccis;

pelztracht wird allen Germanen eigen gewesen sein, zumal den
östlichen, die Tacitus interiores neunt, braccae, fast hundert
jahre hernach, hat dieser an seinen rheinischen Germanen nicht
bemerkt [aber Lucan 1, 430 et qui te laxis imitantur, Sarmata,
braccis Vangiones]; doch braucht solche getische bekleidung
keine ausschlieszlich sarmatische zu sein, wie bekanntlich auch
ein theil Galliens braccata gegenüber der togata hiesz. Ovid
rühmt der Geten gewandtheit mit bogen und pfeil, Trist. IV.
10, 110

juncta pharetratis Sarmatis ora Getis,

Pont. I. 8, 6

dura pharetrato bella movente Geta,

III. 5, 45

getico violatus ab arcu,

IV. 9, 78

hic arcu fisos terruit ense Getas,

IV. 3, 52

et metuens arcu ne feriare Getae[3],

diese waffe war auch andern Deutschen zuständig, so wie sie

---

[1] auch Horaz brauchte rigidus, und eine viel spätere inschrift vom jahre 565
bei Gruter 161, 2 [Zell 1959]

qui poluit rigidas Gothorum subdere mentes.

[2] ich finde nicht, dasz er sie flavi nennt, dem hirsuti nicht widerspräche.
die Gothen heiszen bei Claudian rapt. Proserp. 2, 65 flavi Getae, und Procop
beschreibt die γοτθικά ἔθνη (1, 313) λευκοί τὰ σώματά τέ εἰσι καὶ τὰς κόμας ξαν-
θοί. das blonde haar war den Römern allgemeines zeichen der Deutschen. auch
die Alanen schildert Ammian 31, 2: proceri paene sunt omnes et pulchri, crini-
bus mediocriter flavis, oculorum temperata torvitate terribiles.

[3] Lucan 8, 219: implete pharetras, armeniosque arcus geticis intendite ner-
vis. [Thuc. 2, 96 Γέται -ἱπποτοξόται.]

Procop vielfach den spätern Gothen beilegt (2, 87. 88. 103.
111 u. s. w.) und den auf seiten der Römer kämpfenden Deutschen (2, 613). Claudian, der sicher von deutschen Gothen
redet, de laud. Stilich. 1, 111: non arcu pepulere Getae, non
Sarmata conto; und noch die lex Visigothorum IX. 2, 9 erwähnt im heer die 'sagittis instructi'. Idatii chronicon ad a. 466:
(comperit) congregatis etiam quodam die concilii sui Gothis
tela, quae habebant in manibus, a parte ferri vel acie alia vi-
ridi, alia croceo, alia nigro colore naturalem ferri speciem ali-
quandiu non habuisse mutata[1]; doch mag hier unter telum wurf-
spiesz, nicht pfeil gemeint sein; [sagittis vel lanceis contra co-
mitem se erigere. Gregor. tur. 10, 16]. wenn Ovid Trist. IV.
1, 77 den Geten giftpfeile beilegt:

       hostis habens arcus imbutaque tela veneno,

34 so sagt Gregor. turon. 2, 9 nach Sulpitius Alexander dasselbe
von den Franken: sagittas tormentorum ritu effudere, inlitas
herbarum venenis, ut summae cutis neque letalibus inflicta locis
vulnera haud dubie mortes sequerentur[2]. Geten und Gothen
bedienten sich neben dem bogen auch des schwerts und speers,
Pont. 1. 2, 106

       stricto squalidus ense Getes,

welche griech. form Ovid im nom. sg. abwechselnd mit Geta
verwendet. bemerkenswerth ist die zweimal vorkommende verbindung Bessi Getaeque, Bessos Getasque Trist. III. 10, 5. IV.
1, 67; denn diese auch anderwärts als thrakisches volk aufgeführten Bessi[3], gegen welche Lucullus gefochten haben soll
und aus deren sprache Iornandes cap. 12 den namen Hister
leitet, gemahnen an den späteren patricier Bessa (oben s. 6. 7),
der den Römern unter Belisar diente und eben aus Thrakien
stammte, Iornandes nennt ihn cap. 50, Procops stelle 2, 81 ist
zumal wichtig: ὁ δὲ Βέσσας οὗτος Γότθος μὲν ἦν γένος τῶν ἐκ
παλαιοῦ ἐν Θράκῃ ᾠκημένων, Θευδερίχῳ τε οὐκ ἐπισπομένων, ἡνίκα
ἐνθένδε ἐς Ἰταλίαν ἐπῆγε τὸν Γότθων λεών. hier wird keiner den

---

[1] fast ebenso in Isidori chron. Gothor. p. m. 170.

[2] vergiftete scramasaxi Greg. tur. 4, 51. sagitta toxicata lex sal. ed. Merkel
p. 96. ir. tuathBodhgha. Obrien s. v. Herakles vergiftet seine pfeile. Pausan. II.
37, 4. Scythae sagittas tingunt viperina sanie et humano sanguine. Plin. 10,
53, 115.

[3] sie wohnten am Strymon, ein ort Bessapara lag näher dem Hämus. [nach
Dioscorides 3, 116 (tom. 1, 462) nennen die Βέσσοι den tussilago ἀσά.]

Prooop der verwechslung der Gothen mit Geten zeihen, da
Theoderichs zug nach Italien über die wirklichkeit der Gothen
keinen zweifel läszt uud des uauicus deutschheit über dies aus
dem altn. Bessi hervorspringt[1]. diese Bessi müsseu also seit
dem ersten jahrh. uoch lauge zeit hindurch ihren sitz iu Thrakien behauptet haben. was den Hister oder Ister angeht, so
hat dies wort wirklich deutschen klang (ahn. istr, istra adeps,
arvina, schwed. dän. ister pinguedo) und köunte den fetten, be-
fruchtenden strom bezcichneu; Donau (ahd. Tuonôwa, mhd.
Tuononwe) eutspringt aus dem celt. Danubius. [Obrieu s. v.
dana. Danou.] wie es sich Strabo vorstellt, hiesz der flusz den
Dakern Donau, den Geten Ister.

Jetzt darf ich schon getrooster fragen: wenn zu beginn des
ersten jahrh. Ovid die pontischen Geten als zahlreiches, unter-
nehmendes, uubesiegtes volk darstellt, wie sie schou unter Dro-
machaetes und Boroista erscheinen, weun Cassius Dio, worauf
nachher eingegangen werden soll, Domitians und Trajans kriege
mit den Dakern aus desselben jahrh. ende erzählt; sollen diese
getischen völker plötzlich von dem erdboden getilgt[2], in denselben thrakischen strichen aber andere, wie gewiesen worden
ist, ihnen gleichnamige Gothen aufgetaucht sein, die vorher an
solcher stelle gar nicht da gewesen wären? welche befaugeu-
heit, in ungetreunt sich folgenden ereignissen gerade den wahr-
haften zusammenhang zu verkennen, der ihnen gebührt.

Tacitus redet uns vou keinen Geten mehr[3], weil seine
nachrichten insgemein aus deutschem bericht flieszen, den Deutschen die namensform Geta fremd war. er nennt uus also
Gothones, und setzt sie in seiner Germania hinter die Lygier,
doch seine annalen melden von Catualda, einem edlen Gothen,
der mit Maroboduus in zwietracht und fehde gerathen war.
diese händel fallen in unser jahr 19, unmittelbar in die zeit,

---

[1] zu erwägen bleibt gleichwol der name Bassus, wie im jahre 312 ein
praefectus urbis Romae hiesz. cod. justin. V. 34, 11. es kommen auch andere
Bassi vor.

[2] Eutrop 8, 6: Trajanus victa Dacia ex toto orbe romano infinitas eo co-
pias hominum transtulerat ad agros et urbes colendas. Dacia enim diuturno bello
Decebali viris fuerit exhausta. die getische bevölkerung mochte geschwächt sein,
nicht ausgerottet (s. 37).

[3] hist. 2, 72 (aus Nerons zeit im jahre 69) wird ein bestrafter betrüger 'con-
ditione fugitivus, nomine Geta' genannt, wobei er aber an die landläufigen knechte
der comoedie, nicht an die Gothen dachte.

die eben Ovid unter Geten verlebt hatte, unmittelbar nach dem
sieg der Römer über Cotiso. was für eine vorstellung man
sich wol von ausdehnung des markomannischen reichs, von
Marbods gescheiterten entwürfen macht? ich meinestheils zweifle
nicht, dasz er vielfach mit gothischen stämmen verkehrt und
einige derselben beherscht hat; sein name mochte wol schon
zu Ovids ohr erschollen sein; welche völkerschaften hätten damals im rücken der Markomannen und Lygier gehaust, wenn
nicht die weit ausgestreckten Gothen? und am Pontus, in
Dacien sollte gleichzeitig die stätte von Geten gewesen sein,
die keine Gothen wären? es ist eine grosze ferne von der
Donaumündung aufwärts durch Moesien, Dacien, Pannonien;
doch an solchem strome auf und ab zu steigen, musz einem
gewaltigen stamme, wie dem gothischen, der sich nicht von
den übrigen deutschen abscheiden liesz (wenn auch einzelne
Sarmaten südlich vorzudringen suchten) gleichsam in fleisch
und blut gelegen haben. diese rührigen, kühnen Geten, die zu
Domitians zeit ausdrücklich mit Markomannen und Quaden in
bezug stehn[1], sollten nicht lange vorher schon mit andern Germanen ununterbrochen in band und verkehr sein? in folgenden
jahrhunderten, als der name Getae allmälich ausstarb, durch-
dringt nicht unsere Gothen dieselbe auf kampf und sieg ge-
rüstete wanderlust? durch Moesien, Dacien, Macedonien, Thessalien, Pannonien, Illyrien nach Italien, Gallien, Spanien machte
sich die gothische kraft luft; unter allen deutschen ostvölkern
sind es die Gothen, die den breitesten boden errungen und
dann auch in solcher alles masz überschreitenden ausdehnung
sich am frühsten aufgerieben haben.

Ovid, der die Geten so oft im munde führt, erwähnt niemals der Daker, deren name ihm noch nicht so geläufig sein
muste, wie er es zu Plinius zeit in Rom war (s. 29) und seit
Domitians und Trajans kriegen noch mehr wurde. für Germanen, nach dem engeren, vom Niederrhein ausgehenden be-

---

[1] Tacitus im Agricola 41 drückt sich von dem unglücklichen krieg der Römer in diesen gegenden so aus: tot exercitus in Moesia Daciaque et Germania
et Pannonia temeritate aut per ignaviam ducum amissi, tot militares viri cum tot
cohortibus expugnati et capti; und unter diesen Dakern und Germanen hätte kein
volkszusammenhang statt gefunden? [Jul. Capitolin. in Pio c. 5: Germanos et
Dacos et multas gentes atque Iudaeos rebellantes contudit per praesides et le-
gatos.]

griffe dieses worts, konnte weder Ovid seine Geten, noch Tacitus die Daker halten, welcher gleich zu eingang seiner schrift
ausdrücklich sagt: Germania omnis a Sarmatis Dacisque mutuo
metu aut montibus separatur[1]; Domitians händel mit Decebalus
waren ihm bekannt. ich weisz aber nicht, ob ihm klare vorstellung beiwohnte über das verhältnis der Gothen, von welchen
er durch deutschen bericht gehört hatte, zu den Geten, wie er
sie aus älteren römischen oder griechischen nachrichten kennen
muste. seine schilderung der östlich gelegnen Germanen ist
überhaupt unvollkommen, und es wird dem deutschen ursprung
der Geten nichts anhaben, dasz ihm die Daker ungermanisch
erschienen; seinen gesichtspunkt konnte auch die nähe der Sarmaten trüben, zwischen welchen und den Dakern um diese zeit
ein näheres band stattgefunden zu haben scheint.

Strabo wenn schon der Geten, und zwar als den Sueven
benachbart, oft gedenkend geschweigt der Gothen durchgehends,
ich halte für unzulässig seine Butonae p. 290 umzuwandeln in
Gutonae. noch auffallender scheinen musz, dasz Ptolemaeus,
der unter Mark Aurel gegen des zweiten jahrh. mitte schrieb,
seiner Germania magna buch 2 cap. 10 gar keine Gothen ein-
verleibt, auszer ganz zuletzt Scandia, der Weichselmündung
gegenüber, unter andern völkern auch Guti und Daukiones be-
wohnen läszt: κατέχουσιν αὐτῆς Γοῦται καὶ Δαυκίωνες (ed. Wilberg
pag. 157). in des dritten buchs fünftem capitel treffen wir auf
sarmatischem gebiet Venedae, Peucini, Basternae, an der Weichsel unterhalb den Veneden aber Gythones und Finni (Wilberg
p. 200)[2], während hernach gegen Dacien Tyrangetae (Τυραγγέται), [37]
d. h. am Tyras (Dniester) hausende Geten aufgeführt sind,
deren das zehnte capitel (Wilberg p. 212) bei der beschreibung
Moesiens nochmals gedenkt. Dacien, damals, seit Trajans sieg,
römische provinz, wird ihm durch Tibiscus, Tyras und Ister
begrenzt. diesen geographen haben aber seine scharfen grad-
messungen die verschlingung der völker nicht immer klar erkennen lassen und über die beschaffenheit des getischen und

---

[1] vgl. hist. 3, 46: si Dacos Germanosque diversi (von verschiednen seiten)
inrupissent.

[2] ausserdem auch Phrungundiones (Φρουγουνδίωνες) und Burgiones, die schon
der name als Deutsche gibt, mochten immerhin Amaxobii und Scythae in ihrer
nähe hausen. wagenhäuser legen Herodot 4, 46 und Hor. carm. III. 24, 10 Scy-
then, Plin. 8, 40 Cimbern bei.

gothischen volks scheint er weder aus griechischrömischer noch
germanischer kunde völlig unterrichtet. die Gythones sind deutlich des Tacitus Gothones, hier mit recht noch tiefer im osten
anerkannt, und in der nähe von Finnen, zu welcher die uralte
berührung gothischer und finnischer sprache vollkommen stimmt.
Getae nennt er gar nicht mehr, jene Tyraugetae an zweifacher
stelle. seine Peucini und Basternae sind doch nichts als Gothen,
vor deren besonderen namen ihm der allgemeine verborgen
blieb; seine Gutae und Danciones, wer erkennt in ihnen nicht
augenblicklich wieder die uralten Γέται και Δάοι Getae und Daci,
wenn auch an ganz veränderter stelle? hatte Trajans vernichtung des decebalischen reichs diesen zug nach dem norden
herbeigeführt? er war wol schon früher erfolgt.

Aus dem zweiten und dritten jahrh. flieszt uns die geschichte dieser völker dürftig, und so ist möglich geworden,
dasz man sich in den unteren Donaugegenden die Geten als
gänzlich vernichtet, die Gothen als neu eingerückt dachte. jede
ausführliche meldung hätte den widersinn dieser ansicht auf-
decken müssen. weder hatte die römische provinz Dacien alle
Geten in sich geschlossen, noch in ihrem innern das unter-
würfige getische volk ausgetilgt*, noch können des Tacitus
Gothones, des Ptolemaeus Gythones in diesen jahrh. ruhig zu-
geschaut haben.

Man pflegt Spartians schon oben (s. 20) ausgehobne nachricht über Caracallas sieg für die erste spur von dem sicheren
auftreten der Gothen in diesen gegenden auszugeben; bei seinem heerzug nach dem osten, also zu beginn des dritten jahrh.,
stiesz er auf sie an der unteren Donau (sei es in Moesien oder
Dacien), es könnten dem namen und der sache nach ebenso
wol alte Geten als neue Gothen gewesen sein. doch wie noth
38 darum! müssen nicht von solchen, welche Geten und Gothen
scheiden wollen, die Azdingi jenen ab, diesen zugesprochen
werden? nun aber berichtet Dio p. 1185 Reim. ausdrücklich,
dasz Άστιγγοι, ὦν Ῥάος τε και Ῥάπτος ἡγοῦντο, unter Marcus
Aurelius Antoninus um das jahr 166. 167 an der grenze Da-
kiens auftraten, während die Römer auch mit Markomannen
und Quaden in Pannonien zu schaffen hatten, sechzig jahre
nach Trajan, aber noch dreiszig, vierzig vor Caracallas zusam-

---

* vgl. Eutrop s. 34.

mentreffen mit den Gothen; ungereimt wäre fürwahr, da wo
Azdinge erscheinen, die Gothen leugnen zu wollen, das azdin-
gische geschlecht gehörte sowol Westgothen als Vandalen, und
die namen jener anführer sehen nicht anders als deutsch aus,
Rhaus könnte für Rhavus, Rhaucus stehn, und an den alamann.
namen Chrocus, Chruocus (ahd. hruoh cornix), Rhaptus an das
altn. Hroptr, ahd. hruoft clamor reichen. alles das ist entscheidend, aber weiter, die excerpta e Petri Patricii historia
(ed. Niebuhr p. 124) gedenken aus der zeit Alexander Severs,
ungefähr um das jahr 230 * eines Tullius Menophilus, dux Moe-
siae, bei welchem die Carpen beschwerde führten, dasz den
Gothen, aber nicht ihnen, römischer jahrsold [1] gezahlt würde:
ὅτι Κάρποι τὸ ἔθνος φθονοῦντες τοῖς καθ' ἕκαστον ἐνιαυτὸν τελουμέ-
νοις τοῖς Γότθοις, ἔπεμψαν πρὸς Τούλλιον Μηνόφιλον .... διὰ τί οἱ
Γότθοι τοσαῦτα χρήματα παρ' ὑμῶν λαμβάνουσιν, καὶ ἡμεῖς οὐ λαμ-

---

* aus einem briefe des grafen Borghesi in S. Marino:

— Ho avuto la buona volontá di rispondere alla richiesta che mi avete fatta
in nome del Sig. Grimm relativa a Tullio Menofilo, perchè tornai subito a frugare
per questo nelle mie schede, ma dubito che nello scrivervi l'ultima mia mi sia
dimenticato di farlo. Se ciò è, vi dirò adunque, che io non conosco altre memorie di lui oltre quelle che raccolsi nella mia osservazione IX della decade XV,
ma che posso aggiungere una riflessione, per cui sempre più si certifica il tempo,
in cui governò la Mesia inferiore. Le medaglie di quella provincia coniate nell'
impero di Gordiano Pio ci offrono il nome di tre Legati, che l'amministrarono
sotto di lui, e sono il nostro Menofilo, Sab.... (forse Sabucio) Modesto e Tertulliano, mentre poi il copioso numero di tali monete, delle quali già si conoscono
più di cinquanta tipi, ci assicura abbastanza, che non ve ne furono altri. Ora
quelle di Menofilo non hanno la piccola allusione alla moglie di quell' Imperatore;
al contrario in una di Modesto mal descritta dal Mionnet Suppl. II. p. 182 n. 724
e corretta dal Sestini nel suo generale catalogo (Nicopolis n. 471. 473) si rap-
presenta l'Imperatore togato in atto di dare la mano di sposo alla figlia di Ti-
macithes (?Misitheus in der hist. Augusta), e finalmente nel diritto di più d'una
di quelle di Tertulliano si congiungono i ritratti del marito e della moglie. Da
ciò dunque si dimostra, che questi tre Legati si successero realmente nell' ordine,
con cui gli ho disposti, e che fu al tempo di Modesto che successe il matrimonio
con Tranquillina determinato dall' Eckhel all' anno 994. Quindi ne viene per
legittima conseguenza, che il triennio attribuito a Menofilo da Pietro Patrisio
cade necessariamente nel 991, 992, 993, il che vuol dire, che appena finita la
guerra civile coll' uccisione di Massimino nel 991 fu mandato a reggere la Mesia,
siccome lo aveva supposto. —

Borghesis decaden stehn in dem römischen Giornale Arcadico.

[1] die Gothen nannten ihn annò Lnc. 3, 14. I. Cor. 9, 7, deutlich nach dem
lat. annus.

βάνομεν; ... ἡμεῖς γὰρ κρείττονες ἐκείνων ἐσμέν. diese Carpi, welche sich hier hochmütig über die Gothen erheben, sollen slavisches ursprungs, ahnen der Croaten sein. es wäre seltsam dasz unter Caracalla und Alexander Severus Gothen in Moesien, nicht als einzöglinge, sondern die man durch jahrgeschenke zu beschwichtigen pflegte, in strichen wo Trajan hundert jahre vorher das Getenreich bekämpfte, gesessen sein sollten ohne allen zusammenhang zwischen diesen Geten und jenen Gothen. ausführlich meldet Iornandes cap. 18. 19 wie die Gothen unter Cniva den römischen kaiser Decius überwanden und erlegten (a. 249. 250). das sind sparsame, doch unverwerfliche zeugnisse aus dem zweiten und dritten jahrh[*].

Das vierte und fünfte hindurch erholt sich die geschichte von ihrer dürre. Ammianus Marcellinus meldet, wie Gothen unter Ermanrich und Athanarich aus östlicheren strichen von den Hunen zurückgedrängt über die Donau nach Thrakien gelangen und den Valens aufs haupt schlagen (a. 378); bemerkenswerth sind die Gothorum gentes 31, 3, man sieht, dasz mehrere Gothenstämme in allen diesen gegenden hausen, bei des einen auszug die sitze der andern unverrückt bleiben konnten; augenscheinlich sind diese vor den Hunen weichenden wieder verschieden von den zu Caracallas und Alex. Severs zeit bereits au der Donau seszhaften; niemand kann sich einbilden, dasz Ostgothen, die in des vierten jahrh. zweiter hälfte über die Donau in Thrakien zugelassen und darauf verbündete der Römer wurden[1] überhaupt die ersten Gothen gewesen seien, die in diesen ländern wohnten. überall schreibt Ammian Gothi, niemals Getae, auszer indem er 23, 5 die alten Massagetae anführt, die man jetzt Alanen heisze. der nicht viel jüngere dichter Claudian berührt und verfolgt diese begebenheiten, bedient sich aber umgedreht nie des ausdrucks Gothi, sondern immer Getae; dem Alexandriner lag dies wort näher, als die deutsche und damals schon (wie Ammian lehrt) römische form Gothi, Claudian musz doch nicht gezweifelt haben daran, dasz die Getae seiner zeit und die des Cassius Dio, des Dio Chrysostomus ein und derselbe volkschlag waren. ich finde, dasz auch in folgen-

[*] Graecia Macedonia Pontus Asia vastata per Gothos (unter Gallienus a. 259) Eutrop. 9, 8. krieg des Claudius a. 269. Mascov 1, 181—183.
[1] auszer Ammian sehe man nach Procop 2, 477. 478, Iornandes cap. 24 und Sozomenus hist. eccl. 6, 37.

den jahrh. die lat. dichter noch Geta verwenden, während in prosa nur Gothus geschrieben wurde[1]. schlug man aber dem Caracalla den beinamen Geticus vor[*], so konnte Justinian, zu dessen tagen die Gothen noch schärfer hervorgetreten waren, sich nur Gotthicus nennen. dasz die griechische form immer bekannt blieb und die Getae für gleichbedeutend mit den Gothen galten, zeigen die angeführten ausdrücklichen stellen bei Orosius, Cassiodor und Iornandes.

In des Aethicus cosmographia, deren abfassung unter Constantin des groszen zeit sehr zweifelhaft bleibt, findet sich gleich nach dem die grenzen von Europa angegeben sind und gesagt ist, dasz die Donau in den Pontus ausmünde, folgende äuszerung: hinc ab oriente Alania est, in medio Dacia, ubi et Gothia, deinde Germania, ubi plurimam partem Suevi tenent, quorum omnium gentes sunt LIV. dies bild jener gegenden, wie es 40 östlichst in Europa Alanen stellt, auf sie Daker und neben ihnen Gothen, dann Germanen folgen läszt, ist ganz im geiste des vierten oder fünften jahrh. entworfen und dasz Gothen statt der Geten, aber auf dem raum, den diese einnahmen, genannt sind, völlig in der ordnung. der weit jüngere geographus ravennas, welcher auszer dem Iornandes auch noch andere geographische bücher der Gothen Athanaridus, Eldevaldus (Hildevaldus), Marcomirus benutzte, die uns abhanden sind, läszt 4, 12. 13 am nördlichen ocean hinter Scythia das land der Finnen (patria Sirdifennorum[2]) sich erstrecken und hinter diesem Dania: quae patria super omnes nationes velocissimos pro-

---

[1] Prudentius apoth. 430: mansnevere Getae; Merobandes 4, 43 von Aetius: objectus geticis puer catervis, in der praefatio aber Gothorum manus. cf. Corippi Johann. 2, 383:

    nos Alanos Unnos Francosque Getasque domamus.

Venantius Fortunatus IX. 1, 73 hat den bekannten vers

    quem Geta, Wasco tremunt, Danus, Euthio (al. Estio), Saxo, Britannus.

doch Ansonius epigr. 3, 10:

    hnc possem victos inde referre Gothos.

[Ennodius († 521 zu Pavia) im panegyricus dictus regi Theoderico hat getici roboris und dann Gothorum nobilissimi. Augustinus († 430) de civ. D. 3, 29 Gothorum irruptio (a. 409). 5, 23 Rhadagaisus rex Gothorum.]

[*] M. Aurelius Claudius Aug. (a. 263) heiszt Gothicus in numis apud Eckhel 7, 472.

[2] 1. Scridifinnorum, bei Procop 2, 207 heiszen sie Σκριθίφινοι, bei Paul. Diac. 1, 5 Scritobini. die edda Sæm. 133. 134 gebraucht skrida (asseribus cursoriis ire) eben von söhnen Finnakonúngs. man vgl. Graffs sprachschatz 6, 578.

fert homines. et hoc affati (l. effati) sunt in sua problemata
(l. suo problemate):

> laudabatur Parsus (l. Parthus) Marco,
> dum non noverat Gothos.

sed o! ubi est Danus! quae Dania modo Nordmannorum dicitur patria, quam Daniam plurima transenut flumina, inter
cetera, quae dicitur Lina (l. Dina), quae in oceano ingreditur.
dasz die besserung Dina nothwendig war, ergibt sich aus 4, 17,
wo es verworren abermals heiszt: confinalis praenominatae Daniae
est patria, quae nominatur Dania, quae antiquitus et ipsa ex
Dauia pertinere dicebatur. quae patria, ut ait Marensmirus
(l. Marcomirus) Gothorum philosophus, doctissimos quidem
profert homines et audaces, sed non sic veloces, ut sunt Dani,
qui juxta Dina fluvium*. südlich dieser Dania hingegen (nach
4, 14) sunt patriae spatiosissimae, quae dicuntur Datia prima
et secunda, quae et Gipidia appellatur, ubi modo Uni, qui et
Avari, inhabitant, und nun wird das römische Dacien beschrie-
ben. das volk, welches hier am ausflusz der Düna, vollkommen
richtig nach den Finnen (Esten), wohnt, kann kein anderes sein
als das beim Aethicus zwischen Alanen und Germanen genannte,
kein anderes, als des Ptolemaeus Gythones, Guti und Dauciones
an der Weichsel und deren mündung gegenüber.

Länger darf ich aber nicht aufsparen rechenschaft davon
zu geben, welches deutsche volk jene Davi oder Daci, Dahae
seien, die wir von frühauf als unzertrennliche gefährten der
Geten und Gothen erblicken, die, wäre gar kein andrer grund
vorhanden, schon um dieser genossenschaft willen für ein ger-
manisches volk müssen angesehn werden.

Dem kundigen hat die ptolemaeische stelle zusammen mit
der des geogr. ravennas bereits auskunft ertheilt: die Gutae auf
Scandia sind Gothen, die Daukionen Dani, folglich Dänen der
alten Dahae und Daci epigonen.

Schlagenden erweis bringt uns gleich die thatsache, dasz
noch den lauf des mittelalters hindurch bis ins zwölfte jahrh.
Daci und Dacia gleichbedeutig mit Dani Dania stehn, ohne
dasz dem an der untern Donau gelegnen land darum sein alter
name Dacia entzogen wurde, der für dieses niemals mit Dania

---

* Reidgotland an der Düna. Suhm in Magnusens edd. 3 p. 158. 670.

wechselt, gerade wie wir den geogr. ravenn. Dania von Dacia unterscheiden sahen.

Es genüge hier einige belege auszuheben, wie ich theilweise sie schon ein andermal[1] gesammelt hatte.

chron. de gestis Normannor. (10 jahrh.) Pertz 1, 532: Northmanni procedentes de Scanzia insula quae Northwegia dicitur, in qua habitant Gothi et Huni atque Daci.

auf einer in Mones anz. jahrg. 1836 mitgetheilten weltcarte vom jahr 1120 sind nebeneinander eingetragen Alamaunia [für Alania? s. 39. 59] Dacia Gothia Germania Saxonia; auf einer jüngeren Datia Jutia.

rex Dacorum steht in einem brief des Magdeburger erzbischofs Adelgot vom jahr 1110 bei Martene et Durand 1, 626.

Dudo histor. Normannor. (aus dem ende des 10 jahrh.) dacisca lingua f. danica (Pertz 6, 97).

Rodulfi chron. s. Trudonis (aus dem 12 jahrh.) setzt p. 369 Dacia für Dania. bekannt ist bei Turpin der Ogerius dacus oder rex Daciae.

[Hugo virdun. (geb. 1065.) Daciam unde Dani. (Pertz 10 305, 9.)]

das in der mitte des 12 jahrh. abgefaszte lat. gedicht Reinardus 1, 231. 8, 299. 302. 4, 1240 dacus für danus, 4, 593 Dacas f. Danos.

Richerus 3, 12 (Pertz 5, 634) Dahis für Danis.

[Sigebert auctar. gembl. a. 1131. 1148. Dacia, Daci (Pertz 8, 392).]

urkunden Friedrich I von 1159. 1160 (Pertz 4, 118. 129) Dacia für Dania, während ganz daneben rex Danorum steht [negotiari in Dacia. ch. a. 1165 (weisth. 3, 74).]

urkunden Otto des vierten von 1208. 1212 (Pertz 4, 215. 221) schreiben rex Daciae. so auch Otto von Freisingen 7, 19.

annales blandinienses ad a. 1287 (Pertz 7, 33) Dachia für Dania.

nach Suhms critisk hist. af Danmark 1, 140 wäre im titel [42] dänischer könige Dacia erst seit Waldemar II erschienen; doch der dänische bischof Absalon nennt in einer urk. von 1177 und sicher in andern mehr sich Dacie et Suecie primas.

Warum sollte Daci für Dani nicht auch bei einzelnen

---

[1] Reinhart fuchs p. LXXXVIII. LXXXIX.

schriftstellern vor dem zehnten jahrh. anzutreffen sein? Greg.
turon. 3, 3 schreibt: Dani cum rege suo nomine Chochilaicho[1],
und auch Iornand. cap. 3 Dani, Ekkehardi chron. (Pertz 8, 120)
setzt Daci und Dani als verschieden hintereinander. zu allen
diesen zeiten überwog aber die deutsche form Dani, ahd. Teni,
mhd. Tene, ags. Dene, das z. b. in Älfrêds periplus gebraucht
wird; in der edda erscheint Danir und Danmörkr.

Den übergang der formen Davi und Daci in Dani zu
deuten fällt nicht schwer. wie Juno aus Jovino, junior aus
juvenior, nonus aus novenus, motus aus movetus, faustus aus
favustus, mag auch Dani entspringen aus Daveni Dacini[2], die
sich zu Davi verhalten wie Gothini zu Gothi, Getini zu Getae.
da uns aber Davus selbst gekürzt erschien aus Dacvus, darf
auch Dani unmittelbar zurückgebracht werden auf Dacuini,
welche form deshalb merkwürdig wäre, weil in altnordischer
stammsage nicht blosz eine urahne Dan oder Danus sondern
auch Dagr an des geschlechts spitze gestellt werden, die in
höherer auffassung zusammenfielen. zugleich läge uns damit
auf einmal der innere sinn des wortes vor augen, es bedeutete
tag oder dies, welches lat. wort aus vollerem dacies abzuleiten
mir jüngst andere ursachen riethen[3]; das slavische diena, dana
für dies, tag dient zur bestätigung, ja es fällt licht auf die unserm volk überhaupt von uralter zeit eingewurzelten eigennamen
Dagalaif, Dagoberht, Alfdag, Regendag und viele andere.

44   Noch sind zwei wichtige und alte zeugnisse für die identität von Dacus und Danus zu erwägen. das eine findet sich
bei Servius ad Aen. 8, 728, reicht also bis in die mitte des
vierten jahrh.: Dani dicti a Dahis, qui sunt populi Scythiae

---

[1] der anderwärts, für uns bedeutsam, heiszt Huglacus Getarum rex. Haupt
5, 10. [vgl. Yngl. saga c. 25 Hugleikr Sviakonungr.]

[2] Dänus aus Dacinus wäre wie pinus aus]icinus; ich hole hier nach, was
in meine neuliche abhandlung über die diphthonge gehört hätte, dasz die lat.
sprache den vocal, nach welchem ein consonant ausgestoszen wird, meistens ver-
längert: Dänus nönus pinus Jūno jūnior, Dāvus clavis nāvis suāvis ōvum; zuweilen aber kurz läszt: ăvis grăvis nŏvem brĕvis lĕvis nŏvus ŏvis Jŏvis jŭvenis. im
deutschen bleibt er immer [auszer bei diphthongischer entfaltung mouwe, diuwe]
kurz: mavi þivi tavi, und daraus erklärt sich, warum altn. Danir, ahd. Teni gesagt wird; wendet man ein, in Juno junior nonus = Juvino juvenior novenus
sei doppelt angestoszen, auszer der muta auch das V, so gewänne Danus =
Daevinus desto mehr bestärkung.

[3] ahd. der phil. hist. classe 1845 s. 193 [oben s. 117].

juncti Persidi. das ist, so viel ich weisz, erste stelle, wo der
name Dani auftritt; die Δάοι lernten wir oben bei Herodot dicht
an Persien, bei Curtius in Alexanders zeit schon tiefer in Scy-
thien neben Massageten Dahae kennen, wohin sie auch Mela
1, 2. 3, 5 setzt. dieselben Dahae stellt Livius 35, 48 neben
Medi, Elymaci und Caddusii in die zeit des Scipio Africanus
und Hannibal, Tacitus ann. 2, 3. 11, 8. 10 viel später in den
beginn des ersten jahrh., wo sie Parthern zur seite erscheinen,
also noch weiter gegen osten hin. man darf wol mutmaszen,
dasz diese asiatischen Dahae von den westlich nach Europa
ausgerückten frühe abgerissen, ursprünglich dasselbe volk mit
ihnen bildeten; Servius aber deutet die Dani, deren europäischer
name ihm bekannt geworden war, aus jenen östlichen Dahen
mit gutem fug[1]. wenn des Aethici cosmographia unter 51 völkern des östlichen oceans auch Massagetae und Dacriani auf-
zählt, freilich untereinander neben Persae, Graeci, Scythae,
Usippi, Quadi, Cannifates, Theothoni, Cimbri u. a. m.) so können solche Dacriani auch an die von Ptolemaeus 3, 5 in Sarmatien genannten Τάγροι mahnen.

Das andere zeugnis, Isidors merkwürdige angabe über die
Daci und Gothi ist schon s. 21 ausgehoben: 'dictos putant
Dacos quasi Dagos, quia de Gothorum stirpe creati sunt', er
musz dabei den gothischen pl. dagôs von dags dies im sinne
haben, und in dieser form gothische abkunft der Daci bestätigt
finden, wodurch die vorgetragne deutung von Daci aus Dacuini,
Daguini, Dagi nur gewinnen kann.

Ich habe für die behauptete genossenschaft der Getae und
Daci, d. h. der Gothen und Dänen, nach so manchen gründen,
die uns das ausländische alterthum an hand gibt, endlich noch
mit einem der einheimischen heldensage entnommnen beweis
zu überraschen. es ist bekannt, dasz die Dänen, und selbst
ihre sprache gibt es zu erkennen, mit den stämmen des inneren
Deutschlands näher verbunden stehn, als die Schweden und
Norweger, und nun läszt sich annehmen dasz von haufen jener 44

---

[1] Anastasius Sinaita, der 599 als patriarch zu Antiochia starb, hat die be-
merkenswerthe stelle: Σκυθίαν δὲ εἰώθασι καλεῖν οἱ παλαιοὶ τὸ κλίμα ἅπαν βόρειον
ἔνθα εἰσιν οἱ Γότθοι καὶ Δάνεις. [Procop hat Dani 2, 205, auch Iornand. c. 3.
Dacae sind dem Procop die in der römischen Dacia sitzenden Dacae et Panno-
nes. b. goth. 1, 15. Gepidae et Heruli in Dacia 3, 33. Gothi vectigalem habebant Daciam. 3, 34.]

alten Daci und Getae Dänmark und Gothland besetzt und be-
völkert wurden, während die bewohner des übrigen Scandina-
viens zu andrer zeit und auf anderm wege heranzogen. dasz
Dani, Dacae, Dagi, Dahae und Dauciones ein volk waren
wurde eben dargethan, nicht anders müssen es auch Getae,
Gothi und Gauti, des Ptolemaeus Gythones und Gutae, so wie
die bei Procop noch unterschiednen Γώτοι und Γότθοι sein. auf
sonderung der Gothi und Ganti, weil vocale und consonanten
ihrer namen abweichen, hatte ich früher selbst gedrungen; diese
abweichnug erfolgt aber nach gesetzen der lautverschiebung und
des ablauts, die in unsere sprache allgemein greifen. das uralte
T der Getae haben die Gauti und Gutae bewahrt, während in
Gothi, Guþai, Guþans es sich regelmäszig verschob. das AU
in Gant, ags. Geát ist aber ablaut des U in Gutae, der uns
bestätigt, dasz von alters her in diesem namen unter deutschen
völkern U herschte, im gegensatz zum gr. lat. E = I derselben
benennungen [1]. beider volksnamen Getae und Daci anlaute
haben sich jedoch aus begreiflichem grunde der lautverschiebung
entzogen, d. h. sind im goth. munde selbst nicht zu Kuþai und
Tahai geworden, vielmehr Guþai Dagai (substantivisch Guþôs
Dagôs) geblieben, wie gerade so das goth. subst. dags zur stufe
des lat. dies stimmt, nicht schon in tags übertrat.

Unsere heldensage läszt nun jenes band zwischen Dänen,
östlichen Thüringern und Gothen durchblicken; im epos der
Nibelungen treten dänische helden auf, keine schwedische. Im-
vrit von Düringen, Irinc von Tenemarke gemahnen an Irmin
und den gothischen Ermanrich. wir besitzen aber ein in ur-
altem stof gegründetes ags. gedicht von Beovulf, welches ganz
eigentlich auf verbrüderung der Gothen und Dänen beruht und
allenthalben Geátas neben Dene auftreten läszt. die Gifdas dieses Beovulfliedes sind die alten, den Gothen stammverwandten
Gepidae, wie der geogr. rav. Gipidia für Dacia nimmt. die
ganze merkwürdige von den Angelsachsen aus ihrer heimat
hinüber nach Britannien mitgeführte dichtung mag leicht schon
in den ersten jahrh. unserer zeitrechnung wurzeln, wer weisz,
gar noch gothische erinnerungen, wenn man den ausdruck nicht
misverstehn will, in sich schlieszen. die namencomposita Veder-

---

[1] auffällig dasz schon Plinius IV, 11 Moesi, Getae, Aorsi, Gaudae nebeneinander stellt.

geätas, Sægeätas, Hringdene, Eást Vest Suđ Norddene, von 45
der ausdehnung dieser völker zeugend, gleichen den zusammensetzungen Massagetae, Tyrangetae, Samogetae, in deren zweitem
theil Schafarik blosze ableitung, nicht den namen Getae anerkennen will.

Nebenher kann die Getae und Daci = Gothen und Dänen
noch bestätigen, dasz selbst heutzutag die preuszischen Litthauer
ihren südöstlichen bruder den Samogiten, Samogeta nicht anders
als Guddas d. h. Gothe benennen, in diesem beispiel also die
gleichheit der formen Geta und Gothus auf das deutlichste
waltet. Samogeta deute ich nicht wie Σαμόθραξ, sondern aus
ahd. sámi, ags. sám, welches in zusammensetzungen halb ausdrückt, und dem lat. semi-, gr. ἡμι- entspricht (gramm. 2, 553),
passend also auf Litthauer angewendet wird, die für ein halbgothisches volk gelten dürfen[1]; nicht anders bindet sich auch
halb (dimidius) mit völkernamen, man sagte ahd. Halpdurinc,
Halpwalah, Halpteni, altn. Hälfdan, ags. Healfdene. der weiten
erstreckung des getischen, gothischen stamms, seiner verschmelzung und berührung mit finnischen, sarmatischen, skythischen,
thrakischen völkern sind wir desto sicherer. nicht zu übersehn
ist endlich, dasz den heutigen Lappen der· Däne geradezu Dazh
oder Tatzh, den Russen Datschanin heiszt, welche formen sichtbar aus Dacus, doch auf ungelehrtem wege entsprungen sind.
zu den äuszersten Slaven und Lappen gelangte der name nicht
aus Deutschland her, sondern vom gestade des schwarzen
meers.

Nach diesen ergebnissen allen läszt sich der annahme gar
nicht ausweichen, dasz, gleich sämmtlichen Deutschen, die
Getae und Daci aus Asien in Europa einwanderten und mit
ihrer breite den hinterzug des ·ganzen groszen volks schlossen
und deckten. war ein zweig der Daci, wie es scheint, in Asien
zurückgeblieben, so würde sich daraus ihre schwächung, den
zahlreicheren mächtigeren Gothen gegenüber erklären. erst
vom Pontus aus kann das langsame anhaltende vorrücken eines
haupttheils dieser völker nach der Weichsel bis zur Ostsee und
hinüber nach Scandinavien, so weit es von Gothen und Dänen

---

[1] in altpreuszischen urkunden des dreizehnten jahrh. begegnet noch der eigenname Aubtigandis (Ostgothe) auf Samland. Vater über die sprache der alten
Preuszen s. 146.

erfüllt wurde, begonnen haben, während späterhin die andere
noch stärkere masse über die Donau nach dem Süden einbrach.
in diesem letzten zug scheinen blosz Gothen, keine Dänen mehr
gewesen zu sein. die hergebrachte, von Iornandes selbst hauptsächlich verbreitete ansicht über ursprung und abkunft der
Gothen aus Scandinavien oder Scanzien, von wo sie sich nach
Ostsee und Weichsel, dann erst weiter nach den Donauniederun-
gen ausgedehnt hätten, musz verworfen werden[1]. sie ist unnatürlich oder nichts erklärend, wahrscheinlich nur aus sagen-
haften überlieferungen entstanden, die uns wenigstens von der
regen urgemeinschaft scandischer und gothischer stämme zeugen.
wie sollten die Gothen von Skythien oder Sarmatien aus den
mühsamen nördlichen weg über Finnland nach Schweden, von
hier nach Gothland und Dänemark, und im rückschritt wieder
zur Weichsel nach der Donau eingeschlagen und durchmessen
haben? alle deutschen völker sind nach einander aus dem
Osten eingewandert und ein bewustsein an diese herkunft scheint
sich bei allen in unerloschner, wenn auch verworrener und
falsch angeknüpfter sage bewahrt zu haben; die Franken leiteten sich aus Troja, die Baiern aus Armenien her, die Sachsen
wollten in Alexanders heer gezogen sein; auch die Normannen
führten sich auf eine colonie des Antenor zurück, der nach
Trojas zerstörung zum illyrischen meerbusen geschift sei[2]. späterhin hielt man wenigstens den ursprung aus Donaugegenden

[1] auch Zeusz s. 478 erklärt diesen scandischen ausgang für fabel. Iornandes meldet eigentlich folgendergestalt: aus Scanzia seien die Gothen geschift und
zuerst gelandet an dem ort, der noch heute Gothiscanzia heisze, dann an der
küste des oceans zu den Ulmerugen gelangt und in deren sitze eingerückt. dann
habe ihr volk die Vandalen überwunden und seinen zug weiter nach Skythien gerichtet, welches auf gothisch Oium genannt werde (oium = avein, ahd. onwin,
regio aquosa paludinosa; Zeusz s. 67 will aus oium win machen, was keinen passenden sinn gewährt, und Iornandes gebraucht das griech. ου sonst nicht, er
schreibt Visigothi, nicht gleich Procop (Βισίγοτθοι), hierauf, nach besiegung der
Spalen, die Maeotis erreicht, hernach in Moesien, Thrakien, Dakien, endlich aber
am pontischen meer gesessen. von der ausfahrt aus Scanzia, die unter könig
Berich begann, aber erst unter seinem fünften nachfolger Skythien erreichte,
müste, wenn man diesen sagen irgend nachrechnen darf, geraume zeit verstrichen
sein, die sich schwer mit der chronologie einigen liesze, und Iornandes will drei
verschiedne sitze von Gothen in Skythien und Thrakien nachweisen, wo ihre
heimat schon weit länger gewesen sein musz.
[2] Dudo de moribus Normannor. zu eingang; Ordericus vitalis hist. eccl.
p. 723.

fest, Gregor. tur. 2, 9 sagt von den Franken ausdrücklich: tradunt enim multi eosdem de Pannonia fuisse digressos, und Procop (1, 313) meldet von den Gothen: οὗτος ὁ λεὼς ὑπὲρ ποταμὸν Ἴστρον ἐκ παλαιοῦ ᾤκουν. in dieser beziehung ist auch das nach altnordischer überlieferung (s. 23) bis gegen den Tanais [47] erstreckte alte grosze Schweden nicht zu übersehn[1]; das schwedische volk, bevor es seinen zug nach dem scaudischen norden antrat, musz gleichfalls in skythischsarmatischer strecke Finnen und Gothen benachbart angenommen werden. da den Finnen noch heutzutag der Schwede Ruotsalainen[2] heiszt, so liegt es völlig nah, in Roxolanus einen frühe gangbaren namen dieses stamms zu erblicken; zuerst nennt Strabo VII, 306 die Rhoxolanen und verlegt sie zwischen Dnieper und Don, dem Tacitus hist. 1, 79 sind sie sarmatica gens, Ptolemaeus 3, 5 läszt sie an der Maeotis neben Jazygen hausen. für ihre deutschheit soll unser Iornandes zeugen, ihm stammt cap. 24 die in unsre heldensage tiefverflochtene Svanhild, welche er Sanielh schreibt[*], und die nach der edda Siegfrieds tochter war, von Roxolanen ab; es gehört nicht hierher die mythischen bezüge zwischen Gothen, Franken und Hunen weiter zu verfolgen[3].

[1] nach Snorri soll der Tanais früher Tanaqvisl oder Vanaqvisl gehaiszen und Asien von Europa geschieden haben, qvisl bedeutet ramus arboris oder fluminis, womit denn nah zusammenhieng, dasz östlich des stromes Asien oder Asaheimr, Asgard, westlich Vanland oder Vunaheimr angesetzt wurde. das goth. ahd. ans lehren aber dasz es nicht zu Asia gehöre, die Anses keine Asiaten sind. merkwürdig ist, dasz Alvismál Menn, Godar, Aesir, Vanir, Iotnar und Dvergar einander entgegensetzt, die Godur sind unsere Gothen, die riesen und zwerge fremde nachburn, die man nach ihrer stärke und wildheit oder kleinern gestalt so benannte; die Vanir scheinen Slaven oder Wenden. den Tanais lassen auch Plinius 4, 24, Lucan 3, 273, Mela, Iornandes (cap. 5) und andre schriftsteller die grenze zwischen Europa und Asien bilden; wenn aber Iornandes von ihm sagt 'nonquam scythico durescit algore', so gemahnt das auffallend an eine stelle der edda (Sæm. 33[a]) von dem flusse Ifing, welcher den grund zwischen Iötnar und Godar theilt und ewig offen, niemals von eis belegt ströme (opin renna hon scal um aldrdaga, verdrat is á á). war Ifing ein andrer name für Tanais?

[2] dies -lainen ist gewöhnliche finnische ableitung für volksnamen, vgl. Pohjalainen, Lappalainen; unzulässig scheint also die zerlegung von Roxolani (Ῥωξολάνοι) in Rox-olani, als sei Alani darin enthalten (Böckh inscr. 2, 115[b]). [Ewers urspr. der Russ. p. 121 ff.]

[*] geradeso Brynial f. Brynhild. sv. form. 1. 71. vgl. Thusnelda. bei Gregor. tur. Chrodieldis s. Chrothildis.

[3] nur das noch, wenn Saxo gramm. p. 412 (Müll.) Svavildae vier brüder 'genere bellespontleos' nennt, so denke ich dabei nicht an Dünen von Hven (bel-

48   Erst dann hätte die ältere geschichte der Gothen, ich meine
der den Griechen und Römern bekannten Geten, können ge-
lichtet werden, wenn uns statt der spärlichen auszüge bei Iornandes die vollen werke von Cassiodor und Ablavius, vor allem
des Dio Chrysostomus Getica erhalten wären. was Iornandes
aus letzterem, theilweise aus Strabo über könige und weise
männer der Geten aushebt, verwirrt sich alles. von diesen
weisen soll der erste Zeuta, ein anderer Diceneus, ein dritter
Zamolxis geheiszen haben, da doch, wenn Diceneus in das
ahrh. vor Christus gesetzt werden musz, die herodotische meldung für Zalmoxis ein weit höheres, sogar mythisches alter
fordert. Diceneus (bei Strabo VII, 298. 304 Δεχαίνεος, gleichsam Taihuneis) sei zu könig Boroista gekommen, von diesem
fast mit königlicher gewalt bekleidet worden, auf Diceneus hernach Comosicus als könig und priester, auf ihn Corillus gefolgt,
nach langem zwischenraum unter Domitian habe Dorpaneus geherscht. sicher setzt Iornandes den Zamolxes in die zeit, wo
seiner vorstellung nach die Gothen in Thrakien und Dakien
niedergesessen waren, blosz darum, weil in der quelle, woraus
er schöpfte, Zamolxes ausdrücklich für einen Thraken oder
getischen Thraken galt, Berich aber bis auf Filimer, die er aus
gothischen liedern kannte, musten ihm älter vorkommen. weder
Comosicus noch Corillus klingen deutsch an, auf Dorpaneus
werde ich noch einmal zurückkehren, Zeuta könnte goth. Thiuda,
Thiudis, ahd. Dioto sein[1], und Boroista Βοιρεβίστας im ausgang
der bildung Ariovistus gleichen. nichts aber würde bedenklicher sein, als die aus echtgothischer durchaus sagenhafter
quelle vernommenen genealogien den namen zu nähern, die uns
auf gelehrtem griechischen oder römischen wege zugelangt sind,
geschweige unter beiden übereinstimmung aufzuweisen, da sie
von ganz verschiednen stämmen eines groszen weit ausgedehn-

densage s. 46), vielmehr weist dieser Hellespont noch auf das gestade der Maeotis,
welche nach Iornand. c. 23 den Griechen Hele biesz, und die alte östliche heimat
der Sebweden und Dänen klingt darin nach, vgl. Petersen gammelnordisk geografi
1, 312—314. es ist aus Iornandes cap. 23 bekannt, dasz auch Heruler an der
Maeotis saszen, und noch länger behaupteten sich dort die schon christlichen te-
traxitischen Gothen, welche von den übrigen durch die Hunen losgerissen wurden
(Procop 2, 475. 479). an ihrer stelle hätte man späterhin nach überbleibseln deutscher spraehe sneben sollen.

[1] mehrere könige der Odrysen in Thrakien führten den namen Σεύθης, die
Odrysen scheinen aber völlig ungetisch.

ten volks entspringen. des jüngeren Dio gerettete bücher gewähren lauter historisches über die dakischen Geten, er ist freigebiger mit dem namen Δάκοι als Γέται, gesteht aber, dasz die Griechen Γέται vorziehen (1105, 67—70 Reim.). liest man unbefangen seine schilderung der kriege Domitians und Trajans mit Decebalus in den jahren 86, 100—105, wie neben die Daci jener zeit Getae, Dancrigi, Quadi, Marcomanni, Astingi und Basternae treten[1], so wird sich das ergebnis der angestellten untersuchung auch in leiseren zügen bestätigen. Decebalus (Δεκέβαλος) scheint fast ein name allgemeineren sinnes, der vielleicht mehr als einem dacischen fürsten zustand; ich hätte lust ihn mit dem bei Ammianus Marcellinus so oft erscheinenden goth. volksnamen Taifali zusammen zu halten[2], wie die Astingi auf einen eponymus weisen, der goth. Azdiggs d. i. Hazdiggs, ahd. Hartunc hiesz. Tai stände lautverschoben für Dai = Dahi, Daci, denn in Decebalus kann der erste theil den volksnamen selbst kaum verleugnen. Eutropius 8, 2 sagt gerade: Daciam Decebalo victo subegit (Trajanus), provincia trans Danubium facta in his agris quos nunc Thaiphali habent, et Victophali et Thervingi. zu Eutrops zeit, in der mitte des vierten jahrh. hafteten demnach, wenn ich richtig mutmasze, die Taiphali auf dem alten dacischen boden[3]. Dio nennt uns auch des Decebalus königlichen aufenthalt (τὸ βασίλειον) ἐν Ζερμιζεγεθούσῃ (1127, 48 Reim.), wofür auf münzen nur das verstümmelte Sarmiz oder Sarmis begegnet, der ort musz aber fortgedauert haben, da auch Ptolem. 3, 8 (Wilb. p. 207) Ζαρμιζεγέθουσα (al. Ζαρμισεγέθουσα) beibringt, eine inschrift bei Gruter 437, 1 hat Sarmizegetusa, die tab. peuting. Sarmagete, und man weist die lage im heutigen Siebenbürgen auf. ist der zusammensetzung erster theil nicht deutlicher gen. pl. nach art des goth. izo oder blindaize, der damals auch noch substantiven zukam und drückt er das lat. Sarmatarum aus? gethusa, das einem weiblichen griech. part. praes. gliche, könnte dennoch eine goth. form gupuzi (gebildet wie jukuzi jugum) sein, und gothische niederlassung bezeichnen; das ganze compositum würde für den zusammenflusz

---

[1] der Grieche Pausanias nennt von Trajan redend natürlich Geten V. 12, 4: οὗτος προκατήρξατο ὁ βασιλεὺς Γέτας τοὺς ὑπὲρ Θρᾴκης.

[2] ein nom. pr. Taifal. Adelungs Mithrid. 2, 700.

[3] Decebalus vertrauter heiszt Βίκιλις (Dio Cass. 1131, 1 Reim.) Graff 3, 325 hat den ahd. namen Pichilo. [ein anderes Diegis Mascou 1, 140.]

sarmatischer und gothischer völker, die im namen seines wohn-
orts ausgedrückt sein sollte, zeugen. Ptolemacus gibt in Dacien
auffallend viele mit -dava gebildete örter an: Argidava, Marco-
dava, Nentidava, Ramidava, Singidava, Zusidava, wobei doch
wieder an die römische form Davus für Dacus gedacht werden
darf. eine wichtige meldung verdanken wir noch dem Strabo.
auch er weisz, dasz Zamolxes den Geten mehr als bloszer rathgeber (σύμβουλος) des königs, ein göttliches wesen war *, und
50 er setzt mit ihm einen heiligen berg in verbindung, p. 298:
παρὰ δὲ τοῖς Γέταις ὠνομάζετο θεός. καὶ τὸ ὄρος ὑπελήφθη ἱερόν,
καὶ προσαγορεύουσιν οὕτως· ὄνομα δ'αὐτῷ Κωγαίνον, ὁμώνυμον τῷ
παραρρέοντι ποταμῷ. dies Kogainon stellt Danvilles karte östlich
von Zarmizegethusa, südlich unter Zusidava nach Dakien, es
wäre leicht auf ein gothisches hauheinavi, ahd. hôhinouwa, nhd.
hohenau oder dergleichen, für den berg wie den flusz, zu rathen.
alle deutschen völker verehrten ihre götter auf bergen, wie die
vielen Wuotansberge, Donuersberge und Ziesberge lehren. nun
bringt auch Ammianus Marc. 31, 5 aus späterer zeit eine hierher bezügliche nachricht: als unter Valens im jahre 376 der
gothische könig Athanaricus vor den Römern von der Donau
landeinwärts wich, heiszt es, dasz er gezogen sei: ad caucalan-
densem locum altitudine silvarum inaccessum et moutium cum
suis omnibus declinavit, Sarmatis inde extrusis **. dies Cauca-
land (hochland?) musz sich ganz in der richtung des heiligen
gebirgs Κωγαίνον gefunden haben und scheint nach zeit und verschiedner auffassung desselbe, wenig veränderte name, so dasz
im vierten jahrh. die gothischen Greuthungen noch den heiligen
bergwald inne hatten, den Strabo den früheren Geten zuschreibt.

Mir fällt auf wie abweichend von Cassius Dio · erzählung
andere schriftsteller Domitians unglücklichen feldzug gegen die
Daker berichten, der seinen heerführer Fuscus das leben kostete.
diesen Corn. Fuscus kennen wir auch aus Suctonius (Domit. 6)
und Tacitus berichten ***. Orosius 7, 7 läszt zwar den Domitian
adversum Germanos et Dacos kriegen, nennt aber den dacischen
könig, statt Decebalus, Diurpaneus, Iornandes cap. 13 Dorpaneus

---

* Strabo hält ihn blosz für einen der sich göttliche ehre anmaszte.
** Statius silv. III. 3, 168: .
         haec est quae victis parcentia foedera Cattis,
         quaeque suum Dacis donat clementia montem.
*** Martials epigramm 6, 76 auf Fuscus.

und könig der Gothen. des Iornandes quelle scheint also hier
schon Gothi, weder Getae noch Daci gehabt zu haben: eben
an diesen sieg des Dorpaneus über die Römer knüpft er den
ursprung des heldennamen Anses, so dasz wir uns auf entschieden gothischem boden finden. Dorpaneus eignet sich für einen
goth. namen (Daurpaneis) um so mehr, da sich noch ein entsprechendes ahd. Dorfuni (bei Meichelbeck no. 84)[1] findet; Decebalus scheint auch darum mehr im allgemeinen einen dakischen
fürst oder held zu bezeichnen, wie schon Reimarus 1105 §. 35
ahnte, vgl. Δεκεβάλιος bei Suidas in ἐξυβρίζοντα. Dio Chrysostomus, wenn er, was wir nicht wissen, seine Getica bis auf die
jüngste zeit herabführte, hätte darüber wahrhaftesten bericht erstatten können.

Wir saben auch die Basternae bei Cassius Dio genannt, 51
deren deutschheit kaum darf in zweifel gezogen werden. zwar
Tacitus Germ. 46: Peucinorum Venetorumque et Fennorum nationes Germanis an Sarmatis adscribam dubito, quamquam Peucini, quos quidam Bastarnas vocant, sermone, cultu, sede ac
domiciliis ut Germani agunt; der sprache und sitte beobachtung
entscheidet, ann. 2, 65 stellt er Bastarnas Scythasque zu einander. Basterna scheint nicht anders gebildet, als das goth. vidu-
vairna viduus, oder þivairnô ancilla, und vielleicht navairnô
parca; sollte das lat. basterna vehiculum, lectica eigentlich eine
von bast geflochtene bahre bedeuten und von jenem volk über-
nommen sein?[2] den Bastarnen hat schon Livius 40, 5. 57. 58.
41, 18. 19. 23. 44, 26. 27 eine frühe stätte in der geschichte bereitet, denn er läszt sie mit dem macedonischen könig Perseus
(170. 160 jahre vor Chr.) zusammentreffen; unpassend bezeichnet er in der letzangegebnen stelle sie als Gallier. Strabo p. 305.
306. läszt Geten und Myser an beiden ufern der Donau neben
Bastarnen wohnen. Valerius Flaccus Argon. 6, 96 schreibt Ba-
ternas für Basternas, um die erste silbe kurz zu bekommen; die
beiden folgenden verse

---

[1] [Diuppaneus auf einer inschrift. Maszmann lib. aurar. 98.] vgl. Richuni
Keruni Palduni Adaluni bei Meichelb. 89. Hröduni 99, Helmuni 108, und viel
ähnliche, deren -uni allenfalls auch aus -wini gedeutet werden künnte.

[2] der begrif des geräths geht über auf den, der sich dessen bedient; Caracalla heiszt so nach dem mantel. basterna vehiculum gemahnt an jene skythischen
und cimbrischen wagenhäuser (s. 37).

> quos, duce Teutagono, crudi mora corticis armat
> aequaque nec ferro brevior nec rumpia ligno,

enthalten den offenbar deutschen [nach Dießenbach 2, 211. 229
celtischen] namen des herzogs uud die beschreibung eines roh
aus rinde gefertigten schildes [1]. der name Peucini weist auf
die insel Peuce in den Douaumündungen. wenn in diesem landstrich zweihundert jahre vorher deutsche stämme ansitzen, wie
sollten die Geten des ersten jahrh. eben da undeutsch sein?
Ptolemaeus zählt die Basternae und Peucini noch im zweiten
jahrh. in Sarmatien auf, drei, vier jahrh. später, nachdem jene
bei Livius bis nach Macedonien gestreift hatten. diese anhaltende dauer ihrer namen uud ihre kraft verkündet unwiderspreeh-
lich, dasz sie nichts anders waren als Geten oder Gothen, und
dasz ihre besondere benennung dem Ptolemaeus eben die allgemeine verschwinden liesz.

Laut also fordert, so weit ihr gebiet sich erstreckt, die geschichte nicht scheidung sondern einigung der Geten und Gothen,
und das gewonnene gefühl dieser einheit im hintergrunde darf
auch für die ältere dunkle zeit, wo mythische und historische
stoffe sich verlaufen, vorschub leisten. niemand wird verkennen,
dasz auf diesem schlüpfrigen boden Iornandes und bereits sein
vorgänger Dio gestrauchelt haben müssen; uud doch scheint
selbst Iornandes nicht entblöszt von allem zweifelnden, critischen
gefühl. cap. 9 als er dem Dio folgend des Geten königs Telephus meldung thut, befällt ihn der gedanke, dasz dieser name
gar nicht gothisch, vielmehr ganz griechisch klinge; da lenkt er
ein: ne vero quis dicat hoc nomen a lingua gothica omnino
peregrinum esse, nemo est qui nesciat animadverti, usu pleraque
nomina gentes amplecti, ut Romani Macedonum, Graeci Roma-

---

[1] aus Justinus 32, 3 verdient ausgehoben zu werden, was er über einen
krieg der Daker mit den Bastarnen meldet: Daci quoque suboles Getarum sunt
(was Isidor 9, 2 nachspricht): qui (Daci oder Getae) cum Orole rege adversus
Bastarnas male pugnassent, ad ultionem segnitiae capturi somnum capita loco
pedum ponere jussu regis cogebantur, ministeriaque uxoribus, quae ipsis ante
fieri solebant, facere. neque haec ante mutata sunt, quam ignominiam bello ac-
ceptam virtute delerent. das soll etwa zur zeit des cimbrischen kriegs hundert
jahre vor Chr. geschehen sein. diese strafe der feigheit trägt völlig deutsche
farbe. [von Kadlubek auf Dänen angewandt, Wiener archiv 17, 297. 298. Maer-
lant 1, 420 von Decaen uud Basternen und 'ten vrouwen voeten' zn ihrer frauen
füszen. aus Vinc. bellov.? bei Dio Cassius 51, 24 Ῥώλης, ein getischer könig
28 v. Chr.]

norum, Sarmatae Germanorum, Gothi plerumque mutuantur
Hunnorum. dasz hunische namen unter Gothen gäng und gäbe
wurden mag sein, von dem umgekehrten übergang gothischer
namen auf Hunen liefert uns Attila das berühmteste beispiel.
an Telephus (Τήλεφος) und Eurypilus (Εὐρύπυλος) seinem sohn
wird auch auszer den namen alles oder das meiste ungetisch
erscheinen, und verwechslung des asiatischen Mysiens mit dem
Moesien oder Mysien der Donaugegend könnte im spiel sein.
Telephos, sohn des Herakles, dem Achilles die berühmte wunde
schlug, von der geweissagt war ὁ τρώσας καὶ ἰάσεται, liegt tief
im hellenischen mythus*; doch Dio mag ihn in Thrakien lebendig vernommen haben, und aus seinem werk hätten wir erst zu
lernen, auf welchen puncten dennoch uralte griechische und
getische sage aneinander rühren. denn die pfade des mythus
sind wundersam verschlungen. liesz sich doch Ovid aus eines
getischen greises munde, den er diesmal keiner roheit beschul-
digt, von Iphigenia in Tauris, Orestes und Pylades, was die
Skythen erzählten, berichten (ex Ponto III. 2, 41 ff.)[1] und wenn
deutsche, griechische, lateinische sprache geheimnisreich zusammen grenzen, darf es auch die mythologie dieser völker.

Übt man sich erst einmal in uneingenommner betrachtung ss
dieser jetzt noch verworfnen Getica, so können selbst des Iornandes ärmliche brosamen einiges willkommne darbieten. die
durch Dio überlieferte kunde von einem edlen geschlecht der
Geten, aus welchem könige und priester gewählt wurden, dasz
diese edlen anfangs tarabostei, hernach pileati geheiszen waren
im gegensatz zu den übrigen freien, welche capillati hieszen
(Iornandes cap. 5 und 13) scheint unverwerflich. auch oratio 72
(Reiske 2, 383) gedenkt Dio der getischen huttracht: ἔνθα γὰρ
ἐνίστε βλέπουσιν ἀνθρώπους, τοὺς μέν τινας πίλους ἐπὶ ταῖς κεφαλαῖς
ἔχοντας, ὡς νῦν τῶν Θρᾳκῶν τινες, τῶν Γέτων λεγομένων, πρότερον
δὲ Λακεδαιμόνιοι καὶ Μακεδόνες. Toxaris bei Lucian, ein Skythe
d. i. Thrake, stammte weder aus königlichem geschlecht, noch
dem der hutträger, war also ein bloszer capillatus oder, wie sich
Lucian ausdrückt, ein ὀκτάπους (achtfüszling), der zwei rinder
und einen wagen besitzt. nach des Cassius Dio meldung galt

---

* vgl. Plin. 34. 15, 45.
[1] Diana taurica, Böckh inscr. 2, 90^. Lucians Toxaris 1. 2. 6 bezeugt, dasz
die Skythen dem Orestes und Pylades opferten und Iphigenia göttlich verehrten.
[Herod. 4, 103.]

dieser unterschied zwischen pileati und comati noch für die späteren Daker (1126, 14 Reim. πιλοφόροι, κομῆται), Decebalus entsandte nach einander zu den Römern erst comati, dann vornehmere pileati*; bedeutsam hiesz auch Odin Sidhöttr, der mit dem breiten, tiefen hut (mythol. 133) und bis auf die jüngste sage herab erscheint er in solchem hut, der eine heidnische heiligkeit andeutet. bei den Römern zeichnete den flamen dialis sein galerus und apex aus. von den capillatis merkt Iornandes weiter an: quod nomen Gothi pro magno suscipientes adhuc in suis cantionibus reminiscuntur, Theodorichs edict 145 nennt die capillati, und dasz zu seiner zeit schreiben erlassen wurden 'universis provincialibus et capillatis' des Gothenvolks weisen Cassiodors variae 4, 49. trügt meine vermutung nicht, so wird auch das goth. und vandal. Hazdiggôs = Astingi gerade nichts anders ausgesagt haben als capillati[1]. natürlich fielen die pileati, d. i. heidnischen priester nach der bekehrung zum christenthum weg. tarabostei aber war ein älterer name der pileati und braucht nicht dasselbe auszudrücken, ich wittere darin gothische superlativendung (ungefähr wie in lasivôstai infirmissimi), so dasz iu tarabosti = goth. þarabôstai das ahd. darapistê, pidarapistê d. i. optimi strenuissimi gelegen wäre, vgl. altn. þarfr utilis, im superl. þarfastr. dies mag noch gewagt dünken; sichrer schon dürfen die auf jenen Dicceneus zurückgeleiteten gothischen gesetze 'quas
54 usque nunc conscriptas (eine wichtige bemerkung des Iornandes) bellagines nuncupant', durch die goth. form bilageincis, acc. bilageinius gedeutet werden. so wären schon einige getische wörter und bräuche wenigstens versuchsweise gothisch ausgelegt, wer den wörtern noch mistraut halte sich an die bräuche. Gervinus will alle deutschen priester zurückweisen und was Caesar von den ihm nahgelegnen Germanen behauptet auf die übrigen ausdehnen. doch redet schon Tacitus von sacerdos und sacerdos civitatis (Germ. 7. 10) und der spätere altnordische priesterstand ist unleugbar, ja der ausdruck godi musz den gothischen gudja

---

* auch Victor de Caesaribus XIII. Daci pileati. nach Lucian de dea syria tragen auch die syrischen priester hüte. πίλον ἐπὶ τῇ κεφαλῇ ἔχουσι. Anacharsis erscheint in Griechenland ohne hut, er hat ihn zu haus gelassen. Luc. de gymn. 16. wenn man zur see ist, soll man einen priester sidkofte (tiefkappig, hutig) nennen. Ström Soudmörs beskrivelse tom. 1. (F. Magnusens edda 2, 10.) ahd. heilac huat mitra, cidaris.

[1] ahh. der phil. hist. classe 1845 s. 224 [oben s. 150].

deuten. der sacerdos muliebri ornatu bei den Nahanarvalen
(Germ. 43) läszt uns einen in binde und hut bei den Gothen
ahuen. Iornandes cap. 10 schöpft aus Dio, dasz sacerdotum ali-
qui illi qui pii vocabantur[1], weiszes gewand trugen: alles führt
auf einklang der priester, ärzte und gesetzgeber unter ihnen.
Herodots scharfblick sah das rechte, wenn er in Zalmoxis, über
des Pythagoras schüler, über den vergötterten menschen oder
weisen hinaus, einen daemon und gott erkennt[2]; darf Zalmoxis
als ἄναμος zu Wuotan, als Gebalçisis zu Gipucho, als pileatus
zu Sidhöttr, das fahren nach Zalmoxis zu dem nach Wuotan
gehalten werden, so gewinnt die gleichung. mir scheint das
übereintreffen skythischer, thrakischer, alanischer sitten und gebräuche mit germanischen unablehnbar: es sei nur auszer dem
getischen ackerbau und schwertcultus an das looszwerfen mit
zweigen[3], an die blutmischung beim bundschlusz[2], an den felsen-
sprung lebenssatter greise[4] erinnert. denn reichen diese gewohn-
heiten noch zu andern völkern in weiterer berührung hin, so
thun sie hier vorzüglich die engere dar. Plinius 22, 1 gibt an:
mares apud Dacos et Sarmatas corpora sua inscribunt[**]; solches
tatouieren war noch bis auf uns hin und wieder in Deutschland
üblich.

Will man unserer zeitrechnung erste fünf jahrhunderte halten zu den fünf ihnen vorausgegangnen, so werden an fülle welt-
historischer begebenheiten von diesen jene weit übertroffen. der
Perser kriege mit den Hellenen, Alexanders unsterbliche thaten
und die volle kraftentfaltung des römischen reichs lassen um ein

---

[1] man möchte das griech. wort wissen, pius kann bedeuten εὐσεβής, und ein
priester hiesz uns noch im mittelalter 'der guote man'. mythol. s. 79. merkwürdig
ist, dasz sie dem feind mit zithern entgegengesandt werden: subito patefactis portis cum citharis et vestibus candidis obviam sunt egressi, paternis diis ut sibi
propitii Macedones repellerent, voce supplici modulantes; was auch Athenaeus
14, 24 aus des Theopompus verlornen ἑλληνικαὶ ἱστορίαι buch 46 anführt: Γέται,
φησί, κιθάρας ἔχοντες· καὶ κιθαρίζοντες τὰς ἐπικηρυκείας ποιοῦνται.
[2] Ζάμολξις. sagt ein Thraker bei Plato p. 156, λέγει ὁ ἡμέτερος βασιλεύς,
θεὸς ὤν.
[3] Wh. Grimm über deutsche runen s. 296 ff.
[2] deutsche rechtsalterthümer s. 192—194.
[4] daselbst s. 486 ff. 972.
[**] vgl. Ukerts Skythien 608. thrakisches tätewieren. Welckers kl. schriften
2, 34. membra ferro plangere. Claudianus in Rufin. 1, 313. Lucian de syria dea
59 von den Assyriern: στίζονται δὲ πάντες οἱ μὲν ἐς καρπούς, οἱ δὲ ἐς αὐχένας.

groszes hinter sich das verworrene und verdeckte treiben der
deutschen völker, die bis zum jahre 500 in Europa gewaltig
werden, so viel erhebendes und folgenreiches von Arminius,
Hermanrich, Alarich, Ulfila, Chlodowich bis auf Theodorich in
die rollen der geschichte eingezeichnet steht. vor der rohen
aber gesunden gewalt der Deutschen sollte in diesen unvollen-
deten zeiten der riesenleib des Römerreichs zusammenbrechen,
und unter allen deutschen stämmen erscheint damals der zuletzt-
ziehende gothische wie der begabteste so der stärkste und
frischeste. was Cimbern und Teutonen nicht vermochten, den
Franken aber am ende gelang, hatten Gothen, deren zahllose heere
über die den Römern längst streitig gemachte Donau immer
unwiderstehlicher einbrachen, bereits ausgerichtet, und nachdem
grosze striche Griechenlands von ihnen durchzogen waren, allmälich in Italien, Gallien, Spanien und auf afrikanischer west-
küste fusz gefaszt, während andere ihrer haufen länder der ostsee und nordsee füllten[1]. solch ein rührsames, kampf und gefahr suchendes volk, aus dessen letzten tagen Procop uns die
heldenmütigsten, ergreifendsten züge bewahrt, kann nicht im
ersten oder zweiten jahrh. unsrer zeitrechnung zu thaten schlag
auf schlag erwacht sein, es musz sich schon in der vorausgegangnen zeit neben Griechen und Römern allenthalben geregt
und hervorgethan haben.

Von jeher pflegte der Deutsche an grosze völker, die ihm
in bildung überlegen waren, sich zu schlieszen, und wahrscheinlich wäre Byzanz wie Rom früher gesunken, hätten sie nicht
die leibliche kraft deutscher stämme manigfach in ihren dienst
zu verwenden verstanden, so dasz deutsche krieger, die ihren
oberherrn oder bundesgenossen anhiengen, lange zeit gebraucht
wurden, die angriffe und einfälle ihrer unabhängig und frei gebliebnen stammbrüder abzuwehren. man lese in Procop (2, 389)
wie den helden Tôtila keine Römer, sondern andere Deutsche,

---

[1] die grosze volksmenge der Gothen ergibt sich allenthalben; es genüge hier
aus Strabo p. 305 anzuführen: αὐξηθέντες οὖν ἐπὶ πλεῖστον οἵ τε Γέται, οἵ τε Δάκοι, ὥστε καὶ εἴκοσι μυριάδας ἐκπέμπειν στρατιάς, νῦν ὅσον εἰς τέτταρας μυριάδας
συνεσταλμένοι τυγχάνουσι. καὶ ἐγγὺς μὲν ἥκουσι τοῦ ὑπακούειν Ῥωμαίων· οὕπω
δ' εἰσὶν ὑποχείριοι τελέως, διὰ τὰς ἐκ τῶν Γερμανῶν ἐλπίδας, πολεμίων ὄντων τοῖς
Ῥωμαίοις, woraus wieder das enge band hervorgeht zwischen den Geten, Dakern
und den übrigen Germanen. [aus älterer zeit, Thucyd. 2, 98 freie Thraker dem
Sitalces angeschlossen, bringen dessen heer auf 150,000.]

Asbad und Scipvar erschlugen; durch den Vandalen Stilico
lieszen die Römer die Gothen in Thessalien schlagen, und ein
andermal war es der Franke Arbogast den Theodosius den
Gothen entgegenstellte.

Eine menge bedeutender ämter, in der verwaltung wie im
heer, wurden zu Byzanz seit dem vierten, fünften jahrh. von
Deutschen aus der zahl befriedeter und verbündeter völker eingenommen: durch treue und tapferkeit hatten sie sich empor-
geschwungen. nicht ohne stolz gewahren wir in den reihen
römischer consuln deutsche eigennamen, die laut bezeugen, wie
schnell jene barbarei griechischer und römischer verfeinerung
theilhaft geworden nun auch jegliche ehren und würden in anspruch nehmen durfte. so war im jahre 348 consul Flavius
Salia, 351 Gaiso, 362 Nevitta, 366 Dagalaiphus, 372 Arintheus,
377 und 383 Merobaudes, 374 Ricimer oder Richomer, 385
Bauto, [390 Neot? oder Neoterius], 400 und 405 Stilicho, 401
Fravitta, 403 Rumoridus, 419 Plinta, 427 und 447 Ardaburius,
434 Ariovindus und Aspar*, 437 Sigisbaldus, 459 Ricimer, 461
Dagalaifus, 465 Herminericus, 506 Ariobinda Asparis filius, 510
Eutharicus, 519 Euthericus Amalus, 535 Belisarius. hätten sich
listen der patricier, praefecten[1], magistri militum und der vielen
geringeren stellen bis zu dienern und waffenträgern der feldherrn
herab erhalten, so würde eine ungleich gröszere zahl solcher
namen, die deutschen klang zur schau tragen, vorliegen. wäre
uns aber zugleich der einzelnen abkunft näher bekannt, so würden glaublich die meisten, was jenes beigefügte Amalus kund
gibt, gothischen geschlechts sein, in jener giltigen auch Gepiden,
Vandalen, Basternen in sich begreifenden allgemeinheit, und
sicher stände aus früherer zeit manchem Geten, Thraker, Alanen und Massageten gleichgothischer name zu. eine zusammenstellung aller solcher eigennamen und der bei Procop, Iornandes, Ammianus Marcellinus, aber auch schon bei Cassius Dio
und Tacitus aufbewahrten beabsichtige ich ein andermal und
die kenntnis unserer ältesten sprache wird dabei nicht leer aus-

---

* vgl. Ascovindus Greg. tur. 4, 16. im praeceptum Theoderici a. 501 ein
Aspar. Colet 5, 467. aber bei Sallust b. jugurth. 108. 109. 112 ein Numida Aspar,
Jugurthae legatus. auch ein Numida nomine Ganda, Masinissae nepos c. 65.

[1] Dio Chrysostomus orat. 48 (Reiske 2, 286), spricht offen dank aus dem
κρατίστῳ (Οὐαρίνῳ, der vom jahro 99—102 praefect in Bithynien war, und den
andere Varenus Rufus nennen. Varinus klänge deutsch.

gehn *. hier nur ein paar anziehende beispiele. jener Ardaburius, den Leo I im jahre 471 tödten liesz, entspricht rein dem
57 alts. worte hardburi Hel. 128, 24, ahd. hartpuri Graff 3, 20,
welche magistratus bedeuten, also genau die würde, mit der
Ardaburius bekleidet war, ausdrücken; da die goth. aspirata
weicher ist, als in den übrigen deutschen sprachen, so erklärt
sich ihr gänzlicher wegfall in der lat. oder gr. form Ardaburius
= Hardaburius, wie vorhin Astingus = Hazdiggs[1]. Belisarius,
der dem Justinian Vandalen und Gothen zu paaren trieb, war
ohne zweifel gothischer herkunft, sogar in einer stadt namens
Germania, zwischen Thrakien und Illyrien geboren (Procop 2,
361), wo deutsche geschlechter hausen mochten; sein name erklärt sich zwanglos aus dem gothischen und lautete eigentlich
Valisaharis. Valisharis, da die Griechen goth. V bald durch OY,
bald B ausdrücken (vgl. Vandali Βανδηλοι, Vigilius Βιγιλιος, aus
Σιλουανός wird bei Ulf. Silbanus), auch verschiedentlich Velisa-
rius geschrieben steht, valis bedeutet γνήσιος, ήγαπημένος und
dieser name, dessen erster theil zum ahd. Walisunc Welisunc,
altn. Völsungr stimmt, sagt aus theurer erwählter held ". sein
deutsches geschlecht mag aber noch bestätigen, dasz ihm ein
lanzenträger Ούλίαρις = Viliharis hiesz ***, ein andrer Ἰλαούφ (? Hil-
dulf Hildvulfs) Procop 2, 431[2], die treusten diener wählte er
sich unter landsleuten.

Ja von den kaisern selbst war Verus Maximinus im jahre
235 genere gothico, nach Iornand. cap. 15 ex infimis parentibus
in Thracia natus a patre gotho, nomine Micca, matre alana,
quae Ababa dicebatur †. im buch de reguor. succ. heiszt der
vater Micca, die mutter Abaqua. kurz zuvor hiesz des Septimus Severus jüngerer sohn, den sein eigner bruder Caracalla im
jahre 212 tödtete, Geta; als Severus noch nicht kaiser, sondern

---

    * Νεοβιγάστης Olympiod. 451, 8. Ἀναγάστης, Ὅστρυος Priscus 162, 18. Νε-
βισγάστης Eunap. 45, 6. Βαδομάριος 45, 10. Ἀλλόβιχος Olympiod. 452, 9. 18.
Σηγγίλαχος Priscus 167, 12.
    [1] Adelung ält. gesch. der Deutschen s. 289 stellt Ardaburius als einen Tkra-
ker auf.
    ** Zeusz gr. celt. 742 macht Belisarius keltisch.
    *** ahd. Williheri Graff 4, 986. mhd. Willeher MSH. 3, 245ᵃ.
    [2] vgl. Ildico bei Iornandes cap. 49 für Hildgund, Sanielh für Svanhild (s. 47).
    † vgl. Ababus Olbiopolita (unter Tiberius). Böckh inscr. 2, 87ᵃ. 130ᵇ. 141ᵇ.
soll nach 115ᵃ syriacum sein.

in Pannonien feldherr war, im jahre 190 wurde ihm dies kind geboren *, und vielleicht danach benannt, weil er unter Geten auf die welt gekommen war; das gäbe ein kleines nicht unwichtiges zeugnis ab neben den zwanzig jahre später von Caracalla besiegten Gothen.

Wie nach mehr als tausendjähriger rüstigkeit und mühe die in alle fernen ausgestreuten Gothen endlich von der bühne der welt verschwunden sind, hat auch ein unstern über ihrer geschichte gewaltet und die edelsten zeugen ihrer thaten und leiden liegen verstummt. die bücher von Cassiodor, Ablavius und Dio sind uns abhanden, oder nur in Iornandes ungenügen- **55** dem auszug übrig; doch hat ihrem andenken Procopius ein lesenswerthes erhaltnes werk gewidmet, und der herlichkeit ihrer sprache versichert uns Ulfilas unsterbliche, wenn auch nur zum kleinsten theil gerettete arbeit dem alterthum der Gothen mag kein anders deutsches volk sich an die seite setzen, und alle übrigen sind genöthigt ihr frühstes licht bei ihnen anzuzünden.

Mislang es mir nicht des Iornandes namen herzustellen, so sah ich noch mehr darauf die ehre seiner annahme zu retten, dasz Geten und Gothen ein volk waren, und hoffe dasz meinen beweisen 'ellen zuo der fuoge' kam: die fuge liegt in gleichheit dieser namen und in der Geten und Daker nachbarschaft. zweifel müsten sich fortan das ansehn geben, aus allen kräften jede thunlichkeit deutscher auslegung für getische namen, die noch besser glücken kann als ich sie versuchte, abzuwehren, und die kluft der geschichte zwischen 105 und 166 (an diesen sechzig jahren hängt es) für unerfüllbar zu erklären. auf dem bisher eingehaltnen standpunkt aber war den Geten alle wurzel abgeschnitten, ohne ursprung auftretend gehen sie vorüber ohne spur, und unsere Gothen wurden darum gebracht das ihnen zuständige erste zeugnis abzulegen für den zusammenhang der Deutschen mit einer uralten vergangenheit. statt der wenig austragenden meldungen des Pytheas werden nunmehr Herodots Γέται οἱ ἀθανατίζοντες in den vordergrund unserer geschichte treten und Dions χατάρατοι leicht verwischen. das horazische bild von der einfachheit getischer ackerbestellung mag Ovids klagen über getische wildheit dämpfen, und wer ärger nimmt ob dem

---

* abor nach Spartian 3 natus Mediolani, etsi aliter alii prodiderunt.

plauderhaften triegerischen Geta oder Davus der comoedie, sich
erheben an dem hohen tragischen ernst, mit welchem die Gothen
auf dem weltgerüste verbluteten. auch für den weg, den Gothen
und wahrscheinlich alle Deutschen von Persien aus über den
Araxes, am Caucasus vorbei nach der Maeotis und von da über
Dnieper und Dniester bis zur Donau einschlugen, gibt diese
bereicherung unserer ältesten geschichte unverächtlichen fingerzeig.

Nachträge.

39 s. 4. 5. Iornand aus Ibornand Eburnand wird bestätigt
durch Iring Euring Iuwaring aus Eburdring (myth. 333. 688),
der thüringische held mag früher wol geheiszen haben Eburthu-
ring, ahd. Epurdurinc, ags. Eofordyring, und gleichviel scheint,
ob er die milchstrasze oder das gestirn Orion bezeichne. wiederum stimmt das verhältnis zwischen Irnvrit von Düringen und
Irinc von Tenemarke zu dem bund zwischen Gothen und Dänen,
wenn man die Thüringer, wie es nicht anders sein kann, nahe
zu den Gethen stellt.

  s. 25. vorher schou Augustinus de C. D. 5, 23 Rhadagaisus rex Gothorum. [vgl. August. serm. 105, 10. Niebuhr 3, 91.]

  s. 28. Strabons worte lauten s. 304: Δάκους — οὓς οἶμαι
Δάους καλεῖσθαι τὸ παλαιὸν ἀφ᾽ οὗ καὶ παρὰ τοῖς Ἀττικοῖς ἐπεπόλασε
τὰ τῶν οἰκετῶν ὀνόματα Γέται καὶ Δάοι. und s. 305: ὁμόγλωττοι
δ᾽ εἰσιν οἱ Δάκοι τοῖς Γέταις.

  s. 39. gerade so findet sich die länderreihe Alania, Dacia,
Gothia bei Isidor orig. 14, 4: hujus (Scythiae inferioris) pars
prima Alania est, quae ad Maeotidas paludes pertingit, post hanc
Dacia, ubi et Gothia, deinde Germania, ubi plurimam partem
Suevi incoluerunt. hat nun Isidor aus Aethicus geschöpft, oder
ist Aethicus so jung, dasz er von Isidor († 636) entlehnen
konnte? ich glaube jenes, zumal für Isidors zeit die reihe nicht

mehr gerecht schiene. sicher aber schrieb sie aus Isidor ein schriftsteller des vierzehnten jahrh. ab, Bartholomacus anglicus oder Glanvil lib. 15 cap. 50 seines verschiedentlich gedruckten werks de proprietatibus rerum, wovon eine Berner hs., ohne noth, bei Haupt 4, 479—495 ausgezogen wird.

s. 40. den geographus ravennas, dessen schrift dringend einer critischen ausgabe bedarf, habe ich s. 3 mutmaszlich ins siebente jahrh. gesetzt, obwol mir bekannt ist, dasz Beretti (bei Muratori script. band 10) ihn ins neunte verlegt und einem gewissen Guido zuschreibt, damit scheint es aber noch nicht abgethan, auch Schafarik slow. star. s. 55. 973 hält Guido für den verfasser ums jahr 886.

s. 46. über die abkunft der Franken aus Troja und von Alexander haben schon viele gesammelt; hier noch einige zeugnisse, wie sie mir gerade zur hand liegen. Priamus et Antenor egressi a Troja venerunt in Secambria et inde in Pannonia, et inde in Meotides paludes, et inde juxta ripas fluminis Reni in extrema parte Germaniae. Pertz 2, 310. noch näher führen dies aus die annales quedlinb. Pertz 5, 30. Otfried L 1, 87 von den Franken

las ih iu in ala wâr in einên buachon, ih weiz war,
sie in sibbu joh in ahtu sîn Alexandres slahtu.

dasz altnordische sagen den Ođinn zu einem Tyrkja konûngr machen und aus Tyrkland nach Saxland und Reidgotaland einwandern lassen, weisz man. [Sachsen aus Griechenland und von Alexander. Widukind 1, 2.]

ÜBER DEN PERSONENWECHSEL IN DER REDE.

GELESEN IN DER AKADEMIE DER WISSENSCHAFTEN
AM 20 DECEMBER 1855.

Denken und reden sind bedingungen des menschengeschlechts, ursache seiner freiheit, quelle aller sprachen. der mensch redet weil er denkt, und denkt auch wenn er schweigt [1]. das geredete drang aus seiner seele, er würde stumm geblieben sein, hätte er sich nicht an einen andern richten können, dem er es anheim gäbe, theilnehmender antwort gewärtig. rede setzt immer anrede, sprechen setzt erwiedern, sprache also menschliche geselligkeit voraus. ohne gemeinschaft keine fortzeugung, ohne menge der menschen keine sprachbildung; im anfang ist die sprache so wenig erschaffen, als die erde gleich von bewohnern erfüllt war. alles seiende muste werden, d. h. von dem kleinsten punkte ausgehen und zunehmen, denkkraft und ·sprache wuchsen und erhöhten sich durch einander, der menschen unveräuszerliches erbtheil.

Bei der sprache beginn und entfaltung stiegen alle namen auf aus wörtern des empfundnen seins (nomina ex verbis), mit ihnen wurden redende, angeredete und alles wovon rede gieng in die gewohnheit der sprechenden eingeführt; die ganze natur galt für lebendig und nicht nur menschen, auch thiere, pflanzen und jegliches ding, indem sie die betrachtung anregten, forderten zu worten auf. alle wesen erzeigten sich damals noch wie in eigner macht, und pronomina gab es nicht, solch ein zustand, auf den wir blosz zurückschlieszen dürfen reicht über unsere geschichte hinaus ins dunkel des fernsten alterthums.

---

[1] man sehe die etymologien im auslauf A. [viel denken, wenig sagen. Opitz 1, 134. der brunne aller werke und worte sint die gedanke. myst. 348, 8.]

Es wird die früheste geistige abstraction der sprache gewesen sein*, an die stelle des sinnlichen, aber unbeholfnen nennens, des überladenden wiederholens allgemeine ersatzwörter zu
schaffen, aus deren einverleibter anfügung wir sodann unmittelbar die wolthätige flexion des nomens und verbums entspringen
sehen. als im verlauf der zeit die flexionen sich abstumpften
oder erloschen, treten nochmals pronomina auszen zu und leisten
ohne haft, was sie vordem als suffixe leisteten.

Jener schimmer des lebens hatte sich tief über den bau der
sprache gesenkt. sie kennt nichts lebloses, weisz nur von personen, legt ihnen allen menschliches geschlecht bei. mit diesem
einen ruck wird lichter unterschied und wunderbare ordnung
in ganzen wortreihen aufrecht erhalten.

Dem grammatischen grundgesetz bleiben nur drei personen
bekannt, die erste des redenden, die zweite des angeredeten,
die dritte dessen, von dem jene beiden etwas sagen. auch jene
lebendig gedachten unlebenden gegenstände wurden angeredet,
doch die grosze zahl unbelebter dinge ist zumeist unter der
dritten person begriffen.

Der erste und zweite stehen einander angesichts gegenüber
und vernehmen sich, die dritte person hält die weite, hört nicht
und wechselt keine rede**. einen fernen werde ich nicht du,
einen nahen nicht er nennen, auszer wo sich der sprachgenius
verirrt hat. der vierte ist nichts als ein weiterer dritter und so
immer fort. im dualis und pluralis treten zweite und dritte
person aus dem gegensatz in die einigung.

Streng genommen sind alle redenden erste personen und
alle zweiten personen angeredete, dem redenden steht ein hören-
der, dem hörenden ein redender gegenüber, zwischen beiden
unterredenden tauscht das verhältnis unablässig, und der zweite
sobald er das wort ergreift, wird zur ersten, jene erste dann
zur zweiten person. ebenso nimmt ein hinzutretender, in das
gespräch sich mischender oder eingeflochtener dritter die rolle
der ersten redenden person oder der zweiten angeredeten. alle
wörter der sprache werden also von der ersten person gefunden,
aber für die zweite verlautbart, ihr zugeliefert; nach solcher

---

* gramm. 4, 293. doch s. Pott 2, 359 übertreibend. anders und besser urspr.
der spr. bd. 1, 285.
** ille diminutiv? weil der entferntere kleiner scheint? Pott 2, 132.

umsetzung mag dennoch die wortschöpfung als von beiden redenden und von allen, die sich weiterhin in die rede mengen,
ausgegangen betrachtet werden.

Wir gewahren die erste und zweite person samt der sich
zurückwendenden in ihren meisten erscheinungen fast auf gleicher linie und im deutlichen abstand von der geschlechtigen
dritten. unser mir und mich stimmt zu dir und dich, sir und
sich (wovon uns nur das letzte übrig bleibt), hat aber nichts
gemein mit ihm und ihr, dem und den oder dem dat. und acc.
der übrigen pronomina. pronomina dritter person (mit ausnahme
jenes reflexivums, auf welches hier nicht eingegangen wird) zer-
fallen, wie die meisten nomina, die gleichsam lauter dritte personen sind und deren flexion aus eingehefteten theilen dritter
pronomina entsprang, in drei geschlechter, welche an erster und
zweiter person, die sich vor augen haben, zu unterscheiden unnöthig wäre[1]. ich und du kommen jedem geschlecht zu, er
sie es nur einem bestimmten. dagegen haben dualformen auch
in sprachen, die ihrer allmälich verlustig gehen, gerade in den
ersten personen sich zulängst und am festesten erhalten. eine
genauere vergleichung der pronominalen und nominalen flexion
liegt jetzt nicht in meiner absicht, ich halte dafür, dasz auch
den formen der persönlichen pronomina noch analogien im nomen
nachgewiesen werden können.

Unverkennbar sind die beiden ersten leiblich gegenwärtigen
personen viel lebhafter als die dritte entferntere, die erste musz
aber für die innerlichste, die zweite für die vertrauteste gelten.
alle rede hebt an mit dem was die erste person denkt, will,
sagt; sie ist die erkennende, mittheilende, bittende, fragende,
lernende, die zweite, der sich jene aufgeschlossen hat, die theil-
nehmende, kundige, erbetene, antwortende, lehrende[*]. das ich
ist ein über die lippe des redenden an das ohr des du schallen-
des wort, und begehrt gehör, billigung oder antwort, die zu ge-

---

[1] einige uns entlegne sprachen namentlich die hebräische bezeichnen auch
an zweiter person die verschiedenheit des männlichen und weiblichen geschlechts.
[*] man sagt du du! nicht ich ich, er er. W. Humboldt ortsadv. p. 16 nimmt
ich = hic, du = iste, er = ille, diesseits hic = meinerseits, jenseits ille, istic
= deinerseits. vgl. hier, dort und da. gramm. 3, 208. du da! ihr dort! gr. 1, 782.
merkwürdig ille ego qui, ich der ich. Meiers anthol. 2, 187. οὗτος ἐγώ Pind.
Ol. 4, 37. ἐγὼ ὅδε attisch. — wie gefället dir mein volk und ich? statt und wie
gefalle ich. schimpf und ernst 1550 c. 332.

währen von der zweiten person abhängt*, welche ich darum
die trauliche oder gewichtige nenne. die lieder unsrer vorzeit
pflegen mit der formel zu beginnen 'ich weisz, habe gehört, er-
fragt,' hört mir zu, ich will es euch erzählen; der uralte aufang
aller märchen 'es war einmal'' setzt immer ein 'ihr da, kommt
her, seid stille' als einladung oder ankündigung des erzählenden
voraus. wenn Homer mit aufforderung der göttlichen muse zum
gesang anhebt, ist in gedanken zu ergänzen ein 'ich lausche,
wir lauschen dir', was auch in dem ἔννεπε μοι des eingangs der
Odyssee liegt; die groszmutter sagt aus, was sie weisz, der sänger läszt es sich eingeben und verkündet dann. dem gespräch,
folglich dem drama ist wechselrede der beiden ersten personen
wesentlich und einer dritten wird blosz erwähnt, in der erzählung, also dem epos, gibt es nur dritte personen, so lange sie
nicht aus des erzählers munde in die erste person übergeleitet
werden. das lyrische lied, in der ersten wurzelnd, darf frei in
andere personen überspringen.

Die erste person ist vorwaltend ein nominativ und nie ein
vocativ, während umgekehrt die zweite dem vocativ gemäsz erscheint, niemand wird sich selbst rufen oder etwas thun heiszen;
aus diesem grunde gebührt auch der ersten person ein indicativ,
der zweiten ein imperativ, doch erscheinen dualis und pluralis
erster person, weil mehrere zugleich gedacht werden, des impe-
rativs fähig. der imp. sg. zweiter person, weil sie in ihm angeredet wird, musz als urform aller verbalvorstellungen gelten,
zeigt daher im starken verbum deutscher sprache die reine wur-
zelgestalt. da wo die sprachen einen imperativ der dritten person beilegen, ist der befehl ohne zwischenkunft zweiter personen,
an welche er eigentlich ergehen sollte, aufgefaszt. die zwei oder
mehr im dual und plural erster person auftretenden sind andere,
von dem ich des singulars verschiedene, wenn ihm auch ähnliche, geeinigte personen, weshalb die dual und pluralformen des

---

* went ir hœren MS. 1, 80ᵃ. adeste cum silentio. Plautus Trinumm. prol.
woldet ir alle ou gedagen. Alex. 125. welt ir ein lutzil gedagen. Alex. 4761.
welt irz vernemen, ich sag iu wie. Wigal. 971. welt ir hœren, ich tuon iu kunt.
Parz. 414, 1. vernemet vremdiu mære. Reinb. 1. ir habet wol vernomen daz.
En. 1. ir habet dicke vernommen. Maurit. 1. und welt ir dar zuo gedagen, sô
wil ich iu ein mære sagen. a. w. 3, 204. RA. 53.
    ' suche auslaut B.

pronomens erster person auch einem andern stamm entnommen
sind als die des singulars *.

Dieser wahrnehmung, dasz ich, seiner form nach, eines pl.
entbehre, steht die andere gleich wichtige zur seite, dasz es
förmlich und eigentlich nur des nominativs, keiner obliquen casus
fähig sei, für welche also wiederum ein anderer stamm einzutreten hat. denn es musz tiefste ursache obwalten, dasz in beinahe sämmtlichen indoeuropäischen sprachen der nom. sg. erster
person vocalisch, der oblique casus auf m anlautet, da doch in
zweiter person der lingual · oder dentalanlaut jedem casus zusteht, dem nom. wie allen übrigen. lediglich in den keltischen,
lappischen und finnischen sprachen sehen wir solches m den
nom. miteiunehmen, wie der Franzose c'est moi, der Irländer
is mi, is mise, der Däne det er mig für das bin ich, ich bin
es [1] sagen. diese verhältnismäszig jüngeren erscheinungen vermögen gleich wol der regel nichts zu beuchmen, warum also
sind ich und mein mir mich verschiednen stamms, du und dein
dir dich desselben?

Der grund hiervon scheint eben darin gelegen, dasz nur
ich das denkende ist, jeder oblique casus bereits ein gedachtes
setzt, in zweiter person hingegen war schon du das gedachte
und vom obliquen casus nicht unterschieden. im du ist die vorstellung des denkens uueuthalten, nur das ich, die ichheit kann
ein denkendes, redendes wesen bezeichnen [2], für den nom. ich
musz mithin eine andere wurzel gelten, als für die obliquen
fälle und den pl. erster person. man wird aber zu streben haben,

---

* in der zweiten person erhält sich die dualform länger als in der ersten.
GDS. 975.

[1] nnl. ik ben het, engl. it is I. unser das bist du, du bists lautet franz.
c'est toi, dän. det er dig oder auch du er det. [vgl. gramm. 4, 223. 590. franz.
c'est nous, schw. det är vi. c'est lui, lui même, lui = illi. ir. is é, it is he Odon.
dats ic. Walew. 1595. 'tis hem. Huyd. op St. 1, 502. das ist ihn. Gotthelf
bild. 5, 107. wenn ich dich wäre 2, 39. es sei dich 4, 33. es ist se 57. das
wird ihn sein. erz. 2, 166. ich bin endelichen er. Troj. kr. 16827. er ist ez dû,
dû bist ez or. Laber 137. ich bin du, und du bist ich. Altsw. 27, 16. ego tu
sum, tu es ego, unanimi sumus. Plaut. Stich. 5. 4, 49. denke du seist ich.
H. v. Kleist 3, 106. bistu he (f. het?) weisth. 2, 836. hab ich wisheit, din enbin
ich niht. myth. 2, 99, 29.]

[2] die sanskritsprache bildet mit mama, dem gen. von ahem, und mit priva-
tivem a ein kühnes adj. amama, unbekümmert, ohne selbstgefühl (sanskritwörter-
buch Böhtlingk und Roth 1, 369), das glaublich von allen personen gebraucht
werden mag.

so einfluszreichen, weitwirkenden wörtern, wie die persönlichen
pronomina sind, lebendige wurzeln zu suchen, mit keinen abstracten, nichts sagenden zufrieden sein dürfen, am allerwenigsten würden die abliegenden formen eines geschlechtigen pronomens dritter person auskunft über die beiden ersten geben. einen
versuch in diese pronominalwurzeln gehalt zu dringen, wie ihn
die sprachvergleichung sowol erleichtert als erschwert, beabsichtige ich ein andermal genau und ausführlich vorzulegen. hier
möge die blosze anzeige des ergebnisses genügen, dasz der nom.
aham, ego, ich den redenden, die obliquen mit m anlautenden
fälle den denkenden, dagegen tvam tu, du überall den angeredeten, mächtigen und vertrauten auszudrücken scheint.

Gegenwärtig hat eine fast nur vom gebiet der deutschen
sprache ausgehende, dann erst umblickende untersuchung mich
beschäftigt. es sind die manigfachen stellvertretungen und übergänge der person in der rede, denen wol einmal nähere erwägung zugewandt werden durfte.

Der regel nach soll ein redender die der natur angemessene
person brauchen und in derselben bleiben, die angestimmt worden ist. hiervon kommen aber manche ausweichungen vor; sie
scheinen nur äuszerliche, leichte hebel der ausdrucksweise, regen
und bewegen sich aber vom innersten boden unsrer sprache
her und nicht unwichtige folgerungen für den gang der rede
und wortfügung, ja für den unterschied der dichtungsarten sind
ihnen abzugewinnen.

I. dritte person statt der ersten *.

Wir gewahren, wenn in kindern sprechen und reden erwacht, dasz sie gewöhnlich nicht vor dem dritten jahre, selten
schon im zweiten ein ich herausbringen, erst aber ihren eigennamen dafür verwenden. zu diesem setzen sie anfangs das verbum im infinitiv; nit sagen Anna, bitten aufbleiben Anna, hernach in dritter person: trinkt Otto, müde ist Otto. auch moh-
ren, wilden hat man diese dritte person angemerkt und führt
sie darin redend ein: Damel lügt nicht, Tutu kann nicht weiter
fort. old Peter sagt nicht ich möchte gern wissen, ich besorge
unhöflich zu sein, sondern and would be Berry happy to know,

* für die anwendung dritter person auf die erste und zweite musz vor allem
das goth. sael statt ikei, þuei, das ahd. d er statt ikei, þuei erwogen werden.
gramm. 3, 15—18.

Berry sorry to be so impolite. Kotzebue in einem seiner schauspiele legt einer negerin in den mund: Gurli liebt dich, Gurli
will dich heiraten statt ich liebe dich, will dich heiraten. in
solchen reden drückt sich das unschuldige, unbeholfne, aber
auch das schutzbedürftige, unterworfne aus *.

In Shakespeares Lear 3, 4 erschallen des verstellten Edgars
klagetöne: Tom's acold! und 1, 1 spricht Cordelia: what shall
Cordelia speak? dies Thom friert, was soll Cordelia sprechen?
ist stärker als ich friere, was soll ich sprechen? denn mit ihrem
namen erscheinen der arme Thom, die arme Cordelia als dritte
personen desto abhängiger.

hört Oisian eine stimme nicht?
ruft zu eingang von Conlaoch und Cuthonn der blinde sänge
aus, als er eine geisterstimme zu vernehmen glaubt.

[schläft Gall am fernen fels und Nuaths tochter wacht?
(schläfst du und wache ich) Oighthorma 49.
sie waren Culmath so theuer == mir. Selma 133.
na cuimhnich mac Chumbail == mich. Carraigth. 269.]
oftmals hörten Gealambals hügel
tiefe senfzer für Fainesoilse (d. h. für mich). Fionnghal 3, 469.
dann ist auch Suilmhalla dahin. Tighmora 4, 444.

Man könnte sich denken, dasz abhängigkeit ausdrückende
appellativa wie knecht, diener, magd schon ohne beigefügtes
possessivum ein ich enthielten: der knecht gehorcht dir, die
magd thut was du heiszest == ich gehorche, thue es **.

Doch anderemal enthalten name oder appellativum auch ein
wahrhaft verstärktes, stolzes ich, und so liesze sich schon jenes

---

* Schiller 164* läszt den mohr sagen: der mohr hat seine arbeit getban, der
mohr kann gehen. Jahn Posset kummt nicht mehr hinein == ich. Ayrer 75⁴.
weil Floretto nicht länger bei der Emerenze (== mir) leben mag. Schoch CG*.
nn frewet sich der neve din, daz ich dich bi mir hân gesehen. Reinh. 232.
dicebas quondam solum te nosse Catullum, Lesbia, nec prae me velle tenere
Jovem. Cat. 72, 1. Pierres, qui de saint Clost in nez, s'est tant traveilliez et
ponez, — dès ore commencerai le conte. Renart 4851. 4860. Willem, die den
Madoc maecte, daer bi dicke omme waecte — nu ket hem daer toe myn sin,
dat ic bidde in dit beghin. Reinaert 1, 11. das that frau Anna (ich) nicht.
Felsenb. 4, 457. Horn wird (ich werde) sie nicht ferner stören. 3, 444. solchen
spott verstehet Henzi nicht. Lessing 3, 351.

** dein knecht == ich. 2 Sam. 19, 35. 36. 37. dein knecht Joab hat solches
alles deiner magd eingegeben. 2 Sam. 14, 19. Hanna sprach, herr, wirst du deiner magd elend ansehen. 1 Sam. 1, 11.

c'est moi hinzu halten, im obliquen casus ein nachdrücklicherer
nom. erblicken. das bekannte la garde meurt et ne se rend
pas will sagen: wir alle fallen, ergeben uns nicht. so hört man:
das wird ein Deutscher nicht thun, sagen, d. h. ich Deutscher
thue, sage das nicht; ein Engländer schämt sich zu betteln, ich
Engländer bettle nicht. Lessing, Schiller, denen man eine falsche
behauptung untergeschoben hätte, würden sich beklagen: das
hat Lessing, Schiller nicht gesagt, gleichsam ein mann solches
gewichts und ansehens. zulässig schienen allerdings auch appellativ oder name neben erster person: das habe ich Lessing,
ich ein Deutscher nicht gesagt, [ich Wolfram von Eschenbach.
Wh. 4, 19. mir Wolfram v. E. Parz. 185, 7. ich Walther kume
in sanges klage. MS. 2, 5ᵃ. ich Muscapluot sag dir sîn lop.
9, 74. ich, mir Wolkensteiner s. 26. 234. 240. 247. 254. 260.] doch
wird der übergang auf die dritte person üblicher und angemessener sein. bemerkenswerth ist die ausdrucksweise 'unser einer' ⁷
thut, sagt es nicht, ich gehöre zu den leuten, die dergleichen
nie sagen oder thun: sie können sich leicht einbilden, wie es
mit unser einer (d. h. mit mir kammermädchen) ist. Lessing 1,
236; dasz unser einer (d. h. ein kerl wie ich) wenn er vorbei
geht, die augen zublinzt 1, 305; unser einer (ich armer, elender)
versteht das nicht, was wieder in jene vorstellung der abhängigkeit fällt. wenn unser eins am spinnen war. Göthe 12, 187.
[unser ein, einer von uns. Crane 2918. unser einiu wil in hân.
Troj. kr. 248 eine unsers gleichen. auch euer einer? izvara ains.
Joh. 6, 70. ex vobis unus.]

Auf solche weise war schon unsern dichtern des mittelalters
der name ein gesteigertes ich, voll selbstgefühl:

       Heinrich von Oftertingen,
       Reinmâr wil dîn vient wesen. Ms. 2, 4ᵃ;
       Heinrich von Oftertingen klaget,
       daz man im lege ungelîche würfel für. 2, 6ᵃ,

d. h. ich H. klage, dasz man mir vorlege;

       ich hin dir holt,
       ûf rîchen solt
       dir singet Hetzebolt. Ms. 2, 28ᵃ.
       [hœr wih, das schenkt dir Muscaphot,
       daz liet hab dir zuo solde. 47, 70.
       aber dise rede was ir wert,
       si machet Altswert. 10, 5.

auf das im warcs lob erwachs
mit freier kunst, das lobt Hans Sachs;
davor warnet trewlich Hans Sachs;
so spricht ze Nürnberg Hans Sachs,
aber da trift er den Luther (mich) erst recht.
Luther 3, 464*.]

dergleichen nennungen finden sich späterhin bei keinem häufiger
als bei Günther und sind bald mutig, bald zagend:

was Günther fühlt, das weisz sein herz. 307.
vor diesem, da mir fleisz und kunst
auf künftig glücke blühte,
und mancher sich um Günthers gunst
schon zum voraus bemühte. 322;
so trink mein wolsein in gedanken,
und wenn dir der verlobten kus
zu stiller reizung dienen musz,
so wisse, Günther kann nicht wanken. 328;

und Günthern, so wie dir, dis blatt den sinn verwirrt. 412;
und greift mich irgend auch die arglist meiner feinde,
die Günthern auf der welt nicht ruhig leiden kan,
nunmehr zu guter letzt mit deiner trennung an. 472;
da lebte Günther wol, da war noch gute zeit,
da wusten wir noch nichts von noth und dürftigkeit. 474;
die hofnung speist sie schon, man werde von mir lesen,
dasz Günther und sein fleisz nicht gar umsonst gewesen. 479;
und spracht von Günthern nur: er ist noch gut genug. 590;
ob Günther dich geherzt. 834;
Günther wird nicht wiederkommen. 840*.

einmal steht der name dritter person noch neben dem ausge-
drückten ich:

allein du must es so wie ich und Günther machen,
und wie? geduldig sein; was mehr? ins fäustchen lachen. 453.

heutige dichter ziehen die unbestimmteren appellative vor, gehen
aber von ihnen und der dritten auf die erste person über:

* Simplex wuste nichts. also kam, doch dachte Simplicissimus. ungr. Simpl.
186. 187. 80. vergl. mein Simpl., mein krämer s. 26. da sasz mein narr (ich)
frisch gennng. Waise erzn. 346. Flemings buhlen. Fl. 47.   dein, ein Fleming
148. 108. Freimund Rückert 409. 429. 446. 455. 456. 459. 462. 465. 466. 490.
521. 531.

der dichter geht auf rauben pfaden,
. zerreiszt in dornen sein gewand,
er musz durch flusz und sümpfe baden,
und keins reicht hülfreich ihm die hand,
einsam und pfadlos flieszt in klagen
jetzt über sein ermattet herz,
er kann die laute kaum noch tragen,
ihn übermannt ein tiefer schmerz.
ein traurig losz ward mir beschieden,
ich irre ganz verlassen hier,
ich brachte allen lust und frieden,
doch keiner theilte sie mit mir.   Novalis Ofterd. 1, 95;
dichter lieben nicht zu schweigen,
wollen sich der menge zeigen,
lob und tadel musz ja sein.
niemand beichtet gern in prosa,
doch vertraun wir oft sub rosa
in der musen stillem hain.   Göthe.

auch in andern lagen der rede waren und sind die leibhaften
eigennamen geläufig'; schon in den Nibelungen bietet sich ein
treffendes beispiel dar, als Hagen von Siegfrieds hinterlassenem
schatze redend ausruft:

ich weiz vil vol waz Kriemhilt mit disme schatze getuot.
ob si in bræhte hinnen, ich wil gelouben daz,
er wurde doch zerteilet ûf den mînen haz,
sin habend ouch niht der rosse, die in solten tragen,
in wil behalten Hagne, daz sol man Kriemhilte sagen. 1213,

höchst nachdrucksam für ich will ihn behalten. dasz wil hier
in dritter person steht, wird jeder annehmen. auch in folgender
stelle ist es die dritte:

will Saladin als Saladin nicht sterben?   .
so must er auch als Saladin nicht leben. Lessing 2, 330,

da Saladin selbst redet, also sich meint.

<hr>

* das ist der Rûmoldes rât. Nib. 1409, 4; das ist der Hagnen rât. 1796, 3;
in rætet Rûmolt. 1406, 1 (das ist mîn rât. 119, 3. 330, 3. 394, 4.) daz ist des
Hüfferæres rât. GA. 3, 736. dat is van Repegowe rât. Repg. chr. s. 383. Maßm.
s. 5. 658. dass ist Nicanders rath. Gryphius Leo 225., sag I, des salt der
Schweizer. debatten p. 7. der sage Rüedegêre danc. GA. 3, 43. auch ward be-
taubet gefangen durch ains weibes list der von Wolkenstain. 258. ci falt la geste
que Turoldus declinet. Gonins anm. zu Rol. p. 462.

lebt wol ihr berge, ihre geliebte triften,
ihr traulich stille thäler lebet wol!
Johanna wird nun nicht mehr auf euch wandeln,
Johanna sagt euch ewig lebewol! Schiller 451*;
noch einmal Robert, eh wir scheiden,
komm an Elisens klopfend herz.
nimm Robert diesen kus zum pfande,
dasz dich Elise nicht vergiszt. volklied.

Die ganze redeweise wird in altnordischer sprache, namentlich in den eddaliedern oft angewandt: rett segir Gripir, Gripir
lýgr eigi, die wahrheit sagt Gripir, Gripir lügt nicht, beidemal:
ich sage wahr, ich lüge nicht; hier wieder um so treffender,
da dem Gripir die gabe der weissagung beiwohnt und er zu
weissagen aufgefordert ist. Bragi sagt: bætir þer svá baugi
Bragi, so vergilt dir Bragi mit dem ring, d. h. so vergelte
ich dir,

eggmódan val nu mun Yggr hafa. Sæm. 47*,
d. h. ich Yggr. Gerdr redet zu Skirnir:

þar mun Niardar syni
Gerdr una gamans,

da wird Niörds sohne Gerdr wonne gewähren = ich. in folgenden stellen steht, ohne verbum, nur der oblique casus =
mir: hvê mun Sigurdi snuna ævi? wie wird dem Sigurd das leben
verflieszen? segdu Sigurd, sage dem Sigurd. im verlauf der
rede kann auch hier auf die erste person ausdrücklich eingelenkt
werden:

at þû qveljat qván Völundar,
ne brûdi minni at bana verdir. Sæm. 138*,

dasz du Völunds weib nicht tödtest, noch meiner frau zum
mörder werdest, was gleich dem vorhin angezognen ich und
Gûnther' beiderlei ausdruck häuft*.

Nicht anders bei Plautus Rud. 5, 2, 1:
nunquam edepol hodie ad vesperam Gripum inspicietis vivum,
d. i. me; ad Gripum ut veniat 5, 2, 9 = ad me. auch die
griechische poesie liefert beispiele, Il. 2, 259 sagt Odysseus:

μηκέτ᾽ ἔπειτ᾽ Ὀδυσῆϊ κάρη ὤμοισιν ἐπείη,

---

* vartu vid Laufeyjar syni = mit mir. Sæm. 67*.; far þû á bekk iötuns = auf
meine bank 33*; skaldi = mir. Formm. sög. 7, 86; þess mun konungr Geiti
spyrja = mich. Sæm. 192*; er þû á Fáfni rautt þinn mæki. 186*; gessan Ôdni,
alsifr sialfum mer. 27 .

dann soll dem Odysseus das haupt nicht auf den schultern
stehen, 'Οδυσῆι soviel als μοί. Aeschylus läszt den Prometheus
ausrufen v. 510:

βραχεῖ δὲ μύθῳ πάντα συλλήβδην μάθε,
πᾶσαι τέχναι βροτοῖσιν ἐκ Προμηθέως,

d. h. sie haben sie von mir. wenn Göthe sein herliches gedicht auf Prometheus (2, 79):

bedecke deinen himmel Zeus
mit wolkendunst,

schlieszt: hier sitz ich, forme menschen
nach meinem bilde,
ein geschlecht das mir gleich sei,
zu leiden, zu weinen,
zu genieszen und zu freuen sich,
und dein nicht zu achten,
wie ich!

so empfängt das merkbar in den schlusz gebrachte ich gleichen
oder stärkeren nachdruck, als stünde gesagt: wie Prometheus.

In dem eddischen gedicht Völuspá wechseln sehr merkwürdig erste und dritte person, je nachdem die vala selbst redet
oder als redend eingeführt wird und bald heiszt es veit ec
(weisz ich), ec sâ (ich sah), bald veit hon (weisz sie), sâ hon
(sah sie). dies kann jedoch den vorher behandelten fällen nicht
gleichgestellt werden, sondern geht auf uralte verschiedene fas-
sungen des lieds zurück*.

II. dritte person statt der zweiten.

Schwerer drehen sich namen dritter person um in die zweite.
der redende mag, wie wir sahen, seinen eignen namen von sich
ab, gleichsam in die ferne rücken, er hatte anlasz statt des ich
seine noch lebhaftere namentliche bezeichnung eintreten zu lassen. mit dem namen des anzuredenden, der ihm gegenüber
steht, darf er nicht so frei schalten und warum sollte er für
Heinrich, du liebst sie ein frostigeres Heinrich liebt sie, für
Brutus, du thust mir das! ein zurückhaltenderes Brutus thut mir
das! wählen? es bliebe dann weniger anrede zweiter person,

* merkwürdig ein abstractum für die erste person: der zorn wil langer swigen
nibt. MS. 2, 3ᵇ = ich zorniger, oder mein zorn. meine nachsicht soll nicht
länger dauern.

als aussage über eine dritte. solche wendung können die umstände herbeiführen oder erklären, man mag es vorziehen kälter
zu reden und zurückzuhalten; auffallende beispiele sind mir
nicht zur hand*. von verwendung des namens dritter person
für die zweite in conventioneller sprache soll sogleich ausführlicher gehandelt werden.

11   Um appellativum und pronomen, die, wenn mit ihnen angeredet wird, oft in dritter person erscheinen, steht es nemlich
anders. es ist als ob der redende scheu empfinde vor einem
höheren, ihn nicht wage zu dutzen, und nur als unnahbaren
dritten sich vergegenwärtige. aus dem appellativ entspringt dann
ein sogenanntes pronomen reverentiae und hat in den neueren
sprachen groszen umfang gewonnen. es zeugt von knechtischer
sinnesart und findet sich wenig unter freieren völkern.

Schon den ältesten war es bekannt. das hebr. אָדוֹן adon,
herr, mit dem suffix י (אֲדֹנִי) oder mit pluralischem ־ים (אֲדֹנִים)
drückt die anrede mein herr statt du aus und musz immer als
nom. betrachtet werden, den ein verbum im sg. dritter person
geleitet, selbst wo jenes adonim steht. die LXX brauchen dafür den voc. κύριε und fügen σύ mit zweiter person bei, stellen
also den natürlichen ausdruck her, z. b. 1. Mos. 44, 19 σὺ ἠρώ-
τησας τοὺς παῖδάς σου, vulg. interrogasti servos tuos, wo der urtext hat אֲדֹנִי שָׁאַל אֶת־עֲבָדָיו mein herr fragte seine knechte,
d. h. du fragtest uns, dem gemäsz auch Luther verdeutscht.

Im sanskrit bedeutet bhavat soviel als herr, eigentlich der
glanzbegabte, herliche, excellens, von bhâ glanz mit dem pos-
sessiven suffix vat gebildet. die bhavat wird häufig aus ehrer-
bietung statt des pronomens zweiter person, doch mit der dritten
des verbums gebraucht.

Sehr gleicht bhavat dem gr. ὁ φώς, gen. φωτός mann, mensch,
woneben ein neutrum τὸ φῶς, gen. φωτός licht, tag, glanz ausdrückt und in der volleren form φάος lautet. mit diesem φάος
wurde wiederum angeredet:

* nn was will denn der narre (du) haben? landhaus 54. wie versteht Lisette
das? Lessing 1, 408. hat mich nicht Henzi stets mit ofnem arm empfangen? 3,
332: jetzt redte Henzi 335. o redte Henzi wahr! 336. merkwürdig in den
Marienliedern (IIpt. 10, 15, 27 und 31) si für du mit imp. und folgendem dein in
zweiter person: si edele wize schriverinne sitze nn gar in mine sinne! si minne-
same gif mir dine minne vollicbe. 42, 29 dare dâ di vrowe zu kirchen gienge,
wo der herausgeber unrichtig du lesen will. 2, 5 di edel kmt . . . geruche.

ἦλθες, Τηλέμαχε, γλυκερὸν φάος. Od. 16, 23. 17, 41;
ὦ φίλτατον φῶς. Soph. El. 1224,
immer aber nur in lebendigem, nicht in abgezognem sinn und
nicht mit hinzugesetzter dritter person des verbums.

Der bedeutung beider, bhavat und φάος, entspricht die unseres herr, mhd. herre, ahd. hêrro, hêriro, worin ein comp. von
hêr almus, clarus, illustris nicht zu verkennen ist. das goth.
adj. mangelt, man darf aber aus hais oder haiza λαμπάς ein hais
clarus mit dem comp. haiziza, vielleicht haiza (wie maiza =
ahd. mêriro) schlieszen. so häufig mit dem ahd. hêriro gott
und der weltliche herr angeredet werden, bietet sich weder ahd.
noch mhd. eine stelle dar, die ein verbum dritter person beifügte und die zweite person damit umschriebe. dasselbe gilt
von dem ähnlichen goth. frauja, ags. freá, ahd. frô herr, so wie
von frouwâ, unserm frau, welchen die götternamen Freyr und
Freyja entsprechen und wofür wiederum, wie ich glaube, eine
wurzel des glanzes und der leuchtenden schönheit zu suchen
ist[1]. das skr. râga, râgan lat. rex, goth. reiks leitet sich von
der wurzel râg splendere.

Noch viel andere ausdrücke des lichts, strahls, glanzes in
allen sprachen werden auf die vorstellung der erhabenheit und
würde angewandt, dienen erst zur dichterischen edlen anrede,
sinken aber misbraucht und unverstanden von stufe zu stufe
herab und werden leere titel. niemand gedenkt bei durchlaucht
erlaucht, excellenz ihres eigentlichen sinnes[*] und niemand fühlt,
dasz herr, womit wir jetzt auch geringe leute anreden, ursprünglich dasselbe was durchlaucht aussagte.

Ich habe (gramm. 4, 297 ff.) gewiesen, wie unsere deutsche
anrede allmälich immer gröszere unnatur annahm, erst aus dem
sg. in den pl., dann aus der zweiten person in die dritte des
sg., endlich gar des pl. sich verstieg. nachäffung des ital.

[1] wie noch für andere götternamen, z. b. Baldr = bál feuer. selbst jenes
hebr. adon, dessen rechter ursprung unermittelt ist, Ἄδωνις und Ἀθήνη möchte
ich zum ags. ád, ahd. eit ignis, rogus, dann zu itis, ags. ides, der leuchtenden
frau, zu eitel vanus und lucidus halten. das skr. édha, édhas lignum, brennstof
gehören zu iudh lucere, flagrare. gr. αἴθειν u. s. w. man erwäge auch das armor.
aotrou herr, itroun frau, dame.

[*] ich bin aus einem durchleuchtigen hause geboren, denn meines vaters haus
hatte keinen gibel und wurde von der sonne den ganzen tag durchleuchtet. zeitvertr. 24. der doc de Chartre ist mager genug umb durchleuchtig zu sein. El.
Charlotte v. O. 154.

signore, sp. señor, franz. seigneur, sieur* brachte unser herr nun
wirklich mit der dritten person des sg., hernach des pl. in verbindung, woraus ein ständiges er für du, bald ein sie mit dem
verbum in dritter pluralperson für den angeredeten einzelnen
entsprang. statt du gibst hiesz es anfangs ihr gebt, dann der
herr gibt und er gibt, endlich freund sie geben für freund du
gibst. vor dem letzten gipfel unfreier und pedantischer sprach-
verirrung haben sich alle romanischen zungen bewahrt und mindestens in ihrem vos, vous die zweite person festgehalten. in
ihrer rede bildet die formel monsieur donne, wie im sanskrit
jenes bhavat blosze ausnahme, ohne die zweite person sonst und
im ganzen zu beeinträchtigen, während unser sie fast herschend
geworden ist, und weil es sich mit dem sg. fem. berührt, noch
dazu der rede vielfache undeutlichkeit bereitet.

Noch andern neueren sprachen drückten sich spuren des
gebrauchs dritter person für die zweite ein, so dient z. b. das
ungrische az úr, der herr zur anrede: hol vólt az úr, wo war
der herr = wo warst du? kerem az urat, ich bitte den herrn
= ich bitte dich, ez az uré, das gehört dem herrn = gehört
dir, und diese ausdrücke klingen höflich, wie unser wo waren
sie? ich bitte sie, das gehört ihnen. doch die Finnen verwenden ihr uros nicht auf solche weise[1].

Dasz neben unserm er und sie nun auch die eigennamen
in dritter person anredend gesetzt werden können, versteht sich
von selbst: hat Marie das gesagt? haben sie das gesagt, Marie?
heiszt nichts als ein für unhöflich geltendes hast du das gesagt?
Lessing im jungen gelehrten 1, 272 läszt, als Anton aus der
stube geht, den Damis sagen: Lisette kann sich nur auch gleich
mit fortmachen; das dürfte beinahe noch als nicht angeredete
dritte person gefaszt werden, deutlich aber liegt die anrede in
dem: will sie mich alsdann noch, jungfer Lisette? 1, 289; geh
du schlange! wie sie nun schmeicheln kann! 1, 267. thut sie
doch ganz fröhlich, mein jüngferchen! 1, 236**. diese vocative
erkennen noch die zweite person, die verba stehen in dritter.

---

* Plinius redet den Trajan in seinen briefen immer domine an. domine fili!
Apuleji Psyche 57, 23. Juno und Ceres reden Venus domina an 38, 1. Editha
den könig Otto, ihren gemahl: ne contristetur noster dominus. vit. Math. c. 12
in der ältern vita c. 9 dominus meus.

[1] über entlegne sprachen sehe man Potts zählmethode 128.

** Damis sagt auch zu Anton: sieht denn der schlingel nicht dasz ich lese?

Ausnahmen sind in der sprache berechtigt und oft heilsam,
aber sie sollen sich nicht zur regel erheben. dasz neben dem
anredenden sie freilich noch überreste des du und er unter uns
fortgelten, mag der neuen welt hin und wieder wechselnde, günstige färbung verleihen, doch keinen ersatz gewähren für die
verlorne, naturgemäsze einfachheit der alten anrede. es bleibt
ein flecke im gewand der deutschen sprache, den wir nicht mehr
auswaschen können.

III. zweite person statt der dritten.

Der erzählende dichter pflegt eine seiner gestalten, die er
in dritter person auftreten zu lassen gewohnt ist, bisweilen als
zweite anzureden und dadurch plötzlich in den kreis der hörer
zu ziehen. es ist als stehe sie im geist vor seinen, folglich des
zuhörers augen.

Am bekanntesten und wirksamsten sind die homerischen,
doch sparsam eingestreuten verse, in welchen die zweite person
gerade das sprechend auftritt, was sie sonst als dritte sagt. die
ganze Ilias, wenn ich nicht irre, bietet davon ein einziges beispiel 16, 843 [auch 16, 692 f. 787. 812.]:

τὸν δ' ὀλιγοδρανέων προσέφης. Πατρόκλεις ἱππεῦ,

wo im vers προσέφη Πάτροκλος ἱππεύς, wegen kürze von ος un- 14
zulässig gewesen wäre, auch ist schön, dasz der todwunde held
zu seinen letzten worten gleichsam sich erhebt. Il. 15, 246 steht
aber zulässiges προσέφη. den zahllosen mit κρείων Ἀγαμέμνων
schlieszenden versen geht doch nur προσέφη, μετέφη voraus, niemals προσέφης, μετέφης, der dichter mag ihn nicht zu vertraulich
behandeln.

Dagegen kehrt in der Odyssee die berühmte zeile

1, 214; wo bleibt denn der schlingel mit dem buche? 1, 270. sie beunruhigt
mich, Lisette. 1, 409. so wär ich der erste den Saladin mit worten abznlohnen
doch endlich lernte. 2, 330. väterchen kommt ja so früh vom schlaf. Luise 1,
238. trinkt mein sohn auch ein gläschen fürs nüchterne? oder nur kaffe? 2, 151.
noch andere beispiele bei Nölting s. 21. auch im relativum du bist der erste,
der das sagt. gramm. 3, 18. Parz. 574, 29 ir frouwen die des toufes pflego,
rüeft alle an got umb sînen segn! Wh. 116, 13 gunêrten, ir alle die daz lêrten.
Wh. 165, 8 nn wol her die wellen guot! nhd. alle die ihr das lehrtet. — an
geill mac Bhorbair, n'ontogar leis sgiath is sleagh? cha 'n eil d'ainmse so sharas
a thriath (ceddne filius Borbaris, an tolluntur ab co clypeus et hasta? non est
nomen tuum sub susurro, o princeps). T. 8, 308—10. is dorcha sàmhach am
mòr thriath. (est caliginosus, tacitus magnus princeps.) T. 8, 325.

τὸν δ' ἀπαμειβόμενος προσέφης, Εὔμαιε συβῶτα

mindestens vierzehnmal wieder, und obenhin sagt sie nichts anders als was

τὸν δ' ἠμείβετ' ἔπειτα συβώτης ὄρχαμος ἀνδρῶν, oder

τὸν δ' ἀπαμειβόμενος προσεφώνεε δῖος ὑφορβός.

in der ganzen Aeneis weisz ich gar nichts was entspräche, von Voss liesz sich erwarten, dasz er diese art und weise in seiner Luise nachbildete, doch versteht er auch damit hauszuhalten, denn nur fünfmal (1, 38. 241. 586. 3, 609. 898) wiederholt sich der vers

drauf antwortetest du, ehrwürdiger pfarrer von Grünau,

zweimal heiszts mit geringer abänderung

thränend begannst du anitzt, ehrwürdiger pfarrer von Grünau.
2, 120;

jetzo redetest du, ehrwürdiger pfarrer von Grünau, 3, 42, und der eindruck dieser wendungen ist unverwerflich. Göthe sagt im Hermann 40, 303 noch zurückhaltender ein einzigmal:

aber du zaudertest noch vorsichtiger nachbar und sagtest*.

Auszer dieser anrede einzelner personen, die hier gleichsam aufgefordert werden sich laut vernehmen zu lassen, erfolgt sie aber auch bei andern anlässen. II. 4, 127:

οὐδὲ σέθεν, Μενέλαε, θεοὶ μάκαρες λελάθοντο

ἀθάνατοι. gleich darauf v. 146.

τοῖοί τοι, Μενέλαε, μιάνθην αἵματι μηροί

εὐφυέες κνῆμαί τε ἰδὲ σφυρὰ κάλ' ὑπένερθεν.

und 17, 702 ist Menelaos nochmals der angeredete:

οὐδ' ἄρα σοί, Μενέλαε διοτρεφές, ἤθελε θυμός

τειρομένοις ἑτάροισιν ἀμυνέμεν.

in dieser art wird von Wieland im Oberon 5, 1 gesetzt

auch dich, o Rezia, floh auf deinen weichen schwanen

der süsze schlaf;

[nur von deinem augenlied,

o Hüon, nur von deinem busen flicht,

o Rezia, der schlaf. Ob. 6, 11;

---

* 40, 303 doch du lächeltest drauf, verständiger pfarrer, und sagtest; 40, 313 aber du sagtest indes, ehrwürdiger richter, zu Hermann. bei Voss: denn der bräutigam sang in die saiten bebenden ton, o Schulz, die begeisterung deines gesanges. Luise 3, 22. wenn er im grauenden haar dir glieb, mildredender Spener. 3, 22. wo dich, redlicher greis, umschwebeten träume der ahndung. 2, 4. und sonst. Nöltings programm p. 21.

auch dich, o Rezia, in nächten ohne schlummer
belauscht dein engel oft, wenn du im stillen weinst. 9, 25.
                                                    8, 55.]*
aber schöner noch redet Wolfram seinen helden an 742, 27
        wes sûmest du dich, Parzivâl,   15
        daz du an die kiuschen liehtgemâl
        niht denkest?
durch welche gedanken die kraft des helden im kampf erhöht
wird, nochmals 743
        werlîcher Parzivâl,
        sô mûezest einen trôst doch haben**.

    Bei Virgil kommen drei stellen*** vor, die scheinbar der
homerischen weise folgen, weit aber hinter ihr bleiben:
        tertius Eurytion, tuus, o clarissime, frater,
        Pandare, qui quondam jussus confundere foedus
        in medios telum torsisti primus Achivos. 5, 495;
        tua clara, Polite, progenies. 5, 584;
        Fauno Picus pater isque parentem
        te, Saturne, refert, tu sanguinis ultimus auctor. 7, 48;
denn alle drei in diesen versen aufgerufnen Pandarus, Polites
und Saturnus haben im gedicht nicht das geringste zu thun, ihr
herbeischleppen, das sich auf die handlung fremder thaten bezieht, wie des Pandaros schusz Il. 4, 125. 5, 171 erzählt wird,
müssen den hörer kalt lassen und sind nichts als gelehrter
schmuck. gleicher, wo nicht gröszerer misbrauch begegnet bei

---

* der dieh, o Amurath, zurücke weichen lehrte. Opitz (1625) 2, 67; was du
von Stagyr geschrieben, Plato, was du hast erdacht, das ist alles nach euch blieben. Fleming 412; und das soll uns lieber sein als, Madrill, dein bester wein. 422;
was du dorch dîne kunst, Medea, hefst bedreven. Lauremberg p. 150, 160; Cupido,
wenn du kumst. 105, 169; du ehrlicher säbel hast du nichts zu thun? . . . ja
fürwahr du hast ein lüstchen, ich will dir bald zu trinken geben. Weise erzn.
198; anrede beim anstecken des rings. geizhals s. 93; (welche rochen wie deiner
magd pfu. Garg. 55ᵇ). Canitz 239. 253; Gellert 1, 72. 180; nun brauch ich dich
ehrlicher Werner! Lessing 1, 582; du ehrlicher Anselmus, wie hast du dich betrogen. 1, 470; 2, 188. 401; professer, de heschter ken fründ gholt. Corrodi 80.
** Aventinre, als du mich mans Wh. 55, 10; Jesus von Nazaret dîn tôt. Wh.
17, 12; sô liebe dienten si dir, trohtin, daz si hiezen dei ehint dîn. genesis 26,
21. auch fundgr. 2, 26, 30; ach leidir Jacob, wie leide tet dir der tôt. 71, 8 und
fundgr. 51, 31; merkwürdig in fragm. Albrechts von Halberstadt 16. dich bewegte
Mida, 226 dich edele riuer tiure, wo Ovid 11, 161. 265 ohne anrede, 124 er was
gemeit und vrô, vrowe Thetis, ûwer minne.
*** Aen. 6, 251. 10, 139. 302. 394. 395. Georg. 3, 277.

andern lateinischen dichtern, namentlich Lucan, der den namen
Rom fast nicht aussprechen kann, ohne sie zu dutzen und anzureden:

> ultimus esse dies potuit tibi, Roma, malorum. 6, 309;
> o felix, si te vel sic tua, Roma, videret. 7, 29;
> nunc si tantus amor belli tibi, Roma, nefandi, 1, 85;
> tibi, Roma, subegerit orbem. 1, 205;

seine ewigen gedanken sind Caesar und Rom, auf die länge wird
diese wiederkehr der anrede unerträglich, doch wendet er die
manier auch sonst an, 1, 430 will er sagen (für uns eine ganz
merkwürdige meldung), dasz die Vangionen sarmatische hosen
tragen, was nun so eingekleidet wird:

> et qui te laxis imitantur, Sarmata, braccis
> Vangiones,

der den vorgängen fremde Sarmate ist bei den haaren herangezogen. besser fügt sich die anrede der Vangionen selbst und
anderer völker, so wie der barden und druiden in den unmittelbar folgenden versen.

16   Lob verdienen ovidische nachahmungen der griechischen
weise, z. b.

> illa quidem nollet. sed te quoque, maxime Python,
> tunc genuit populisque novis incognita serpens
> terror eras, tantum spatii de monte tenebas. Met. 1, 438;
> qui tibi materno quamvis a sanguine junctus
> mente tamen, Phaethon, propior fuit. 2, 368.

auch lateinische dichter unseres mittelalters, zumal der verfasser
des Reinardus (Reinhart p. XCI), ahmen nach, und passend redet
er den Colvarianus, Belinus, Isaugrinus, Couo, lauter in die
handlung verflochtne thiere, an*. damals verwandte man diese
ausdrucksweise zumal gern in grabschriften, es wird an einem
einzigen beispiel genügen. in der kirche zu Iburg finden sich
auf bischof Benno von Osnabrück folgende bei Möser abgedruckte
verse, worin bald der gestorbne in erster person redet, bald der
leser in zweiter, endlich gar der sterbemonat angeredet wird:

> quis sim, lecturi, quod sum quandoque futuri,
> dicite 'praesul habe, Benno, perhenne vale'.

---

* exibant portis, te Waltarium cupientes cernere. Waltharius 485. stas et
inaurata connexus, lynce, catena. Rudl. 3, 170. oft bei Ermoldus Nigellus. häufige
und auffallende anreden in Otberts vita Henrici, bald nach 1106 geschrieben:
der stadt Mainz c. 1; gottes c. 5; der mühe c. 5 u. s. w. archipoeta p. 17.

quem mea spes struxit, locus hic me funere luxit
te, Juli, novies tres peragente dies.

Benno starb den 27 juli 1088. Möser 7, 41.

Unsere altdeutschen gedichte haben, auszer jener Parzival-
stelle keine solche anrede zweiter person, wo die dritte gemeint
ist, aufzuweisen*. desto häufiger gestattet sie der ossianische,
oft mit den personen wechselnde schwung, ich führe beispiele
aus Ahlwardts verdeutschung an:

[dies war dein gesang, o Minfhon. Selma 134;
dies war sanfter Conall dein wort. Fiongh. 5, 41;
auch schlief nicht zur seite dein arm,
du fürst der insel der schauer. Fiongh. 1, 451.]
furchtbar blickt aus groszen braunen
dein scheeles aug, o Malthos. Tighmora 1, 39;
Oscar, furchtbar warest du. Fionnghal 4, 274;
Fiona, dich würgte mein schwert. Cath Loduinn 3, 118;

die abwesenden, todten werden als gegenwärtig und lebend gedacht**.

IV. einbegriffene personen.

Alle personen des singularis können immer nur einzelne
enthalten, das du aber mag, wie wir sahen, zuweilen die dritte
person ausdrücken, die dritte sowol an der ersten als zweiten
stelle treten. das ich bleibt überall auf die erste person eingeschränkt.

Dualis und pluralis drücken ihrem begriffe nach nothwendig ein überschreiten der einheit aus. in der mehrheit erster
und zweiter person mögen bald gleichartige bald ungleichartige
personen enthalten sein. νώ bedeutet ἐγώ + σύ und ἐγώ +
οὗτος, aber ἡμεῖς entweder ἐγώ + ὑμεῖς oder ἐγώ + σφεῖς oder
ἐγώ + σύ + οὗτος. σφώ drückt aus σύ + οὗτος und ὑμεῖς σύ
+ σφεῖς. nicht anders nimmt beim verbum die erste person des

---

* vil schöne ez (vrouwen lop) jest, Walther, in dinem sange. FrauenL 114.
personificierende anrede, ohne antwort: win, ich erkenne dich wol, dir sl genigen.
Weinschwelg. swarz, ich erschricke, wan ich dich hœre nennen. Lab. 248; Lust,
Wunne, dâ ist inwer jagen tiuwer. 458. sô sl dir, trûren, widerseit. Ms. 1, 150ᵃ.

** vgl. noch Catheod. 2, 192. Fiongh. 2, 273. 274. 275. Tighm. 7, 73. annales Tigernachi a. 651 p. 198 jugulatio duorum filiorum Blathmachi in molendino
Maelodrani: a nuuilind eia ro melt mor do thnirind u. s. w. (o molendine quale
triturasti immaturum triticum cel).

pl. die zweite und dritte in sich, die zweite nur die dritte. die
erste person der mehrheit ist also die vieldeutigste und auf drei
personen beziehbar*, die zweite nur auf zwei, die dritte hat blosz
mit dritten zu schaffen.

Eine besonderheit zeigt uns unsere alte sprache im ausdruck
der eigennamen neben dem persönlichen pronomen, wer im dualis
von sich und einem andern redet, nennt nur dessen namen,
läszt aber den seinen als bekannt aus, die partikel und wird
dann unnöthig. diese redeweise ist vorzüglich in der ags. und
altn. sprache zu haus:

    vit Scilling song áhófon. scóp 207
heiszt ich und Sc., wir erhoben sang; vit Aeðeréð = ich und
A. Kemble chartae 2, 113 (a. 885); vit Adam tvá, wir zwei,
Adam und ich Eva. Cædmon 290, 6.

    unc Adame == mir und Adam. Cædmon 25, 1;

    uncer Greudles = mein und Grendels. Beov. 4009;
þät lond is healf uncer Brentinges = mein und Br. Kemble
2, 250 (a. 944). 3, 422. tô uncer Vulfrices ealdgemære 3, 416.
reicher flieszen altn. belege:

    er vit Hrûngnir deildom == als ich und Hr. stritten. Sæm. 76*;

    ne vit Freyr byggjom bædi saman = ich Gerdr und Freyr,
wir beide wohnen nicht zusammen. 84*;

    her eru vit Sigurdr. 184*,
hier sind wir ich (Regin) und Sigurd, in welcher stelle Rask
den pl., Munch aber 106* den dl. hat;

    vit skulom ockrom aldri slíta
Sigurdr saman = ich Brynhild und Sigurd. 229*;

    sáto vit Völundr = ich und Völund. 139*;
vit Höttr == ich Bödvar und Höttr. Hrolfs Krakasaga cap. 34;
vit karl minn = ich und mein mann. Völs. saga cap. 43 s. 231;
her eru vit Sinfiötli = ich Sigmund und Sinfiötli. cap. 8, s. 135;
vinâtta ockar Hâkonar = die freundschaft zwischen mir und
Hakon. [vit Bôsi. fornald. 3, 214; vit Bardi. Nialss. s. 203;
ockart Thôrs = mei et Thori. forum. sög. 1, 306. merkwürdig
ek ockr, mer ok bâdum ockr = mir und dir, uns beiden. þidr.
sag. c. 157. vit felagar, ockr. felagum c. 259.] nun folgen auch
beispiele der zweiten person:

---

* in der prima dl. und später pl. kann die zweite person stecken: gaggôs
= ich und du, wir gehen. das sindôs der gl. Cass. kann also pergamus, folglich perge sein. der text hat freilich pergite (goth. -ts).

sátuð it Völundr? = du und V. Sæm. 139ᵇ;   15

ef it Gŷmir finnizt = du und G. 83ᵇ;

þit Thiodrekr = du und Th. 237ᶜ;

þit Gudrûn = du und G. Völs. saga cap. 31; â medal yðar
Olafs digra = zwischen dir uud Olaf. Olafs helga saga 57.
[med ykkr Niali = mit dir und dem N. Nialss. c. 35. 130. þit
Thôrr = du Olaf und Thor. fornm. 1, 305. um skipti yckar
Trémans. Bloms. 34, 4.] in dritter person, die keinen dl. hat, musz
nothwendig die pluralform stehen, uud kaun den begrif sowol des
dl. als des pl. ausdrücken: þeir Beli = Freyr und Beli. Sn. 41:

bûa þeir Höðr = Baldr und Hödr. Sæm. 10ᶜ,
wo es unrecht ist Baldr auch in den text zu setzen; þeir Sig-
mundr = Sinfiötli uud Sigmund. Völsungasaga cap. 8; þeir
Thorôlfr = Egill und Thorolfr. Egilssaga s. 244; þeir Gunnarr
= Gunnar und seine brüder. Nialssaga cap. 63; þeir Niall ok
Gunnarr, þeir Gizurr ok Geirr. cap. 74; þeir Grimr ok Helgi.
cap. 76; sonr þeirra Vanlanda = sohn der Drifa und des Van-
landi. Yngl. saga c. 16; frâ ferd þeirra Biarnar = von der fahrt
des Hialti uud Biörn. Olafs helgasaga 56; þau Yngvi = Bera
und Yngvi. Yngl. saga cap. 24, nach der regel, die für m. und
f. zusammen den pl. n. fordert. [âtrûnadr â þau Freyju = an
Freyr und Freyja. Safn 1, 363. þeir Flosi = Flosius et sui.
Nialss. p. 199. þeir Hialti svarado, gjarna viljum vit. fornm.
2, 211.] es kann, nach diesem häufigen þeir, nicht befremden,
dasz auch der pl. vit ver jenen dl. vertrat, wie wir vorhin Sæm.
184ᵃ gewahrten; ver Sveinn in der Olafshelgasaga 58 meint
wiederum ich und Sveinn.

  Gothische und ahd. stellen gebrechen, warum sollte nicht
Ulfilas einen Zakarias haben sagen lassen, wenn dazu anlasz gewesen wäre: vit Aileisabaiþ hér siju = ich und Elisabeth wir
sind hier, das altn. vit Freyr byggjom würde goth. lauten vit
Frauja bauôs; snnus ugkara Tulgilôns, wäre unser beider mein
und der Tulgilô sohn; so könnte ahd. Hiltibrant ausrufen: wiz
Hadubrant zi deru hiltiu ritum = ich und Hadubrant ritten
zum kampf. der Gothe hätte auch das verbum in den dl. siju,
bauôs gestellt und jene altn. voraussteheuden eru, sâtu dürjte
man für duale halten, während skulom, byggjom im pl. nachge-
setzt steht[1].

_____

[1] die altn. sprache unterscheidet keinen nom. und voc., wol aher die gothische
meistentheils. es liesze sich denken, dasz zu goth. vit bald ein nom., bald ein

Beachtenswerth ist die einstimmung und zugleich abweichung
der lappischen construction, welche dem dl. einen zweiten namen
19 nicht im nom., sondern instrumentalis verbinden: moj Hansajn
= ich und (d. h. mit) Hans; moj veljajhæme == ich und mein
bruder. weder bei Finnen noch Slaven zeigt sich ähnliches.
der erste name und die partikel unterbleiben wie altnordisch[1].

Während unsere heutige sprache keine spur mehr dieses
zwei personen verknüpfenden dualis hat, ist ihr ein anderes wir
eigen, das genau betrachtet aus einem ehmaligen dualis (ich +
du) scheint erklärbar zu werden, aber den sinn eines einfachen
du gewinnt, nemlich wenn geheim und vertraut geredet wird,
wie von amme zu säugling, von lehrer zu schüler, von mann
zu frau, von beichtvater zu beichtling, insgemein unter soldaten
und kameraden, so pflegt ein wir statt du zu gelten, das bald
für kosend, bald für ermahnend, ironisch und vornehm zu halten ist[2]. solch ein wir kann nur entsprungen sein aus einem
wiz = ich und du, um die innige nähe des bandes zwischen
dem redenden und angeredeten auszudrücken, so dasz jener mit
auf sich nimmt, was dieser gethan hat oder thun soll. heute
haben wir lange geschlafen, redet die mutter zum kind, jetzt
wollen wir essen, uns anziehen, zu bette legen, spricht die amme,
und meint mit diesem wir das kind. nun was machen wir da?
wie befinden wir uns nach dem gestrigen abenteuer? gehen wir
zwei spazieren? trinken wir ein gläschen? fragen gute freunde
untereinander; solches wir kann geradezu, wie ein du, auffordern:
thun wir das! nu allons! denn jedes marchons, voyons enthält
nach dem vorhin über die weite der ersten person erörterten
zugleich marchez, voyez! das wollen wir immer besser wissen!
da sind wir schnell bei der hand! spricht dem freund einen ver-
traulichen tadel aus. jenes 'sáto vit Völundr' könnte also noch

voc. gefügt stände, vit Thiudareiks wäre ego et Theodericus, vit Paitrus tavidêdn,
ego et Petrus fecimus, hingegen vit Thiudareik gaggôs, ich und du Dieterich lasz
uns gehen, vit Paitrau taujôs, ich und du Petrus lasz uns thun. alle diese beispiele erfinde ich, sie sind unbelegbar.

[1] bekanntlich hat die nordfriesische volkssprache bis auf heute dualformen
bewahrt, fügt aber in unserer construction die partikel en hinza: wat en Ellen
== wir beide, ich und Ellen; jat en Ellen == ihr beide, du und Ellen; jat en
Booi == ihr beide, du und Booi. s. den geizhals auf Silt s. 136. 173. 174. 175.
[in Ungern wir mit Peter == ich und Peter. Schröer ungr. bergland 14.]

[2] el, liebez herze, wir sullenz wâgen. Kolocz. s. 99, 98. iâ wir daz sin!
Ludwig 5778. waz getuon wir nu? Trist. 13376. vgl. das thue mer nüd. Corrodi

heute lauten: da saszen wir Wieland = da saszest du Wieland
bei mir.

In süddeutschen gegenden, namentlich der Oberpfalz, soll
üblich sein, dasz der beichtvater sich eines vertrauten wir bedient, schwerlich um vornehmen beichtkindern gegenüber die
mitte zwischen du und sie zu halten und beidem auszuweichen:
'was haben wir nun gethan? müssen wir uns einen vorwurf
machen? fühlen wir reue im herzen? wir sollen auch wort halten und uns bessern.' nähere auskunft darüber und bestätigung
dieser sitte wäre erwünscht. 'wir sind alle sünder' erschallt auf
jeder kanzel im sinne von 'ihr seid.' allgemeiner hat geherscht
oder gilt noch hier und da in protestantischen schulen beinahe
aller gegenden ein den lehrern verübeltes, verspottetes wir, dessen ursprung man verkannte. in Seumes leben s. 63: 'wo haben
wir unsere praeparation?' fragte mich einmal der rector (Martini
auf der Nicolaischule zu Leipzig); hier, antwortete ich, und
zeigte auf die stirne. 'wir sind etwas keck, wir werden ja sehen.'
er hatte die marotte der alten schulmonarchen, die nicht höflich
sind und doch nicht grob sein wollen, immer nur mit man und
wir zu reden. daraus entstand denn manches lächerliche quid-
proquo. so sagte er einmal im hitzigen eifer, ich glaube zum
jetzigen buchhändler Sommer: 'wir sind ein esel.' ich meinerseits protestiere, antwortete dieser ganz lakonisch und die classe
wuste nicht, wo sie mit dem lachen hinsollte. s. 69: 'wir sind
nun wol ziemlich fleiszig,' sagte er dann und wann, 'und es
fehlt uns nicht an talenten, die uns der himmel gegeben, aber
wir sind doch entsetzlich hartnäckig und wollen immer mit dem
kopfe durch die wand.' s. 83: ich erhielt um die nemliche zeit
ein schulstipendium von zehn thalern. 'wir haben zwar talente

prof. 56. das thue mer. vic. 15. sind mhd. sparen in tageweisen, wo der wäch-
ter ruft und zugleich den verborgnen gast anruft: des liehten tages nem wir war!
Hätzl. 8ᵇ. der naht si wir nu quit. 17ᵃ. die stellen sind nicht deutlich genug
und lassen sich anders nehmen. 10ᵃ doch wach wir gén dem tac (die vier wäch-
ter). nu stant wir úf und intfâ wir dise geste. Roth. 251. jäger und hund: sô hin
geselle, wir sullen fürbaz kéren! Laber 55. allons, cherchez, cherchez! Döbel 1,
108ᵇ. 111ᵇ. mhd. nu lâzen = nu lât. gr. 4, 143. gân, varn (oder inûn.?) hin
zer helle und bis der tievel geselle! Roth Rennew. p. 23. ahd. wisûmês! faramês.
O. III. 23, 27. 28. 55. die zweite person wird aufgefordert gemeinschaftlich mit
der ersten etwas zu thun. hebet úf den becher, liebiu kint, und schenken in
des kalten! Stricker bei Hahn 26, 154! sô snochet uns ein sip her uat gê wir
wischen. Amis 1207; nu nemt des war und kiesen uns ein wisen man. Karl 1799.

und sind nicht müszig,' sagte er mir beim auszahlen, 'aber unsere
sitten haben diese belohnung kaum verdient.' und in Dinters
leben (Neustadt a. d. O.) s. 37: mein lieber cantor Reichhart
fand es unschicklich den herrn grafen von B., ob er gleich nur
quartaner war, ihr zu nennen, sie wollte er um der andern
schüler willen auch nicht sagen. er wählte also den mittelweg
des wir und bei einem sehr mislungenen exercitium sagte er
unwillig zum grafen 'sind wir nicht esel? der graf antwortete:
sie auch mit, herr cantor? die classe lachte, der cantor lachte
mit und nannte keinen auch noch so vornehmen schüler wieder
wir. das hat sich zwischen 1773—79 im gymnasium zu Grimma
zugetragen, also etwa gleichzeitig mit dem von Seume erzählten
vorfall, der wahrscheinlich noch mancher andern schule nach-
gesagt wurde. man sieht, dasz die dazu gegebne auslegung
längst bestand, wie sollten aber schulmänner auf den gedanken
gefallen sein, fehler und unarten der schüler sich anscheinend
selbst beizulegen, blosz um zu den anreden mit du, er, ihr, sie
und man noch einen neuen glimpf zu finden? das wir soll nichts
sagen als: du, hier in meiner schule! und war sicher althcrge-
bracht.

Es ist mir gelungen, dies wir für du oder ihr schon einige
jahrhunderte früher aufzuspüren. Keisersberg in der predig von
²¹ der ameisz drückt sich 9ᵈ folgendergestalt aus: aber was leren
sie (die doctores) uns? nicht güts, an der heiligsten zeit sind
wir am allerlichtfertigsten, wan sie es uns vertragen und nit
darumb strafen. es ist euwer gewonheit, am eschermitwochen,
so man die altar verheugt und dich zü hohen dingen ermant,
so seind wir am allerverruchtesten. sie laufen darafter und seind
so nerrisch u. s. w. hernach s. 21ᵇ: wan man morn ein concilium berüfte, so betrachte was lüt man dar schickt, . . . lasz
schon sein, dasz man doctores als gelehrte dar berüft, wenn wir
schon dar kummen, was seind wir für lüt, wir seind nit wert.
in dieser zweiten stelle könte ein wirkliches wir, kein ihr gemeint sein, in der ersten aber nimmt der prediger den gegenüber der gemeinde ausgesprochnen tadel durch das wir nicht
auf seine eignen schultern. [Keisersberg predigt über das nar-
renschif 133ᵇ: jetz so müssen wir zu Baden farn, jetz zu den
heiligen, jetz auf die kirwen, jetz in den wald, da wir lust
suchen. brosaml. 49ᵈ sehent, damit gont wir umb (= ihr). bilger
128ᵃ aber darumb sint wir die erzesel. warumb? wir haut die

zeichen des esels in uus. Luther 24, 170 macht zu ein knecht
aller knechte' die glosse: am abend, wann wir trunken sind.
bei Ayrer 71ᵃ sagt Jahn:

> ei wunder ei, was sind wir itzund?
> es ist nicht gar viel tag und stund,
> dasz wir könig und grosz herr warn,
> jetzt sind wir lauter bettler und narrn.]

Herzog Heinrich Julius von Braunschweig s. 223. 224 läszt
die ehfran zu ihrem mann sprechen: sihe, wie wir nun stehen?
als wenn wir uns bethan hetten, pfui scheme dich, du versofner
heilloser mann! wolt ich dich doch wol umb einen finger win-
den. aber auf den abent, wann wir die nase wieder begossen
haben, so wird kein teufel in der helle bleiben können. diese
frau hatte weder ursache noch den willen ihres manns zu
schonen, sie bedient sich der ihr geläufigen anrede mit wir.
[sihe, was haben wir da? (was hast du da?) H. Julius p. 418.
aber halt, Pfeffer, halt, sagt monsieur Poully, wir haben noch
mehr zu singen. Philander 2, 825.]

Simplicissimus, im ratstübel Plutonis cap. 12 erzählt: Wallenstein, als er generalissimus war und eines tags vor seiner
zelten stunde, da ihm viel oberste uud andere cavallier aufwar-
teten, unter welchen sich ernanter sein alter camerad auch be-
fande, rufte er denselben zu sich und sagte: ist er nicht der
von N. und vor diesem neben mir page gewesen? jener antwortete mit einem tiefen bückling, ja, ihr fürstliche gnaden. nun
wolan, sagte Wallenstein, was seind wir aber jetzt? ich bin,
antwortete jener, oberstleutnant. du bist, sagte Wallenstein
darauf, ein hundsfutt, und kehrte sich damit hinumb seinem
secretario befehlende, dasz er ihm von wegen alter bekantschaft
4000 reichsthaler geben sollte. dies was sind wir? redet zwar
an, kann aber zugleich einen gedanken an die laufbahn des
fragenden ausdrücken. [sagte zu meinem obristen, was teufels
machen wir? Simpl. 788. haben wir was neues? Weise com.
probe 180. was gilts, wir wollen in vierzehn tagen aus einem
andern tone mit einander schwatzen. Felsenb. 1, 5. je wollen
wir uns immer adeln lassen? Schlampampe krankh. 32. 55. ein
pfarrer hebt auf der kanzel an: wir haben gefressen, wir haben
gesoffen unsere sünde, wie wasser hinein! Leipz. avant. 2, 139.]

In der schon 1744 erschienenen verdeutschung von Hol-
bergs dänischer schaubühne band 3, 76 in der reise zur quelle

3, 11 ruft Jeronymus aus: sind w i r hier, mein unvergleichliches
fräulein? das ist mir lieb, dasz sie so glücklich curiert worden.
das original hat: er hun der mademoiselle? (ist sie da, mamsell?),
det er mig kiert, at hun sua lykkelig er bleven cureret, gab
also keinen anlasz zu dem deutschen wir für die zweite person.

22   Bei neueren schriftstellern kommen wir vor, die nur versteckt und unsicher eine anrede enthalten und mindestens zur
hälfte auch auf den redenden bezogen werden dürfen, also gerade die nähe beider personen kund geben. 'was haben wir
neues, Marinelli?' fragt der prinz bei Lessing 2, 121*, was hast
du neues gehört? was gibt es neues für uns beide?;

   doch, guter freund, die zeit kommt auch heran,

wo wir was guts in ruhe schmausen mögen. Göthe 12, 85,
du wirst dich wieder nach behaglicher rube sehnen;

   mein guter herr, ihr seht die sachen,
   wie man die sachen eben sieht,
   wir müssen das gescheider machen,
   eh uns des lebens frende flieht. 12, 91;

nun sind wir schon wieder an der grenze unsres wissens, da
wo euch menschen der sinn überschnappt. 12, 233. [mein bester,
wie ist uns? = dir. 10, 186.] unverkennbar ist wir ein du
oder ihr in folgender stelle: was machen die musen, wie flieszen
uns die verse? Schiller 637*; aha steht es so? fangen wir an
geschmeidiger zu werden? 643*. in allen diesen belegen wird
nicht nach einer mittleren form der anrede gesucht, obschon
sich ein man an die stelle des wir setzen liesze**, wie bei Seume
s. 86 der schüler mit 'man ist nie wo man sein soll' angefah-
ren wird.

   Ohne zweifel lebt in der traulichen volkssprache das wir
= du oder ihr noch viel fester. 'wat wi nüdlich sûud, wenn

   * wie bei Lessing zwischen Franziska und Fräulein. 1, 536, 559. 561. 562.
563; Werner und Tellheim. 1, 559; Finette und Charlotte. 2, 542. 546. 547;
Charlotte und Lucinde. 2, 546; was wir wünschen. 2, 550. aus Voszens Luise
scheint 1, 170 hierher zu gehören.

   ** vgl. gramm. 4, 221. man für ihr: waz üch gevalle, daz tû man und grifen
endelichen an! Ludwig 7151. wo hält man sich denn anitzo auf? unw. doctor
398. wo hat man so lange gesteckt? 211. 332. wie stehet man in solchem kleid?
Bandhauer Magdeburg 1631 s. 263. wo hat man sich so lange doch verweilt?
Günther 974. ist man so still? Hagedorn 1, 62. man erzeigt euch zuviel ehre.
Lessing 1, 318. so ist man recht gesinnt. Göthe 12, 145. was will man von mir?
Schiller im parasit.

wi jung süud! säd de jung un fodert de farken' heiszt es no. 276
der sammlung wie das volk spricht. Stuttgart 1855 s. 27, ins
hochdeutsche gebracht würde der zuruf des fütternden jungen
fast verlieren. in 'heute haben wir schön gespielt, sagt der
balgtreter zum organisten' ebendaselbst no. 15 s. 8, macht das
wir die gemeinschaft zwischen dem redenden und angeredeten
vollkommen deutlich. in einer niederdeutschen erzählung einer
thiersage verfolgt der wolf einen holzhauer, es wird die ver-
drehte fabel 12 des Remicius sein: vulpes venatores effugiens
et lignarius (vgl. Haupts zeitschr. 4, 502). der holzhauer rettet
sich in einen hohlen baum, an dem der wolf herum schnobert,
dabei geräth ihm der schwanz in die spalte, den der holzhauer
faszt, der wolf dreht und dreht, bis er den schwanz abgedreht
hat und endlich entspringt. nach einiger zeit geht der mann
von neuem an seine arbeit und sieht den wolf hinter einem
busche liegen. 'na, wüllt we nochmal? na, wüllt we nochmal?
ruft ihm der holzhauer zu, indem er mit der hand eine drohende
bewegung macht, da läuft der wolf davon. wie sollte in diesem as
'wollen wir noch einmal?' oder in einem 'lassen wir das gut
sein!', das uns täglich in den mund kommt, eine höfliche form
der anrede stecken.

Lichtenberg in einem bei Wackernagel 3, 810 ausgehobnen
aufsatz nimmt treffend wahr, dasz bediente von ihrem herrn
redend wir sagen, nicht zur anrede, sondern in dritter person.
wir müssen bald heiraten, sonst gehts nicht gut; ach, unser hut
ist gestern in die gosse gefallen. bei Lessing 1, 551 sagt Werner: was sind denn das für dienste, die der wirt unserm major
will erwiesen haben? auch hierin drückt sich die gemeinschaft
und vertraulichkeit zwischen herrn und diener aus und der uralten, verschollenen sprache konnten in solchem fall wiederum
duale nahe liegen.

V. zugeselltes nomen.

Unter I und II wurde dargethan, dasz die stelle der ersten
und zweiten person durch eine dritte vertreten, unter IV, dasz
in der ersten pluralperson die zweite oder gar dritte einbegriffen
sein könne. dabei wird überall die eigentlich gemeinte lage der
person nicht ausgedrückt. verschieden hiervon ist der fall, wo
der ausgedrückt bleibenden ersten oder zweiten person noch ein
nomen dritter person verstärkend zutritt.

Dergleichen verstärkungen sind zumal iu den wörtern gott[1],
geist und teufel enthalten. erwäge man, wie unsere sprache die
vorstellung wicht, ahd. wiht, goth. vaihts, altn. vættr d. i. genius,
daemon schon mit der einfachen negation verknüpft, so dasz
nivaiht, niwiht ein nachdrückliches ni wird, wicht aber darf für
sich allein ein luftiges nichts bezeichnen.

Hiernach versteht sich von selbst, dasz die beifügung von
gott oder teufel auch das einfache ich steigern müsse.

> herre, daz weiz got und ich. Trist. 105, 33
> [nein ich und got. Ls. 2, 257.
> wissen zweene, gott und ich. Fleming 469.]

will sagen, das weisz ich wahrlich;

> den schaz weiz nu nieman wan got unde min. Nib. 2308, 3,

den weisz ich ganz allein. die erste person kann selbst weg-
fallen und derselbe sinn besteht: 'gott weisz es' betheuert entweder es ist sicher wahr und gott weisz es[2] oder meint auch
ich weisz es nicht, niemand weisz es, das mag gott der allwissende wissen; 'das weisz der teufel' = ich weisz es nicht; 'das
hat der teufel gesagt oder gethan' = ich habe es sicher nicht
gesagt noch gethan und niemand wird wissen wer. anmutig
steht aber statt wicht oder gott 'ein vöglein', weil vögel gleich
geistern die menschen umschweben und ihre geheimnisse belauschen:

> niemer nieman bevinde daz, wan er und ich,
> und ein kleinez vogellin, tandaradei,
> daz mac wol getriuwe sin. Walther 40, 16;
> οὐδεὶς οἶδεν τὸν θησαυρὸν τὸν ἐμὸν πλὴν εἴ τις ἄρ' ὄρνις. Ari-
> stoph. aves 601;

und dem menschen, der ihren gesang versteht, offenbaren die
vögel was zu thun sei[*].

Nicht anders verbinden sich du und der teufel: das magst
du und der teufel wissen = du weist es sicherlich[**]; das thue

---

[1] man vergleiche die formel 'sit gote und mir wilkomen!' mythol. s. 14.

[2] Wolfram umschreibt dies gott weisz Parz. 369, 2 durch: got sich des wol
versinnen kan. [lit. dêrs têvs žin! das weisz gott (ich nicht); dēvai žina, das
wissen die götter. böhm. to sám bůh vj, das weisz gott, der himmel.]

[*] disiu liet din hât gesungen vor dem walde ein vogellin. Ms. 1, 194ᵃ. hie
hört uns anders nieman dan got und diu waltvogelin. Ecke 96.

[**] daz welz er und der tiuvel wol. Helbl. 7, 125. du und diu tiuvel. Lohengr.
112. nu lüg du und de düvel! Lyra 9.

du und der teufel = das magst du thun; frisz du und der
teufel! = frisz was du kannst, so viel du magst; je so saufe
du und der teufel! (Schlampampe leben 17) = sauf aus leibeskräften, vielleicht noch anspielend auf Lokis und Logis unge-
heures essen. schon jenes 'ich und Günther' s. 8 liesze sich
vergleichen, andere bestätigung dieser redensarten werden wir
nachher finden.

VI. possessivum.

Hier kommt mehr als eine eigenthümliche anwendung in
betracht.

1) In der alten sprache pflegte das possessivum aller drei
personen oder auch der gen. des eigennamens neben dem
worte lip (leib) die vorstellung der person und der selbstheit
hervorzuheben:

dù hàst geschendet dinen schœnen lip. Nib. 782, 3;

wir müezen immer klagen Sifrides lip. 982, 3;

die sîn doch lihte enbâren, die weinden Sifrides lip. 989, 4;

si jâhen, daz gesunder unser deheines lip

nimmer ze lande kœme, niwan der kappelàn. 1529, 2;

dô hete umbevangen den Ludewiges lip

Gêrlint diu übele. Gudrun 1200, 2;

er wolte ouch erscînen minem brôdem libe. fundgr. 2, 92, 26;

dô erwachete min lip = ich. Ms. 1, 94';

si enpfiengen Jeschûten lip. Parz. 277, 16;

min guoter lip! anrede. Keller erz. 340, 37.

stellen aus Iwein und Wigalois sind gramm. 4, 297 ausgehoben,
bemerkenswerth ist das beigefügte adj. iuwern minneclîchen lip.
Wigal. 8763 und der pl.

wê den wîben

von der liben

daz geschiht. Ms. 2, 101';

die selbst das verschulden. die ausdrucksweise war schon ahd.

ich làz thaz lib minaz in scôni richi thinaz. O. IV. 31, 20'.

und kann durch die Franken ins französische geraten sein, die
dichter des mittelalters verwenden mon corps, ton corps gleich

* genere selbo dinen lîp. Haupt 8, 268. — bei Konrad Tr. kr. 13788 dar
in verbirc sin bilde; 18140 weiz got, wir hàn sin bilde beschouwet selten und
gesehen; 14415 sô möhte ouch àne smàheit dîn bilde bruchen wibe wàt; 20919.
22899. 39418.

dem mhd. min lip, din lip und fügen zuweilen mesme bei
|Burguy 1, 136]:

> mes corps méismes ira ansemble o lui. Garin 1, 72;
> ses corps méismes sest la desenre mis. 1, 142 vgl.
> min selbes lip. Iw. 2348. sin selbes lip. 3226;

es ist sogar wahrscheinlich, dasz in uralter zeit das goth. silba,
das ahd. sëlpo aus der wurzel leiban laif libum gebildet wurde,
welcher auch unser leib, ahd. lip vita, corpus entstammt, siliba
war der in sich bleibende, beharrende und wurde allmälich in
silba gekürzt[1]. denn gerade so drücken andere, uns ferne völker ihr selbst mit dem nomen leib aus, z. b. Syriänen und
Wotjaken mit us[2], man vergleiche das engl. body in any body,
each body. ähnlich erscheint die verwendung von haut und
haupt (gramm. 4, 297):

> vil schöne satzte mich sin hant
> hinderz ors an daz lant. Iw. 743;
> dienden siner hende gar. Wh. 375, 19;

hadde sin hovet gedan (hätte er nicht gethan, wäre er nicht
gewesen), de stad van Lubeke hadde ewich vordorven bleven.
Detmars chronik 2, 541.

2) Zur belebung des ausdrucks der person, von welcher
er zu berichten hat, fügt der erzähler das possessivum mein
hinzu, redet von seinem mann, von seinem helden, sie liegen
ihm im sinn, gehören ihm insofern an und er stellt sie desto
wärmer dar. in unsrer heutigen volkssprache ist dies ganz
und gar hergebracht und das mein sehen wir auch noch
durch gut und schön verstärkt. da heiszt es [mein gesell.
Keisersberg brösaml. 58ᵃ, mein jungfraw. froschm. II 7ᵇ,] mein
kerl, unser kerl, mein mann, mein guter mann, nemlich er, von
dem ich rede z. b. die hunde waren auf des hasen fährte, mein
guter Lampe aber sah sich vor und erreichte das dichte holz;
was thut mein junge? er geht hinaus, besteigt das pferd und
reitet fort. in einer von Rauch verfaszten, sehr lebendigen beschreibung des Wasunger kriegs von 1747 liest man auf allen
seiten: mein leutnant = er der leutnant; meinen guten wacht-
meister musten sie auf einem karrn nach der stadt führen; mein
guter alter leutnant aber als er geschossen, begab sich aufs lau-

---

[1] gramm. 3, 6. Bopp vgl. gramm. s. 432. Pott zählmeth. 240. 245.

[2] Wiedemann wotjak. gramm. s. 77. syriänische s. 47. [sanskr. mit átman
seele. Bopp gloss. 29ᵃ. serb. glava.]

fen; da kommt unser mann herauf gegangen. ebenso heiszt es
franz. mon homme, notre homme, notre bon homme. da wir
vorhin sahen, dasz die dritte person an die stelle der ersten gesetzt werden kann, so ist zulässig ein solches mein auch von
sich selbst, immer in dritter person zu verwenden[*]. in der
Felsenburg erzählt Kramer seine eigne geschichte und sagt 2,
210: da aber mein guter Kramer kaum zwei oder drei stunden
geschlafen hatte, meldete sich der pedell; 2, 227 steht: der ganze
kerl = ich selbst, was wieder an jenes ältere mein leib für ich
selbst gemahnt.

Auch ein dichter oder romanschreiber wird den, von dem
er handelt, seinen und mit rücksicht auf die leser unsern helden
nennen. Wieland im Oberon 6, 1:

ein sanfter stosz weckt unser doppelt paar, d. h. die lie-
benden; sagte nunmehr unser guter müller. Felsenb. 2, 398; es
gebricht aber nicht an älteren belegen: sehet derwegen da unsern auf allen seiten geschlagenen Cleon. wankelm. liebh. Leiden
1643 s. 240; wie nun mein pfaf zu mittag essen wollte. Lazarillo 1617 s. 68; hierauf zog mein gesandter die pfeif in sack.
Fischart Garg. 216[b]; da blieb mein schöner mönch am nuszbaum
henken. 251[b]; auf der stätt (alsbald) kam mein mönch daher
getrollt. 257[b], und wie man erwarten darf bei diesem schriftsteller gewis noch oft[**]. in Heinr. Wittenweilers ring, einem
rohen die volkssprache nirgends verleugnenden dichtwerk des
funfzehnten jahrh. liest man verschiedentlich:

damit so huob mein Heinzo an
und saget waz er hiet getan. s. 22;
wie oft so ward mein narrel jehen. 38;
mein täschenschreiber icsozhant
kam in Bertschins haus gerunt. 44;
mein briefel daz wart stieben,
zum fenster hinein fliegen. 51;
mein tür die ward verschlossen. 54;

[*] min Muscaplaot an schau. 5, 69; wan ûch hie daz zu wizzen tuot min
Muscapluot. 10, 73; min Muscaplaot uno sage in êre. 28, 133; min Muscaplaot
sprich lob und danc. 29, 103; ruof an min hort, min Muscapluot. 31, 79; betracht
dich recht, min Muscapluot. 32, 78.

[**] meine juristen. Garg. 111[b]. nun unser hänlein liesz sich wol an. 111[b];
unserem sönlein. 113[b]; nicht desto minder zogen in diesem trab meine schöne
stallstäuber ab. 134[b]; unser bruder Veit. 206[b].

in beiden letzten stellen, wo sachen, nicht personen gemeint sind, könnte zwar mein die eigentliche possessivbedeutung haben, ich glaube, dasz blosz gemeint wird, der brief, die thür wovon die rede ist. höheren werth erlangen ältere beispiele der redeweise, zumal schon von Wolfram, welcher der gemeinen sprache nicht huldigt, von Parzival sagt er:

> sus kom unser tœrscher knabe
> geriten eine halden abe. 138, 9*;

und die Aventiure, deren eingebung er folgt, anredend:

> beidiu iur hêrre und ouch der mîn. 434, 1.

Bei lateinischen dichtern und schriftstellern wird man solche possessiva nicht vergeblich suchen:

> talis iste meus stupor nil videt, nihil audit. Catull 17, 21,

d. i. homo stupidissimus, de quo loquor;

> homo meus cœpit ad stellas facere. fragm. von Petron;
> homo meus se in pulpito totum prosternit. Phaedrus V. 7, 33;
> at legatus meus ad emendum modo proficiscitur. Quintilian

declam. 12, 18. familiaris noster Lucanus steht in Notkers Boethius 217 übertragen: mîn holdo Lucanus, [Euripidis mei mînes holden Euripidis. Boeth. 134.] eines ähnlich gesetzten ἐμός bei den Griechen entsinne ich mich nicht, kann aber kaum daran zweifeln.

3) Poetisch sind die umschreibungen des persönlichen pronomens durch das wirkliche possessivum:

> môl mîns fôdur mær ramliga,
> moluit patris mei virgo fortiter. Gróttasang 20,

d. h. ich armes mädchen muste einer magd gleich hart in der müle malen, fast ganz wie

> iedoch hät viel selten mîner muoter tohter geschürt die brende.
> Gudr. 997, 4,

---

* 'zu Wolframs unser tœrscher knabe finden sich bei den mhd. dichtern wenige gleichartige beispiele (ich habe seit langer zeit aufgemerkt), einen einzigen ausgenommen, der diese wendung auffällig liebt, Ulrich im Lanzelet: unser guoter kneht. 472. 4217; unser recht. 3677; unser helt. 3415. 3476. 3524. 3604; unser degen. 2848; unser friunt. 3141. 3374. 4256; unser geselle. 3320. 3452; auch 'die unser' 3409 beruht auf gleichem grunde.' Haupt. unsern vriunt Tristanden. Trist. 126, 19; unser man. GA. 2, 164; min .wîser und min tumber (= Gawan und Parzival). Parz. 399, 4; unserm neven Tünzel tuot niht sô wol. Ms. 2, 79b. — muin Ouvin, muin Ilöner, muin Lokji. Lyngby frer. qv. 502. 506. 508 (Hammersh. 140. 141. 142.) auch ital. Napole mie. pentam. 2, 4.

doch habe ich arme kein feuer zu schüren gebraucht, was neulich Hahn s. 28 ohne noth geändert hat iu das schwächere: iedoch hat vil selten mîn muoter ir tohter schüren die brende. malen und feuerschüren sind knechtsarbeit.

Ergreifend steht in Göthes Faust:

> herbei ein licht!
> man schilt und rauft, man schreit und ficht.
> volk. da liegt schon einer todt.
> Martha. die mörder sind sie denn entflohn?
> Gretchen. wer liegt hier?
> volk. deiner mutter sohn, d. i. er, dein eigner bruder.

Scherzhaft und verblümt redet Gawan im Parz. 416, 15: 28

> ich sage iu frouwe daz ich bin
> mîner basen bruoder sun = ich selbst.

der ist meiner mutter tochter mann = mein schwager. Lessing 2, 394. eine schönere liebeserklärung läszt sich keinem mädchen ins gesicht thun, als die süddeutsche: ich wollt, dasz deine schwester meine schwägerin wär! in solchem sinne meinte schon Neidhart von seiner geliebten:

> swer diu lant nâch wîben gar durch vüere,
> der deheine günde ich baz, wizzet daz,
> mîner lieben muoter zeiner suñere. Ben. beitr. 403,

d. i. keine nähme ich lieber. so alt sind fast alle wendungen der neueren sprachen, unsere vorfahren dachten nicht anders als wir.

4) Zu einigen wörtern erscheinen die possessiva als ständige epitheta oft mit besonderem sinn. vor allem neben gott, engel und teufel, welchen auch das persönliche pronomen beigesellt wurde (s. 24). nhd. danke du deinem gott; du magst deinen gott preisen; ich will meinem gott lob und dank sagen; dasz hiesz dich dein guter gott sprechen; das hat mir mein guter engel eingegeben; das sprach dein engel. Lessing 2, 183; was wird ihr gott sagen? 1, 254;

> belausche sie die dorten gehn,
> und muse sag uns unverholen,
> was mögen sie jetzt vor sich sehn?
> 'nur korn das muntre kind im trott,
> Chrysander wichtige pistolen,
> Philander lobet seinen gott.'

mhd. der wîselôse man

      hôrte gerne den spot

      unde lobte sînen got

      der selben unwerdekeit. Greg. 2652;

      [danken sîme sceppere. Lachmann niederrh. ged. 17;]

      daz iu mîn trehtîn lône. cod. koloz. 186;

      gesegen dich got mîn trehtîn. Ls. 3, 10;

ich hân durch sie geloufen vil mèr dan ic durch mînen got.
Ecke, Hagen 48, wo aber die andern texte bieten: noch mêre
dan durch got;

      gauc dîme gode befalen! Mor. 3740;

      ich getrûwen mîme gode. das. 2365;

      saget iuwem gote lop. Eilharts Trist. 2714.

altfrnz. je le feré en mon dieu croire. Renart 3553;

      je vos feré en mon dieu croire. 28465. Méon. 3, 388,

wie wir auch sagen, du sollst mir daran glauben, thun was ich
heisze;

      que son déable le demaine. Renart 27839.

im latein begleitet das possessivum gern den namen des genius
(des wichts) und der Juno oder Venus: si mentior, genios
vestros iratos habeam; ignoscet mihi genius tuus; jurat per
genium meum se omnia facere; Junonem meam iratam habeam;

      etsi perque suos fallax juravit ocellos,

        Junonemque suam perque suam Venerem. Tib. III.

                                      6, 47.

es ist darin trauteres verhältnis zu der gottheit oder dem geist
ausgedrückt[*].

     Anders und doch ähnlich steht es um die zu den namen
narr und dieb gefügten possessiva. ich bin nicht dein narr,
ich mag dein narr nicht sein, d. i. du darfst nicht deinen scherz
mit mir treiben, ich lasse mich nicht von dir hudeln, narren
oder zum narren haben; ich will nicht dein hund sein.

     [altn. mun ek ecki vera eggjanar fífl þitt. Nialss. c. 35.]

     mhd. lâze mich ir tôre sîn. Ms. 1, 64*;

          ich bin niht iuwer tôre. 2, 80*;

          ich bin ir sot. Ms. II. 1, 64*;

          daz ich ir tôre bin. 1, 303*;

---

[*] dîn engel Wartb. kr. 36. ein wîser engel bî dir gât. 51. vgl. 52. 53 (Simr.)
mîn engel, dîn engel. myth. 830.

ob er sînen tôren vinde
bî trunkem ingesinde. jüngeling 485;
[des bin mit guotem willen ich ir tôre. MSH. 3, 251*;
swenn er ir tôre ist und ir gief. Renn. 16726;
ir narr muostu sîn. Muscatpl. 71, 35. 58;
ich bin ir narr, ir gouch, ir af. Hätzl. LXXIV, 56;
swer zühte hât, der ist ir gouch. Walth. 24, 7;
wil daz ich sîn affe sî. Troj. kr. 26567;
ichne wils niht wesen diep. Nib. 792, 1;
er muoz sîn iemer sîn mîn diep. Walth. 112, 1.]

du bist mein dieb, ich darf dich dieb schelten, es ist kundig
dasz du mich bestolen hast, eine inzicht, der in urkunden und
rechtsbüchern öfter meldung geschieht: begert Hans Bürkeberg
des rechten, wie er zu dem Cunze Katzen bringen soll, der da
gebunden und gefangen stünd, das er recht tüt und nit unrecht,
und das er sein dieb wer? M. B. 34*, 104 (a. 1470). [daz er
sein diep sei und des landes diep, sein rauber, sein brenner.
Zöpfls Bamb. recht 148*; wenn er den beschreit hat für sein
dieb und des ganzen landes dieb. Weisth. 3, 593; ik moste
Johan Krevetes deef wesen. Waitz Wullenw. 3, 482.] schon
im salischen gesetz tit. 47 de filtortis: ille qui non venerit, super
quem testes juraverunt, ille erit latro illius, qui agnoscit, wo
andere texte lesen latro et fur illius*. im alten Gulapings-
gesetz liest man s. 511 (Norges gamle love 2, 261): hinom er
vedfox, pignoris fraudulenti reus, er ist sein wettefuchs, triegeri-
scher fuchs, gerade wie auch vargr, lupus jenem latro, hund
jenem narr entspricht.

5) Dies dein gott, engel, dieb, dein narr leitet unmittelbar
auf eine dem ersten anschein nach seltsame, durch alle nordischen sprachen ziehende ausdrucksweise, sie pflegen, wenn sie
kosend, bedauernd, klagend, zumal scheltend anreden, zwar oft
auch das persönliche pronomen, häufiger das possessivum zu
setzen, als wenn wir für du engel, du narr, ihr elende sagen
wollten dein engel, dein narr, eure elende. unhäufiger in erster
person: mein alter narr statt ich alter narr. die heutige scan-
dinavische sprache verwendet solche possessiva fast nur im voc.,
die altn. auch für die übrigen casus. eine so merkwürdige

* manifesto fur est mihi. Plaut. Poenul. III. 5, 40. et mihi hic auri fur est.
V. 5, 55.

eigenheit der rede, da ihr nordische grammatiker keine oder geringe beachtung widmen, geschweige sie zu deuten versuchen, bedarf hier genauer belege.

Schon in der edda Sæm. 76ᵇ heiszt es:

skylda ek launa kögursveini þínom kàngiuyrdi,

von Simrock gut übersetzt: sonst lohnt ich wahrlich, lotterbube, deinen stachelreden, wörtlich aber 'deinem lotterbuben';

merga suæru mölda ek þina meinkràko. 66ᵃ,

kleiner als mark zermalmte ich dich du böse krähe, buchstäblich 'deine böse krähe'. bei dem nom. steht das verbum jederzeit in dritter person: alldiarfr er þiofrinn þinn. fornm. sög. 7, 127, kühn ist dein dieb = kühn bist du dieb; kann þinn heljar karl ekki betr at kveda? kann dein höllenkerl nichts besseres singen? kannst du nicht besseres singen? 3, 97; hvi hýdr fiandi þinn mer gull ok silfr? Dietr. saga cap. 304, wie bietet mir dein teufel gold und silber = wie bietest du teufel mir gold und silber; hvat vill vannenna þin þà? daselbst cap. 112, was will dein ungeschick da = was willst du ungeschickter?; vixlingr þinn ok ættleri! das., þegi þù föl þitt! cap. 113; vardveit betr föl þitt ödru sinni! fornm. sög. 6, 6; klifar þù nacqvat iafnan mannfýla þin. semper tu, putida, aliquid crepas. Nialssaga c. 54; mun föli þinu nockurum, manui lif gefa, tu stulte alicujus hominis vitam sustentabis. Laxd. saga 220. den voc. hingegen geleitet ein imp. zweiter person: þegi þù yfir þeim þin forynja, tace de his, infelix! Laxd. 326; hird ecki þu þat milki þinn, hverr ek em, ne morare tu, ignave homo, qui ego sim. Nialssaga cap. 182. sehr oft wird auch, ohne hinzutretendes verbum, mit dem bloszen anruf gescholten: hundinn þinn! du hund! greyit þitt! du hund! þin hòra! du hure! das sind òqvædis orð, schimpfwörter.

Schwedische beispiele genug gewinne ich aus Hallman, Bellman und Hagbergs treflicher übertragung des Shakespeare, selten begleitet sie ein ind., fast nur ein imp., doch heiszt es: resonerar du ditt får? räsonnierst du schaf? Bellman 1, 31. schon im altschw. streit zwischen seele und leib liest man thin fula iordh! thin fula muld! 167. 173 du faule erde, du fauler staub! am seltensten in erster person bedauernd oder klagend: min ³¹ gamle tok! ich alter narr! desto öfter in zweiter person und bisweilen gutmütig oder kosend: din hjertans toker! du herzens narr!; din narraktiga toker! du närrischer kerl!; ditt lamm! du

lamm!; din slinka! du schmeichlerin!; din lilla engel! du kleiner
engel!; edra stakare! ihr armen! meistens aber scheltend: din
narr! du narr!; din toker! du thor!; ditt fjoll! du geck!; din
fjolla! du närrin!; ditt troll! du ungeheuer!; ditt fula troll!;
ditt nöt! du rindvieh!; din hund! du hund!; din förbannade
hund! du verfluchter hund!; din djefvul! du teufel!; gack ut
din fan! hinaus du teufelskerl!; din olycksfågel! du unglücks-
vogel!; din skurk! du schurke!; din smäckfeta skürk! ye fat-
kidneyed rascal!; tig din isterbuk! schweig du schmerbauch!;
din förbannade rult! you whoreson round man!; din spetsbof!
du spitzbub!; din lymmel! du lümmel!; edra lymlar! ihr lümmel!; din kanalje! du kanaille!; edra kanaljer! ihr kanaillen!;
edra hundsfottar! ihr hundsfötter!; ditt gemena stycke! du ge-
meines stück!; ditt lättfärdiga stycke! du leichtfertiges stück!;
din ogudaktiga kona! du gottloses weib!; din odäga! thou naughty
varlet! du nichtsnutz!; din byting! du wechselbalg!; din lätting!
du faulpelz!, ditt länga dråg! du langes gestell!; edra otäckin-
gar! ihr unfläter!; din djefvulsmater! du teufelsker!!; blås edra
hundar! Bellman 1, 8; blås edra bytingar! 1, 17; blås edra satar!;
17, 24; blås edra papgojor! blås edra torndyflar! blaset ihr
papagaie, ihr mistkäfer. 1, 194.

Norwegische und dänische belege ergeben die folkeeventyr,
die viser und Holberg: fort din hund! fort du hund!; din dumme
hund! du dummer hund!; dit skarn! du unflath!; dit langraggede
best!; din unforskammede knegt! du unverschämter kerl!; din
spottefugl! du spottvogel!; din fortvivlede skielm! du verzwei-
felter schelm!; din vanartige skielm! du entarteter schelm!; gid
du faaer en ulykke din slingel! dasz dir ein leid geschehe, du
schlingel!; vil du tie dit beest! willst du schweigen, du rindvieh!; din arrige hore! du arge hure!; skam saa faae din skal-
lede munk! schande treffe dich, du kahler mönch! u. s. w. ein
beispiel des im ind. hinzutretenden verbums wäre: meener dit
beest, at du er paa landet? meinst du, du bestie, auf dem laude
zu sein? doch verleibt die nord. sprache überhaupt der zweiten
und dritten person des sg. gleiche flexion.

Aus Dänmark her, musz man annehmen, ist diese ausdrucksweise auch zu den Nordfriesen gedrungen, denn allen übrigen
Friesen und Niederdeutschen bleibt sie fremd: diu rakker! du
racker!; din arem ding! du armes ding! din fennen! din tum-
perdt! din salken! [Bende Beudsen s. 139.]

Wie nun ist der ganze gebrauch zu erklären? da alle possessiva sich auf ein subject beziehen, dessentwegen sie einem
nomen praediciert wurden, so setzt dein in allen solchen anreden
ein du voraus, das, weil es mangelt, ausgefallen sein musz. der
schelte dein narr! dein teufel! liegt demnach nothwendig ein
volleres du dein narr! du dein teufel! oder mit zwischentretender partikel: du und dein narr! du und dein teufel zum grunde.
dies wird bestätigt durch die im schwedischen zuweilen noch
übliche formel du din: du din elake hund! schreibt Peringskjolds
schwed. übersetzung der Vilkinasaga s. 422; du din toker! das.
s. 166; du din krumfot! Hallman s. 152; du din skolfux! Bellman 3, 129; du din ofrälse hund! 4, 27; du ditt fär! (du schaf!)
1, 31. 2, 113; dej din canalje (dich canaille) 1, 207: ni ert bagage! (ihr bagage!) 1, 224; ni edra dumma själar (ihr dummen
seelen, kerle!) 5, 135. die possessive fassung du din djefvul,
du och din djefvul gliche aber unserm du und der teufel*, in
beiden wäre dieselbe verstärkung des du gelegen; man nahm
vielleicht an, der mensch habe einen guten oder bösen geist,
der ihn geleite und ihm eingebe, was zu thun sei (vgl. s. 28);
ich sollte deinem lotterbuben, deinem kobold lohnen sagt nichts
als ich sollte dir lohnen. kügursveinn, meinkráka, heljarkarl,
vannenna, fóli, fiandi, þiofr in den angeführten stellen lassen
sich alle auf dämonische wesen ziehen und auszer krähe dürfen
auch hund und rind dem menschen zugesellt erscheinen. du
und dein engel lobt also stärker und im sinne des alterthums
wahrer als bloszes du engel; man erinnert sich auch an das
'ich und Günther' oben s. 8. es ist klar, dasz vor dem possessivum überall das persönliche pronomen hinzu gedacht werden
musz. die vorhin behandelten redensarten dein gott, dein engel,
dein teufel, dein dieb empfangen dadurch helleres licht. waren
einmal solche formeln geläufig geworden, so brauchte man sie
allmälich auch in fällen, wo jene erklärung unpassend wird.
nicht zu übersehen ist aber die weglassung der conjunction in
'du din', 'ni edra' für du och din, ni och edra, ganz wie in 'gote
mir wilkomen', für gote unde mir (oben s. 23) und in 'vit Scilling' für ich und Scilling, 'þeir Beli' = Freyr ok Beli. Sn. 41
(oben s. 18), die lebhaftigkeit der rede verträgt, ja fordert solche
auslassung. von dem wegfall des 'und' habe ich schon in Haupts

---

* du und din tiuvel. Lohengr. 112.

zeitschrift 2, 190 gehandelt und werde ihn gelegentlich umständlicher besprechen.

In σφώ konnte σύ + οὗτος, in it Gŷmir konnte du und [33] Gŷmir gelegen, in wir ein ich und du gemischt sein; vor dem dein scheint hier ein du weggefallen. man begreift, dasz in der anwendung die pronominalformen einander drängen, abnutzen, ersetzen und einbegreifen.

VII. pronomen der lehre und des gesetzes.

Sprüche, die eine lehre enthalten, werden am wärmsten in der zweiten person vorgetragen, vor dem vater steht das kind, vor dem meister der jünger, die den spruch vernehmen und sich einprägen: mein kind, wenn dich die bösen buben locken, so folge nicht; mein kind, vergisz meines gesetzes nicht und dein herz behalte mein gebot. unsere meisten sprüche sind in dies du eingekleidet: was du nicht weist, macht dir nicht heisz; schweigst du stille, so ists dein wille; schneidest du dir die nase ab, so schändest du dein gesicht; hast du kein pferd, so brauche den esel; und so unzähliche. geht der spruch von mehrern aus oder zugleich an viele, so ist ein pl. recht:

> da ir dâz sît, daz wâre wir,
> daz wir nu sîn, daz werdet ir,

sagen die todten. Freidank 22, 18. [der du ietz bist, der was ich vor. Wolkenst. 261.] natürlich mischen sich erste und zweite person, wenn der lehrende von sich zu sagen hat, was er dem jünger vorträgt, wie die possessiva mein bei gesetz und gebot oder das wir in Freidanks spruch zeigen. es kann aber auch die ganze lehre nachdrücklich in der ersten person bleiben: was ich nicht weisz, macht mir nicht heisz (dem reinnern reim nach sogar die ursprüngliche fassung);

> an mir wehset durch daz jâr
> sünde, nagel unde hâr. Freidank 39, 22,

ist nicht minder eindringlich, als das du der ersten fassung. schwächer als beide klingen würde in dritter person ausgedrückt: was einer nicht weisz, macht ihm nicht heisz, oder was man nicht weisz, macht einem nicht heisz, was der mann nicht weisz, macht ihm nicht heisz. doch ein eigenname kann der dritten person kraft geben, oder, nach I und II, die ersten vertreten: was Hänschen nicht lernte, das lernt Hans nimmermehr. es

ist aber ein zeichen der in der sprache, wie im leben, steigen-
den abstraction, allmälich die dritte person der ersten und zweiten vorzuziehen, und in der sammlung unserer sprichwörter werden sich die mit wer anhebenden immer mehren, die mit du
und ich beginnenden mindern.

34   Das kann schon die fassung unserer rechenbücher und re-
cepte bestätigen. ehmals hiesz es: wenn du drei mit vier mul-
tiplicierst u. s. w. oder wenn ich drei mit vier multipliciere;
heute, wenn man drei mit vier multipliciert. lateinisch schreiben
die ärzte noch, oder kürzen ab was gelesen werden musz recipe,
solve, misce; auf deutsch aber drücken sie sich aus: man nehme,
löse auf, mische. alle alten kochbücher sagen gedrungen: nim
einen stockfisch, tuo in die hüt abe u. s. w. bis zum schlusz:
betrauf in reizt mit butern und gib in hin! statt dasz es jetzt
heiszt: man nimmt — und läszt ihn auftragen oder servieren.

Notker, in seiner verdeutschung einiger aristotelischen schriften, bedient sich oft der ausdrücke nu fernim, lirne, wile du
cheden, wile du sprechen, sô chistu, uberstephist tû den namen
u. s. w., hat aber auch: man chede alde ne chede, sive aliquis
ponat, sive non ponat.

Unsere zehn gebote halten im urtext und in allen andern
sprachen die kindliche zweite person fest; den zwölf tafeln ist
bereits dritte person und eingang mit si quis oder qui für die
strafbaren fälle geläufig, alle deutschen, lateinisch abgefaszten
volksrechte haben dies si quis, die ahd. übertragung der lex
salica sôhuersô, die friesischen gesetze hvâsâ, sâhvâsâ, in den
ags. wechselt gif hvâ, gif he, gif man. auch die meisten altn.
gesetze zeigen madr oder andere substantiva, gern mit voran-
gehendem nu; z. b. Östgötalag: nu dör bonde, nu far prästär,
nu liggär lik, nu sitär bonde, nu giptis bonde; Vestgötalag: a
maþer böl, ganger prester, värþär maþer dräpin, dräpär maþer
man; Frostaþingslag: ef madr, nu ef madr. merkwürdig aber
erscheint in Gotlandslag oft noch die zweite person mit dem
entsprechenden imperativ, z. b. drepr þu mann . . . þa byt
(büsze) þriar marer, slar þu miþ stangu eþa yxar hambri, byt
siex oyra, sargar þu mann, byt tolf oyra. s. 20; taer þu mann
i har, par liggia viþr. tolf oyrar helgis brut, drepr þu maun a
þaim friþi, þa byt so miclu vereldi, sum hiun er dyr, sum þu.
drapt. s. 22; slar þu mauni tendr i hafþi, þa bytir (büszest)
þu so huern, sum hann dyrir ir, taer þu manui i har mit anni

hendi, byt tua oyra. s. 41. da diese stellen gerade in den ab-
schnitten von mannbelgi und von wunden begegnen, anderwärts
aber im gesetz (z. b. s. 34) auch maþr (mann) gebraucht wird,
erschiene das schlägst du, für wenn einer schlägt, überrest alterthümlicher fassung der busztaxe. Schmeller bemerkt in den
mundarten Baierns s. 195, dasz östlich des Lechs der landmann
du bist, du mainst, du kanst für man ist, man meint, man kann
sage; ein solches du war in unsrer vorzeit sicher weit verbreitet und ist treuherziger als er. bald aber ist vor dieser aller-
natürlichsten anrede gleichsam eine scheu eingetreten und einzelne mundarten gehen des du fast verlustig.

Selbst der römischen rechtssprache war die anwendung der
ersten und zweiten person neben der dritten nicht fremd, ich
finde abwechselnd si possideam, possideas, possidemus, posside-
tis als ausdruck für die sich ergebenden rechtlichen fälle, gleichviel mit possidet, possideat.

VIII. pronomen nach sagen und denken.

Die bedeutendste und ergibigste aller hier angestellten betrachtungen ist billig die ihre reihe schlieszende.

Noch nirgends sehe ich einen unterschied wahrgenommen,
der für die personenverhältnisse entsteht, je nachdem ihnen ein
verbum des redens oder des denkens vorausgeht. da nemlich
alle rede, wie oben gelehrt wurde, aus erster person entspringt,
so folgt, dasz eine redend eingeführte zweite oder dritte person
in die erste zurückkehren dürfen, sobald sie der erzähler frei
läszt. denken aber ist, was ich gleich nachher beleuchten will,
sprechen mit sich selbst, jeder denkende folglich sowol erste
als zweite person und dadurch musz die beweglichkeit des ausdrucks gesteigert werden. denn nun kann auch die erste mit
der zweiten person, die dritte mit der ersten und zweiten tauschen; nur die zweite denkende wie redende person bleibt auf
den wechsel mit der ersten eingeschränkt. beispiele werden
dies klar machen:

    1. ich sage, ich bin verloren. kann nicht anders lauten.

    2. du sagst, ich bin verloren = du sagst, du bist verloren.

    3. er sagt, er ist verloren = er sagt, ich bin verloren.

aber 1. ich denke, ich bin verloren = ich denke, du bist verloren.

    2. du denkst, ich bin verloren = du denkst, du bist verloren.

3. er denkt, er ist verloren = er denkt, ich bin verloren.

= er denkt, du bist verloren.

so dasz nach denken zwei ausdrücke mehr statthaft erscheinen als nach reden, nemlich in der ersten und dritten person. heimlich kann der denkende sich du nennen, in lauter rede würde dies du auf die äuszerlich zweite person, nicht auf ihn selbst zurück lenken, die zeilen in Göthes liede

> ach denkt das veilchen, wär ich nur
> die schönste blume der natur,

36 drücken obenhin aus was

> ach denkt das veilchen, wärst du nur
> die schönste blume der natur,
> oder ach denkt das veilchen, wär es nur
> die schönste blume der natur,

und man hätte die wahl, obwol jedesmal eine feinere färbung des ausdrucks fühlbar wird; die anwendung der dritten person ist die unbelebteste, die zweite hingegen noch lebhafter als die erste*.

Um den angel dieser unterscheidungen dreht sich das wesen des dialogs und monologs und ihres gebrauchs im epos wie im drama.

Untersuchen wir zuvörderst das durch ein verbum des redens oder sagens bedingte pronomen. jedem erzählenden kann, sobald in seinen vortrag das verbum sprach, sagte oder ein gleichbedeutiges eintritt, das wort abgeschnitten und in dieses sprechenden, sagenden mund gelegt werden, der nun den mantel dritter person verlassend in die erste vorschreitet, seine eignen glieder zeigt. geboten ist der übergang nicht, der dichter oder erzähler darf auch nach einem solchen wort den zügel in der hand behalten und den faden, wie begonnen war, fortspinnen. dehnt aber der vortrag sich aus, will er lebendigkeit ge-

---

* er dähte, ich bin noch lebendec. Nib. 1985, 3; er gedenkt, ach wer ich doch daheim bi den minen. Keisersb. bilg. 168ᵇ; mancher würde gedacht haben, was soll ich etc. Simpl. 711; vgl. Nib. 2298, 3 er däht ob er si liese; 1986, 4 er dähte wie er solde. in allen diesen fällen meint der denkende sich selbst. er kann aber auch einen andern in gedanken anreden. (er gedâht bistu gevangen, sô hilfet dir min lip. Wolfd. 525. dô dâhte Hagne, dn mnost des tôdes wesen. Nib. 1988, 1) und dann wiederum ans zweiter person in die dritte übergehen. merkwürdige stelle Trist. 489, 33. 35. 37.

winnen, so wird es angemessen sein, dasz der erzähler mitunter
abtrete und dem handelnden selbst das wort überlasse *.

Bei einem geschichtschreiber, der ausführlich aber gedrängt
die masse der begebenheiten unserm auge vorüberführen will,
mag am liebsten die dritte, als die ruhigste person vorwalten
und nur da die erste eingreifen, wo es die nähe der darstellung
fordert. schlage man Herodot auf, es erhellt, dasz in den sieben ersten capiteln seines werks auch nach eingestreutem φασί
oder λέγουσι, die nicht mehr als unser unpersönliches man sagt
enthalten, die dritte festhaftet; erst im achten, wo sich die Gyges-
sage stärker ausdehnt, wird nach einem ἔλεγε erste person gestattet. in unserer bibel nach Luthers verdeutschung bleibt die
dritte person in den 28 ersten versen der genesis; erst im 29
verse heiszt es gott sprach, sehet da, ich habe euch gegeben
allerlei kraut, sowie 2, 18 gott sprach ich will ihm eine gehül-
fen machen, 2, 23 da sprach der mensch, das ist doch bein von
meinen beinen, wo das possessiv den schritt in die erste person
bezeichnet.

Anders bei Homer, dessen gedichte höchstens ein drittel
erzählung in dritter person enthalten, während zwei drittel von
redenden oder antwortenden in erster gesprochen sind. nur [37]
darin erscheint immer des erzählenden einflusz, dasz die erste
person nicht von sich selbst eintreten kann, jedesmal mit einem

---

* übergang aus indirecter in directe rede. ho frágen gistuont, wer sin fater
wári, odo weliches cnuosles du sis? Hildebr. quad inan irknátin ontar, in, joh
wizut wola wanana ih bin. O. III. 16, 62. er giheilit thiz lant, heiz inan oub hei-
lant. O. I. 8, 27. got sprach selbe durch sinen munt, er tæte in allen kunt, daz
ich daz wazzer iu hân getragen. Karaj. 40, 12. daz geschæhe, ob ich in bringen
möhte in dize lant. Nib. 1333, 1. vgl. Haupts Neidh. p. 178. 179. Hahn zu Otto
p. 107. Wackernagel negat. 303. williu thena godes sunn gerno biddian, that thu
min gihuggies. Hel. 167, 21. im thár unbold man aftersáida, siond fêcni crúd,
ne gionsta mi thero frubtio. 78, 8. bad that siu gaman afbóbi, lât thit folc sehan,
buô thú gelinod habas. 84, 10. sagde that that is sunu wári, an themu mi li-
cod wel. 97, 1. gibóð that sie ni sagdin thea gisioni, êr than ik selbo san dóde
ástunde. 97, 13. bverir ro iöfrir þeir er álögdo besti byr sima ok mik bundo?
Sæm. 135ᵇ. at þu qveljat qvân Völundar, ne brúði mioni at bana verðir. 138ᵇ.
bad bann Sifjar ver ser fœra bver, þans ee öllum yðr öl ofheita. 52ᵇ. böfði
skemra lætí bann þaun inn brimkalda lötun ok af bangom búa, þá moodo flár
þess, er Fafnir réd, einvaldi vera. 191ᵃ. enn er bon sá menniuu, þá sporði bun,
hvat ylli ókyrleika þeim, eda þvi þykkir ykkr lif ykkvart svá illt, at þit fýsist
hingat i trölla bendr? fornald. 3, 213. sagdi at hon skyldi fara, ok seg þorkatli.
Vigagl. c. 8. er bædi eru henni ókunnir ok oss. Didrikss. c. 152. æfint. p. 24. 75.

verbum, gewöhnlich einer ganzen, langen zeile des erzählers
eingeleitet sind; was nur gemächlichen fortschritt zuläszt und
ruhe über die ganze dichtung verbreitet. auch gewähren solche
zahllose προσέειπε, ἠμείβετο, ἀπαμειβόμενος προσέφη, oder wie sie
sonst lauten, immer noch anmutige und lichtwerfende nebenbil-
der, ein ἀνιστάμενος oder ὑπόδρα ἰδών u. s. w. vorhin sahen wir,
dasz der dichter zuweilen seine leute ausdrücklich in zweiter
person zur rede auffordert.

Von dieser regen ruhe, wie man die epische nennen möchte,
erscheint ein groszer abstand in unsern Nibelungen schon darin,
dasz überhaupt mehr erzählt, weniger geredet wird, und dasz
die reden nicht mehr in ganzen zeilen behaglich eingeleitet sind,
obgleich ihnen meistentheils, nicht immer, noch ein sprach oder
antwurte vorausgeht. die ältere heimische darstellung, davon
uns nur arme bruchstücke geblieben sind, die wir auch aus vergleichung der altsächsischen und angelsächsischen epik entnehmen dürfen, entfaltete sich besser, verse wie
    Hiltibrant gimahalta Heribrantes sunu,
    Hadubraht gimahalta Hiltibrantes sunu
halten den guten stil, wie im Heliand:
    Johannes thô gimahalde endi tegegnes sprac
    them bodon baldlico;
    thô sprac ên gêlhert man, the ira gaduling was;
    thô hebda eft is word garo, hielt sein wort bereit;
ags. Hrôdgâr madelode, helm scyldinga. Beov. 739;
    veard madelode, þær on viege sât. 569;
altn. þâ qvad þat Gullrönd Giuka dôttir. Sæm. 213ᵇ;
    eino þvî Högni andsvör veitti. 218ᵇ.
nur einzelne zeilen aus den Nibelungen gleichen, wie:
    dô sprach der kuchenmeister Rûmolt der degen. 1405;
    dô rief von Tenemarke der marcrâve Irinc. 1965;
gewöhnlich reicht schon der halbe vers hin, die rede einzuleiten.

Noch ferner epischem brauch stehn die erzähleuden, in der
kurzzeile abgefaszten gedichte des mittelalters, welche romani-
schem vorbild folgend zwar oft das die rede bedingende sprach
ausdrücken, häufig aber, sobald ein lebhafter dialog drängt, völlig
weglassen, woraus denn eine dramatisch ausgebildete darstellung
entspringt. der ungemeinen raschheit dieser wechselrede, namentlich in den gedichten Hartmanns wüste ich kaum etwas
anderes an die seite zu setzen, man vergleiche sein erstes büch-

lein, auch manche gespräche im Flore, z. b. s. 38, im graf Rudolf s. 9, stellen, in welchen, um sich nicht zu verirren, der leser
durch häckchen gegängelt werden musz[1]. in Veldecks Eneit
und dem Iwein steht zwischen den reden meistens noch ein
dürres sprach. der dialog griechischer dramen, da wo zeile auf
zeile schlagend erwiedert, ergeht weit gemessener, doch nicht
so schnell als in jenen deutschen dichtungen.

Die edda, ihres hohen alters, wie ihrer naturwahrheit hal-
ber, verdient hier auch rücksicht. man kann zwei reihen von
liedern in ihr unterscheiden, die eine ist epischer, die andere
dramatischer gehalten. iu epischen liedern wie Thrymsqviða,
Hymisqviða, Vegtamsqviða, Völundarqviða u. a. überwiegt der
erzählende ton und die eingefügten reden werden durch qvað
eingeführt. andere gesänge hingegen wie Grimnismâl, Harbarz-
lied, Vafþrudnismâl, Skirnisför, Oegisdrecka u. s. w. bestehen
beinahe durchgehends aus wechselreden, haben auch zu eingang,
bisweilen noch mitten im lied prosastellen, soviel es noth thut,
die zuhörer zu weisen und auf die führte zu bringen. die gespräche selbst können, wie im drama, des qvað entraten und
es genügte die namen der redenden beizuschreiben, was jedoch
mancher vermischung ausgesetzt blieb. ebenso tritt im Ossian
ohne des redenden namen und ohne thuirt oder thubhairt (dixit)
der redewechsel ein, z. b. Fionnghal 2, 188. 202, wogegen 2,
197 thuirt Morlamh gesetzt ist.

Wir gelangen endlich zu den personenverhältnissen, wenn
in der rede ein verbum des denkens vorausgeht.

Der mensch wurde oben als denkendes und redendes wesen,
in untrennbarem zusammenhang beider eigenschaften dargestellt,
sein im worte verlautendes ich bezieht sich auf ein inneres mein
mir mich seiner gedanken. von einem, dessen munde ein wort
entschlüpfte, das er noch zurückhalten wollte oder sollte, sagen
wir er hat laut gedacht.

Wenn also sprechen heiszt seine gedanken öfnen, kann damit sowol ein hergeben aus dem innern der brust als ein auf-
thun des mundes gemeint sein, dessen zunge, zähne, lippen [39]
das wort überschreitet und durchbricht. der homerische aus-

---

[1] genauere sammlung solcher wechselreden aus mhd. und altfranz. dichtern
s. in meines bruders Athis s. 29—32, vgl. Holland in Pfeifers Germania 1, 241.
[Troj. kr. 8077—8103. Erec 9026—47. Eneit 32. 261. 339. Mauritius 534—
560. 1244. Tristan 101, 11—25.]

druck ἔρχος ἐδόντων empfängt in dem ags. vordhord onlécan, thesaurum verborum aperire geuaue bestätigung:

> him se yldesta andsvarode
> verodes visa, vordhord onléac. Beov. 513.

[de wort entbant. Karlmeinet 186, 53.] betende, sogar lesen lernende sehen wir, obgleich kein laut hörbar wird, ihre lippen bewegen. in höherem sinne ist sprache der geist, der durch den leib dringt, um sich andern vernehmbar zu machen, will der mensch diesen geist, seinen gedanken, nicht ausfahren lassen, so schweigt er, folglich ist schweigen und still sein soviel als denken, aber nicht reden.

Unsere ältere und auch noch die heutige sprache umschreibt denken durch mit sich, in sich, wider sich, zu sich sprechen, noch einfacher fügt Ulfilas den bloszen dativ des reflexivpronomens bei, qaþ sis er sprach, wie þahta sis er dachte. sie sprachen unter sich, untereinander heiszt sie bedachten, überlegten. wie schweigen ein nicht laut reden, ist denken aufzufassen als ein heimliches sprechen mit sich selbst, secum loqui, mente loqui.

Es steht zu erwarten, dasz das epos hierfür ganze redensarten verwandte*. wie oft wiederholt sich der homerische vers:

> ἕως ὁ ταῦθ᾽ ὥρμαινε κατὰ φρένα καὶ κατὰ θυμόν.
> Il. 18, 15. Od. 5, 365. 424.
> ἑζόμενος δ᾽ ὥρμαινε κατὰ φρένα καὶ κατὰ θυμόν.
> Od. 6, 118,

welches ὁρμαίνειν sinnen und trachten ist, mente volvere;

> ὀχθήσας δ᾽ ἄρα εἶπε πρὸς ὃν μεγαλήτορα θυμόν.
> Il. 18, 5. 21, 53. Od. 5, 298. 355. 407. 464.

wo ὀχθέω, wie anderemal μερμηρίζω last und sorge tragen ausdrückt, sorge aber und cura selbst ein gedanke ist. die gedanken sind manigfalt:

> ἐν δέ οἱ ἦτορ
> στήθεσσιν λασίοισι διάνδιχα μερμήριξεν. Il. 1, 189.

ebenso schön heiszt es, wenn Zeus mit sich redet, denkt:

> κινήσας ῥα κάρη προτὶ ὃν μυθήσατο θυμόν. Il. 17, 200,

---

* si gedähte in ir sinne. Nib. 1188, 1. gedähte ich in dem muot. Helbl. 4, 481. gedähte in ir muote Eracl. 3616. ich gedäht in minem muot. Helbl. 8, 613. sprach virholine an sinem muote. Athis A, 21. gedähte und reditiz selbe wider sich. A. 78.

denn mit den menschen redet er nie laut. Od. 5, 376 ist derselbe vers auf Poseidon angewandt. Hesiod sagt, was ihn das
herz heiszt:

ὄφρ' εἴπῳ τά με θυμὸς ἐνὶ στήθεσσι κελεύει. theog. 645.

Noch wichtiger wird die betrachtung der einfachen wörter
des denkens sein, die weuigstens für eine anzahl der bedeutendsten in unserer sprache nicht unterbleiben durfte[1].

Weil nun der denkende ein mit sich sprechender ist, darf
er, wie sich versteht, in erster person reden, zugleich aber, da
dies bei sich selbst denken innerliche frage aufwirft und antwort
erhält, in zweiter person. sein inneres spaltet sich, sein ich,
sein geist erhebt gleichsam gespräch mit seinem herzen und
musz es du anreden, der zwiespalt des διάνδιχα, des ἔνθα καὶ
ἔνθα μερμηρίζειν ist da und verlangt beschwichtigung. ein gespräch im innern der ersten person geht vor, das der allwissende
dichter erfahren hat und dem hörer vorführt, dies innere du ist
ganz verschieden von dem des lautredenden und kann eben darum
nicht nach wörtern des redens, nur nach denen des denkens
eintreten. man möchte es die gesteigerte potenz des ich in des
menschen seele nennen, den rat, den ich bei mir selbst, bei
meinem mir, wenn sich so sagen liesze, hole.

Die griechische poesie scheint einen weisen, keinen ver-
schwenderischen gebrauch von diesem inneren du zu verstatten,
ich weisz aus Homer nur eine einzige stelle, unter den drama-
tikern bei Aeschylos und Sophokles keine, wol aber mehrere bei
Euripides und Aristophaues, welche tiefer als jene in die volkssprache greifen; Aristophanes schon zur verhöhnung des Euripides. denn dem volk gehört jenes du ganz eigentlich.

Das gemeinte homerische beispiel steht Od. 20, 18, wo
Odysseus an seine brust schlagend ausruft:

τέτλαθι δή, κραδίη· καὶ κύντερον ἄλλο ποτ' ἔτλης
ἤματι τῷ ὅτε μοι μένος ἄσχετος ἤσθιε κύκλωψ
ἰφθίμους ἑτάρους·

es wird also gleich in ein μοι umgeschlagen, drauf aber wieder
σύ gesetzt. über das zwanzigste buch der Odyssee hat Bekker
in unsern monatsberichten 1853 s. 635 ff. gesprochen und dem
unmittelbar auf jenen ausruf folgenden gleichnis vom magen mit
recht tadel angedeihen lassen. die ausgehobne stelle kann aber

---

[1] siehe auslauf C.

nicht sattsam gelobt werden und macht uns einen lebendigen
wechsel beider personen höchst anschaulich, welche mischung
von groszer wirkung ist. das μοι in vers 19 verdient, wie ich
dafür halte, den vorzug vor der variante τοι, nach der Vosz über-
trägt und die freilich an sich auch gut ist.

In allen vorhin angeführten redensarten des denkens, wo
der θυμός, die φρήν oder das ἦτορ den sitz der seele oder des
gedankens bezeichnen, läszt der dichter immer nur die erste
person folgen. er setzt auch κραδίη oder λάσιον κῆρ Il. 2, 851.
16, 554, wie λάσιον στῆθος, die zottige brust. Od. 20, 13 bellt
dem manne das herz in der brust, κραδίη δέ οἱ ἔνδον ὑλάκτει, was
in einem gleichnis noch weiter ausgeführt wird.

Bei Theognis heiszt es 1029:

τόλμα θυμὲ κακοῖσιν ὅμως ἄτλητα πεπονθώς·
δειλῶν τοι κραδίη γίνεται ὀξυτέρη.

[Archilochus: θυμέ Bergk anthol. p. 155.] Hesiod aber theog. 35
redet sich selbst oder sein inneres gemüt nur mit dem pronomen an:

τύνη Μουσάων ἀρχώμεθα,

welcher pl. des verbums sich fast zu unserm wir == du (s. 22)
halten liesze.

Solches zwiegespräch mit dem herzen hat die poesie und
sprache aller völker führen lassen. psalm 19, 15 heiszt es: lasz
dir wol gefallen die rede meines mundes nud das gespräch meines herzens für dir, d. h. meine worte sowol als gedanken;
sprüche Sal. 20, 5 der rat im herzen eines mannes ist wie tiefe
wasser (d. h. schwer ergründlich), aber ein verständiger kanns
merken, was er meinet. das herz in der brust ist ein freund,
mit dem der mensch ratschlagt, es ist sein ratgeber, wie in den
gedichten des mittelalters oft gesagt wird:

sô traget ir under iwer brust
einen ungetriwen râtgeben. Er. 8982,

d. i. ein treuloses herz. Hartmanns erstes büchlein ist ganz auf
ein sinniges gespräch zwischen leib und herz* gegründet, der
leib redet zu dem herzen:

---

* auch bei Lichtenstein s. 34—36. solches gespräch auch Koloez. p. 110.
111. beispiele der alten weisen 17, 30. 18, 4. 7. vrô séle! herre llp! Grieshaber
2, 61. 62. 135. sîn herze im zno den sinnen rief. Oswald 45; nim dir eine. 50;
ir sin jegen ir herze jach 'der alde hât betrogen dich'. Crane 448; sîn herze
jegen die sinne jach 'hie komt die strîdes dich gewert'. 3013; gespräch zwischen

> sît du in mir gehûset bist;
> du bist under mînen brüsten
> vil vaste beslozzen;
> herze, nu sprich, waz ist dîn rât?
> und wolt ez gerne vernemen
> von dir, trût mîn herze,

und das herz antwortet ihm darauf, wie auch sonst von diesen dichtern gespräche zwischen leib und seele von ergreifender, kindlicher wahrheit gedichtet sind. zwischen herz und seele [42] findet sich insofern ein unterschied, als herz und leib einander gleich, leib und seele aber auf verschiedner stufe stehen: der leib ist der seele knecht oder kammerdiener, die seele eine edelfrau. Trist. 20, 34. 21, 7 liest man schöne reden zwischen dem menschen und seinem freunde dem herzen, und Parz. 722, 14:

> dô dâht er, herze nu vint,

meines wissens die einzige stelle, wo Wolfram auf dâhte ein du folgen läszt, (dunkel ist Tit. 134 und trage wol 1 pers.) sonst immer (Parz. 37, 16. 126, 22. 24. 536, 18) folgt die erste person. in Lichtensteins frauendienst heiszt es 5, 14:

> dô sprach mîn herze wider mich,
> guot vriunt, geselle, wil du dich
> für eigen einer vrowen geben,
> daz rât ich ûf die triwe mîn.

und der dichter antwortet:

> ich volg dir herze, swes du wil,
> doch ist uns beiden gar ze vil.
> herze, sît ez ist dîn rât. Ulr. Trist. 498, 28;

auch in der bekannten weltlichen stelle, die im geistlichen gedicht von Barlaam wie eine oase grünt:

> mîn herze vrâget ich alsô,
> wes wildu von wîben mir

Wirnt und dem sin. Wigal. 5753—75; ir herze wider sich selben sprach. Trist. 464, 16. hüet alweg din, geselle! sprach ich ze mînem herzen. Laber 1; herze, lieber mîn geselle! 21. vgl. 55. 57. 60. 62. muot, mîn hergeselle. Trist. 307, 13; guote vriunt, mîn herze und mîn selbes muot. Erec 9035; ze mînem herzen ich dô sprach, nu rât wie ich tuo. Hätzlerin 154, 199. 145, 67: er sprach 'du verzagtez herze, waz wiltu nu tuon? Wolfd. 671; ich dâhte, herze lach froide dîn. Hadloub Ettm. 29; daz herte riet mir. MS. 1, 68ᵇ; Lanz. 4336. frauend. 545, 1. herze, du grebe mir den rât. frühling 112, 20. — mer segir hugr um. Egilss. 19 mer band hugr um. 21; hversu segir þer hugr um mâl var? Nialss. s. 179.

> helfen jehen? des volge ich dir.
> mîn herze ein teil von zorne sprach,
> Ruodolf, mir ist ungemach u. s. w. 295, 12—298, 5.

stellen aus neueren dichtern mögen kund thun, dasz ihnen diese
mächtige ausdrucksweise unverloren ist:

> was denkst du dir mein herz? Günther 300.
> mein herz, was kommt dir ein? 1054.
> herz, was für ein schalk bist du! Lessing 2, 54;
> sprich, herz, was wär an ihr, das dir gefiel? 2, 333.
> herz, mein herz, was soll das geben,
> was bedränget dich so sehr?
> welch ein fremdes neues leben?
> ich erkenne dich nicht mehr.
> weg ist alles was du liebtest,
> weg warum du dich betrübtest,
> weg dein fleisz und deine ruh —
> ach wie kamst du nur dazu! Göthe 1, 77;
> mein herz du must dich fassen. 7, 21.
> flieh, schwaches herz. 7, 25.
> was willst du armes herz. 7, 26.
> du bist ein redlich herz, was ist denn dein verbrechen? 7, 69;
> was willst du nun mein herz? 7, 75;
> und jetzt, mein armes herz, warst du darauf gefaszt? 7, 52;
> du kannst freier athmen, thörichtes herz! 8, 148;
> arglistig herz, du lügst dem ewgen licht,
> dich trieb des mitleids fromme stimme nicht. Schiller 474ᵇ;
> und weisch denn selber au, du liebi seel? lueg liebi seel.
>   Hebel 110.
> was ist zu thun mein herz, was ist zu lassen? Kleist Käth-
>   chen 182;
> zu, zu mein herz, quetsch dich in dich ein! Hebbel Marg. 88.
> ngr. καρδία μου! τί ἔχεις καὶ πονεῖς καὶ βαρυναστενάζεις; Kind
>   1849 s. 11.

Den preis unter allen davon tragen dürfte aber die stimme
eines serbischen volksliedes, Vuk no. 567:

> tscharna goro, puna ti si lada,
> srtze moje, puno ti si jada!

d. i. in einer schwächenden übersetzung:

> schwarzer wald, voll bist du der kühle,
> herze mein, voll bist du der schwüle!

damit nun niemand sage, durch personification des herzens in
unsrer brust sei die anrede in solchen stellen hervor gerufen,
sollen andere darthun, dasz auch sonst nach der vorstellung des
denkens die zweite person eintrete. zwar unter den Griechen
habe ich mich meistens vergeblich umgeschn, gröszerer belesenheit werden noch andere beispiele zu gebot stehen, als die wenigen hier von mir dargereichten. bei Homer ist auszer jener
anrede des herzens keine stelle, die aus den dramen sollen nachher folgen. im lebendigen vortrag Lucians stiesz ich auf einen
treffenden beleg, im Λούκιος ὄνος cap. 5 heiszt es: ὡς δέ ποτε
ἀφείθην ἀπήειν οἴκαδε, λαλῶν πρὸς ἐμαυτὸν ἐν τῇ ὁδῷ, ἄγε δὴ σὺ
ὁ φάσκων ἐπιθυμεῖν ταύτης τῆς παραδόξου θέας, ἔγειρέ μοι σεαυτόν
κ. τ. λ. ebenda cap. 23: κἀγὼ τότε πρὸς ἐμαυτὸν εἶπον, ἄθλιε, τί
ἔτι μένεις ἐνταῦθα; γύπες σε καὶ γυπῶν τέκνα δειπνήσουσιν κ. τ. λ.
und in beiden stellen hat auch die lateinische bearbeitung von
Apulejus, dem wo nicht Lucian, doch dessen quelle vorlag: age
o Luci, quid stas o Luci? im selbstgespräch. ein lat. beispiel
gewährt Virgil Aen. 4, 596, wo Dido in ihrem monolog die rede
aus erster person in die zweite steigert:

quid loquor? aut ubi sum? quae mentem insania mutat?
infelix Dido, nunc te fata impia tangunt,
tum decuit, quum sceptra dabas.

gleich hernach wieder non potui. Apulejus nochmals 6, 5 in
dem lieblichen märchen von Psyche: sic ipsa suas cogitationes 44
consuluit, darauf folgen erste und zweite person hintereinander:
quibus tectis vel etiam tenebris abscondita magnae Veneris in-
evitabiles oculos effugiam? quin igitur masculum tandem sumis
animum? qui scias, an etiam, quem diu quaeritas, illic in domo
matris repperies? dasz aus der ersten in die zweite person gestiegen wird, zeugt hier deutlich von der höheren lebendigkeit
dieser.

Ungleich reicher an solcher redeweise sind unsere alten
deutschen dichter und das gründet sich entweder auf romani-
sches vorbild oder auf heimischen gebrauch, in beiden fällen auf
eine gröszere, von den classischen sprachen verschmähte naivität
des ausdrucks.

swaz mir geschiht ze leide, sô gedenke ich iemer sô:
nu lâ varn, ez solte dir geschehen,
schiere kumet daz dir gefrumet. Hartm. lieder 12, 20;
und gedâht,

daz ist ein zagehafter muot,
tuo in hin, er ist nicht guot,
und underwint dichs niemer mê. zweites büchlein 544;
swer durch der helleschergen rât
den trôst ze sîner jugent hât,
daz er gedenket dar an
'du bist noch ein junger man,
aller dîner missetät,
der wirt noch vil guot rât;
dû gebetest in dem alter wol.' eingang des Gregor nach
                                        der Erlauer hs.;
daz er iht gedenke alsô,
'nu wis du vrevel unde vrô,
wie soldest du verwâzen sîn?' Greg. 3795;
wider sich selben er dô sprach:
bistuz Iwein oder wer?
hân ich geslâfen unze her? Iw. 3508;
her Iwein clagte und sprach (für sich);
unsælec man, wie verstû nû,
der unsæligeste bistû,
der ie zer werlde wart geborn. Iw. 3960;
wider sich selben er dô sprach,
du hâst ein tumben gedanc. a. Heinr. 1243;
wider sich selben er dô sprach
'Wigâlois, maht du mir sagen,
waz wunders hât dich her getragen.' Wigal. 150, 17;
dô dâht ich 'diu ongen müezen
dir vil seuden kumber büezen,
anders dir wirt niemer buoz
sorgen, ez euweude ir güete. Neifen 10, 3;
nu heiâ Tanhûsære,
zegangen ist dîn swære,
swâ diu liebe bî dir wære. Ms. 2, 62ᵇ. 64ᵃ;
nein, dâht er allez wider sich,
lâ stân, Tristan, versinne dich,
niemer geuim ez keine war. Trist. 295, 28;
begunde ofte denken,
kêre dar oder her,
verwandele dise ger,
minne und meine anderswâ. 296, 26;

er dâhte, nu genende,
ervar waz dirre mære si! 304, 2;
leitliche sprach er wider sich,
ich uugetriuwer, waz tuon ich?
wê dir sinnelôser man,
lâ disen blinden unsin. 480, 37;
Tristan wider sich selben sprach,
Tristan hœre, es ist genuoc,
Tristan, lâ den unvuoc,
Tristan, lâ den unsin! Ulrichs Trist. 498, 15;
diu frouwe in sorgen lac verdâht,
war si verbürge ir lieben sun,
si dâhte alsô verbirgest dun
lîse und tougenlîche niht.
dîn ouge schiere an im gesiht
dâ von din lip muoz jâmer doln u. s. w. Troj. kr. 13780.
der übergang in die erste person bleibt nicht aus*:
[er dâhte alsus, verderbest dun,
son ist ouch niemen lebender mê,
der Achille wider stê
mit werdeclichen sachen.
ich sol sin êre machen
und alle sine wirde kranc. Troj. kr. 6620 ff.]
unsæligiu Athanâis (Ἀθηναίς)
war tuostu dine sinne?
wer dich sêre, daz ist dir guot.

* erste person nach sprach (zu sich) Eu. 52, 2. so auch 322. 323. 324. 334. 335. die dritte nach dâhte. Herbort 13444. 13449. Mar. 186, 17. die erste Reinh. 1296. Iwein 6555—66. Biterolf 10902. Nib. 284, 1. 621, 1. 1188. 1200, 1. Parz. 537, 18. 339, 25. Wh. 93, 2. 136, 21. 139, 1. 21. 145, 1. w. gast. 4410. Bliker 60. Flore 3973. 5028. Wigal. 130, 31. Lanzel. 1077. 3715. Mauritius 423. 473. Dietrich 2202. frauend. 3, 24. 6, 17. 21. 10, 16. 12, 16. 19, 5. 210, 2. 544, 21. Helbl. 4, 490. 508. Lohengr. 143. die zweite Ls. 1, 132. 378. 2, 210. 211. 222. 261. 263. 264. 294. 306. GA. 3, 232. 266. 66. 278. Heinr. und Kuneg. 3759. Ludwig 3486. 6744 ff. Lohengr. 53. Heinr. Trist. 203. 992. 2074. 5300. Renner 18831. Morolf 1193. Kunz Kistener 635. Keller erz. 526. 235. 253, 23. 293, 2. die zweite person ist mehr schwäbisch, rheinisch, südlich; die erste mehr bairisch, östlich. Wolfram, Helbling haben kein beispiel des du. im mnl. Reinaert nach peinsen nur erste person. 623. 2040. 2311. ebenso altn. nach mæla vid sialfan sik. z. b. þáttr af Hemingi p. 63. in Kalewala, auch in Kalewipoeg folgt auf dachte, sprach zu sich immer die erste, nie die zweite person.

ich tæte gerne, möht ich'. 'du muost
von im gewenden'. 'ich enkan'. Eracl. 2806, wo ich und
du anschaulich im gespräch abwechseln;

Athanàis din guote
gedâhte in ir muote,
wê dir, arme Athanàis,
du wære biderbe unde wis,
wes wiltu nu beginnen? 3615;

diese verse mahnen an das zum grunde liegende franz. gedicht,
aus welchem ähnliche beizubringen sind. hier führt Atanais von
3522 an ein langes gespräch mit sich selbst, anfangs in erster
person, dann in die zweite lenkend:

on naime pas, suer douce amie
tout çou de quer, c'on ne het mie.
ne mes comment li saroit il,
se tu l'esguardes entre mil. Eracles 3649, und so wird die
zweite person gehalten bis 3569, wo die erste zurückkehrt. diese
stelle läszt für die selbstanrede das tu im sg. und selbst heute
gilt es in den monologen, folgende verse bedienen sich des höfischen pluralis:

sovent disoit, lasse dolente,
qorqoi enstes vos jovente,
en bois estes come mestre serve,
petit trovez qui ci vos serve.
je suis roïne, mais le non
en ai perdu par ma poison,
que nos bèumes en la mer. Trist. 2168.

hier gebe ich auch belege aus späteren deutschen schriftstellern:

alsus gedâht er mit ganzer ger,
ditz muoz der grâl sîn und daz sper,
daz du prâht lange soldest hân. Parziv. von 1336 bei Keller
                                        Romvart 658;

in im selber gedâcht er dô,
wie wiltu oder wô
suochen rât umb dise sache?
er gedâcht, ich mich wider mache. Diocletian 6699;
er gedâcht in seinem sinne,
du muost dich heben aber aus
und steigen auf meins puolen haus,
so wirst du sehen durch das tach,

waz sei tuo uud waz sei schuf. Wittenweilers ring s. 40;
ich dacht bei mir selbst, nun gehest du,
die blasen dir sonst den kopf so voll,
dasz du davon würdst gleichsam toll,
drumb ists zeit, dasz ich mich nicht seum. Ferbers arm-
brustschieszen. Dresden 1610 P 3ᵇ;
uud gedacht er, was wiltu nun anfangen? Eulensp. cap. 52;
da gedachte er, du solt dich mit disem gerber disen winter recht
liden. c. 56; und gedacht das mustu versüchen. c. 57; gedacht
daruf, dem mustu ein schalkeit thün. c. 65; gedacht, verlierestu
nun sie. c. 71; da gedacht er, du solt ein ander herberge suchen.
c. 79; wenn ich denn dachte, du must doch hindurch. Schweinichen 1, 89; in solchem welthandel dachte ich, nun helfe dir
gott, Philander, mustu dich in dise weltköpfe alle richten,
was wird es noch für angst und arbeit kosten . . . . handelstu
nicht mit, sondern wirst als ein redlicher teutscher Michel frei
durchgehen . . . . so wird man deiner wenig achten. Philander
1, 12; in solcher zeit, gedachte ich, wächst du vollends aus und
erlangst deine völlige stärke. Simpl. 472; vielleicht, gedachte
ich, ... wer wäre alsdanu an ihrem frühen tode anders schul-
dig als du? 901; da gedachte ich dann, hui Simplici, lasse dich
adeln und werbe dem kaiser eine eigne compagnie dragoner aus
deinem seckel, so bistu schon ein ausgemachter junger herr.
alsdann fieng ich au mir mein vollkommenes männlich alter zu
wünschen, dann wenn ich ein solches hätte, sagte ich zu mir
selber, so nähmest du ein schöne, junge, reiche frau. 454, 455;
ich dachte bei mir selbst, lieber Simplicissime, du hast dein
lebtag vil wunderliche händel vorgestellet. 1009. [ebenso 180.
710. 723. 772. 783. 1036. ungr. Simpl. 90. frz. Simpl. 1, 41. 206.]
leicht gewahrt man, dasz alle unausgebildeten, der gemeinen [47]
volkssprache anhängenden schriftsteller die zweite person, ge-
lehrtere, vornehmere in den selbstaureden die erste vorziehen*.

---

* die erste H. Sachs I. 102ᶜ. 287ᶜ. 288ᵇ. 290ᵈ. 307ᵈ. 341ᵇ. die zweite fast-
nachsp. 250, 17. 322, 27. 826, 28; erste 259, 32; die zweite Keisersberg brüsaml.
59ᵃ. omeisz 10ᶜ. 12ᵇ. 12ᵈ. 13ᵈ. 38ᵈ. bilger 56ᶜ. 58ᵇ. 176ᶜ. 207ᵈ; Pauli schimpf und
ernst. 1550 c. 120. 122. 123. 128. 284. 312. 332; erste Hebel 211. 216. 217. 285.
286; zweite Corrodi prof. 113. vic. 116. Km. no 126. Haltrich s. 4. Schambach
märch. 256. Müllenhoff 409. 444. oft bei Reuter Schurrmurr 73. 75. 77. 78. sehr
bedeutsam die mit du uud ich wechselnden stellen in Wilh. Meister, z. b. Göthe
20, 149. 151. 153. 242. 243.

so z. b. in der ganz rohen und schlechten prosa des hürnen Siegfried von 1729. ältere drucke kann ich nicht vergleichen, liest man: er gedachte, nun ist es zeit, dasz du deinem feinde vollends den rest gibst. F 3°; er gedachte, weichst du da weiter. F 4°; sprach in sich selber, gehest du. F 4°; gedenket bei sich selber, mustu. F 6°, und so fast allenthalben. nicht anders im einfachen vortrag mancher kindermärchen, z. b. 1, 45: dachte der bauer, heute abend hast du dein geld in der tasche. von den häufigeren beispielen nachfolgender erster person sind oben einige ausgehoben.

Vorzugsweise ist bei der ganzen vorausgehenden darstellung des unterschieds zwischen erster und zweiter person auf den epischen stil rücksicht genommen worden. es bleibt übrig seinen eigentlichen sitz im drama zu gewahren und von diesem standpunkte aus ihn erst vollständig in das licht zu setzen.

In der erzählung walten und schweben an uns, wie ich ausführte, nur dritte personen vorüber, so oft sie uns auch an der hand des erzählenden näher geführt werden. im drama steht die handlung selbst vor unsern augen, und wenn es schon einzelne bewegende stücke der vorgänge, vielmehr des bereits vorgegangnen durch boten und vertraute anbringen und berichten läszt; so hängt doch die sich drastisch entfaltende hauptthat unmittelbar in der wechselnden rede erster und zweiter personen. das geschehende, wie sichtbar es auch in gebärden und leiblichem vortritt erscheine, musz zwischen zweien, dreien und mehrern gesprochen werden.

Da nun aber die eine oder andere der aufgetretenen, im gespräche befangenen personen oftmals was sie auszurichten hat erledigt, ihren faden abspinnt und von der bühne wieder tritt, dann aber nur eine einzige übrig gelassen bleibt; so würde dadurch, dasz sie allein und schweigend auf den bretern verharrte, alle darstellung unterbrochen und beendigt scheinen. es ist also um den raum auszufüllen, bis eine neue person hinzutritt und den dialog wieder aufnimmt, nothwendig, dasz die verweilende einen monolog verlauten lasse, und dieser monolog ist der gipfel dramatischer kunst.

Ich glaube, die anfänge oder ursprünge des drama unter dem volk waren dialogisch und das spiel hob alsbald mit dem 48 lebendigen auftritt zweier an, die untereinander etwas abmachen. so mag bei uns der uralte streit zwischen sommer und winter

nicht etwa so dargestellt worden sein, dasz erst der eine von
beiden auftrat, redete und hernach den zuschauern den rücken
wandte, dann aber der andere vorgieng und ebenfalls seinen
handel darlegte; vielmehr beide scheinen auf der stelle zusammen gegenwärtig ihren zank eröfnet zu haben. schon gröszere
abstraction gehört dazu, dasz zuerst nur eine person auftrete
und was geschehen soll vorher entfalte und deute. die ersten
monologe ergaben sich gewis nicht vor der handlung, sondern
mitten in ihr, und die besten monologe des ausgebildeten drama
werden auch in dessen mitte oder mehr gegen den schlusz hin
fallen, nachdem sich die volle wärme der handlung erzeugt hat
und den innersten ausbrüchen der seele eines der haupthandeln-
den oder auch mehrerer von allen seiten her raum gemacht war.
begreiflich gilt das nur von den längeren selbstreden, nicht von
den kurzen, die als ein schnelles für sich oder beiseite verstolen
allerwärts in die rede eingestreut werden.

Er verriete grosze unkunde, wer den monolog herab setzen
und gar unnatürlich nennen wollte. er ist, wie gesagt, nicht
nur geboten, weil sonst alle personen zugleich abtreten müsten,
keine zurückbleiben könnte, oder das schauspiel würde zu bloszer
pantomime herabsinken; sondern ihm sind auch die sichersten
einwirkungen auf den gang des drama beizumessen, dessen gründe
und abgründe er gerade aufzudecken vermag. auf der bühne
aber, wenn eine mächtige, ergreifende handlung über sie schrei-
tet, scheint am allerwenigsten das wider die natur, was einen
schlüssel zu den herzen gibt.

Wiederum fragt es sich nach dem ich oder du in dieser
selbstrede, nach dem ichmonolog oder dumonolog, die man auch
als einen monolog ersten und zweiten grades unterscheiden
könnte. beide stufen stellen den im drama einsam redenden,
also laut denkenden ganz in die lage des im epos nach einem
verbum des denkens sprechenden; in der aufführung vor den
zuschauern braucht weder ein theilnehmer am dialog noch der
inhaber des monologs eingeführt oder übergeschrieben zu werden, da er sich unsern augen von selbst vorstellt. ein monolog
des zweiten grades wird darum stärker sein, weil das du stärker ist als das ich. im innern eines jeden monologs ergeht aber
ein zwiespalt, wie ihn schon jener unterschied zwischen ich und
dem obliquen casus erster person zeigte, den aber das du zweiter person noch mehr hervorhebt; was die erzählung dort als

wechselrede zwischen geist und herz, zwischen geist und empfindung, oder wie man es nennen wolle, aufstellt, darauf beruht
das wesen des dramatischen monologs. er kann die erste oder
zweite person vorziehen und festhalten, doch nichts scheint natürlicher, als dasz auch im selbstgespräch beide personen hintereinander abwechseln.

Der eigentliche ursprung der sitte, die rede an sich selbst
zu richten musz der lebendigen art und weise des volks nahe
gelegen haben, das in solcher lage auch die zweite person der
ersten vorzieht. statt was hab ich gethan! was will ich thun?
das hab ich dumm gemacht, nehm ich sie oder nehm ich sie
nicht? wird es immer lauten: Hans, was hast du gethan! was
willst du thun? das hast du dumm gemacht! nimmst du sie oder
nimmst du sie nicht? denn wie wollte der innere mensch mit
sich zu rate gehn, wenn er nicht einen theil seines selbst vor
sich hin stellte, wie antwort erhalten, wenn er nicht einen andern fragte?

Hat das griechische drama den monolog weniger gehandhabt als das neuere, so war ihm dafür der chor eigen, der die
handlung ohne unmittelbar in sie zu greifen, dennoch fördert
und erleuchtet, freilich von anderer seite. der chor stellt eine
volksstimmung dar*, die verlautet über das was unter seinen
augen geschah, er gibt ein vielstimmiges gefühl oder urtheil
kund; doch inniger als die öffentliche stimme vermöchte, schlieszt
uns der monolog die bewegung der leidenschaften auf. der
chor mag eine that enthüllen oder den schleier über sie werfen,
der monolog nimmt kein blatt vor den mund und redet bare
wahrheit.

Keineswegs war der dramatische monolog den alten unbekannt. Aeschylos und Sophokles bedienen sich seiner wenig
oder nicht. doch des Prometheus herzrührende klage, bevor
das chor der nymphen ihm genaht ist, darf sie nicht als monolog gelten? und vielleicht zu eingang der Eumeniden das gebet
der Pythias. aus Sophokles besinne ich mich nur auf den mo-

---

* in den finnischen liedern drückt ein kind, eine alte die volksmeinung aus,
bemerkt Collan in Suomi 1856 s. 204. daselbst sind noch andere personificationen
der vox populi angeführt der engl. clown drückt die volksstimme, der fool die
höhere ansicht, gleichsam des chors aus. kinder und narren reden die wahrheit.
mære von Berhte nnd Steimpe. Méon n. r. 1, 307. gardons nous du petit oeil.

nolog der Deianeira im beginn der Trachinerinnen. alle diese
monologe sind stets in erster person.

Euripides und Aristophanes bringen sie uns öfter, meistens
im ich, einigemal im du gehalten, und es ist wol anzunehmen,
dasz die letzte als die seltnere gattung unmittelbar aus der volkssprache gegriffen wurde und ihr in der gewöhnung des höhern
stils vielleicht ein eindruck des gemeinen anhaftete. manchem
seiner dramen hat Euripides monologe vorangestellt, die begeben- 30
heit einzuleiten, so dasz unmöglich sie schon in die tiefe der
dinge einblicken. es sind fast lauter ichmonologe. so steht im
beginn der Medea ein monolog der trophos (amme), ·im Cyclops
des Silenos, im Hippolytos der Aphrodite, in der Alcestis des
Apollo. die beiden letzten stücke lassen also gottheiten auftreten, was eine geschickte und nachdrucksame exposition der fabel
zu machen nicht verfehlt; bei solchen höheren, allwissenden
wesen würden dumonologe fast unpassend erscheinen, in einen
solchen, mit anrede des herzens, ergieszt sich jedoch Herakles,
vers 837 der Alkestis:

$$\tilde{\omega} \; \pi o\lambda\lambda\grave{\alpha} \; \tau\lambda\tilde{\alpha}\sigma\alpha \; \varkappa\alpha\rho\delta\acute{\iota}\alpha \; \psi\upsilon\gamma\acute{\eta} \; \tau' \; \grave{\epsilon}\mu\grave{\eta},$$
$$\nu\tilde{\upsilon}\nu \; \delta\epsilon\tilde{\iota}\xi o\nu \; o\tilde{\iota}o\nu \; \cdot\pi\alpha\tilde{\iota}\delta\acute{\alpha} \; \sigma' \; \acute{\eta}, \; T\iota\rho\upsilon\nu\theta\acute{\iota}\alpha$$
$$'H\lambda\epsilon\varkappa\tau\rho\acute{\upsilon}o\nu o\varsigma \; \grave{\epsilon}\gamma\epsilon\acute{\iota}\nu\alpha\tau' \; 'A\lambda\varkappa\mu\acute{\eta}\nu\eta \; \Delta\iota\acute{\iota}.$$

das ist eine starke, eindringliche. sprache. wahrscheinlich sind
mir noch andere monologe bei Euripides jetzt entgangen. aus
Aristophanes lassen sich ihrer nachweisen in den Ecclesiazusen
v. 311 und nochmals 357 ff. des Blepyros, der doch ganz allein
zu bette liegt, keinen redegesellen neben sich hat. in den Thes-
mophoriazusen erscheinen monologe des Mnesilochos v. 765. 846,
wo man freilich den aufgetretenen chor zu erwägen hat. einen
vorragenden beleg des dumonologs liefern die Acharner v. 480,
wo Dikaiopolis wiederum den θυμός und sein herz anredet:

$$\tilde{\omega} \; \theta\acute{\upsilon}\mu', \; \tilde{\alpha}\nu\epsilon\upsilon \; \sigma\varkappa\acute{\alpha}\nu\delta\iota\varkappa o\varsigma \; \grave{\epsilon}\mu\pi o\rho\epsilon\upsilon\tau\acute{\epsilon}\alpha.$$
$$\grave{\alpha}\rho' \; o\tilde{\iota}\sigma\theta' \; \delta\sigma o\nu \; \tau\grave{o}\nu \; \grave{\alpha}\gamma\tilde{\omega}\nu' \; \grave{\alpha}\gamma\omega\nu\iota\epsilon\tilde{\iota} \; \tau\acute{\alpha}\chi\alpha;$$
$$\mu\acute{\epsilon}\lambda\lambda\omega\nu \; \acute{\upsilon}\pi\grave{\epsilon}\rho \; \Lambda\alpha\varkappa\epsilon\delta\alpha\iota\mu o\nu\acute{\iota}\omega\nu \; \grave{\alpha}\nu\delta\rho\tilde{\omega}\nu \; \lambda\acute{\epsilon}\gamma\epsilon\iota\nu;$$
$$\pi\rho\acute{o}\beta\alpha\iota\nu\epsilon \; \nu\tilde{\upsilon}\nu, \; \tilde{\omega} \; \theta\upsilon\mu\acute{\epsilon}\cdot \; \gamma\rho\alpha\mu\mu\grave{\eta} \; \delta' \; \alpha\tilde{\upsilon}\tau\eta\iota\acute{}$$
$$\acute{\epsilon}\sigma\tau\eta\varkappa\alpha\varsigma; \; o\grave{\upsilon}\varkappa \; \epsilon\tilde{\iota} \; \varkappa\alpha\tau\alpha\pi\iota\grave{\omega}\nu \; E\grave{\upsilon}\rho\iota\pi\acute{\iota}\delta\eta\nu;$$
$$\grave{\epsilon}\pi\acute{\eta}\nu\epsilon\sigma' \cdot \; \tilde{\alpha}\gamma\epsilon \; \nu\upsilon\nu, \; \tilde{\omega} \; \tau\acute{\alpha}\lambda\alpha\iota\nu\alpha \; \varkappa\alpha\rho\delta\acute{\iota}\alpha,$$
$$\tilde{\alpha}\pi\epsilon\lambda\theta' \; \grave{\epsilon}\varkappa\epsilon\tilde{\iota}\sigma\epsilon, \; \varkappa\tilde{\alpha}\tau\alpha \; \tau\grave{\eta}\nu \; \varkappa\epsilon\varphi\alpha\lambda\grave{\eta}\nu \; \grave{\epsilon}\varkappa\epsilon\tilde{\iota}$$
$$\pi\alpha\rho\acute{\alpha}\sigma\chi\epsilon\varsigma, \; \epsilon\grave{\iota}\pi o\tilde{\upsilon}\sigma' \; \tilde{\alpha}\tau\tau' \; \tilde{\alpha} \; \alpha\grave{\upsilon}\tau\tilde{\eta}\iota \; \sigma o\iota \; \delta o\varkappa\tilde{\eta}\iota.$$
$$\tau\acute{o}\lambda\mu\eta\sigma o\nu, \; \tilde{\iota}\theta\iota, \; \chi\acute{\omega}\rho\eta\sigma o\nu, \; \tilde{\alpha}\gamma\alpha\mu\alpha\iota \; \varkappa\alpha\rho\delta\acute{\iota}\alpha\varsigma.$$

eine höchst lebendige, kühn gewandte rede. man vergleiche
auch v. 450.

Schreiten wir fort zu lateinischen comoedien, deren stil und
inhalt sich auf griechische gründet, so begegnen im Mercator
des Plautus 2, 1 und 3, 2 monologe des Demipho, deren zweiter
aus ich in du übergeht:

> decurso in spatio, breve quod vitae reliquum est,
> voluptate, vino et amore delectavero.

> adolescens cum sis tum cum est sanguis integer,
> rei tuae quaerendae convenit operam dare,
> demum igitur cum senex sis, tunc in otium
> te colloces, dum potestur,

was auch wie ausgehobne sittenlehre klingen kann. ebenda 4, 3
monolog der Dorippa mit auffallendem wechsel erster und zweiter person, desgleichen 5, 1 des Charinus. im Pseudolus und
Rudens deutliche dumonologe, sogar mit leibhafter nennung der
eigennamen (nach oben I):

> postquam illic hinc abit, tu astas solus Pseudole, worauf wieder
> neque nunc quid faciam scio. 1, 4;
>   nunc haec tibi
> occasio, Gripe, obtigit. Rudens 4, 2;

nicht anders bei Terenz, Andria 1, 3

> enimvero, Dave, nihil loci est segnitiae neque socordiae,

dann aber me und quid agam; mit demselben nachdruck des
enimvero:

> enimvero, Antipho, multis modis cum istoc animo vitaperan-
>   dus es.
> ita ne te hinc abiisse et vitam tutandam dedisse aliis tuam?
>   Phormio 3, 1;

> profecto quando magis magisque cogito,
> nimirum dabit haec Thais mihi magnum malum. Eunuchus 3, 3;
> numquis hic est? nemo est. numquis hinc me sequitur? 3, 5;
> dum rus eo, coepi egomet mecum inter vias
> aliam rem ex alia cogitare[1], et ea omnem in
> pejorem partem. 4, 2

---

[1] schön bei Ossian, Tighm. 3, 22
>   o smuainte gu smuainte, von gedanken zu gedanken;
> 8, 54 o smaoin gu smaoin;
> 6, 231 a smuainte sтɪ dol suas m'a chliabh,
>   mar thonnaibh air lochan nam frith,

hier werden, wie im erzählenden gedicht, die wechselnden gedanken ausdrücklich vorausgeschickt, doch ist aus erster person nicht heraus gegangen.

Für das drama der neueren völker, welches eine unzahl von beispielen darreicht, und dessen monologe sich kaum übersehen laszen, musz ich meine bemerkungen in enger schranke halten. so auf unsern deutschen brauch haben die französischen und englischen schauspiele groszen einflusz und wurzelte der monolog nicht schon in der natur der sprache und rede selbst, er müste uns durch jene völker zugebracht worden sein.

Bei Corneille und Racine finden sich bald monologe mit ich, bald mit du und auch solche, die ich und du mischen. voltairische stücke habe ich nicht nachgesehn.

Shakespeare bildet die selbstgespräche meistens mit der ersten person und verwendet dazu die zweite enthaltsam. hier sind beispiele des du:

poor Tom, thy horn is dry! Lear 3, 6;
what shall Cordelia speak? 1, 1;
then, poor Cordelia! daselbst;
no Percy, thou art dust
and food for worms. Heinr. IV erster th. 5, 4;
sayst thou so, old Jack? go thy ways; I'll make more of thy old body than I have done. will they yet look after thee? wilt thou, after the expence of so much money be now a gainer? good body, I thank thee, let them say, 'tis grossly done, so it be fairly done, no matter. Falstaff in den merry wives of Windsor 2, 2. old body, good body mahnt an lip VI, 1, wie man some body, every body, no body für jemand, jedermann und niemand sagt. die übersetzung durch balg bei Dippold, durch gamla lekamen, goda lekamen bei Hagberg klingt darum zu stark.

> seine gedanken giengen auf und nieder in der brust,
> wie wogen auf dem see des waldes.

[3, 431 fo iadhadh a smuainte, unter dem rollen der gedanken. 4. 326 smuainte fo sgiathaibh, sub alis d. i. geflügelte gedanken. Culthonn 160 gus an eirich mo smuainte an iosal, donec surgant meae cogitationes in occulto. heim zuo ir gedanken fuore. MS. 1, 89ª. uns her und dar stunt ir gedanc. erlosung 2585; hin und her ich es wac. HelbL 7, 215; trahten üf und nider. 4, 331; lie durch ir gedanke loufen. Troj. kr. 7712; eines herzen kiel begunde vlooten. Trist. 485, 4; altn. gedknörr; ags. on his mode veole. homil. 1, 132; lazen vliegen die gedanke. Berth. 251. gedankes gevider. Laber 378. vgl. unten p. 62.]

Lieber gebe ich noch deutsche beispiele. aus Hans Sachs und Ayrer besinne ich mich auf keine solche du. in des Gryphius trauerspielen und. lustspielen werde ich eines dumonologs nicht habhaft, auch in Chr. Weises stücken nicht*. die lustspiele von Schlampampe aus dem schlusz des siebzehnten jahrh., deren rede den ton gemeiner volkssprache hält, ermangeln seiner nicht. Lorenz, Lorenz, was wirst du deiner frau vor antwort bringen? mort de l'honnête femme 45; doch was scherts dich, Laux, bekümre dich nicht um andre leute! 25; so dachte ich zurück, Laux, es thut dirs wol ein geringer hölzchen. 31.

Lessing setzt verschiedentlich auch die zweite person in seinen monologen: so dachte ich wieder, nein du wirst nicht betteln gehen, du wirst zum major Tellheim gehen, der wird seinen letzten pfennig mit dir theilen. 1, 557; nur frisch angefangen, Anton! 1, 248; ruhig, alter knabe, ruhig! 2, 180;

Curd, Curd, das geht so nicht, lenk ein, wenn vollends
mir Daja nur was vorgeplaudert hätte.

geschwind entschliesz dich, was nunmehr zu thun. 2, 334.
Ungleich häufiger Göthe:

courage, Söller, fort! 7, 61;

für diesmal nimm für lieb! hier ist nicht viel zu sinnen,
der augenblick macht luft, nur frisch mit dir von binnen!

7, 74;

verfluchter ochsenkopf, bist du so alt geworden! 7, 94;
was gabs? weh dir! vielleicht in wenig augenblicken
gib deinen schädel preis.

geh memme, bösewicht, warum erschrickst du so? 7, 96;
du glaubst, sie nahm das geld und traust ihr das nicht zu.

7, 97;

sie wird dein sein! sie ist dein! 7, 126. 133; du bleibst, sei auf deiner hut! 8, 68 vgl. 42, 86; elender mensch, dein wort hat ihn zu tode verurtheilt. 8, 155; thörichter, beschränkter mensch! und du siehst nicht, dasz sich hier der weg zu deinem glücke öfnet, den du so oft vergebens gesucht hast? 14, 222; o unglückliche Bertha, vielleicht wandeln in diesem augenblick ihre

---

* doch in Floretto s. 2: elender Clarisso, ist das die herschaft, der du dich über deinen diener zu rühmen hast? (dann übergang in mich); s. 28: gelt, pickelhäring, du haats ihnen brav gesagt!; s. 36: doch nein, was willst du!; s. 43: meine seele, nun must du dem herzen einige worte zu gute halten.

gespenster durch das gewölbe und weinen über deine hofnung.
Schiller 175*;

> mit deinem blick fieng dein verbrechen an,
> unglückliche, ein blindes werkzeug fordert gott.
> mit blinden augen mustest dus vollbringen,
> sobald du sahst verliesz dich gottes schild,
> ergriffen dich der hölle schlingen! 474*.

wahr ist es, diese stellen sind meistentheils aus den mitschuldi-
gen, aus Götz oder den räubern entnommen*, wo die haltung
edler sprache vor einer frischen ungezwungenheit des volkstons
zurücktritt; doch der letzte monolog geht aus Johannas tiefster
erregung. wollte ich mich auf anderes einlassen, was lange zeit
auf deutscher bühne geherseht hat, so würde in den dürrpro-
saischen monologen bei Ifland weniger danach zu suchen sein,
als bei Kotzebue, welchem unverdiente ehre angethan würde,
wenn man ihm, was Euripides auszeichnete, wahre vertrautheit
mit der gemeinen sprache und sitte, ihren vorzügen und män-
geln nach, zugestände.

Übersehaue ich nochmals die reihe aller aus erzählenden
werken wie aus dramen vorgelegten beispiele der denkenden
selbstrede in erster und zweiter person, so ergibt sich ohne
zweifel, dasz jene dem gehaltnen ebenmasz gehobner dichtung, 54
diese freien ausbrüchen der volkssprache zusage, dasz aber auch
die erhabenste poesie hin und wieder den tieferen athemzug des
du thun müsse, während in des volks munde es oft erkaltet und
verschwendet wird. mit dem ich redet der verstand, mit dem
du reden herz und empfindung.

AUSLÄUFE.

A.

Denken ist leuchten, reden ist tönen, nach dem blitz des
gedankens kommt der donner des worts**. aus dunkel bricht

---

* auch aus Stella 10, 137. 139. 144. 159. 170. 183. monolog des Faust 12,
140, und merkwürdig Gretchen 12, 143.

** nach altindischer anschauung entsprang des menschen geist dem blitz, die
sprache dem donner. Schweizer ur. götter s. 28. licht und rede. A. W. Schlegel
ind. bibl. 2, 284 ff. — ags. glœsm splendor, altn. glaumr strepitus, gleyma oblivisci,
verhallen.

licht hervor, aus nacht tag, aus stille schall[1], vor der schöpfung war ein nichtgeschaffensein (chaos). denken ist der grund, reden die folge.

eine menge von wörtern drückt reden und sprechen durch die vorstellung des leuchtens, scheinens aus.

skr. bhâ splendere, apparere, videri, bhâma lumen, bhâmi luceo, gr. φημί, ich leuchte, ich sage, φάω luceo, φάος lux, φώς, oben s. 11 zu bhavat gestellt. skr. bhânu lumen, sol, gr. φανός helle. φαίνω φανῶ an den tag bringen, tönen lassen, intr. leuchten, scheinen, inf. φάναι, φατός gesagt, φαεινός leuchtend. lat. fari reden, fatum, effatum, rede, wort, fama rede, ruf, φήμη.

skr. bhûs, lucere, videri, lat. festra = fenestra, loch wodurch licht geht, wodurch man sieht, fuscus subniger, wie auch unser braun zu brinnen, leuchten gehört und φαιός pullus ist, zwischen licht und dunkel. skr. bhâsch loqui dicere.

skr. kâs lucere, splendere, illustrare, goth. hais oder haiza fax, ahd. hêr illustris, s. oben 11. da sich s und t berühren, scheint hais mit haits calidus, ags. hât, engl. hot, ahd. heiz, nhd. heisz nahverwandt, haitan aber ist vocare, ahd. heizan, nhd. heiszen. zu kâs nimmt Bopp ćaksch loqui, dicere.

skr. kan splendere, candere, ćan sonare, lat. canere singen, goth. hana gallus, der singende, krähende, mit vortretendem s goth. skeinan lucere, skeima φανή, vgl. nhd. schimmer; goth. skauns splendidus, pulcher, ahd. scôni, nhd. schön. man dürfte auch skeinan zu φαίνειν halten, da sk und ph, f öfter tauschen.

skr. çnê lucere, çnći purus, albus, çać loqui vgl. ćaksch und haitan.

skr. rnć splendere neben lôk splendere, loqui, lat. lucere, woher lumen, luna für lucmen, luena. gr. λευκός weisz, goth. liuhaþ, ahd. lioht, mhd. licht, lat. lucus, ahd. lôh, skr. lôka mundus. die enge berührung zwischen lucere und loqui ist unbezweifelt.

skr. vad loqui, dicere, clamare, sonare facere, gewagt wäre vagra blitz daher zu leiten, so dasz vad ursprünglich auch leuchten ausgedrückt hätte. verwandt schiene goth. qiþan, ags. cvedan, ahd. quëdan, eine andere ableitung wird aber auslauf C, 2 vorgetragen.

---

[1] das aufgehende licht tönt, der anbrechende tag rauscht, pfeift (mythol. 707. 708); das ags. svegel, alts. suigli ist lux, das goth. svigliòn αὐλεῖν, pfeifen.

skr. vać dicere, loqui, legere, vâć stimme, welchem lat. vocare und vox gleich sind, vielleicht gr. εἰπεῖν, ἔπος und ὄψ, ὀπός.

skr. bhang, vielleicht für bhrang frangere, loqui, lucere, unser brechen, vgl. brehen, leuchten, bairhts, peraht lucidus, praht splendor, fragor, sonitus (deutsches wb. 2, 283. 342). auch sprechen darf zu brechen gehalten werden.

skr. râg splendere, imperare, und imperium enthält die vorstellung praeceptum, mandatum, jussio, vocatio, geheisz, goth. ragin γνώμη, δόγμα, consilium, raginôn, regere, mit g, während skr. râga, goth. reiks, ahd. rîchi ward. im lat. radius haftet licht und strahl, aber manche wortgestalten haben sich uns aufgethan, die ich näher betrachte

1) goth. raþjan, praet. rôþ (wie fraþjan frôþ) numerare, legere, λέγειν, wahrscheinlich rôda virga, pertica, ags. rôd, ahd. ruota; goth. raþjô numerus, λόγος, lat. ratio, ahd. redia, reda, sowol ratio, vernunft, franz. raison, sp. razon, als oratio, rede, wort. goth. rôdjan, rôdida sprechen, λαλεῖν, ahd. rediôn, redôn, unser reden, lat. ratiocinari, it. ragionare, sp. razonar, franz. raisonner. beides denken und reden.

2) goth. rêdan praet. rairôþ curare, ags. rædan reord (wie von goth. lêtau lailôt ags. lætau leort) ahd. râtan riat consulere, regere, altn. râda rêd, regnare, consulere, suadere wie auch unser raten, riet diese bedeutungen entfaltet.

3) ags. rædan praet. rædde, legere, statuere, edicere, engl. read. ebenso ergibt gr. λέγειν neben sagen den sinn von lesen, lat. legere, was sich als ein sammeln, colligere der buchstaben, der runstäbe (vgl. rute, virga) oder auch als ein geistiges verstehen, denken der geschriebnen zeilen fassen läszt. vielleicht sind legere und regere zu einigen, wie lôk und ruć.

4) das goth. razda sermo, γλῶσσα, λαλιά entstammt derselben wurzel mit leiser abweichung des lauts, die an skr. rag (sprich radsch) und die aussprache des it. ragione mahnt. altn. wird goth. zd zu dd, also rôdd vox, sermo, ahd. zu rt, also rarta, ags. zu rd, also reard, wofür sich fehlerhaft reord einführte, reordian loqui statt reardian.

5) endlich scheint auch altn. raust vox, sonus clarus, schwed. dän. röst in verwandtschaft, die vocalverhältnisse fordern

ein riustan raust, gebildet wie kriustan kraust stridere.
oder dürfte man bei diesem raust an skr. ruć denken?

Noch manche andere wörter zeugen für deu übergang des
lichts in den schall. unser zwitschern, zwitzern ist uns heute
ein mimmrire der vögel, früher war es ein funkeln der sterne:
es werden zwitzern die gerechten, wie die sonn in dem reich
gottes. Keisersberg omeis 72ᵃ. [dazumal fieng die sonn an her-
für zu zwitzern. Amadis 783. zwitzern bei Gotthelf schimmern.
zwinzern oder glinzern. Mathesius 1562. 139ᵇ.]

B.

Den einfachen stil der erzählung spürt man im eingang der
märchen, parabeln und volkslieder:

[οὕτω ποτ' ἦν μῦς καὶ γαλῆ. Aristoph. vesp. 1182.]

erant in quadam civitate rex et regina,

beginnt Apulejus sein märchen von Psyche und Cupido, gerade
wie Basile im pentamerone:

era na vota no certo re;

era na vota na femmena;

era na vota na mamma,

oder Perrault:

il estoit une fois nu roi et une reine;

il y avoit une fois un roi;

il estoit une fois un pauvre bûcheron;

das deutsche märchen:

es war einmal ein könig;

es war einmal ein kind. Göthe 8, 18;

emolen isch e künig gsi. Jac. Mähli 87;

und so schon Rudolf im Barlaam 292, 3:

ez was ein werder künec rich;

ez was, als ich hœre sagen,

hie vor ein rîcher künec grôz. Gerhart 80;

in einen ziten ez geschach. Flore 147;

ez wuohs iu Irlande ein rîcher künec hêr. Gudr. 1, 1;

ez wuohs in Burgonden ein schœne magedîn. Nib. 2, 1;

dô wuohs in Niderlanden eins rîchen küneges kint.

Nib. 20, 1.

das niederdeutsche märchen aber hebt an:

dar was mal ens en fischer un sine fru;

[westf. dar was mâl ne frau. Kuhn 2, 243;
  nd. dat was eu man. Merzd. 1, 170;
    dat weren twe manne. 85;
    dit was ein edel jonfer,
    dit was ein ritter. selen trost no. 31. 32. 33.]
das englische:
    there was once a king;
    there was once a poor widow;
    there was once upon a time a fox,
[das friesische:
    der wer mal n könig wēsen. Ehrentraut 1, 162;
    diar wiar ans an letjan kûhôrd. 2, 324;
nordfr. diar wiar jens en. Hansen 187. Bende Bends. 215.]
das dänische:
    der var en gang en konge;
    der var en gang en fattig fattig enke,
das schwedische:
    det var eu gång en fattig torpare;
    det var en gång för länge länge sedan,
das niederländische:
    er was eens eene konings dochter;
    er was eens een koning en eene konigin,
das litauische:
    sýkį bùvo véns żmogus, einmal war ein mann;
    bùvo sýkį véns żmogus, war einmal ein mann;
    bùvo karálius, war ein könig;
das russische:
    byv" sabje djed" da baba,
    shil" sebje djed" da baba;
    shiv" sabje tzar da tzaritza;
    shili byli lisa da zajatz";
    shival byval" starik da staruschka;
    byvalo da shivalo, shili byli starik" da staruschka,
merkwürdig erst unbestimmt: es war und lebte, dann: es lebten
und waren,
das mährische:
    byl jeden kral;
    byla jedna vdova;
    byli tři bratři,

das kroatische:

    tak je bil jen put. jen put je bil;

    tak su bili,

    bili su;

das serbische:

    bio jedan tschovek;

    bila jedna sirota sheua,

das slovakische:

    bou raz jeden velmi bohati stari kral;

    bola raz jedna krajina,

das albanesische:

    kje nje chere nje memme. Hahn 165;

    kje nje mbret. 167.

    kje de s'kje, es war und war nicht. 164. 165.

das finnische:

    oli muinoin ukko ja akka;

    oli ennen muinoin mies:

    oli muinoin metsämies (waldmann, jäger);

    oli kolme veljesta, waren drei gebrüder,

das lappische:

    de læi oft olmaj, es war ein mann;

    okl olmaj læi, ein mann war;

    de læiga guökte bardne ja okta niejda, es waren zwei

                       knaben und ein mädchen,

das ungrische:

    egyszer volt, einmal war.

so lautete es von uralter zeit her und die verschiedenheit liegt
blosz in den abänderungen, denen die sprache überhaupt unter-
lag. die lateinische, slavische, finnische braucht weder pronomen noch partikel voraus, aber das verbum hebt an. hören wir
nun parabel und volkslied:

    ἄνθρωπος δέ τις ἦν πλούσιος. Luc. 16, 19;

    ἄνθρωπός τις εἶχεν δύο υἱούς. Luc. 15, 11;

    homo quidam erat dives;

    homo quidam habuit duos filios,

bei Luther: es war aber ein reicher mann;

    ein mensch hatte zween söhne;

bei Ulfilas: mannê sums vas gabigs;

    mannê sums aihta tvans sununs,

das τις nöthigte ihn zu sums und dem voranstehenden gen. pl.,

sonst hätte er auch mit manna begonnen. ahd. sum man babêta
zuênê suni. Matth. 21, 28. dies τις ist auch in no certo re hervorgehoben. italienische lieder heben an:

> era di majo, e non era di giugno;
> erano tre zitelle, e tutte tre di amor,

doch kann ein ci, da, vorgesetzt werden:

> c'erano tre zitelle.

mhd.   ez fuor ein büttenære vil verre in fremdiu lant.

Gotfr. von Nifen;

auch im Iwein hebt die eigentliche erzählung an mit

> ez het der kûnec Artûs u. s. w.

deutsche lieder aber beginnen:

> es waren zwei königskinder;
> es gieng ein jäger aus jagen;

nnl.   het waren twe konincskinderen;

schwed.   det voro två ädla konungabarn;

dän.   der vare to ädle kongebörn.

der unpersönliche lateinische, italienische, slavische, finnische
ausdruck enträth des pronomens, es heiszt: tonat, tuona, auch
noch ahd. donarôt, ohne ez, franz. aber il tonne wie nhd. es
donnert, schwed. det åskar, dän. det torduer, nnl. het doudert,
engl. it thunders. der gothischen weise, die man wegen des
verbums wissen möchte, werden wir nicht kund, ein pronomen
stand nicht dabei, da rigneiþ, rignida vorkommt, kein ita rigneiþ,
ita rignida. in der edda noch:

> âr var alda þâ Ymir bygdi. Sæm. 1ᵃ;

aber auch: þar var Môtsognir mæztr um ordinn. 2ᵇ.
dies þar und das dän. der, engl. there drücken das y des franz.
il y avait oder jenes ital. ci aus. die zeit liegt bezeichnet in
na vota, une fois, schwed. en gång, engl. once, finn. ennen
muinoin = jam dudum.

Alle romanischen sprachen halten hier das lat. erat fest, [so]
weil die personen der erzählung forthandeln, il y eut für il y
avait wäre ein fehler[*]; diesen unterschied kann das deutsche
vas und war nicht erreichen. vollkommen märchenhaft ist aber
die wiederholung des adj. oder adv. hintereinander: es war einmal eine arme arme frau; es ist lange lange her; ils allèrent

---

[*] fuit olim senex, ei filiae duae erant. Plaut. Stich. 542. fu. pont. 1, 2. 1, 3.
alb. kje nach Hahn aorist.

si loin loin; la reine demeura si triste, si triste; il parut si beau,
si beau; wie ein lebhafter vortrag oft auch das verbum zweimal
setzt: ich suche und suche, sinne und sinne; gehen und gehen.
Lessing 1, 495; se hadden averst kene kinner, se wünschten sik
averst seer welke, man se kregen keen und kregen keen (no. 47).
man vergleiche das lateinische jam jam und viel ähnliches*.

C.

Wörter des denkens.

1) denken dachte, ahd. denchan dàhta, goth. þagkjan þahta
und so durch alle deutschen zungen**. niemand übersieht, dasz
dank und danken unmittelbar hinzu fallen, weil dank erinnerung
an empfangene wolthat, also andenken ist und danken ein gedenken. daher war ahd. decchi, dechi gratus, angenehm, im
Hildebrandslied deganô dechisto, heronm gratissimus, carissimus,
altn. þeckr, schwed. täck gratus, acceptus. wie aneminne gratus (En. 48, 34), was zu danke ist. schon aus diesen wenigen
formen erhellt, dasz in die wurzel bald ein nasales n eingetreten ist, bald wieder daraus schwindet, denken dachte und dechi
gratus, dank gratia verhalten sich wie frech und frank, bleckr
und blancha samt vielen andern. þagkjan þahta verkündigen
sich als ableitung von einem älteren starken verbum, das im
ags. þigan þiegan praet. þeah, pl. þægon, altn. þiggja praet. þag
(Egilss. 659) vorhanden war und capere, accipere aussagt: der
dankende hat empfangen, angenommen und der dechi, þeckr ist

* tûsent tûsent blicke. Iw. 649; biute und biute. Wolfr. 7, 26; gar und gar.
Griesh. 2, 138. 139. 147. Frauenb. 46; vil undo vil. Griesh. 2, 124. 125. 149. 119;
vaste und vaste. 2, 130; du riefe und riefe mir. pass. K. 422, 94; lief unde lief.
420, 48; knap knap suchen. Mestwert flucht 61; gemach und gemach. Opitz vorr.
Bl. I. Argenis 1, 32. wankelm. liebh. 206, 237; lerne lerne. hebamme 160; ein
reicher, reicher mann. Gellert 1, 151; altn. vindum vindum vef darradar. Nials
s. 277; schw. cu gammal gammal gumma. Cavallius 145. 366. 380. 431; stor stor
gård. 432; så snällt, så snällt. 436; νέμεσθε νέμεσθε. Theocrit 8, 69; ital. no
buon oumio da bene. pent. 2, 3. 5, 7. pian piano. Sozzini 139. 227; span. calla
calla, calledes calledes, anda anda; kelt. fada fada thalt. Carraigth. 77; an luingeas,
an luingeas. Fiongh. 2, 341; cian cian an oiche. S. D. 165°; thalla thall. Croma 3;
trom trom. appendix 100. 101. 169ᵇ. Smith 18ᵃ; böhm. raz raz, schlag auf schlag.
Königsh. 132; russ. raste da rasta, wuchs und wuchs. märchen 21.

** litt. děka dank, děkawoti danken, preusz. dinkaut danken, poln. dzięka,
dziękowát, böhm. djky pl., děkowati, nicht russ. serb. sloven., als aus dem deutschen.

angenehm, acceptus, wie es auch hiesz danknæme, dankgenehm,
mit mildcrem g altn. þâga gratia, ôþâga res ingrata, ôþektr in-
visus. da aber empfangen, accipere ein percipere ist, finden wir
altn. þeckja zugleich in der bedeutung von noscere, erkennen so
dasz wiederum auf wissen oder denken, cogitare gelangt wird.

Dieser bisher umschriebene kreis von worten hat jedoch
ein anderes, seiner form nach vielleicht dazu gehöriges noch
unberührt gelassen, nemlich decken tegere, dach tectum und
damit treten wir auch ins gebiet der lat. sprache, welcher jenes
denken unbekannt schien[*]. decken und tegere verraten uns sogar die sinnliche, dem þiegan accipere zum grunde liegende
bedeutung. der die gabe empfangende war nach der alten ge- 60
bärde ein sie in die hand nehmender, mit der hand bergender
oder deckender, wie geben nothwendig die vorstellung enthält
aus hand in hand geben.

Jetzt aber darf kühner vorgeschritten und, womit wir uns
unmittelbar dem begriffe des denkens nähern, auch das lat. tacere,
welches vollkommen das goth. þahan, ahd. dagên, altn. þegja,
schwed. tiga, dän tie ist, herangezogen werden. den buchstaben
wie den bedeutungen nach könnte denken beides sowol tacere
als tegere und tegere jenes þiegan sein. dafür findet sich gleich
bestätigung in einer wiederkehrenden formel

thâhtun endi thagôdun,

dachten und schwiegen, wie sie das alts. gedicht von Heliand
38, 14. 41, 22. 47, 20. 118, 17 darbietet, beide verba stehen eng
verbunden, was der alliteration gemäsz ist, ohne dasz der bibli-
sche text irgend darauf geleitet hätte[**]. denken hat uns in allen
ergebnissen dieser untersuchung als die innerste thätigkeit der
seele erscheinen müssen, als ein still mit sich selbst sprechen,
als ein schweigen. denken ist darum decken, zudecken und
tacere wäre tegere, gerade wie helen, celare, einhüllen, zudecken,
verhelen oder bergen auch verbergen bedeutet. denn dach,
tectum, ir. teach (gen. tigh) heiszt so vom decken, a condendo,
wie cella, locus secretus, in quo reconditur, a celando, das ir.
ceall, cill ist grab und kirche, woher das ahd. chilicha, schweiz.

---

[*] lex rip. 30 sine tangano loquatur. Aufrecht zeitschr. 1, 353 hält þagkjan
zu altröm. tongere nosse, osk. tangino jussus. vgl. τάσσω, τέταγμαι, ταγός, τάγμα.
Holzmann malb. 13 þiegan zu taugere.

[**] tegja og tenkia kann ingen manu krenkja. Aasen ordspr. 28. swiget und
gedenket. Herb. 14656. al swigende er gedähte. Wb. 144, 15.

chilche, chille.   das goth. liugan laug mentiri, laugnjan celare
grenzt unmittelbar an liugan liugaida nubere d. i. velare, tegere.
war sprechen, laut reden ein crschlieszen des worthortes, ein
öfnen des mundes, so wird schweigen ein zuhalten, halten des
mundes sein.   allerdings scheinen, bei stimmendem anlaut von
tacere und tegere, von þahan und þagkjan, von dagên, decchan
und denchan, die inlautenden gutturale zu widerstreben; doch
auch sonst genug weicht procus, precor von rogo für progo,
skr. prač, litt. praszau, slav. prosu; centum, vicesimus von vi-
ginti, triginta; pax, paciscor von pango pepigi u. s. w.   Röm. 9,
21 ist πηλός durch goth. þahô = ags. þô, ahd. dâhâ, woraus
unser nhd. thon hervorgieng, übersetzt, es musz tegula ausdrücken,
qua domus tegitur, und ich folgere, dasz damals schon die Gothen
nicht nur töpfe und scherben, sondern auch dachziegeln brann-
ten, þahô liesze auf ein þaihan þah (wie fraihan frah) schlieszen
= lat. tegere, von welchem þaihan sowol þah oder þak tectum
als þahan tacere abstammen, þahô war ziegelerde und dann
überhaupt argilla.   ziegel bildeten wir aus dem lat. tegula unnöthig, da wir schon dehil testa hatten.   die Griechen haben
für tegere στέγειν, für tectum στέγος neben τέγος, die Littauer
stegti tegere, stogas dach und daneben dengti tegere, dangus
himmelsdecke, himmel, wo wir dem nasallaut unseres denken
begegnen.   stegti, στέγειν sind das skr. sthag, an dessen seite
zugleich tvač erscheint, beide mit dem sinn von tegere.   durch
dieses alles würde die herleitung von denken aus dem begriffe
des schweigens und deckens, des aufsteigens der gedanken in
der stille des gemüts bestätigt.

Nur bleibt noch eine andere erwägung.   dem goth. þagkjan
þahta vollkommen analog läuft ein þugkjan þuhta, dem ahd.
denchan dâhta ein dunchan dûhta, dem nhd. denken dachte ein
dünken dauchte, dem ags. þencan þohte ein þyncan þuhte,
dem altn. þeckja þátti (wofür þenkti) ein þyckja þótti, dies
þugkjan bedeutet sowol putare, meinen als videri, scheinen und
noch heute liegt uns dem bedenken ein bedünken, dem gedanken der dünkel nahe.   hat nun die vorgetragne vermutung einer
abkunft von þagkjan aus þahan und þaihan grund, so müste
für þugkjan ein gleichfalls verlornes þiuhan þauh þuhum oder
þauhum angenommen werden.   sollen aber þagkjan und þugkjan
derselben wurzel entstammen, so wäre þigkan þagk þugkum zu
setzen, was auch þigg, ding, ags. þincg res erklären helfen

könnte, falls dies nicht aus ags. þicgan þeah þægon obtinere
entsprang. einen übergang des sinnes zwischen denken und
erlangen vermittelt die vorstellung des erdenkens und findens.
mit þugkjan trift gr. τυγχάνειν, selbst im nasallaut überein und
bedeutet wiederum treffen, finden, erlangen, doch nicht meinen,
glauben. groszen anstand hingegen macht δοκεῖν, das genau die
bedeutung von þugkjan erfüllt, in der form aber die regel der
lautverschiebung verletzt; wenn δοκεῖν und δοκεύειν zu δέχεσθαι
gehört, zeigen sich auch da die begriffe accipere, percipere, exspectare. ich habe gründe und zweifel mitgetheilt, ohne schon
entscheiden zu wollen.

2) einen andern durch unsre alte sprache allgemein verbreiteten ausdruck des denkens, das goth. hugjan, ags. hycgan,
abd. hukkan, alts. huggian, altn. hyggja hat neulich Dietrich
in der zeitschrift für deutsches alterthum 9, 214 ff. sehr sorgfältig mit der vorstellung des hoffens zusammengehalten. denken und erwarten, wünschen und hoffen reichen nahe aneinander,
ihrer wurzel nach haben hycgan und hopian keine verwandtschaft, da ein wechsel zwischen g und p hier unstatthaft scheint[*].
zu hugjan gehört hugs νοῦς, mens, ahd. hugu, altn. hugr, alts.
hugi, ags. hyge, schw. håg, und den namen Hugo, nachdem uns ⁶²
das verbum ausgestorben ist, hat noch die heutige sprache bewahrt. das alts. gihugd ist animus, memoria, das ags. gehygd
cogitatio, gehyht und hyht spes. ich habe gewagt den alten
volksnamen der Chauken und unser adj. hoch, goth. hauhs, ags.
heáh, altn. hår zu vergleichen, die gedanken heben sich, steigen
in der seele auf; erst das mangelnde starke verbum hiuhan hauh
hugum für hauhum würde den rechten schlüssel liefern.

Irrthum war, dasz hugjan cogitare den buchstaben nach
sei, denn cogitare entstand aus coagitare, wie cogere aus coagere,
praet. coëgi, cogitare bedeutet also mente agitare, mente volvere,
revolvere (vgl. s. 51) ein treffendes wort für denken und mit
sich selbst sprechen. aus cogitare ergab sich das franz. cuider,
sp. cuidar, prov. cuiar, aber an cogitare, cuidar könnte selbst
unser qiþan, quëdan mahnen, das vorhin zum skr. vad gehalten
wurde, wol am richtigsten aus dem skr. ĉi colligere, tegere, ĉit
cogitare geleitet wird, so dasz auch dabei die vorstellungen
lesen, read und cogitare einander begegneten.

* welsch coßo, ir. cuimhnighim cogitare, w. cof ir. cuimhne hugr memoria,
vielleicht lat. cupere. denn sinnen ist wünschen, minnen.

3) eins unserer edelsten, ältesten wörter, das auch sämtlichen urverwandten sprachen zusteht, ist goth. munan meminisse, man memini, ich entsinne mich, sinne, denke, will. wie aus denken hervorging gedenken und danken, entsprang aus munan auch minnen, sich erinnern, lieben; muns gen. munis ist wille, vorsatz, sorge, manna und manniska das denkende, sinuende wesen, der mensch. man vergleiche ir. sinuainim denken, sinnen, smuain gedanke, mit vorgeschobenem s, wie oft.

4) minder bekannt ist das goth. mitòn, entsprechend dem lat. meditari, einer frequentativform von mederi, wie agitare von agere, cogitare von cogere, hugsa von hyggja, in diesen bildungstrieben musz gleiche absicht walten*. jus ubila mitòþ in hairtam izvairam, meditamini mala in cordibus vestris, vulg. quid cogitatis mala in cordibus vestris, Luther: warum denkt ir so arges in euren herzen? Matth. 9, 4. verwandt diesem mitòn liegt mitan, ahd. mëzzan, unser nhd. messen, während metiri im laut von mederi curare, sorgen absteht, leicht kann diese unebenheit die skr. wurzel mà ausgleichen. wir sagen ermessen für überlegen (über einander legen, revolvere), bedenken:

des heldes ougen màzen, Parz. 283, 10,

dò màzen siz an manege stat. 424, 13,

betrachteten, erwogen**.

multis modis meditatus egomet mecum sum.

Plautus Bacchid. III, 2, 1.

43 5) ein üblicher ags. ausdruck für denken war smeágan, praet. smeáde. es ist das altn. smeygja insinuare d. i. in sinum immittere, paulatim immittere, klare ableitung von smiugan smaug, schmiegen schmog, in sinn und gedanken einschmiegen. da nun schmiegen gern von anziehen des gewandes galt, schmuck umschlieszendes gewand, ahd. smoccho ein hemd, altn. smockr in-

---

* ich dähte her, ich dähte hin. frauend. 4, 7. gedähten hin und her. GA. 1, 394, 176. gehn mein gedanken her und hin. Ayrer 413ᵃ. wie slez wägen hin und her. Helbl. 4, 688. hin und her ich wac. 2, 215.

** mit rede maz. Parz. 755, 24. er maz sò ernestliche dicke hin, dicke her. Flore 4946. er traeht und maz. Ottok. 704ᵇ. leit gegen leide maz. Walther von Rh. 13, 47. si maz und gedähte. GA. 3, 375. eines tages ich gesaz in gedanken unde maz ieglichen lant-il. Helbl. 14, 2. ir. gal. meas, meassaich, messen, denken. preusz. pomlrit bedenken, litt. mierili, lett. mehroht messen, poln. mierzyć böhm. meriti russ. mjeriti erwägen, lat. pensare, volvere franz. penser mnl. peinsen.

terula bedeutet, so erreicht smeágan wieder die in denken wahr-
genommene vorstellung des hüllens und deckens.

6) ags. þreodian, cogitare, deliberare: on his môde þohte
and þreodode. Beda 521, 27; þreodung cogitatio. 497, 23, noch
unerforschter wurzel, denn die vergleichung des altn. þrúdr
robur, þrúdr virgo, mulier, des ahd. drúd in vielen frauennamen
ist gewagt und führt eben nicht weiter. eher heranziehen liesze
sich unser trachten, betrachten, ahd. trahtôn, lat. tractare, doch
besteht auch ein ags. trahtian. [trahten ûf und nider. Helbl. 4,
331. trahten und pansieren. Trist. 303, 33. bedenken und be-
trahten. Werltlôn 23. mit trahte gebunden. Trist. 304, 10. si
nam ez ir ahte. Mar. 178, 8. betrahte. Flore 1387. nu ahte
und trahte. Ben. beitr. 162. gedenkende und trahtende. Trist.
404, 5. 487, 27. ertrahten = erdenken. 423, 37. untar thesên
ahton joh managên gidrahton. O. II. 4, 35. cogitat et tractat.
Böhmer font. 1, 5. cogitant et pertractant. 1, 13.]

7) alts. talôn cogitare, talode im, meditabatur, secum cogi-
tabat, ahd. zalôn reputare, recogitare, considerare, untrennbar
von tellian, zellan dicere, sagen, reden, erzählen und alle zweifel hebend, wenn jemand die unmittelbare nähe der vorstellungen
des denkens und redens in zweifel ziehen wollte.

ÜBER EINIGE FÄLLE DER ATTRACTION.

GELESEN IN DER AKADEMIE DER WISSENSCHAFTEN
AM 20 APRIL 1857.

Erscheinungen der lautlehre sind denen der syntax oft
sehr ähnlich, gleich einzelnen lauten an ihrer stelle wirken auch
einzelne worte im satz auf einander hin, bald vor, bald zurück-
greifend. man hat die syntactischen eingriffe wol auch ver-
schränkung genannt; weil dies nicht auf den wechsel der laute
geht, ziehe ich den ausdruck der attraction oder anziehung vor.

Grund der einwirkung in beiden fällen ist, dasz daraus
gröszere harmonie der aussprache, festere fuge des satzes entspringe. wie schon die einfachen vocale durch diphthonge und
umlaut, die einfachen consonanten durch verbindung und verschiebung halt und system gewinnen, könnte man sagen, dasz
auch vermöge der attractionskraft knoten und risse des lauts
fortgeschaft, keile in die tafel der rede eingeschlagen werden.

Wer zwar vorgriffe natürlich, rückgriffe aber unnatürlich
finden wollte, weil das schon vorhergegangene nicht noch durch
das folgende bestimmt werden möge, hat zu erwägen, dasz der
gedanke des sprechenden und redenden blitzschnell alle theile
des worts und der worte überschaut, also auf das zuerst ver-
lautende bereits das nachschallende einwirken läszt. den umlaut des vorderen a zeugt das hintere i, sowol unmittelbar, als
nach andern zwischentretenden lauten folgend. nicht allein alle
umlaute und brechungen sind rückgriffe, sondern auch der
wandel des i in j, des u in v wird durch einen nachstehenden
vocal hervorgebracht. im sanskrit wirkt das genitivzeichen s
rückwärts guna. wiederum entspringt die ahd. assimilation
henna, hôrran rückläufig aus henia, hôrian, filloran aus firloran,
goth. jassa, nissjai, uþþan aus jah sa, nih sjai, uhþan, [mhd.

gemelliche aus ahd. gamanlicho, bei Neidhart lupper für liut-
pâri, Dippurg, Druckint für Dietburg, Drutkint in Böhmer cod.
francof. 224. 235, walppode für waltpote. weistb. 1, 627. 628,
nhd. hoffart aus hochfart,] assum, pellucidus aus adsum perlu-
cidus, d. h. dem zweiten laut wohnt kraft bei den ersten mit
sich auszugleichen oder zu verebenen. nicht anders kann hei-
lago durch das schlieszende o zu heilogo werden, gidĕgani durch
das i zu gidigini. um auch aus der syntax beispiele der rück- ?
wirkung anzuführen, postpositionen beherschen den ihnen vorstehenden casus, in unserm meintwegen hängt der vordere gen.
mein ab von wegen (t ist euphonisch zwischen getreten), in
ehrenhalben von halben, in zweifelsohne von ohne [unw. doct.
393. Langhans 88. 96, spasz ohne Vetter 194, in der länge,
nach von nach, nach der länge. Felsenb. 1; 52]*, noch häufiger
altn. der dativ hûsi at, Nâströudum â, kvisti â. Sæm. 106ᵇ von
dem hinteren at und â, wie im lat. Cumas apud, verbi gratia.
dies alles greift rückwärts, vorgreifend dagegen sind die prae-
positionen, der dativ in an dem hause, zu dem hause, der acc.
an den berg ist wirkung des vorangegangnen an, zu, an, jenes
rückgreifende meintwegen läszt sich umsetzen in ein vorgreifen-
des wegen meiner. zuweilen wirkt auch die assimilation vorwärts, z. b. im ags. sellan für selran, selle für selre. den not-
kerschen consonantwechsel gap tir, mittir, nobquon statt gab
dir, mit dir, noh guon (GDS. s. 365) lenkt jederzeit der voran-
stehende auslaut, gerade so den irischen ein vorhergehender
oder gegangner consonant (GDS. 369). den mhd. unterschied
stumpfer und klingender reime sehen wir häufig abhängen von
kürze und länge der vorletzten silbe oder auch den von ze
gebene und ze weinenne von quantität der antepenultima. ähnliche vorgriffe sind in allen sprachen wahr zu nehmen. gewissermaszen gehören hierher freie wortstellungen der rede, die

---

* dem nach, diesem nach, landes art nach. pol. stockf. 79, dem ohne für
ohne dem. nnw. doct. 951, darvon, miner swester vone. Greg. 392, mancynne
fram. Beov. 221, aeggjom frâ. Sæm. 63ᵃ, 68ᵃ, mir entgegen, dem volk entgegen,
schw. sins emellan inter se, bergauf, bergunter, kopfüber, engl. all the world over,
das jahr über, ein jahr über für über ein jahr. Weise erzn. 184, den ganzen tag
über, die tage meines lebens über. irrg. d. l. 310, feld über, über feld. Sastrow
2, 24, die mittagsstunde über. Felsenb. 2, 453, der fluhte sunder. Albr. Tit. 3565,
amnes inter. Tae. ann. I, 60, mecum, parumper, verbotenus, meine rec. von Graffs
praep. p. 4.

voraussenden was sonst nachzufolgen pflegt oder umgekehrt das
gewöhnlich vorstehende in die hinterstelle bringen, z. b. lat.
olent, tangere ut non velis; nascetur ridiculus mus.

Ich habe diese einander entgegenstehenden erscheinungen
aus lautlehre und syntax berührt, um gleich zu eingang meiner
abhandlung einiger fälle der attraction licht auf sie zu werfen.
denn auch die attractionen des relativs in den casus des demonstrativs, des praedicats in den des subjects erscheinen als
vorläufige, einwirkungen des relativen satzes aber in der vorausgehenden des subjects als rückgreifige.

In der ausgleichung von lauten und sätzen, wie sie uns
assimilation und attraction zu erkennen gibt, musz also wahre
analogie statt finden. der natur des einen lauts oder satzes,
welcher dabei nachgibt, geschieht gewalt, und der andere dehnt
seine gerechtsame aus, doch den einklang des ganzen sehen wir
durch beides verstärkt und gehoben. die servitut schadet dem
eigenthum auf einer seite, gibt ihm auf der andern gewicht und
stütze, unter ausnahmen kräftigt sich jede regel. denn diese
erscheinungen sind freilich ausnahmen, neben welchen die regel
selbst unangefochten waltet.

Alle sprachen, deren form natürlich und ungezwungen entfaltet wurde, lassen assimilationen wie attractionen zu und bilden sie in der anwendung aus. man hätte, wo es angeht, von
dem strengeren sprachgebrauch die regel, von einem feineren
die ausnahme herzuleiten.

Attraction, bächen, ja wassertropfen ähnlich, die wo sie
sich nähern in einander rinnen, gewährt die ungehemmte rede
der Griechen am meisten, wenigere schon die lateinische, beide
jedoch werden sie vorzüglich im element der volkssprache,
manche fast nur bei comikern aufzuweisen haben, von Cicero
darf man eben keine beispiele dafür verlangen. deutsche zunge,
der von jeher, so weit ihre geschriebnen denkmäler reichen,
zwang angethan wurde, sei es durch steifheit der übersetzungen,
sei es durch verwarlosung oder beschränkte regel der grammatiker, kann oft nur spuren dessen, was dennoch nicht ganz in
ihr untergieng, zeigen. Gottsched und Adelung würden sich
davor gekreuzigt haben, sie und alle übrigen sprachlehrer wissen
gar nichts davon.

I. Relativum in das demonstrativum gezogen.

Immer setzt die vorgehende attraction oblique casus voraus, dem nominativ würde blosz apposition zusagen. demonstrativum und relativum dürfen nach der regel in dem ihrem satz nöthigen casus hintereinander folgen; da jedoch oft die rede dadurch schleppend wird, pflegt schon die gothische sprache, gleich der griechischen, gern mit auslassung des demonstrativs lediglich das relativ zu setzen, in bezug auf den casus aber einen zwiefachen weg einzuschlagen. entweder behält das relativ seinen gebührenden casus: bugei þizei þaurbeima, ἀγόρασον ὧν χρείαν ἔχομεν. Joh. 13. 29 statt des vollen þô, þizei þaurbeima, wie die vulg. hat eme ca quae opus sunt nobis. oder, und das ist überwiegend der fall, das relativ wird in den casus des weggefallnen demonstrativs* gezogen: jah mann ni gataihun in jainaim dagam nivaiht þizei gasêhvun, καὶ οὐδενὶ ἀπήγγειλαν ἐν ἐκείναις ταῖς ἡμέραις οὐδὲν ὧν ἑώρακασιν. Luc. 9, 36, vulg. nemini dixerunt in illis diebus quicquam ex his quae viderant; hva nu vileiþ ei taujau þammei qiþiþ þiudan Iudaiê, τί οὖν θέλετε ποιήσω ἐν λέγετε βασιλέα τῶν Ἰουδαίων; Marc. 15, 12. vulg. quid ergo vultis faciam regi Judæorum?; μὴ πλείονα σημεῖα ποιήσει ὧν οὗτος ἐποίησε; ibaiei managizeins taiknins taujai þaimei sa tavida? Joh. 7, 31, vulg. numqnid plura signa faciet quam quae hic facit?; ibai þairh hvana þizei insandida dn izvis bifaihôda izvis? μή τινα ὧν ἀπέσταλκα πρὸς ὑμᾶς ἐπλεονέκτησα ὑμᾶς; 2 Cor. 12, 17. numquid per aliquem eorum quos misi ad vos circumveni vos?; aivaggêli, þatei mêrja in þiudôm, iþ sundrô þaimei þuhta, εὐαγγέλιον δ κηρύσσω ἐν τοῖς ἔθνεσιν, κατ᾽ ἰδίαν δὲ τοῖς δοκοῦσιν. Gal. 2, 2. vulg. evangelium quod praedico in gentibus, seorsum autem his qui videbantur; ei galeikai þammei drauhtinôþ**, ἵνα τῷ στρατολογήσαντι ἀρέσῃ. 2 Tim. 2, 4. vulg. ut ei placeat, cui se

---

* andre ansicht. im goth. relativ steckt das demonstrativ, fehlt also nicht, die relative kraft ruht nur im ei. nivaiht þizei ist nivaiht þize ei, þammei qiþiþ ist þamma ei. doch widerstrebt das vorhergehende allis, in allis þizei. ik bi ins bidja. ni bi þô manasêþ bidja, ak bi þans, þanzei atgaft mis (nicht bi þanzei), ἐγὼ περὶ αὐτῶν ἐρωτῶ· οὐ περὶ τοῦ κόσμου ἐρωτῶ, ἀλλὰ περὶ ὧν δέδωκάς μοι. Joh. 17, 9, vulg. ego pro eis rogo, non pro mundo rogo, sed pro his quos dedisti mihi (nicht: pro quibus).

** hier fordert drauhtinôn wie galeikan denselben dat.

probavit; ei jah þóei ist us Laudeikeiôn jns ussiggvaid, ἵνα καὶ τὴν ἐκ Λαοδικείας ἵνα καὶ ὑμεῖς ἀναγνῶτε. Col. 4, 16. vulg. ut et eam quae Laodicensium est vos legatis; afdailja taihundôn dail allis þizei gastalda, ἀποδεκατῶ πάντα ὅσα κτῶμαι. Luc. 18, 12. vulg. decimas do omnium quae possideo; duhvê þai sipônjôs þeinai ni gaggand bi þammei anafulhun þai sinistans, διὰ τί οἱ μαθηταί σου οὐ περιπατοῦσιν κατὰ τὴν παράδοσιν τῶν πρεσβυτέρων; Marc. 7, 3. vulg. quare discipuli tui non ambulant juxta traditionem seniorum?; nu faginô in þaimei vinna, νῦν χαίρω ἐν τοῖς παθήμασιν. Col. 1, 24. vulg. nunc gaudeo in passionibus; þaimei inpa sind fraþjaiþ, τὰ ἄνω φρονεῖτε. Col. 3, 2. vulg. quae sursum sunt sapite; iþ þu visais in þaimei galaisidês þuk, σὺ δὲ μένε ἐν οἷς ἔμαθες. 2 Tim. 3, 14, vulg. tu vero permane in his quae didicisti. die von der demonstrativen unterschiedne gothische relativform zeigt klar, dasz letztere in allen mitgetheilten stellen vorliegt und der gr. text stimmt dazu fast überall, während die lat. vulg. meistens das demonstr. hinzufügt. nicht anders construierte auch die classische griechische sprache, z. b. Plato zu eingang des symposiums p. 172 sagt: δοκῶ μοι περὶ ὧν πυνθάνεσθε οὐκ ἀμελετήτος εἶναι, ich scheine mir das, was ihr fragt, genug bedacht zu haben. der nachdruck liegt auf dem sinn des hauptsatzes, nicht des relativen zwischensatzes und man kann sich alle solche attractionen verdeutlichen, wenn man den relativsatz in ein participium oder adj. umwandelt: ich glaube das gefragte bedacht zu haben, ich gebe den zehnten theil alles von mir besessenen, trachtet nach dem oberen, wie Luther verdeutscht, nach dem was oben ist. das latein der vulgata löst alle angeführten attractionen auf.

Ahd., wo demonstratives und relatives der diu daz gleich gestaltet sind, fällt es schwerer das eine oder das andere bestimmt zu erkennen; ich will erst beispiele herschreiben und sie dann besprechen. Matth. 12, 48 setzt die alte übersetzung: er antwurta demo za imo sprach, respondit illi, qui locutus est ad eum (vulg. respondens dicenti sibi); [13, 45 auch ist galîhsam himilô rîhhe demo suohhenti ist, vulg. negotiatori quaerenti; 25, 9 gât ûz za dêm iz farchaufent, ad vendentes; 26, 71 quad za dêm dâr wârun, his qui erant ibi; 23, 18 suerit in dêm kebem (? kebôm) dêm dar oba sint; 20 suerit in demo ioh in allêm dêm dar oba sintun; 21 in demo dar inno artôt; 22 bî demo dar oba ist. im achten jahrh. ni des eies inpîzê des in

demo tage gilegit sî. Bas. hss. p. 8;] melotis (μηλωτή), daz fel
muuichâ fora im tragant. gl. Hrab. 969*; wê demo in vinstrî s
scal sînô virinô stuen. Musp. 28; denne verit er zi deru ma-
balstcti dern thar gimarchòt ist. Musp. 84. mehr als einen
beleg gewährt Isidor: dhanne sô dhràto mibhil undarschcit ist
undar dhera chiscafti chilihnissu endi dhes izs al chiscuof, dum
multum distct· imago creaturae ab eo qui creavit. 4*, 7; sendida
mih after guotlîhbin zi dheodôm dhêm euwih biraubôdôu, post
gloriam misit me ad gentes, quae exspoliaverunt vos. 5*, 20; si
werdant zi scâbche dhêui im aer dheonôdòn, et erunt praeda
his qui serviebant sibi. 6*, 2; ih bibringu foua Jacobes sâmin
endi fona Juda dhen mînê bergà chisitzit, educam de Jacob
semine et de Juda possidentem moutes meos. 17*, 3. noch
häufiger Otfried:

sô sie thô thara quàmun, thia muater gisâhun,
joh ther siu thara fuarta, thar iro zueio huatta. I. 13, 11;
thia gilouba thia làz ih themo iz lisit thar. I. 19, 25;
er sprah zi thên es‑ruahtun. I. 23, 35;
sô wer sô ouh nuas eigi gebê themo ni eigi. I. 24, 7;
ni làzent thie arabcites frist themo wârlicho man ist. II. 14, 4;
lâz thia suorga themo thih sulichan giduat. II. 22, 25;
[theih sînu werk wirkê, thes mih zi thiu wanta. III. 20, 13.]
ouh thêu thar after laute farent wallônte. IV. 2, 25;
[then thar umbi inan sâzun. IV. 10, 2.]
joh wir thaz mâri bringeu thên thara zua githingèn. IV. 37, 66;
joh si sliumo tbar irgab thaz dreso tbar in iru lag. V. 4, 24;

aus Notker habe ich weuige stellen angemerkt, wol andere übersehn, sie sind sämtlich in Capella: taz nieht tàr ana ne brâste
alles tes tiu natura begrîfet, ut nihil abesset quicquid ab omni
creditur uatura contineri. 60; durch dia herti alles tes tanne
gefroren ist. 70; ube mih ne lusti furi inwih pringen des mir
suîgenteino samo wola spuoti, et quicquid tacito velle fuit satis
id ferre in medium collibitum foret. 79. [er was disputans,
sô er is alles kab rationem des er lèrta. Boeth. 102; mit tero
nôte des scazzes, tes er sculdig was. 21; ih wird aber nu gewar des tu fore chàde. 230; allero antwurto dero sie gàbun
fone dero natura. 232.]

Meiner ausicht nach ist nun Matth. 12, 48 in demo das
goth. þammei gelegen, kein demonstratives þamma, also nicht
ein lat. illi, sondern qui übersetzt, das demonstrativum ausge-

lassen. in der gl. Hrab. scheint daz kein nom. des artikels,
sondern das auf melotis bezogne relativum. es läge freilich
nahe das relativum für ausgelassen zu halten und die demon-
strativform auch demonstrativisch zu fassen, so dasz beide stellen
zu vervollständigen wären: er antwurta demo, der za imo sprah;
daz fel, daz munichâ tragant. dann wäre keine attraction im
spiel, nur ein leicht erklärlicher wegfall des relativs, aber die
goth. analogie gienge verloren, denn þaimei inpa sind liesze
sich nicht nehmen þaim pôei iupa sind, afdailja dail allis þizei
gastalda nicht dail allis þis patei gastalda, die formen þaimei
und þizei sind wesentlich relativ und enthalten attraction. überzeugt man sich hiervon, so werden auch alle übrigen ahd. beispiele verständlich sein, blosz O. I. 13, 11 bedarf etwa einer
auslegung, der zweite vers will sagen cumque qui matrem et
infantem puerum eo duxit et ambo ibi custodivit, eigentlich
sollte es heiszen then statt ther, doch mag Otfried einem durch
das folgende siu leicht herbeigeführten misverstand ausgewichen
sein. Notkers alles tes stimmen zum goth. allis þizei, und man
erkläre wieder nicht: alles tes taz*.

Im alts. Heliand liest man 72, 8 bôtta thêm thar bliude
wârun, sanavit eos qui caeci fuerunt; 105, 14 lêth was that
suitho, allon thêm ando thêm thar quâmun; 110, 17 huand sin
ine ni antkendun craftagne god, himiliscan herron, thene sie
giscôp mid is handon.

Mhd. stellen stehen genug zu gebot:
den wuohs genuoc ûf der erde
des dâ solde werden. genes. 31, 21. auch fundgr. 2, 29, 7;
er was ime gebôrsam
al des der in hiez tuon. fundgr. 2, 29, 41. anders Diemer 33, 14;
des siges des er dâr nam,
wêre er ein wol bedâht man,
er ne wurdis niemer frô. Lampr. Alex. (Weism.) 1239;
daz uns got alles des gewer
des wir haben gesprochin. fundgr. 2, 237;
owê des ganges des ich gie. 2, 261; des ich gân. 2, 281;
der cunig dô schiere jagen reit
mit allen den dâ wâren. Eilh. fundgr. 1, 236;

---

* über altn. er vgl. gramm. 3, 22: kom til dvergs þess er heitir Andvari.
Sn. 136 == goth. þizei. âtti hest þann er Goti heitir. 140. þat gull skyldi verða
þess bani er âtti. 137.

sô heizet er sich wîsen
alles des der alte hât. warnung 53;
er sagete vremidiu mære
des in deme sôde wære. Reinh. 972 (alte hs.);
des ein gebûre dem andern tuot
komet dicke lôn. Reinh. 298;
ob sie iht habe behalten des ir wart? 493;
ich gæbe dir gerne des ich hân. 1682;
(Gunther) wære mir gestanden
alles des ich wolde. Kluge 470;
si gedâht ouch maneger leide der ir dâ heime geschach. Nib.
1331, 4;

alles des ich ie gesach, sprach dô Hagene,
sô engerte ich hinnen mêre niht ze tragene
niwan jenes schildes dort an jener want. 1636, 1;
nu sît willekomnen swem iuch gerne siht. 1677, 1;
aller mîner êren der muoz ich abe stân,
triwen unde zühte, der got an mir gebôt. 2090, 3;
dô entluoden si die kochen und truogen uf den sant
vil dinges des si brâhten mit in daz lant. Gudr. 1591, 1;
alles des si wolden wurden si gewert. 19, 2;
und alles des verpflac
des im ze schaden mohte komen. Iw. 5338;
und hât mich âne getân
alles des ich solde hân. 4465;   7
wir müezen morne an iu geschn
den jâmer den (s. l.) an dise vrist
an manegem hie geschehen ist. 6347*;
daz ich iu sus gedanket hân
des ir mir guotes hânt getân. 7748;
wan des gewaltes ist sô vil
des dir an mir verlâzen ist. erstes büchl. 46;
herze, dû maht dich wol schamen
des spottes des du an mir begâst. 1, 1195;
daz sich ein wol frumer man
alles des getræsten kan
des er niht gehaben mac. 2, 481;
got hüete al der ich lâze hie. Parz. 324, 29;

_____

* unde wolden niet besén
den mort den dô was geschén. Lampr. Alex. 3228. (Weism.).

der möhte mich ergetzen nicht
des mærs mir iwer munt vergiht. 476, 18;
ich gloub swes ir gebietet. 818, 3;
ir kein den andern nîte
der gäbe der der juuge gap. Lanz. 1425 (var. die der);
diu (burc) hiez Limorz, der nihtes brast
swes man dâ haben solde. 1557;
daz ir enwederm nihtes brast
swes eime guoten ritter zimet. 2008;
nu lânt iuch niht belangen
eines mæres des i'u sagen sol. 2319;
wan der wirt het genuoc
swes wazzer oder lant truoc. 4174;
und aber des rehtes unverzigen
des ich an iuch ze redene hân. Trist. 20, 30;
und alles des des si geleit
von senelicher arbeit,
sone wiste si niht waz ir war. 26, 15;
ich weiz ein teil des hie geschiht. Freid. 18, 14;
ez bitet dicke ein richer man
den armen des er nie gewan. 41, 26;
swen genüeget des er hât. 43, 10;
der sinneriche Frîgedanc,
dem elliu rede volge jach
swes er in tiutscher zungen sprach. aus Rudolfs Alex.;
wan daz ein sinnic herze sich
beklagen sol des im beschiht. Ms. 1, 79ᵇ;
owê des scheidens des er tet. 1, 52ᵃ; Ms. F. 131, 1;
wol mich des weinens des er dô begie. ebenda;
er ist ein koufman alles des ein reine herze kan begern. 2, 132ᵃ;
dâ du bist gewaltic alles des dir ist geheiliget. 2, 136ᵇ;
doch dunket mich vil gar ein niht
wider dem nu tegelich geschiht. 2, 138ᵃ;
trinken des besten des dô si. cod. kolocz. 138, 364;
und niht des verdagte
des er in sinen tagen lobeliches begie. Karl 34;
und mante er got vil tiure
alles des geliche
des er an dem ertriche — begie. 286.
ich gerœche mich und erholte

des er mir tuot ze leide. 2395:

daz er muoz volgen des ich wil. 2438;

dô sluoc er fünfe ze hant

der küenesten der er dâ vant. 6920.

aller der im Karl lie,

der lebte deheiner mê wan die. 7439;

daz ir iemer êre müezet hân

des dienstes des iu wirt getân. 9666;

und ander sus genuoc

der (gen. pl.) ir muot nâch hôhen êren truoc. Dan. 20ᵇ;

ich hân si mit leide ergetzet

des liebes des ir von mir geschach. 53ᵇ;

berætet si tagelîche

alles des si haben sol. altd. wäld. 3, 234;

jâ wæne ich riuwic bestân

des ich hân an dir erzogen. Helmbr. 633;

nu underwint dich alles des ich hân

und alles des ich ie gewan. GA. 2, 248;

ezzet mit mir armen man

des ich iu ze gebene hân. 2, 163;

daz ich mich an im erhol

des schaden des ich von im dol. Meleranz 9852.

ezn nimt niht war des obezes, des dà rîset. Wartb. kr. Simr.
str. 72.

dur dat man se nicht vertôgen ne mach, des se vor gerichte
spreket. Ssp. 1, 46;

ûf daz niman wurde

gewar des kindes des si truch. pass. 4. 347, 10;

ò we des slâpes des wi slêpen! upstandinge 783; Mone
schausp. 2, 62.

Warum sollte hier, in allen stellen, die ahd. weise nicht
dauern? wo schon ein artikel oder ein alles, aller vorhergeht,
fällt es doch unmöglich dem nachfolgenden pronomen demon-
strativbedeutung einzuräumen, es ist das deutliche relativum
und alles des entspricht, wie gesagt, dem goth. allis þizei;
eben so zu fassen sind des siges des, des dienstes des, des
besten des, vil dinges des, einigemal swes, und die gen. pl.
der küenesten der, aller der, ander der; ungewöhnlich doch
gleicher beurtheilung unterliegend sind die dative swem, wider
dem oder der acc. den mort den, Lampr. 3228, den jâmer den,

Iw. 6348, falls meine emendation richtig, ahd. bei O. 1. 13, 11 hätte ich gern gerade so then geschrieben. Lachmanns vorschlag daz jâmer (Iw. seite 523) erleichtert nicht, er sieht hier freilich auslassung des relativs, auch Parz. 476, 18 fiel hinter mærs kein daz aus. etwas anders sind fügungen wie

> wer was ein man, lac vorme grâl? Parz. 501, 20;
> sprach einer, stuont dâ nâhe bî. Lanz. 449;
> ein herre, pflac schônheite vil. fragm. 29*;
> er fuort in sîner hende
> ein sper, was michel unde lanc. ebenda;
> wir sâhen bî dem viure
> ein tierlî, was gehiure. Bon. 43, 67;
> eis mâls, dâ im engegen kam
> ein swacher esel, was nicht kluog. 51, 8;
> es war einmal ein zimmergesell,
> war gar ein jung frisch blut. Mittler 133*a,

in welchen gar keine attraction waltet, wie schon der nom. lehrt, vielmehr blosze apposition, ich gestehe, dasz sich allmälich auch in einzelnen beispielen der attraction ein gefühl solcher auslassungen festgesetzt haben mag.

Nhd. wird man in älteren denkmälern* noch belege des fortwährenden gebrauchs der attraction aufspüren, in einem weisthum von 1483 (1, 65) heiszt es: ob witwen oder waisen unbefogtet waren, das die bevogtet werden sollen mit dem nechsten vattermagen ... oder dem darzu erkosen wird. setze man um ins participium, oder dem darzu erkorenen, so ist alles klar. wir pflegen freilich heute zu sagen: er erinnerte sich alles dessen, was ich ihm vorgestellt hatte; er gedachte aller derer, die ihn begleitet hatten; ich mangle nun aller der früchte, die ich ausgesät habe; im particip würde sich die rede kürzen: alles des ihm vorgestellten, aller ihn begleitenden, aller ausgesäten. auslassungen des relativs begegnen allerdings auch: dan soll ein iglicher man, zu Schweich wannet (wohnet), farn. weisth. 2, 309 (a. 1517); dieses war wol eine von den grosten

---

* so entgelt ich des ich nie genosz. fastn. 415, 6. wes lob in grosser duld erlitt, des seit erindert auch hiemit. Schwarzenberg 156, 2*. im spruch: ein bauersmann, der sich anders nit nert, den das er mit dem pflug aus der erden ert. Kellers altd. schw. s. 48 no. 39 könnte früher des gehört worden sein. das in seiner hand ist die seele alles des da lebet. Hiob 12, 10. (später des das da lebet)

freuden, ich mein leben entpfuuden. El. von Orl. 360. man sehe unten s. 24.

II. Demonstrativum in das relativum gezogen.

Diese nicht vorwärts sondern zurück wirkende attraction ist weit lebhafter und auffälliger. denn es musz stärker empfunden werden, dasz ein casus, dessen bedingung erst in dem nachfolgenden relativsatz liegt, schon voraus walte. die griechische und auch lateinische sprache gewähren zahlreiche beispiele, mindere erscheinen goth. und ahd., wo doch die vorige attraction ihren festen sitz hatte; aber mhd. und selbst nhd. wird es nicht daran fehlen. alle hierher bezüglichen fälle des vorausstehenden relativgesetzten interrogativums schliesze ich gegenwärtig aus und behalte sie künftigen erörterungen vor.

Kein einziger casus nun lenkt so leicht in den relativsatz ein, als der nominativ in dessen accusativ. unsere heutige sprache unterscheidet diese beiden casus fürs fem. und neutr. gar nicht mehr, für das masc. nur noch im sg. des pronomens und adjectivs, überall also, wo kein nom. letzterer art einzutreten hätte, macht sich der übertritt in den acc. am bloszen substantiv nicht mehr fühlbar.

Ich schicke lateinische beispiele, weil sie die sache gleich deutlich machen, voraus. bekannt ist Virgils

> urbem quam statuo, vestra est. Aen. 1, 573 [*],

und man könnte das so verstehn als wäre gesagt: quam statuo urbem, ea vestra est, wo das substantiv unmittelbar in dem relativsatz enthalten wäre; richtiger scheint doch, weil das subst. offenbar vorausgeht, das relativum erst nachfolgt, ein urbs, quam statuo, vestra est zum grunde zu legen und den nom. urbs von dem folgenden relativ anziehen, d. h. in urbem übergehn zu lassen. nicht anders beurtheile man die folgenden, vornemlich aus comikern [**] geschöpften fälle:

> sed istum quem quaeris, ego sum. Plautus Curculio 3, 49.

wo Rapp, der geistreichste übersetzer des Plautus, den wir haben, zwar ganz richtig, doch ohne attraction verdeutscht:

> doch den du suchst, der mann bin ich;

warum nicht:

---

[*] Bekker monatsber. 1862 p. 163 vergleicht dazu Od. 19, 406.
[**] vgl. Plaut. capt. prol. L 2, 1. Terent. eunuch. IV. 3, 11.

ihu den du suchst, der mann bin ich;
istum quem quaeris Periphanem Plantenium, ego sum.

Epidicus 34, 12,

hier sind durch das quem drei nominative iste Periphanes Plan-
tenius in den acc. gezogen.

Naucratem quem convenire volui, in navi non erat.

Amphitr. 4, 1, 1.

bei Rapp mit aufgehobener attraction:

der Naucrates, den ich nun will, ist nicht im schif;
eunuchum quem dedisti nobis, quas turbas dedit! Terentius

eunuch. 4. 3, 11;

principio, si id te mordet, sumptum filii
quem faciunt, quaeso hoc facito tecum cogites.

adelphi 5. 3, 21;

hunc quem per urbes ire praeclarum vides, levis est. Seneca

Herc. oct. 410.

11 um auch einen beleg aus der prosa zu geben, Petron sagt
cap. 134: hunc adolescentem quem vides, malo astro natus est.
diesen schriftsteller wissen wir lebendiger, volksmäsziger als
viele andere.

Im text des neuen testaments, so wie in der vulgata, begegnen einige merkwürdige stellen, die zu denen gehören, bei
welchen die abweichende, schwankende lesart von wichtigkeit
für die beurtheilung des alters wird. Matth. 21, 42. Marc. 12, 10.
Luc. 20, 17 überliefert der recipierte text: λίθον ὃν ἀπεδοκίμασαν
οἱ οἰκοδομοῦντες, οὗτος ἐγενήθη εἰς κεφαλὴν γωνίας. dazu stimmend
die vulgata: lapidem quem reprobaverunt aedificantes, hic factus
est in caput anguli. der satz rührt aus ps. 118, 22, wo die LXX
λίθον ὅν, lapidem quem gebeu. von jenen drei stellen können
wir nur die zweite aus Marcus bei Ulphilas vergleichen und
hier steht ohne attraction: stains, þammei usvaurpun þai timrjans, sah varþ du haubiþa vaihstins. erschien dem Gothen die
griechische construction undeutsch, oder hatte er eine handschrift
vor sich, die gleichfalls den nom. setzte? das letzte ist weit
wahrscheinlicher, da sich wirklich die variante λίθος findet, namentlich bei Origenes. einen acc. hätte ohnedem die goth.
fügung neben usvairpan, das den dativ begehrt (s. s. 22), nicht
ertragen. nicht unbelohnend ist auch die vergleichung des ags.
neuen testaments, wo Matth. 21, 42 und Marc. 12, 10 steht: se
stân, þe þâ vyrhtan âvurpon, þes is gevorden tô þære hyrnau

heáfde, hingegen Luc. 20, 17 þone stân im acc., hier musz die
vorgelegene vulgata bald lapis, bald lapidem dargeboten haben.
auch die nórthumhrischen evangelien haben Marc. 12, 10 þe stân
[þâtte stân þonne. Bouterwek screadunga p. 55.], Luc. 20, 17
þone stân. gleichfalls die ags. metrischen psalmen p. 338:

> þone sylfan stân þe hine svyđe ær
> vyrhtan âvurpan, nu se gevorden is
> hvommona heágôst,

nach einem lateinischen text mit lapidem qnem. im abd. Tatian
oder Ammonius cap. 124, 6 heiszt es: stein then sie widarcnrun
zimborontê, der ist gitân in honbit winkiles, da kein artikel vorgesetzt ist, läszt sich nicht ersehen, ob stein accusativisch oder
nominativisch zu fassen sei. andere alte übertragungen des N. T.
stehen nicht zu gebot, doch ans abweichung der lateinischen
lesart erklärte sich wiederum, warum Notker ps. 118, 22 (Hatte-
mer 416') schrieb: der stein, den Judêi zimberônde ferchuren,
der ward ze houbete des winkels, daz chit ze houbetsteine, hingegen der verfasser der Windsberger psalmen p. 550: den stein 12
den der verchuren die zimberente, der worden ist an dez houbet
des wincheles, und die Trierer psalmen geben: den stein den
si da virwrfen u. s. w. nicht zu glauben ist, dasz Notker lapidem
vor sich gehabt und den stein für undeutsch gehalten habe.
Luther setzt alle viermal den nom., mied also die attraction:
der stein, den die bauleute verworfen haben, der ist ein eckstein
geworden.

Eine andere stelle findet sich 1 Cor. 10, 16: τὸ ποτήριον τῆς
εὐλογίας ὃ εὐλογοῦμεν οὐχὶ κοινωνία ἐστὶν τοῦ αἵματος τοῦ Χριστοῦ;
τὸν ἄρτον ὃν κλῶμεν, οὐχὶ κοινωνία ἐστὶν τοῦ σώματος τοῦ Χριστοῦ;
die attraction in τὸν ἄρτον ist augenscheinlich, musz aber auch
für τὸ ποτήριον behauptet werden, wo sie ans der form nicht er-
hellen kann. wiederum haben einzelne hss. für τὸν ἄρτον unangezogen ὁ ἄρτος, wozu die vulg. stimmt: calix henedictionis, cui
benedicimus, nonne communicatio sanguinis Christi est? et panis,
quem frangimus, nonne participatio corporis domini est? wenn
wiederum hss. lesen calicem, cui benedicimus, so ist dieser acc.
sinnlos, denn es sollte stehen calici; statt panis darf es allerdings heiszen panem quem frangimus, Lachmann hat, scheint
es, diese variante übersehen, die vnlgata folgte meistentheils dem
gr. text auf dem fusz; die griechische sprache des N. T. hat
aber, wie nicht blosz ans diesen stellen erhellt, oft eine volks-

mäszige färbung. Ulphilas sagt nun: stikls þiuþiqissais, þanei gaveiham, niu gamaindups blôþis fraujins ist? hlaifs, þanei brikam, niu gamaindups leikis fraujins ist? beidemal unanziehend, wir haben also überhaupt keinen einzigen beleg für die attraction im gothischen. bei Luther wird man sie in dieser stelle noch weniger erwarten.

Hier stehe dafür ein beispiel aus der alten griechischen sprache: τὰς δὲ στήλας τὰς ἴστα ὁ βασιλεὺς Σέσωστρις, αἱ μὲν πλεῦνες οὐκέτι φαίνονται περιεοῦσαι.   Herodot 2, 106.   [vgl. hymn. in Cerer. 66.]

Bei Otfried lesen wir I. 27, 25:
> ther gomo, then ir zaltut, joh namahafto nantut,
> ni bin ih ther,

nicht then gomon then; weder er noch andere ahd. denkmäler lassen der sprache freien lauf genug, um sich solche wagnis zu gestatten. T. 87, 4 heiszt es: giwelih de dar trinkit fon wazzare thesemo, thnrstit inan abur, omnis qui bibit ex aqua hac, sitiet iterum, es hätte wol mit anziehung stehen können: giwelîhan trinkit thurstit inan. desto willkommner sind aus mhd. dichtern augenscheinliche beispiele[1], deren ich, damit man glauben schenke, eine ziemliche zahl vorlege, die meisten aus Hartmann und Stricker; von Gottfried, Rudolph, Conrad stehn keine zur hand oder müsten mir entgangen sein. Hartmann scheint solche attractionen besonders zu lieben, sie sind aber verschiedentlich von den herausgebern seiner gedichte getilgt worden und erst wieder herzustellen.

> den minnisten helbelinc
> den imer iman dar gelegit,
> der ne wirt ime niemer versagit. vom glouben 2613;
> den boten ,den wir hie geschen,
> daz is selbe Alexander. Lampr. Al. 2999;
> den tou den her inme grase vant,
> mit sîner linden wîzen hant
> des nam her aldâ zestunt
> harte luzzel in den munt. gr. Rud. 23, 12;

---

[1] von selbst versteht sich, das den ersten casus, der attrahiert werden soll, regierende verbum darf nicht vorausgegangen sein, dadurch würde alle attraction ausgeschlossen, z. b. wenn es in einem liede Hartmanns 20, 23 heiszt:
> dâ vind ich die diu mich dâ vil.

für alle die si kômen, die muosen in des jehen. Nib. 359, 5.
Holzm. 378, 1 = alle für die si k.

den eit den du biutest, mac der hie geschehen. Nib. 802, 2;

den schatz den sin vater lie,

der wart mit ir geteilet hie. Greg. 463;

den besten zobel den man vant,

daz was der maget gewant. a. Heinr. 1025;

si ist iemer ungeschriben,

die freude die si hâten. 1400, wäre möglich, die ausgaben
setzen stets: diu freude die.

den lôn den si dô nâmen,

des helfe uns got. Amen. 1519, wo man setzt der lon, die
Straszburger hs. bezeugt den;

den schilt den er für bôt,

der wart schiere zeslagen. Iw. 6722, nur d hat der schilt, s.
Lachm. anm. s. 535;

die rede die ir habent getân,

die wold ich gesprochen hân. 7435, hier mag man das erste
die für angezogen nehmen oder nicht;

daz ir alle iuwer nôt

die iu durch sînen übermuot

der grâve Aliers lange tuot

und noch ze tuonne willen hât,

der wirt iu buoz unde rât. 3407 in der zweiten ausg. von
Lachmann getilgt;

wir müezen morne an iu gesehen

den jâmer unz an dise vrist

an manegen hie geschehen ist. 6347. (vgl. anm. s. 523);

den liebsten tac den ich ie gewann,

der ist mir hiute widervarn. 2336, wo das erste den in keiner hs.;

den bœsten garzûn den er hât,

dem well er si geben. 4496. den steht in D;

und den kumber den er truoc,

daz der ein ende solde hân. 8100 nach Eabd, doch ABD der;

die allerbesten spilman

die diu werlt ie gewan,

und die meister wârn genant,

der was dâ ze hant

driu tûsent unde mêre. Er. 2157;

14

den êrsten den ich ie gewan,
der muoz mir ouch der jûngste sîn. 6298;
den ouch ir herze lêrte pîn,
den herzogen von Gowerzîn,
Lischoys wart Cundrie gegeben. Parz. 730, 1;
den schilt den er solte tragen,
der was als er wolte. Lanz. 370;
lieben wân den ich hân gein der lieben wolgetân,
der ist iemer unverlân. Haupts Neidhart XI, 16;
den halsberc den er fuorte an,
der was maniger marke wert. Herbort 7397;
den abit den er truoc an,
was ein mantel wîz und rein. einl. zu Herb. s. XXIX;
den trôst den ich hete erkoru,
der kunt mich niht vervâhen.. Krone 12231;
einen mantel den er an truoc,
der was gezieret genuoc. Karl 2739;
die grôsten hulwen die man vant,
dâ biez si in werfeu in. 8578;
einen munt den er hât,
der ist witer denne ein helm. Dan. 39*;
den schaden den ich des haben mac,
der diuhte mich allez ein wint. 40*;
daz sin herze verjach,
den besten den er ie gesach
iu den landen anders wâ,
sô wære der bœste tiurer dâ. Amis 1625;
den ersten kiel den er dâ vant,
dâ wart er inne über brâht. GA. 1, 285;
den ruwen den si dô intfeinc,
de was jemerlich genoich. Karlm. 45, 11;
den schonen muil den he reit,
de veil vil unwerde
neder up de erde. 234, 1;
al den rait den ich mit sinne
uch ummermê gerâden mach,
de sal uch nacht ind dach
van mir ummer mê gereit sîn. 99, 57;
den bissen, den die frau in den munt
het gestoszen, das er ir starp. Keller erz. 278, 37;

den krebez, den wir gezzen hân,

daz möhte wol ein esel sîn. Keller erz. 499;

den pesten schatz, ich dâ verschreib,

zbâr daz was mist. Wolkenstein s. 36;

den pesten vogl den ich waiz,

daz was ein gans, vor zeiten ward gesungen. s. 76, was auf ein altes volkslied zurückgeht, dessen bestätigung wir gleich nachher finden werden. hier auch zwei prosastellen: den bû den her Henrich von Rafinsberg bi derselbin hofstat wolte hân 15 gebûwin, missevallit der dem kloster u. s. w. urkunde von 1273. in Wackernagels Walter von Klingen s. 28; den minsten sternen den der mensch mag geschin, der ist grôzir danne daz ertrîche alle sament. Mcinauer naturlehre. Stuttg. 1851 s. 1.

Neutralflexion lâszt keinen unterschied zwischen nom. und acc. erkennen:

allez daz si wolden, des was man in bereit. Nib. Holzm. 803, 3. 1858, 3, wo Lachm. 743, 3. 1755, 3

alles des si gerten, des was man in bereit;

alliz daz er ie getete wider gotes hulden,

des wirt im vil dâ vergeben. vom gelouben 1218:

alliz daz ûf der erden lebet,

des nist neheine wîs sô vîle. litanie 181;

daz wirste lit daz ieman treit,

deist diu zunge, sô man seit. Freidank 164, 3;

daz beste daz ie man gesprach

oder iemer mê getuot,

daz hât mich gemachet rehte lôs. Ms. 1, 1, 65°;

diu jâr diu ich noch ze lebenne hân,

swie vil der wære. daselbst;

diu wort diu er von gote sprach,

der nam si mit dem herzen war. Karl 10438;

dagegen zeigt der ein neutr. folgende acc. f. leicht attraction an:

ein wîp diech ê genennet hân,

hie kom ein ir kapelân. Parz. 76, 1.

für den acc. f. mit artikel oder adj. ist mir kaum ein beleg zur hand:

die êre die man ihm erbôt,

der was vil unde genuoc. Dan. 36°;

warum nicht: die grœste freude die wir hân,

deist guot gedinge und lieber wân. Freidank 134, 22?,
wo gelesen wird: diu grœste freude.

Es steht zu erwarten, dasz eine so gesicherte ausdrucksweise nicht allein schlüsse auf die ahd. zeit, sondern auch auf
die nhd. gestattet, was im dreizehnten und vierzehnten jahrh.
gangbar war, musz schon im achten und neunten dagewesen
sein und im funfzehnten und sechzehnten noch fortdauern. doch
sind nhd. belege dafür hauptsächlich in dem freien ton des volks-
gesanges aufzusuchen, weniger in der prosa, deren regel in den
letzten jahrhunderten immer stärker verengt wurde.

Verbreitete lieder des sechzehnten jahrh., meistens aber viel
früher entsprungen, beginnen:

[den liebsten bulen den ich han,
   der ist leider al zu ferre. Forster frische liedlein 3 (1552)
no. 27. 4 (1556) no. 32. auch noch so Wunderh. 3, 142;]
   den liebsten bûlen den ich hab,
   der leit beim wirt im keller. Fischart Garg. 85'. Uhland 584.
585;
   den liebsten bûlen den ich han,
   der ist mit reifen bunden. Uhland no. 214,
und danach ein geistliches lied in Hofmanns gesch. des kirchen-
liedes s. 197:
   den liebsten herren den ich han,
   der ist mit lieb gebunden;
[den grösten feind den ich han,
   das ist mein fleisch und blut. Marburger gesangbüchl. 1549.
ausg. von Ernst Ranke. 1862, s. 8;]
   den besten vogel den ich weisz,
   das ist ein gans. weltl. lieder. Helmst. 1588. Hofm. gesell-
schaftslieder no. 132. Mittler no. 1355, siehe vorhin beim Wolkensteiner;
   diesen vogel wer ihn hat,
   der rupft und zupft ihn, wie er mag. daselbst;
   den wandel den es an im trägt,
   der ist gar mancherlei. bergreien herausg. von Schade s. 122,
wo die s. 164 vorgeschlagne änderung unnöthig war;
   den hundstâll den du hast veracht,
   der hat dich in grosz schad gebracht. lied auf Frankfurt von
1552 bei Lersner s. 389;

den unflat den ich trage,

   der ist werlich in dir. Berl. meisterges. 23 no. 84;

den groszen lon den er mir gibt,

   der wirt mir vil zu saure. Uhland s. 232;

den meigen den ich meine,

   das ist der süsze gott. s. 878 no. 341;

den eit den sie gesworen han,

   dem haben sie nit recht getan. Soltau 139;

den ersten schrei und den sie thät,

   war hilf Jesu Marie sohne. wunderhorn 1, 104[1]. [Ernst Meier
schwäb. volksl. 300. 303. 405. mit weltlichen zweiten versen, vgl.
schwäb. kindersp. s. 145.]

einzelne handschriften oder drucke stellen aber, mit aufhebung [17]
der attraction, statt des acc. den nom., wie er der neueren
sprachregel zusagt, her. noch ein auf den tod der königin
Luise von Preuszen gedichtetes volkslied gewährt ein beispiel
der anziehung:

      meinen tod den sie beklagen,

        ist für sie gerechter schmerz. Hildebrand s. 451[*];

ein schwäbisches bei Ernst Meier s. 85:

         den letzten kus

         den ich dir geben thu,

         weil ich fort musz,

         leb wol gedenk an mich!

wo nur vor lebwol ein der ist, der sagt unausgedrückt blieb.
in der sprache des gemeinen volks wird man öfter hören: den
besten freund den ich habe, das bist du; unsern gröszten feind
den wir haben, das ist er; den mann den du suchst, das bin
ich; ich gieng aus und den ersten den ich zu gesicht bekomme,
das war er. selbst unter gebildeten läuft manches der art unter, und wer würde ein 'den grund den du sagst, das ist nicht
der rechte' geradezu ablehnen? für den mann, den du suchst,

---

[1] man halte hierzu aus bekannten liedern:

     den ersten tropfen den sie trank,

     ihr herz in tausend stücke sprang. Simrock 15;

     den ersten schrei und den sie that,

     da rief sie gott im himmel an. daselbst 17,

wo nur der erste acc. keinen nom. vertritt, vielmehr einen instrumentalbegrif: mit,
bei dem ersten tropfen, schrei.

[*] den gröszten gefallen den er mir thun könnte, ware u. s. w. Liselotte bei
Ranke 292.

den grund den du sagst, liesze sich setzen: den du suchst, was
du sagst, und niemand würde anstosz nehmen. dem einigemal
vor das relativpronomen geschobnen 'und' wohnt von alters her
relative kraft bei, wie ja das lat. que unmittelbar zu qui gehört:

ergetzet si der leide und ir ir habet getån. Nib. 1148, 3,
wozu man vergleiche

er wolde sie ergetzen swaz ir ie geschach. 1195, 2,
das dürfte auch mit attraction des relativs ins demonstrativ
heiszen: swes ir ie geschach.

Dem weiblichen oder pluralcasus sehen wir heute ebenso
wenig als dem neutrum an, ob sie acc. oder nom. sein sollen,
z. b. wenn es in einem liede heiszt:

die hasen die man schieszen soll,
die laufen in den wald. Ernst Meier s. 83.
oder wenn ein lebender dichter singt:

die Elsbeth die ihr nicht habt gekannt,
die hat sich gar schön die nase verbrannt.
die kastanien wenden sich von selbst. [Pfeffelalbum 219.]
15 was aber für diese deutschen casus, gilt für alle romanischen
überhaupt, und insofern scheinen sie der besprochnen attraction
unfähig, auszer etwa da, wo der acc. von einer praeposition abhängt, also kein nominativ sein kann. ein beispiel solcher attraction entnehme ich aus dem spanischen, Hurtado de Mendoza
sagt im Lazarillo zu eingang des sechsten capitels: en el quinto
por mi ventura dí que fué un buldero, was sich auf hochdeutsch
ohne praeposition aber auch mit attraction ausdrücken läszt: den
fünften den ich traf, war ein ablaszkrämer, denn mit der praeposition dürften wir hier nicht wie der Spanier schalten, doch ein mhd.

für alle die sie kåmen, die muosen in des jehen
wurde vorhin (s. 13) angeführt. attractives für welche, für wen
bleibt uns aber heute gestattet.

Bisher war blosz von nom. und acc. die rede, welche casus
sich am leichtesten vertreten, in den geschwächten formen unserer sprache meistens nicht mehr gesondert werden, so dasz
für den gebrauch der attraction das gefühl beinahe erloschen
ist: nun aber entspringt die frage, ob auch andere casus des
relativen zwischensatzes auf den hauptsatz einwirken?

Wiederum sollen classische beispiele* voraus geschickt
werden.

* Bekker monatsber. 1862, 162 führt ähnliche stellen an.

Ἀνδρομάχη, θυγάτηρ μεγαλήτορος Ἠετίωνος,
Ἠετίων ὃς ἔναιεν ὑπὸ Πλάκῳ ὑληέσσῃ. Il. 6, 395,
wo dem schon vorausgegangnen gen. nachdrücklich noch ein
attrahierter nom. hinzugefügt ist.

In folgender stelle der Aulularia des Plautus sehen wir den
nom. des zwischensatzes sich einem obliquen casus des hauptsatzes assimilieren:

> pici divitiis qui aureos montes colunt,
> ego solus supero. 4. 8, 1,

statt picos, das man durchaus nicht, wie einige thun, in den
text emendieren darf, der nom. qui hat auch pici herbeigeführt.
die lateinische sage versetzt spechte, die griechische greife zu
den goldbergen. bei uns ebenfalls klopft der specht an bäume
und felsen. mit gleicher attraction heiszt es in der Asinaria 3.
3, 31:

> patronus qui vobis fuit futurus, perdidistis

statt patronum, und bei Tibull 3. 2, 17:

> pars quae sola mei superabat corporis, ossa
> incinctae nigrae candida veste legent,

statt partem, welchen acc. hier der folgende ossa verdeutlicht, 10
in den plautischen stellen hätte man sich ein eos und eum des
nachsatzes hinzu zu denken.

Solchen nominativen kann ich wenig gleiches aus unserer
älteren sprache zur seite stellen, denn wie gern sie auch n o m i -
n a t i v e   v o r a u s   s a n d t e   und ihnen einen neuen satz mit neuem
pronomen in obliquem casus folgen liesz, so liegt darin keine
attraction, eher das gegentheil davon. man erwäge nachstehende
unter zahllosen ausgewählte beispiele:

> ther man theih nob ni sagêta, ther thaz wîb mahalta,
> was imo iz harto ungimah. O. 1. 8, 1;

al gizungilô thaz ist thû druhtîn ein es alles bist. O. 1. 2, 33;
mîn word for thesumu werode, than williu ik it her te wârun
quethan. Hel. 84, 12;

> Noê der guote, got imo offenôte. Diemer 14, 13;
> Judas der trugenâre, sîn stuol stuont lâre. 274, 13;
> ich unsæliger man,
> daz si mîn ouge ie gesach. Iw. 328;
> die in sît hangen sâhen,
> den benam daz gâben. 4591;
> der si dâ hete erlôst,

daz er im sælde und êre . . . müese geben. 6862;
diu nuz diu an dem boume stât,
swaz weters si ane gât,
daz nimt diu schal über sich. Hartm. erst. büchl. 451;
diu edel küneginne
durch liebes friundes minne
was kristen leben an ir bekant. Wh. 9, 17;
Pynel fîz Kâtor
der zallen zîten was dâvor
dâ man die poynder störte,
von sîner hant man hôrte
manegen ellenthaften slac. 21, 1;
Arofels ors, hiez Volatîn,
dâ ûf saz er al ze hant. 82, 4;
zwêne (nicht zwên) bruoder von Babilôn,
den nam der bâruc Ninivê. Parz. 14, 3;
des gastes junchêrren,
der bette alumbe dez sîne lac. 35, 15;
der minne gernde Rîwalin,
von des sper snîte ein uiuwe leis. 73, 14;
ein wîp diech ê genennet hân,
hie kom ein ir kappelân. 76, 1;
diu milch in ir tüttelîn,
die dructe drûz diu künegin. 111, 5;
genuoge sprechent, armuot,
daz diu si ze nihte guot. 116, 15;
duc Orilus de Lalander,
des wîp dort unde vander. 129, 27;
dîn reideleht lanc prûnez hâr,
des ist dîn houbet blôz getân. 252, 30;
Parzivâl der valschheitswant,
sîn triwe in lêrte. 296, 1;
diu swester mîn,
mirst leit ob iuch diu lêret pîn. 811, 21;
guotiu wîp, hânt diu sin,
deste werder ich in bin. 827, 25;
Schoysiânen blic der sunnenbære,
den hât Sigûn an ir. Tit. 104, 3;
Adramahût und Arabi,
sölhe pfelle siut in unbekant. Wh. 125, 12;

die minne veile hânt, diu wîp,
rœmscher küneginne lîp
wart dick nâch in benennet. 153, 1;
lange swîgen, des hât ich gedâht. Walth. 72, 31;
des wirtes ingesinde, dem wart grôziu gâbe getân. Nib.
1263, 4;
ein der Hiunen mâge, den er bî im vant,
sîn vil scharfez wâfen brach erm ûz der hant. 1832, 1*;
des kindes vîande,
die dich durch nît vertriben,
der ist einer niht beliben. kindh. Jes. 886;
mîner frouwen rîche,
swaz ich der bestrîche. MSF. 145, 37;
diu sate krâ und ouch diu wan,
der leben ist unglîche. Neidhart XV, 23;
ein fuhspelz sô guoter,
den brâht er sîner muoter. Helmbr. 1067;
wîrouch und mirre beide,
vil sicher du des wesen maht,
dâ mite si dich alle naht
umbe gât ein ganzes jâr. 1306;
ein wilder wolf, gæb im der guot,
und enbizz er allen liuten vibe,
von der wârheit ich des gihe,
er lieze in umbe guot genesen. 1674
und als der billich wolde,
diu junge künegîn Isôt,
daz si ir leben und ihr tôt
ze aller êrste gesach. Trist. 236, 16;
ein alsô schône redender man,
wie möht ein wîp dem iht versagen? MS. 1, 80°;
irresal, des wil ich mich mâzen. MSH. 2, 121ᵇ;
Gebhilte, grôzer swære was ir buoz. 3, 229°;
diu dich nu betwungen hât,
durch die sprich in allen wol. Barl. 296, 22;
ein visch der heizet delfîn,

---

* zwei vorausstehnde nominative:
    Giselher der herre, diu liehten helmvaz,
        der frumte er dâ vil manegez von bluote rôt under naz. 2216, 3,
wo er auf Giselher, der auf helmvas geht.

der hiez si für sich viere
dâ komen harte schiere. Troj. kr. 14024;
von Osterrîche Agorlîn
ind Stare de geverte sîn,
orlof wart von in genomen. Crane 2497;
daz minneclîche megetîn,
her bat ez willekome sîn. 3148.
manch wol gezierter weiszer zan
die mocht man vrolich schawen. Dietr. ausf. 804;
der leb und auch der ar,
21   daz furt her Dieteriche. 528;
Wolfhart und Rînolt,
der ein arnet den solt
von des andern handen. Dietr. 3351;
diu beste bir, die man kûr
ûf allem ertrîche,
die teilte man gelîche. GA. 1, 213;

welchen gebrauch auch nhd. belege bis auf heute kund geben:
Halberstadt, daraus zohen zwen landsknecht. B. Waldis. 253ᵇ;
ein junges mägdlein mit inbrunst,
dir angenemmer wer, gläub ich,
bei ime zu erlieben dich. Spreng Il. 27ᵇ;
der erste so mich nur schel ansehen wird, den wil ich alsbald
in die fresse schmeiszen. Schoch stud. com. 76ᵇ; die ver-
wegene, ob sie gleich in der mitten waren, retteten sie
sich doch, dasz sie davon kamen. Ettners unw. doct. 653; ein
anderer junge, wann er mir was sagte, schlug ich ihn sofort
hinter ein ohr. 356; dr. Steubner, behüte gott, den brauche der
herr nicht. 661; denn das hemde welches ich sehr lange auf
dem leibe getragen, in demselben war es nun eben nicht gar
zu sicher. Schelmufsky 2, 28;

zwo dosen von Paris nebst einer uhr aus Londen,
damit gefall ich schon den schwarzen wie den blonden.
Günther 374.

der armselige ehekriepel hier, den soll ein frisches mädchen
heiraten. Lessing 2, 483; der Kölner dom, an dessen zierraten
schein und widerschein so fein spielten, da sah ich ihn zum
letztenmal. Bettina briefw. 2, 17; die Tiroler, mit denen halt ichs.
2, 30; saubere geschichten, mit denen du angestochen kommst!;

ein eichkranz ewig jung belaubt,
den setzt die nachwelt ihm aufs haupt. Göthe 13, 131.

Wir dürfen diesem vorangestellten nom. uralte verbreitung zutrauen. heiszt es nicht franz. les plaisantes funérailles, dont tu m'honorerais! oder schon in der edda 144ᵇ: rifja retti, er þu munt reekr fâ! es ist griechisch wie deutsch zu sagen: ἐκεῖνος δὲ, οὐ δώσω αὐτῷ οὐδέν, der aber, dem gebe ich nichts. Spiegel lehrt also nichts neues, wenn er die redeweise in allerdings merkwürdigen beispielen aus der altbaktrischen, persischen und arabischen syntax vorlegt[1]. auch der Chinese drückt sich aus: er, das schwert war in seiner hand = er hatte ein schwert in der hand. es ist natürlich einen gegenstand, dessen der gedanke voll ist, schnell zu nennen und die bestimmung nachfolgen zu lassen. geringeren eindruck macht, wenn unmittelbar hinter dem nominativ ein pronomen in gleichem casus gesetzt ist, wie

mîn hêrez olevaz
mit eitere vulten si daz. Kelle sp. 148;
guotiu wip, hânt diu sin. Parz. 827, 25;
aller manne schœne ein bluomen kranz,
den vrâgte Karnahkarnanz. 122, 13;
der künegin Amphlîsen
der kiuschen und der wîsen,
ûf spranc balde ir kappelân. 87, 7;
den schilt den ructe er hôher. Nib. 2227, 4;
den schilt den liez er vallen. 2234, 2;
diu wât diu was in einem schrîne versperret. Neidh. 24, 38;
de hamer des armudes he sluch dich. Marienlieder 56, 15;
die wârheit si ist offenbar. 108, 10;
âventiure wer die seit
der sol die mit der wârheit dar
oder mit geziugen bringen. GA. 2, 337;
der hof der wart betrüebet. tr. kr. 460;
dirre herc, wie gevelt er dir? Altsw. 87, 25.
nhd. die jugend die wird alt. Fleming 106;
kein ansatz der war recht. 160;
die gläser sie klingen, gespräche sie ruhn. Göthe 1, 159;
das junge volk es bildet sich ein. 2, 247;
eigenheiten, die werden schon haften. 2, 260;

22

---

[1] Kuhn und Schleicher beitr. 1, 136—138.

22

die mutter sie betet. 3, 1;

die göttliche freiheit, von meiner geliebten hat sie die gestalt.
8, 299.

Nach diesem abschweif wende ich mich wieder zu den attractionen. unleugbaren beleg einer solchen für den nominativ liefert Stricker:.

diu nôt diu an sin herze kam,

der geloubet unsanfte ein man. Karl 7534,

statt der nôt, auch aus einem spätern meistersang bei Görres
s. 237 vermag ich einen angezognen nom. bei zu bringen:

der beste der unter euch allen ist,

dem gib ich dise wal;

ist uns aber noch heute in prosa gestattet zu sagen: der glück-
lichste mensch der je lebte, ihn will ich nicht nennen, wie auch
ohne zwischensatz: dieser mann, von dem will ich nicht reden,
so scheint hier minder attraction obzuwalten, als nur ein nominativ, wie in den vorhin behandelten fällen, voran zu gehen.
doch wenn in Bettinas briefwechsel mit einem kinde, th. 2 vorrede s. II der satz vorkommt: dieser rath leuchtete mir ein, er
kam vom factor der buchdruckerei herrn Klein, derselbe der
mir druck und papier besorgte; so steht derselbe für demselben,
angezogen von dem folgenden relativum der.

Fälle endlich, wo im hauptsatz ein gen. oder dat. aus dem
relativischen nebensatz entspränge, habe ich mir bei lateinischen
schriftstellern nicht angemerkt, doch zweifle ich kaum, dasz zu
sagen erlaubt wäre: feminae, de cujus nuptiis diu cogitaverat,
eam postea abhorruit; viro cui nupsit illa, omnium fortissimus
est, gerade wie in der oben s. 11 angeführten stelle es auf gothisch hätte heiszen dürfen: staina þammei usvaurpun þai
timrjans, statt des unattrahierten stains. nhd. belege mögen
auch hier allen zweifel heben:

dem gote dem ich dâ dienen sol,

den enhelfent si mir niht sô loben,

als ichs bedorfte und ez mîn sælde wære. MS. 1, 72ᵃ. MF.
181, 25;

der herschaf der der coninc weilt,

de enwas neit cleine. Karlm. 138, 34.

desgleichen: dem schlemmer dem sie worden ist,

der kan sie wol erneren. Uhland s. 232;

　　ein weiblein dem die augen fenstern
　　recht als die suune tut her glenstern,
　　die nem ich für mein nachtmol heint
　　und wer man mir ein jar darumb feint. fastn. 265, 2.
warum sollte, wer aufmerken will, nicht immer noch zu hören
bekommen: dem guten kerl dem ichs gönnte, der ist nicht mehr
da? schwerer schon genitivisch*: des mannes dessen ruhm alle
welt voll ist, der war unser freund. häufiger wären die hier [23]
unerörterten fälle des vorangehenden wem und wes.

　　Wahr dasz, wo nicht in allen, doch den meisten beispielen
der hier behandelten zweiten attraction die nachsätze mit einem
demonstrativum anheben, welches der deutlichkeit, wenn sie geschwächt sein sollte, zu hilfe kommt, d. h. das attrahierte wort
wieder in seinen rechten casus einsetzt. bereits die besprochn-
nen bibelstellen zeigen ein solches οὗτος, nicht die stellen lat.
dichter; der ursprüngliche hergang der attraction forderte kein
überlaufendes nochmaliches demonstrativum.

III.　Attraction des praedicats.

　　Diese untersuchung wird leicht gröszeren reiz haben als
die beiden vorhergehenden, blosz dem pronomen gewidmeten;
das praedicat überhaupt ist der ganzen rede lebhaftester theil,
subject und praedicat verhalten sich ungefähr wie alt und neu,
subject und dessen attribution drücken aus was man bereits
weisz, führen es nur fort, das praedicat hingegen bringt die
aussage, auf welche der hörende gespannt ist. es leuchtet ein,
dasz alle namen, folglich alle wörter ursprünglich als praedicate
erfunden und beigelegt wurden.

　　Da nun die nennenden casus wesentlich vocativ, nominativ
und accusativ sind, der vocativ überall das bare praedicat enthält, nom. und acc. es darstellen, so ist in diesen fällen der
natürliche verhalt sichtbar keine attraction, die wir als ausnahme
von der regel betrachten, darum lediglich für den gen. und dat.
eintreten sehen, dennoch mag in einzelnen schwankungen zwischen acc. und nom. etwas attractives anerkannt werden.

　　Die verhältnisse des nennens sind in der sprache von solcher

---

　　* dâ vint man alles des der lust kan ruochen. Lohengr. 7176; und dar inne
behielte alles des er wielte. genesis 27, 12. ahd. wes Job in groszer not erlit,
des seit erindert auch hiemit. Schwarzenb. 156, 2.

wichtigkeit, dasz sie auch über den standpunct der vorliegenden abhandlung hinaus aufmerksamkeit verdienen.

Wir pflegen mit den wörtern nennen und rufen nur activen sinn zu verbinden, dagegen dem verbum heiszen nicht allein bedeutung des activums sondern auch des passivums zu ertheilen, welches früher ebenfalls bei quedan, zuweilen bei nennan geschah. von diesem passiven haitan wird gramm. 4, 52 und 592²¹ näher gehandelt. ihm gebührt ein nominativ als praedicat, obgleich daneben actives heiszen mit dem acc., ja selbst mit dem nom. zulässig war:

> ich heize herre einen man,
> von dem ich manec urbor hân. Parz. 303, 15;
> daz wir dâ heizen der unnôt. Karl 3;
> den heizet man ein bœser man. Renn. 14925.

denn die vorstellung des genannt seins wohnte diesen wörtern so lebendig ein, dasz zwar gesagt werden konnte 'man heiszt ihn den rothen ritter' aber auch 'man heiszt ihn der rothe ritter', d. i. man gibt ihm den namen der rothe ritter, sein name ist der rothe ritter'. daher auch noch zum infinitiv ein nom. gefügt werden durfte, z. b. altn. sagdist Gestr heita, qvadz heita Sigurdr'. nicht anders fand neben nennen der nom. statt:

> der dâ nande (vocabatur) Dietrich. Rother 2990;
> die wil ich in nennen hie. Parz. 771, 30, worauf in der hs.
> dd lauter nominative folgen:
> man nennt in und niht anders mê,
> wan der stolze degen vomme sê. Lanz. 2293;
> ir hörtet betrogeniu werlt mich ie die wîsen nennen. MS. 2,
> 121ᵇ;
> den man in Swâben vürste und herre nande. Lohengr. 4454;
> daz man in immer mê
> der getrew sant Niclâ nent. Ottoc. 818ᵇ;
> den selben man nand
> der schutzenmeister Perchtolt. 837ᵇ;
> des mondes, den man nennet der mai. weisth. 1, 592;
> den man nemet der Bart zu Menze. Thomas oberhof s. 556;

---

²¹ 'man' bleibt oft weg, gramm. 4. 592. 960. [mich heizet Antiloye. altd. bl. 1, 255.] unterm volk ist heute üblich den genannten namen unmittelbar, mit umgekehrter stellung des verbums zu wiederholen: mein mann heiszt Ring, Ring heiszt er. so schon Berhtolt 186: ez heizet tugent. tugent heizet ez.

' altn. hêtonc Grîmr. gramm. 4, 10.

den ich herr Stolle nennen hörte. Felsenburg 2, 472.
dem vorantritt des nominativs oben s. 19 gleicht auch der mit
ausgelassenem relativ vor heizen:

einin liute, heizent Arimaspî. Diemer 366, 24;
eine liute, hiezen Hêbrêî. kaiserchr. 11225;
ein lewe, was Vrevel genant. Reinh. 1241;
bi eines keisers ziten, hiez Focas. Kelle sp. 157;
ein herre, hiez Abiathar. Maria. 165, 32;
ein lantgrâve, hiez Cyrîn (l. Syrîn)
von Syria dem lande sin. 191, 31;
wir gewunn ein wurz, heizt trachontê. Parz. 483, 6;
ein künec, hiez Anfortâs. 519, 12;
des schilt was holz, hiez aspindê. 741, 2;
Terramêr kom gevarn
ûf eim orse, hiez Brabâne. Wh. 21, 17;
ûf ein ors, hiez Marschibeiz. 56, 26;
Arofels ors, hiez Volatîn. 82, 4;
ein alter kapelan, hiez Steven. 89, 4;
ein Rômære, hiez Mantel. Karl 2162;
die worhte ein smit, hiez Volkân. tr. kr. 3802;
ein knabe, hiez Patroclus. 6472;
hatte einen jungen son, was Karl genant. Karlm. 5, 1;
ein vromer helt, hiez Berhtolt,
sant er in von dem stifte. livl. chr. 497;
ein vromer helt, hiez Winne. 625;
dâ was ein stat, hiez Gâba. Berth. 209[1]. ein mensche, hiez
Symeôn. Eckh. 85, 5; ein frouwe, hiez Martha. 47, 12; welchen
mir unsers kloster custor geben hat, hiez Clemens. Garg. 251*;
es ist ein schnitter, heiszt der tod.

Gar nicht hierher fällt der eingang des Ludwigliedes
einan kuning weiz ih, heizit er Hlûdwig,
wo statt des relat. ein lebendigeres persönliches pronomen folgt;
einige der angeführten stellen litten, dasz man keinen zwischensatz annähme, und hiez unmittelbar zu dem vorausstehenden nom.
zöge. zu bemerken ist der in einem neueren liede des buchs
der Hätzlerin s. 45* auf hiez folgende accusativ, in dem kühne
attraction waltet:
ich hatt ein pulen hiesz Hillen,

[1] vgl. Waltharius 490 venerat in saltum jam tum Vosagus vocitatum, wo
andere has. Vosagum.

hô! si bat mich das ich zu ir kæm
dôrt oben ûf die dilleu,

man wolle denn deu reim schädigen und lesen Hille. anders ist:

er und einer, nennet man den jungen Willeher: Neidh. 74, 2.
auch nach einez = ein ding (gramm. 3, 4) mag das relativ oder,
wenn man lieber will, ein andres pronomen fehlen (gramm. 4,
454):

einez, heizet rôtundâ,
daz was ein hêrez betehûs. kaiserchr. 172;

einez, heizet Karles tal,
dar quâmen die megede ubiral. 14967;

daz si ze scherme tragen einez, heizet tarnkappen. Nib. C.
334, 6;

einez, heizet üppielicher muot;
einez, heizet sorge, volget im unz in sîn grap. Neidh. 68, 35.

Die lateinische sprache liesz auf vocare, nominare den acc.,
auf vocari, nominari den nom. des namens praedicieren, allein
sie umschrieb auch oft mit nomen dare, facere, indere und statt
des passivums mit nomen est mihi. dazu konnte sie nun, mit
freier wahl, auf nomen den acc. oder nom. folgen lassen, aber
auch einen gen. davon abhängig machen, endlich (und dieser
fall geht uns vorzugsweise an) dem vorstehenden dativ des subst.
oder persönlichen pronomens den namen attrahieren. so heiszt
es also: nomina his Lucumo et Arruns fuerunt. Liv. 1, 34; fonti
nomen Arethusa est. Cic. Verr. 4, 53; nomen Mercurii est mihi
Plaut. Amphitr. prol. 19. doch am liebsten findet attraction statt:

huic ego dici nomen Trinummo faciam. Plaut. Trin. 4. 2, 1;
huic item Menaechmo nomen est. Men. 5. 9, 37;
quomodo Menaechmo nomen est factum tibi? 5, 9, 67;
his cognomentum erat duris Capitonibus. Persa 1. 2, 8;

nam duo isti sunt Roscii. alteri Capitoni cognomen est. Cic.
Rosc. 6, 17; leges, quibus tabulis duodecim est nomen. Liv. 3,
57; vernaculis artificibus, quia hister tusco verbo ludio vocatur,
nomen histrionibus inditum. 7, 2; sic accensos et proelium poscen-
tes in campum, cui Idisiaviso nomen, deducunt. Tac. ann. 2, 16;
Tarquinio Romani cognomen superbo ex moribus dederunt. Flor.
1, 7*.

* 'in den fragmentis Vaticanis §. 42 finde ich
Aurelio Loreo cui et Enucentrio
und damit vergleicht Mommsen aus einer inschrift bei Fabretti 146, 175

Dieselbe attraction würden wir auch bei Ulphilas treffen, wenn er sie geübt hätte. wo er aber ein griech. ᾧ ὄνομα (cui nomen) vor augen hatte, sehen wir ihn nicht einmal den dat. beibehalten, sondern den goth. gen. þizei (cujus) setzen. Luc. 1, 27. 2, 25. 8, 41. die fremden eigennamen waren ihm ungelenk und bleiben meistens unverändert, es ist also kein gedanke an einen angezogenen dativ. auch nicht ahd., denn die übersetzer behalten zwar das cui nomen erat der vulg. bei, themo namo was. Luc. 1, 27, lassen aber unflectiertes Joseph folgen, wie die vulgata. ags. wiederum mit dem gen. þæs nama væs Josep, kein þam nama væs Josepe. [scóp him Heort naman. Beov. 157.] mhd. und nhd. findet sich zu sprechen, rufen, locken zwar der dat. construiert:

> der bürge sprichet man noch,
> sô man sie nennet, Übelloch. Reinh. 1521,

wozu ich s. 112 noch andere beispiele gegeben habe; 27

> ein æhter heizet Mort, der schât der strâze sêre,
> dâ bî vert einer in starken bennen, derst geheizen Brant,
> sô sprechents einem Wuocher, der hât gar geschant
> die selben strâze. Walth. 26, 16;

> ob ich ir spræche frouwe und wîp. MS. 2, 216*;

dem man sprichet der brôtmeister. Wackernagels Klingen s. 127; si sprechent ir sêle. Eckh. 89, 9. 98, 36; dem man spricht der Schâf, der Holzman. Freiburger urk. no. 145 (a. 1333); Cuonrat von Ortenberg dem man sprichet Senselman. Freib. urk. 281 (a. 1369); dem man spricht der ritter. mon. zoll. 1, 232 (a. 1377); daz er setzet dri personen, den man sprichet beimburge. Straszburger stadtrecht bei Gaupp 1, 50; dem andern sprach man Bachenfleisch, den sechsten rief man Schilawing, ring s. 179; den schweinen locket man kunz. Garg. 109*; me het em gseit der Dieterli. Hebel p. 61. überall folgen nominative und nie wird der name in den dativ angezogen. [Grieshaber chronik s. XIV.]

Diese redensart hat uns aber den weg gebahnt zu andern ohne zweifel ergebenden attractionen.

Die Griechen fügen zum dat. mit dem verbum subst. auch adjectivisches praedicat: ἐμοὶ δέ κεν ἀσμένῳ εἴη. Il. 14, 108;

Flaviae Capitolinae cui et Pacciae.
die seltsame attraction setzt doch im nominativus qui et, quae et voraus, und es werden sich wohl späte beispiele finden.' ein beiliegender zettel von Haupts hand.

ebenso gesetzt sein könnte χαίροντι, βουλομένῳ, und lat. heiszt es
facite, si volentibus vobis erit;

nam expedit bonis esse vobis. Terent. Heaut. 2. 4, 8;

nostrapte culpa facimus ut malis expediat esse. Phorm. 5. 2, 1;
(in beiden stellen liest Fleckeisen wieder bonas, malos);

mediocribus esse poëtis

non homines, non di, non concessere columnae. Hor. epist.
2. 3, 372; licuit mihi esse bento; licuit esse otioso Themistocli;
contigit mihi esse tam felici; id mihi acciderat grato.

Hiermit vergleicht sich nun auch die gothische fügung: gôþ
þus ist hanfamma in libain galeiþan, þau tvôs handuns habandin galeipau in gaiainnan, gôþ þus ist galeipan in libain hal-
tamma, þau tvans fôtuns habandin gavairpan in gaiainnan. Marc.
9, 43. 45, wo der gr. text hat καλόν ἐστίν σε κυλλόν εἰσελθεῖν εἰς
τὴν ζωήν, ἢ τὰς δύο χεῖρας ἔχοντα ἀπελθεῖν εἰς τὴν γέενναν. καλόν
ἐστίν σε εἰσελθεῖν εἰς τὴν ζωήν χωλόν ἢ τοὺς δύο πόδας ἔχοντα
βληθῆναι εἰς τὴν γέενναν, die vulg. aber bonum est tibi debilem
intro ire in vitam, quam duas manus habentem ire in gehennam
und bonum est tibi claudum intro ire in v. aet. quam duos pedes
habentem mitti in gehennam, wo demnach diese beiden texte
den acc., keinen dat. zeigen. gerade so verhält sich 9, 47 goth.
haihammau und tva augôna habandin zum gr. μονόφθαλμον und
δύο ὀφθαλμοὺς ἔχοντα, lat. luscum und duos oculos habentem,
wenn auch gr. lesarten für σε σοι, doch neben dem acc. des
praedicats haben. Matth. 18, 8. 9 entgeht uns im gothischen.
der abweichende goth. dativ lehrt, dasz die attraction der sprache
natürlich war.

Noch zwei andere stellen können zeugen: ik þaim liugôm
haftam anabiuda, qênai fairra abin ni skaidan, iþ jabai gaskaid-
nai (sc. qêns) visan unliugaidai, τοῖς δὲ γεγαμηκόσιν παραγγέλλω,
γυναῖκα ἀπὸ ἀνδρὸς μὴ χωρισθῆναι. ἐὰν δὲ καὶ χωρισθῇ, μενέτω ἄγα-
μος. vulg. his autem qui matrimonio juncti sunt praecipio uxorem
a viro non discedere, quod si discesserit manere innuptam.
1. Cor. 7, 10. 11, wo der goth. text, gleich dem lat., lautet als
ob gr. stehe μένειν ἄγαμον. die zweite stelle: aþþan gatrauam
jah valjam mais usleiþan us þamma leika jah anahaimjaim visan
at franjin, θαρροῦμεν δὲ καὶ εὐδοκοῦμεν μᾶλλον ἐκδημῆσαι ἐκ τοῦ
σώματος καὶ ἐνδημῆσαι πρὸς τὸν κύριον, vulg. audemus et bonam
voluntatem habemus magis peregrinari a corpore et praesentes
esse ad dominum. 2. Cor. 5, 8, wo man sich nur hinter valjam

das subject unsis (nobis) hinzudenke, wodurch anahaimjaim angezogen wird, wer dabei anstand nimmt, müste anahaimjai visan, praesentes esse schreiben.

Der ahd. sprache scheint diese attractionskraft entgangen, denn Matth. 18, 8. 9 liest man: guot ist ist thir zi libe ingangan wanaheilan odo halzan, thanne zua henti odo zuêne fuozi habenten gisentit werdan in êwîn fiur, ganz nach der vulg., nicht mit anziehung: wanaheilemo, halzemo. noch weniger gibt es mhd. nhd. beispiele.

Wol gebricht es nicht an altnordischen und sie dienen vollends den gothischen zur stütze. wie dem lat. praestat, expedit, licet mihi, gothischen gôþ mis is oft angezogene adjective folgen, stehn sie auch neben altn. gott er, illt er (gut ist, übel ist), womit eine menge von sprichwörtern beginnen:

gott er vammalausum vera, expedit innocenti esse. Sæm. 124ᵇ;
betra er lifdom enn se beedandom, melius est vivum esse,
                                    quam in sedili mortuum. 18ᵇ;
hvötum er betra enn se öhvötum
i hildileik hafaz,
glödum er betra enn se glupnanda,
hvat sem at hendi kemr. 190ᵃ;
allt er betra enn se brigdom at vera. 25ᵇ.

betra er viltum at vera, enn öllum at trûa; illt er illum þræl böt at mæla; illt er offullum, illt er ofsvaungum; illt er illum at vera. nicht zu übersehen, dasz in allen diesen sprüchen der dat. des subjects unausgedrückt bleibt oder weggefallen ist, wie in jenem goth. valjam anahaimjaim visan oder im lat. licet esse beatis. auszerdem begegnen noch besondere redensarten. wenn der jäger die hunde aufs wild loslassen wollte, hiesz das slâ sinum hundum, slâ hundunum, und durch attraction trat noch der adjectivdativ lausum hinzu: nu fleygja þeir sinum haukum ok slâ lausum sinum hundum. Dietrichssage cap. 16 s. 21; slâ nu lausum þinum hundum Bracka ok Porsa. ok lâtum til dyrsins! [cap. 263 s. 235 Unger.] wir sagen dafür die hunde loslassen, nicht einmal mit dem acc. pl. lose, sondern unflectiert, weil im praedicat allen unsern adjectiven die flexion entgeht.

Die lat. und gr. attraction durfte auszer den adj. auch substantive ergreifen: expedit nobis esse viris; jam licet esse hostibus, jetzt treten wir als feinde auf; χάρισαι δὲ καὶ τοῖς ἀνδράσι μένειν ἄρρεσιν, ὡς ἐγεννήθησαν. Lucian Amores 19 (Bekker 2, p. 206).

ich stiesz noch auf kein goth. oder altn. beispiel so angezogner
substantiva.

Bisher war von attractionen des dativs die rede, ich schreite
fort zu denen, die einen genitiv des praedicats enthalten, wir
begegnen ihnen aber nur ahd. und mhd., ziemlich selten. Notker
im Boethius 199 sagt: noh in disses churzen libes friste ne ist
nicht sô unspuotiges, tes ze lang ahtôe ze hitenne dehein êwig
muot, neque enim est aliquid in tam brevibus vitae metis ita
serum, quod exspectare longum immortalis praesertim animus
putet. der angezogne gen. unspuotiges setzt hier einen wiederum ausgefallnen, von nicht abhängigen gen. des subjects aus,
etwa dinges oder auch blosz des. in den categorien des Aristoteles verdeutscht derselbe schriftsteller die worte nihil est
contrarium: nicht ne ist widerwartiges, wo eine ähnliche ellipse
eintreten musz, die den gen. erklärt, denn ihn unmittelbar auf
nicht zu ziehen geht nicht an, dann würde der sinn entspringen:
nihil contrarii est, während hier das praedicat nihil est contrarium ausgedrückt sein soll. ebenso verstehe man ·T. 1, 2 ûzzan
sîn ni was wiht gitâues, sine ipso factum est nihil; T. 44, 17
nio wiht nist bitactes, nihil est opertum, wo Ulphilas ohne attraction setzt ni vaiht ·ist gahuliþ, οὐδὲν γάρ ἐστιν κεκαλυμμένον.
Matth. 10, 26. auch Otfried sagt IV. 28, 7

　　　　ni was thar wiht ginâtes noh gihôsôtes,

wo zum grunde liegt erat tunica inconsutilis, de super contexta
per totum, ἦν δὲ ὁ χιτὼν ἄραφος, ἐκ τῶν ἄνωθεν ὑφαντός δι' ὅλου.
Joh. 19, 28 und hier schiene der bezug der genitive gleich auf
wiht noch näher, obschon die lat. und gr. adjectiva deutliche
praedicate sind. [noh wiht thes ist giduahtes. IV. 29, 10, wo
auch genitiv des subjects steht.] erwägen wir mhd. beispiele:

　　　　nieht unersuohtes er dà lie. fundgr. 2. 46, 8,

niht des unersuohtes, er liesz nichts davon unuutersucht;

　　　si gap im ab ir hende, niht goldes was sô guotes. Gudr.
　　　　　　　　　　　　　　　　　398, 3,

hier ist das subject unausgefallen und die attraction des adj.
desto unanfechtbarer, kein anderes gold wäre besser gewesen;

　　　swer bî ir jungen zîte sprach frouwen lop, dane erhal niht
　　　　　　　　　　　　　　　sô helles. Tit. 35, 2;

mich dunket niht sô guotes
noch sô lobesam,

sô diu liehte rôse
und diu minne mînes man. MF. 3, 17,
wo auf den gen. alsobald ein nom. mit gleichem sinne folgt.
[zugleich mit einer attraction des relativs (oben s. 6):
ich hàn in gedanket des ir mir guotes hàut getàn. Iw. 7748;
ich sol niht vergezzen hân des du mir liebes hàst getàn. Barl.
124, 38.]

Heutzutage brauchen wir überall nom. und acc., er liesz
nichts unversucht, da erklang nichts so hell, mich dünkt nichts
so gut; doch haften noch ungefühlte spuren des alten gen., wie
wenn es heiszt: nichts leichters ist, aber nichts schwerers ist
auch = nihil est facilius, difficilius; leichters, schwerers sind
genitive, ahd. würde erforderlich sein niowiht nist lihtôrin, suâ-
ririn. hier ist nicht meines bleibens, seines bleibens war da
nicht länger*, wo ein substantivisches gerundium angezogen wird,
unstatthaft schiene ohne nicht: hier ist meines bleibens, man
müste denn ort oder stätte hinzudenken, und dann ergäbe sich
mehr ein attributiver genitiv; zuweilen aber rinnen attribut und
praedicat fast unscheidbar zusammen.

Schlieszlich komme ich auf ein schwanken des acc. und
nom. neben dem inf. des verb. subst. zu sprechen.

Steht bei kann, soll, mag, will, dünke, scheine der inf. sein
oder werden, so musz das praedicat im nom. folgen, bringen
aber andere verba das subject selbst in eine accusativstellung,
so wird das sprachgefühl zweifelhaft, ob das praedicat gleichfalls den acc. annehmen solle oder im nom. beharren dürfe. wir
sagen heute unbedenklich: er glaubt herr im hause zu sein, mhd.

des grâles herre wæne ich sîn. MS. 2, 109ᵃ,
denn hier erscheint kein acc. des subjects, wie im lat. ausdruck:
putat se esse dominum, credo me esse dominum; doch selbst
neben einem solchen erscheinenden acc. sehen wir praedicate im
nom. bleiben:

er weste in wesen der allerbeste. pass. H. 170, 59;
darin ich mich nicht der schlimmste zu sein gedaucht.
Schweinichen 1, 46.

In betracht kommt zumal das nach lassen folgende sein.
Lessing setzt 2, 127 lassen sie den grafen dieser gesandte sein,
[12, 348 erklärt er den acc. für undeutsch,] Göthe hingegen
16, 3 lasz das büchlein deinen freund sein; [lasz mich immer

---

* für mich ist kein bleibens. Göthe 10, 192.

ein schwärmer sein und sei du ein weiser. Wieland Agathon 2, 7; lasz mich deinen engel sein. Schiller 263;] einige würden vorziehen: laszt mich der dritte in eurem bunde sein, andere den dritten. der nom. hat gute gewähr, schon N. Bth. 24 sagt: taz ist skado, lâzet skado sin; [un lâ dirz niht schade sin. K. Kistener 770; und lâz mich sîn dîn dienestman. Parz. 715, 29, wo Ggg. dînen; er lâze de naht ein tac sîn. Iw. 2136, wo AB einen; lâze mich ir tôre sîn. MS. 1, 64ᵃ; lâ mich bote sîn. Strickers Karl 1934; lâ mich der bode sîn. Karlm. 439, 58; swer mich bat wesen bode. Crane 864; lât mich niht pôser pot sein. fastn. 582, 21; lânt mich hie werden iwer êlich man. tr. kr. 22812; nû bâten si in dâ den wirt selbe gellen. Greg. 3119 (vgl. Haupt 5, 63); lâzent an dem andern grôzin chumst verderben. W. gast s. 409; lasz mich nicht den narren ein spot werden. 5. Mos. 15, 17. ps. 39, 9; lasz mein vater und mein mutter bei euch aus und ein gehen. 1. Sam. 22, 3 (vgl. ein kröpel eingehen. Matth. 18, 9. Marc. 9, 43ʼ, wo später steht: meinen vater und meine mutter; und losz mer der meister nüt eninne werden. Hebel p. 129 doch vgl. 131; in diesem lasse mich dein gefälliger belustiger sein. C. Brehmen ged. Lp. 1637. T 2ᵃ; lasz dieser sein dein trunk. Neumark lustw. 207;] ich zöge auch mit Holzmann Nib. 1071, 4.

dô sprach aber Hagene, lât mich der schuldige sin
vor dem von Lachmann aufgenommen: den schuldigen, und lese Gudr. 1612, 1

man hiez in wesen schenke.
der wechsel beider casus gleicht ganz dem vorhin s. 24 behandelten bei heiszen, den acc. könnte man angezogen*, den nom. unangezogen nennen.

* und liesze onch got wol den engel einen diener sin. Eckh. 201, 21; dor lâzent ir mich eine (unam) wesen. tr. kr. 21749; lasz gott einen guten mann sein. Simrock 3882; er und alle die dich hassen müssen doch dich dich lassen sein. Fleming 470; wolan sie lasse mich den eilften bleiben. zeitvertr. 524; lasz in ewiglich deinen knecht sein. 5. Mos. 15, 17; denn laszt ein weib schön wie Cytheren sein. Gellert 1, 123; lâ dir bevolhen sin den gast. tr. kr. 22010; das lasz mir einen rechtschaffenen advocaten sein. Lessing 1, 373; ich lasz ruben bieren sein. Garg. 63ᵃ. — der sich nit under in die minste meinte. Steinh. dec. 257, 29; dort erkletterte sie den mast und zeigte sich als kühner matrose. Göthe 22, 126; wodurch ich mich als den advocaten der ungenannten erzeigen soll. Lessing 10, 228; der zweite kündigte sich als blaszer tänzer an. Jüngers Wurmsamen 1 vorr. die magd gab dritte man. pol. maulaffe 17; wenn aber der teufel den dritten mann abgebe. Simpl. K. 366; dasz es bald musz ein krieg abgehen. Simpl. 2, 407; es gibt aber nichts als ein affe. Curze waldeck. märch. 87; vgl. wb. 1, 44. 2, 1425.

VON VERTRETUNG MÄNNLICHER DURCH WEIBLICHE NAMENSFORMEN.

GELESEN IN DER AKADEMIE DER WISSENSCHAFTEN
AM 3 UND 10 JUNI 1858.

Leicht wird, wer auf einem felde des wissens angesessen ist, brachgelegne strecken kennen und ein vorgefühl der arbeit haben, die sie erheischen. es mag sein dasz lange säumnis ihnen gerade zu statten kommt, wenn verfrühte forschung noch nicht fähig gewesen wäre den punct zu erreichen, wo ihr gedeihen von dem zusammentreffen bedingender, wenigstens begleitender untersuchungen abhängt.

Mir scheint es, dasz nicht allein das beschränkte, hier dennoch überreiche gebiet deutscher, sondern die ausgedehnte bahn der gesammten philologie gegenwärtig auffordert in die natur und beschaffenheit der eigennamen tiefer als bisher geschah einzudringen. vorher aber müste das unermeszliche material in volle samlungen gebracht sein, deren eine die andere ermunterte und antriebe.

Unserer akademie wünsche ich glück zu dem erfolg, den eine im jahr 1846 auf die althochdeutschen eigennamen gestellte preisaufgabe gehabt hat. Förstemanns bedeutende, seit das urtheil zu ihren gunsten gefällt wurde, ansehnlich vervollkommnete leistung wird in zwei starken quartanten bald fertig gedruckt allen vor augen liegen. so mühevollem werke lassen sich mit geringem aufwande von gelehrsamkeit wol in einzelen artikeln unvollständigkeit des sammelns oder auch fehler der behandlung nachweisen; alles gesammelt sein kann noch nicht, da jahr aus jahr ein immer ungedruckte quellen hervorkommen, deren inhalt aber nun erst in die bereiten fächer der namenaufstellung eintragbar geworden ist, während er vorher den lesern meisten-

theils schnell verscholl. was auslegung und deutung der fast
unübersehbaren menge angeht, so versteht sich selbstredend, dasz
34 sie von des sammlers umspannender thätigkeit mehr angelegt
und begonnen, als vollendet und zu schlusse gefördert werden
konnte. in der ihm gelungnen ersten bewältigung der masse
dürfte kein wolfeiler tadler es ihm gleichthun. verzeichnisse
mittelhochdeutscher und heutiger namen mögen nachfolgen.

Ohne zweifel wird diese einmal in Deutschland bewerkstel-
ligte auch eine sammlung der altnordischen eigennamen nach
sich ziehen, hoffentlich die der angelsächsischen und friesischen
anregen. den altnordischen erstaunenden reichthum lassen einzelne den sagen beigefügte register lange nicht übersehen und
Kemble hat seinen angelsächsischen urkunden zwar ein schätz-
bares verzeichnis der ortsnamen, keins der personennamen zu-
gegeben. auf die eigenheit friesischer personennamen ist längst
geachtet, doch reinliche, genaue samlung gebricht.

Nicht zu entbehren steht die fülle und feine bildung der
slavischen namen. Kollars jmenoslav (Ofen 1828) gewährt
manches, verleugnet aber den abenteuerlichen charakter nicht,
den alle schriften dieses gelehrten an sich tragen. sicher wird
der böhmische fleisz auf planmäszige, sorgfältige verzeichnung
nicht allzu lange warten lassen.

Die griechischen eigennamen darzustellen war erst nach erscheinung des corpus inscriptionum graecarum möglich gemacht.
Pape hat sich der schwierigen arbeit zujüngst unterzogen und
eine brauchbare samlung veranstaltet, die jedoch namen von personen, örtern und völkern mischt, vielfacher erweiterung bedarf
und wenig oder nichts erklärt.

Wiederum wird die gleich wichtige zusammenfassung lateinischer eigennamen, seit dem längst veralteten onomasticon Glau-
dorps und anderen versuchen bedingt erscheinen durch das aus
unserm schosze hervorgehende corpus inscriptionum, welches
auch den ältesten deutschen und keltischen nicht geringe ausbeute sichert, wie die griechischen inschriften mitunter thrakische und skythische namen gewähren. gallische und lateinische,
was von groszer wichtigkeit sein musz, werden sich alsdann bestimmter sondern.

Heutzutage sind wir gewohnt unter den morgenländischen
sprachen auf das sanskrit, zwar nicht als quelle, aber als das
oberste glied und als den reinsten ausdruck in einer mächtigen,

nach dem abendland reichenden kette von verwandtschaften zu-
rückzuschauen. durch diese so alte reichüberlieferte sprache
wird uns viel des sonst unerforschlichen gelöst und aufgeschlossen, nur vermag sie nicht alle und jede fortschritte oder abwege
der übrigen zungen zu erklären. die grosze zahl sanskritischer [16]
eigennamen können uns häufig vorbild und muster vieler erscheinungen hergeben, die wir auf anderm gebiet gewahren. einzelne dieser namen lassen sich schon aus Webers catalog der
hiesigen sanskrithandschriften ersehen, ein volles verzeichnis aller,
so weit es bereits aufzustellen ist, würde fühlbarem bedürfnis
entsprechen und noch darüber hinausgehn.

Von den eigennamen unverwandter, weitentlegner völker
rede ich hier nicht, obgleich deren untersuchung neues licht und
lohnende aufschlüsse auch für die erkenntnis unserer sprachen
spreiten müste und rücksicht auf die art und weise, wie sich
rohe und wilde stämme benennen, gar nicht zu vernachlässigen
ist. denn ihr naturstand berührt sich nahe mit dem, was wir
von den urzuständen gebildeter völker noch erfahren können
oder doch voraussetzen dürfen.

Welchen reiz und welche anziehende kraft hat unter allen
sprachlichen untersuchungen eben die über eigennamen, wie ge-
schäftig sein musz man um jede hier aufsteigende frage zu behandeln; ich werde zwar oft noch die eingänge finden, aber nicht
mehr den genusz haben bis in die mitte der forschung zu gelangen, geschweige ihren ausgang zu ermitteln. eigennamen
treten wie aus dem hintergrund vor, stehen gleichsam nicht in
verkehr mit den übrigen wörtern, die sich im lauf der sprache
unaufhaltsam abschliffen und veränderten, daher nicht nur ver-
schollene wortstämme, veraltete formen in personennamen haften,
sondern ihre ständigkeit wie die bessere so die schlechtere einmal üblich gewesene schreibung in sich aufnimmt und fortträgt.
führen persönliche namen oft die mundart einer andern gegend,
so reichen örtliche theilweise noch in fremde sprachen, aus welchen unsere vorfahren sie beim einzug in das land beibehielten
und nur ihren eignen lauten anpasten. wie hätte sich eine menge
bestehender benennungen von bergen, wäldern, flüssen, bächen
plötzlich aufgeben lassen? wenn sie auch im laufe der zeit mit
heimischen gemehrt und vertauscht erschiene. wir werden demnach aus eigennamen belehrung sowol über alterthümliche ge-
staltungen unserer früheren sprache selbst als über die beschaf-

fenheit der ihnen zum grunde liegenden fremden sprache zu
schöpfen und vielfache an fruchtbaren ergebnissen reiche sonderung vorzunehmen haben. nicht auszer acht zu lassen sind
die gesetze, nach welchen aus persönlichen namen örtliche
entspringen können, so wie umgedreht, doch erst späterhin
und einförmiger, aus örtlichen auch personennamen gezeugt
werden.

Weit höher schlage ich den gewinn an, den die betrachtung der eigennamen für alle übrigen nomina haben kann.

Ohne uns bei forschungen über den ursprung der sprache,
der unberechenbar über alle geschichte hinaus liegt, gefährlich
zu versteigen, mögen wir dem satz zustimmen, dasz alle und
jede wörter in der menschlichen einbildungskraft beruhend einmal aus lebendigem ruf oder zuruf hervorgegangen sind, sich
dem gedächtnis eingeprägt, weiter getragen und im trieb der
nachbildung entfaltet haben. die stimme des redenden setzt das
ohr eines hörenden voraus und würde sonst gar nicht erschollen
sein. in jenem sprühen innerster empfindung lag der erste beginn, in der gleich wunderbaren kraft des auffassens die analoge
fortpflanzung der sprache. die ausdrücke loqui, vocare, imperare, appellare, oder wie sie lauten mögen, empfangen sinn und
wahre bedeutung durch den hergang des findens der worte. das
verbum musz aus dem imperativ erfolgt sein *, das nomen aus
dem vocativ und in beiden einander vielfach verwandten äuszerungen haftete die einfachste urform. alle nomina, das wort besagt es schon, waren namen, d. h. eigennamen, wie sie dem in-
dividuum waren ertheilt worden, und erst als diese vermöge der
nachahmung übergiengen auf jeden ähnlichen oder gleichen, entwickelten sich appellativa. appellativen lag immer noch ein sinnlicher gegenstand unter, zuletzt geschah die anwendung auf
übersinnliche und in zauberhafter menge entsprangen abstracta.
auf allen stufen der spracherzeugung gewahren wir dieses fort-
gangs vom sinnlichen zur abstraction d. i. zur vergeistigung des
natürlichen, und wie schon das appellativ in seiner verallge-
meinerung den keim der abgezogenheit in sich schlosz, erwuchs,
erblühte dieser ohne widerstand in einer fülle von wörtern und
wortbildungen, die über jene schranke der sinne hinanstraten
und deren die menschliche seele nicht entbehren konnte. der

---

* verbalstamm imperativ. Ahrens ebstn. spr. 66. 85.

kern des worts war lediglich in dem vom ersten gefühl des eindrucks ausgestoszenen ruf enthalten. deutlicher fingerzeig auf
den behaupteten ursprung des verbums aus leibhaftem imperativ
erscheint aber in den imperativischen eigennamen, deren groszen
unüberschauten vorrat ich künftig einmal darzulegen willlens
bin, da ihm lange noch nicht gebührende erläuterung zu theil
wurde.

Diesmal greife ich nach anderen unspärlich zuströmenden
ergebnissen, die bei vertretung männlicher durch weibliche personennamen wahrnehmbar sind und vorzüglich geschickt schei- [37]
nen was eben von dem übertritt der eigennamen in appellativa
gesagt werde zu bestätigen. doch musz ich zuvor über das
grammatische geschlecht [1] insgemein und über dessen darlegung
in der sprache ausholen.

Verachten und herabsetzen können es nur unkundige. sie
halten für unnatürlich, dasz alle nomina dreifachem geschlecht
überwiesen sind, da doch blosz lebende, zeugungsfähige wesen
männliches oder weibliches an sich tragen; dafür erheben sie
jede sprache, die solchen unterschied nie besessen oder wieder
von sich geworfen habe. dergleichen einwand gleicht etwa dem,
den man wider den monolog im drama vorbringt, und wie liesze
sich nicht beinahe alles der kunst, poesie und auch sprache ver-
stattete in solchem vorurtheil unnatürlich finden? mir scheint
gerade was sprache und schaffende phantasie nach heimlichstem
bedarf angelegt haben, was in den ältesten, edelsten zungen einstimmig waltet, das musz der natur der sprache selbst höchst
angemessen sein und nicht dürfen angefochten werden. jüngeren sprachen, deren geschlecht abgeschwächt und verworren
wurde, ist also eine wahre kraft entgangen, die sie früher be-
saszen. die trilogie der geschlechter des nomens findet sie nicht
ihr analogon in der des verbums, in dreiheit der tempora, der
personen und der vergleichungsstaffel?

Ich will etwas entscheidendes zu gunsten des genus hervorheben. sein entratende sprachen, wie die finnische, ungrische,
baskische vermögen binnen gewisser schranke ihrer schönen,

---

[1] bequem wäre, wenn wir wie Franzosen zwischen sexe und genre, Engländer zwischen sex und gender unterscheiden könnten, unser zudem unbeholfnes
geschlecht dient für sie beide. aber schon goth. kuni wie altn. kyn entspricht
zwar wörtlich dem genus, enthält doch auch die vorstellung von sexus. [gramm.
3, 311. serb. slov. spol sexus, rod genus.]

reichen flexion ansehnlichen spielraum zu gestatten, allein sie
bleiben hinter der freiheit zurück, die das auf nomen und durch
die participia zugleich auf verbum wirkende genus der rede ver-
leiht. der unterschied der genera durchkreuzt den der flexionen.
verflechtungen der worte und gedanken, die in indischen gedichten, in griechischen chören, bei Pindar und selbst Horaz,
meines wissens am allermeisten in den gesängen nordischer scal-
den durch kühnheit und anmut den hörer entzückten, konnten
eben nur gelingen da wo mit der regel der flexion die des geschlechts sich vermählt und dem eindruck der sprache schwung
neben festigkeit gestattet hatte. uns späteren, deren rede an
flexion und genus abbruch leidet, mögen solche scheinbar will-
kürliche wortstellungen ausgelassen oder dunkel vorkommen, im
alterthum waren sie allgemein gefühlt und jedesmal sofort verstanden. wenn meine bemerkung richtig ist, musz dem grammatischen genus bedeutender einflusz auf die syntax der alten
sprache beigemessen werden, nachwirkungen davon dauern noch
im heutigen sprachstand. da aber, wie gesagt wurde, die namen
zurückgehen auf eigennamen, kann es nicht anders sein, als dasz
der diesen allermeist eingeprägte geschlechtsunterschied in manchen spracherscheinungen wirksam erschienen ist, was der verfolg näher bewähren wird.

Ueber die arten der namen ist gleichfalls im voraus einiges
zu sagen, um unter ihnen die wichtigste art herauszufinden. es
gibt dreierlei personennamen: nomen, praenomen, cognomen,
oder nach unserer ausdrucksweise geschlechtsname, taufname,
beiname [altn. kenníngarnafn]; das nomen gentile ist uns ange-
boren und von den vorfahren hinterlassen, das praenomen wird
dem kinde vom vater gegeben, das cognomen wird erst im fort-
gang des lebens erworben. ein geschlechtsname ist der geerbte,
ein vorname der trauliche, ein beiname der lebendige. den geschlechtsnamen theilen alle glieder des geschlechts, mit dem vornamen reden verwandte sich unter einander an, der beiname
tritt auszenher zu und gründet sich auf irgend eine vorstechende
besonderheit. aufangs waren nun sämtliche namen nichts als
beinamen, durch eine auffallende eigenschaft ihres trägers veranlaszt, erst die gewohnheit hat sie zu hergebrachten vornamen
und geschlechtsnamen gestempelt, wodurch sie sich den appellativen nähern; beinamen sind und bleiben unerschöpfliche quelle

neuer benennungen. günstige beinamen lauteten lieblich *, wie
ich in einem aufsatz von den frauennamen aus blumen gezeigt
habe, ungünstige heiszen uns spitznamen [altn. auknefni, auka
nefn. formn. 3, 133. 203], sie enthalten die zugespitzte oft tref-
fendste bezeichnung. alle imperativisch gebildeten namen, so
wie die beinamen für männer, von denen ich gegenwärtig handeln will, waren deutlich blosze beinamen. man hegt die ansicht, dasz zumal in Deutschland beinamen sehr spät entsprau-
gen, um dem wirrwarr gehäufter, gleichlautiger vor- und geschlechtsnamen zu begegnen. freilich sind eine menge einfacher
vornamen und geschlechtsnamen einmal beinamen gewesen; kaum
aber zu glauben ist, dasz bildungstriebe kraftvoller beinamen,
die wir neu waltend sehen, vorher müszig gelegen haben sollten, sie musten längst wuchern ** bevor man nöthig fand sie
in urkunden aufzunehmen, und fast zur selben zeit, wo auch [39]
unsere lateinische sprache den diplomatischen gebrauch des lateins abzustreifen begann, erscheinen vielfältige deutsche bei-

---

* ahd. miltinamo cognomen. Graff. 2, 1081.

** golb. Badua qui Totila nuncupabatur. Colei 5, 1287. Rosemud qui Faffo
s. 67. Feletbeus qui et Feva. Eugippius 71ᵇ. 84ᵃ. Paul. Diac. 1, 19. Agilulfus
qui et Ago est appellatus 4, 43. Philippicus qui et Bardanis dictus est. 6, 34.
Johannis qui Bavo vocatur. Fumagalli no. 76 (856). Babono 74. Gaidulfus qui
Gaido clamatur. no. 122. Uni qui et Avari. geogr. Rav. 202, 14. Cbamavi qui
et Franci. GDS. 513. Premisl qui et Ottocar chron. Neptachonis a. 1268. Mei-
nert 325. vgl. Palacky 2, 66. vgl. über attractiou s. 26. — Wislrimundo quoque
cognomento Tattonis Gregor. tur. 10, 29. Eunius quoque cognomento Mummo-
lus. 4, 36. Austrigildam cognomento Bobilam 4, 25. Waltberns cognomento
Pbrimo. Lang 1, 311 (a. 1080), Gotfridus cognomento Polso. 1, 160 (a. 1191).
Engilger qui cognomine upizi (vgl. unten s. 46 no. 96ᵃ.) dicitar. cod. dipl. Ju-
vav. 174. Renila vocabulo Eugenia. Pardessus no. 140 (a. 543). Craman cogn.
Paio Neugari 88. Widkindns dictus Wackermul. Wenck 2. no. 260 (a. 1306).
Dietrich der dâ ist geheizen zu annamen Snar. 262 (a. 1306). Henricus dictus
Eselescop. 249 (a. 1301). Merland quae sperewerinna dicebatur. Böhmer cod.
francof. 213. Heinricus dictus Gansara. 220. Sigebodo qui Strabo agnomina-
batur. Lacomblet 1, 289 (a. 1118). qui fuit binominis, nam et Etieho et Wel-
fus dicebatur. aun. Sax. (Pertz 8, 764). Lanfey Nál kölluð. Sn. 355. Ketill
prymr.· 360. Prmr skiljamoli. 362. (fornald. 2, 1.) Svanbildr er kölluð var Gull-
flöðr. 366. er ver köllum. 368. 369. haun var kallaðr. Landnam. 1, 18. — ὃς
ἐπεκλήθη. act. apost. 1, 23. ὃς ἐπικαλεῖται. 10, 32. ὁ καλούμενος Νίγερ. 13, 1.
ὁ ἐπικληθείς. Matth. 10, 3. Δίφιλος ὁ Λαβύρινθος ἐπικλήν. Lucian conviv. 6. ὁ τοῦ
Αὐγούστου ἐπίκλην λιμήν. Dio Cass. 75, 16. Ἀθηναΐς ἐπίκλησιν Ἀσσυρίης Herod.
1, 19. ἔν τε κύν' Ὡρίωνος ἐπίκλησιν καλέουσιν. Il. 22, 29. Ἀστυάναξ, ὃν Τρῶες
ἐπίκλησιν καλέουσιν. 22, 506. Σπερχείῳ ἀκάμαντι, αὐτὰρ ἐπίκλησιν Βῶρῳ. 16, 176.

namen, weil sie jetzt erst frei auftreten konnten. aber noch
heute findet in feierlicher aufzeichnung ein bloszer beiname, so
lange er ein solcher bleibt, ungern seine stelle; im leben selbst
wird man ihn weder gescheut noch gespart haben, bis er allmälich auch in der schrift unvermeidlich und bedeutungsloser
angewandt werden konnte. soviel erhellt dasz in grammatik
und sprachgeschichte beinamen es sind, die vorzugsweise den
blick auf sich ziehen, mag weltliche geschichte sich an geschlechtsnamen erbauen.

Nach allen diesen hier unumgänglichen bemerkungen kann
ich nun zu dem schreiten, was ich vor die hand genommen habe.
es ist eine merkwürdige, noch nicht hinreichend beobachtete erscheinung, dasz zu männlichen namen auch weibliche beinamen
gestellt werden und neben meistentheils voller weiblicher flexion
dennoch männliche pronomina und adjectiva sich zur seite haben. das nämliche ereignet sich sodann auch an einer beträcht-
lichen zahl von männlichen, weiblich gebognen appellativen, die
jenen beinamen verwandt, folglich aus ihnen entsprungen scheinen. die ganze anomalie tritt aber nicht nur in lateinischer und
griechischer zunge, sondern eben wol in deutscher, slavischer,
litauischer vor, ein so weit erstreckter zug kann unmöglich ohne
festesten anhalt sein.

Regelrecht wäre eintracht zwischen dem genus und der
flexion, die es ja mit bestimmt. auch weisz ich im sauskrit hiervon keine ausnahme, weder finden sich darin masculina, die weiblich, noch feminina, die männlich flectiert werden. bei den stämmen auf a, welche hier vorzüglich ins auge zu fassen sind,
zeigt der skr. männliche nom. sg. as, der weibliche à, der männliche acc. sg. am, der weibliche âm. bei stämmen auf i und u
so wie den consonantischen fallen die flexionen beider geschlechter zusammen, den instr. sg. und acc. pl. abgerechnet, die sich
bei den i und u stämmen noch unterscheiden. dieser zusammen-
fall verkündet ein erkalten des geschlechtigen ausdrucks, der
früher einmal vollkommen gesondert gewesen sein wird, wie
er es bei den stämmen auf a blieb. doch die unerkennbarkeit
des geschlechts aus der flexion ist keine verwirrung des geschlechts.

Auch im griechischen und latein sondern nur die dem skr.
a-stamm entsprechenden erste und zweite declination beide geschlechter, welche sie in der dritten so wie lat. vierten zusam-

men rinnen lassen. die gr. männliche flexion ος, ου, φ, ον; dl. ω, οιν; pl. οι, ων, οις, ους, steht der weiblichen α, ης, χ, αν; dl. α, αιν; pl. αι, ων, αις, ας rein und scharf entgegen. nicht viel anders das lat. männliche us, i, o, um; pl. i, orum, is, os dem weiblichen a, ae, ae, am; pl. ae, arum, is, as. zusammen fallen blosz die gr. gen. pl. und lat. dat. pl. beider geschlechter. einen altlateinischen gen. sg. f. as bezeugen nicht nur formen wie familias für familiae, sondern auch das oskische und umbrische as (ar); der abstand des dat. vom abl. oder instr. bleibt hier unberücksichtigt, die flexion sollte rasch überblickt, nicht erörtert werden; vom neutrum sehe ich überall ab.

Nun aber gewahre ich im griechischen und lateinischen eine doppelte abweichung von der regel: männliche nomina nehmen die weibliche flexion, weibliche die männliche an. im latein geschieht es vollständig für sämtliche casus, im griechischen nur bei weiblichen männlich flectierten wörtern. männliche wörter hingegen, die sich zu weiblicher flexion neigen, mischen die formen, indem sie dem nom. sg. das characteristische männliche ς, dem gen. ου lassen, d. i. geben, alle übrigen casus des sg., der ganze dl. und pl. gehen weiblich. nicht zu verschweigen aber ist, dasz in ältester sprache so wie in den dialecten der gen. sg. statt des ου ein αο, εω und α zeigt, welches letztere dem lat. αe gleicht. Ἴδας macht den gen. τοῦ Ἴδα, wie im lat. Ida Idae. beinamen, was ich nachher näher beleuchte, zeigen im epos auch den nom. auf reines α.

Vorerst drängt es wahrzunehmen, dasz nomina dieser art in zweiter declination lauter appellativa sind, keine cognomina. denken dürfte man sich, dasz einem weiblichen vornamen gleichfalls ein männlicher beiname gesellt wäre. ich kenne kein beispiel, cognomina der frauen bleiben stets auch weiblich [*], weibliche städte-, insel- und ländernamen wie Κόρινθος, Κύπρος kommen allerdings männlich gebogen vor. aus dieser ursache, weil mein augenmerk auf beinamen zielt, lasse ich die zweite declination bei seite, es ist aber sehr untersuchungswerth, warum zumal viele namen der bäume weibliches geschlecht und männliche flexion haben [**]. alle adjectiva zweier endungen in griechi-

---

[*] s. unten s. 81. 82.

[**] popnlus nnd ulmus werden der vitis vermählt, waren also ihrer flexion gemäsz, früher masculina.

scher zweiter declination verleihen dem fem. durchgehends die
flexion des masculinums.

Wie nun steht die ganze anomalie erster declination, in die
ich mich ausschlieszend versenke, zu fassen? einer von zwei
wegen wäre einzuschlagen, die ursache entweder in der flexion
oder in dem geschlecht selbst aufzusuchen.

Bopp, der appellativa, keine cognomina erwägt, nimmt an,
dasz die lateinischen aus verbis entspringenden. z. b. mit cola,
gena, cida, vena, fuga gebildeten nomina agentis das uralte männliche a bewahren, aus mangel an analogie aber dem weiblichen
ursprünglich langen a gleichgestellt, also in die erste d. i. weibliche declination gesetzt werden. die entsprechenden griechischen
wörter auf ας und ης halten das männliche kennzeichen des nom.
und das ου des gen. fest. demnach hätte sich eine historisch
bis auf das skr. männliche a zurückgehende form verirrt in die
gr. und lat. weibliche declination, statt wie die masse skr. as
ein gr. ος, lat. us zweiter decl. zu werden. nach dieser ansicht
träte gar kein geschlechtwechsel ein, die wörter blieben männlich und hätten nur wie durch zufall einige weibliche flexionen
überkommen. weshalb aber, fragt es sich, entsprangen ἐπηλύτης, γηγενέτης, πατραλοίας, advena, terrigena, parricida und nicht
wie ἵππος, equus formen auf ος, us? ἐπήλυτος, πατροκτόνος gelten für adjectiva, nicht wie ἐπηλύτης, πατραλοίας, parricida für
substantiva. einräumen musz man, dasz lehnwörter mit ihrer
endung, ohne rücksicht auf geschlecht, oft in eine passende heimische decl. eingestellt werden können, wie sich hernach an gothischen oder numidischen mannesnamen auf a zeigen soll, aus
gleichem grund behalten die namen Aeneas, Anchises, Perses
ihren gr. nom., obschon sie den lat. gen. auf ae annehmen, und
dasz in zweiter decl. keine mischform erscheint rührt wol eben
daher, dasz sie keine anomalen mannesnamen kennt. schwer aber
zu begreifen würde fallen, dasz die in zwei einander so nahe
liegenden sprachen, als die griechische und lat. sind, erkannte
anomalie auch in entlegnen, wie der nordischen und slavischen
fast gerade so in eigennamen und appellativen wirkt, wie sollte
die bare form immer dasselbe geleise eingehalten haben? am
andern weg, den ich wandeln möchte, würde das gewicht weniger auf die form, als auf das genus fallen. vom geschlecht,
dünkt mich, wird die gestalt des worts, nicht von seiner gestalt
das geschlecht bestimmt. das natürliche und auch das grammatische genus tragen eine ursache in sich, die den sprachfor-

·men vorangeht, sollen die grammatischen formen nur formen
sein und keine seele haben? jene anfängliche die schranke der
natur überschreitende ausdehnung des geschlechts auf unge-
schlechtige gegenstände ist nicht minder phantastisch und kühn
als ein umtausch und schwanken des geschlechts. aus welchem
grund sollte der eine baum männlich, der andere weiblich sein? [42]
wenn bei dem grammatischen genus häufig personificationen ihren
spielraum in der einbildungskraft haben, so braucht die namen-
gebung gar nicht auf anscheinenden widerspruch des geschlechts
oder der form zu achten, sondern hat das recht, beide zu beherschen und abzuändern. einen mann kann sie mit weiblichem
namen benennen, wie sie den sachen nach willkür, der jedoch
meistens ein uns unsichtbar gewordener hebel unterliegt, geschlecht ertheilt. sucht man doch mit gutem fug hinter den
weiblichen substantiven ἁμαξιτός, λεωφόρος den gedanken an ὁδός.
auch soll, und das ist vor allem ins auge zu fassen, das grammatische genus überhaupt gar nicht streng, vielmehr frei und
dehnbar, auf die begriffe des natürlichen zurückgehen, beide genera drücken nicht allein den sexuellen verhalt aus, sondern dem
masculinum wohnt die vorstellung des starken, festen, kräftigen,
dem femininum die des weichen, milden, anmutigen ein, wie auch
im letzteren vorzüglich der abstraction beginn ruht, die meisten
abstracta weiblich sind.

Diese manigfalten gänge und ausschreitungen des sprachgenius zu belauschen und zu erforschen kann erst unternommen
werden und künftig einmal gelingen, wenn reichhaltige samlungen vorausgegangen sind, vollständigkeit darf man dem noch so
reiflich überschlagenen vorrath lange nicht zutrauen. ich werde
bei der diesmal vorgelegten abhandlung der ersten anomalie, d. h.
der die männliche form vertretenden weiblichen wörter so verfahren, dasz ich aus den in betracht kommenden einzelnen spra
chen die gesammelten beispiele alphabetisch verzeichne und er-
läuterungen folgen lasse. das latein hat seiner vielen eigennamen
wegen die reihe zu eröfnen.

I. lateinische namen.

1ª. Acerra. Martialis 1, 29.

1ᵇ. Achilla. Caesar b. civ. 3, 104. 109. 111. (nicht Achilles,
sondern Ἀχιλλᾶς).

1. Cn. Julius Agricola, des Tacitus schwiegervater. [fem. Agricolia. inscr. nassov. 62.]

2. M. Vispanius Agrippa. T. Menenius Agrippa, consul a. 276. 313. [Agrippa eilfter albanischer könig. Mommsen röm. chronol. 155. Agrippina.]

3. Alauda. Martial 12, 57.

3ᵇ. Alba Aemilius. Cic. in Verr. II. 3, 62.

4. Servilius Structus Abala, consul a. 275. C. Servilius Abala, a. 345. 346. später geschrieben Ala.

5. Apella. credat Judaeus Apella. Horat. sat. 1. 5, 100. Apella libertinorum nomen est. eines Apella Chius erwähnt Cicero Att. 12, 19. fam. 10, 17, was auf Ἀπελλῆς zurückgeht. [o Apella! f. Apelles. Plaut. Poen. V. 4, 101.]

6. Aperta Apollo vocabatur, quia patente cortina responsa ab eo dentur. Festus. dafür schlägt neuerlich Ross Aperla vor, um es mit Apello = Apollo zu einigen.

7. Pontius Aquila. Sueton. Caes. 78. u. s. w. (s. Forcellini). Ἀκύλας. 1 Cor. 16, 19. goth. Aqila.

8. Corn. Cossus Arvina, consul a. 410. 421. 447.

9. Cn. Cornelius Scipio Asina, consul a. 493. 495. P. Cornelius Scipio Asina, a. 532. [vgl. Macrob. sat. 1, 6.]

10. C. Quintius Atta, ein alter dichter. Horat. ep. 2, 1, 79. vgl. Gellius 7, 9.

11. M. Acilius Aviola, consul a. 806. 874. 891. Tac. ann. 3, 41.

12. Servilius Structus Axilla, consul a. 326. 334.

12ᵇ. Baba, insignis fatuitatis homo, temporibus Senecae. ep. 15.

12ᶜ. Baccara. Martial 6, 59. von baccar? pflanzenname?

13. Bala, cognomen gentis Aeliae.

14. L. Avilius Galienus Barba. Gruter 343, 8. Cassius Barba. Cic. Att. 13, 52.

15. Q. Aemilius Barbula, consul a. 438.

16. Q. Marcius Barca. Gruter 107, 8. Barea Soranus. Tac. ann. 16, 23.

17. L. Calpurinus Bestia, consul a. 642. [Flor. 58, 8. Lobeck path. 69 von Bestius.]

17ᵇ. Beta. Lobeck path. 70.

18. M. Attilius Bradua, consul a. 860. 912.

19. Bucca, cognomen gentis Aemiliae.

20. Plancus Bursa. Cic. fam. 7, 2.

20*. · Byrria n. servi apud Terentium.

21. P. Licinius Caecina. Plin. 20. 18, 76. A. Licinius Caecina. Fl. Caecina Decius, consul a. 1215. 1281. [Tac.
ann. 1, 56. vgl. O. Müller Etr. 1, 416. 417. Ceicna.]

21*. Caepa, Καπίας. Dio Cass. 45, 1.

22. Luc. Calpurnius Cala.

23. C. Caesar Caligula. caligula tegmen pedum. Tac. ann.
1, 41.

23*. Calvena. Cic. Att. 14, 4. 5. 9.

24. C. Claudius Canina, consul, a. 478.

25. C. Naevius Capella. bekannt ist Marcianus Mineus Felix
Capella. [vgl. ags. Ticce.]

25*. Annius Capra. Varro R. R. 2, 1.

26. Aurel. Antoninus Caracalla. gallica palla. Martial. 1, 93.
[Zeusz 275. Lobeck von Caracallus. caracalla f. engl. kelle.
Wright gloss. 197.]

27. P. Servilius Casca, Caesars mörder. Liv. 25, 3. Dio Cass.
44, 52. Meiers anthol. 59, 1144.

28. L. Sergius Catilina.

28*. L. Cella. Caesar b. afric. 89.

28*. C. Fannius Chaerea. Cassius Chaerea. Tac. ann. 1, 32.
Χαιρέας.

28*. Cicuta. Horat. sat. II. 3, 69. 175.

29. L. Cornelius Cinna, consul a. 626. Cn. Cornelius Cinna,
a. 757. [κίννα, agrostis. Lob. path. 71 von cinnus.]

29*. Gajus Fufius Cita. Caes. b. g. 7, 8 ed Nipp. früher Fusius
Cotta.

30. F. Claudianus Civica Pompejanus, consul a. 961. 983.
Tac. Agr. 42. [Civica Cerealis proconsul. Sueton. Domit.
10. Sextus Vetulenus Civica, consul a. 887. a. 136. p.
Chr.]

31. L. Genucius Clepsina, consul a. 482. vgl. clepta, κλέπτης.

32. Sextus Pompejus Collega, consul a. 895.

33. L. Junius Moderatus Columella.

34. Annius Cornicula. Trebell. Galien. 17. Cn. Octavius
Cornicla.

34*. M. Grunnius Corocotta Porcellus. Forc. s. v. Corocotta,
Crocotta.

35. Costa, cognomen gentis Pedaniae. D. Postumus Costa. 44
Eckhel 5, 269. [Licinius Costas. inscr. nass. no. 119.]

36. C. Aurelius Cotta, consul a. 505. L. Aurelius Cotta, a. 609.

36³. L. Varius Cotyla, Antonii compotor. Cic. Phil. 13, 120. bei Plutarch Κοτύλων, wie amphora.

36⁵. Dacoma, figulus. inscr. nass. 85, 25.

36⁴. Dama, servi nomen. Horat. sat. 2. 5, 18. 7, 54.

37. M. Tullius Decula oder Decola, consul a. 672.

38. C. Cornelius Dolabella, consul a. 594. Cn. Cornelius Dolabella. 672. P. Cornelius Dolabella a. 772.

39. T. Aebutius Elva oder Helva, consul a. 254. L. Aebutius Elva a. 290. M. Aebutius Elva a. 313. Livius 4, 11. [vgl. helvolus, helveolus.]

39³. L. Fenestella.

40. C. Flavius Fimbria, consul a. 649. vgl. Granus Licinianus p. 39 und Augustinus de civ. dei 3, 7.

41. L. Volumnius Flamma violens, consul a. 446. 457. [Calpurnius Flamma. Flor. 30, 14.]

42. Forficula, cogn. Alexandri logothetae bei Procop 2, 254, 18.

43. F. Fravitta, consul a. 1153.

44. A. Memmius Gaa, T. Coccejus, auf inschriften. Gaa libertus. Meiers anthol. 898.

45. P. Sulpicius Galba, consul a 553. Servius Galba, proavus imperatoris. Cic. fam. 6, 18. [Caes. b. g. 3, 1. Nepos Cat. 3.] qui primus Sulpiciorum cognomen Galbae tulit, cur aut unde traxerit, ambigitur. quidam putant, quod oppidum Hispaniae frustra diu oppugnatum illitis demum galbauo facibus succenderit, alii quod in diuturna valetudine galbeo, id est remediis lana involutis assidue uteretur; nonnulli quod praepinguis fuerit visus, quem Galbam Galli vocent, vel contra, quod tam exilis, quam sunt animalia, quae in aesculis nascuntur appellanturque galbae. Sueton. Galba 3. Caesar B. G. 2, 4 und 13 nennt einen gallischen könig Galba. [vgl. Roget de Belloguet p. 86.]

46. Gallina. Horat. sat. 2. 6, 44. von einem gladiator: Thrax est Gallina Syro par.

47. C. Licinius Geta, consul a. 637. [Cn. Hosidius Geta. Dio Cass. 60, 9.] P. Septimus Geta, a. 957. gr. Γέτας.

47³. M. Terentius Varro Gibba.

47⁵. C. Servilius Glaucia. Mallius Glaucia.

47⁴. Ti. Carpineus Gutta. Cic. Cluent. 26. 36. Zell 1, 101. 102. 370.

47⁷. Habinna bei Petronius c. 65. 67 ff. Habinnas.

47⁶. C. Terentilius Harsa. Niebuhr 2, 313. 314.

48. Q. Ninnius Hasta, consul a. 866. p. Ch. 114.

49. L. Cassius Hemina, annalium scriptor. Plin. 29, 1, 6.

49ᵇ. Herma, Hermes s. zu p. 61.

49ᶜ. Hernia. Cic. vit. Aesop.

49⁴. Jossa figulus. inscr. nass. 85. 610.

50. Juba, rex Numidiae et Mauretaniae.

51. Jugurtha, Numidiae rex.

51ᵇ. russatus Lacerna oder Lacerta. Juvenal 7, 110.

51ᶜ. Lactuca. Lobeck path. 70.

52. M. Porcius Laeca. Sallust. Cat. 17. [laeca soll scortator sein.]

53. L. Aelius Lamia, consul a. 755. Cic. fam. 11, 16. nach Horat. od. 3, 17, 1 von Lamus abstammend. vgl. Lamia in Meyers anthol. 402. 405. 408.

53ᵇ. Laurea Tullius, Ciceronis libertus. Plin. 15, ult. unius arborum laurus latina lingua nomen imponitur viris. Laurus. Sil. Ital. 4, 175. Gruter 178, 3.

53ᶜ. Rubrenus Lappa. Juven. 7, 70 (vgl. Forcell.).

53ᵈ. Popilius Laena.

53⁴. M. Allejus Libella. auf inschriften.

54. bos Luca, vgl. Lachmann zu Lucretius 5, 1302. [vgl. ⁴⁵ Lucam. Aen. 10, 561.] daher rührt der bekannte name Lucas, wie man dem apostel ein rind zugesellte. bei Simonides ist ἡ Λουκάς ein hundename, doch zeigt der abweichende vocal die unverwandtschaft, denn aus Luca wird den Griechen Λουκᾶς.

55. Pompejus Macula. Macrob. Sat. 2, 2. Cic. fam. 6, 19.

55ᵇ. Mammula. Liv. 42, 6.

55ᶜ. Mamurra. Forc. s. v. vgl. saburra.

56. Q. Curtius Mancia. Cic. off. 1, 30. Curtilius Mancia. Tac. ann. 13, 56. Plin. ep. 8, 18.

57. Manciola, diminutiv des vorigen.

58. Baebius Massa. Plin. ep. 3, 4. 6, 29. 7, 33. L. Terentius Massa. Liv. 31, 50.

59. Massinissa, Numidiae rex.

60. Mastarna, genosse des tuskischen Caelius Vibenna. Niebuhr 1, 423. Mommsen 1, 85. [Hartung 1, 312.]

61. L. Pontius Mela. Pomponius Mela.

62. M. Annaeus Mella, Lucani poetae pater.

63. Lallius Mena. Gruter 241'. [P. Ticinius Mena. Varro RR. 2, 11.] Mena, libertus. Meiers anth. 190.

63'. Mentula. vgl. altu. Kunta und umgedreht altfr. dant Conebert. Méon 4, 257. nouveau rec. 1, 113. 118. sire con! 5, 418. 433.

64. Q. Antonius Merenda. consul a. 303. 331. Ser. Cornelius Merenda a. 479.

65. L. Cornelius Merula, [Varro RR. 3, 2.] consul a. 560. 566. Cn. Cornelius Merula. Liv. 33, 35. Apidius Merula. Tac. ann. 3, 42.

66. Valerius Maximus Messala, consul a. 490. 527. Cic. fam. 8, 2. M. Messala. Plin. ep. 5, 3. [Caesar b. g. 1, 2. 35. vgl. Macrob. sat. 1, 6.] Silius Messala, consul a. 945. Junius Messala a. 1032. [Areobinda et Messala Coss. Marcellinus p. 50.] man schreibt auch Messalla. Messala Corvinus. Plin. 7, 24. f. Messalina.

66'. S. Julius Mocilla (al. Motacilla). Nepos Attic. c. 11.

66'. Septimius Mucatra, dreimal auf einer inschrift, Steiner no. 651.

67. Luc. Licinius Murena, consul a. 691. Plin. ep. 9, 13.

68. Antonius Musa, Augusti medicus. Horat. ep. 1, 15, 3. Suet. Aug. 59. 81.

69. T. Sempronius Musca. Liv. 45, 13. [musca est pater meus, nihil potest clam illum haberi. Plaut. mercat. II. 3, 3, 26.]

69'. Mustela, dulcis Mustela Gordianus.

69'. P. Aufidius Namusa. Huschke jur. antiq. p. 32.

70. Corn. Scipio Nasica, consul a. 562. 592. Cesius Nasica. Tac. ann. 12, 40. [Nasica Horat. sat. 2, 5, 57. Corn. Nasica Liv. epit. 48. 55.]

71. Natta, cognomen in gente Pinaria. Pinarius Natta. Tac. ann. 4, 34.

72. M. Coccejus Nerva, consul a. 717. Licinius Nerva. P. Silius Nerva, consul a. 733. ebenso hiesz später ein kaiser.

72'. Nestica. Ammian. Marc.

73. Fl. Nevitta, consul a. 1114. [Mamertianus et Nebita a. p. Chr. 362. Nevitta, Gothus, dux Juliani. Amm. Marc.]

74. Q. Caedicius Noctua, consul a. 465. [wie lit. Peleda s. 84. vgl. sl. sova.]

75. Numa Pompilius. Numa Marcius. Tac. ann. 6, 11.

75*. L. Antonius Numida. (wie Geta.)

75'. Nympha. 1 Col. 4, 15, gr. Νύμφας, goth. Nynfa.

76. Servius Ocella. Cic. fam. 2, 15. 8, 7.

76*. C. Luscius Ocrea bei Cic. Rosc. Com. 14.

76'. Q. Ofella.

76⁴. Sergius Orata = Aurata, goldfisch?

77. C. Fabius Maximus Cunctator Ovicula dictus est a morum clementia. Aur. Victor vir. ill. 43.

78. A. Cornelius Palma, consul a. 851. 861.

79. A. Cornelius Pansa, consul a. 453. C. Vibius Pansa a. 710. Pansa meus. Cic. fam. 7, 12. 8, 8. C. Servilius Pansa. Plin. 7, 53.

79*. A. Terentius Papa. gr. Πάπας.

80. D. Junius Pera, consul a. 487. 523. Liv. 23, 14.

81. M. Perpenna oder Perperna, consul 623. vgl. Varro l. lat. 7, 41. 9, 41. Liv. epit. 96. Tac. ann. 3, 62. Plin. 7, 48. [M. Perperna Censorius. Nepos in Cat. l. Petronius Perpenna. Brissonius p. 730.]

82. Persona, als cognomen, kann ich aus dem classischen latein nicht vorweisen, so stark ich es vermuthe. aus unserm mittelalter ist Gobelinus Persona († 1418) bekannt genug und eine urk. bei Seibertz no. 571 hat Sifrid Persona; noch gangbarer ist gal. pearsa und Macpherson.

82*. Phoca, Φωκᾶς byz. kaiser a. 602—610.

82'. Minutius Pica. Varro RR. 3, 2. Caerianus Pica. Dio Cass. 79, 13. Geminius Pica bei Forcellini.

83. Pomponius Planta. Plin. ap. 9, 1. 10, 5. [Manlius Planta. Gruter 490, 2.]

84. Fl. Plinta, consul a. 1171.

85. P. Valerius Poplicola, consul a. 244 — 246. Liv. 2, 7. Valerius Volusius Poplicola u. a. m. vgl. Horat. sat. 1, 10, 38.

86. Porsenna, etruskischer könig.

86*. Proca. Ov. fast. 6, 144. met. 14. 622. Procas Virg. Aen.
6, 767.

86*. Scantia Sp. F. Putilla. Gruter 115, 7. frau? vgl. Hor.
sat. 2, 3, 216. Putam aut Putillam, wo jetzt gelesen wird
Rufam aut Posillam.

86*. L. Cassius Longinus Ravilla Forc.

86*. Sp. Carvilius Ruga.

87. Rupa, libertus Curionis. Cic. fam. 2, 3. rupa soll locus
abruptus, rupes bedeuten und mahnt an legirupa, der
das gesetz bricht.

88. L. Cossutius Sabula, auf münzen bei Eckhel 5, 197.

88*. Saburra. Caes. b. civ. 2, 38. 40. afr. 48.

89. Q. Largennius Sagitta. Claudius Sagitta. Tac. hist. 4, 49.
Octavius Sagitta 13, 44.

89*. Q. Sauga. s. Forc. Σάγγης, Sarga ein knecht bei Ter.
eunuch. IV. 7, 6.

89*. Santra. Lobeck path. 69. Festus p. 68. 170". 124*. 254*.
333*. Martial. 7, 20. bei Lessing 8, 457 Sanctra.

90. Fl. Salia, consul a. 1100. Idatius p. 44 hat den goth.
namen Salla. [Amm. Marcell.]

90*. C. Mucius Sasa bei Forc.

91. L. Hostilius Saserna, auf münzen. P. Hostilius Saserna
bei Hirtius b. afric. 10, 29. zwei Sasernae, vater und sohn,
werden von Varro, Columella und Plinius genannt. [Sa-
sernarum libri. P. Saserna. Caes. b. afric. 10. 29. 57.]

91*. Saura. Gruter 715, 4. lacerta, σαῦρα. Saurea. Plaut. Asin.
I. 1, 73. II. 2, 69. 80. 86. 92.

91*. Voconius Saxa. Forc. L. Decidius Saxa. Caes. b. civ.
1, 66.

92. Jun. Brutus Scaeva, consul a. 428. 461. ein Scaeva in
Meiers anth. 870.

93. Q. Mucius Scaevola, consul a. 658. Liv. 2, 12. Cervidius
Scaevola. Trebatius Scaevola. diminutivum von Scaeva.

94. Cornelius Scapula, consul a. 425. P. Quinctius Scapula.
Plin. 7, 53. [Annius Scapula. Caes. b. alex. 55. hisp. 33.]

94*. C. Cassius cognomento Schola.

95. Cn. Tremellius Scrofa. Varro RR. 2, 4. [über die ursache
auch Macrob. Sat. 1, 6. aber anders.]

96. M. Annaeus Seneca. [M. Accius Seucca. Gruter 490, 2.]

96*. L. Flavius Silva Nonius Bassus. p. Chr. a. 81.

96*. Simia. Plaut. Psend. II. 4, 74. IV. 1, 34. 3, 2. vgl. Engilgèr qui cognomine upizi dicitur. cod. Juv. 174 poln. małpa f. slov. opica f. böhm. opiće n.

97. Statilius Sisenna Taurus, consul a. 768. Horat. sat. 1, 7, [47] 8 nennt einen scurra Sisenna.

97*. Sosia. Σωσίας. Plaut. Amphitr.

97*. Spongia. Cic. Att. 1, 16.

98. Spurinna, etruskischer name. eines Vestricius Spurinna gedenkt Tac. hist. 2, 11 und Plin. ep. 2, 7.

99. L. Aruntius Stella. Martial. 1, 62.

99*. A. Tettius Stlatta. (Forcell.)

99*. Struma Nonius.

100. Sulla für Surula, diminution des folgenden. cognomen in gente Cornelia. Faustus Cornelius Sulla, consul a. 783. gr. Σύλλας.

101. Sura. P. Cornelius Lentulus Sura, consul a. 682. proconsul. Plin. 7, 12. L. Licinius Sura a. 854. [Dio Cass. 68, 15.] Altius Sura, Plin. ep. ad. Trajan. 12.

102. Talna, Thalna, Phalna. M. Juventius Thalna, consul a. 590. Liv. 45, 21. Plin. 7, 35. incidimus in Talnam modestum et frugi. Cic. Att. 13, 29. [ac. her. 1859 p. 704. Thalna etr. göttin Steub 17. 208. Diaua Cantù 871.]

102*. Tarpa. Sp. Maelius Tarpa.

103. C. Trebatius Testa. Cic. fam. 7, 5. 13.

103*. L. Valerius Messalla Thrasea Priscus. cons. p. Chr. 196. Thrasea Paetus. Tac. ann. 16, 21. Juv. 5, 36. P. Fannius Thrasea Paetus Patavinus.

103*. L. Ticida. Caes. b. afric. 44. 46. Aul. Ticida Ovid. trist. 2, 433. s. Forcell.

103*. Trabea. Cic. ep. ad fam. 9, 21. Tusc. 4, 31. de fin. 2, 4.

103*. Traquenna. Varro RR. 1, 2. etr. Tarcna, Tarquinius. Steub 210.

104. Plotius Tucca, Virgilii amicus. C. Servilius Tucca, consul a. 469. ein Tucca bei Meier anthol. 94. 222.

105. [Flaminius Vacca.] M. Vocconius Vaccula. Gruter 498, 11. [Nigidius Vaccula. Zell 1, 150.]

106. Vacerra, Cic. fam. 7, 8. [Martial. 11, 78.]

107. Vala, Vaala cognomen eines C. Numonius, dessen Vellejus 2, 119 gedenkt, vielleicht Horat. ep. 1, 15, 1. einen L. Tuccius Valla nennt Plinius 7, 53.

108. Fl. Varana, consul a. 1162.

109. Vatia oder Vacia bei Varro l. lat. 8, 5 a cruribus.

109ᵇ. Terentius Vespa. Cic. orat. 2, 62.

110. Caeles Vibenna. Tac. ann. 4, 65. [O. Müller Etr. 1, 426.]

111. C. Dillius Vocula. Tac. hist. 4, 24. Sariolenus Vocula
      4, 41.

Manche werden fehlen oder lassen sich schon aus andern
folgern, z. b. aus Vaccula auch ein Vacca, aus Scrofa Scrofula,
aus Dama Damula, aus Caligula Caliga, [aus Mammula Mamma].
überschaut man dieses gute hundert weiblich gebildeter und ohne
ausnahme weiblicher flexion untergebner beinamen, so mögen
einige fremde abzusondern sein, von denen sich nicht sagen läszt,
ob in der sprache, die sie zeugte, ihnen dieselbe form zustand,
und wenn es der fall war, ob sie gleichfalls weiblich aussah.
dahin gehören zumal die numidischen Juba (was doch an juba
klang). Jugurtha, Massinissa, [Micipsa bei Sallust,] die auch als
nomina, nicht cognomina dastehen. nicht anders das getisch
oder gothisch lautende Geta und schon aus späterer zeit Fravitta, Nevitta, Plinta, Salia, vielleicht auch Varana, deren a ein
goth. masc. zu erkennen gibt, das ihnen vorgeschobene praenomen Flavius verräth ihre fremdheit*. lateinischer bildung ange-
48 messen sein werden aber die etruskischen Caecina (d. i. Ceicna.
O. Müller 1, 417), Perpenna, Sisenna, Vibenna, [Porsenna, Habinna, Spurinna,] Saserna, Perperna, Mastarna, allem ansehen
nach auch Talna. ob in Galba, Alauda und Caracalla gallisches
element stecke, soll nachher zur sprache kommen. aus dem
griechischen gelehnt waren Agrippa, Apella, Hemina, Mela (übel
nach Μέλας, ανος) Mena, wenn kóseform für Μηνόδωρος, Musa.
den meisten lehnamen Aeneas, Anchises, Hermes, Perses u. s. w.
verblieb sonst das griech. ς des nom., ihren gen. biegen alle auf
ae; wogegen die Griechen lateinischen lehnnamen ihr ς verliehen:
Νουμᾶς, Σύλλας, Δολαβέλλας, Κόττας, Σκαιόλας, für Numa, Sulla,
Dolabella, Cotta, Scaevola, denn wiewol ihr σκαιός dem scaevus
entspricht, war doch die diminution lateinisch. auch das sonst
griechisch gestaltete Ἀγρίππας scheinen sie erst aus dem latein
zurück empfangen zu haben, Δέξιππος, Μένιππος, Φίλιππος u. s. w.
haben etwas audere gestalt. dieser name Agrippa verdient

---

* Flavius Eutharidus Cillica, consul p. Chr. 519. — aus dem mittelalter:
Hanno cognomine Varia vacca. Aimoinus 5, 49 p. 757. Bernardus cognomento
Planta pilosa. Pertz 1, 518 a. 830 (aus Hincmar). Heinricus III linea justitiae.

nähere betrachtung. Plin. 7, 8 sagt: in pedes procedere nascentem contra naturam est, quo argumento eos appellavere Agrippas, ut aegre partos, qualiter M. Agrippam ferunt genitum, unico prope felicitatis exemplo in omnibus ad hunc modum genitis*. ebenso Gellius 16, 16: quorum in nascendo non caput, sed pedes primi extiterant, qui partus difficillimus aegerrimusque habetur, Agrippae appellati, vocabulo ab aegritudine et pedibus conficto. doch mit aegre und pes, ποΰς kann das wort nichts zu schaffen haben. ἄγριππος hiesz ein wilder ölbaum (von ἄγριος doch bleibt dann der ausgang des worts schwierig), oder träfe es näher ein scholiast zu Theokrit 7, 60 mit ἄγρα und ἵππος, denn ἵππος mag wie πῶλος, pullus mädchen, jüngling auch recens natus ausdrücken und ἀγρεῖν fangen, wie die hebamme das kind fängt, fischt, [östr. krebsenfangerin] und ahd. volo beiname eines mannes war: Sigiboto, qui dicitur Volo. MB. 7, 360. 362, [Johannes dictus Vole. Seibertz 2, 149 a. 1317], Agrippa wäre das neugeborne, der gefangne fohle, ohne allen bezug auf fuszgeburt. die hebammen drücken sich aus: das kind stürzt einen bock, vielleicht auch springt einen fohlen. ich finde dasz ungrisch csikó equuleus, csikós pastor, roshirt, rosbube bedeutet, doch wie jenes volo ohne ersichtlichen bezug auf die geburt.

Nach dieser kleinen abschweifung wende ich mich wieder zu den andern beinamen. zweifeln wird niemand, dasz Alauda, Aquila, Asina, Aviola, Bestia, Capella, Capra, Coruicula, Dama, Gallina, Hybrida, Luca, Merula, Motacilla, Murena, Musca, Noctua, Orata, Ovicula, Phoca, Pica, Saura, Scrofa, Simia, Vaccula, Vespa von grund aus weibliche wörter seien; da schon avis, cornix, ovis, vacca feminina waren, beharrten die verkleinerungen in demselben geschlecht; Canina und Catilina scheinen adjectivisch, oder ein subst. canina (wie franz. chienne) für canis [49] femina müste sich erweisen. ein mann erhielt leicht zu beinamen Aquila, Gallina, Noctua, Cornicula, Merula, kaum Luscinia, das wie Philomela frauen verblieb, wiewol unter uns Deutschen Nachtigall, wie Henne, häufiger mannesname ist, Alauda, ein römischer, ja benennung einer kriegerischen legion war. gleich entschieden lauten nach theilen des leibs Ala, Axilla, Barba, Barbula, Bucca, Costa, Gibba, Juba, Mammula, Nasica, Nerva (νευρά), Ocella, Palma, Planta, Scapula, Struma, Sulla, Sura,

* Aufrecht (tr. of the phil. soc. 1858 p. 17) deutet das ppa aus peda und ἀπρόπους.

Testa und adjectivisch Pansa, Vacia, Scaeva, Scaevola, beiden
letztern lag der gedanke an manus, beiden ersten der an fusz
unter.   Ocella legt Plinius 11. 37, 55 aus: parvis utrisque lumi-
nibus natus, gleichsam äuglein, auch Vocula ist nichts als parva
vox und meint einen leise redenden, wie Scaevola den, der sich
der linken hand statt der rechten bedient.   einem gerät entnommen sind Bursa, Pera, einer waffe Hasta, Sagitta, einen stock,
pfal besagt vacerra, Dolabella parva dolabra, Fimbria den saum
eines gewands. da man nach Vitruvius 2, 3 vgl. Plin. 35, 14, 19
ein sabulum masculum und femina unterschied, jenes sabulo,
dieses mithin sabula nannte, so bezieht sich der mannsbeiname
Sabula auf letztere form und ein genauerer grund der hier an-
gebrachten geschlechtsunterscheidung würde erst den namen aufhellen. auch Arvina und Macula gehen auf stoffe, Flecke war
gangbarer altd. beiname. Stella zeigt zum himmel auf, wie heute
in schwedischen namen häufige composita mit stjerna; sehr merkwürdig ist das cognomen Flamma violens [serb. Ognjan m. Ognja-
na f.]. auch Lamia und Musa musz ich hervorheben als von
mythischen weiblichen wesen entlehnt, die gleich der nord. fylgja
den menschen zu geleit und beistand erschienen; bezöge sich
Agrippa nicht auf das kind, vielmehr auf die hebamme, so gliche
ihr die Lamia, die kinder aus dem mutterleib holte und frasz,
man vergleiche den daemonischen ἐφιάλτης und ähnliches mehr.
hier möchte ich das freilich nur als wirkliches fem. gebrauchte
appellativum persona anschlieszen, das sich doch unmöglich aus
πρόσωπον herleitet, so wenig als nach umgekehrtem lautverhalt
Proserpina aus Παρσεφόνεια. bei Terenz und Plautus sind per-
sonae die actores in fronte fabularum, Lucrez 4, 297 sagt cretea
persona, Gavius Bassus bei Gellius 5, 7 deutet a personando:
quoniam igitur indumentum illud oris (die vom actor vorgebun-
dene maske) clarescere et resonare vocem facit, ob eam causam
persona dicta est, o litera propter vocabuli formam productiore.
solcher abweichungen der quantität kämen mehr in betracht.
wenn auch nicht von einer den laut des redners erhöhenden
50 larve entnommen, könnte persona an sich den sprechenden, der
seine rede verlauten läszt, bezeichnen und gliche dem vocula.
mir fällt das gleichfalls weibliche goth. vaihts, unser wicht bei,
das wie persona auf tiefste in die sprache eingreift und von dä-
monischer vorstellung ausgegangen zu gänzlicher abstraction gelangt; auch aus sl. osoba, lit. asaba oder an creatura zu denken

hätte man, ein nettes wicht ist den Westfalen ein schönes geschöpf und ein elender wicht ist uns eine schlechte kreatur.

Wir sind mit diesem worte schon von den beinamen zu appellativen übergeschritten, die formell betrachtet auf gleichem fusze stehen, solchen zusammenhang lehren auch andere beispiele. denn Agricola, Puplicola, Decola (falls es so zu nehmen) haben vollkommen die bildung von accola, agricola, amnicola, caelicola, incola, silvicola, terricola; wenn jene namen weiblich entsprungen waren, müsten es auch die appellativa sein und irgendwo nachgefühl dieses ursprungs dürfte in ihnen gesucht werden. nun gibt es aber ganze reihen solcher verbalbildungen: fratricida, homicida, lignicida, muricida, rapicida, parricida; amnigena, indigena, nubigena, terrigena; aquifuga, defuga, lucifuga, perfuga, transfuga; ligniperda, numiperda, paniperda, viniperda; heredipeta, lucripeta; advena, convena, transvena; conviva; collega; rabula; wie läge hier die spur einer weiblichen vorstellung versteckt und wo wäre sie in scriba, nauta, auriga, verna, scurra enthalten? für lehnwörter wie poeta, propheta, athleta, pirata stünde der ausweg offen, dasz sie der griech. form nachgebildet in die analogie der eigennamen Persa, Aenea, Herma gefallen seien, für welche Perses, Aeneas, Hermes üblich wurde, wie auch prophetes gesagt werden durfte. allen heimischen wörtern aber wäre ein grund mehr aus der sache als aus der form zu ermitteln; vergleichung besonders der nordischen sprachen zeigt uns, dasz gewisse vorstellungen den übertritt männlicher appellativa in weibliche form begünstigen und diese einstimmung ist zu wichtig, um abgewiesen zu werden. ich finde dasz die würde des herrn, kriegers und richters, der stand des dieners, wagenlenkers in betracht kommen, hier müssen die für jene fremden sprachen beigebrachten ausdrücke sorgfältig erwogen und hinzugehalten werden; um meinen satz deutlich zu machen will ich einiges im voraus anführen. heldenthaten erregten dem alterthum den gedanken an eine persönliche Νίκη, Bellona, Victoria, an eine schützende, helfende Hildr und Valkyrja, wie natürlich dasz auch ein krieger und kämpfer weiblich ausgedrückt wurde, dahin läszt sich selbst athleta, παλαιστρίτης, πειρατής, pirata nehmen, altn. kempa, hettja, skytta, vielleicht der volksname Scytha, Σκύθης, und Chatta = hettja, denn Ptolemaeus schreibt richtiger Χάτται als Strabo Χάττοι, Tacitus Chatti. Slaven ist voivoda kriegsanführer, vlad''ika dominus, Griechen δεσπότης, das sind

24*

alles nichts als ursprünglich weiblich geformte wörter, einen sg. Γαλάτης, Κέλτης, lat. Celta fordern dem pl. Γαλάται, Κέλται, Celtae und sind wiederum dem Κέλτοι vorzuziehen, schon Leibnitz und neuerdings Holzmann erklären mit recht für gleichbedeutend dem Celta unser held, ahd. halid, welchem ebenfalls weibliche flexion entgangen scheint. noch ergiebiger wird die vorstellung von dienerschaft in vielfacher stufe. einen hausdiener benennt die slavische sprache mit weiblich gebildetem worte sluga von sluti audire, weil er seinem herrn hört oder gehorcht, wie cliens zu cluere fällt; dies sluga ist das goth. skalks, unser schalk, wiederum mit aufgegebner weiblicher flexion; aus dem latein vergleichen sich verna und assecla, der nachfolgende*, doch in pedisequus und pedisequa sonderte man die geschlechter, füglich hätte letzteres für beide zugleich ausgereicht. rosse und wagenlenker war der unentbehrlichsten diener einer, auriga leitet sich von aurea, frenum, wie peroriga, proriga pferdeknecht ist, ἁρματηλάτης, keltisches eporedia, poln. woźnica, lit. važnyczia zeigen unsere weibliche gestalt; nicht anders das böhm. pastucha hirt, wie slauha, jenes sluga, den gemeinbirten ausdrückt, ναύτης, nauta für navita war, ungezwungen erklärt, der schiffende knecht und genosse, scurra der lustigmacher, scriba der schreiber und so wären noch andere beizubringen. man hat gar nicht anzunehmen, dasz hier dienerinnen verwandt wurden, was ja meistens unsinn in sich schlösse, die weibliche form soll einen folgsamen, traulichen hausgenossen ausdrücken, der sein amt ruhig und unwiderspenstig versieht**.

Läszt man diesem deuteversuch sein recht angedeihen, so wird auf manche unsrer beinamen neues licht fallen und jenen zusammensetzungen mit cola, geua u. s. w. ein weg zum verständnis gebahnt sein. krieg und anbau stehen sogar im gegensatz, doch sie beide durfte die sprache auf analoge weise bezeichnen. homicida konnte dem alterthum auch einen helden ausdrücken, wie nordische krieger heiszen Fafnisbani, Hundingsbani; agricola, accola, incola war der friedliche bauer, anwohner, einwohner; perfuga, transfuga ein scheuer flüchtling und überläufer. nicht in abrede gestellt sein soll, dasz, wenn einmal solche wortbildungen im schwang giengen, ihnen neue im nach-

---

* vgl. cacula servus militaris, lixa.

** man erwäge die gröszere arbeitsamkeit der frauen im haus und feld bei den alten.

ahmungstrieb, mit mehr oder minder gefühl angeschlossen wurden. ein wahres problem bilden die sich im weiblichen und
männlichen ausgang entgegengesetzten appellativa druidae und 57
bardi, ὁρυἲδαι und βάρδοι, worauf ich zurückkommen werde.

Neugier weckt die von einander abweichende gestaltung
vieler völkernamen, wobei doch kaum ein untersehied zwischen
gens, natio und populus, zwischen γενεά und λαός wirken kann.
warum steht Belgae, Volcae, Pirustae bei Caesar, und Aedui,
Boji, Suevi? Plinius 4, 11 setzt in einem athem Moesi, Getae,
Aorsi, Gaudae, Clariaeque, Tacitus schreibt Odrysae, Persae,
Scythae, Sarmatae, Bastarnae, sonst in allen deutschen völkernamen nur i. vorhin schon gewahrten wir aber dasz für Χάττοι
noch das älter scheinende Χάτται auftritt, neben Κέλτοι Celtae
und Γαλάται, in welchen, wie in Galli, derselhe name steckt.
auch Dahae und Daci, Δάαι Δᾶοι Δαχοί ist ein name den stämmen an verschiedner stelle beigelegt; verkennen läszt sich nicht,
dasz der weibliche pl. vorzugsweise älteren, ferneren völkern
verliehen oder verblieben ist, man denke auszer den Πέρσαι an
die Σάχαι, Σιγύνναι und mehrere bei Herodot genannte. allmälich
strebte man die weibliche form mit der männlichen zu vertau-
schen, wie bei Tac. Chatti, bei Procop Γότθοι, bei Iornandes
Gothi zeigen, der daneben Ostrogothae, Vesogothae behält, Procop
hat Οὐσίγοτθοι. wozu die beispiele weiter häufen? es ist schwer
einzusehen, warum Persae, Sarmatae und Indi, Medi, (Πέρσαι,
Σαυρομάται, Ἰνδοί, Μῆδοι) gesagt wurde, nur willkür mag ursprünglich nicht dabei gewaltet haben, und die plurale müssen auf die
vorstellung oder den sinn des sg. zurück weisen, wie vorhin bei
Chatta und Scytha zu spüren war. Indus flumen lautet in der
keilinschrift Hidhu, im zend Hendu, skr. Sindhu, dessen pl.
Sindhavas regio ad Indum bedeutet; Sind hieszen noch andere
flüsse, wie Strabo s. 495 auch einen maeotischen volksstamm
Σινδοί kennt. nach Herodot 7, 61. 150 hielten sich die Πέρσαι
selbst für nachkommen des helden Πέρσης, des sohnes von Περ-
σεύς, Λαπέρσαι war beiname der Dioskuren und bedeutet burg-
zerstörer, wonach auch Πέρσης aus πέρθω, perdo zu erklären und
ein kriegerischer name wäre.

Eben sahen wir Indus Ἰνδός und Σινδός zugleich den namen
eines flusses und volkes abgeben, so scheinen auch einzelne der
vorhin aufgeführten männlichen beinamen unverändert von flüssen
entnommen, Caecina war ein flusz in Etrurien, andere wie Barea,

Cinna, Cotta sind von örtern. jener pl. Sindhavas aber drückt
die durchströmte gegend aus, wie die plurale der volksnamen
Persae das land, ahd. ist der pl. Peigirâ, Walhon Baierland,
Welschland. die ortsnamen Philippi, οἱ Φίλιπποι, Athenae, αἱ
Ἀθῆναι gehen auf Philippus, der hier gegen die Thraker eine
feste baute, auf Ἀθήνη, die gründerin. nicht anders sind zahllose mehr zu deuten, thermae, arum, αἱ θερμαί nemlich aquae,
warme brunnen. Perkunai, ein litauischer dorfname, trägt den
männlichen pl. von Perkunas an sich, man sehe Schleichers lit.
gramm. s. 145, 146. überall erscheint die flexion der ortsnamen
dem geschlecht des sg. gemäsz, dieser einklang musz bestätigen,
dasz auch in der weiblichen flexion männlicher beinamen bezug
auf eine ursprünglich weibliche vorstellung obwaltet.

    Noch etwas. die zusammenfallende flexion von wörtern der
i und u stämme führt zwar herbei dasz viele darunter für beide
geschlechter dienen, wenn auch eins derselben überwiegt, nur
ist es nicht nothwendige folge für alle. canis, piscis sind communia, allein avis ist nur f., panis, ignis nur m., und das mag
zu einer früher noch geschiednen flexion passen. für die ge-
schlechtsondernden a stämme sollte es eigentlich keine communia
geben, wo sie erscheinen, liegt der an den beinamen entwickelte
hergang zum grunde. nahe gelegen war es solche beinamen
männlich zu construieren, wenn es hiesz mi Ovicula, audi Testa
mi! oder Aquila meus, Noctua noster, so hätte hier mea, nostra
wie an eine frau gerichtet, von einer frau gesagt geklungen, denn
der weibliche gebrauch dieser ausdrücke war natürlich unaufge-
hoben. aber im ursprung musz doch auch dem beinamen mea
und nostra gegeben worden sein, wie Sallust von Fusidius sagt
ancilla turpis, oder wir Deutschen einem mann den scheltnamen
die memme, die böse zunge ertheilen. darum sind auch einige
appellativa erster declination communia, verna, advena gehen auf
mäuner und weiber: est e Coriutho hic advena anus paupercula.
Cic. Tusc. 5, 11, ja es hiesz advena mancipium, woraus erhellt,
dasz es kein adjectiv ist. der weibliche gebrauch von verna
und advena, meiner ansicht nach, war der ursprüngliche. ebenso gilt columba auch für columbus und bleibt doch fem.

II. romanische namen.

    Ich wende unmittelbar den blick auf die lateinischen töch-
tersprachen, deren flexion beinahe erstorben ist, nur dasz sie

noch im nom. sg. und pl. männliches und weibliches geschlecht
unterscheiden. die italicnische, spanische, portugiesische haben
das·a der lat. ersten decl. behalten, die französische verdünnte
es zu e, den pl. ae wahrt allein die ital. in ihrem e und unter- 54
scheidet davon das i zweiter decl., während span. der lat. acc.
as und os in den nom. erster und zweiter decl. vordrang, franz.
as zu es und os zu s wurde, so wenig neues hier die romanischen sprachen lehren, durften sie nicht übergangen bleiben,
weil sie die unablässige fortdauer einer festgegründeten erscheinung bewähren und einiges, wie es am latein zu deuten versucht wurde, erläutern.

Aus dem angegebnen verhalt der romanischen flexion folgt,
dasz die beinamen und appellativa unserer anomalie ihren nom.
sg. auf a, franz. e behaupten konnten, im sp. as, im franz. es
des pl. aber ihrer echten gestalt verlustig giengen. im it. pl.
wurde früher noch das organische e, wie es jedem fem. gebührt,
auf die anomalen masc. miterstreckt und zum sg. papa, poeta,
nauta der pl. pape, poete, naute gestellt; allmälich aber suchte
die sprache das im sg. ungesondert gelassene genus im pl. zu
sondern, indem sie den von natur männlichen wörtern das i
zweiter decl. verlieh und papi, poeti, profeti setzte. dadurch
wurde eine ärmliche unterscheidung zwischen poeti dichter und
poete dichterinnen, fraticidi brudermörder und fraticide bruder-
mörderinnen erlangt, da doch im sg. beide geschlechter poeta,
fraticida lauten, und durch den artikel ausgezeichnet werden
müssen, wie auch im pl. geschehen könnte. dies fraticida pl.
fraticidi widerspricht völlig der lat. wortform fratricida pl. fra-
tricidae und ist keine verbesserung. die sprache hatte aufgehört
sich des wahren sinns der geschlechtigen flexionen bewust zu
sein und suchte sie auf ein wahrnehmbares sexuelles verhältnis
zu beschränken.

Meine untersuchung ziehen die nom. sg. der mannesnamen,
d. h. ursprünglicher beinamen an, ihre plurale sind schwer zu
belegen und in den grammatiken unsicher behandelt. sie sollten
e haben, werden aber heute i bekommen oder unflectiert bleiben.

Hier sind italienische beispiele, hauptsächlich aus Dante und
Boccaccio, es müssen sich eine menge hinzutbun lassen:

Arpalista. Pulci 22, 1574.

Guccio Balena. decamerone 6, 10.

Barbariccia. inferno 21, 120, ein bärtiger teufel.

Federigo Barbarossa, il buon Barbarossa. purgatorio 18, 119.
cardinal Bibiena, verf. der Calandra, sechzehntes jahrh.
Pietro Boccamazza, decam: 5, 3.
Boccanegra.
könig Bomba, beiname Franz II von Neapel.
Borgia.
Branca d'Oria. inf. 33, 127. Simon Doria prov. dichter. Doria,
 ein genuesisches geschlecht. was meint oria? dem buch-
 staben nach aurea, freunm, das beim lat. auriga besprochne
 wort; denkmäler des mittelalters schreiben für Doria de
 Auria. Domenico Auria a. 1530.
Buonagiunta de Lucca. purg. 24, 19.
Buonaventura. paradiso 12, 27.
Caccia, fr. Chasse. Cacciaguida, Dantes urgroszvater 15, 135,
 Caccianimico, inf. 18, 80 sind imp. wie Chasseloup.
Campana.
Canova, cella penaria.
Casa, Casanuova.
Casella, häuschen.
Cecca 1488 elster.
Cianfa, Cianfa Donati. inf. 25, 34, ein berühmtes florent. ge-
 schlecht, ich verstehe das wort nicht.
Ugo Ciapetta. purgat. 20, 49: franz. Hugues Capet.
Simone Ciarla, Rafaels oheim.
Cicogna.
Lanfranco Cigala, genues. dichter des dreizehnten jahrh. ci-
 gala = cicada.
frate Cipolla. decam. 6, 10.
Cittadella.
Civitella im geisterseher.
Colonna.
Compieta, completa, gebet.
Baldassarre Coscia, coxendix. 1408.
Cronaca, chronik.
Farinata degli Uberti. inf. 6, 79. 10, 32 unter den ketzern
 genannt.
Fidanza, fiducia. a. 1224.
Filicaja.
Foglia Fogliata.
Gasparo Fracassa. Nardi 1, 182.

Ferdinando Fuga a. 1699.

Francesco Furia.

Sagazio Gazata, verfasser einer chronik im vierzehnten jahrh.

Filippo Giunta a. 1450.

Martinus Gosia, Goscia (hündin) Savigny 1, 125.

Graffigna. Pulci 18, 172.

Goffridus Grisagonella. Ducange s. v. cognomen.

Guccio.Imbratta. decam. 6, 10, mir unverständlich.

Lanza.

Letizia.

Magagna Pulci 9, 71. 10, 3. 13.

Malacarne.

Malacoda, ein teufel. inf. 21, 76. Pulci Morg. 2, 31.

Malagiunta gegensatz zu Buonagiunta.

Odo Malamusca. Ducange s. v. cognomen.

Bernardus Malaparola.

Malaspina, franz. Malespine. Currado Malaspina. purg. 8, 118.
   decam. 2, 6.

Malaterra.

Malatesta, haupt der Guelfen im jahr 1275.

Manetta.

Mosca, lat. Musca. inf. 6, 80. Macchiavelli st. fior. p. 88.

Costantino Nigra, ein heutiger schriftsteller.

Alberto Nota. 1778.

Palma.

Pasimunda, nobile giovane rodiano. decam. 5, 1.

Francesco Petrarca, gebildet wie monarca.

Martino Piazza a. 1527.

Guccius vocatus Porcellana, in einer urk. bei Manni st. del
   decam. 298.

Girolamo Roffia.

Salvator Rosa.

Camillo Rota bei Lessing. Lodovico Scarampi Mezzarota a. 1438.

Savonarola.

Colonna Sciarra.

Sforza, beiname mailändischer herzogen.

messer Geri Spina. decam. 6, 2. Spinola.

Michele lo Scalza, der barfusz. decam. 6, 6.

lo Squacchera, der spucknapf. decam. 8, 9.

Marchesino Stampa. Guicciardini 1, 335.

Stiatta Uberti. Macch. p. 88.

Famiano Strada. 1581.

Puccino chiamato lo Stramba, was ein kehrbesen sein soll.
   decam. 4, 7.

Spinelloccio Tanena, wahrscheinlich lohfarbe. 8, 8.

Tartaglia, balbutiens? 1406.

Ventimiglia.

Ventura.

Paolo Vinta, victoria.

Zeppa di Mino. ebenda. Zeppa f. keil. ags. täppe.

Ricciardo chiamato il Zima. 3, 5.

G. Zoega 1809.

   Zu beachten sind die geleitenden adjective buona, mala,
rossa, sämtlich attributivisch und darum weiblich, wogegen der
artikel immer männlich ist, ein zutretendes praedicat gleichfalls
männlich sein würde: il Petrarca, il Nigra, vor ab, sf, sm, sp,
sq, st nimmt der artikel lo für il an: lo Scalza, lo Sforza, im
dativ allo Scalza, lo Squacchera. dies il Testa vergleicht sich
dem lat. Testa, Testa meus, oder auch dem auf das höfliche
pluralpronomen folgenden sg.: voi siete stanco, du bist müde.

56   Die italienischen appellativa auf a stehen theils männlich,
wie artista, camerata, theils weiblich, wie cometa, guida, spia,
doch meistentheils gelten sie für beide geschlechter mit der vorhin bemerkten unterscheidung durch artikel und pluralform: il
ceterista, pl. i ceteristi; la ceterista, pl. le ceteriste.

   Unter den provenzalischen troubadours lieszen sich anführen Arnout Sabota (schuh, franz. sabote, it. ciabatta, sp. zapata);
Auzer Figera (ficaria); [Guillem Figuaira; Pons Barba;] Es-
quilha (schelle, glocke); Elias Fonsalada; Gaucelm Estuca (gla-
dius, it. stocco?).

   Spanischer beinamen auf a nur soviel es bedarf:

Lupercio Leonardo Argensola. Ticknor 2, 151.

el cavallo Babieca. poema del Cid 1557. babieca bedeutet
   sonst einen einfältigen menschen.

Cabrera (cabrero, ziegenhirt).

Ximen Capata. Çurita 1, 230'. 266'.

Martin del Barco Centenera. Ticknor 2, 109.

Nicolas Copula. Çurita 1, 244'. 247'.

Sancho Duerta. das. 1, 285'. 325'.

Espinosa (espinoso, spinosus.)

Galin Garcia, una fardida lanza. p. del Cid 447. el conde
don Garcia. 1845. Diego Garcia. Don Quixote 1, 32. silva
271. 278. 301.

Miguel Garcia, Marcos Garcia. Ticknor 2, 253. garza ist
ardea, reiher.

el doctor Laguna. Don Quixote 1, 18.

Conrado Lança. Çurita 1, 233ᵇ. 239ᵃ. Manfredo Lança 1, 270.

Minaya, oft im p. del Cid. [wol ein ort: Alvar Fanez de Minaya. rom. del Cid. 97.]

Federigo Musca. Çurita 1, 254ᵃ.

Muselina 1857 ein berühmter bandit.

Ortega, tetrao, haselhuhn.

Sancho Panza. panza, franz. panse ist bauch. [doch s. lat.
Pansa.]

sobrenombre de Quixada o Quesada. D. Quix. 1, 1. quesada, käsekuchen.

Quexada (quejado, klage.)

Raposa. fuchs.

Segarra, schnitter.

el licenciado Vidriera. vidriera, franz. verrière, glasscheibe.

Wo de vorausgeht ist der name nach einem ort gebildet,
z. b. Lopez de Rueda. Ticknor 1, 447, nach rueda, lat. rota,
also ein flandrisches Vandermeulen, franz. Delaroue. der sp.
artikel el ist wie der it. il. dem pl. dieser namen gebührt as,
wie die appellativa el poeta, el cura poetas, curas bilden. portugiesische namen halten es gleich den spanischen, z. b. o Vieira,
ostrea Jacobi.

Endlich in französischen eigennamen entspricht die weibliche endung e noch oft der lateinischen a. Coquille ist cochlea,
Corneille cornicula, wie im ital. geht ein adj. voraus, z. b. Male-
branche, anfallend ist die pluralform Malesherbes, malae herbae,
unkraut, noch auffallender der weibliche artikel Lacrêtelle, von
crêtelle, kammgras, cynosurus, Laflêche = Sagitta, Laharpe,
und hier liegt das für die lat. anomalie vermutete weibliche geschlecht wirklich vor, Lafontaine, Laplace, Lalande entspringen
aus örtern, zumal wenn ein de vorhergeht. das ist ein bedeutender unterschied von der ital. und span. sprache, dasz die
franz. keine männlichen artikel bei diesen weiblichen bildungen
duldet, wol aber bleibt das praedicat männlich und dem la darf
ein le mit adj. vorausgeschickt werden: le bon Lafontaine. da

die appellativa den pl. auf es endigen: le poète les poètes, le
camarade les camarades, le curé les curés, wäre les Lafontaines
zulässig; doch zieht man den unveränderten sg. vor: les Lafontaine les Turenne, wie ich auch dem it. pl. Petrarca begegne.
bemerkenswerth sind die appellativa la taille, la basse für teno-
rist, bassist, während es sonst heiszt le garde, le guide, le cor-
nette, le trompette.

III. griechische namen.

Es kann sich nicht darum handeln in die unermeszbaren
schächte der griechischen sprache zu fahren, nur einklang und
verschiedenheit im verhalt zur lateinischen sollen, den haupt-
zügen nach, hervorgehoben werden. beide überhaupt stehen nicht
zu einander wie mutter und tochter, vielmehr wie geschwister,
und ungeachtet des groszen einflusses der griechischen auf die
lateinische literatur, der manche entlehnung zur folge hatte, ist
doch das latein in der hauptsache sehr selbständig und unabhängig geblieben, hat sich, in laut wie wort, mancher vortheile
gegenüber der griechischen zunge zu erfreuen.

Der griechischen flexion in unsrer anomalie geschah bereits
meldung, dem lat. nom. a, gen. ae männlicher wörter steht gr.
ης und ας, gen. ου zur seite; nachzuholen bleibt hier, dasz der
aeolische und macedonische dialect, aber auch der epische dem
nom. α ertheilen, was eine wichtige hinneigung zur lateinischen
form zeigt. im homerischen epos jedoch erscheinen beide flexionen nach bedürfnis des metrums wechselnd, und wenn die form
auf α eines dem namen Ζεύς vorangehenden beinamens in des
hexameters schlusz fällt, steht anderemal zu beginn des verses
Ζεύς und der beiname auf ης folgt nach. ebenso bildet häufig
der beiname Ἱππότα den letzten dactylus und der name schlieszt
als spondeus. hingegen darf Ἑρμείας und dann ein beiname auf
α unbedenklich den vers anheben. in Ἱππότα, Ἀκάκητα ist α kurz,
in Εὐρύοπα Ζεύς, Μητίετα Ζεύς, Νεφεληγερέτα Ζεύς lang. diese
wechselnde flexion und des beinamens vorausgang oder nach-
folge, dünkt mich, ist merkwürdig und ein zeichen von sprach-
gewalt.

Den lateinischen beinamen sahen wir meist folgen, nicht
vorangehn *, für Acilius Aviola dürfte nicht gesetzt werden

---

* doch Numa Pompilius, Laurea Tullius, Struma Nonius.

Aviola Acilius, sonst auch wäre Acilius kein praenomen. warum ⁵³
aber sollte ein cognomen an sich nicht vor dem nomen ausgesprochen werden können? kann doch beinahe jedes adjectiv seinen platz willkürlich wechseln. im verfolg (s. 78) werden wir
wahrnehmen, dasz altnordisch dem beinamen oft die vorderstelle
gegeben wird. die griechische sprache war viel freier als das
latein und wuste gar nichts von dem römischen rigorismus, den
die trilogie gentilitium, praenomen und cognomen herbeigeführt
hatte. die griechischen cognomina sind oft mehr dichterische,
als im leben selbst festgewachsen.

Ich werde doppelten anstosz geben sowol dadurch, dasz ihrer
form rechnung tragend ich diese cognomina wiederum aus dem
grund einer weiblichen vorstellung leite, als dasz ich ihnen gegen den gebrauch groszen buchstab beilege, der doch allen eigennamen gebührt, griechischen wie lateinischen, und einzelne
solcher poetischen beiwörter sind zu erweisende übliche eigennamen, z. b. Ἱππότης. mindestens kann wer hierin nicht bei-
pflichten mag die forschung dadurch erleichtert finden; beide
neuerungen wird man vorläufig verwerfen, d. h. gar nicht beachten. ein hauptanstand liegt allerdings in dem männlichen
ausgang des nom. und gen. sg. auf ης und ου, woraus sich ergibt, dasz die sprache hier kein gefühl mehr für die weibliche
form hatte, sondern trachtete sie zu tilgen.

Gegenüber dem gelieferten lateinischen verzeichnis wird
mein griechisches dünn und mager scheinen, allein die Griechen
hatten in der that auch weniger cognomina dieser art, doch eine
weit gröszere anzahl von appellativen. schönste beinamen verlieh die dichtkunst den göttern, vor allen Zeus und Hermes,
meistens zusammengesetzte.

Αἰχμητής, lanzenschwinger, oft bei Homer, aber appellativisch,
   vgl. ἄμφω δ' αἰχμητά. Il. 7, 281, eher schiene beiname γέρων
   Αἰχμητὰ Λυκάων. 5, 197 oder Ἰάσονος Αἰχματᾶο bei Pindar
   Pyth. 4, 20.

Ἑρμείας Ἀκάκητα. Il. 16, 185. Od. 24, 40, der nie böses thut,
   auszer Hermes führten Pluton und Prometheus denselben
   beinamen, ihm gleicht der ahd. eigenname Unarc. Förstemann 1213. altn. Oarga, welche doch beide den sinn von
   impavidus haben. es ist der zendische Ahuramazdao, der
   gute geist.

Ἀριστοτέχνης, der grosze schöpfer oder werkmeister, wieder
   beiname des Zeus. Pind. fr. 29.

Ἀρχότας und aeol. Ἀρχότα. Ahrens dial. aeol. 110.

59 Ἀσβύστης, beiname des Zeus. Nonn. 3, 295.

Αὐγείας, Αὐγείης, der leuchtende.

Βαρυόπης, der tiefrufer. Κρονίδαν Βαρυόπαν. Pind. Pyth. 6, 24.

Βία, sohn der Styx und des Pallas, diener des Zeus. Aesch. Prom. 12. Hesiod. theog. 385. vgl. 146.

Βορέας, Βορρᾶς, daemon des nordwindes, vgl. lat. Furia, altn. Börr, Buri.

Βρόντης, der donnerschmiedende kyklop, donnerer.

Δεσπότης, dominus, beiname des Hermes.

Ἐπιδώτης, begaber, beiname des Zeus und andrer götter.

Ἐπιθαλαμίτης, bringer ins brautgemach, beiname des Hermes.

Ἐπόπτης, Ἐπόπτης, aufseher, beiname des Zeus und Poseidon.

Ἑρμείας, Ἑρμῆς, Mercurius, ursprünglich beiname, dann name.

Εὐεργέτης, wohlthäter, häufiger ehrentitel von männern, die sich um die stadt verdient machten.

Εὐρύοπα Ζεύς. Il. 5, 265. 8, 442. 9, 419. 686. 13, 731. 14, 204. Od. 2, 146. 3, 288. 4, 178, der weitschauende oder auch weitdonnernde.

Ἱππότα, Ἱππότης, ritter, beiname mehrerer helden: Ἱππότα Νέστωρ. Il. 2, 336. 433. 601. Ἱππότα Οἰνεύς. Il. 14, 117. Ἱππότα Πηλεύς. Il. 16, 34. 23, 89. Ἱππότα Τυδεύς. Il. 5, 126. Ἱππότα Φυλεύς. Il. 2, 628. Ἱππότης hiesz des Aeolus vater, dann der sohn des Phylas u. s. w. [Lobeck path. 69.]

Καταβάτης, Καταιβάτης, der niedersteiger, von dem wagen absteigende, zu fusz streitende held, beiname des Zeus.

[Κομήτης nom. prom.

Κοπαίνης illyr. Lobeck path. 69.]

Κοσμήτης, der schmücker, ordner, desgleichen.

Κυανοχαῖτα, beiname des Poseidon.

Λαέρτης. λαέρτης ameise.

Λαπέρσης, dunkler bedeutung, Λαπέρσαι hieszen die Dioskuren nach Strabo s. 364, man meint stadtzerstörer, aber ein ort oder gebirge Lakoniens führte den namen Λαπέρσα.

Λαπίθης, gleichsam steinmann, später ein prahler, Λαπίθαι waren streitbare helden. Il. 12, 128. 181, ihr name gemahnt an den der Sachsen, von sahs stein.

Μαιμάκτης, der sturm, beiname des Zeus, die form wie in λαῖλαψ sturmwind reduplicierend. vgl. Βορέας.

Μητίετα Ζεύς. Il. 2, 197. 7, 478. 8, 170. 10, 104. 12, 279. Od.

15, 243. 16, 243, berather, rathgeber, wie das appellativ μητιέτης lehrt.

Μίδας, ion. Μίδης. auch ein insect, vgl. motte? mapa, ahd. mado. ahd. mîza culex, ags. mîte koruwurm, engl. mite.

Μοιραγέτης, lenker des schicksals, beiname von Zeus und Apollo. πολέων Μοιρηγέται Δάκτυλοι. Ap. Rhod. 1, 1127.

Μουσηγέτης, beiname Apolls.

Μύριλλα aeol. für Μυρίλλης. Ahrens 110. fehlt bei Pape.

Νεφεληγερέτα Ζεύς, nubes cogens. Il. 1, 511. 560. 4, 30, 5, 888. 7, 280. 14, 293. 15, 220. Διὸς Νεφεληγερέταο. 5, 630. 20, 10. 21, 499.

Ὀρχηστής, tänzer, springer, krieger, beiname des Ares.

Παλαιστής, ringer, beiname des Zeus.

Παντοπτής, was Ἐπόπτης, der von oben alles sieht.

Πλουτογένης, mannesname.

Πλουτοδότης, reichthumgeber, beiname des Hermes.

Σαώτης, heiland, retter, beiname des Zeus.

Στερόπης, blitzeschmiedender kyklop; Κρονίδαν Στεροπᾶν. Pind. Pyth. 6, 24. Στερόπη plejade.

Ὑβραγόρα aeol. für Ὑβραγόρης, dunkler mannesname. Ahrens 110.

Ὑπνοδότης, schlafbringer, beiname von Hermes.

Ζεὺς Ὑψιβρεμέτης, hochdonnerer. Il. 1, 354. 12, 68. Od. 5, 4.

Χαριδότης, freudebringer, beiname des Hermes.

Ψιθυριστής, flüsterer, lügner. beiname desselben.

Dies noch nicht einmal halbhundert aus der fülle des griechischen wortschatzes gewählter beispiele genügt für meine untersuchung. nun zeigt sich alsbald von den lat. namen dieser bildungsweise ein abstand darin, dasz keine griechischen weder thieren noch leibestheilen entnommen sind, niemals führt ein Grieche den namen Ἵππης, obschon der frauenname Ἵππη galt. mir beweises übergenug, dasz beide sprachen nicht auseinander schöpften, so viel auch das latein vom griechischen unumgänglich entlehnte oder Griechenland in der kaiserzeit nicht mehr vermied. nächstdem sind die griechischen beinamen meistens composita, die lateinischen überwiegend einfach; doch müssen jene zusammensetzungen minder von den dichtern erfunden, als bereits im volk lebendig gewesen sein. hinter der anomalie ihrer form liegt freilich die weibliche vorstellung noch versteckter als in den ähnlichen lat. namen und kann sich erst allmälich dem blick des forschers aufhellen. Βρόντης, Στερόπης von βροντή und στεροπή = ἀστραπή begegnen überraschend dem altn.

beinamen Thruma, den lit. götternamen Perkunija m., Perku-
nije f. und bestätigen, was ich auf anderm wege längst gefunden hatte, dasz goth. Thcihvô donner ein frauenname war. Νε-
φελ,γερέτης gehört unmittelbar hierzu, unser aberglaube legt
das wolkensammeln zauberinnen *, der serbische den Vilen bei.
δι Ἱππότης, Ὀρχηστής, Παλαιστής, Αἰχμητής stimmen zu den beim
latein besprochnen namen der krieger und helden. deshalb darf
man auch in Ὑψιβρεμέτης, Καταβάτης, Λαπίθης weibliche ideen
von ferne erblicken. ist die gemutmaszte gleichheit von Βορέας
und Furia (was als ital. eigenname fortdauert) haltbar, so werden wir unverkennbar auf weibliches geschlecht hingewiesen.
das schwer zu deutende δεσπότης streift an goth. faþs und an
faþa.

Ein name regt mich aber am meisten an, Ἑρμείας und gekürzt Ἑρμῆς, es ist der einzige göttername dieser art und eines
der am tiefsten ins volk gedrungnen göttlichen wesen. Ἑρμείας
rührt von ἑρμή f. (nicht von ἕρμα n.) wie Αὐγείας von αὐγή, im
grund aber sind Ἑρμείας und ἑρμή ein wort, wie das lat. herma
gen. hermae, neben dem namen des gottes Hermes Hermae lehrt,
nicht anders schied man den mannesnamen Perses von dem
volksnamen Persa. an der wurzel εὕρω zweifle ich noch stark.
aber warum wurde das wort in weiblicher form aufgefaszt? die
erste vorstellung war sicher herma, statua, der aufgestellte stein,
das bild, die seule des gottes, hier sehen wir genügende ursache
des namens Ἑρμῆς, die numina forma quadrata waren ἑρμαῖ, genau so, wie Pausanias 10. 32, 3 ἀγάλματα (θεῶν) σπηλαῖται καλού-
μενα nennt, hölengötter, bilder wiederum des Hermes und Apollo,
der pl. von Ἑρμῆς lautet Ἑρμαῖ, der sg. Σπηλαίτης ist ganz wie
ein eigenname des Hermes geartet **. was aber wichtigkeit gewinnt für unser heimisches alterthum, zusammenhang zwischen
Hermes und unserm Irman, Irmino musz schon darum zugestanden werden, weil auch hier der begrif auf die berühmte
Irmenseule zurückgeht, Irman ist aber wiederum eben das rohe

---

* ahd. Wolchandrûd, -heid, -gart. Förstemann 1336. mhd. wolkengüsse.
myth. 1042.
** Babr. 48 Ἑρμῆς τετράγωνος. hinzukommt dasz Herma oder Hermes lat.
beiname ist, also ganz in die categorie dieser namen füllt. Zell. 1, 131. Lollíus
Herma 1, 175. L. Abucius Hermes 1, 62. Aurelius Hermes 1, 64. Murrius
Hermes 1, 74. Ortius H. 1, 153. Ofilius H. 1, 50. Julius H. 1, 67. vgl. Mercurius 1, 125.

holzbild, die Irmensûl (mythol. 328). keinen lateinischen götternamen auf a weisz ich, man wolle ihn denn in jenem unsichern
Aperta oder Aperla erkennen.

Griechischer völkernamen geschah schou bei den lateinischen meldung. Herodot 4, 170 nennt libysche Ἀσβύσται oder
Ἀσβύται, die an jenen beinamen des Zeus Ἀσβύστης anschlagen.
bei Pindar Pyth. 4, 272 geht ἱππόταις vor λαοῖς her, wie man
παλαισταὶ ἄνδρες sagt. Ἱππόται ist ein dorfname, Κορυδάλλαι der
chelidonischen inseln eine, und hier wäre ein an den vogel κο-
ρυδάλλη = κορυδός klingender name, dem genus von νῆσος angemessen, beide benennungen sind der mit dem pl. der laute aus-
gedrückte ortsbegrif. Ἴδη, dor. Ἴδα läge dem mannesnamen Ἴδας
unfern, die örtliche Ὕλη dem Ὕλας.

In das hochgehende meer gr. appellativa auf ας und ης mit
dem gen. ου mich zu stürzen bin ich überhoben, entweder sind
sie keine beinamen mehr oder es nie gewesen, sondern aus der
fortzeugenden kraft der sprache entsprungen; ein haufe derselben mag als nomina agentis erscheinen, sie erscheinen ungleich
zahlreicher als die lateinischen und der anschau weiblicher vorstellungen fast entrückt. sichtbar begegnen aber ἐλάτης, ἁρματηλάτης dem auriga und von ἀθλητής wurde athleta entnommen,
ἀγρότης wäre agricola, ἐπηλύτης advena, ἀγυιάτης drückt aus vicinus, μαθητής discipulus. man hüte sich, was im einzelnen
schwer ist, die subst. erster decl. auf ης mit dem adj. dritter
auf ης, im neutr. ες zu verwechseln.

IV. keltische namen.

haben neulich Zeusz, Glück, zu allerjüngst Roget de Belloguet
behandelt, es sind meistens gallische, aus lateinischen schriftstellern und inschriften entnommen, die sammlung letzterer wird
noch eine gute zahl mehr zu tage fördern. wie verlautet, sollen neulich in Frankreich noch mehr keltische inschriften, ähnlich der nemausischen, in der bibliothèque des chartres bekannt
gemachten, aufgefunden sein. den alten gallischen dialect drückt
dichtes dunkel, Zeusz hat dergleichen namen aus ihm für lautlehre und wortbildung vielfach benutzt, aber sich nicht getraut
gallische flexionen aufzustellen, seine keltische grammatik liefert
nur die irischen, britischen und armorischen, unter diesen dia-

lecten reicht der irische zu höchst an alter hinauf, aber lange
noch nicht bis iu die zeit des gallischen.

Solche gallische wörter und eigennamen wurden bereits
unter römischem einflusz aufgezeichnet und schwer hält es ver-
mutungen darüber zu fassen, in wie fern schon vor Caesars er-
oberungen die sprache des cisalpinischen Galliens einwirkung
des lateins erfahren hatte. da wir den wörtern der zweiten und
ersten declination (denn von den übrigen ist hier die rede nicht)
auch gallische namen auf us und a entsprechen sehen, ist es
dem grundsatz unserer anomalie gleichfalls nachzuspüren erleichtert; die annahme hätte wenig für sich, dasz absichtliche mo-
dificierende übertragungen in die lateinische form vorgegangen
wären.

Ich bringe erst beispiele männlicher so wie weiblicher wörter: bardus poeta. samolus, nomen herbae, a druidis collectae.
Plin. 24. 11, 63. Esus. Lucan. 1, 345. Verboduus. Vergobre-
tus. Avicantus. Vercantus. bei Camulus = Mars fällt mir alta.
63 hamall aries, unser hammel ein. Camulogenus. Cintogenus.
Boduognatus. Induciomarus, ir. Iondatmar. Zeusz 19. Nerto-
marus bei Orelli 2394. Virdomarus. Esunertus. Cassivellau-
nus. Catuvolcus. Feminina: alauda. Plin. 14. 37, 44. ceva,
vacca. Colum. 6, 24, ags. cû, gen. cûs, engl. cow, altn. kû,
gen. kŷr, ahd. chuo, chua. reda, currus, rota, ahd. reita, altn.
reid, ir. riad. Epona. Nehalennia. Vesuna u. s. w.

Wie sich von selbst versteht dienen männern oft männliche
und adjectivische wörter zu beinamen: Apollo Graunus, Livius,
Magusanus, Hercules Saxanus. in weiblich gebildeten beinamen tritt hingegen unsere hier behandelte eigenheit wiederum
deutlich vor augen. Cautobenna, nach Glück 176 bedeutet al-
bum cornu, ban m. lebt bis heute im welschen fort. Caracalla,
beiname eines römischen kaisers wurde schon oben angeführt,
ir. calla ist cucullus, velum, der erste theil begehrt noch auf-
klärung. Galba s. 44 scheint ir. calpa m., woher das engl. calf,
und hätte den sinn des lat. cognomens Sulla. Camulognata bedeutet nach Glück 102 Marti adsueta und könnte wirkliches
fem., kein cogn. masc. sein, Dio Cassius hat das männliche Κα-
τούγνατος, ähnlich der bildung Boduognatus. auch Camulogenus
bei Caesar 7, 57. 59. 62 hat mehr die gestalt des lat. terrigenus,
als des terrigena. dieser gallischen weiblich gebildeten beinamen sind in der that wenige, doch schlieszen sich zwei bereits

appellativische pluralformen an: bagaudae latrones, Forcellini
s. v. und eporediae nach Plinius 3. 17, 21: eporedias Galli bo-
nos equorum domitores vocant, mit unrecht läszt Glück 145 der
lesart eporedii den vorzug, im ersten theil steckt epus equus,
möge nun redia bändiger oder schon reiter ausdrücken; ἐλάτης
und auriga gleichen, der männername zeugte den stadtnamen
Eporedia, das heutige Ivrea. noch viel wichtiger ist uns die
hierher fallende benennung druida, und die sich gegenüberstehen-
den formen bardi et druidae [1], gr. βάρδοι καὶ δρυΐδαι müssen nothwendig schon in der gallischen sprache selbst von einander abgewichen sein, es scheint aber schwer und unsicher in den
irischen und welschen denkmälern analogen verhalt nachzuweisen. denn wenn ir. bard den pl. baird, welsches bardd den
pl. bairdd bildet, mag der umlaut der wurzel unverkennbar ein [a]
in sie vorgedrungenes i der flexion kund geben, also bardi voraussetzen, was dem lateinischen bardi, gr. βάρδοι gleichkäme.
dem altirischen druid setzt Zeusz 265 den gleichlautigen nom.
pl. druid, acc. pl. druida au. doch die neusten untersuchungen
irischer declination von Ebel und Stokes ergeben, dasz der nom.
pl. druide lautete, im acc. druida wäre anklang an druidas, im
flexionslosen nom. druid keiner an druidae, und wie läszt sich
der welsche sg. derwydd, pl. derwyddon zu druida druidae stellen? was ich mutmasze bleibe noch einen augenblick zurückge-
halten. vom pl. Celtae und Galatae war die rede oben (s. 52)
schon, den Griechen schwankte Κελτοί und Κέλται, doch fest
steht Γαλάται, aus vollerem Celti oder Galati kürzten die Römer
ihr Galli, dem schnell das übergewicht beiwohnte. falsch scheint
mir was Pausanias am schlusse des vierten capitels seines ersten
buches sagt: ὀψὲ δέ ποτε αὐτοὺς καλεῖσθαι Γαλάτας ἐξενίκησε. Κελτοὶ
γὰρ κατά τε σφᾶς τὸ ἀρχαῖον καὶ παρὰ τοῖς ἄλλοις ὠνομάζοντο. dasz
Celtae der rechte volksgültige name war verhält sich so, aber
Galatae galt darum nicht später, sondern wol noch früher, weil
G sich in K senkt, nicht umgekehrt. Galli trat zuletzt ein, mit

---

[1] eine schöne stelle aus Lucan 1, 444 verdient hier platz:
      vos quoque, qni fortes animas belloque peremptas
      laudibus in longum vates dimittitis aevum,
      plurima securi fudistis carmina, bardi,
      et vos barbaricos ritus moremque sinistrum
      sacrorum, druidae, positis repetitis ab armis.
[Caesar schreibt aber druides gen. druidum. b. g. 6, 13. 14. 21.]

altem anlaut zwar, aber verstümmeltem auslaut. unterschiede
der drei namen der lage der stämme nach sind genug versucht
worden, haben aber ihre gefahr. zu Κέλται stimmen, nach pto-
lemaeischer schreibung, die völkernamen Δημήται, Ναμνήται, Νη-
μήται, für welches letzte gewöhnlich Nemetes erscheint, man
wolle denn aus dem indiculus superstitionum die sacra silvarum,
que Nimidas vocant, anschlagen, was wieder auf den nom. Ni-
midae leitet.

Dies wenige ist alles was ich keltischen namen abgewinne.
vorausgesetzt dasz man ihre übernahme in lateinische fassung
für treu halten dürfe, ist doch das geringe ergebnis wichtig,
denn es lehrt oder bestärkt dasz das keltische sprachsystem dem
latein näher stand als dem griechischen. die namenanomalie
entspricht genau der lateinischen. übrigens haben ihr die romanischen sprachen fester angehangen als die irische und welsche,
welche sie, soviel ich sehe, fahren lassen. denn den ausgaug
auf a theilen freilich irische substantive beider geschlechter mit-
einander z. b. die weiblichen dearna palma manus, ulcha barba,
pearsa persona und die männlichen dalta alumnus, gobba faber,
doch erhellt keine einwirkung einer dieser flexionen auf die andere, und ich entscheide nicht ob mannesnamen wie Colla ihrer
endung nach irgend weiblich zu fassen sind. comharsa vicinus
65 ist das ahd. gimarcho, commarcanus. zu bemerken aber ist,
dasz beiderlei wörter im obliquen casus nicht ganz auf gleiche
weise N einschalten, z. b. dearna den gen. sg. dearnan, nom.
pl. aber dearnna bildet, pearsa den gen. pearsan, nom. pl.
pearsna, gobba den gen. sg. goblan, nom. pl. goibhne, ja für
den sg. pearsa soll der alten sprache bereits persan zugestanden
haben. dies N gleicht nun der welschen sprachform auf on,
jenem derwydd, derwyddon; dyn homo, dynion homines (irisch
duine homo, doini homines, nach Zeusz 279); ich ahne hier berührung mit der deutschen schwachen flexion, auf welche ich
sogleich kommen werde.

V. deutsche namen.

Diese vorgenommene untersuchung der eigennamen könnte
machen, dasz ich über eine haupterscheinung unserer sprache
nunmehr heller sähe. bekanntlich zerfällt alle deutsche declination des substantivs wie adjectivs in starke und schwache, von

welchem durchdringenden uuterschied sanskrit, griechisch und
latein nichts wissen, wol aber geht die spur einzelner kennzeichen
der unterscheidung auch bis in sie zurück. das eine zeichen
schwacher declination ist, dasz in jedem geschlecht die nominative sg. vocalisch ausgehen, der andere, dasz die übrigen casus
N an sich tragen.

Der vocalausgang lautet im gothischen, das unsern reinsten
typus darreicht, fürs masc. a, fürs fem. ô, wer sieht nicht, dasz
damit dem skr. vocal beider geschlechter des ersten stamms genau entsprochen wird? einleuchtend begegnet die pronominal-
formel sa sâ dem goth. sa sô wie dem gr. ὁ ἡ selbst darin, dasz
das männliche sa bereits im sanskrit sein natürliches geschlechts-
zeichen ablegt, nur in gewissen fällen noch sas lautet, während
immer kas und kâ, goth. hvas hvô, gehaftet haben. sas und sâ
stehn sichtbar auf gleichem fusz mit açvas und açvâ, griechisches
ὁ (für ὁς) ἡ mit ἵππος und ἵππη, welchen unbräuchlichen ausdruck
ich nach dem eigennamen Ἵππη ansetzen darf; nicht anders verhalten sich lat. equus und equa, von der kürzung des a abgesehen. gothischem sa sô entsprechen substantiva wie hana und
dubô; ein weibliches hanjô läszt sich vermuten; adjectivformen
wie blinda blindô; ahd. zeigt das masc. hano, fem. heniâ, tûbâ,
das adj. plinto, plintâ u. s. w.

Was nun das zweite kennzeichen N angeht, will ich, um
hier schranke zu halten, nur aufs latein bezug nehmen, männliche
subst. wie homo, cardo bilden den gen. hominis, cardinis und
führen N durch alle casus, einzelne wörter hingegen drängen
es auch in den nom. sg. vor: flamen, pecten. ich sträube mich
aus leibeskräften wider den auch nhd. eingerissenen vordrang
des N in den nom., auszer dasz er den einklang zwischen subst.
und adj. stört (denn niemand wird sagen der blinden für der
blinde), verstimmt er auch die analogie zwischen homo hominis,
guma gumins und entfernt sich von der litauischen flexion piemů
piemenio, akmů akmenio, obschon auch Griechen und Slaven das
N in den nom. vorschieben, wie ποιμήν und kamen' zeigen, der
älteren sprache war kam"i gemäsz. ich deute nur an, führe
nicht aus.

Schwer und verwickelt wird aber die untersuchung, warum
solches N unsere schwachen nomina kennzeichne, die drei classischen sprachen es für consonantische stämme kund geben, die
der gr. lat. dritten declination zufallen, ferner warum unsere

starke flexion wiederum nomina darbiete, die ebenso mit skr. stämmen a und â zu vergleichen sind? einerseits scheint die auch im latein, hin und wieder im griechischen stattfindende kürzung des weiblichen vocals, auf der andern seite die ausdehnung des eingeschalteten N bewirkt zu haben, dasz zwiefache formen starker und schwacher flexion angenommen, letztere durch zwischentritt des N geregelt, beide aber im syntactischen gebrauch unterschieden werden. darin weiche ich von Bopps auffassung ab, dasz ich N, auch seinem ursprung nach, in die flexion selbst wesentlich aufnehme, er darin einen der flexion fremden, thematischen bestandtheil sieht.

Als unmittelbar wichtig für vorliegende untersuchung ergibt sich hiernach nun, dasz aequivalente weiblicher substantive der lateinischen oder griechischen ersten declination in unserer deutschen schwachen form, nicht in der starken anzutreffen sein müssen, folglich alle anwendungen derselben auf männliche beinamen in die starke nicht gehören. das ist eine kleine entdeckung von folgen. nun erschiene zugleich das welsche derwyddon == druidae rechtfertig.

Bei Ulphilas lassen sich dergleichen eigennamen nicht erwarten, der text bot sie ihm nicht dar, alle hätten im nom. sg. ô, im pl. ôns zu lauten, doch stoszen zwei bedeutsame, unbedenklich aus beinamen erwachsene appellativa auf, þeihvô donner und unhulþô. zwei stellen gewähren ersteres nur im gen. sg. þeihvôns, acc. sg. þeihvôn, ohne dasz bestimmt erhellte in welchem geschlecht sie gemeint sind; da sie aber βροντῆς und βροντήν verdeutschen, wird man sich für das weibliche entscheiden. so 47 gut aber von βροντή der mannesname Βρόντης dürfte von þeihvô der mannesname Theihvô entspringen, der sich für den donnerer eignet, ja wozu das Marc. 3, 17 in der vulgata gesetzte tonitrui (für tonitrus) stimmt. der donnergott hiesze demnach den Gothen Theihvô, ein wahres gegenstück zu Ἑρμῆς oder Herms. doch habe ich nichts dagegen, dasz daneben eine weibliche Theihvô bestand, in der form fielen sie zusammen. läszt sich nicht auf die namen Iumjô und Fraujô schlieszen? nur appellativisches frauja kommt vor. das gr. δαίμων, welches beiden geschlechtern ertheilt werden kann, wiedergebend schwankt Ulphilas zwischen weiblichem unhulþô und männlichem unhulþa, warum wandte er unhulþô nicht immer an? dasz er letzteres männlich construieren konnte lehren zwei stellen unwidersprech-

lich, Matth. 9, 33 liest man: usdribans varþ unhulþô und Marc.
3, 22: in þamma reikistin unhulþônô, er fand also bei männlichem unhulþô kein bedenken, er hätte auch sagen dürfen usdribans varþ unhulþô und iu þizai reikistôn unhulþônô, eben
wol usdribans varþ unhulþa, in þamma reikistin unhulþanê.
denn Marc. 1, 34 schreibt er þôs unhulþôns; Marc. 5, 12 allôs
þôs unhulþôns; Luc. 8, 30 nnhulþôns managôs; dagegen Luc.
4, 35. 9, 42 sa unhulþa; Luc. 8, 33 þai unhulþans; Luc. 8, 29
fram þamma uuhulþin. ich habe wol au gutem beispiel das
dehnbare vermögen gothischer mundart ausführlich zeigen dürfen. noch eine deutliche stelle gehört hierher. Philipp. 4, 3
heiszt es: jai jah bidja þuk, valisô gajukô, ναὶ ἐρωτῶ καὶ σέ,
γνήσιε σύνζυγε, vulg. etiam rogo et te, germane conpar, hier setzt
und fügt er gajukô weiblich, II Cor. 6, 14 männlich: ni vairþaiþ
gajukans, μὴ γίνεσθε ἑτεροζυγοῦντες. einer urkunde gothischen
gebiets in Maffei istor. dipl. p. 160 oder bei Marini no. 79 vom
jahre 557 entnehme ich ein dreimal vorkommendes Rosemud
qui Faffo cognominatur. faffô scheint lautverschobnes papa, nhd.
pfaffe, was damals schon appellativum und beiname war. darf
über goth. mannesnamen auf ô noch zweifel herschen?* appellativa pflegen sonst die geschlechter zu scheiden und den männlichen a, den weiblichen ô zu geben, wie auch aus unhulþa,
gajuka erhellte, hervorgehoben sei noch viduvô χήρα, faubô vulpes, juggô νεοσσός, tvôs juggôns abakê. Luc. 2, 24. die soge-
nannten nomina agentis braucht Ulphilas natürlich männlich:
nuta, staua, smiþa, veiha, dêdja, fêrja, fiskja, bibaitja, baurnja,
arbinumja, sviglja, timrja, vaurstvja. bei namen der heiligen
schrift wich er nicht gern von der überlieferung, für Maria,
Martha scheute er nicht die männliche form Marja Marjins,
Marþa Marþins, nach Μαρία Μαρίας, Μάρθα Μάρθας, ganz in weise **
der männlichen Hêlia Hêlijins, Kajafa Kajafins, Barabba Barab-
bins. hier siegte die flexion über das genus.

Dasz umgedreht lat. schriftsteller goth. mannesnamen auf
a nach der lat. weiblichen form behandelten wurde schon oben
angemerkt. so empfiengen Ariobinda, Attila, Andala, Blêda,

* dasz goth. männliche namen auf ô, gen. ôns stattfanden, ergibt Luc. 3, 25,
wo Ulfilas sunaus Ammôns und 3, 30 Symaiôns setzt. 1 Cor. 1, 12. 4, 6. 16, 12.
Apaullô, gen. Apaullôns, acc. -ôn, wo gr. Ἀπολλώ indeclinabel. Luc. 3, 28 auch
Mailkeins τοῦ Μελχί, Addeins τοῦ Ἀδδί, nach managei -eins; doch 3, 23. 24 stehn
die genitive Heleis, Laivveis, Mailkeis.

Gaina, Maldra, Optila, Rechila, Tôtila, Transtila, Vallia den gen.
ae, den acc. am. Cassiodor gewährt die goth. mannsnamen
Adila, Amara, Brandila, Dôila, Duda, Gêsila, Grimoda, Gildia,
Ida, Mannila, Quidila, Sibia, Sôna, Tanca, Tata. Vilia, läszt sich
aber zuweilen von goth. gefühl beschleichen, die accusative Qui-
dilanem, Tatanem bildend. Tôtila = ahd. Zuozilo hiesz mit
anderm namen Badvila, beide sind männlicher form. die Griechen aber verliehen diesen mannsnamen ας, sie begegnen in
menge z. b. Ἀττιλας, Γρίππας, Γώδας, Μουνδίλας, Ῥιχίλας, Σίττας,
Σουαρτούας, Τείας, Τωτίλας, Οὐιλίας, Οὐνίλας, Οὐραίας, Οὐσδρίλας,
bei Procop schwanken die genitive und machen bald ου, bald
dorisches α: Οὐραίου und τοῦ Οὐραία φόνου stehn beide 3, 1; der
gen. Τωτίλα 3, 22. 33. Σίττα 1, 12. kein einziger weiblich gestalteter beiname ist mir hier aufgestoszen, einzelne namen bleiben
schwerer deutung, zu Uraja fällt einem die spanische doña Urraca, schwester des Sancho im Cid in den sinn, urraca ist pica
[Diez 543], elster[1], haftete von · den Gothen her das wort in
Spanien, so sollte man eher ein weibliches urajô und den mannsbeinamen nachmals Urajô vermuten. [vgl. Helfferich westg. 314.]

    Wie zahlreich ahd. eigennamen seien, liefern sie hier wenig
oder keine ausbeute, die weibliche flexion lautet â gegenüber
männlichem o, doch mannesnamen oder männlichen appellativen
scheint fast kein â zuständig. Caesar 1, 36 nennt einen Sueven
Nasua, Tacitus ann. 2, 11 den Bataven Chariovalda, 2, 62. 63
den Gothen Catualda; das sind eher männliche a, als weibliche
â. allein vermutet werden darf ein solches â. was die theorie
verlangt, gestatte ich mir hier an dem namen des volksstamms,
in dem ich geboren bin, zu verdeutlichen:

griech.	Χάττης pl.	Χάτται,	später Χάττος	pl. Χάττοι.
lat.	Chatta	Chattae	Chattus	Chatti.
goth.	Hatjô ·	Hatjôns	Hatja	Hatjans.
altn.	Hetjâ	Hetjûr		
ahd.	Hazziâ	Hazziûn	Hesso	Hesson.

[Hessiones in der vita Sturmi, Pertz 2, 366.]

69   In ahd. urkunden erscheinen allerdings einzelne beinamen
auf a, welches â sein musz, weil der abstand vom männlichen
o zu grosz ist, als dasz ihn ein schreiber verkennen sollte. den
frauennamen Diuhâ habe ich mit goth. Theihvô verglichen und

---

[1] poln. sroka, finn. harraca, est. harrakas, nugr. szarka, vgl. kráka cornix,
unser krähe.

mehr als einen grund dafür gewonnen. die traditiones wizen-
burgenses gewähren no. 61 Nordwino Másà, cum filio suo Wolt-
berto und nochmals no. 67. másà ist ahd. cicatrix. Graff 2, 861,
der beiname gleicht also dem unter den lateinischen verzeichne-
ten Macula. die MB. 7, 9 einen Odalricus Plarrà; plarrà, plerrà,
nbd. die plerr (Schm. 1, 337) ist ein hebel vor den augen, doch
ebenda s. 83 steht geschrieben plarro, s. 77 plarre. in Chmels
notizenblatt 6, 187 lese ich Hartwico cognominato Hallà, in
Böhmers cod. francof. 26. 31 Heinricus Viola, was aber das lat.
wort ist, die reg. von Frauenbrunn aus späterer zeit haben no.
130 (a. 1320) no. 150 (a. 1327) no. 161 (a. 1334) Waltberus
dictus Rista, vgl. no. 161 sit Risten tode, ristà, nhd. reiste meint
gehechelten flachs.   MB. 16, 323 (a. 1311) Fridericus dictus
Glutscherbe*. von gröszerem gewicht sind ein paar ahd. appellativa: unholdà diabolus (gramm. 2, 776. Graff 4, 915), ganz wie
goth. unhulþô; unpatà lentus, segnis. gl. Ker. 143. Diut. 1, 237.
Graff 3, 34. 49, homo nihili, nhd. unbate nequam (wb. 1, 1158),
vielleicht ein unkriegerischer mann, von pato pugna, doch Fröh-
lichs illyr. wb. unter nekum deutet unpathe, der den namen
kum, pathe nicht verdient. bei Graff 6, 519 wird pincerna neben
skencho auch glossiert sceinkà, sceinchà, diese wörter sämtlich
können unter pocillator verstehen pocillatrix, vgl. mgr. πυγχέρνης.

Mittel und neuhochdeutscher sprache ist das vermögen ab-
gegangen männlichen und weiblichen nom. schwacher flexion zu
sondern; nur an artikel und innerer wortbedeutung läszt sich
ein bezug weiblicher ausdrücke auf männer erkennen. denn

---

* Jobans Öler, dem man sprichet tüfelsnase.   Freib. urk. no. 201 (1351).
hern Swinhilt und hern Kellen. MSH. 3, 236ᵇ, nhd. Kelle n. pr. ahd. kella trulla,
nter Graff 4, 385. Heinrico dicto Gansara. Böhmer cod. franc. p. 220.   Fridericus
Phnurro. MB. 3, 304. Arnoldus Pica. a. 1195. Eccardhof s. 26. Wigelo Rana
bei Böhmer 302, übersetzung des deutschen Frosch. Otto miles dictus Zehe. Lang
reg. 3, 421 (1273). Albertus Kapa. Perts 17, 42 (1233).   nos Rosa magister.
Böhmer cod. franc. 278. Henricus cogn. Gemma. Caes. heist. 3, 11. Marquar-
dus dictus Letania. a. 1287. Schmid Tüb. urk. p 53. Johannes miles de Selle-
bach, dictus Muffela. Lacombl. 2 no. 600 a. 1270. Johanne dicto Maffele no. 626
a. 1273; franz. mufle rostrum. Adolphus Sneda. no. 139 a. 1226. Gelle. Roch-
holz 2, 188. Ulricus Snégelle (schneesturm). Heiligenkr. 1, 17 (a. 1187); vgl.
Elle f. MS. 2, 56ᵇ. Helwicus Scikka. güter von Hegene vor 1250 p. 57. Bruno
Bnocbsorga. p. 56. Burchart Duba. welsth. 1, 668 (a. 1320). Dederich Lamp.
Karlm. 522ᵇ, 67. Krippenkrà. Ring 54. 56. 59. Kanzel Unkrût. Helbl. 13, 144. volo
s. 48. Heinzel der Nintol. Diut. 2, 88. quidam cognomento Nasekanne. Rückert
Ludw. 117.

ohne zweifel dürfen männern, vorzüglich im schelten, weibliche
ausdrücke beigelegt werden. ich gebe hier natürlich lauter
schwachformige beispiele. noch heute brauchen wir die waise
vollkommen richtig von knaben wie von mädchen: Heinrich ist
eine arme waise; doch schon ahd. unterschied man auch weiso
pupillus von weisâ pupilla. für einen feigling dient die schelte:
memme*, alte hure, oberdeutsch lettfeige (Schm. 2, 518), für
einen nachlässigen, faulen, verleumderischen, schwatzhaften:
schlampe, schlumpe, schleipfe (Schm. 3, 455), schlotze (3, 463),
schlafmütze, klatsche [Lessing 10, 224, lunze (schläfer Fromm.
4, 159), meigel (homo ignavus. Serz)], schwätzliese, böse zunge,
klappertasche; wie auch langnase, rothnase, [rotznase, triefnase
im Ring] willkürlich von frauen oder männern gesagt werden
70 mögen. grammatisch gelten sie für feminina, abweichend von
jenen römischen asina, ovicula, die als mannsbeinamen auch
männlich gehandhabt werden. doch das convicium ligula == lingula wurde wol weiblich genommen: ligula, i in malam crucem!
Plaut. Poen. 5. 5, 30.

　　Alts. namen lassen den männlichen ausgang schwer von
dem weiblichen unterscheiden. besser gelingt es bei ags., die
männlichem a weibliches e (früher wahrscheinlich ê) gegenüber
stellen. in der ags. chronik tritt verschiedentlich ein Elle oder
Älle auf, a. 477. 483. 490, 560, wofür die lat. version falsch Ella
setzt; da der oblique casus Ellan, Ällan lautet, liegt weibliche
flexion vor und ich möchte das ahd. ellâ, aemula vergleichen;
entscheidend für Elle gen. Ellan ist die altn. bezeichnung des
gleichnamigen nordhumbrischen königs († 778) durch Ella, gen.
Ellu. Thorsdrâpa 19. dieselbe ags. chronik liefert im jahre 897
den mannsnamen Äbbe Frisa, was ich durch ebbe recessus maris
deute. Kembles urkunden haben einzelne mannsnamen entweder
nur im nom. auf e oder nur im obliquen casus auf an, wobei
unsicherheit waltet, für jene müste an, für diese e nachgewiesen
werden, z. b. Cille [cille trulla ahd. chellâ, Cillan sorori 1, 53]
1, 36. 37; ego Pede 1, 97 == Beda?; Dynne 1, 278. 2, 46; dagegen signum Snoccan, Cuffan 1, 47; signum Etencan. 1, 48;
signum Ticcean [ags. ticce capra ahd. zigâ] 1, 58. 122. vervollständigen sich die belege nicht, so könte für Cille, Pede, Dynne
auch der starke gen. auf es, für Snoccan u. s. w. auch der

---

* vgl. ein mecke. Bon. 14, 8. schwed. meka. Almqvist 399ª. — weibische
hundsfut. (f) Garg. 31ª.

schwache nom. Snocca, männlich geformt, gelten. Dynne ist
vielleicht altn. Thynna. entschieden behaupten möchte ich den
nom. m. Bune, gen. Bunan, nach dem altn. Biörn Buna, gen.
Bunu; ihm liegt das ags. bune poculum, altn. buna scatnrigo
und pes bovis vel ursi unter, weil man trinkgefäszen die gestalt
von klauen oder tatzen gab. [Caes. b. gall. 6, 28. hexen trinken
aus kuhklauen. myth. 1024.]

Zu diesen nordischen eigennamen, weit den bedeutendsten
und zahlreichsten der gesammten schar, wendet sich nunmehr
die abhandlung. denn unter deutschen völkern begreife ich hier
wie sonst auch die scandinavischen und habe die nothwendigkeit
einer solchen allgemeinen benennung anderwärts gerechtfertigt.
Scandinavien blieb länger heidnisch als das übrige Deutschland
und seine heidnische überlieferung dem störenden einflusse des
christenthums und der mönchischen gelehrsamkeit minder ausgesetzt, darum hat es viele sonst geschwächte oder verwischte
grundzüge der sprache bewahrt. ohne den zuflusz reicher altnordischer quellen würde die deutsche grammatik oft unaufge- 71
hellt sein und nordische zeugnisse sind es, die den behandelten
gang der eigennamen und appellativa zu voller schau bringen.

Über die gestalt der altnordischen schwachen form folgendes. sie pflegt das characteristische N hier wie in andern fällen, namentlich im inf., zu unterdrücken, so dasz schwache sg.
aller geschlechter den anschein rein vocalischer flexion gewinnen,
doch dem pl. die gewöhnlichen flexionsconsonanten zutreten.
alle vocale weiblicher flexion fordern ursprünglich länge und dem
goth. tuggô tuggôns hätte altn. tungá tungû zu entsprechen; da
jedoch eingeführt ist zu schreiben tunga tungu, will ich nicht
davon abweichen. gleichwie für die lateinischen beinamen werde
ich ein alphabetisches verzeichnis voraussenden und hernach bemerkungen hinzufügen.

1. Arni Áhola. fm. 9, 397. hola f. ist foramen, also ohne
   loch, unzerrissen.
2. Alfr kalladr Aptrkemba. Finnbogasaga s. 250. redux.
3. ein knecht des Vigaglumr heiszt Thundarbenda, d. i.
   sagittarius, von benda f. funis curvatura. Vigagl. saga
   cap. 23.
4. Helgi Biöla. landn. bók 2, 16. Isl. 1, 41. 44. 2, 30. 37.
   fm. 1, 243. Háraldr Biöla. Isl. 1, 239. die bedeutung

von biöla finde ich nicht angegeben, biöllr ist globulus, hialla tintinnabulum, diese beiden haben aber doppeltes l.

5. Thorbiörn Bitra, acerbus. Isl. 1, 159.

6. Andres Biuza. fm. 10, 144. mir unverständlich.

7.. Thorkell Blaka. landn. 4, 6. Nikulås Blaka. fm. 11, 318. blaka für bladka bedeutet folium, tegmen. variante Klaka.

8. Birgir iarl Brosu. fm. 11, 335 Ol. helg. 1853, 147. brosa scheint risus, also der lächelnde.

9. Biörn Buna. Nialss. cap. 26. 96. Isl. 1, 39. 40. 2, 52. fm. 1. 242. 10, 194. sonr Biarnar Bunu. Laxd. 2. 122. buna wurde vorhin beim ags. Bune besprochen. der beiname könnte pincerna ausdrücken.

10. Gudleikr Flotbytta. fm. 9, 11. 14. bytta ist situla, urna, flot adeps, also schmerbütte, adipatus.

11. Nikulås Detta. fm. 11, 358. detta ist fall, also der fallende, gefallne.

12. Thordr Docka. fm. 8, 430. 9, 7. docka, dän. dukke spira, linea.

13. Thorir Drifa. Isl. 1, 306. drifa schneefall, dann schlacht, vgl. Thruma, Thryma.

72   14. Håkon Dùfa. fm. 9, 451. dùfa, taube.

15. Ivar Dinta. Fagrsk. 171. dyntr, wol auch dynta concussio.

16. Arni Efja. fm. 8, 164. der zweifelnde, zaudernde? wird erklärt ur Efju. [vgl. goth. Iba, ahd. Ivo, Ebo.]

17. Ivarr Elda. fm. 8, 312. 228. der fette?

18. Ella, der ags. Elle. fin. 11, 187. fornald. 1, 310. Ol. h. 1853, 21. Saxo nennt ihn Hella. [mhd. Elle f. Snêgelle s. 69.‘70.]

19. Håkon Pungelta. fm. 7, 343, Fagrsk. 170, der verschwender, seinem beutel feindliche, von elta persequi. auch das einfache Elta gäbe einen beinamen ab, gerber? wie elta skinn, pelles subigere.

20. Pàll Flida. fm. 8, 130. 9, 263. Fagrsk. 170. unverständlich.

21. Einar Fluga. fm. 6, 360. sex söguþættir 31—36. Ketill Fluga. fm. 8, 228. fluga ist musca.

22. Arnþórr Foka. fm. 9, 22. 36. ninguidus? doch nicht Fòka, Phokas?

23. Thordr Hùsfreyja. fm. 7, 245. Fagrsk. 209. hausfrau, also häuslich.

24. Eindridi Heidafylja. fm. 7, 301. Fagrsk. 178. fylja ist pluvia tennis, doch richtiger wird der beiname bezogen auf fylja, pullus femina, wie ähnlich gebildet ist Haraldr Stangarfylja. fm. 9, 287, an die stange gebundne fohlin. heidafylja wäre fohlin der heide.

24'.. Âsmundr Flagdagæfa. Maurer isl. volkss. 307—312.

25. Olafr Ôgæfa. Fagrsk. 147. 1833. Thorsteinn Ôgæfa. Isl. 1, 148. infortunatus, von ôgæfa infortunium.

26. Hallvardr Gæla. fm. 8, 140. blande cantans. gælur blanditiae?

27. Arnliotr Gellina. fm. 2, 252. 10, 354. unbekannter bedeutung.

28. Thorkell Geysa. Fagrsk. 120. grassator.

29. Mördr Gîgja; frâ Merdi Gîgju. Nialssaga cap. 1. homo facundus, disertus, eine geige.

30. Glàma, albus. fornald. sög. 2, 220. 3, 4. glàma albities.

30'. Hrolfr Nefglita, glanznase. Gudbrand Vigfusson um tímatal í Íslendinga sögum s. 390.

31. Thorgils Gloppa. fm. 10, 142. von gloppa, caminus ubi ignis subterraneus erupuit et desaeviit.

32. Thorbiörn Glòra. Isl. 1, 106. glòra, radius lucis eminus intrans.

33. Eysteinn Glumra. Isl. 1, 25. 209. fm. 1, 192. 4, 112. 10, 188. Nialssaga 267. 318. fornald. 2, 21. 3, 555. Ol. h. 1853 s. 91. der donnerer, von glumra, tonitru. in Snorraedda 210'' ist glumra, iarnglumra appellativum und bedeutet eine zauberin.

34. Gnepja, zauberer, wie Sn. edda 210' zauberin.

35. Thordr Gnûpa. Isl. 1, 79. fm. 1, 116. cernuus, prominenti fronte.

36. Ketill Gufa. Egilssaga 591. Isl. 1, 54. 55. 132. gufa wird [73] erklärt syren, meerfrau und vapor. gufuvagn heiszt den Isländern ein dampfwagen.

37. Thrandr Haka. fm. 1, 36. von haka mentum.

38. Hâma. fm. 3, 75—81. unsicher zu deuten. Hama steht Gunnþorissaga 24.

· 39. Skâli Herkja. landn. 4, 1. herkja riesin.

40. Hetja, heros. Thôrr heitir Âsa hetja, Th. heiszt der Asen held. Snorra edda 211'. dies Hetja scheint genau der volksname Chatta (oben s. 68).

41. Thôrir Hîma. Isl. 1, 198. fm 2, 228; von hima oder îma discordia, proelium, also der zänker, streiter.

42. Ölver Hnûfa. fm. 5, 65. Egilssaga 2, 27. 28. 53. iu den sinn von hnûfa dringe ich noch nicht.

43. Ulfr Hræda. Nialssaga cap. 155. 158. Thordr Hræda. Isl. 1, 62. bræda ist terror, der name sagt also terribilis aus, vgl. Sturla. bræda hiesz die fessel des Fenrir.

44. Arnolfr kalladr Hrella. Isl. 2, 255. moestus, von hrella moeror.

45. Hrifla. Isl. 1, 69. 76. Egilssaga 708, immer ohue vorname, könnte raptor bedeuten von hrifa rapere.

46. Sigurdr Hrûfa. fm. 7, 285. scaber, von brûfa scabrities.

47. Eyolfr Hrûga. fm. 1, 251. Kolbeinn Hrûga. 9, 425. hrûga cumulus.

48. Thorgrimr Hûfa. Fagrsk. 158. Thorgrimr Skiunhûfa. fm. 7, 71. hûfa pileus, haube.

49. Hiarrandi Hvîda. fm. 8, 97. impetuosus von hvîda impetus.

50. Örn Hyrna. Isl. 1, 256. Sigurdr Skrûdhyrna. fm. 7, 243. Fagrsk. 172. hyrna securis, also securifer, skrûd fûgt die vorstelluug des glanzes hinzu.

51. Asbiörn Jalda. fm. 7, 271. jalda bedeutet equa.

52. Sigurdr Kâpa. fornald. 2, 305. fm. 7, 285. 11, 67. kâpa toga, pallium.

53. Eyvindr Kelda. fm. 2, 134. 10, 289. Ol. Tr. p. 30. 31. 34. kelda palus.

54. Karl Kekkja. fornald. 1, 381. kekkja scheint offa, gleba.

55. Haraldr Kesja. fm. 7, 150. 9, 21. 105. 311. Fagrsk. 170. kesja ist hasta und fornald. sögur 2, 431 ist zu lesen: Haraldr tôk kesjufleiuinn eptir födur sinn, ok af honum tôk haun nafu ok var kalladr Haraldr Kesja. bei Biöru ist kesja unrichtig als m. aufgefûhrt, der acc. Kesju fm. 1, 43 eutscheidet fûrs f.

56. Oddr Kikina, ein skald des 11 jh., der beiname mag den sinn von Kekkja haben.

57. Kolbein Klaka. fm. 7, 17. Thorir Klaka 1, 188. 10. 259. Ol. Tr. 15. 16. 17. Thorkell Klaka. Isl. 1, 252. klaka kann so manches aussagen, dasz ich lieber nicht entscheide.

58. Ottar Knerra. fm. 8, 165. etwa strenuus.

59. Thorbiöru Kolka. Isl. 1, 184. æfint. 139. frigidus, miser?

60. Atli gridkona. fm. 9, 11. 18. 111. gridkona ist ancilla, was passenden beinamen hergiebt.

61. Thorkell Krafla. fin. 2, 20. Isl. 1, 176. Grettiss. 21. ohne vornamen Isl. 1, 138. es könnte ausdrücken exactor von krefja exigere.

62. Öndottr Kråka. fm. 1, 250. Isl. 1, 204. Nialssaga 65. landn. 3, 15. Grettiss. 1. Ulfr Kråka. fin. 2, 214. Isl. 1, 86. 104. [Thordr Kråka. Bisk. sög. 1, 421.] kråka ist cornix und Kråka entspricht dem lat. beinamen Cornicula, vielleicht dem span. Urraca. das appellativum kråka bezeichnet eine zauberin, weil die krähe ein weissagender angangsvogel, wie vendilkråka soviel als proteus ist, der sich in alle gestalten wandelt, woher Ottar Vandilkråka. fm. 8, 2. Egill Vendilkråka. Isl. 1, 19. völlig verschieden ist der männlich gebildete, von Hrólfr geführte beiname Kraki, ein junger knabe.

63. Gunnolfr Kroppa, nach andrer lesart Kreppa. landn. 4, 1.

64. Eylífr Krůua. fm. 9, 293. krůna ist alba macula in pecudum fronte, was wir blas, bles nennen.

64*. Thorkell Kugga, liburna, ahd. chocho, mhd. kocke. Gudbrand Vígfusson um timatal s. 390.

65. Gudbrandr Kůla. fm. 1, 190. 4, 24. 8, 228. 10, 254. Jôn Kůla. 8, 120. 396. kůla ist globus, tuber.

66. Rögnvaldr Kunta. fm. 285. 290. kunta, cunnus.

67. Jôn Kutiza. fm. 7, 281. 8, 124. 127. wol zu kuti cultellus gehörig.

68. Hermundr Kvada. fm. 9, 272. mir dunkel.

69. Biörn Eitrkveisa. fm. 1, 67. 69. 70. 10, 216. Knůtr Kveisa. fornald. 3, 326—30. qveisa ist ulcus, eitrqveisa also giftgeschwůr.

70. Thorkell Leira. fm. 1, 163. lutosus? das appellativum leira, leyra gilt einem feigling.

71. Thorir Lina. land. 4, 4. Isl. 1, 249. lîna, ramus.

72. Eindridi Lioxa. fm. 8, 356.

73. Arni Lörja. fm. 9, 193.

74. Haraldr Lůfa. Egilssaga 6. fm. 10, 169. Grettiss. 1. hir- [75] sutus, intonsus, von lůfa coma incomta, es war Haralds erster beiname, dem spätern Hårfagri entgegengesetzt.

75. Einar Lygra. fm. 8, 333. Ormr Lygra. 10, 322. Ol. Fr. 41. Lygra, eine insel.

76. Ormr Lyrgja. fin. 1, 209. 241. balatro.

77. Thrandr Lyrta. fm. 8, 111.

78. Eysteinn Meila. fm. 8, 15. 17. von meil metallum?

79. Sveinn Næpa. fm. 9, 37. 38. næpa, napus, rapa.

80. Hrolfr Nefja. fm. 1, 193. 3, 70. 4, 60. Thorkell Nefja. 1, 186. 10, 347. Thrandr Nefja. Isl. 1, 65. [Einar Nefja. Bisk. sög. 1, 422. 423.] nefja, nasutula, eine riesin. Sæm. 102°. fornald. 3, 482. vgl. lat. Násica. oben 30°.

81. Ölver Núfa, ein skald. s. Hnúfa.

82. Jordan Skinnpeita, fm. 8, 342—44. pelzrock, beiname eines priesters. peita ist nach dem finn. paita indusium, tunica, wofür isl. auch peisa gesagt wurde. deutlich goth. paida

83. Åmundi Remba. fm. 9, 326: fortis, von remba nisus.

84. Eyvindr Kinnrifa. fm. 1, 306. 10, 292. Ol. Tr. 31. 35. fornald. 3, 237. genas scissus, von rifa scissura.

85. Styrkar Glæsiröfa. Fagrsk. 170. napus splendens?

86. Orœkja, negligens, ohne praenomen. Isl. 1, 6. 244. 366. [Bisk. sög. 1, 187. 552.] man vgl. ahd. Unruoh.

87. Arni Rúga oder Röfa? fm. 9, 510. 513. vgl. Hrúga.

88. Rauðr Rugga. Isl. 1, 196. 207. landn. 3, 9, 13. wiegenkind, von rugga cunae.

89. Bardr Sala. fm. 9, 245. venditus? von sala venditio.

90. Eirikr, er var kalladr Vidsjä. Isl. 2, 394, ein skald des elften jahrh. (Möbius s. 180) cautus, von viðsjä cautela. Hávardr Uppsjä. fm. 11, 127. Öuundr Uppsjä. fornald. 2, 325. gleiches sinns mit Viðsjä.

91. Asmundr Eskisida. Nialssaga 258. Biörn Iarnsida. 384. fornald. 1, 251. fm. 11, 183 von sida, seite des schifs, je nachdem sie mit bohlen oder eisen belegt war. der beiname bezeichnet wol den eigner des fahrzeugs. Biörn Blåsida. Isl. 2, 52. Gråsida, name eines schwerts.

92. Thorkell Skalla. Fagrsk. 144. scheint glaber.

93. Nikulås Skata. fm. 11, 318. skata ist raja, ein fisch.

94. Audun Illskælda. fm. 3, 65. 10, 179. poeta satyricus.

95. Gamli Skeggja. Isl. 1, 179. barbatus, oder von skekkja obliquitas? [skeggja securis.]

96. Andres Skela. fm. 9, 479. cochlea oder concha.

97. Simun Skerpla. fm. 8, 246, im merz geboren, denn skerpla bedeutet diesen monat.

98. Thorleifr Skiappa. fm. 7, 215. 343. mir dunkel.
99. Eiríkr Skifa. fm. 10, 123. ebenso, oder unser scheibe?
100. Eiríkr Skota. ·fm. 10, 123. schütze?
101. Örnolfr Skorpa. fm. 7, 302. von skorpa procella.
102. Eyvindr Skreyja. fin. 1, 43. Fagrsk. 20. 32. vagus? oder
    homuncio? in einem 924 gedichteten liede Egils heiszt
    es (Egilssaga 262):

    > austr af unnar hesti Eyvindr hliop Skreyja.

103. Thorbiörn Skúma. Isl. 1, 43. landn. 1, 12. 2, 36. Thor-
    leifr Skúma. fm. 1, 167. 11, 384. fornald. 3, 20. spumosus.
104. Vígaskúta. Nialssaga cap. 139. fm. 1, 139. Isl. 1, 228.
    skúta ist liburna und davon der eigner des schifs. Ví-
    gaskúta ist homicida pirata
105. Hallvardr Skygna. fm. 8, 394. hemeralops, von skygna
    hemeralopia, acies oculorum nocturna.
106. Eindridi Slandra wird nach 8, 112 im register 10, 442
    angesetzt, ist aber vielmehr Slandri.
107. Thorolfr Sleggja. Isl. 1, 181. sleggja ist ein groszer ham-
    mer, engl. sledge.
108. Sigurdr Slefa oder Sleva. fm. 1, 20. 4, 17. 10, 30. Ol.
    helg. 9. 10. Thorstein Sleva. fm. 10, 380. balbus, blaesus
    von slefa sputum.
109. Sleita, vafer oder offensus, von sleita offensio, vafrities.
    folgt aus Sleitu Biörn. Laxd. 68 Sleitu Helgi. Isl. 1, 161.
    163. [Gautr Sleituson. Grettiss. 65.]
110. Smidr Sleppa. fm. 9, 294. elapsus?
111. Thorgils Slydra. fm. 9, 443. consputus?
112. Ivar Smetta oder Smætta. fin. 2, 252. 9, 85. Ol. Tr. 56.
    65. foedus?
113. Asbiörn Snara. fm. 7, 314. von snara, schnur, strick.
    [Eiríkr Snara. Grettiss. 13. 16.]
114. Snegla, folgt aus Sneglu Halli. fin. 6, 360. snegla, snegda,
    ancilla.
115. Gudrödr Stíra. fm. 10, 178. glaucus?
116. Heidríkr Striona. fm. 63, 11, 199. wozu 5, 155 der vor-
    name Edríkr und Ol. h. ed. 1849 s. 7 Eiríkr. Bölverkr
    blindínga Striona. Isl. 1, 100. unsichrer bedeutung, das [77]
    ags. streonan, ahd. striunan gignere mangelt altn.
117. Arni Storka. fm. 9, 265. gelidus, von starka gelu.
118. Sturla, ein häufiger name, der auch ohne vornamen auf-

tritt und terribilis bedeutet, von sturla terror (vgl. Hræđa).
fm. 7. 528. 10, 116. Isl. 2, 96. 191. Smidsturla. Laxd. 120.
Hvammsturla (St. aus Hvamm). [Bisk. sög. 1, 31]. laudn.
7, 15. 16. Vigasturla. Isl. 1. 127. Gunnporrissaga 44.
Sturla Hrafnsson. fm. 10, 116. berühmt ist Snorri Stur-
luson. [heutiger name Sigursturla. Sturla.]

119. Thorgeirr Suda. Isl. 1. 130. der funkelnde, von suda
fervor, sciutillatio.

120. Jôn Sylgja. fin. 9, 479. fibulatus, von sylgja fibula.

121. Olafr Trételgja. fornald. 2, 12, 103. fm. 8, 2. Isl. 1, 3. 20.
362. Egilssaga 535. baumbehauer, zimmermann, von trê-
telgja zimmeraxt, telgja ascia.

121ᵇ. Skâld. Torfa. Grettiss. 27. nahe liegt sl. drevodjelja.

122. Ingialdr Trana. fin. 2, 399. kranich.

123. Gunnlaugr Ormstunga, schlangenzunge. Isl. 1, 44. 45.
2, 251, ein skald, der 1012 starb. Thorarinn loftunga,
die lobende zunge. Fagrsk. 85. 90. Grísartunga, ferkel-
zunge. Egilssaga 137.

124. Tuta, name eines zwergs aus Friesland. fm. 6, 362. 364.
sex sögu þættir 23. 24. 26. 27.

125. Askell Tyza. fm. 8, 247. klänge fremdartig und anderr
lesarten lauten ruza, tryza, kusza.

126. Rögnvaldr Urka. fm. 10, 120. 122. dunkel, vielleicht Urga.

127. Vaflu, scheint repens, was sonst vambla. vgl. Völu Gunnar. Gunnþorrissaga 8, 19.

128. Thorir Thruma, der donnerer. wird aber Egilssaga s. 79
als verwalter eines königlichen guts in Thruma aufgeführt:
hann réd fyri búi hans (des königs Haraldr) î Thrumu.

128. Bödvar Snæþryma. Isl. 1, 255. snæþryma ist schneehaufe.

130. Thorbiörn Thyna oder Thynna. fm. 3, 142. Isl. 1, 160.
wahrscheinlich tener, teuuis.

Ueberschaut man die unerschöpfte menge solcher beinamen,
so fällt zuerst der anmutige wechsel weiblicher flexion mit männlicher in das auge. Thôrir Hîma, Birgir iarl Brosa lauten im gen.
Thôris Himu, Birgis iarls Brosu; Öndöttr Krâka, gen. Oudotts
Krâku. es heiszt Gunnlaugs saga Ormstungu; Vemundar saga
ok Vigaskûtu; Asta Gudbrandsdottir Kûlu. fm. 10, 214; Biarni
Sturlusonr. ganz wie im latein Cornelius Merula, Cornelii Me-
rulae u. s. w. durch unterdrückung des N ist der sg. dem lateinischen überaus ähnlich geworden.

Meiuen könnte man, diese nameusbildungen seien erst späteren ursprungs, da zumal die edda kein beispiel davou liefere.
allein es verbält sich damit wie mit den imperativiscben namen
(oben s. 38), die sich auch mehr im volksleben und oft nur als
schelte zeigeu. man weisz, dasz Biörn Buna um 800 lebte,
Mördr Gigja um 910 geboren war. bei den skalden stoszen
belege früh auf, aus einem liede Egils vom jahre 924 wurde
Skreyja erwähnt, vollkommen analoge appellativa bat die edda,
wie sich nachher zeigen soll, in der Snorra edda 36 ist zu lesen:
fiöturinn er Gelgja heitir, vorhin schon wurde Hræða angeführt.
auch die schelteu þin Meinkräka! þin Mannfýla! erwäge mau.

Gleich den lateinischeu erscheinen wieder hier weibliche
tbiere als mannsbeinamen: Dûfa, Fluga, Fylja, Jalda, Kráka,
Skata, Skela, Tràna; ja frauen selbst: Hùsfreyja, Gridkona,
Suegla; riesinnen: Glumra, Gufa, Herkja, Hruga, Nefja. theile
des leibs: Haka, Tunga, Lufa, wohin auch Elda, Flotbytta zu
rechneu. pflauzen: Blaka, Næpa; mancherlei gerät: Gigja,
Hyrua, Telgja, Kesja, Peita, Skeggia, Rugga, Lîna, Snara. besonders hebe ich hervor die benennungen des donners, kriegers
und knechts: Glumra, Thruma, Skota, Skuta, Benda, Buna,
mehrere bleiben schwierig und warten auf bessere deutung. einige
stehn ohne vornameu, Hama, Slefa, vorzugsweise die mit la:
Burla, Krafla, Snegla, Sturla, Vafla; Tuta scheiut fremd.

Nicht selten tritt der genitiv voran: Berdlu Kàri. Isl. 1, 55;
Bardr Blöndu Horn. 1, 278; Brennu Kàra. fornald. 3, 240; Bitru
Oddi. Isl. 1, 159; Burlu Fôtr. 1, 157; Blöðru Skalli. Laxd. 7.
Isl. 1, 19; Flesmu Biörn. fm. 3, 157; Flugu Grîmr. Isl. 1, 144;
Kràku Hreidar. landn. 3, 7; Glîru Hallason Isl. 1, 235; Krömu
Oddr. 1, 60; Sleitu Helgi. fm. 3, 143; Sleitu Biörn; Slettu Biörn.
Isl. 1, 114. 127. 196; Sneglu Halli. fm. 6, 360; Sîdu Hallr. fm.
1, 10. 11; Tungu Kâri. Isl. 1, 193; Tungu Oddr. 1, 8. 46. Egilssaga 132. 704. Tungu Steinn. Isl. 1, 192; Urgu Thriotr. fm. 1,
122; Vöflu Gunnar. Gunnþoris saga 8. 19. allerdings geht hier
der beiname nicht geradezu voraus, sondern erscheint in gram-
matischer abhängigkeit von dem namen, Kràku Hreiðar wäre
gewissermaszen ein Hreiðar der Kràka; um so deutlicher blickt
die weibliche uatur von Kràka hindurch.

Wiederum zeigen verschiedene, nicht auders als im lateiu,
örtliche entstehung: Ormr Lyrgja kann bedeuteu Lyrgiensis, [73]
weil es auch Sveinn or Lyrgju fm. 6, 246 heiszt [Skáld Torfa,

zu Torfa wohnend]. tunga ist nicht nur lingua, sondern auch lingula terrae in mare se exserens, und so gesetzt ist es in dem beinamen Steingrímr í Tröllatungu. Isl. 1. 159 oder in Hroar Tungugodi; in Gufu nes. Gufu á. Egilssaga 592. Berdlu Kári. Egilssaga s. 1 drückt aus Berdlensis, Kári or Berdlu. s. Thorir Thruma = í Thrumu. es ist also dem erklärer vorsicht nöthig.

Treffende einstimmung entgegen kommt in den appellativen, der eigennamen niederschlage. die mannaheiti der Snorraedda 212ᵇ stellen nebeneinander kappar und kempur, das verhält sich aufs haar wie bardi und druidae, die sprache setzt also im sg. kappi, aber kempa; gerade so ist hetja, heros, athleta. z. b. Laxd. s. 26 hetja mikil, 132 audigr madr ok engi hetja, Vigagl. s. 367 hetja mikil, s. 382 slika hetju. einerlei mit dem vorhin s. 68 behandelten volksnamen Chatta. Ása hetja im skaldskaparmál sagt: Asorum fortissimus. Sveinbiörn Egilsons Snorraedda s. 107. 213 hat die plurale kappar, kempur, hetjur. Thorsdrápa 11 ist zu lesen skytja sagittarius, was, dünkt mich, dem lat. Scytha. gr. Σκόθης begegnet, später schied man skyti m. und skytta f. ihrem sinn nach gleichen die mannsnamen Sturla und Hræda. nicht weisz ich, ob das weibliche etja pugna auch einen männlichen beinamen liefern kann. wie für tapfre helden gab es für feige knechte ähnlich geformte wörter. dugga ist vir ignavus, ignavio, memme; lydda vir ignavus, servus; leyra oder lóra ebenfalls; leyma, sleima, skreia, skrafa, teyda meinen sämtlich homuncio*. seltsam auch ölmusa, eigentlich eleemosyna, drückt aus homo nauci, homuncio d. i. bettler, von almosen lebend. noch aus der heutigen norwegischen sprache kennt Aasen 346: olmosa, armer, schwacher, elender mensch. glumra, þruma, falls sie donner ausdrücken, entsprechen dem goth. þeihvò, nach Sn. edda 210ᵇᵇ sind glumra, gnepja, skrickja auch benennungen von zauberweibern, die bekanntlich mit gewitter viel zu schaffen haben. das weibliche geschlecht von manneskja homo wird noch weiter zu prüfen sein, der zum ahd. m. menuisco bei Graff 2, 754 gefügte pl. auf un statt on weist vielleicht auf menniscôn f. man sehe was oben über persona gesagt ist.

---

*) herfa f. zu hörfa, sich wenden, fliehen? auch gönga f. ignavus. — Ölmusa sû. Odysseifs. kv. 9, 224. — kan heill, þu þundarbenda! Vigagl. s. 381. fordæda venefica, schelte für einen mann. Jons lagabök p. 57. hann er hamhleypa. Maurer volkss. 81. mannæta f. anthropophagus. quislskreda f. der sturm. Hamdism. 5.

Zahlreiche, ganz unveränderliche altn. adjectivbildungen auf a behandle ich hier nicht, ihnen könnten scheinbar einzelne der angezognen beinamen zugesellt werden, z. b. Bitra, jenes Bitru Oddr streitet dagegen. Bitra ist ortsname.

Noch sei bemerkt, dasz die Nordländer entlehnten altsächsischen namen auf männliches a. wie Otta, Poppa, welchen sie hätten i ertheilen sollen, weibliches a gaben und den gen. Ottu, so Poppu (fm. 10, 251. 11, 26. 27) bildeten. tadelhaft scheint aber, dasz heutige lateinschreibende autoren altn. æsir, âsa in asae, asarum übertragen statt in asi, asorum. Saxo meidet den ausdruck ganz. jenem Otta, Poppa entsprach die altn. behandlung byzantinischer mannsnamen wie Φωχᾶς, gen. Φωχᾶ, woraus sie Fôka gen. Fôko machten, gerade wie die Römer Phoca gen. Phocae, während dem Ulfilas damus ein Fôka Fôkins geworden wäre. belegt wird Fôka Fôko durch Isl. sög. 1, 18. 381. 385. 386.

Es ist mir daran gelegen, die fortdauer einer im isländischen so reich bewahrten spracheigenheit auch in den übrigen nordischen dialecten nachzuweisen.

Im alten Gotländischen gesetz begegnet zweimal (Schlyters ausg. s. 98) der mannsname Ormica, offenbar weiblicher form; zu deuten weisz ich ihn nicht, da die isländischen quellen keinen ähnlichen bieten. der in runen vorkommende mannsname Aurikia, Urûkia (Rydqvist 2, 265) entspricht dem altn. unter 86 aufgeführten Ôrœkja. Emundær Slemæ erscheint in Vestgötalag s. 67. 298; Emundær Colbrennæ ebenda 298. Slema ist das vorhin angegebne altn. appellativum sleima, homuncio; Colbrenna bedeutet carbonarius, kohlbrenner. in demselben westg. gesetz s. 51 und 192 steht das apell. ormyliæ, urmyliæ für einen, der grenzsteine ausgräbt; urgytia (Rydqvist 2, 224) ist verschwender, effusor. alle diese namen und wörter geben dem obliquen casus das weibliche o. in Hildebrauds diplomatarium suecanum band 3 treffe ich folgende beinamen: Petrus Cabbæ (cappa) 386; Eskill Cracæ (cornix) 738; Jacobus Daa (entw. dägga, säugamme, oder altn. deigja timor). 37; Martinus dictus Duva (columba). 192. 252; Magnus Fluga (musca) 704; Gerardus Waterhonæ (fulica) 679; Öarus Laka oder Lacha (ein fisch?) 199. 204; Petrus Mækora (?) 659; Petri dicti Orrae (tetrao) 37; Thorirus dictus Pottæ (olla fictilis) 192; Johannes Siliæ, Zilla (salix, heute sälg) 96. 101; Petrus Snækkæ (limax) 657; Haroldus Stubbae (trun-

cus) 386; Röricus dictus Sturæ (? für Sturlæ) 77; Petrus Egæ-
sithæ (wäre altn. Eikisida) 473. auch hier herschen thiernamen
vor. heute sind die schwedischen mannsnamen Oxenstjerna,
Hjelmstjerna, Gyldenstjerna u. a. m. sehr verbreitet, dasz sie ursprünglich weiblich waren, bezeugt schon der frauenname Hvitu-
stjerna in Gotlandslag s. 94 *.

Norwegische reicht das diplomatarium norwegicum genug.
Einar Auga = lat. Ocella (auga ist altn. f.) 2, 243; Sigurdær
Kyraughæ (= βοώπης) 1, 218; Ivar Bola (bôla, bulla), med sira
Ivare Bolo. 1, 111; Arne Cucnlla, 3, 47; Thorgeir Dilla (lallans?)
2, 420; Jon Færla (? Færsla) 3, 587; Einar Fluga (wie isl.) 1,
667; Agmund Gryfla (vgl. altn. grufla, blind tappen) 1, 85;
Audun Gulta, Bengt Gylta (= Scrôfa, Sucula) 2, 38. 3, 552,
der dat. Jone Gyltu steht 2, 151; im Thorer Kunin hetta 1, 186
liegt wol hetta pileus, capa; Anund Imba (altn. Ima, riesin?)
1, 139. 150. 154; Ingiald Kalda (febris) 2, 113; Gunnar Kana
(? Kanna) 1, 450; Egil Klækia (homo nauci) 2, 282; Lif Kraka
(cornix) 1, 192; Audun Tillaga (additamentum) 2, 282; Haqui-
nus Læmæ (?) 1, 124; Thorer Laga (fax) 3, 137; Peter Mata
(cibus) 2, 44. 56. 3, 96; Thorstein Mita (? Muta) 2, 141; Eystein
Mugga (caligo uivalis) 1, 151. 152. 2, 172; Thorstein Nebba
(rostrum) 2, 58; Ivar Oma 1, 177. 178; Nicolaus Paasa (?) 3,
664; Eilif Ploma (blume) 3, 117. 119; Pall prestr Skala 2, 137.
könnte ein von prestr abhängendes gen. des männlichen namens
Skali sein; Stein Skrynkla (?) 2, 94; Agmund Skuta 3, 104;
Ivar Sperra (repagulum) 1, 82. 97. Malis Sperra. 1, 367; Thorstein Storra (? carex) 2, 527; Thord Syttra (altn. sitra, scaturigo
aquae) 1, 168; Arne Tytta (nach Aasen 552ᵇ töta, fremdes weibs-
bild) 2, 212.

Bis auf zuletzt gespart habe ich noch einen bemerkens-
werthen, fast allein stehenden, allen scandinavischen gramma-
tikern noch unbemerkt gebliebnen zug der älteren nordischen
sprache **. eine menge mannsnamen und appellativa in weiblicher
gestalt traten uns vor augen. nun aber erscheint, in völligem

* hund Glufsa bei Cavallius 246. glufsa sonst verbum. — Hagberg in som
ni behagar nennt den narr Touchestone Proba. (probe). Hall Karlsson Öra. Livch
Örzen 1, 184.

** ich sage es schon 1822 gramm. 1, 770 (bei Kuhn 1852 s. 81) und Munch
in seiner schwedisch geschriebnen altn. gramm. 1849 s. 73. Rydqvist 2, 261
(a. 1857). doch Munch und Brynjulfsson leugneten mirs im sommer 1858 ab.

widerspiel, auch ein männlich gestalteter frauenname, und zwar
der einer göttin. Skaði, die gemahlin des Niörðr, wird ganz
wie hani gebogen, also mit dem gen. Skaða, wie eine stelle der
Snorra edda Bragarœdur cap. 56 bezeugt: þá lét Loki fallast
í knê Skaða. Skaði war eine riesentochter aus Thrymheim,
krieg und jagd liebend, ihr geziemte ein männlicher name, nicht
nur erscheint Skaði auch als altn. mannsname, z. b. im eingang
der Völsungasaga und bei Helgi Haddingjaskaði, sondern ahd.
war scado, lantscado gleichfalls benennung eines helden und
öfters beiname. ich habe von diesem scado in Kuhns zeitschrift
für vergl. sprachforschung 1, 79 gehandelt und füge hinzu, dasz
uns auch nachtschade nycticorax, caprimulgus, skade noch heute
auf dänisch pica, elster, bedeutet; wahrscheinlich hatte das mythische wesen der Skadi irgend einen bezug auf solche vögel.
für unsere untersuchung aber wird gewonnen, dasz so gut diese
göttin als helmfran und skörungr (virago) im licht eines helden 8z
und mannes vortritt*, umgekehrt auch männer fräuliche beinamen
führen konnten. vielleicht lassen sich noch mehr solche feminina
auf i, gen. a aufspüren**, sie beleuchten lat. weibliche baum-
namen wie alnus, populus, gen. alni, populi (oben s. 40).

VI. slavische und litauische namen.

Den lateinischen substantiven erster declination sehen wir
auch in allen slavischen sprachen weibliche nomina auf a zur
seite, die flexion selbst entfaltet nur geringe abweichung. das
altsl. ryba (piscis) bildet seinen gen. sg. ryby, seinen nom. pl.
ryby[1], und diese beiden casus treffen durchgängig zusammen.
während also Polen und Böhmen gleichfalls ryba ryby ryby
setzen, gilt bei Serben und Slovenen, wenig verändert, riba ribe
ribe. diese flexion stimmt zum lat. mensa mensae mensae, lingua

---

* Bera skörungr ok gleðimaðr hinn mesti. Yngl. c. 21.

** Rígsm. 22 Svanni, Svarri, Sprakki frauennamen, auch skaldskaparmal ed.
hafn. 558. alle virago. Biörn setzt dazu m. Sigriðr, svarri mikill. formm. 1, 61.
Gyda, væn ok svarri mikill. 1, 268. um svarra 11, 163. svarri! 8, 92. sendi ungan
svarra. 10, 76. móti svarra. 10, 89. svanni! 3, 55. 5, 92. 6, 170. 403. 7, 155. skald-
sk. 286. göfugr svanni. 10, 89, vgl. Kormaksa. rimur fra Völs. ist spraeki juniperus? hei Aasen sprakje enebär. spraki m. gen. spraka ist fama, nuntius. formm.
1, 187. 8, 363. 416. Schmeller 3, 547 der schwerr, die grille, maulwurf.

[1] ich gestatte mir altsl. oder russ. iery, dem Miklosich die aussprache uj
(etwa mhd. iu) beilegt durch y ausdrücken, wie es Polen und Böhmen schreiben.

linguae linguae genau, näher betrachtet auch zum goth. tuggô
tuggôns tuggôns, ahd. zunkâ zunkûn zunkûn, welchen wiederum
gen. sg. und nom. pl. zusammenrinnen. nicht allein die goth.
schwache flexion, auch die starke vereint dieselben casus: giba
gibôs gibôs, so wie ahd. kepa kepô kepô. hinzu gehalten die
lat. zweite declination, zeigt lupus lupi lupi ähnlichen verhalt,
doch der gr. gen. λύκου entfernt sich vom nom. λύκοι, so wie
sl. rak (cancer) den geu. raka vom pl. raki (russ. raky) scheidet.

So viel voraus zu schicken war von der slavischen flexion,
nun wird auch unsere, den Slaven ebenwenig mangelnde anomalie von selbst verständlich sein. die einstimmung kann nicht
weiter überraschen, musz aber den tiefliegenden grund dieser
ganzen grammatischen erscheinung vollends bestätigen. weiblich
gebildete eigennamen und die menge von appellativen wird hier
nicht anders als wir bisher gewahrten auf männer angewandt,
d. h. solchen männlichen benennungen liegt ein bezug auf weibliches geschlecht nothwendig unter.

Nur verfahren nicht alle mundarten völlig gleich, sondern
im nachgefühl des eindrucks, welchen bei solchen practisch
männlichen wörtern die weibliche form ausübt, fügen einige
sprachen bisweilen weibliche adjectiva hinzu. den Serben gilt
z. b. sluga servus im ganzen pl. für weiblich und auch der voc.
sg., zumal in den liedern, construiert weiblich: slugo moja! mi
serve! nom. pl. sluge moje, während der gr. artikel zu νεανίαι
männlich οί gesetzt wird. böhm. slauha bildet heute den pl.
lieber slauhové als slauhy, und namen der würde so wie eigennamen erhalten männliche ausgänge. jedes polnische fem. z. b.
żaba frosch empfängt als männlicher beiname Żaba in der syntax auch männliche behandlung.

Ich habe nicht auf sl. eigennamen gesammelt, musz mich also
mit wenigen beispielen begnügen, denen eine grosze zahl beizufügen wäre. böhmische mannsnamen sind Baba, Bata, Boru,
Bubna (trommel) Dama, Chyna, Ilanka, Hatala, Hoda, Hodata,
Hostata, Kolda, Kulda, Kojata (joculator, histrio. Fcifalik p. 65,
bei Jungmann Kogata), Nedělka (sonntag), Neščada, Nešteda,
Pota, Šembera (Ludwig Brünner chr. 15), Soba (= osoba). So-
bata (čas. mus. 6, 66), Straka (corvus pica), Suda, Svoboda (in-
genuitas)*, Tůma, Tuna (tonne), Žižka, alle mit dem gen. auf y.

* Svoboda libertas, wie Jacob Friheit von Seven ritter. weisth. 2, 215. 487.
Henricus Wârheit. Lacombl. 1, 550. a. 1195.

polnische: Sapieha, Wilga (goldammer), Smołka (eine blume).
serbische: Ilija (Elias), Nikola, Zarija und viel koseformen:
Laza (Lazarus), Sima (Simeon), Rada (für Radoitza).

Anziehender sind appellativa, weil sie zu bestätigung
der bei lateinischen, griechischen und deutschen aufgesuchten
analogien der begriffe gereichen. vorzugsweise namen der würde:
allen Slaven ist starosta ältester, vorsteher, hauptmann; altböhm.
war lopota vorstand und gemahnt an die altn. lofdar, viri, milites, ja an die ahd. örtlichen Lobotunouwa, Lobutungouwi
(Förstem. ortsn. 943. 944), Miklosich hat ein altsl. lopata πτύον,
könnte nicht im alterthum ein landvorstand aufsicht über das
schaufeln der frucht geführt haben? vladyka ist der waltende
herr, poln. wladzka; soudija richter, russ. sudija, poln. sędzia,
gen. sędziego; Justinian, der illyrischer abkunft war, soll Uprauda
geheiszen haben, was man aus pravda deutet, wenn es nicht das
folgende oproda ist. altpoln. hardzina, böhm. hrdina held klingt
ans ahd. harting, goth. hazdiggs wie goth. gardiggs; voivoda belli dux, poln. woiewoda; sloven. oproda armiger. tata
vater, worauf ich nachher (s. 86) noch zurückkomme, böhm.
pantata herr vater; altböhm. batia, ältester bruder, im voc. batio!
(Königinh. hs. s. 72); sirota waise, poln. sierota, gleich unserm
waise männlich oder weiblich zu brauchen. von slouga, russ.
sluga, böhm. slauha, ungr. szolga [vgl. liv. sulli, estn. sullane
Kalewip. 16, 768, finn. sulha, sulhainen freier, sponsus, weil er
der braut dienen musz, Kalev. 24, 211, sulhokainen 24, 165],
goth. skalks wurde s. 51 geredet, das böhm. slauha ist auszer
minister auch gemeindehirt, wie pastucha hirt. böhm. vozka,
poln. woznica auriga, die altsl. form vozatai (Miklosich lex. 18[*]),
gleich den ähnlichen dozoratai inspector, prelagatai explorator
hält Bopp vgl. gr. s. 1323 znm skr. suffix tavja, lit. und goth. [34]
tôjis, womit nomina agentis gebildet werden, sl. tai schiene gekürzt aus taja.

Hieran schlieszt sich eine zahl von übeln namen und schelten. böhm. pobuda transfuga, vagus; stupka landstreicher; poln.
wychodzca flüchtling; russ. brodjaga landstreicher; russ. schel'ma,
poln. szelma schelm, böhm. šelma, auszer schelm auch wildes
thier, wildfang, vgl. altn. skelmir nequam, vielleicht ist die bisher angenommene ableitung unseres schelm oder schelme aus
scalmo pestis falsch. russ. bjedniaga elender; plaska heuler;
zamaracha schlampe; schljocha schlumpe; briozga brummbär;

kroschka zwerg; poln. klamca lügner; sknéra knicker. einige derselben erscheinen auch weiblich.

Eine so beträchtliche menge, dasz unmöglich nur die auffallendsten beigebracht werden könnten, gibt es hierher gehöriger zusammensetzungen mit der verneinenden partikel ne, poln. nie, vergleichbar einzelnen ahd. und altn. mit un und ô. altsl. nevježda idiota, russ. nevježa, böhm. nevěda; altsl. nebol'nitza infelix; russ. nenajeda, vielfrasz; poln. nicenota taugenichts; niezdara miszgestalt; böhm. nebuda landstreicher; nepobuda desgl.; nedosyta nimmersatt; nedopita trunkenbold; nemaha unvermögend; neposeda, der nicht still steht; serb. nebojscha impavidus; nemogoscha, qui se non posse dicit; nechtescha, qui se nolle dicit u. s. w.

Die den lat. auf a ae ae, slavischen auf a y y entsprechenden litauischen feminina bilden ihren nom. auf a, den gen. sg. auf os, nom. pl. auf os: ranka (manus), rankos, rankos; merga (puella), mergos, mergos; betonung lasse ich unberücksichtigt. diese formen gleichen mehr der goth. starken von giba, gibôs, gibôs; mergai zu dem goth. gibai stimmt. ein grund davon wird sich nicht verbergen.

Litauische eigennamen liegen noch nicht in hinreichender sammlung vor; doch stosze ich bei Donaleitis 1, 190 auf den mannsnamen Peleda*, dessen weibliche form und bedeutung ganz dem lat. Noctua entspricht, den gen. Peledos belegt 3, 212. 494, den acc. sg. Peledą 3, 489. unsicher schwebe ich, ob bei Lasicz angeführte götternamen Austheia, Polengabia, Valgina, Vielona, Zemina u. a. m. weiblich zu nehmen sind oder männlich; litauische namen männlicher form gehen sonst auf as, ihrer ist eine menge, z. b. bei Donaleitis Lauras, Selmas, Simmas, die fast wie seine erfindungen aussehen. frauennamen zeigen oft die gestalt der stämme auf i: Pimme, Elze, Daka, Jeke, mit dem gen. sg. es.

Gleich jenem Peleda sind wiederum einzelne appellativa männlich gebogen, in denen wir nicht anders als in den slavischen der vorstellung von rang und würde oder von dienerschaft begegnen. ricerka ist ritter, poln. rycerz; sudzia richter, poln. sędzia; sluga minister, servus; vaznyczia auriga. sirata, wie

---

* Pott 1, 242 pelleda mausescrip. Nesselmann 282 mäusefresser. pelė maus, doch esser sonst edzia.

unser waise, gereicht für beide geschlechter, ebenso nebilka, ein
stummer. es wird solcher bildungen sonst noch manche gegeben
haben, die heute veralten: geradeja woltäter, koznadeja prediger,
mit dem gen. os. jetzt sagt man lieber koznadejas, gen. o. formen auf as erscheinen als nomina agentis, die auf a haben etwas
adjectivisches.

Was aus allen diesen untersuchungen in die augen springt
stehe hier zusammengefaszt.

1) die einstimmung der lateinischen, altnordischen, slavischen
sprache in der nemlichen anomalie ist von schwerem gewicht;
wollte man auch zugeben, dasz fremde namen in die sprache,
wo sich raum und gelegenheit dazu fände, eingestellt werden
könnten, so ist doch kaum anzunehmen, dasz heimische wörter
auf so einförmige weise aus ihrer angestammten regel weichen
sollten, ohne dasz dafür ein unvermeidlicher, lange wirkender
grund vorläge.

2) und selbst die griechische sprache, die hier meist zu
widerstreben scheint, hält, näher zugesehen, denselben gang.
denn das im nom. ας oder ης, im gen ου angekündigte einlen-
ken in die männliche flexion ist es ein uralter oder erst ein
späterer zug? offenbar letzteres, wie der epische nom. α, der
dorische gen. α bezeugt, deren übereinkunft mit dem lat. a und
ae unzweifelhaft ist. diese beiden casus bei seite gesetzt; überwiegt nicht in allen übrigen das weibliche α αι αιν αις als natürlicher gegensatz zu dem männlichen ο οι οιν οις, wie bereits oben
s. 40 dargelegt wurde? dasselbe weibliche αι regiert es nicht
auch die ableitungen λέαινα, ὕαινα, φάλαινα, lat. leaena, hyaena,
balaena und eine menge anderer[1]? wie dieser schöne gegensatz
zwischen οι und αι männliches und weibliches genus unterscheidet, giebt er in der conjugation einen ganz andern nachdrück-
lichen ausschlag in den flexionen der übrigen tempora und der
des ersten aorist.

3) unserm deutschen verbum steht kein solcher vortheil zu,
aber dem griechischen η und αι läszt sich in mehr als einer
flexion gothisches ô vergleichen. gerade wie ô ή und goth. sa
sô einander begegnen, hält das weibliche η der hier in frage

---

[1] vgl. Lobeck pathol. p. 33—37.

seienden beinamen sich auf der linie des lat. a, goth. ô, ahd. â,
ags. ê, altn. a. lateinische und griechische erste declination ist
wesentlich weiblich und stimmt vorwiegend zur deutschen weiblichen schwachen in allen männlich gewordnen beinamen und
appellativen.

4) weniger durchblickt ein ähnlicher verhalt der zweiten
lat. und gr. declination zur deutschen männlichen schwachen;
doch gewahrte ich ein beispiel in dem weiblich gewordnen namen der nordischen göttin Skaði = ahd. scado, goth. skaþa
oder skaþja.

5) wechsel beider declinationen, folglich beider geschlechter musz mehrfach eingetreten sein und wie Χάτται zu Χάττοι
ward, aus dem jüngeren Hesson zurück auf ein älteres Hazzûn
geschlossen werden dürfen. neben altn. skytja skytju entsprang
männlich gebognes skyti skytja. Ulfilas sahen wir zwischen
unhulpô und unhulpa schwanken; blosz aus rücksicht für den
überlieferten heiligen namen schrieb er Marja Marjins, denn
sonst hätte er auch Marjô Marjôns setzen können, wie man ahd.
Maria Mariûn vorzog. goth. Attila Attilins ward vollkommen
richtig zu gr. Ἀττίλας Ἀττίλου und lat. Attila Attilae. auch das
einfache goth. masc. atta attins ist das lat. atta attae, gr. ἄττα
ἄτταο, wenn ich den homerischen gen. recht rathe, denn im epos
steht nichts als der vocativ; gerade so zu nehmen ist das gleichbedeutige τάτα oder τέττα, lat. tata. ahd. finden sich die männlich gebildeten namen Atto, Tetto. wörter dieser art entfliehen
aller lautverschiebung.

6) das geschlecht ist eine höhere macht als die flexion, das
heiszt, es ergreift und erfüllt sie von anfang an; erst nachdem
das geschlecht abgeblaszt erschien, mochte die blosze flexion
ganz oder theilweise den sieg davon tragen. wo dieser sieg
nicht durchdrang, leistete das nachgefühl des geschlechtigen
hintergrundes seinen widerstand. in lateinischer erster declination liesz das ursprüngliche genus noch durchweg weibliche form
für männliche namen und appellativa, syntactisch wurden sie
längst als männliche behandelt. in der griechischen rückte die
männliche flexion schon vor, den nom. und gen. sg. einnehmend.
87 auch im slavischen mengt zuweilen die flexion, wenigstens die
wortfügung beide geschlechter. bei deutschen scheltwörtern darf
bis auf heute weibliche construction stattfinden. man musz aber
annehmen, dasz zur zeit seines ursprungs jedes weiblich gedachte

wort nicht allein weiblich gebogen sondern auch construiert
wurde. männern weibliche namen oder umgedreht weibern männliche beizulegen war ein poetischer, phantasievoller trieb der
sprache, dessen wirkung sie späterhin wieder aufzuheben trachtete*. so giengen die volksnamen Dahae und Chattae voraus,
die späteren formen Daci und Chatti waren prosaischer, practi-
scher, die ursache aber zu erkennen oder zu entdecken, weshalb
die sprache in einzelnen wörtern oder wortreihen sich für die
anomalie entschied, wird schwierig sein und von noch fortgesetzter prüfung abhängen. die abwesenheit weiblicher auf männer gezogner thiernamen bei den Griechen, dünkt mich, steht
eben damit in zusammenhang, dasz nom. und gen. ihre weibliche form verleugneten und eine grosze menge von appellativen
entsprang, in denen es beinahe unmöglich sein wird das walten
einer geschäftigen einbildungskraft des sprachgeistes nachzuweisen. wie aber könnte entgehen, dasz das gr. ξυλοσχίστης, das
nordische trételgja und russische drevodjelja denselben begrif
weiblich ausdrücken, der in ξυλουργός oder in holzarbeiter, holz-
spalter männlich auftritt? ein barer gegensatz zwischen mann
und weib soll dadurch nicht ausgedrückt sein, vielmehr irgend
eine abstraction des geschlechtsverhältnisses.

7) der philologie musz daran liegen, die wunderbare, nirgends entlehnte, sondern in geheimer werkstätte der menschlichen sprachen gezeugte, bald stärkere bald schwächere übereinkunft solcher anomalen wortgänge zu beobachten. wenn irgendwo läszt sich auf dieser stelle der ursprung des worts aus
dem beinamen und der übergang des beinamens in den namen
oder das appellativum deutlich gewahren. der mythologie zu
gute kommen wird zugleich das forschen, sobald sich die für
den griechischen Hermes und die nordische Skadi gelieferten
fälle der namenbildung vollends erschlieszen. jetzt nicht mehr.
[dâ von niht mê. Eckh. 110, 34. nun zû mol nit me. Keisersb.
bilg. 196ʳ. nun zû mal nit mer. drei Marien 54ᵇ. 5ᵃ. 8ᵈ.]

* der schnitter meint eine schnitterin. frauen im alterthum verrichten die
feldarbeit. und sönt die snitter wîp sin und nüt man. weisth. 4, 160. man mäht,
frau schneidet. weisth. 1, 4.

DER TRAUM VON DEM SCHATZ AUF DER BRÜCKE.

GELESEN IN DER AKADEMIE DER WISSENSCHAFTEN
AM 6 DECEMBER 1860*.

In den dreisziger jahren waren bruchstücke eines bisher
unbekannten altniederrheinischen gedichts aufgetaucht, dem ich
den schicklichen namen Karlmeinet anwies, weil es die sage
von Karls jugend enthielt und bereits die Reali di Francia zu
Carlo den beinamen Mainetto gesellt hatten. wie aus dem geläufigen, mit Karl gleichbedeutigen Karlman sich Charlemagne
und Carolus magnus irrthümlich und doch angemessen entfalteten, lag es auch nahe bei Charlemaine an das romanische mains,
minus zu denken und weiter das fortverkleinernde mainet, ital.
mainetto zu bilden. den umfang der sage selbst lieszen jene
fragmente noch nicht überschauen, deren vorzüglichstes Lachmann bei Meusebach erlangt und in unsern akademischen abhandlungen von 1836 herausgegeben hatte, zum glück aber fand
sich nachher eine freilich jüngere handschrift der vollen dichtung, die nun auf veranstaltung des Stuttgarter vereins vor zwei
jahren gedruckt erschienen und so eben schon in einem bande
von 391 seiten durch Bartsch commentiert worden ist. über
ein gedicht, das mehr als 35000 zeilen zählt, läszt sich trotz der
geringen anziehungskraft einzelner theile und bei aller mangel-
haften beschaffenheit des vorliegenden textes mancherlei sagen;
besäszen wir es ganz in der gestalt, die das meusebachische
bruchstück überliefert, und die noch des dreizehnten jahrh. erste
hälfte zur schau trägt, so würden unsere betrachtungen sicherer

* dieser ungedruckte vortrag ist erst nach dem druck des zweiten bandes
der abhandlungen aufgefunden.

geben und die zeit der abfassung wahrscheinlich noch in den
schlusz des zwölften jahrh. hinauf gerückt werden dürfen. gleich
eingangs nennt der dichter, schwerlich nur der eines ersten ab-
schnitts, sondern des von ihm geordneten gesammtwerkes, seinen namen, jedoch verblümter weise blosz mit consonanten, die
vocale auszufüllen dem leser überlassend:

> die dat boich hat gedicht
> van vranzois in duitz geschricht,
> hei woulde sich gerne nennen,
> up dat iren mochtet kennen;
> mer id dunket in ein baich sin,
> anders dede hei uch schin
> sinen namen offenbare.
> doch solt ir wissen zvare,
> sin eirste boeffstaf is ein H,
> FF, L, P geet dar na,
> G is sin leste boestaf.
> kunt ir uch nu bescheiden heir af,
> det leest hei also wesen,

welchen bescheid man noch heute nur auf geratbewol suchen
darf. da diese fünf consonanten unmöglich in eine silbe geben,
ist ein mehrsilbiger zusammengesetzter name anzunehmen, für
dessen ersten theil sich fast nur das wort heffe oder heffel finden läszt, falls das folgende L hinzugeschlagen werden musz,
L, P, G scheint aber zu verschieben in P, L, G, woraus sich
etwa ploig ergäbe, HEFFEPLOIG bezeichnete einen pflugheber,
pflughalter, also pflüger, ackersmann. soll die handschriftliche
ordnung L, P, G bleiben, so könnte zur noth auch heffelploig
bestehen, wiewol dieser mundart kein heffeln für heffen zusagt
und dann der zu ploig gehörige consonant unausgedrückt wäre.
es käme darauf an, wonicht einen unerhörten dichter Heffeploig,
Hebepflug, wenigstens einen mann dieses namens in rheinischen
urkunden des zwölften, dreizehnten jahrh. nachzuweisen. aus
den sechs buchstaben will sich nichts anders machen lassen.

Nach diesen vorausgesandten bemerkungen könnte scheinen, als beabsichtigte ich gegenwärtig auf die composition des
weitläufigen werks näher einzudringen. Keller und noch mehr
Bartsch haben bereits ungleiche und von einander abstehende

theile des gedichts hervor zu heben und die verschiedenartigen
quellen, aus welchen sie entsprungen sein mögen, zu ermitteln
gesucht. unmöglich ist es französische (oder wie es hier heiszt
welsche), dann aber auch niederländische und lateinische grundlagen zu verkennen, doch schwierig darauf einen oder mehrere
niederrheinische umdichter zu beziehen. wenn einige abtheilun-
gen besser gefallen, so kann davon die ursache sein, dasz in
ihnen die sage reicher flieszt, während anderwärts der ordner
aus trocknen unbelebten nachrichten bei Albericus und Vincentius
schöpfte, und darum allein lieszen sich solche strecken unserm
Heffeploig, wofern verstattet ist den namen zu gebrauchen, noch
nicht absprechen. allerdings würde der niederländische Elegast
für die besonderheit eines einzelnen gedichts zeugen, das sich
von dem gröszeren niederländischen oder französischen könute
abgelöst haben. noch bedenklicher steht es, dünkt mich, um
sprachliche unterscheidungsmerkmale und bedarf dafür erst noch
fortgesetzter nachforschung. wie gesagt, ich lasse alles dies
beiseite liegen und beschäftige mich mit einem gleich im vordergrund erscheinenden, anziehenden stück der sage selbst, das sich
aus der welschen oder niederländischen fassung, in welcher es
sicherlich anzutreffen gewesen wäre, noch sicherer entnehmen
lassen würde. als mir das buch von Bartsch zu händen kam,
schlug ich auf der stelle nach, was er darüber beigebracht haben
möge? er redet aber gar nicht davon.

Der dichter, indem er sich anschickt Karls jugend zu erzählen, geht von der feindschaft Hoderichs und Hanfrats gegen
das kind aus, äuszert aber merkwürdig, dasz hier verschiedenheit der sage obwalte, die eine, welches die gewöhnlich umlau-
fende ist, meldet, dasz es Pippins bastarte waren, die als solche
den echten erben aus dem wege zu räumen trachteten, nach der
anderen, offenbar aus lebendiger volksüberlieferung quellenden
erscheinen sie als blosze bauernsöhne, mit Pippin und Karl gar
nicht verwandt. ihre eigne geschichte beginnt auch ganz unabhängig von den hofbegebenheiten, und sie ist es, worauf ich
die aufmerksamkeit lenke. der verfasser nennt diesen zweiten
bericht 'ein ander gedûde', d. i. gedeute, ags. geþeode, ahd.
gidiuti, bei Otfrid githiuti, volksage und es war von ihm wol-
gethan ihn für den eingang seines gedichts auszuwählen.

Hoderich und Hanfrat waren also ackerleute, von ihren vier
ahnen gekommen, d. h. ihr geschlecht nicht über eltern und

groszeltern hinauf rechnend und zu Balduch, dicht bei Paris
wohnhaft. unter diesem dorf läszt sich ohne zweifel an das
heutige Bailly (Seine et Oise, arrondissement de Versailles, can-
ton de Marly le Roi), im mittelalter Balliacum[1] denken. in
einer stillen mitternacht trat nun ein zwerg an das bette Hoderichs, des ältesten bruders und begann ihn zu wecken, dasz er
erschrocken aus dem schlaf fuhr. 'Hoderich, sprach der zwerg,
sobald der tag anbricht sollst du aufstehn und nach Paris gehn
auf die brücke, da soll dir lieb und leid geschehen, mehr sage
ich dir nicht.' Hoderich hielt alles das für trug, drehte sich
um und schlief wieder ein. dabei blieb es aber nicht; in der
nächsten nacht schlich der zwerg wieder stille stille heran und
sagte: 'Hoderich stehe auf und gehe nach Paris auf die brücke,
da sollstu lieb und leid vernemen, wie es dir ergehen wird,
mehr sage ich nicht.' den Hoderich beschwerte diese wunderliche anmutung, doch nach des zwerges entfernung kam ihm
der schlaf und er schlief wieder ein. der zwerg liesz aber nicht
ab, kam auch in der dritten nacht hin vor das bette und gab
dem schlafenden einen stosz in die seite, dasz er verdrieszlich
aufwachte und den zwerg rufen hörte: 'hörstu, du sollst morgen
früh auf die brücke von Paris gehen, lieb und leid vernemen,
mehr bescheid sage ich dir nicht.' Hoderich wunderte sich,
warum alles dies geschehe, doch was es auch sei, früh morgens
bei tages anbruch erhob er sich, gieng auf Paris zu und bei
der brücke. angelangt, rastete er in erwartung der dinge, die da
kommen würden. hört nun was erfolgte. ein über die brücke
seinem geschäft nachgehender wechsler, als er Hoderich da
sitzen sah, rief ihm guten morgen zu, Hoderich neigte sich und
erviederte den grusz. 'woher des landes? guter mann', begann
der wechsler zu fragen. 'ach, herr, sprach Hoderich, ich komme
daher von Balduch, und euch die wahrheit zu sagen, ein zwerg
hat mich schon drei nächte nicht ruhig schlafen lassen, er hiesz
mich hier her zur stelle gehen und auf der brücke stehen bleiben, bald solle ich lieb und leid vernehmen und darauf warte
ich nunmehr.' 'ja, versetzte der wechsler, ich sehe wol, dasz
du ein thor bist, auch zu mir trat voriges jahr mitternachts ein
ungestümer zwerg an mein bett, hiesz mich aufstehen und nach
dem dorfe Balduch wandeln, wo ich bei einer grünen weide am

---

[1] Guérard collection des cartulaires de France vol. 7. Paris 1850 p. 350.

bach einen so reichen schatz finden solle, wie er sonst nirgend-
wo gefunden sei. wäre ich aber dumm genug gewesen, um
eines zwerges willen so einen gang zu thun, ich hätte hart mit
stäben geschlagen zu werden verdient. dir einfältigem, weil du
dich hast verleiten lassen dem geschwätz eines zwerges zu folgen, gebührt von meiner hand zum lohne ein backenschlag!
und eh sichs Hoderich versah, so sasz der schlag an seinem
backen, und die worte erschollen: 'geh hin, dummer geck,
dasz dir die kränke in den nacken fahre! willst du durch elbi-
schen trug verführt in der irre umlaufen, wirst du nimmer ruhe
haben! geh heim und schaffe deine eignen sachen!' der kaufmann gerieth in solche wuth auf Hoderich, dasz hätte dieser
nicht die flucht ergriffen, ihm noch mehr zu leid geschehen
wäre. also hatte nun Hoderich mit dem backenstreich das ge-
weissagte leid auf der brücke erfahren, das liebe aber, das ihm
geschehen sollte, war die von seinen ohren nicht überhörte meldung des wechslers, dasz unter der ihm wolbekannten Bal-
ducher weide der verheiszene schatz liege. Hoderich eilt nun
nach haus und hinterbringt seinem bruder, wie ihnen vorbehalten sei, auf ihrer beider eignem grund und boden unter der
buchweide neben der scheuer einen groszen schatz zu heben.
Hanfrat ist der meinung ungesäumt danach zu graben, in der
nächsten nacht treten die brüder mit hacke und spaten hin zur
bezeichneten stelle und haben nicht lange gegraben als sie auf
einen bleiernen topf stoszen und darin einen mächtigen schatz
antreffen, wie es 4, 12 mit einem im gedicht 340, 64 gerade so
wiederkehrenden ausdruck heiszt,

menchen gulden swatz,

manchen schwarzen, d. i. schwarz angelaufnen, rostigen, im gegensatz zu dem blanken, neugeschlagnen geld, das r von swart
pflegt auch in heutigen niederdeutschen mundarten auszufallen
und war hier dem reim auf schatz zu liebe gewichen, da der
dichter sonst immer swart gebraucht. auszerdem

gegossen silber ind gesteine,
edel, rich ind reine,
des vunden si so rechte vele,
dat ich id mit bispele
gesagen in vollen ncit enkan.

dieser fund machte alsbald grosze änderung in der brüder gan-

zem leben. sie zogen aus dem dorf weg nach Paris, trieben
vortheilhafte geldgeschäfte und mehrten ihren reichthum noch
beträchtlich. mit könig Pippin in kundschaft gerathen hatten
sie gelegenheit ihm wesentliche dienste zu leisten und geldsummen
vorzustrecken, die er ihnen nicht erstatten konnte und wofür land, burgen und städte versetzt werden musten, so dasz sie
allmälich für die mächtigsten, ansehnlichsten männer des reichs
nach dem könig galten. jetzt aber sich auf die übele seite wen-
dend begannen sie unerlaubt und frevelhaft nach immer höheren
ehren zu trachten. als Pippin bald hernach auf seinem todbette
lag, empfahl er seinen jungen sohn Karl in ihre hände und
machte diese groben bauern zu mummern. d. i muntboren, vor-
mündern über ganz Frankreich.

Auf diese weise schliesz sich höchst wirksam die einleitung
an Karlmeinets sage selbst, dem die verräther erst eine unkönig-
liche erziehung zu geben suchten, dann sogar nach dem leben
stellten und dadurch zur flucht aus dem lande nöthigten, worauf
ihnen alle öffentliche gewalt zufiel, bis späterhin der junge held
siegreich heimkehrend die treulosen verbrecher für ihre unthaten
am galgen büszen liesz. diese weitere an dichterischen zügen
nicht arme entfaltung der geschichte bleibt hier unausgeführt,
da es mir blosz um das für sich selbständige, in die grosze fabel
eingeschaltete stück der schatzfindung zu thun ist, worin ich
eine der weitest verbreiteten überlieferungen unseres volks erkenne. es ist darin, wenn man will, ein doppeltes epimythium
enthalten, einmal dasz der mensch, was er in der ferne sucht,
in seiner eignen heimat liegen habe, dann aber dasz gefundne
glücksgüter ihren besitzern meistens zum verderb ausschlagen.

Ohne zweifel ging der traum von dem schatz auf der brücke
schon zur zeit des zwölften jahrh. in Frankreich um, denn dahin wenigstens musz die verlorne quelle der niederländischen
und niederrheinischen dichtungen zurückverlegt werden und warum sollten nicht auch die Franken der früheren jahrh. darum
gewust haben? vom dreizehnten bis zum sechzehnten ist uns
keine spur des unerloschnen, aber still sich fortpflanzenden mythus
aufgezeichnet. im jahre 1537 meldet Agricola, sprichwort 623:
es hat einem auf ein zeit getreumet, er solt gen Regenspurg
gehen auf die brücken, da solt er reich werden. er ist auch
hingangen und da er einen tag oder vierzehen alda gangen hat,
ist ein reicher kaufman zu im kummen, der sich gewundert

hat, was der alle tag auf der brücken mache und in gefraget,
was er da suche? dieser antwort es hab im getreumet, er sol
gen Regensburg auf die brücken gehen, da werde er reich werden. 'ach, sagte der kaufmann, was sagstu von treumen, treume
sind lügen, es hat mir wol getreumet, dasz unter jenem groszen
baume (und zeigt im den baum) ein groszer kessel mit gelt begraben sei, aber ich acht sein nicht. denn treume sind lügen.'
dieser (der andere) grebet unter dem baume ein, find einen
groszen schatz, wird reich und sein traum wird bestetigt, 'das
hab ich oftmals von meinem lieben vater gehört.' mit dieser
formel pflegte man althergebrachte überlieferungen zu betheuern.
ob nun damals schon in der gegend von Regensburg die sage
sich örtlich gesetzt hatte, stehe dahin, Schöppner, ohne bezug
auf Agricola und mit andern umständen berichtet sie gleichfalls
von der Regensburger brücke in seinen bairischen sagen 1, 147,
hier wird der suchende nach dem von Agricola ungenannten
Rothenbühl in des träumers heimat verwiesen, wo er beim nach-
graben einen 'goldnen fuchs' aus der erde hebt. eine volksage
in Baaders badischen sagen nr. 296 weist den träumenden kuh-
hirt des dorfes Mühlbach drei nächte hinter einander auf die
Neckarbrücke zu Heidelberg, wo ihm ein waschkessel voll geld
auf dem Ottilienberg augezeigt wird. einen träumer aus dem
waldeckischen Uplande, der unter die Fuldabrücke in Cassel
geschickt war, entsandte der begegnende nach dem ihm wolbe-
wusten felde Ittlar, wo der geldkasten unterm weiszdorubusch
lag, s. Curzes volksüberlieferungen aus Waldeck s. 252. bekannt
aus Musaeus anziehender erzählung 'stumme liebe' ist, dasz ein
erlöster geist zum dank für die ihm erzeigte wolthat seinen er-
löser auf die Weserbrücke nach Bremen abschickt und ihn daselbst eines begegnenden freundes harren heiszt, der ihm sagen
solle was er zu thun habe, und von dem er hernach die stelle
des schatzes in seinem eignen hausgarten bezeichnet erhält. in
Schambachs niedersächsischen sagen nr. 136 ist es die Weserbrücke
zu Hameln, auf welcher das schatzgeheimnis an den rechten mann
kommt, und nach der s. 151 gemachten bemerkung verlegt sich
dieselbe erzählung auf die Werrabrücke bei Münden. Müllen-
hofs sagen nr. 279 melden von dem Lübecker bäckerknecht, der
auf der brücke nach der linde auf dem kirchhof zu Möllen gewiesen wurde; nach der schleswigischen sage war der träumende
aus Erritsö bei Fridericia und erfuhr auf der brücke zu Veile

in Jütland, wo der schatz liege, einer von Tanslet auf Als erfuhr es in einer Flensburger gasse, wahrscheinlich der brücken-
gasse, s. Thiele Danmarks folkesagn 1, 246 und 357. noch ist
nach den Niederlanden, dem sitz der alten dichtung von Carl-
meinet nicht gefragt worden, wo der traum von der brücke
sicher noch haftet; ich kann blosz angeben, dasz Abraham von
sancta Clara im Judas 1, 4, gewisz aus niederländischer quelle,
von einem Dordrechter gesell erzählt, den sein traum auf die
brücke zu Kempen wies, von welcher er wiederum nach der
dornhecke eines gartens zu Dordrecht zurück gehen muste.
hiermit sind bereits eilf beispiele des mythus aufgezählt und er
wird sich noch anderwärts in Deutschland, wenn man nachfor-
schen will, darbieten *.

Aus Fraukreich, wo man mit aufzeichnung der volkssagen
allzulange gesäumt hat, so dasz sie meist erblichen sind, läszt
sich heute nichts entsprechendes anführen, wol aber aus England, Schottland und Irland, was vielleicht noch auf keltische
unterlagen zu schlieszen berechtigt. Chambers in seinen fireside
stories s. 12 erzählt, dasz Dundonald in Ayrshire dreimal in
derselben nacht träumte, wenn er nach Londonbridge gehe,
solle er ein reicher mann werden. er machte sich also dahin
auf und sah am brückengeländer einen mann lehnen, mit dem
er ein gespräch knüpfte und der ihm gestand einen solchen
trügerischen traum gehabt zu haben, dasz an einer stelle zu
Ayrshire in Schottland ein schatz liege, den er jedoch nie auf-
suchen wollen. der Schotte ersah aus der örtlichen schilderung
einen unmittelbar in seinem kohlgarten gelegnen platz, kehrte
heim und hob den schatz. die sage findet sich auch in vielen
andern schottischen landstrichen. nicht anders träumte in Irland Randal Maccarthy, dem nachmaligen gründer Ballinacarrigs
in der grafschaft Cork, als er noch ein armer bauer war, ein
mann in einem grabtuch heisze ihn auf die Thomondbrücke zu
Limerick gehen und da auf den ersten vorbeigehenden kriegsmann warten. Randal machte sich dann mit dem ersten mor-

* an der strasze von Plauen nach Lobenstein liegt das dorf Stelzen, wo
einem alten schäfer Johannes von der Mainzer brücke träumt, auf der ihm ein
alter bärtiger soldat seinen traum vom schatz berichtet. Robert Wolfram sächs.
volkssagen. Zwickau 1863 p. 18. auch von der Regensburger brücke. daselbst
folg. s. Bechstein 2, 72. 102. Pröhle Harzsagen s. 199. Wolf hess. sagen no. 185.
Zingerle no. 445. 446. Alpenburg no. 99. 331.

genlicht auf den weg und kam nach einer wanderung von ein
paar tagen nach Limerick, wo er sich der weisung des traumgesichts gehorsam auf die brücke hinstellte. nicht viele minuten
vergiengen, so erschien ein kriegsmann, der jedem, auf den er
stiesz, frug, wo ein gewisser ort namens Croise na Eirigh zu
finden sei? doch keiner konnte ihm auskunft geben. 'wozu
fragt ihr?' wollte Randal wissen. 'weil ich, versetzte der kriegsmann, letzte woche träumte, es liege dort unter einem weiszdorn ein groszer schatz gold vergraben, ich habe seitdem wohl
schon tausend leute gefragt, aber niemand scheint kunde von
einem solchen ort zu haben, wer mich hinweist, soll die hälfte,
des funds bekommen.' 'ich habe nie von so einem ort gehört,
sagte Randal und der kriegsmann ging weiter. nun aber war
Croise na Eirigh keines steinwurfs weite von Randals hütte,
wie er recht wol wuste, Randal und der weiszdorn waren uralte freunde. er hatte oft unter ihm gesessen. eiligst und schleu-
nigst trat er nun den heimweg an und in stiller nacht begann
er mit haue und spaten die harten, widerspenstigen wurzeln des
dorns zu zerstören. er grub gut, fand den hort und mit seinem
neuerworbnen reichthume baute er das schlosz Bullinacarrig,
wie auch die kleinen schlösser Balliward und Derrig, die man
noch in den benachbarten kirchdörfern Kilmeen und Desertserges
sieht. Killingers irische sagen und märchen 1, 215.

Unter den Slaven ist mir nicht mehr als ein beispiel der
fabel vorgekommen in der reichhaltigen samlung mährischer
sagen (moravské národni pohádky a povesti) 1, 583: einem
bauer träumte, er solle nach Prag gehen, auf der Prager brücke
werde ihm ein schatz zu theil werden. seine frau sagte: 'wer
an träume glaubt jagt schatten und fängt wind.' den mann
aber trieb die begierde, er machte sich auf den weg nach der
stadt und hatte nichts eiligers zu thun, als auf der brücke umher zu gehn und auszuschauen, ob er etwas erblicken könne,
doch zeigte sich gar nichts, er stieg hinab unter die brücke
und sah auch da keinen schatz liegen. ärgerlich seine zeit
verloren zu haben war er im begrif wieder heimzukehren, als
ihn ein soldat (vojak) von der wache gegenüber anrief: 'guter
freund, was habt ihr vor? ich sehe euch hier unzähligemal über
die brücke streichen.' 'ach, antwortete der bauer, ein traum
liesz mir keine ruhe, ich solle nach Prag gehen und auf dieser
brücke einen schatz finden.' 'träume sind schäume, sprach der

soldat, wer wollte ihnen trauen? auch mir hats einmal geträumt, in dem und dem dorf, in der und der wohnung liege ein schatz unterm ofen, wäre ich dahin gegangen, so hätte es mich getäuscht, wie es euch jetzt teuscht.' mit diesen worten hörte der bauer zu groszer verwunderung sein dorf und sein eignes haus bezeichnen, schwieg still und kehrte heim, wo er die hacke nahm, den ofen zerschlug und einen topf mit einer menge geldes fand.

Doch fast die merkwürdigste einstimmung an hand gibt uns das persische werk Mesnevi, d. i. doppelverse des dichters Dschelâleddin Rûmi, der im jahr 1207 unsrer zeitrechnung geboren war und 1273 starb und nachher im siebzehnten jahrh. türkisch commentiert wurde. nach diesem zu Kairo 1835 in sechs folianten gedruckten commentar gab Hammer einen umständlichen auszug des ganzen Mesnevi in den sitzungsberichten der Wiener akademie band 7, wo man s. 829 unter nr. 87 folgendes liest: geschichte des mannes von Bagdad, welchem träumte, dasz er an einem gewissen orte in Kairo einen schatz finden werde. als er nach Kairo kam und beim besitzer des bezeichneten hauses anfragte, sagte dieser (auch) ihm habe geträumt, dasz in einem bezeichneten hause zu Bagdad ein schatz liege, es war eben das vom Bagdader bewohnte, der daraus entnahm, dasz er den schatz nirgends anders als in seinem eigenen hause suchen, die anzeige davon aber zu Kairo erhalten sollte. aus dem Mesnevi selbst würden sich wol noch bedeutsame nebenumstände ergeben, falls nicht alles vom türkischen commentator herrührt, wie die unpersischen örtlichkeiten Bagdad und Kairo beinahe argwöhnen lassen.

Erwägen wir die ganze, in benachbarten wie in weit auseinander entlegnen landstrichen fest wurzelnde sage überhaupt, so stellen sich einige aufschlüsse sogleich heraus. der traum erschien dem alterthum eingebung eines gottes oder geistes, als dessen bote er dem schlafenden zu nahen pflegt. im Karlmeinet tritt er als elb heran und was er verkündet gilt darum für elbisch, trügerisch. eine andere schöne episode des gedichts führt ihn als engel ein, der seltsam genug den schlafenden könig zu diebstal in gemeinschaft mit Elegast, d. i. Elbegast, dem meisterdieb der deutschen sage auffordert. statt des geisterhaften traumgesichts läszt die sage bei Musaeus einen dankbaren geist seinem wachenden schützling den schatz verkünden,

in der irischen sage einen mann im grabtuch, also einen abge-
schiednen, ohne dasz ein traum zwischen tritt.

Die verheiszung des traums geht aber nicht unmittelbar
und geradezu in erfüllung, sondern erst im umweg und gleichsam rückschlag auf den handelnden, der was sich anfangs in
die ferne zu schieben scheint zuletzt in seiner nähe eintreffen
sieht. auf der brücke begegnet oft ein kaufmann, einigemal
aber auch ein kriegsmann, in welchen beiden mythische wesen
durchschimmern, die sich als rathend oder warnend erweisen.
beachtenswerth und in ferne vorzeit deutend ist auch der weiszdorn oder die dornhecke, unter welchen der schatz gegraben
werden musz. man weisz, dasz heidengräber mit dornen be-
pflanzt wurden*, schätze liegen aber in gräbern verborgen und
gräber werden nach schätzen aufgewühlt, jener ins leichentuch
gehüllte mann wollte seine habe einem neuen eigner zuweisen.
der goldne fuchs im grab drückt einen goldhort aus. schwer
scheint es aber anzugeben, warum in allen diesen sagen die
brücke wesentlich ist, denn in der von Tauslet mag sie ver-
wischt sein und auch im auszug des Mesnevi steht nur Kairo,
nicht die brücke daselbst genannt. brücken werden von der
menge des volks betreten und sie sind sammelorte der leute
auch bei andern anlässen, z. b. für gerichthaltung; auf brücken
ist es darum angemessen einen schatzsuchenden zu entsenden,
weil er da am leichtesten erkundigungen einziehen kann, wie
die geschichte von der Limerickbrücke lehrt. auch dies also
wäre ein alterthümlicher zug. merkwürdig kommt übrigens in
einer ganz andern altfränkischen sage, die uns Paulus Diaconus,
Aimoin und Sigebert berichten, die findung eines schatzes in
bezug mit der brücke. könig Guntram, von der jagd ermüdet
war am ufer eines baches in seines knappen schosze einge-
schlafen, auf einmal sah dieser aus des königs munde ein thier-
lein kriechen und gegen den bach laufen, den es nicht überschreiten konnte. der knappe nahm sein schwert und legte es
auf den bach, alsobald trippelte das thier über das schwert und
weiter fort in einen berg auf der andern seite, nach einiger zeit
jedoch kehrte es über das schwert zurück und kroch wieder in
des schlafenden mund. als der könig erwachte, erzählte er,
ihm sei im traum vorgekommen, dasz er auf einer eisernen

---

* vom verbrennen der leichen s. 203. 216. 217. 220. 244. 265. 266.

brücke einen flusz überschritten und in einen berg gelangt sei,
wo er grosze massen goldes gesehen habe.   man grub in dem
hügel nach und traf den schatz wirklich an.   ich darf auf meine
mythologie s. 1036 verweisen, wo ausgeführt wird, dasz man
sich unter dem thier die seele des schlafenden dachte.   man
sieht, die erzählung weicht völlig von den unsrigen ab, nur
dasz traum, brücke und schatz stimmen.   sie mochten also der
fränkischen phantasie zu schaffen geben.

Ich habe ein für die sagenbildung lehrreiches, in meinen
augen anmutiges und wolbegründetes beispiel auf die bahn gebracht und glaube, dasz sich das material dazu noch reichlich
mehren lassen werde, sobald ihm einmal aufmerksamkeit zugewandt ist, dann vermag es sich noch besser aufzuhellen.   mich
aber fühle ich angeregt hier noch einige betrachtungen über
das entstehen und ausbrüten der volksagen insgemein vorzulegen.

Wie merkwürdig ist es doch, dasz wir sie in wunderbarer
einstimmung und dennoch unermüdlicher besonderheit über länder und landstriche sich ausdehnen sahen, kräutern und blumen
gleich, die bald hier bald dort dem boden unter verschiedener
luft und sonne anders und immer ähnlich entsprieszen.

Nicht nur in den meisten gegenden Europas widerfährt
heutzutage dem sammeln heimischer sagen und märchen sein
recht, sondern auch aus andern welttheilen strömen sie uns in
fülle zu, so dasz sich eine menge von vergleichungen und zu-
sammenstellungen fast von selbst darbietet.   neuerdings ist man
zumal darauf bedacht und beflissen gewesen, die zum theil längst
bekannten zum theil neueröfneten orientalischen quellen im rang
oben an zu stellen, und was sich in Europa fortgestaltet hat,
als ihnen entflossen anzusehen.   sorgfältige erwägung der in
Indien entsprungnen, von da nach Persien und Arabien über-
gegangnen mythen verrathen zusammenhang mit buddhistischen
anschauungen und wie der buddhismus überhaupt eine grosze
kraft in sich trug lehren und gebräuche noch über sein eigent-
liches gebiet wurzel fassen zu lassen, so sind seine spuren auch
in indischen, chinesischen und mongolischen überlieferungen
aufzuweisen, von da nach mehreren seiten hin weiter verbreitet
worden.   vieles ist hier einzuräumen, dennoch manches auch
der annahme, wenn sie zu weit greift, entgegen zu halten.

Ursprung und fortbreiten der sprache und sage haben deut-

liche analogie, beide aus den gedanken der menschen selbst
hervorgehend erheben sie sich und werden von geschlecht zu
geschlecht überliefert. aus überschätzung der urkunden des
alten testaments suchte man ehedem die wörter aller sprachen
auf hebräische wurzel zurückzuleiten; in noch beschränkterem
sinn, wenn auch mit besserem schein, sollten deutsche wörter
sich erklären aus griechischen oder lateinischen. unsere zahlwörter z. b. sind freilich den griechischen und lateinischen identisch, aber nicht aus ihnen entnommen oder entstellt, so wenig
als gleichfalls einstimmige slavische und litauische, und nicht
anders verhält es sich mit vielen andern wörtern und sprach-
formen. seit das studium des sanskrit und aller arischen sprachen überhaupt tiefere wurzel geschlagen hat, sind auch jene
irrthümer zerstoben und man ist mitten in wahrnehmung über-
raschender verwandtschaften zur erkenntnis des besondern rechts
und eigenthums jeder einzelnen sprache gelangt. soll nun das
falsche verfahren auf die abkunft und den zusammenhang der
manigfalten sagen angewandt werden? der traum von der
brücke zu Prag gleicht dem von der brücke zu Paris, ungefähr
wie unser zehn, das franz. dix, das sl. deset etymologisch auf
demselben grunde stehn, ohne dasz etwas von dem andern entlehnt zu sein braucht. die erste abfassung des Karlmeinet reicht
schon über die lebenszeit Dscheláleddin Rûmis hinauf und die
sage von des Hoderich traum könnte noch weit früher in Frankreich umgegangen sein, freilich auch, wer im nebel bloszer ver-
mutungen tappen mag, auch im orient eine ähnliche überlieferung, die ich im voraus zugeben kann. halten wir uns, bevor
sie wirklich aufgefunden ist, an die gesicherten data, so hat
keine erborgung stattgefunden. will man ein berühmteres beispiel von lebhafter begegnung ferner sagen? das märchen von
Rampsinits thurm bei Herodot findet sich an sechs stellen anderwärts immer mit abweichungen die bald blässer bald frischer
erzählen, welcher mythenforscher wollte es nach Asien und
Europa erst aus Aegypten eingebracht wähnen? in der that die
ähnlichkeit der einzelnen, weit zerstreuten gebilde erfreut desto
mehr und scheint desto lebendiger je weniger sie auf nachweis-
bares, ermattendes borgen zurückgeht, vielmehr auf dem tieferen
kaum zu erkennenden hintergrund eines allen gemeinsamen
frischgebliebnen ursprungs.

Ich gewahre in deutschen sagen einer andern farbe, eines

andern tons als in griechischen oder indischen, und grell fällt
der abstand auf, wenn man litauische, slavische, finnische, lappische hinzu halten will: es ist als ob eine göttliche macht ihre
gaben nach verschiednen seiten austheile und für das, was sie
einem volk oder zeitalter im einzelnen versagt, gern auch ersatz
gewähre. ebenmasz geistiger und sinnlicher elemente thun hoher
ausbildung wol und die griechische sprache wie mythologie be-
wahrheiten es; wo aber aus dem naiven bestand und vorrath
noch kein geistiger sich entfaltete, scheint jenem längere frische
beschieden und zähere kraft verblieben. darum erblicken wir
bei Finnen, Litauern und einzelnen slavischen völkern, die sämmtlich keine literatur erzeugten, volkslied, sage und märchen in
dichter fülle, wie auch ihr wortreichthum und ihre grammatische
gefügigkeit ungeschrieben und mit des gedächtnisses unge-
schwächter gewalt anhält, während aufstrebende sprachen vieler
sinnlichen wörter oder formen sich entledigend auch ohne solche
bedeutsamere wirkung erreichen, volksmäszig roher überlieferung
sich entschlagen. alle feingebildeten orientalischen dichtungen
sind erfüllt von duft, glanz und zierrat, im gegensatz zu der
reinen, freien luft der europäischen; die gewandteste gabe des
erzählens gebricht ihnen dennoch nicht, wie sie in den kunst-
reich verschränkten märchen des Somadeva oder der 1001 nacht
anschaulich waltet: nicht selten aber fühlt man etwas störendes
mitten in allem so reichen geschick. den buddhistischen vorstellungen ist sittliche strenge und tiefsinn zu eigen, es geht
aber auch etwas gedrücktes, trübseliges hindurch, das dem abend-
lande widersteht, obschon manches von ihnen her weit vorgedrungen, nicht ohne einwirkung auf jüdische und christliche
secten, auf catholischen kirchenbrauch und die mönchsorden geblieben scheint.

Doch soll das hier scheu und behutsam ausgesprochne nicht
für alle und jede folgerungen gelten, die sich daraus ziehen
lieszen, ich gestehe dasz einiges bezweifelt und bestritten werden mag, nur von einer seite her gewinne ich die deutlichste
bestätigung, aus der thiersage. auch sie geht um in Asien wie
in Europa und zeigt hier wie dort unverkennbaren einklang.
in Kalilah va Dimnah erscheinen die fabeln von löwe und schakal,
wie theilweise auch bei Aesop und bei allen Westländern von
bär, wolf und fuchs, zum vollen epos erwachsen unter den alten
Franken, den Franzosen und Deutschen des mittelalters. was

aber Aesop und auch Babrius überlieferte, ist nur abgeschwächt
und bar herodotischer ausführlichkeit, die als die seele aller fabel
betrachtet werden musz. von der groszen tafel dieses thierepos
sind noch bruchstücke unter den kindermärchen unsers volks
übrig, leben und weben bei allen vorhin genannten stämmen,
deren gehemmte ausbildung solchen stoffen gerade schutz und
hegung brachte. dichtes gras und wiesenblumen verkommen auf
gartenbeeten. dem deutschen volk aber, dem schon bevor es sich
zum christenthum kehrte, heldensage und thierfabel angehörten,
müssen insgemein grundlagen fortlebender märchen und sagen
zugestanden werden, die es bereits aus Asien her mitgeführt
haben mochte und unablässig auf neue örter und zeiten anwandte.
in der ganzen natur und in dem wesen der sage selbst ist etwas
angebornes und aus dem eignen boden steigendes, das man ungern in die ferne und fremde weggibt.

Vorhin wurde gesagt, dasz es der menschengeist ist, der
von anfang an sprache und sage erdacht und ersonnen hat, wodurch er bild und ausdruck gewinnt für alle gegenstände der
natur, für alles was sich begibt und ereignet. von dem ersten
fund ist aber eine lange forttragung zu unterscheiden und vermögen wir bis zu jenen fast nie vorzudringen, so dürfen wir
doch die überlieferung auf ihren wegen begleiten, in ihre schlupf-
winkel sie verfolgen, in ihren sprüngen einholen.

Pangi ug

Aogradus

muru feruc

ĭol

vibire. uno f

francos y

no haly d

In Ferd. Dümmler's Verlagsbuchhandlung (Harrwitz und Gossmann) in Berlin sind ferner erschienen.

Bopp (Franz), Vergleichende Grammatik des Sanskrit, Send, Armenischen, Griechischen, Lateinischen, Altslavischen, Gothischen und Deutschen. Zweite, gänzlich umgearbeitete Ausgabe. Drei Bände. gr. 8. 1857—1861. 15 Thlr

Das ausführliche Sach- und Wortregister zur Vergleichenden Grammatik erschien 1863 und kostet 2 Thlr.

Buttmann (Prof. AL), Die deutschen Ortsnamen mit besonderer Berücksichtigung der ursprünglich wendischen in der Mittelmark und Niederlausitz. 1856. 8. 17½ Sgr.

Grimm (Wilhelm), Thierfabeln bei den Meistersängern. Aus den Abhandlungen der Königl. Akademie der Wissenschaften zu Berlin. 1855. gr. 4. cart. 12 Sgr.

Humboldt (W. v.), Prüfung der Untersuchungen über die Urbewohner Hispaniens vermittelst der baskischen Sprache. 4. 2 Thlr. 10 Sgr.

Lachmann (Karl), Ueber die ursprüngliche Gestalt des Gedichts von der Nibelungen-Noth. gr. 8. 12½ Sgr.

Mahn (Dr. C. A. F.), Denkmäler der baskischen Sprache Mit einer Einleitung, welche von dem Studium der baskischen Sprache handelt und zugleich eine Beschreibung und Charakteristik derselben enthält. 1857. 8. geh. 1 Thlr. 10 Sgr.

Mätzner (Eduard), Syntax der neufranzösischen Sprache. Ein Beitrag zur geschichtlich vergleichenden Sprachforschung. Zwei Theile. 1843. 1845. gr 8. 4 Thlr.

Pertz (G. H.), Ueber die gedruckten Ablassbriefe von 1454 und 1455. Aus den Abhandlungen der Königl Akademie der Wissenschaften zu Berlin 1856. Mit 2 Kupfertafeln. 1857. gr. 4. geh. 15 Sgr.

Rumpelt (Dr. H. B.), Deutsche Grammatik. Mit Rücksicht auf vergleichende Sprachforschung. Erster Theil: Lautlehre 1860. gr. 8. geh. 1 Thlr. 20 Sgr

Steinthal (Dr. H.), Charakteristik der hauptsächlichsten Typen des Sprachbaues. Zweite Bearbeitung seiner „Classification der Sprachen". 1860. gr. 8. geh. 2 Thlr.

Weinhold (Carl), Grammatik der deutschen Mundarten. Erster Theil: Alemannische Grammatik. 1863. gr. 8. geh. 3 Thlr. 10 Sgr.